잉글랜드에서의 결혼과 사랑

1300~1840

나남
nanam

한국연구재단 학술명저번역총서
서양편 358

잉글랜드에서의 결혼과 사랑 1300~1840

2014년 2월 28일 발행
2014년 2월 28일   1쇄

지은이_ 앨런 맥팔레인
옮긴이_ 이성용 · 윤희환
발행자_ 趙相浩
발행처_ (주) 나남
주소_ 413-120 경기도 파주시 회동길 193
전화_ (031) 955-4601 (代), FAX : (031) 955-4555
등록_ 제 1-71호(1979.5.12)
홈페이지_ http://www.nanam.net
전자우편_ post@nanam.net
인쇄인_ 유성근(삼화인쇄주식회사)

ISBN 978-89-300- 8737-7
ISBN 978-89-300-8215-0 (세트)
책값은 뒤표지에 있습니다.

'한국연구재단 학술명저번역총서'는 우리 시대 기초학문의 부흥을 위해
한국연구재단과 (주)나남이 공동으로 펼치는 서양명저 번역간행사업입니다.

잉글랜드에서의 결혼과 사랑
1300~1840

앨런 맥팔레인 지음 | 이성용 · 윤희환 옮김

나남
nanam

Marriage and Love in England 1300~1840
by Alan Macfarlane

◆

옮긴이 머리말

　이 책의 역자인 이성용과 윤희환은 서로의 전공분야에서 다음과 같은 당혹스러운 경험을 한 바 있다. 이성용은 인구학 전공학자로서, 1980년대 말 미국유학 당시 출산관련 수업에서 수요와 공급이란 경제용어를 사용하여 출산을 설명했을 때 무척 당혹감을 느꼈다. 결혼과 출산을 동일시하는 당시 한국인들(아마 중국인들이나 아프리카인들과 같은 비서구인들도)의 일반적인 생각과 달리, 부부의 이해관계에 근거한 출산결정이라니? 그러나 오늘날 한국의 젊은이들은 자신들의 이해타산에 근거한 결혼 및 출산의 결정을 당연시한다. 또한 그러한 의사결정에서, 비록 부모의 영향이 다소 개입될 수 있어도, 최종 의사결정권자는 본인 자신임을 확실하게 주장하곤 한다.

　영문학 전공자인 윤희환은 영국의 소설을 읽을 때마다, 영국인들의 가족관계 및 재산상속의 양상이 한국의 그것과 현격한 차이가 있어 작품의 분석과 이해에 어려움을 겪은 적이 많았다. 동양의 유교적 전통을 충실히 따르는 한국의 가족관계는 상당히 폭넓은 친족관계를 전제한 다음 부부 및 부모/자식의 관계를 설정하는 데 반해, 서구의 개인주의적 원칙에 충실한 영국의 가족관계는 친족의 범위가 한국보다 협소할뿐더러, 부모/자식의 관계보다 부부관계가 우선시된다. 따라서 결혼한 자식이 부모와 함께 동거하는 경우, 전통적인 한국가정에서는 재산의 취득, 사용, 분배가 동일가족이라는 큰 틀 안에서 시행되는 반면, 영국에서는 자식이 일단 청소년기에 접어들면 부모를 떠나 개별적 재정의 주체로 독립함을 원칙으로 한다. 영국에서는 동양의 대가족제도란 상상조차 할 수 없다. 부부 중 한 사람이 먼저 사망할 경우, 재산분배에서 생존자가 자녀보다 우선하며, 생존자의 재혼, 삼혼을 둘러싼 다양한 경우의 수에 대비하여, 구체적인 상속법을 마련해 두었다.

친족관계와 재산상속 및 분배를 둘러싼 동서양의 사고와 관행의 현격한 차이는, 아마도 이 책에서 언급하는 맬서스 혼인체제의 수용 여부 때문일 것. 코드웰이 언급한 바와 같이, 지금까지 한국인들은 서구인들 ─ 특히 영국인들 ─ 의 문화(혹은 삶의 방식)가 우리를 포함한 비서구인들의 그것보다 우월하다는 인식을 암암리에 내면화해왔다. 그리고 한국의 서구화된 교육제도와 대중매체는 그러한 인식을 한국인들에게 뿌리깊이 심어주는 데 주도적인 역할을 하였다.

이제 우리는 서구의 사상과 이론을 무비판적으로 수용하는 대신, 그것을 한국사회에 직접 적용할 때 초래할 수 있는 혜택과 비용(혹은 부작용) 모두를 고려해야 하는 단계에 이르렀다. 이 책이 개진하는 결혼 및 가족제도에 대한 비판적 고찰은 그러한 단계로의 접근에 크게 이바지할 수 있으리라 생각된다. 서구적 사고의 형성에 있어서, 가장 기본적이고 절대적인 영향을 미치는 결혼제도와 친족관계에 바탕한 서유럽(특히 영국)의 가족문화를 살펴봄으로써, 이 책은 서구인들의 사고와 가치체계의 형성과 내용을 이해하고 분석하는 데 커다란 도움을 줄 것으로 기대된다.

이 책을 한국어로 번역하는 데 오랜 기간이 소요되었다. 역자들의 게으름이 가장 큰 요인일 것이지만, 역자들은 이 저서를 번역함에 있어, 독립된 한 문장 혹은 한 단락에 초점을 맞추어 미시적으로 직역하기보다는, 저자가 말하고자 하는 의도를 커다란 이해의 틀 안에서 파악한 다음, 개별적 문장 그리고 단락들이 논리적으로 연결되는지에 초점을 맞추었다. 역자들은 각자 번역한 부분을 바꾸어보면서, 여러 차례 원고를 검토하고 수정하며 번역의 정확도를 높이려 노력했지만, 오역의 가능성은 여전히 상존한다고 생각된다. 번역원고를 한 권의 책으로 엮어 출간하는 과정에 따르는 여러 부족한 부분에 대해서는 독자들의 너그러운 아량과 질정을 구할 뿐이다.

2014년 1월
경천관 4층에서
이성용 · 윤희환

잉글랜드에서의 결혼과 사랑
1300~1840

차 례

제 1 부 맬서스주의적 결혼 체제

1
찰스 다윈과
토마스 맬서스

　1838년 찰스 다윈(Darwin)은 자신의 결혼여부에 관해 심각하게 고민하였다. 우리는 그가 남긴 당시의 메모를 통해 결혼에 관한 그의 생각을 상세히 살펴볼 수 있다. 그때 다윈은 스물아홉이었고, 캠브리지대학 졸업 후, 그 유명한 세계일주까지 마친 상태였다. 정규직은 아니었지만 약간의 소득은 있었던 다윈에게 사촌 엠마(Emma Wedgewood)와의 결혼은 마음을 설레게 하였다. 그러나 걱정이 없는 것은 아니었다. 그는 결혼의 손익을 따져 결혼여부를 결정하기로 했다. 그는 연필로 파란색 종이에 결혼 비용과 혜택에 대한 분석표를 작성하였다. [1] 이런 방식의 계산은 극히 예외적인 것이다. 첫째, 당시 29세[2]라는 다윈의 나이는 다른

---

1) Darwin Papers, Cambridge University Library, DAR. 210. 10.
2) (옮긴이) 오늘날의 젊은이들은 29세가 초혼연령치고 늦은 나이가 아니라고
　　생각하기 쉽다. 우리나라 2010년 남성의 초혼연령은 31. 8세이다. 초혼연령
　　은 지난 20세기에 급격히 상승했다. 20세기 초엽 남성의 초혼연령은 약 21세
　　에 불과했다. 따라서 다윈이 살았던 200년 전 남성의 초혼연령은 약 20세 전

대부분 사회의 결혼 연령 기준에서 보면 초혼을 심사숙고하기엔 너무 많은 나이였다. 둘째, 그는 결혼의 결정권자가 자신임을 분명하게 가정하였다.[3] 무엇보다도, 그는 결혼을 약간의 위험성이 있는 거래, 즉 하나의 선택으로 파악하였다. 결혼은 회계장부처럼 각 항목의 비용과 혜택을 비교 평가할 수 있는 의사결정이었다. 메모지의 양쪽에 적힌 다윈의 항목 또한 흥미롭다. 그의 메모장에는 다음과 같이 적혀 있다.

이것이 문제이다

결혼	결혼 안 함

그는 '결혼' 항목에서, 주제를 자녀에서 곧바로 미래의 아내로 이동시킨 후(아래의 단락에서 보는 것처럼), 줄을 긋고, 괄호를 치고 또 다시 줄을 그어 지웠다.

> 자녀 — (하느님이 주신다면) — (옮긴이: 아내) 영원한 동료(노년의 친구)가 될 수 있는 이점이 있다 — 사랑해 주고 함께 놀아야 할 대상 — 아무튼 애완견보다는 낫다 — 가정, 그리고 집안을 돌보아 줄 사람 — 고전음악과 여성들의 잡담 — 이런 것들은 건강에 좋다 — (친척들을 방문하고 환대하도록 강요한다[줄을 그어 지움]) 그러나 시간 손실이 막대하다 — 오, 하느님, 사람이 일벌과 같이 한평생 오로지 일만 하면서 지내야 한다는 것은 너무 끔찍한 일입니다 — 그것을 원하는 사람은 아무도 없을 것입니다 — 한평생을 매연으로 가득 찬 런던의 더러운 집에서 홀로 쓸

후로 가정될 수 있다. 잉글랜드를 포함한 북서유럽에서만 초혼연령이 늦었을 뿐, 대부분의 사회에서 20대 전반까지는 남성의 초혼이 이루어졌을 것이다.

3) (옮긴이) 결혼이 집안 간의 결합으로 이루어졌던 (한국을 포함한) 비서구 국가들과 달리, 잉글랜드에서는 결혼이 개인 간의 결합으로 이루어졌음을 뜻한다.

쓸히 사는 것을 상상해 보라 — 활활 타는 벽난로 옆 소파에 앉아 상냥하고 멋진 부인과 함께 책을 읽거나 음악을 듣는 모습을 마음속에 한 번 그려보라 — 이 모습과 그레이트 말보로 거리(Grt Marlb〔orough〕 Str.)의 거무튀튀한 현실4)을 한번 비교해 보라.

결혼. 결혼. 결혼. 증명 끝.

결혼을 찬성하는 주장에는 자녀에 대한 언급이 있을 터인데, 그는 자녀에 대해서는 아무런 언급도 없이, (옮긴이: 결혼을 통해) 아내와 공유하는 동료애라는 (옮긴이: 결혼의) 기본 이점을 언급한다. 그런 아내는 특히 노년의 외로움을 쫓아버리는 데 유용할 것이다. 어쨌든 아내는 '개보다 훨씬 나은' 탁월한 반려자가 될 수 있다. 게다가 인생이 전적으로 낭비되지는 않을 수도 있는데, 왜냐하면 자녀의 생산을 통해 '일벌'보다 나은 그 무언가를 생산할 수 있기 때문이다. 이러한 생각은, 그해 자연도태(*natural selection*) 개념을 통해 '종의 기원'이라는 기제를 발견했던 다윈에게 충분히 가능한 것이었다.

'결혼' 항목보다 '결혼 안 함' 항목에서 다윈은 자기 주장의 논리를 더욱 정교하게 다듬는다. 결혼하지 않는다는 것은 '자녀(제 2의 삶)와 노후에 자신을 돌보아 줄 사람이 없다는 것을 의미하는데, 가까이서 따뜻한 동정심을 베풀어 줄 수 있는 친구도 없이 일을 한다는 것이 무슨 소용인가? 친척 말고, 누가 가까운 곳에서 따뜻한 친구 노릇을 해줄 수 있는가?' 그러므로, 노년과 외로움 그리고 자신을 기억해 줄 자손을 남기는 문제가 다시 강조된다.

그는 결혼하지 않고 독신으로 사는 것의 장점을 다음과 같이 열거한다.

---

4) (옮긴이) 1837년 3월 7일, 런던의 그레이트 말보로(Great Malborough) 거리에서 하숙을 시작한 다윈은 결혼하기 전까지 2년간 그곳에서 살았다. 따라서 이 문장은 자신의 독신생활과 결혼생활에서 상상할 수 있는 상황들을 비교한 것이다.

자신이 원하는 곳에 갈 수 있는 자유 — 사교의 선택과 최소한도의 사교. 클럽에서 현명한 친구들과의 담화 — 친척 방문을 강요당하지 않고, 사소한 일에 신경 쓸 필요가 없다 — 자녀에 대한 비용과 근심 — 말다툼 — 시간의 손실 — 저녁에 독서할 시간이 없다 — 비만과 게으름 — 걱정과 책임 — 도서 구입비용 등이 줄어든다 — 만일 많은 자녀들의 생계를 책임지도록 강요한다면(과로는 건강을 해친다). 나의 아내는 런던을 싫어할 것이고, 그러면 나태하고 게으른 바보로 추방되고 좌천되는 일만 남는다.

그러므로 다윈이 고려하는 진짜 비용 — 자녀의 비용, 아내의 비용 — 은 동료애와 안락함이란 이득과 상충하는 것이었다. 그러한 불이득은 삶을 불편하게 만들고, 시간과 여가를 확실히 빼앗아 갈 것이다.

페이지의 뒷면엔 다음과 같이 기록되어 있다.

결혼이 필수라는 것이 증명되었다. 그렇다면 언제 결혼할까? 일찍 아니면 늦게?

총독은 '일찍' 결혼하라고 말한다. 왜냐하면 늦게 하면 자녀를 갖는 데 좋지 않기 때문이다. 또한 젊은 사람의 성격은 유연하고 활달한데, 만약 일찍 결혼하지 않으면, 인생의 유익하고 순수한 행복을 많이 놓칠 수 있다 — 그러나 만일 내일 결혼한다면, 당장 거처를 구하고 꾸미는 데 많은 어려움이 있고 또 비용이 든다 — '사교 생활의 전폐'에 대한 주장 — 아침 기상 — 어색함 — 매일 시간의 손실(밖에선 천사인 아내가, 사람을 톱니바퀴처럼 힘들게 만든다) — 만일 내가 아내와 매일 산책해야 한다면 나의 사업을 어떻게 운영할 수 있을까? — 에헴!! 나는 결코 불어를 배우지도, 유럽대륙을 보지도, 미국에 가지도, 기구 풍선을 타보지도, 홀로 웨일즈 여행도 할 수 없다 — 불쌍한 노예 — 흑인보다 처지가 더 나빠질 수 있다 — 그 후엔 끔찍한 가난(아내 없이 살 때는 천사보다 형편이 나았고 재산도 있었다) — 자녀는 생각도 하지 말자 — 용기를 내자 — 사람은 홀로 살 수 없다, 늙으면 친구도 없고 차가워진다. 또 무자식 상팔자를 자랑하던 얼굴엔 벌써 주름살이 보이기 시작한다 — 신경 쓰지 말고 기회를 믿자 — 예리한 눈빛으로 상황을 살피자 — 세상에는 행복한 노예들이 많다.

결혼에 대한 모든 비용과 혜택을 합산하여 비교한 다음, 다윈은 마침내 선택의 결단을 내렸다. 그는 자신의 서른 번째 생일 직전인 1839년 1월 29일에 엠마와 엄숙하게 결혼식을 올렸다.

결혼과 출산의 이득과 불이득을 계산했던 바로 그해, 다윈은 생물의 종들이 자연도태를 통해 어떻게 진화하는지에 대한 의문을 푸는 데 성공하였다. 우연히 읽게 된 토마스 맬서스의 《인구론》(*Essay on Population*)이 문제해결의 실마리를 제공해 주었다. 그 저서가 높은 사망률이 어떻게 '적자생존'(*survival of the fittest*)을 유도하는지 보여주었기 때문이다. 또한 맬서스의 저서는 다윈 자신의 출산에 대한 생각에도 도움을 주었다. 맬서스의 설명은 19세기 초 잉글랜드의 결혼체제에 대한 정교한 이론적 모델을 제공해 주었기 때문에, 다윈의 사고를 확장시켜 준 불빛과 같았다. 맬서스의 《인구론》은 왜 그토록 많은 사람들이 찰스 다윈과 같은 방식으로 결혼의 비용과 혜택을 비교 평가하는지 잘 설명해 주었다.

맬서스는 네 가지 사실에 주목했다. 첫 번째 사실은, 인간은 성적 욕구에 강하게 동기화되어 있고, 그의 말대로, '남녀 간의 격렬한 애정은 불변하며' 매우 강렬하다는 것이다. 그 밖의 모든 조건이 동일하다면, 남성과 여성은 가능한 빨리 자신의 짝을 찾으려 할 것이다. 남녀의 짝짓기가 결혼을 통해서만 가능할 경우, '가족부양의 어려움이 전혀 없다면, 22세까지 독신으로 남아있는 젊은이들은 거의 없을 것이다'.[5] 두 번째 사실은, 사망률이 낮을 경우, 조혼은 급격한 인구성장을 가져올 것이라는 점이다. 우리가 아는 어떤 집단의 인구는 15년마다 두 배로 증가하였

---

5) Malthus, *Population*, ii, 52.

다. 이러한 급속한 배증은 인구의 기하학적 혹은 지수학적 증가를 의미
한다. 한 쌍의 부부가 32번 배증한다면, 6) 두 명의 인구가 현재(옮긴이:
1970년대) 세계 인구와 맞먹는 약 40억 명으로7) 증가할 것이다. 몇 번
더 배증한다면 지구 곳곳은 엄청난 인구로 넘치게 될 것이다. 세 번째 사
실은 경제적 자원이 그러한 인구증가와 보조를 맞출 수 없다는 점이다.
이러한 지적은 그의 저서에 깔려 있는 '한계 수확체감의 법칙'(the Law of
Diminishing Marginal Returns)에 크게 기인한다. 경제성장률이 연평균
3~4%씩 증가하고, 또 이에 상당하는 인구 증가율, 즉 15~20년 동안
인구수가 배가 되는 시기가 수십 년간 지속되었다. 그러나 이 시기가 경
제성장이 다소 둔화되는 경향이 있다는 규칙에서 예외였다는 사실을 우
리는 안다. 8) 마지막 사실은 늘어나는 인구가 증가된 자원을 급속히 소
비하는 경향이 있다는 것이다. 부의 증가는 사망률을 감소시키고, 사람
들로 하여금 '이성 간의 격렬한 애정' 표현을 보다 쉽게 해준다. 인구는

---

6) (옮긴이) 2^{32} = 4,294,967,296이다.

7) (옮긴이) 2012년 세계 인구가 70억을 넘었지만, 1970년대 중반 세계 인구는
약 40억이었다. 세계 인구는 1800년 10억이 안 되었지만, 불과 약 200년 동
안 6배가 넘는 60억 이상이 되었다. 세계 인구가 약 2억에서 2.5억으로 추정
되는 서력기원 시점의 2배인 5억으로 배가되는 기간은 약 1,700년이 걸렸지
만, 5억에서 10억(1804년경)이 되는 기간은 약 180년, 10억에서 20억(1922
년)이 되는 기간은 118년, 37년 뒤인 1959년에 30억 돌파, 불과 15년 뒤인
1974년에 40억 돌파, 13년 뒤인 1987년에 50억 돌파, 그리고 12년 뒤 1999
년에 60억을 돌파하였다. 이렇게 짧아진 '배증' 기간은 세계 인구를 급격하게
증가시켰다.

8) (옮긴이) 세계의 인구, 특히 비서구사회의 인구는 제2차 세계대전 이후 급속
히 증가되었다. 서구사회는 아시아와 아프리카 그리고 라틴아메리카의 급격
한 인구성장을 억제하기 위해, 이들 나라에 가족계획정책의 도입을 적극적으
로 권장하였다. 20세기 후반에 인구수는 급증하였지만, 한계수익 감소의 법
칙 혹은 맬서스의 균형이론과는 정반대로, 한국을 포함한 많은 비서구국가들
이 놀라운 경제성장을 이룩하였다. 이러한 의미에서 20세기 후반은 맬서스
규칙에서 예외적인 시기라고 말할 수 있다.

급속하게 증가할 것이다. 그 후에는 필수불가결한 통제, 즉 특히 전쟁, 기근 그리고 질병과 같은 '재난'의 적극적 억제(*positive check*)[9]로 인한 죽음을 맞이할 것이다.

맬서스가 스스로 인정한 바와 같이, 그의 이론은 18세기 정치경제학자들의 주장에 많은 기록들을 덧붙인 다음, 그 주장들을 보다 명료하게 만든 것에 불과하다. 예컨대, 애덤 스미스(Smith)의 《국부론》(*Wealth of Nations*)에서 맬서스가 사용했던 가정들과 유사한 일련의 가정들을 발견할 수 있다. 스미스 주장의 핵심에는 '모든 종의 동물은 자신들의 생계수준에 비례하여 증가하며, 어떤 종도 그 수준을 넘어서 증가할 수 없다'는 진술이 있다. 인류도 여기에 포함되는데, 다른 동물과 마찬가지로 사람도 자연의 이치에 따라 자신의 생계수준에 비례하여 증가하기 때문이다. 게다가 스미스는 부의 향상이 평민들의 사망률을 감소시킬 것이고, 이로 인해 더 많은 아이들이 생존하여 인구가 증가할 것이라는 사실을 지적하였다. 같은 맥락에서, 임금상승을 통한 부의 증가는 자녀를 더 많이 낳게 할 것이다. 그러므로 노동에 대한 넉넉한 보상은 증가한 부의 결과일 뿐 아니라, 인구증가의 원인이기도 하다. 그의 노트 한 귀퉁이엔 '높은 임금은 인구를 증가시킨다'[10]는 주석이 붙어있다.

하지만 스미스는 이러한 전망을 우려하지 않았다.[11] 왜냐하면 그는

---

9) (옮긴이) 맬서스는 적극적 억제와 예방적 억제(혹은 소극적 억제)에 의해 인구와 자원(특히 식량) 사이의 균형관계가 유지된다고 주장한다. 인구 증가가 식량 증가를 초월하면, 인구와 식량 사이의 균형 상태에 맞게끔 인구수가 줄어야 한다. 인구수를 줄이는 방법은 사망 증가와 출산 감소일 것이다. 적극적 억제는 사망 증가에 관련되며, 소극적 억제는 출산 감소와 관련된다.

10) Smith, *Wealth*, I, 89, 163, 90.

11) (옮긴이) 애덤 스미스를 포함한 18세기 정치경제학자들은 많은 인구의 수, 즉 인구 증가가 국부의 원천이라고 주장하였다. 그러나 맬서스는 이러한 주장에 동의하지 않았다. 오히려 그는 균형이론을 통해, 적정 수준을 뛰어넘는 인구 증가는 경제 성장, 즉 국부에 역효과를 가져온다고 주장하였다.

자신의 주장에서 한 걸음 더 나갔기 때문이다. 그는 인구를 규제하는 것은 식량이나 기술이 아니라 노동 수요라고 주장했다. '만일 노동 수요가 계속 증가하면, 노동의 보상은 반드시 결혼과 노동자 수의 증가를 필연적으로 장려하는데, 그로 인해 계속 증가하는 인구는 계속 증가하는(옮긴이: 노동) 수요를 공급할 수 있게 된다.' 왜냐하면 '다른 상품의 수요와 마찬가지로 인간의 수요도 필연적으로 자녀의 생산을 조정하기 때문이다. 노동 수요는 자녀의 생산이 너무 느리면 촉진시키고, 너무 빠르면 멈추게 만든다'. 바꾸어 말하면, 수요와 공급의 법칙은 인구의 성장과 감소를 설명해 줄 수 있다. '북미, 유럽, 중국과 같은 세계 여러 곳에서 자녀 출산을 조정하고 결정하는 것은 그러한 수요 때문이다. 그러한 수요는, 자녀의 출산을 북미에서는 급격하게, 유럽에서는 점진적으로, 중국에서는 정체적으로 진행한다.'12) 그런데 이러한 장밋빛 전망 — 비록 이 전망이 높은 사망률과 재난으로 말미암아 인구가 정체된다는 맬서스식의 예측에 동조하지 않지만 — 은 맬서스의 생각과 동떨어진 것은 아니다. 스코틀랜드의 정치경제학자 두갈드 스튜어트(Stewart) 역시 맬서스와 유사한 견해를 개진하였다. 그는 맬서스의 《인구론》 초판본을 읽은 다음, 그 내용에 동조하면서 맬서스와 유사한 분석을 시도하였다. 그는 출산력을 인구성장률의 주된 결정요인으로 파악하였고, 또 이데올로기와 사회구조가 사람들의 결혼과 출산에 대한 태도에 미치는 영향을 강조하였다.13)

맬서스의 주장들은 1803년 《인구론》 재판본에서 거의 완벽하게 개정되었고, 또 실질적인 변화가 있었다. 그는 초판본에서 자신의 전제들을 마치 법칙처럼 정교화했지만, 재판본에서는 그 전제들을 다른 모든 조건이 동일하다면 자연의 이치에 따라 스스로 작동할 수 있는 가설적인

---

12) Ibid., I, 89; I, 89~90.
13) Stewart, *Works*, viii, 95~104.

경향들 — 오늘날 우리는 이것을 '모형'이라고 부른다 — 이라고 말했다. 전반적으로 상황을 변화시킨 새로운 차원은 '예방적 억제'(*preventive check*)였는데, 어떤 점에서 보면 그것은 스미스의 낙관주의를 적용시킨 아이디어에 불과했다. 왜냐하면 여러 위대한 문명의 발생국들 — 예컨대 인도 혹은 중국 — 에서는 가능한 한 이른 나이에 결혼할 것을 권장했던 반면, 서유럽은 그렇지 않았다는 사실에 맬서스가 주목했기 때문이다. 14) 《인구론》의 초판본이 발간되었지만 재판본은 아직 발간되지 않았던 시기에 맬서스는 노르웨이를 여행하면서, 결혼 연기 혹은 도덕적인 '예방적 억제'(맬서스가 '악'이라고 불렀던 영아살해, 피임과는 정반대되는 것)를 야기하는 수많은 (옮긴이: 사회경제적) 압력을 목격했다. 노르웨이에서 남자는 군복무 제대증명서가 없으면 결혼할 수 없었고, 또 일부 성직자들은 소작농지와 거주가옥이 없어 가족부양능력이 없는 사람들의 결혼을 비공식적으로 거부했는데, 이 모든 것은 결혼을 연기시키는 경향이 있었다. 15) 하지만 맬서스는 이런 현상을 (옮긴이: 서유럽의 일부국가가 아니라) 유럽 전체의 사례로 언급하였다. 그는 '오늘날 유럽에서는 과거보다 그리고 여러 비문명국보다 이러한 미덕(예컨대 만혼)을 실천하면서 인생의 대부분을 보내는 여성의 비율이 훨씬 더 높다'고 말했다. 그는 '결혼 연기야말로 근대유럽의 인구수를 생계수준의 수준에 걸맞게 감소시킬 수 있는 가장 강력한 억제책이라고 믿었던 것'이다. 바꾸어 말하면, 유럽은 (옮긴이: 적극적 억제로 인한) '재난'에서 벗어나는 과정에 있었던 것이다. 16)

맬서스는 자신의 초판본에서 언급한 '법칙'이나 경향에 대한 예외를 찾기 위해 노르웨이를 여행할 필요는 없었다. 후대 역사학자들이 지적하

---

14) Malthus, *Population*, i, 116, 119, 129.

15) Ibid., i, 155~157.

16) Ibid., i, 315.

고 맬서스가 완벽하게 인정하는 바와 같이, 잉글랜드야말로 만혼과 독신을 통한 '예방적 억제'를 가장 극단적으로 보여주는 사례이기 때문이다. 17) 잉글랜드 사회가 가장 확실하게 동의하는 견해는 '인구에 대한 예방적 억제가 모든 계층에 널리 확산되어 있고', 또 '모든 계층에서 상당한 영향력을 발휘한다는 사실이다'. 18) 맬서스는 예외적인 결혼패턴이 초래하는 출산력 억제를 지적한 다음, 증가하는 자원과 증가하는 인구 사이의 연계가 특이하게 변형되는 방식을 매력적으로 분석하였다.

그는 잉글랜드 사회에서의 주요 네 집단 — 부자, 중간층, 임금노동자, 서번트(*servants*) 19) — 을 각각 조사하였다. 부자는 자신이 독신으로서 즐겼던 생활수준을 유지할 수 없기 때문에 결혼을 꺼렸다. 그들은 결혼할 '여유'가 없었다. 이 분석은 매우 중요하기 때문에 맬서스의 설명 전체를 인용하겠다.

겨우 신사 체면을 유지할 정도의 소득을 가진 자유주의 교육을 받은 남성은, 만일 결혼하여 가정을 이룬다면, 과거 자신의 모든 인간관계를 포기해야만 한다는 사실을 매우 잘 안다. 교육받은 남성이 배우자로 선택할 대상의 여성도 당연히 그 남성과 유사한 습관과 정서로 양육되었고, 현재 그녀의 생활환경, 즉 현재 그녀에게 익숙한 사교 사회는 당연히 결혼으로 현재와 전혀 다른 모습으로 격하될 것이다. 남성은 자신의

---

17) Finn, *Industrial Revolution*, 66; Chambers, *Population*, 59.
18) Malthus, *Population*, ii, 236, 238.
19) (옮긴이) 서번트는 고용주 혹은 장인의 집에서 계약기간 동안 숙식을 해결하는 미혼의 젊은이를 말한다. 서번트에는 남성뿐 아니라 여성도 포함된다. 서번트 체제는 20세기 초까지 잉글랜드에서 광범위하게 존재했다. 잉글랜드에서 서번트 생활은 대부분의 젊은이가 거쳐야 할 삶의 한 과정이었다. 따라서 서번트 개념은 우리나라의 하인 개념과 달리, 주인 혹은 고용주와 관계가 수직적 개념이라기보다는 계약적이고 수평적 개념에 근접하다. 보다 자세한 것은 5장 참조. 국내 논문은 김성룡(1994), "근세 잉글랜드의 서번트(*servants*)와 그 역사상: 농업 지역을 중심으로", 〈대구사학〉 48집 참조.

연인을 그녀의 습관과 기호에 상당히 동떨어진 상황으로 전락시키는 것에 쉽게 동의할 수 있을까? 대다수 사람들은 사회에서의 두세 계단의 하락 — 특히 교육이 끝나고 무지가 시작되는 지점에서 — 을 환상이 아닌 진정한 해악으로 간주할 것이다. 이런 고려사항들은 상류층에 속한 많은 사람들로 하여금 젊은 나이에 사랑에 빠지지 못하도록 확실히 방해한다. [20]

맬서스의 분석에 따르면 경제적 압력과 사회적 압력은 서로 긴밀한 관련을 맺고 있다. 가난에 대한 공포, 사회적 지위의 손실, 여가와 즐거움의 상실 등이 서로 뒤엉켜 부유한 남성과 여성 모두에게 결혼을 망설이게 했을 것이다. 상류층 사람들 — 주로 도시에 살고 있는 — 중에는 불법적인 성관계의 환락에서 벗어나 결혼을 감행할 의향을 가진 사람이 많았다. 가족부양으로 인해 파생되는 비용의 긴축과 쾌락의 박탈 때문에 결혼을 단념하는 사람들도 있었다. [21] 개괄적으로 말해, 결혼은 상당한 사회적 비용과 경제적 비용을 잉태하는 어떤 것으로 간주되었기 때문에 그 비용은 그 혜택과 반드시 비교 평가되어야만 했다.

중간층 부자 — 즉, 잉글랜드에서 주목할 만한 대규모 집단인 농장주와 상인들 — 에 대한 압력은 약간 달랐다.

상인과 농장주의 아들은 가족부양이 가능할 정도로 사업 혹은 농장이 정착되기 전에는 결혼하지 말라는 충고를 받았고, 또 그러한 충고에 따르는 것이 필요했다는 사실이 널리 발견된다. 아마 그들이 상당한 연령에 이르기 전에는 결혼은 불가능할 것이다. 농장 부족이 가장 흔한 문제였고, 어떤 종류의 사업이건 치열한 경쟁으로 인해 모두가 성공을 거두기란 불가능하였다. 회계경리들, 온갖 상인들, 전문직 종사자들 사이

---

20) Ibid., I, 236.
21) Idem.

에는 인구에 대한 '예방적 억제'가 사회의 다른 어떤 분야보다 더 널리
퍼져있었다. 22)

중간층에서는 보수가 좋은 일자리와 농장 및 사업이 부족했고, 또 가
족과 아내를 충분히 돌볼 수 있을 만큼의 보수를 벌어들이는 상인과 전
문직도 부족했기 때문에 사람들은 결혼을 연기해야만 했다. 맬서스와
반대 의견을 펼쳤던 윌리엄 고드윈(William Godwin) 23) 도 상인과 전문직
집단에 대해서는 전적으로 동의했다.

모든 대도시에는 경리에서 상인과 변호사, 공방의 장인에 이르기까지
매우 많은 계급이 있다. 그들은 독신으로 살거나, 아니면 서서히 자신
의 상황을 개선하여 비교적 가족부양을 책임질 수 있다고 인정되는 부
의 수준에 다다를 때까지 결혼을 연기해야만 했다. 24)

물론 그 압력이 경제적인 것만은 아니다. 사람들은 결혼을 위해 자신
의 경력과 삶의 방향을 바꿀 수도 있었다. 그러나 부자들과 마찬가지로
그것은 모든 사람이 가파른 사회적 사다리에서 몇 단계 하강하는 것을
의미하였다.

다음으로 주된 계층은 임금노동자이다. 만약 실수로 어린 나이에 결
혼했다든지 하는 상황에 처하면 그들은 경제적 비용과 사회적 굴욕이란
이중의 위험에 직면한다.

하루에 18펜스나 2실링25) 을 받는 노동자는 혼자서 여유 있게 살 수 있

---

22) Ibid. , I, 237.
23) (옮긴이) 맬서스는 《인구론》 초판이 나온 뒤 골드원의 비판을 통해 예방적 억
제에 대한 전제를 수용하였다.
24) Quoted in Place, *Population*, 162.

다. 불과 한 사람에게 충분한 그 적은 수당을 가족 4, 5명이 함께 나누
는 것에 그는 약간 주저할 것이다. 더 열심히 일하여 더 많은 돈을 번다
면 그는 사랑하는 여인과 결혼하여 함께 살 수 있을 것이다. 그러나 그
가 반드시 인식해야 할 점은 대가족을 거느리는 경우, 더 이상 절약할
돈이 없거나 더 이상 육체노동을 할 수 없는 경우, 자녀들의 굶주림을
목도하거나 자녀양육을 교구에 의탁해야 하는 것과 같은 가슴 찢어지는
고통을 감수해야 할 것이란 사실이다. 26)

여기서 분명한 것은 결혼에 대한 욕구나 혹은 '사랑'과 이러한 위험에
대한 이성적 인식 사이에 갈등이 있었다는 점이다. 다시 말해 노동의 대
가가 혼자서는 그럭저럭 살아갈 수 있지만, 가족을 부양하기엔 너무나
어렵게 구조화되었다는 것이다.

그러면 대부분의 다른 사회에서 젊은이들이 사춘기나 사춘기 이후에
결혼할 경우 어떤 일이 발생했는가? 이들은 자신의 짝을 찾아 결혼하고
자 하는 생물학적 욕구가 가장 왕성한 연령대의 사람들이다. 잉글랜드
에서는 그 나이의 젊은이들 상당수가 서번트였다. 맬서스가 거듭 지적
했듯이, 그들은 자신들의 결혼을 막는 경제적 압력과 사회적 압력이 매
우 강력하다는 것을 발견하였다.

부자의 저택에서 근무하는 서번트들이 위험을 무릅쓰면서까지 결혼하
기엔 여러 가지 제약이 있었다. 마스터(masters)와 거의 마찬가지로 그
들은 생필품뿐 아니라 심지어 안락한 삶까지 누리고 있었다. 노동자 계
급의 일과 음식과 비교하면 그들의 작업은 편했고, 음식 또한 넉넉하였
다. 만약 그들이 결혼한다면 현재의 안락한 삶은 어떤 전망을 보여줄

25) (옮긴이) 실링(shilling)은 1971년 화폐개혁 이전에 사용된 잉글랜드의 은화
로, 12펜스(pence), 혹은 1파운드(pound)의 20분의 1의 가치를 지니고 있
었다.
26) Malthus, *Population*, I, 237.

까? 사업이나 농장에 대한 지식도 자본도 없기 때문에 채용이 안 되고
그래서 일일 노동으로 생활비를 벌 수 없는 그들에겐 선술집만이 유일
한 도피처처럼 보인다. 선술집이 그들의 삶에 행복한 저녁시간을 제공
하지 못할 것은 확실하다. 많은 서번트들은 경험하고 싶지 않은 미래 상
황 때문에 결혼을 연기하였고, 자신의 현재 위치에서 독신으로 사는 것
에 만족하였다. 27)

과거 옥스퍼드와 캠브리지 대학의 독신 교수들이나 사제들과 마찬가
지로 만약 그들이 결혼한다면 안정과 보증된 소득이라는 혜택을 상실하
게 될 것이다. 서번트가 아닌 도제일 경우, 만일 계약을 깨고 결혼한다
면 그들은 도제직을 상실하게 될 것이다.

맬서스가 실제로 기술했던 것은 결혼을 심사숙고하는 사람들이 선택
을 해야만 하는 곳의 상황이었다. 결혼은 타인에 의해 정해지는 것도,
자동적이고 보편적인 것도, 그리고 자연적으로 일어나는 것도 아니었
다. 결혼은 선택해야 하는 어떤 것이었고, 일찍 하거나 연기할 수 있는
의식적인 의사결정이었으며, 어떤 상황에서든 비용과 혜택이 동반되었
다. 고드윈은 사람들이 이런 방식으로 계산한다는 맬서스의 주장에 동
의하였다. 고드윈이 생각하기에 잉글랜드에서는 조혼의 사례가 드문 일
이었는데, 왜냐하면

사람들은 결혼이라는 매우 중요한 거래를 수행하기 전에 상식적 수준의
선견지명으로 무장한 채, 오랫동안 심사숙고한다. 그들은 또한 결혼 후
생산할 자녀들에 대한 부양능력이 자신에게 있는지 계속 자문한다. 그
러한 문제를 먼저 거듭 고려하지 않은 상태에서 결혼이 발생하는 사례
는 잉글랜드에서 무척 드문 일이라고, 나는 믿는다. 28)

27) Ibid, 237~238.
28) In Place, *Population*, 162.

　맬서스는 사람들을 결혼하게 만드는 혜택이 있다는 것도 알고 있었다. '남녀 간의 격렬한 애정'과 같은 생물학적 욕구는 제쳐두고라도, 남성에겐 '사랑하는 여성과 함께' 살고자 하는 소망이 있었다. 또한 결혼은 당사자에게 사회적 이득을 가져다주는데, 그 이득은, 말이 난 김에 말인데, 맬서스가 인정하지 않았던 것이다. 그는 매력적인 젊은 여성과 추레한 늙은 남성 간의 결혼 ― '결혼한 여성이 받는 융숭한 대접과 고령의 독신 여성이 받기 쉬운 현저한 무관심에서 초래되는' ― 을 '합법적인 매춘과 다름없다'고 기술했다. 29) 그러한 결혼은 여성에게 '늙은 하녀가 되는 공포, 어리석고 불공평한 조소에 대한 공포'를 통해 강요되었고, 그러한 공포 때문에 때때로 그들은 어리석게도 '자신이 싫어하는 남성과 결혼'하였다. 30) 그러한 비용은 '결혼이라는 매우 중요한 문제에 관련해, 모든 사람은 자신만의 자유와 공정한 선택권이 있다'고 말하기 전에, 먼저 사람들에게 설명되어야만 한다. 31) 하지만 그 비용은 이러한 생물학적, 사회적, 그리고 때때로 경제적 이득과 비교 평가되어야만 한다.

---

29) (옮긴이) 서구학자들이나 오늘날 많은 사람들은 흔히 남성이 자신보다 훨씬 연하의 젊은 여성과 결혼하는 것을 능력 혹은 재력이 있는 남성이 그 능력을 발휘하여 젊은 여성을 사오는 것과 동일시한다. 또 일부 페미니스트들은 어린 신부와 훨씬 연상의 신랑 사이의 결혼을 비서구 사회(혹은 가부장적 가족제도)에 존재하는 하나의 성차별 지표로 간주하기도 한다. 한편, 동남아, 이를테면 캄보디아에서 신부는 자신보다 훨씬 나이가 많은 신랑과 결혼을 하는 경우가 많다. 결혼과 경제적 독립을 동일시하는 잉글랜드 사회와 달리, 캄보디아에서는 결혼 후 신랑이 신부 집에서 상당한 기간 동안 일을 하고 많은 경제적 기여를 한다. 신부의 부모는 이 기간 동안 신랑의 일하는 능력 그리고 인간성 등을 점검한 뒤 딸과 사위 부부의 경제적 독립을 허용한다. 이러한 점에서 보면 캄보디아에서 신부보다 훨씬 나이 많은 신랑을 얻는 관습은 신부 집과 신부를 위해 일할 수 있는 한 명의 검증된 일꾼을 데려오는 것으로 해석될 수 있다. 그러나 신부 부모 집에서 분가하여 독립된 가구를 형성하면 신랑은 그 가구의 가장이 된다.

30) Malthus, *Population*, ii, 184.

31) Ibid., ii, 185.

28

비용의 한 차원은 경제적인 것이다. 본질적으로, 독신으로 사는 것보다 결혼하여 자녀를 낳고 사는 것이 비용이 훨씬 더 많이 든다. '우리는 혼인을 직접적으로 격려하거나, 혹은 독신 남성과 가족이 있는 남성 사이에 항상 존재하는 그러한 불평등한 상황을 규칙적이고 체계적으로 제거하기 위해 결코 어떤 것을 시도해서도 안 된다.'32) 맬서스는 '인류의 성장과 증가는, 그 어떤 것보다도, 사람들이 결혼을 조심스럽게 결정해야 하는 어려움, 그리고 가족으로 인한 불편과 비용에 의해 더욱 제한될 것'33) 이라고 주장한 판사의 견해에 동의했다. 경제적 비용은 사회적 비용(여기서는 불편과 비용)과 뒤섞였다.

예방적 억제에 대한 평가에서, 맬서스는 일반 남성에게 결혼을 망설이게 할 수 있는 다양한 고려사항들을 따로 분류해 놓았다.

> 사람은 자신의 주위를 둘러보면 대가족 가장의 어깨를 자주 짓누르는 여러 고통들을 보지 않을 수 없다. 그는 지금 거의 자신에게 소비하는 소득이나 소유물에 대해 생각하지 않을 수 없다. 추가소득이 거의 없는 상황에서, 그 소득을 7, 8명과 함께 나누어 써야 한다면 각자에게 돌아갈 몫은 끔찍하다. 만일 그가 자신이 좋아하는 여성과 결혼한다면, 태어날 자녀들의 생활을 책임질 수 있을지 의심스럽다. 34)

이 비용은 또한 사회적인 것이다. 잉글랜드처럼 계층화된 사회에서, '자신의 신분서열을 낮추면서까지 이전에 소유했던 생활습관 대부분을 포기하려는 사람이 있을까?' 맬서스는 의문을 제기했다. 만일 대가족이 된다면 최선을 다해도 '넝마조각들과 궁상스러운 가난 그리고 사회에서의 지위하락으로부터' 자신의 가족을 구할 수 없을 것이다. 아마 그는 더

32) Ibid., ii, 223.
33) Ibid., I, 238.
34) Ibid., I, 12.

많이 일해야만 할 것이다. '어쨌든 그는 독신으로 살 때보다 더 큰 난관
에 봉착할 것이고, 더 열심히 일해야 하지 않을까?' 게다가 그의 자녀들
도 신분이 하향 조정될 것이다. '자신이 받았던 교육과 지위향상을 자녀
들도 동일한 수준으로 받게 해줄 능력이 있을까?'35) 결과적으로, 결혼에
대한 사회적, 경제적 주장들은 심리적, 생물학적 압력들과 정반대 방향
에서 서로 팽팽한 균형을 이루고 있었다.

맬서스는 이러한 상황에서 대부분 사람들이 경제적으로 합리적인 행
동을 할 것이고 또 결혼을 연기할 것이란 사실을 전혀 의심치 않았다. 따
라서 조혼반대 법안을 제정할 필요가 없었다. '분명히 말하건대, 만일
가족부양 능력이 없는 어떤 사람이 결혼을 선택한다면, 그에겐 완벽하
게 자유로운 선택권이 주어져야 한다. 나는 혼인연령36)을 적극적으로
제한하는 법안이야말로 부당하고 비도덕적이라고 단호하게 말한다.'37)
피임이 '악'이면서 불필요한 것처럼, 그러한 법도 비도덕적이면서 궁극
적으로는 불필요하다. 그러나 잉글랜드인들이 다른 나라 사람들과 현저
히 다른 방식으로 행동할 것을 맬서스는 어떻게 확신할 수 있었을까? 그
는 당시 잉글랜드에서 상당히 진전된 네 가지 특성들의 조합에서 그 핵
심을 간파하였다.

그 네 가지 특성이란, 사회경제적 이득추구를 격려하는 '일반취득 윤
리'(general acquisitive ethic), 신분상승을 위해 끊임없이 투쟁하는 불평등
한 서열사회, 정당하고 강력한 정부에 의해 보장되는 사유재산제도 —
이는 사람들로 하여금 자신의 이득을 사수할 수 있도록 해준다 —, 그리
고 생계수준보다 높은 일반적인 생활수준 — 이는 사람들로 하여금 문명

---

35) Ibid., I, 12~13.
36) (옮긴이) 결혼연령보다 혼인연령이라는 용어가 인구학과 통계청에서 보편적으
로 사용되고 있다.
37) Ibid., ii, 64.

의 혜택과 편안함을 즐길 수 있게 해준다 — 이다. 이러한 특성들이 결합
하여 잉글랜드에서만 예방적 억제가 유일하게 호의적으로 작동할 수 있
는 상황을 제공하였다. '상인의 나라' 잉글랜드는 무역과 산업을 통해 이
윤과 부를 추구하는 것으로 유명하였다. 잉글랜드는 사회적 지위가 수
많은 단계로 구성되어 있지만, 개인의 부가 지위로 전환될 수 있었기 때
문에 단계들 간의 이동이 용이했다. 잉글랜드는 사유재산의 요새로, 정
부와 법률은 오랫동안 강력하게 개인자산을 지지해 주었다. 잉글랜드는
유럽 국가 중 현저하게 부유한 나라였고, 안락함과 사치품은 전세계 어
느 곳보다 잉글랜드인들 사이에 널리 퍼져있었다. 맬서스는 이러한 것
들이 예방적 억제를 뒷받침한다고 가정하였고, 또한 그 가정을 입증하
였다.

그는 취득윤리를 잉글랜드의 핵심적 특징으로 보았다.

우리의 삶의 조건을 개선시키려는 소망과 상황의 악화에 대한 공포는,
물리학에서 언급된 '몸의 자생력'과 같이, 정치에서는 '공화국의 자생력'
이며, 인간의 불충분한 제도에서 야기되는 무질서를 지속적으로 상쇄
시켜준다. 또한 그것은 인구증가에 대한 예방적 억제로서 작동한다. 38)

결혼의 의무에 대한 경고에도 불구하고,

각 개인은 결혼이라는 큰 결단을 내리기 전에 가족부양의 수단을 고려
할 필요성을 실제로 발견했다. 그 위대한 '공화국의 자생력', 즉 우리의
상황을 개선시키려는 욕구와 상황의 악화에 대한 두려움은 항상 작동하
고 있었다. 모든 나라에서 솟구치는 행복의 소망 덕분에 유럽에서는 결
혼에 대한 신중한 억제가 증가하였다. 39)

---

38) Ibid. , ii, 53.
39) Ibid. , ii, 257.

이러한 힘은 신분상승과 하강이 비교적 용이한 곳에서 가장 강력하게 작동한다. 왜냐하면 노동자들은 빈민으로 떨어지기 쉽기 때문이다. 40)

사유재산과 정치적 안정은 신분의 사다리를 수직으로 유지시키고, 자신의 여건을 향상시키려는 개인의 노력이 헛되지 않게 해준다. '조혼의 억제가 대가족 부양의 어려움에서 자연스럽게 야기되고 또 모든 계층에서 작동하고 있다는 사실은 조금도 의심의 여지가 없다. 그러나 이러한 억제의 자연스러운 작동은 전적으로 재산과 계승(succession)에 관한 법률의 존재에 달려있다.' 불평등과 사유재산을 폐지하면 사람들은 자연상태로 되돌아가고, 그 후엔 오로지 '악'이나 '재난'에 의해서만 통제될 것이다. 공공번영의 주원천인 '자신의 상황을 향상시키려는 인간의 강렬한 욕망'은 '대단히 칭찬할 만한 산업정신과 선견지명'을 가져왔는데, 거기엔 결혼을 연기하려는 선견지명도 포함되어 있었다. '이러한 성향은 전제국가에서 나타나는 희망 없는 게으름과는 정반대되는 것으로, 모든 개인에게 근면의 생산물을 보장해 주는 잉글랜드 정부의 탁월한 헌법과 법률로부터 파생되는 것이다. 41) 과거의 그러한 보장은 자신의 여건을 향상시키려는 개인적 욕구와 결합하여 예방적 억제에 대한 최종 전제조건, 즉 광범하게 확산된 풍요로움을 생성시킨다. '무엇보다도, 편안하고 안락한 삶을 추구하는 성향이 다양한 계층에 널리 퍼져 있음이 관찰된다.'42) 그것은 순환 과정이었다. 안락과 품위, 좋은 음식, 훌륭한 집, 그리고 멋진 옷과 여가에 대한 취향이 널리 확산되고 발전할 것이다. 마지못해 살아가는 생계수준과 현재 생활양식 사이의 격차를 보면서 사람들은 후자의 즐거움에 익숙해질 것이고, 또 그것을 증가시키려 할 것이다. 43) 그러한 소망은 문명화의 촉진과 결혼연기의 유인책으로 작동할

40) Ibid., I, 12~13.
41) Ibid., ii, 206~207.
42) Ibid., ii, 206.

것이고, 향상된 부를 재생산(*reproduction*) 44)에 곧바로 환원시키는 것을 방해할 것이다. 사람들은 향상된 생활수준을 선택하도록 강요당할 것이고, 또한 그것을 점점 더 선호할 것이다. '잉글랜드처럼 문명화된 나라에서 품위 있고 안락한 생활에 대한 취향은 다양한 계층에 널리 퍼져 있었고', 45) 사람들은 조혼을 통해 이 모든 것을 박탈당하려 하지 않을 것이다. 이것이 곧 증가한 임금과 인구 사이를 중재하였고, 그 둘 사이의 악순환의 고리를 끊었던 것이다. '이러한 상황에서, 특히 훌륭한 정부와 결합될 때, 사회의 노동계층은 편안하고 안락한 삶에 대한 취향을 단호히 필사적으로 획득하려고 시도할 것이다.'46)

맬서스는 일단 순환과정이 시작되면, 그것은 계속되고 또 모든 사람에게 혜택을 줄 것으로 확신하였다. 그는 빈민들에게 관심을 가졌지만, 가난에 대한 해결책은 구 빈민법(Old Poor Law) 47)처럼 자선을 베푸는

---

43) (옮긴이) 중국을 포함한 동양에서는 물질적 혹은 정치적 탐욕을 멀리하고 마음의 평화를 즐기는 검소한 생활, 즉 안분지족(安分知足)의 삶을 강조하기도 했다. 또 조선의 사농공상에서 보듯이 유교에서는 경제적 이윤을 가장 멀리하였다. 자본주의가 주된 이데올로기가 되기 이전의 비서구사회에서, 잉글랜드의 자본주의에서 가장 중시하는 물질적 안락은 잉글랜드와 달리 오히려 천대받곤 했다. 이는 삶에서 가장 중시하는 요소가 이데올로기에 따라 다를 수 있다는 사실을 함축한다.

44) (옮긴이) 재생산과 출산 혹은 출산력은 구분되어야 한다. 재생산은 세대에 걸쳐 인구집단이나 하위인구집단이 그 크기를 유지할 수 있는 역량을 말한다. 따라서 재생산에는 세대의 의미, 출산의 의미, 그리고 새로 태어난 아이가 성인이 되어 자녀를 출산하기 전에 사망할 확률에 대한 의미가 포함되어 있다. 반면 출산력은 한 인구집단이 생산하는 살아있는(*living*) 출생아의 수를 의미할 뿐, 세대와 사망의 의미는 포함하지 않는다.

45) Ibid., ii, 185.

46) Ibid., ii, 135.

47) (옮긴이) '구 빈민법'은 1601년 제정된 엘리자베스 '구민법'을 칭한다. 구 빈민법의 가장 큰 특징은 교구단위 자선행위로서의 빈민구제가 국가의 개입으로 징수되는 구빈세에 의해 행정적으로 처리되었던 점이다. 산업혁명은 생산력

것이 아니라고 믿었다. 그러한 무차별적인 자선은 조혼을 장려할 뿐이다. '교구의 지원이 없으면, 빈민은 가족부양능력이 결여된 상황에서 결혼하지 않을 것이다. 따라서 구 빈민법은 법률적 부양을 받는 빈민을 증가시킬 뿐이다.'48) 그의 주장에 따르면, 자녀생산이 아닌 다른 것에 대한 취향을 장려하는 것이 더 낫고, 그럼으로써 빈민의 협상지위를 향상시켜야 한다. '만일 신중한 제한이 널리 채택된다면, 노동시장에서 공급의 감소를 가져와 노동임금을 자연적으로 끌어올릴 것이다.' 결혼연기는 또한 사람들에게 결혼자금의 축적을 가능케 하여 결혼식을 올릴 시점에 이르면 그들은 스스로 책임질 수 있을 만큼 충분한 자금을 모을 것이다. 즉, '사회에서 절대빈곤은 모두 제거될 것이다'.49) 그러나 맬서스는 거기에 치밀한 사고 하나를 더 추가하였다. 그는 인구가 급속히 증가하는 상황에서 경제가 성장하기 위해서는 신중한 제한이 필수적이라고 주장하였다. 그는 그것이 (옮긴이: 잉글랜드) 체제 아래서는 가능하다고 믿었다.

애덤 스미스의 이론을 정교하게 다듬는 과정에서 맬서스는 공급과 수요의 힘이 마침내 작동할 것이고 또 노동수요가 결국 노동력을 생산해 낼 것이라고 주장하였다. 하지만 중요한 것은 그것이 작동하는 방식과 노동력의 증가를 성취하는 데 있어서의 지연이다. '이런 식으로 작동하는 예방적 억제는, 비록 식량증가에 따라 인구가 증가할지라도 제한된 식량으로 인구를 지속적으로 유지시키고, 임금상승과 노동자들의 결혼 이전의

의 비약적인 발전을 가져왔지만, 그와 동시에 기술의 발달은 기존 노동자의 대량실업을 양산하여 빈민의 수가 가속도로 급증하게 했다. 빈민 수가 증가하면 유산계급의 구빈세 부담이 증가한다. 이러한 구빈세 부담은 빈민의 자립성을 중시하는 1834년 신 구민법을 탄생시켰고, 신 구민법의 탄생에는 맬서스 이론이 결정적 역할을 하였다.

48) Ibid, ii, 48.
49) Ibid, ii, 161.

저축에 진정한 가치를 부여해 줄 것이다.'50) 그러나 정확히 말해서 부의 증가가 어떻게 그런 식으로 연기되었는가? 시장과 결혼을 정확하게 연결시키는 것은 무엇인가? 맬서스의 통찰력 있는 지적은 계속된다.

맬서스 이론의 핵심은 잉글랜드처럼 복잡한 시장경제 체제에서, 압력은 단순히 임금수준 같은 것으로 — 곡물비용은 말할 것도 없고 — 결정되지 않는다는 점이다. 더 중요한 것은 잉글랜드 경제 안에서 더 강력해진 노동수요이다. 예컨대 한 남자의 임금(임금이 비교적 높을지라도)은 만일 그 임금이 여성과 아동노동에 대한 수요를 극복하지 못한다면, 혼인연령을 낮추는 데 도움을 주지 못할 것이다. '결혼을 장려하고 자녀부양능력을 궁극적으로 결정하는 것은 노동자계급 가족의 1년 평균소득이지, 단순히 식량으로 환산된 1일 노동임금은 분명 아닐 것이다.'51) 중요한 것은 1년 동안 벌어들인 총소득일 것이다. '이런 본질적인 요소에 주목해야만 노동의 실질임금(*real wage*)에 의해 인구증가가 규제되지 않는 이유를 설명할 수 있을 것이다.'52) 여기엔 교구 구제의 가능성, 값싼 식량표53)의 존재, 그리고 '성과급 방식의 작업' 가능성 등을 포함한 여러 요소들의 조합이 고려되었다.

단순히 노동의 실질임금이 아니라 총실질소득을 고려해야 한다는 것을 의미하는 매개기제(*intervening mechanisms*)를 설명하기 위해 맬서스는 18세기 잉글랜드의 역사에 착안하였다.

---

50) Idem.

51) Ibid., ii, 139.

52) Idem.

53) (옮긴이) 미국과 같은 서구국가에서는 빈민들에게 일반인들보다 훨씬 값싸게 혹은 무료로 기본 식량을 구입할 수 있는 식권을 나누어 준다.

예컨대 지난 세기 중반 잉글랜드의 옥수수 가격은 매우 낮았다. 1733년
부터 1755년까지 약 20년간, 평균 일당노동 임금은 한 펙(*peck*) 의54) 밀
을 살 수 있을 정도였다. 이 기간에 인구는 보통 수준으로 증가했지만
1790~1811년 사이의 인구증가처럼 급속하지는 않았다. 1790년부터
1811년 사이 평균 일당임금은 일반적으로 한 펙의 밀을 살 수 없을 정도
였다. 하지만 후자의 경우, 보다 급격한 자본의 축적과 더 많은 노동의
수요가 있었다. 그리고 계속된 식량수요의 증가가 임금상승을 앞지르
고 있었지만, 노동자의 완전고용이 달성되었고 더 많은 업무량을 수행
하였다. 제조물에 비해 옥수수의 상대적 가치가 높아졌고, 감자 소비량
도 증가하였다. 더 많은 돈이 교구의 구제금으로 배분되었고, 극빈 계
층에 이르기까지 더 많은 식량을 요구할 수 있는 구매력을 제공해 주었
다. 이러한 현상은 후자 기간 동안의 가파른 인구증가가 일반 원칙에 완
벽하게 일치된다는 사실을 잘 설명해 줄 것이다. 55)

즉, 사람들의 생활수준이 생계수준을 상회하는 사회에서는 식량공급
이 더 이상 인구를 결정하지 않는다. 생활수준과 기대치가 잉글랜드보
다 훨씬 낮고 감자가 널리 소비되는 아일랜드에서는 식량공급이 증가하
면 인구는 급격히 증가할 것이다. 56) 그러나 잉글랜드의 상황에 영향을
미치는 것은 잉글랜드인의 기대치와 결합된 노동수요이다. 잉글랜드의
상황은 식량공급이 줄어드는 반면 인구는 증가하므로 호기심을 불러일
으킬 수 있다.

노동수요가 정체되거나 완만하게 증가할 때, 가족을 부양할 수 있는 고
용기회를 제공받지 못하거나, 가족부양에 필요한 임금을 받지 못하는
노동자들은 당연히 결혼을 연기하려 할 것이다. 그러나 만일 노동수요

---

54) (옮긴이) 잉글랜드에서 곡물의 양을 재는 단위로 1펙은 9.092리터.
55) Idem.
56) Semmel, *Papers of Malthus*, 44.

가 계속 급증한다면, 식량의 공급이 불확실할지라도 인구는 분명히 증가할 것이다. 57)

경제적 효과를 결정하는 것은 개인의 열망과 태도라는 사실을 맬서스는 정확하게 인식한 셈이다. 이 점에 대한 두 가지 주요한 사례는 결혼의 목적과 기능에 대한 태도와, 바람직한 삶이라고 간주되었던 것에 대한 태도이다. 전자는 종교적이고 정신적인 체제와 밀접하게 관련된다. 맬서스가 제시하기를 중국인들은 '결혼에서 두 가지 목적을 인식한다. 첫 번째는 조상의 사당에 영구히 제사를 지내는 것이고, 두 번째는 자손의 번식이다. 이러한 금언(金言)의 결과로, 자녀를 결혼시키지 못한 아버지는 일종의 수치를 느끼며 마음이 편치 못할 것이다'. 58) 인도에서는 〔고대 인도의 마누법전(*Laws of Manu*) 59) 번역을 인용하면서〕 '결혼은 대단히 장려되는 일이며, 남자 상속인의 생산을 가장 중요한 목표로 간주한다', '아들이야말로 모든 사람을 물리칠 수 있는 승리의 원천이고, 아들의 아들을 통해 인간은 영원히 존재할 수 있으며, 또한 손자의 아들을 통해 불멸의 낙원에 도달할 수 있다'. 60) 그러한 결혼의 견해는 '강력한 영향력을 가질 수밖에 없다'.

후손을 남기지 못하고 사망할 경우 사회에 대한 자신의 중요한 의무를 수행하지 못했다는 죄의식을 느끼는 사람은 결혼에 대한 본능을 억누르기보다는 그 본능을 더 강화하려는 성향이 있다. 그의 이성적 판단이 가

---

57) Malthus, *Population*, ii, 140.

58) Ibid., I, 129.

59) (옮긴이) 마누법전은 힌두교 계율에서 가장 기본이 되는 교재의 하나이며, 힌두교인의 삶에 중요한 가르침을 제공한다. 이것은 고대 인도사회를 이해하는 데 필수이다.

60) Ibid, I, 116.

족부양의 어려움을 제기하더라도 그는 그것을 무시하면서 과감히 결혼에 도전할 것이다. 그는 자신의 의무라고 스스로 생각하는 것을 수행하면서 신은 그를 버리지 않을 것이라고 소망할 것이다. 61)

종교와 사회의 압박이 이성 간의 격렬한 사랑과 결탁할 경우, 경제적 신중함을 압도할 수 있다고 맬서스는 믿었다.

경제적 힘은 바람직한 생활수준이라고 간주되었던 것에 다시 강하게 의존한다. 62) 비천한 음식과 숙소 그리고 굴욕적인 교구 구제에 인내할 각오가 되어있는 사람들의 집단은 극도의 빈곤과 페스트가 창궐하기 이전에 조혼을 감행할 것이다. 그러나 여가, 아늑함, 프라이버시와 그리고 쌀, 감자, 검은 빵이 아닌 고급음식을 섭취하는 안락한 삶을 기대하는 사람들은 출산을 뒤로 미룰 것이다. 맬서스의 관찰에 따르면, 이것이 바로 잉글랜드 사람들과 아일랜드 빈민들 간의 뚜렷한 차이점이며, 그 차이는 잉글랜드 사람이 최소한의 안락 물품을 점차 필수품으로 간주하는 과정에서 파생된 것이다. 잉글랜드의 경우, 조혼빈도에 대한 건강하고 무해한 억제책의 하나는 작고 아담한 집을 마련하기 어려운 것이고, 또 하나는 아일랜드인과 같이 조악한 진흙집에 만족하기보다는 입주가 능한 집을 기대하며 수년간 결혼을 연기하고 노동에만 전력하는 노동자

---

61) Ibid., ii, 184~185.

62) (옮긴이) 오늘날에는 자녀 출산 여부를 경제적 합리성으로 계산하지만, 불과 20~30년 전만 해도 자녀의 출산은 당연시되었고 또 자녀는 자신이 먹을 것은 가지고 나온다는 민속적 믿음이 있었다. 이러한 이데올로기가 지배적인 곳에서는 자녀 출산에 대한 경제적 계산이 큰 힘을 발휘하지 못할 것이다. 경제적 계산이 힘을 발휘하기 위해서는 개인의 경제적 계산을 방해하고 또 그것보다 우선시되는 사회의 이데올로기가 제거되어야 할 것이다. 즉, 개인적 차원의 경제적 계산이 힘을 발휘할 수 있는 개인주의와 자본주의 이데올로기가 뒷받침되지 않는 한, 개인적 차원의 경제적 합리성을 계산하는 것은 힘을 발휘할 수 없다.

들의 칭찬할 만한 관습이다. 63) 이제 우리는 예방적 억제가 잉글랜드에서 왜 그토록 강력한 힘을 발휘하는지 분석함으로써 맬서스가 정치와 법률, 사유재산, 평등과 불평등, 종교와 조상과 사후생활에 대한 견해, 열망과 습관 등을 깊이 고찰한 까닭을 알 수 있다.

이제 다윈의 사례에 맬서스의 분석을 적용할 수 있음이 분명해졌다. 최근까지 덜 명확했던 점은 맬서스가 대충 윤곽을 그린 결혼 기제들이 갖는 엄청난 중요성이다. 그 기제들이 잉글랜드의 경제적, 인구학적 발전의 성격을 설명하는 데 있어서 갖는 중요성이 최근에야 극복된 문제에 의해 불분명해졌다. 그 문제의 해결은 맬서스주의적(*Malthusian*) 결혼을 역사적 탐구의 한가운데에 위치시킴으로써 가능하다.

---

63) Ibid. , ii, 250.

2

맬서스주의적
결혼의 중요성

　아직도 해결되지 않은 근대사 문제 중 하나는 18, 19세기 잉글랜드의 경제성장과 인구증가 사이의 관계이다. 17세기 중반 이후 100년간 미미한 증가세를 보이던 잉글랜드의 인구가 대략 18세기 중반부터 폭발적으로 급증한 점은 수수께끼이다. 인구증가가 점진적으로 이루어진 시기에는 산업화에 필요한 인프라의 축적이 이루어졌고, 인구폭발은 산업팽창과 식민지 확장에 필요한 노동력을 제공하였다. 무엇이 이러한 역동적인 인구변동을 가져왔을까?

　다윈이 자신의 결혼에 대해 고민했던 1838년에서 1978년까지, 이 문제를 둘러싼 지난 140년 동안의 탐색은 이러한 인구변동을 설명하는 세 가지 주요한 이론을 낳았다. 그 가운데 가장 대중적인 이론은 '인구변천이론'(demographic transition theory)이다. 이 이론은 인구변천의 결정요인이 사망력(mortality)이라는 주장을 펼쳤고, 이는 전세계 인구분석 연구에 광범한 영향을 미쳤다.[1] 잉글랜드의 사례는 여러 개발도상국에서 관찰되는 일반 패턴을 충실하게 보여준다. 거기에는 세 단계가 있다. 18세기 중반까지 높은 출산율은 높은 사망률에 의해 균형을 이루었다. 그 후 건강이 개선되었고 전염병도 사라졌다. 높은 출산율이 지속되는 반면, 유아와 젊은 엄마들의 사망률이 계속 감소하자, 인구가 폭증했다. 출산율이 출산통제의 도입을 통해 떨어졌을 때부터 100년이 지난 후 인구는 다시 균형 상태를 이루었다. 이 이론은 매우 그럴듯해 보였고, 분명 전 세계 다른 지역에서도 발생했던 점을 거론했기 때문에 널리 수용되었다.[2]

그러한 해결책의 중요한 연구과제는 건강과 질병이다. 출산력 (*fertility*)은 생물학적 상수이고 인구변동을 설명하는 데 있어 그다지 중요하지 않다. 이러한 논지를 이전 시대에 적용해 보면 흑사병 이후 인구의 지속적 감소는 질병의 반복적 발생에서 그 이유를 찾을 수 있다. 17세기 중반 이후의 인구 정체는 새로운 질병의 출현 때문이었다. 이러한 주장이 함축하는 것은 산업화 이전의 잉글랜드 사회는 겨우 생계수준에 머물렀고, 맬서스의 적극적 억제와 지속적으로 충돌하고 있었다는 점이다. 몇 가지 사건과 발견에 힘입어 잉글랜드는 처음으로 '묵시록적 기수들'(옮긴이: 파멸의 전령들)의 굴레로부터 벗어날 수 있었다. 그 사건과

---

1) (옮긴이) 인구변천이론은 20세기에 톰슨(Thompson)과 노테스타인(Notestein)에 의해 체계화되었다. 서구의 인구학자들은 이 이론에 근거하여 제2차 세계대전 후 인구가 급격히 증가했던 아시아, 아프리카, 라틴아메리카 등의 국가에서 가족계획 도입의 필요성을 주장하였다. 즉, 출산 통제를 통해 빠른 시간 내에 인구의 균형 상태에 도달할 필요성을 역설하였다. 그렇지 않으면 맬서스가 주장한 식량부족으로 인한 사망력 증가와 같은 적극적 억제가 발생할 수 있다.

2) (옮긴이) 오늘날 인구변천이론은 널리 비판을 받고 있다. 많은 나라에서 출산력의 하강이 사망력이 하강한 뒤에 일어나지 않았고(이를 테면, 유럽 일부 지역에서는 사망력과 출산력의 하강이 동시에 이루어졌다), 또 우리나라를 포함하여 초저출산 현상을 보이는 오늘날 일부 국가에서는 출산율이 감소된 사망력 수준보다 더 하강하여 균형 상태를 이루지 않고 있다.

발견이란 흑사병의 갑작스런 쇠퇴, 개선된 식단과 우유소비 증가에 기
인하는 유아건강의 증진, 백신의 발명, 그리고 전반적 의료수준의 향상
등이다.

　오랫동안 이러한 견해가 지배적이었다. 1980년대의 입장 역시 하박쿡
(Habakuk)이 자신의 견해를 펼쳤던 1953년 당시와 크게 다르지 않았다.
그는 주장하기를 '18세기 후반 잉글랜드와 웨일즈(Wales)에서 나타난
인구증가의 주원인을 의약품, 의료기술, 공중보건의 수준향상에 기인한
사망률 감소의 탓으로 돌린 일반화 이론만큼 정교하게 개진한 것은 없었
다.'[3] 그리하여 1968년 스펭글러(Spengler) 역시 18, 19세기 잉글랜드
와 웨일즈에서의 인구증가는 '전적으로는 아니지만 상당부분이 사망력
감소 탓에 기인한다'[4]고 주장할 수 있었다. 이러한 접근의 일례로는 널
리 읽히는 토머스 맥케온(McKewon)의 저서[5]를 들 수 있다. 1955년 브
라운(Brown)과 공동저술한 그의 초기논문은 이후의 본격적 저술의 기
초를 제공한다. 맥케온은 '현대의 인구증가를 전반적으로 살펴볼 때, 사
망률의 실질적인 감소는 명확하게 설명되어야만 한다'[6]고 결론 짓는다.
멕케온은 대규모로 진행된 도시화와 산업화에도 불구하고 잉글랜드인
대부분의 영양 상태는 실질적으로 향상되었음에 틀림없고, 이는 사망률
의 급격한 감소를 가져오기에 충분했을 것이라고 주장한다. 반면 그는
의료와 공중보건의 향상에서는 그 근거를 찾을 수 없었다.[7] 이러한 주

3) In Glass, *Population*, 269.

4) 'Historical Population', 434.

5) (옮긴이) 여기에 인용된 1976년 저서 *The Modern Rise of Population*은 아직 번
역되지 않았지만, 그의 1988년 저서인 *The Origins of Human Disease*는 《질
병의 기원》(서일·박종원 역, 1996, 동문선)이라는 제목으로 출판되었다.

6) Mckeown, *Population*, 43.

7) (옮긴이) 멕케온은 인구증가의 주된 원인을 출산력 상승이 아니라 사망력 저
하에 기인한 것으로 보았으며, 또 사망률 저하의 주된 원인을 개인위생의 향
상이 아니라 영양 상태를 개선한 생활수준의 향상에서 찾았다.

장을 뒷받침해 줄 통계수치는 없지만, 그것은 사실임에 틀림없다. [8]

또 다른 소수의 이론은 인구증가가 출산력의 변화에 의해 야기되었다는 주장인데, 맥케온은 이 견해에 강하게 반발하였다. 이러한 해석은 1929년 마샬(Marshall)에 의해 제기되었다. 그는 '출생률을 현 상황이 도래한 핵심요인으로 파악한 맬서스 추종자들의 견해는 절대적으로 옳다'고 주장했다. 그는 자녀의 경제적 가치 상승과 서번트와 도제들의 결혼제약의 제거가 혼인연령을 낮추었다고 주장한다. [9] 이러한 주장은 하박쿡의 두 논문에서 지지를 얻는다. 교구등록 자료에 관한 세세한 분석이 뒤따라야 함을 인정하면서, 그는 1953년 마샬과 유사한 주장을 폈다. 그의 주장에 따르면 새로운 경제적 기회가 혼인연령의 하락을 유도했고 그것은 곧바로 인구증가의 주요인으로 작용한다. 하박쿡은 혼인연령의 하락 문제가 아일랜드 인구역사의 핵심이라는 취지에서 커넬(Connell)을 인용하면서, '이 점은 아마 산업화 이전의 여러 사회에서도 사실일 것이다'[10] 라고 덧붙였다. 만약 이것이 사실이라면 이것의 함의는 의미심장하다. 만약 사망률의 하강이 인구증가의 주원인이라면 '산업혁명이 증가하는 인구의 도전에 대한 반응인지 여부를 고려하는 것이 이치에 맞을 것이다'. 만약 인구증가가 그와 반대로 '일차적으로 노동력에 대한 수요 증가의 결과라면, 우리는 이 시기 경제변동의 주원인을 다른 곳에서 찾지 않으면 안 된다'. [11] 맥케온과 브라운의 공박에 직면하자, 1958년 하박쿡은 자신의 전체적인 입장을 유지하면서 방어의 자세를 취했다. '나는 혼인연령의 2, 3년 하락과 약간의 혼인율 증가가 우리가 목도한 18세

---

8) 쿤니츠(Kunitz, 1983)의 "Mortality"에서는 맥케온과는 달리, 유럽에서 사망률이 떨어진 주된 원인을 공공 보건으로 설명한다.

9) In Glass, Population, 267; 260~261.

10) Ibid., 275.

11) Ibid., 271,

기 후반의 인구급증의 한 원인이었다는 점을 이 시점에서 철회할 필요는 없다고 본다.' 그러나 다음 문장에서 그는 자신감이 없어 보인다. '사실상 혼인연령의 변화가 그렇게 큰 규모로 진행되었는지는 몹시 의심스러운 문제이다.'[12]

그리하여 쌍방 모두는 증거가 불충분하여 자신의 이론을 입증할 수 없는 궁지에 빠지게 되었다. 인구증가를 출산력의 변화에서 찾은 18세기 이론가들과 사망률이 인구증가의 핵심요인이라고 주장한 후대의 대다수 역사학자들 가운데 누구의 견해가 옳은 것인가?

출산력을 인구증가의 핵심요소로 파악하는 18세기의 견해에 주요한 반론이 제기 되었다. 첫째, 출산력 변동에 의한 급속한 인구증가라는 현상은 지금까지 어떤 곳에서도 관찰된 바 없다. 과거와 현대의 여러 사회에서 계획된 혹은 우연한 사망률 하락에 의해 인구가 급증한 경우는 있었어도 멕케온이 지적한 바와 같이 출산율의 증가에 의한 인구증가 사례는 거의 없다는 점이다.[13] 둘째, 역시 아일랜드의 경우에서 유추한 멕케온의 주장인데, '신부의 결혼 평균연령이 5년 상승하면 평균 출생아 수는 1명이 감소할 것이다.'[14] 셋째는 존슨 박사에 의해 제기된 논리적 반론이다. 러시아가 인구급증으로 인해 위대한 제국이 될 가능성이 있다는 주장이 제기되었을 때, 그는 이렇게 말했다. '저는 러시아 사람들이 더 번식할 가능성은 없다고 봅니다. 그들은 자신들이 낳을 수 있는 아이들 밖에는 가질 수 없어요. 나는 그들이 현재보다 더 번식할 수 있는 방법을 알지 못한답니다.' '하지만 어떤 나라들은 특정한 시기에 인구가 더 증가했던 적이 있지 않았던가요?' 라는 보스웰의 반론에 존슨 박사는 이렇게 대답했다. '맞아요. 하지만 그것은 해외이주, 전쟁, 전염병에 의

---

12) Ibid., 153; 또 154도 참조.
13) McKeown, *Population*, 42~43.
14) In Glass, *Population*, 297; McKeown, *Population*, 38.

해 특정 시기의 인구가 덜 감소했을 뿐, 그들의 생식활동이 더 왕성했기 때문은 아니었습니다. 어느 시기나 전체 인구대비 출생률은 일정했습니다.'15) 이 대담은 인구증가가 급속히 이루어지던 1769년에 기록되었다. 자신의 주위를 살펴볼 때, 존슨 박사는 출산력을 높이는 것은 불가능하며, 맬서스의 적극적 억제인 기근, 전쟁, 전염병 혹은 해외이주가 인구증가를 결정짓는 요인이라고 결론지었다.

그리하여 인구증가를 사망력과 출산력 변동의 조합에 의한 현상으로 파악하는 견해가 존재하는 반면, 역사적 지역적 증거에 근거한 대다수의 견해는 맬서스의 적극적 억제의 제거에 그 해결책이 있다고 믿게 되었다. 지난 수년간 발생한 현상은 이러한 논의를 완전히 뒤집었다. 이러한 역사적 반전의 상당히 중요한 함의를 따져보기 전에, 어떻게 이런 일이 발생했는지 살펴볼 필요가 있다. 논의의 반전은 두 단계에 걸쳐 진행되었는데, 첫 단계는 1965년과 1966년에 발표된 두 논문이다. 존 헤이널(Hajnal)은 1965년 논문에서 '유럽의 결혼 패턴'(*European marriage pattern in perspective*)에 대한 개요를 작성했다.16) 그는 적어도 16세기부터 서유럽에서 독특한 결혼패턴이 나타난다고 주장했다. 두 가지 중요한 특징은 여성들의 평균 초혼연령이 25세 이후로 무척 늦다는 점과 아예 결혼하지 않는 여성들, 즉 독신여성의 비율이 15% 이상으로 무척 높다는 점이다. 이러한 '선택적' 결혼현상은 늦은 혼인연령만큼이나 독특한 것이다. 이러한 결혼양상은 트리에스테(Trieste)와 레닌그라드(Leningrad)를 경계선으로 하는 서유럽과 동유럽에서 상반된 양상을 보인다. 또한 오늘날 아프리카, 아시아, 기타 제3세계 국가에서 관찰되는 것과도 무척 상이한 결혼현상이다. 헤이널은 출산력이 생물학적으로가 아니라 사회적으로 결정된다는 점을 사실상 제시한 것이다. 성적 성숙

15) Hill, *Life of Johnson*, ii, 101~2.
16) Hajnal in Glass, *Population*.

연령과 출산연령 사이에는 10년 이상의 시차가 존재하며, 많은 여성들은 아예 결혼하지 않는다는 점이다. 이 중요한 지적은 리글리(Wrigley)[17]의 논문에서 확증되고 자세히 검토되었다. 이 논문은 잉글랜드 여성들이 사실상 무척 늦은 나이에 결혼한다는 사실을 보여준다. 데번셔 콜리턴(Colyton)의 경우, 1560년에서 1750년 사이에 평균 초혼연령은 26세에서 30세 사이를 오르내렸다. 또 리글리의 논문은 결혼한 경우라도 유배우 출산력(*marital fertility*)[18]이 비교적 낮았고, 어떤 시기에는 너무 낮아 데번셔 주민들이 모종의 출산통제를 통해 자신들의 출산력을 조절했는지가 의심된다고 말한다.

불행하게도 이러한 만혼과 선택적 결혼의 양상이 언제 시작되었는지를 명확하게 제시하는 것은 아직 가능하지 않다. 헤이널은 아마 1400년부터 1650년 사이의 어떤 시점일 것이라고 추정하지만, 그가 제시한 증거와 다른 학자들이 장원과 법원명부의 기록을 통해 간접적으로 제시한 증거는 결정적인 것들이 아니다. 인두세와 몇몇 초기 문서들은 그 해석이 무척이나 어렵고, 또 여성들의 혼인연령을 확신할 수 없다. '중세여성들이 몇 세에 결혼했는지를 보여주는 납득할 만한 증거가 없다'는 말은 여전히 유효하다.[19]

이 두 논문은 존슨 박사의 논리적 반론을 제거해버렸다. 왜냐하면 이 세 가지 요인(혼인연령, 혼인비율, 유배우 출산력) 가운데 한 가지 이상을 변화시킴으로써 사람들을 '보다 많이 생산하도록' 유도할 수 있기 때문이다. 혼인연령에 극적인 변동이 없었다는 멕케온의 인구학적 유추도 오류인 것처럼 보인다.[20] 이 사실은 잉글랜드에서 미미한 혼인연령 변동

---

17) Wrigley, 'Family Limitation'.
18) (옮긴이) 유배우 출산력은 결혼한 부부의 출산 수준을 의미한다.
19) Hajnal in Glass, *Population*, 122; Macfarlane, *Individualism*, 158.
20) Schofield, 'Review', 180.

이 출산력에 엄청난 영향을 미쳤다는 사실이 이를 잘 설명해 준다. 그러나 첫 번째 반론은 여전히 남아있다. 출산력 상승이 인구증가를 가져왔다는 사실을 입증할 수 있다면 잉글랜드는 대단히 예외적인 사례[21] 가 된다. 출산력이 인구증가의 중요한 요인이 될 수 있다는 사실과 그것을 역사적으로 입증하는 것은 하박쿡이 지적했듯이 별개의 문제이다.

우리가 저명하고 양심적인 역사학자들과 동렬에서 이러한 문제를 해결할 수 있게 된 것은 전적으로 인구와 사회구조의 역사를 연구하기 위한 사회과학연구협의회 케임브리지 그룹(Social Science Research Council Cambridge Group for the History of Population and Social Structure)의 작업 덕택이다. 지난 20년 동안 그들은 잉글랜드 인구의 역사를 두 가지 서로 다른 절차를 통해 재구성했다. 그들은 '역추계'(back projection)라는 방법론을 활용하여 '교구대장'(parish registers)에서 도출해낸 '집합 숫자'(aggregate figures)로부터 16세기까지의 출산율과 사망률을 추정할 수 있었다. 이것은 '가족 재구성'(family reconstruction)[22] 방법으로 교구대장 자료에 대한 상세한 분석에 의해 보완되었다. '가족 재구성' 방법은 세

---

21) (옮긴이) 저자는 잉글랜드라는 예외적 사례를 통해 출산력의 변동이 인구 증가를 야기할 수 있음을 주장하지만, 대부분의 나라들이 (특히 제2차 세계대전 이후 인구가 급증한 한국을 포함한 제3세계 국가들) 사망력의 하강을 통해 먼저 인구가 증가하기 시작했다는 주장들이 많다. 따라서 예외적인 사례를 통해 추출된 일반화 진술에는 조심스러운 해석이 요구되며, 또 비판적 시각에서 그러한 진술을 재해석하고 점검할 필요성이 있다.

22) (옮긴이) 중세 유럽에서 사람들은 출생, 결혼, 사망과 같은 주요한 인구학적 사건들이 발생하면 그들이 속한 교구에 보고하였다. 교구가 이러한 개인들의 인구학적 사건들을 기록한 것을 교구대장이라 부른다. 유럽의 역사인구학자들은 교구대장에 수록된 정보를 바탕으로 가족 구성원이 누구인지, 구성원들 사이의 관계가 어떠한지, 그리고 시간이 흐르면서 가족구성이 어떤 식으로 변했는지를 연구하였다. 이런 방식의 작업을 가족재구성이라 하며, 이런 작업을 통해 그들은 그 당시의 유럽의 인구 규모와 인구 변동 원인을 밝히고자 노력하였다.

례와 결혼 그리고 사망을 연계시켜 여성들의 결혼시점, 출산시점, 사망시점의 연령을 산출해 낸다. 지난 4년 동안 축적된 연구의 결과에 힘입어 이러한 수수께끼 관계들에 대한 원인을 좀더 잘 이해할 수 있었다. 이제 우리는 전혀 예상치 못했던 해결책이 올바른 것이었다는 사실을 알게 되었다.

이제 우리는 논쟁을 종식시킨 리글리와 쇼필드 공저의 결론 부분을 간략히 요약해보겠다. 그들은 유배우 출산력 수준이 오랜 세월에 걸쳐 거의 변동이 없었다는 사실을 밝혀냈다. 결혼한 부부가 매년 임신하는 자녀수는 16세기에서 18세기에 이르기까지 거의 변동이 없었기 때문에 우리가 풀고자 하는 수수께끼의 주된 해답이 될 수 없다. [23] 프랑스, 스웨덴과 비교해볼 때, 수 세기에 걸쳐 잉글랜드의 '유배우 출산력'은 놀라울 정도로 낮았지만 그것은 별개의 문제이다. 정말 극적인 변화는 헤이널이 처음으로 강조한 두 가지 특징에 있다. 18세기 초 독신 비율은 뚝 떨어졌다. 리글리와 쇼필드는 17세기 후반에 40세에서 44세 사이의 성인 남녀 가운데 무려 22.9%는 여전히 미혼이었다고 추산했다. 18세기 후반에는 큰 변동이 있어 동일한 연령집단의 9%만이 미혼이었는데, 미혼 구성비는 4분의 1에서 10분의 1 수준으로 떨어졌다. [24] 이러한 양상은 많은 사람들이 아이를 낳지 않았던 스튜어트 왕조(Stuart England)에서 대부분의 사람들이 출산을 한 조지 왕조(Georgian England)로의 이동[25]을 의미한다.

18세기 변화의 핵심은 다른 곳에 있었다. 출산연령이 낮아진 것이다.

---

23) Wrigley and Schofield, 'Population History', 168.
24) Ibid., 176. 원래의 숫자는 5.9%였지만, 쇼필드는 최소한 9%가 사람들의 의사소통을 통해 볼 때, 아마 더 적합한 수치라고 생각한다. 이러한 급격한 차이는 Outhwaite(1981), *Marriage*, 151에서도 볼 수 있다.
25) (옮긴이) 스튜어트 왕조에서 조지 왕조로 이동한 것은 1714년이다.

48

변화는 그다지 극적으로 보이지 않는다. 리글리는 '실질 인구증가율이 매년 0%에서 1.67%까지 증가한 시기에, 여성의 초혼연령은 3년가량 낮아졌다'고 말한다. 평균 혼인연령이 26세에서 23세로 떨어진 것이다.[26] 다른 나라의 기준으로 보면 26세나 23세 모두 높은 연령이고, 그 변화는 미미한 것처럼 보인다. 하지만 사망률이 비교적 낮고, 혼인율이 점차 증가하는 양호한 여건에서 혼인연령의 감소는 반드시 인구증가율에 중대한 영향을 미친다. '20대 중반은 여성출산력의 절정기이기 때문에, 3년가량 빨라진 혼인연령은 여성의 전반적인 출산력에 실질적인 변화를 가져올 수 있다.'[27] 저자는 추정하기를, '비록 사망률이나 연령별 유배우 출산력엔 변화가 없었지만, 18세기에 혼인 또는 혼인관련 행위에 있어서의 변동은 연 인구증가율을 0%에서 1.26%로 충분히 끌어올릴 수 있었다.' 그리하여 리글리는 이 시기에 발생한 가속적인 인구증가율의 75%는 혼인행위의 변화로 야기된 출산력의 증가 때문이라고 강력히 주장할 수 있었다.[28] 그는 나머지 25%를 사망률의 탓으로 돌렸다.

이러한 변동이 수반되는 또 하나의 특징은 그것이 혼외임신 그리고 혼전임신과 연계된다는 점인데, 이것은 우리의 관심을 혼인연령보다는 '재생산 연령'으로 돌리도록 유도했다. 사람들의 결혼을 방해하거나 지연시키는 빡빡한 장애요인들이 느슨해짐에 따라, 때때로 혼전임신과 혼외임신에서 그 돌파구를 찾던 억눌린 성적 욕구가 감소했다고 예상할 수 있다. 하지만 정반대의 상황이 벌어졌다. '혼인연령은 낮아졌고, 그와 더

---

26) Wrigley, 'Population', 131; Wrigley in Outwaite(1983), *Marriage*, 148.

27) Wrigley in Outhwaite, *Marriage*, 148~149.

28) Ibid., 171. Roger Schofield and David Weir가 1984/1985 Journal of Family History에서 출판한 두 논문은 독신이 18세기까지 그리고 혼인연령은 그 이후에 중요하게 되었다는 사실을 보여줌으로써, 혼인율과 혼인연령의 변동이 인구 성장에 각기 기여한 정도를 이해하는 데 도움을 주었다. 나는 이 책의 저술에서 그 참고문헌을 제공해 준 리글리와 쇼필드에게 감사함을 표한다.

불어 평생 독신남녀의 비율도 낮아졌지만, 혼외출산력은 가파르게 상승하였고 혼전임신의 비율 또한 증가하였다'[29] 이것은 프랑스의 경우와 매우 다른 사례이다. 예컨대 프랑스의 경우는 혼인연령이 늦어짐에 따라 '마치 억눌린 압박에 직면한 것처럼 혼외관계가 광범하게 증가하는 경향을 보였다.'[30] 잉글랜드에서는 '남녀의 만혼 강요는 혼외관계의 회피를 유도하였다. 그러나 조기결혼이 장려되면서 이러한 발전들의 결과를 통해 혼외관계에 대한 금지도 느슨해졌다.'[31]

그 결과, 우리는 몇 가지 중요한 점을 알게 되었다. 16세기에서 19세기에 이르는 동안 잉글랜드에는 부와 인구를 연계시키는 특이한 형태의 자정능력, 즉 항상성 기반(homeostatic regime)이 존재했다는 점이다. 인구는 자원이 허용하는 최대치까지 즉각적으로 팽창했다가 감소하는 대신 유배우 출산력을 규제하는 제도를 통해 여유분을 남겨 두었다. (옮긴이: 자원이 허용하는 최대 수준의 인구 증가율과 유배우자 출산력의 통제로 그보다 낮은 인구 증가율 사이에서 생기는 차이가 여유분이다) 낮은 인구 성장률로 생긴 격차는 상당한 자원을 축적하게 했고, 자원의 사용이 확대되면서 인구 성장은 늦춰졌다. 이것은 소위 리글리가 '저압'(low-pressure) 균형상태라고 명명하는 두 번째 특징과 연결된다. 이것의 두 가지 특성은 다음과 같다. 첫째, 수 세기 동안 사망률과 출산력은 최대치를 밑돌았다. 통제 출산력(controlled fertility)이 그것을 가능케 했다. '출산력이 높은 사회에서는 사망률도 필연적으로 높다.' 그러나 일찍이 맬서스가 지적했듯이 출산력이 낮은 잉글랜드에서는 사망률도 적절한 수준에서 안정될 수 있었다.[32] 이러한 낮은 수준에서의 균형상태는 생

---

29) Wrigley in Outhwaite, *Marriage*, 146.
30) Ibid., 179~180.
31) Ibid., 146.
32) Wrigley, 'Population History', 209; Malthus, *Population*, i, 240.

활수준에도 유리한 영향을 미쳤다. '인구와 그 인구를 유지하는 데 유용한 자원 사이의 저압 균형상태는 비교적 높은 생활수준과 잘 맞아떨어졌다. 고압 균형상태는 불가피하게 인구 대다수를 생존의 경계선까지 밀어붙인다.'[33] 이러한 관점에서 보면 잉글랜드는 다른 전통사회들 그리고 그 당시의 다른 서유럽 국가들과 달랐다.[34] 프랑스와의 상세한 비교를 통해 리글리는 18세기 두 나라의 출산력과 혼인력(nuptiality)[35] 패턴이 무척 상이했음을 보여준다. '이 시기 잉글랜드와 프랑스 사이의 대조적 결혼의 역사는 주목할 만하다'고 그는 말한다. 따라서 잉글랜드를 다른 나라와 구분 짓는 특징은 잉글랜드의 사망률이 아닌 출산력의 역사이다.[36]

무엇보다도 우리는 결혼과 그와 관련된 성적행위가 중요한 변수였다는 사실을 알게 되었다. '그리하여 결혼은 이제 무대의 중심을 장악하면서 서서히 등장한다.' 왜냐하면 '근세 초엽 잉글랜드에서의 혼인력 변동은 인구증가율을 산업화이전 사회에서 발견되었던 최대치와 최소치 사이에서 움직이도록 만들 것이기 때문이다.'[37] 결혼과 가족제도는 잉글랜드의 독특한 초기발전을 이해하는 데 있어 핵심이다. 리글리가 지적하듯이 1960년대에 헤이널과 라살렛은 '산업화 이전 서유럽의 가족 패턴 — 여성의 만혼, 가임 여성의 높은 독신 비율, 결혼과 동시에 개별가구 구성, 부부만으로 이루어진 소가구들 — 이 모든 전통적 사회들 가운데

---

33) Wrigley, 'Population History', 209.

34) Wrigley and Schofield, 'Population History', 184.

35) (옮긴이) 혼인력(nupitality)는 "결혼이나 결합(union) 뿐 아니라, 결혼 또는 결합한 당사자들의 제반 특성, 그리고 이혼에 관련된 모든 문제를 총칭한다"(인구대사전, 2006: 760). 혼인력 지표에는 초혼연령, 조혼인율, 일반혼인율, 합계혼인율, 합계초혼율, 코호트혼인율 등이 포함된다.

36) Wrigley in Outhwaite, *Marriage*, 174~6.

37) Wrigley, 'Population', 133.

독특한 것이었다'라고 주장하였다. 이러한 사실은 가족연구가 핵심과제임을 의미하였다. 38)

그것(옮긴이: 서유럽 가족 패턴)은 18세기와 19세기의 변혁을 이해하는 열쇠인가? 현대의 부부중심 핵가족을 탄생시킨 것이 산업혁명이 아니라면 산업혁명기의 급격한 경제변동에 일조한 것은 결국 결혼과 동거제도의 이상야릇한 조합 때문이 아닐까?

그러한 연관성은 단지 특정 시기에만 국한된 것은 아니었다. 우리는 항상적이고 저압 균형상태인 잉글랜드가 어떻게 경제성장을 사실상 장려했는지 (혹은 적어도 소멸시키지는 않았는지) 파악할 수 있다.

여성들의 만혼으로 전반적인 출산력이 비교적 낮았던 산업화 이전 사회는 인구와 생산성 사이에 비교적 우호적인 균형이 가능했다. 일단 균형이 이루어지면 혼인연령을 초경과 같은 생물학적 사건으로 결정하지 않고, 사회경제적 상황에 맞게 유지하기가 용이하다. 높은 실질소득은 상이한 수요구조를 함축하고, 산업혁명에 선행하고 산업혁명을 수반했던 유형의 변동들을 촉발시킬 가능성이 크기 때문이다. 39)

드디어 일련의 오랜 난제들이 풀렸고 그 해결책 속엔 중요한 함축이 있다. 그러나 리글리가 지적하듯이 이러한 난제의 해결과정에서 새로운

---

38) (옮긴이) 라사렛은 산업혁명이 확대가족을 핵가족으로 이동시킨 원인이 아니라고 주장하며, 잉글랜드에서 핵가족이 산업혁명 이전에도 주된 가족 형태였다는 사실을 밝혀냈다. 즉 잉글랜드에는 다른 나라와 달리 산업혁명을 일으킬 수 있는 독특한 가족문화가 존재했다는 것이다. 산업혁명은 가족형태 변동의 원인이 아니라 결과이다. 이러한 주장은 비서구국가가 산업화를 통해 근대화를 하려면 그들의 전통 가족문화를 잉글랜드의 가족문화로 대치해야 한다는 사실을 은근히 제시하고 있다.

39) Wrigley, 'Reflections', 76~77.

문제들이 제기되었다. 인구가 이런 방식으로 행동하도록 만든 결혼과 성적 관계의 양상이 설명되어야 한다. '여성의 전반적인 출산력이 낮은 시기에 잉글랜드 사회는 혼전 여성들의 모든 출산활동을 보수적으로 통제하는 것이 가능하였다.'[40] 하지만 잉글랜드의 사회구조는 어떻게, 그리고 왜, 이런 일이 가능했던 것인가? 만약 이 질문에 답변하지 못한다면 다음 질문에도 답변할 수 없을 것이다. '왜 18세기 잉글랜드에서 혼인력은 놀라울 정도로 상승했는가? 왜 혼외임신과 혼전임신은 혼인력과 그토록 특별한 관련이 있는가? 왜 잉글랜드에서 관찰되는 현상은 동시대 프랑스의 유사한 현상과 그토록 선명한 대조를 이루는가?'[41]

그리하여 우리의 핵심 사안은 잉글랜드의 결혼 및 성적 관계에 대한 본질이며, 특히 결혼과 혼외관계에서의 재생산 결정이 어떤 식으로 이루어지는가이다. 이 문제의 분석에 앞서 우리는 리글리와 쇼필드의 공저에서 세 가지 조언을 받아들여야 한다. 첫 번째 조언은 재생산 결정과 실질소득 사이엔 분명한 관계가 있다는 것이다. '16세기부터 대략 1800년 사이에 가격 행위와 인구증가율 사이엔 긴밀한 관련성이 있었다'[42]는 주장이 제기된다. 게다가 '오랜 세월 동안 혼인력 변동과 실질임금의 추세는 긴밀한 연관이 있었고, 전자는 후자와 20~30년의 시차를 두고 발생했다는 증거가 있다.'[43] 하지만 리글리가 주장하듯이 관계가 해명될 때조차 이런 주장은 '경제적 변동이 어떤 식으로 사회규범을 변형시켜 결혼 그리고 혼외관계에서 결혼과 출산에 관한 개인의 결정에 **적절한** 변동을 야기하는지'를 설명하지 못한다.[44] 특히 문제는 20여 년의 시차이다.

---

40) Wrigley in Outhwaite, *Marriage*, 184.

41) Ibid., 183.

42) Wrigley, 'Population', 136.

43) Wrigley in Outhwaite, *Marriage*, 183.

44) Idem.

　두 번째 중요한 조언은 우리가 장기적인 패턴을 연구하고 있다는 점과 규칙 자체의 변동보다는 지속적인 규칙의 영향 아래에서 그 해결책을 찾아야 한다는 점이다. 18세기 중반의 극적인 사회 변동과 출산력 변동의 관련성이 정확하게 지적되었을 때, 이 변동이 사회구조나 결혼 자체에서의 대변혁을 반영한다고 믿고 싶은 유혹이 생겼다. 임금에 전적으로 의존하는 노동인구의 증가에 따라, 그때까지 소수에 불과했던 조혼이 지배적 현상이 되었다는 매력적인 주장이 제기되었다. 그러므로 출산력 변동은 프롤레타리아 계급의 성장을 반영하였다. 45) 그러나 '19세기 초 혼인력 하락'이 실질임금의 감소를 한 번 더 반영한 것처럼 보인다는 리글리의 견해에는 치명적 약점이 있는데, '왜냐하면 프롤레타리아 계급화는 꾸준히 진행되었기 때문이다.'46) 또 결혼 자체나 경제에 대한 결혼관계에 주요한 변동이 있었다는 증거도 없다. 따라서 '16세기와 19세기 사이에 변화하는 실질소득 추세에 대한 사람들의 반응은 사실상 동일하였다.'47) 18세기 중엽의 변동을 설명할 때, 리글리는 그 변동이 젊은이들이 결혼, 결혼연기, 독신 등을 결정하는 방식에서의 주요한 변화가 아니라 오히려 1세기 이상 지속된 실질소득의 증가가 동반한 결혼 유인동기의 증가와 결혼억제의 감소를 반영한다고 보는 것이 훨씬 타당하다고 조언했다. 48) 바꾸어 말하면 16세기와 19세기 사이에, 혹은 그 이전부터 거의 동일한 의사결정 구조와 일련의 규칙과 관습이 목도된다. 변화하는 것이라곤 이러한 규칙이 상이한 경제상황에서 도출한 결과일 뿐이다. 초혼여성의 평균연령을 26세에서 23세로 앞당기기 위해서 결혼제도 자체와 그 구조를 급진적으로 바꿀 필요는 없다. 언뜻 보기에 이 말은 타당

---

45) Levine, *Family Formation*.
46) Wrigley, 'Population', 144.
47) Idem.
48) Ibid. , 148.

해 보인다.

마지막 조언은 첫 번째와 두 번째 조언을 연결시키면서 잉글랜드 패턴과 프랑스, 스웨덴 패턴의 차이점을 설명한다. '혼인력 역사에서 유럽대륙의 다양성은 **농민**(peasant)이라는 변수를', 잉글랜드의 다양성은 '임금'이라는 변수를 고려해야 한다. '전자의 경우엔, 농지 소유의 가능성이 인구보다 덜 빠르게 증가하여 결혼을 어렵게 만든 반면, 후자의 경우엔 '생태학적 지위' 체제가 결혼의 적합성 기준을 토지 접근가능성에서 현재와 미래의 소득으로 대체하는 체제이다.' 그러나 이것은 단지 '추측', '검증되어야 할 가설'[49]이라고 리글리는 말한다.

맬서스주의적 체제가 어떻게 작동하였으며 그것이 언제 확립되었는지는 역사적으로뿐 아니라 현재에도 중요한 사안이다. 급속한 인구증가는 세계평화와 자원에 심각한 위협이 된다. 1950년과 1975년 사이에 제3세계의 인구추세는 몹시 암울한 예측을 불러왔다. 낮아진 사망률과 균형을 맞추기 위해 출산율을 낮추려는 정부와 여러 기관들의 가족계획정책들은 실패하였고, 실패의 필연성을 보여주는 여러 책자들이 발간되었다.[50] 그 후, 전혀 예상치 못한 일이 일어났다. 점차 여러 나라에서 출산율이 떨어지기 시작한 것이다. 1870년에서 1915년 사이, 유럽 전역에서 발생했던 낯선 출산력 변천처럼 이러한 변동은 인종, 종교, 정치의 경계선을 뛰어넘어 발생하였다. 이런 현상은 특히 섬나라〔예컨대 모리셔스(옮긴이: 아프리카 동쪽의 섬나라), 타이완, 일본, 스리랑카〕와 '유교문화권' 국가(예컨대, 싱가포르, 타이완, 태국 일부지역과 나중에는 중국에서 급격하게)에서 일어났다.[51] 이 현상은 또한 방대한 내륙국과 신교와 구교 국가(예컨대, 남미의 몇몇 국가)에서 발생하였다. 예외적으로 출산율

---

49) Wrigley in Outhwaite, *Marriage*, 183.

50) Davis, 'Population Policy'.

51) Maudlin, 'Family Plaining'; Tabah, 'Population'.

이 떨어지지 않고 오히려 증가한 곳은 사하라 사막 이남의 아프리카였다. 유럽대륙에서의 출산력 변천처럼 그 이유는 여전히 수수께끼로 남아 있다. 사회 경제적 변수들만으로는 설명되지 않는다.[52] 양자의 경우, 일종의 '유행'이 바뀐 것처럼 보인다. 그런데 출산력 변동은 사실 두 가지 주요한 변동 때문임이 나중에 밝혀졌다. 그 두 가지는 바로 만혼이라는 맬서스주의자 혁명과 피임이라는 신맬서스주의자(neo-Malthusian) 혁명이다.

인구학자 매트라스(Matras)가 개발한 단순 모형을 이용하면 출산체제는 네 가지 유형으로 분류된다.[53]

결혼 \ 출산력	통제된	통제되지 않은
조혼	B	A
만혼	D	C

---

52) (옮긴이) 유럽과 제3세계에서 출산율 하강의 주된 원인이 무엇이냐는 사회경제적 변수와 이데올로기로 설명되었다. 사회경제적 변수의 중요성을 강조하는 학자들은 사회경제적 발달이 출산율 하강의 주된 원인이라고 주장한 반면, 이데올로기의 중요성을 강조하는 학자들은 서구의 개인주의 이데올로기를 전파했던 대중교육이 출산율 하강에 큰 역할을 했다고 주장한다. 이 책의 저자는 전자보다 후자가 출산율 하강에 더 큰 영향을 미쳤다고 가정하는 것처럼 보인다.

53) Cited by Spuhler in Zubrow, *Demographic Anthropology*, 211.

오늘날 서유럽은 때때로 B로 되돌아가기도 하지만, D에 해당한다. 제3세계에서 바람직한 인구변천이 발생한다면 A에서 D로의 직접이동일 것이라고 많은 사람들이 예상했다. 사실, 때때로 이런 현상이 발생하기도 했다. 마치 전세계 인구 4분의 1을 차지하는 중국에서 대대적인 캠페인을 벌여(예컨대, 만혼과 피임과 임신중절 통한 한 자녀 가족 운동) 불과수 년 내에 A에서 D로 이동한 것처럼 말이다. 하지만 A에서 C로의 이동역시 흔한 경우이다. 이 경우에 결과는 동일하지만 원인은 다르다.

앤슬리 코올(Coale)은 당시의 상황을 간략히 요약한다. 그는 '현재 인구 추세에서 자주 간과되는 맬서스주의적 요인이 있다'고 지적한다. 맬서스의 '도덕적 제약'이라는 예방적 억제는 지난 10년에서 15년 동안 제3세계의 출산력 감소에 현저하게 공헌하였다. [54] 모로코, 튀니지, 쿠웨이트, 중앙아시아 공화국(구소련), 스리랑카, 싱가포르, 말레이시아, 홍콩, 타이완, 한국, 중국에서 혼인연령의 증가가 출산력 하강을 주도한 사실에 그는 주목한다. 그는 한국을 일례로 든다. 1930년에서 1975년 사이, 한국의 전반적인 출산력은 거의 절반으로 줄었고, 1,000명당 출생률[55]은 43에서 23으로 떨어졌다. 이러한 하강은 출산 통제보다 혼인연령의 상승에 더 기인한다. 가임연령의 여성 중 기혼 여성의 비율이 33% 떨어졌고, 유배우 출산력도 23% 떨어졌다. 15세에서 50세 사이의 여성 중 기혼 여성의 비율이 떨어진 것은 '전적으로 초혼연령의 대폭적인 상승(예컨대, 16세에서 대략 24세로)의 결과이다.'[56] 코올은 대만의 평균 초혼연령이 1905년 18세에서 1970년 23세로, 스리랑카의 경우 1901년 18세에서 1975년 25세로 상승한 사실에 주목했다. 당시 중국에 관한 자료는 얻기 힘들었다. 단편적인 자료에 근거하여 중국에서도 '결혼 연령

---

54) Colae, Malthus, 10.
55) 이것은 조출생률을 말한다. 조출생률 = 출생아 수/인구 1천 명
56) Ibid., 11.

이 실질적으로 상승하고 있었다는 코올의 추측은 이제 확실해졌고, 중국의 출산력 하강에 있어서 결혼 연령의 상승이 출산통제만큼 중요한 것이 되었다.' 만일 이것이 사실이라면, 맬서스주의적 예방적 억제(만혼)는 '최근 제3세계에서의 출산율 하강에 **가족계획** [57] 만큼이나 효과적이었다'고 코올은 결론짓는다. 하지만 이러한 사실은 아직 주목받지 못했을 뿐더러 인구변동의 원인으로도 고려되지 않았다. [58]

맬서스와 최근 몇몇 인구학자들과 경제사학자들로부터 우리는 몇 가지 결론을 이끌어 낼 수 있다. 경제성장과 인구추세 사이의 관계는 유럽의 경제성장 특히 18세기와 19세기 잉글랜드의 부와 생산성의 놀라운 급증을 이해하는 데 핵심적이다. 유럽체제의 회전축을 이루는 뚜렷한 특징은 인구와 경제 사이의 조정을 허용해 주는 탄력적인 결혼체제이다. 맬서스는 경제성장 이전에 인구가 급속히 증가하는 경향이 있다고 주장하였다. 사망력이 느슨해지자마자 인구는 급증하여 생활수준의 향상 가능성을 파괴할 것이라고 그는 말했다. 이러한 인구 팽창은 또한 노동력 투입에 대한 한계보상을 감소시켜 경제성장을 더욱 어렵게 만들 것이다. 따라서 사람들에게 필요한 것은 숨 쉴 수 있는 공간이다. '가장 사악한 사회에서 행해지는 인구에 대한 지속적 노력은 생계수준의 수단이 향상되기도 전에 인구수를 증가시키는 것이다.'

이것은 부정적인 선회를 야기한다. 식량이 부족해지면 가난한 사람들은 '훨씬 조악한 삶을 살아야 하고, 많은 사람들은 심각한 고통에 직면하게 된다.' 임금은 하락하고, 노동력은 공급과잉이 된다. 이것은 '결혼을 단념시키고 가족부양의 어려움을 증대시켜' 인구감소를 유발한다. [59] 인

---

57) Colae, Malthus, 12.
58) (옮긴이) 높은 혼인연령과 높은 미혼율은 오늘날 초저출산의 주된 원인으로 간주된다.
59) Malthus, *Population*, i, 15.

구를 급속히 증가시키고 '재난' 혹은 '악'에 의한 억제를 유지시키는 대신에 일련의 취향과 제도가 생물학적인 목표 이외의 것을 추구하도록 사람들을 유도해야 한다. 정부에 의해 공인된 다양한 크기의 포상, 사람들이 진정으로 원하는 포상이 주어지는 게임을 창안할 필요가 있다. 비용에 관계없이, 맬서스는 그 게임의 이득이 사람들에게 자극제가 된다고 믿었다.

결과적으로 맬서스와 그 추종자들은 문제 하나를 격리시켰다. '자연적 상황'에서 출산력은 통제되지 않고 두 가지 주요한 기제에 의해 억제된다. 어디서나 인구를 억제하는 지속적인 사망력, 특히 유아 사망력이 존재한다. 더 흔하게는 인구가 파형을 그리면서 급속히 증가한 다음, 대개 페스트와 전쟁과 관련된 기근과 같은 '위기'로 인해 갑자기 감소한다. 이런 '위기' 패턴은 중국, 인도 그리고 유럽 대부분의 국가에서 18세기 중반까지 발견되었다.[60] 그런 상황에서의 인구 폭발은 정부의 제도나 의사소통 같은 간접적 조치들이 지속적으로 위기 사망력을 통제한 결과이다. 맬서스의 주장과 같이 식량, 기술 또는 다른 요소들의 개선은 재빨리 흡수될 수 있다. 이것은 리글리가 소위 '고-압력' 체제들이라 칭한 것이다. 이러한 체제들은 장기적으로 축적되기가 매우 어렵고, 대중의 생활조건을 열악하게 만드는 경향이 있다. 우리가 아직 파악하지 못한 사건에 의해, 잉글랜드는 최소한 16세기까지는 그러한 '자연적' 상황에서 벗어난 것처럼 보인다. 잉글랜드는 '저-압력' 체제로 도망쳤고, 이는 오늘날 '후 인구변천' 사회와 매우 유사하다. 말하자면 출산력과 사망력 모두 이론적 최대치를 훨씬 밑돌면서 다소 균형이 잡혀 있다. 그러한 항상성은 단순 수렵채취 사회와 몇몇 종의 동물들에서 발견되며, 19세기 유럽에 널리 퍼지게 되었다. 그 항상성이 제 3세계 일부, 특히 동남아시아

---

60) Macfarlane, *Resources*, 304ff.

국가들에서 나타나는 징후가 보인다. 그러나 그 징후는 너무 예외적이어서 그것을 그 사회의 다른 특징들 예컨대, 앞서 발달한 산업화, 도시화, 그리고 민주주의에 연결시키고픈 유혹을 느낀다.

3
맬서스주의적
결혼체제와 기원

　우리는 맬서스의 분석으로부터 결혼과 가족구조의 다양한 특징들을 추출해낼 수 있다. 가장 중요한 것은 맬서스가 당연시했던 특성들로, 그가 언급하지도 않았고 무시해버렸던 것들이다. 그것들 가운데 하나는 결혼의 상태와 목적에 관한 일련의 가정들인데, 그 가정들은 18세기 초엽의 잉글랜드 성직자들에게는 자명하고 '당연한' 것이었지만, 다른 나라들과 비교할 때엔 독특한 것이었다.

　맬서스는 '단혼제'(*monogamy*)를 가정했지만, 당시 대부분의 사회에서는 '복혼제'(*polygamy*)가 실행되고 있었다.[1] 그는 남편과 아내의 비교적 평등한 관계를 가정했지만, 대부분의 사회는 남성지배적이었다. 그는

---

1) (옮긴이) 단혼제는 배우자가 한 명인 일부일처제를 언급하지만, 복혼제에는 남성 한 명에 여러 명의 여성이 결혼하는 일부다처제(*polygyny*), 한 명의 여성에게 여러 명의 남성이 결혼하는 일처다부제(*polyandry*), 그리고 두 명 이상의 남성이 두 명 이상의 여성들과 결혼 하는 집단 결혼(*group marriage*) 등이 있다.

결혼 해체를 가정하지 않았지만, 많은 나라에서 이혼은 쉽게 허락되었다. 잉글랜드는 재혼이 허용되었지만, 다른 나라에서 재혼은 금지되거나 강제적이었다. 대부분 나라에서 혼인 후 가구 형태는 부모로부터 독립된 가구가 아니라 '부거제'(virilocal)나 '모거제'(uxorilocal)였다.[2] 대부분 사회에서의 결혼자금은 신랑과 신부가 엇비슷하게 마련하는 것이 아니라 신랑 혹은 신부 한쪽에서 거의 일방적으로 지출하였다. 맬서스 이론의 기본 가정인 이러한 특징들은 맬서스와 동시대인 중국, 인도, 동유럽, 남미 사람들에게는 매우 극단적인 것이었다. 그러한 구조적 특징들은 결혼 선택에 대한 신념의 기초가 되었지만, 그러한 신념 역시 매우 예외적인 것이었다.

맬서스의 '예방적 억제'는 결혼상대를 결정하는 당사자가 남녀 개개인이라는 가정에 근거한다. 역으로 대다수 사회에서 결혼의 결정은 당사자 스스로가 아닌 부모와 친족들의 결정에 의해 성립된다. 맬서스의 분석은 배우자 선택에 대한 제한 규정들이 거의 없고, 남녀 개인은 자신이 '붙잡을' 수 있는 상대와 결혼할 수 있다는 전제조건에 기초한다. 대부분의 국가에서 개인은 친족, 지역, 카스트, 계급, 종교, 직업이 규정하는 집단 혹은 범주의 사람과 결혼해야만 한다고 못 박은 규칙들이 맬서스의 분석에는 분명하게 드러나지 않는다. 이것은 결혼이 개인적 선택의 문제라는 심오한 가정과 위배된다. 맬서스가 믿었던 바에 따르면 결혼 여부는 당사자 개인이 결정할 문제였다. 그 당대의 가장 보편적인 견해는 결혼이 출산이나 죽음처럼 '당연한' 일이지만, 그의 이론에서는 그러한 시각이 고찰되지 않았다. 결혼시기와 결혼여부에 관한 문제는 전적으로 개인의 선택이라는 가정만이 확고하였다. 결혼은 경력을 선택하는 것과 유사하다. 물론 결혼에는 '소명'이나 사명감의 요소가 있지만 모두에게

---

2) 부거제는 남편의 집에 들어가서 사는 것이고, 모거제는 처갓집에 들어가서 사는 것을 말한다.

요구되는 것은 아니다.

다른 나라 사람들을 깜짝 놀라게 하는 문화적 전제는 결혼, 특히 자녀 양육이 경제적·사회적으로 '손실'이라는 견해이다. 맬서스의 분석은 결혼이 주는 혜택과 손실을 개인주의적 관점에서 저울질한 것에 기초한다. 맬서스의 주장에 따르면 국가가 구 빈민법의 수혜범위를 확대함으로써 그 균형을 깨뜨리면 안 되는데, 그럴 경우 위험을 무릅쓰고 젊은 나이에 결혼한 사람들에게 혜택을 주기 때문이다. 그 사람들 스스로가 모든 비용을 책임지도록 해야 한다. 이런 주장의 배후에는 결혼당사자들이 실비용을 떠맡아야 했다는 가정이 도사리고 있다. 맬서스 시대의 다른 대부분의 사회에서는 개인적 소망(생물학적, 심리학적 힘)과 개인적 부(경제적, 사회적 압력)는 서로 대립되지 않았다. 대개의 경우, 이 둘은 대립되기보다는 병행되고 있었다. 특이사항은 이러한 부를 가져온 것이 바로 결혼과 결혼을 통해 얻은 자녀들, 그리고 자녀들의 노동이라는 사실이다. 결혼 비용에 대해 논의하는 것, 즉 자녀를 비용으로 그리고 결혼을 개인재산에 대한 위협으로 파악하는 것은 최근까지도 이해할 수 없는 견해였다. 아내와 자녀들은 재산이고 행복 그 자체였기 때문이다.

맬서스의 도식과 다윈의 개인적인 가정들은 그 당시에는 특이한 것이었지만, 오늘날 우리는 당연한 것으로 받아들인다. 그 가정들은 이론가들이 '전통적', '가족주의적' 체제와 '근대적', '개인주의적' 체제 — 맬서스와 다윈은 후자에 잘 맞는다 — 사이의 차이를 논의할 때, 오늘날 세계에서 자주 분석되는 일련의 문화적 사회적 특징들을 잘 보여준다. 맬서스가 개진했던 결혼체계의 본질을 보다 정교하게 다듬기 위해 우리는 이 분야의 광범한 문헌들로부터 몇 가지 사례를 뽑아 조사할 것이다.

제2차 세계대전 직후, 미국의 사회인구학자인 킹슬리 데이비스 (Davis)[3]는 자신의 교재에서 '근대' 가족체제의 '대변천'(Great Transition)에 대한 특징을 간략히 설명했는데, 그는 '가족주의' 사회에서 '개

64

인주의' 사회로의 이동을 소위 대변천이라 칭한다. 4) 가족주의 사회에서
는 — 예컨대 힌두교 문화권 인도처럼 가까운 가족이 확대가족에 의해 통
제되는 곳 — (일부다처제나 축첩을 통해) 여러 명의 배우자를 취하고, 남
편은 아내에게 권위주의를 행사하며, 어린 나이에 결혼하고, 부모가 자
녀의 결혼상대를 결정하며, 낭만적인 사랑도 없다. 결혼할 때의 경제적
교환은 매우 복잡한데, 광범한 범위의 재화와 서비스뿐 아니라 수많은 친
척까지도 포함하고, 신혼부부는 부모의 집에 거주하는 경향이 있다. 높
은 사망률을 보충하기 위해 자녀를 많이 출산해야 한다. 유산은 '친족 계
보'에 따라 자동적으로 혹은 엄격하게 결정된다. 가족주의 체제는 역사적
으로 다른 체제(개인주의 체제) 보다 훨씬 더 널리 퍼져있다. 그러나 그것
은 오늘날 산업주의의 다른 특성들과 함께 다른 지역으로 널리 전파되고
있는 '소가족 체제'(small family system)에 의해 파괴되고 있다. 개인주의
체제는 전술한 가족주의 체제의 정반대이다. 예컨대, '대중 낭만주의는
— 낭만적 구애의 신격화 — 가장 중심에 있다.' 이제 부부는 별개의 가정
을 꾸리고자 하고, '유일한 효율적 친족 집단'은 가까운 가족뿐이며, 친족
단위는 그 크기와 기능을 상실하고 있다.'5)

---

3) (옮긴이) 킹슬리 데이비스는 비서구사회의 가족계획정책 수립에서 가장 큰
   역할을 행했던 학자 중의 한 명이다. 그는 근대화만이 인구성장을 억제, 즉
   출산율을 하강시킬 수 있다고 보았다. 개인의 출산 동기나 가치관은 사회구
   조와 밀접히 관련되기 때문에, 사회구조의 변동이나 사회발전 없이는 출산의
   변동이 효과적으로 수행될 수 없다. 즉, 여기서 말하는 '대변천'을 통해서만
   출산율이 하강될 수 있다는 것이다.
4) (옮긴이) 오늘날 우리는 가족주의 사회에서 개인주의적 사회로의 전환을 당
   연한 것으로 받아들이는 경향이 많다. 이러한 경향은 유럽 등 서구국가처럼
   우리 사회를 근대화하기 위해서는 서구의 생활방식인 개인주의적 삶의 방식
   을 따라야 하고 그래야만 우리 사회가 살아남을 수 있다는 진화론과 적자생존
   의 입장을 암암리 내면화한 결과라고 볼 수 있다.
5) Davis, *Human Society*, 417~421, 424, 422.

이러한 대조는, '근대' 부부가족 체계의 주요 특성을 간략히 설명한 윌리엄 구드(Goode)의 저서6)에 상술되어 있다. 가장 중요한 특징은 젊은 커플의 연애가 '결혼과 혈연을 통해 형성된 광범한 친척들이 비교적 배제된 채' 이루어진다는 점이다. 여기에서 수많은 특징들이 파생된다. 젊은 이들은 결혼 후 '신거주지'(neolocal)나 분리된 거주를 설정하고 비교적 독립된 생활을 한다. 구애체제는 커다란 친족 집단의 이해관계보다는 미래의 남편과 아내가 지닌 개인적 매력에 기초한다. 결혼 연령은 올라갈 것인데, 왜냐하면 젊은이들은 스스로를 책임질 수 있을 만큼 성숙해야 하기 때문이다. 즉 그들의 경제체제 아래에서 독립적 결혼생활이 가능한 나이가 되어야만 한다. 부부는 자신들이 원하는 자녀수를 결정하고, 그 선택은 커다란 친족집단의 요구로 통제되지 않는다. 부부관계는 모든 유대 가운데 가장 중요한 것이며, 부부간의 감정은 열정적이고, 또 남편과 아내의 관계는 본질적으로 불안정하다. 자녀들을 흡수하는 커다란 친족단위가 없고, 배우자들이 자유결혼시장에 재진입하는 것을 막는 단위가 없기 때문에, 재혼이 널리 확산될 것이다. 구드는 이러한 체제가 중동, 아프리카, 인도, 중국, 일본에 이미 얼마나 넓게 침투되어 있는지 분석하였다. 그는 이러한 체계가 급속히 퍼지고 있으며, 그러한 확산은 서구의 경제적, 기술적 체제에의 연계만큼이나 문화, 이데올로기 압력에 기반하고 있다고 주장한다. '부부가족 이데올로기는 매우 급진적인 것으로, 거의 모든 사회의 뿌리 깊은 전통을 파괴하고 있다.'7)

존 콜드웰(Caldwell)은 오늘날의 이러한 결혼가족 체제를 특히 맬서스주의와 인구학적 주장들과 연결시킨다. 콜드웰의 주요 논제는 두 가지 주된 형태의 사회·인구학적 체제 사이에 커다란 차이가 존재한다는 것이다. 여러 전통사회에서는 출산의 제한이나 결혼의 회피를 통해 얻을

---

6) Goode, *World Revolution*, 8~9.

7) Ibid., 19.

수 있는 경제적·사회적 이득이 거의 없었는데, 왜냐하면 모든 점을 고려해 보면 자녀들은 결국 경제사회적 이득을 가져오기 때문이다. 순자산의 흐름은 자녀에서 부모로 흘러가는 상향 이동이다. 자녀들은 그들이 소비한 것보다 더 많은 것을 부모에게 돌려준다. 이러한 결과는 생산수단의 상태 — 이를테면 농업 혹은 산업 형태 — 가 아니라 핵가족 안과 밖의 관계들에 대한 일련의 문화적 기대로부터 도출된다. 즉, 서아프리카의 이바단(Ibadan)과 같이 도시화되고 산업화된 환경에서조차 자녀는 부모에게 순이득이 된다. 8) 콜드웰은 '자녀들이 진심으로 자신의 소득을 부모와 공유하는 한, 그런 문화적 기대는 더 많은 가족을 갖게 하고, 자녀들의 교육을 가능케 한다'고 주장한다. 9) 여기서 우리는 결혼 후 자녀 출산과 양육비가 거의 들지 않는 사회와 만나게 된다. 결혼과 출산은 사람들의 수를 더해주고 자신의 물질적 사회적 재산마저 보태준다.

콜드웰에 따르면, 그런 상황을 변형시킨 것은 '서구' 가족체제, 즉 우리가 '맬서스주의적' 가족체제라고 명명한 제도의 수입이다. 그러한 제도의 수입은 상황을 바꾸었고, 부(wealth)의 흐름이 상향보다 하향을 압도적으로 만들었다. 여기에서 자녀는 부모에게 비용으로 간주되기 시작한다. '자녀에 대한 지출이 점증되는 반면, 그 대가로 부모가 요구하거나 받는 것이 거의 사라지는 이러한 정서적 핵가족화를 야기한 것은 무엇인가?' 그 답변은 '다른 문화의 수입, 즉 서구화(westernization) 10) 라는

8) Caldwell, 'Fertility', 243.
9) Caldwell, 'Rationality', 16.
10) (옮긴이) 우리는 근대화와 서구화를 구분할 필요가 있다. 근대화(modernization)는 사회발전, 특히 경제적 발전과 연관된다. 한편 서구화는 비서구인이 서구문화, 즉 서구인의 삶의 방식이 비서구인의 삶의 방식보다 우월하다고 받아들이는 문화적 특성과 관련된다. 이를테면 우리는 특히 대중교육과 대중매체를 통해 서구사회의 핵가족 제도가 비서구사회의 대가족 제도보다 우월한 삶의 방식으로, 그리고 사회가 진보하기 위해서는 필수적이라는 사고를 깊이 받아들이곤 했다. 20세기 후반 이후 많은 비서구사회들은 경제적으

것에는 의심할 여지가 없다'고 콜드웰은 주장한다. 이러한 서구화 과정은 우리 시대의 주된 특징이다. 11) 이 과정은 19세기부터 선교사, 무역상, 서구 제국주의의 압력과 오늘날의 대중매체와 대중교육을 통해 오랫동안 그 절정에 도달했다. 그러나 '핵가족화'와 세대 간 부(富)의 흐름의 역전 — 콜드웰은 이 두 가지가 세계의 인구 성장을 지연시키는 데 필수적이라고 믿는다 — 을 야기한 이러한 서구화의 주된 내용이 무엇인지가 궁금할 것이다.

콜드웰 이론의 주요 특징은 바로 맬서스와 다윈이 도해한 것들이다. 그 특징은 핵가족의 우월성으로 부부간의 유대를 중요시하고, 그 이데올로기는 '자신의 자녀들에게 관심과 지출을 집중시킨다.'12) 이러한 논지는 데이비스와 구드의 아이디어를 인구학에 적용한 것이다. 그 내용은 남편과 아내의 관계를 강력히 부상시키고, 방계친족에 대한 책무를 감소시키며, 자녀들에 대한 집중을 골자로 한다. 서구학자들의 여러 가정들이 제3세계에 대한 그들의 이해를 어떻게 방해하는지에 관해 콜드웰은 간결하게 설명한다. 서구의 강한 핵가족 전통에서는 가까운 친척들 외에는 책무를 거의 지지 않으며, 배우자 간의 유대가 깊다. 또한 자녀들에 대한 지출증가는 자녀들에게 유익한 것이 무엇인지에 관한 도덕적 고찰의 감소를 동반한다. 그리고 개방된 시장에서 획득한 재산은 주로 국가에 의해 규제받지만, 가족이나 공동체가 규제하지는 않는다. 콜

로 발달한 서구사회를 따라잡기 위해, 즉 근대화를 위해 서구인의 삶의 방식을 거의 무조건적으로 수용하곤 하였다. 그러나 경제적 발전, 즉 근대화와 서구화가 항상 일치하는 것은 아니다. 출산율 하강에 경제적 요인 못지않게 서구화라는 이데올로기가 커다란 기여를 했다는 사실은 분명해 보인다. 그렇다면 오늘날의 초저출산은 역으로 경제적 요인 못지않게 자녀의 가치, 혹은 자녀의 필요성을 부각시키는 이데올로기(맬서스체제와 반대되는 가족주의 이데올로기)로 출산율을 상승시킬 수 있지 않을까 하는 의구심이 든다.

11) Caldwell, 'Restatement', 352, 356.
12) Ibid., 356.

68

드웰은 우리가 논의해 온 체제의 다른 부분, 특히 개인적인 '연애결혼'을 강조하여 논의하지 않았지만, 그의 도식은 이전의 분석들과 잘 들어맞는다. 그리고 다윈의 자기분석과 맬서스의 일반도식은 그의 분석에 매우 적합하다. 콜드웰의 분석은 왜 결혼과 출산이 자기성취를 위한 당연한 문제가 아닌 선택의 문제이며, 이득과 손실을 저울질해야 하는 문제인지를 보여준다. 콜드웰이 이것을 광범한 변혁으로 본 것은 정확하며, 그러한 대변혁이 없었다면 피임과 만혼은 발생하지 않았을 것이다. 또한 그러한 변동의 기원이 일찍이 서구에서 다윈과 맬서스 시대에 부상했던 독특한 가족구조와 사회구조에 기인한다는 그의 주장 역시 타당하다.13)

콜드웰은 주로 서아프리카 지역에서 현장연구를 수행했다. 그의 연구는 동일한 지역에서 현장연구를 수행했던 인류학자들 — 예컨대 마이어 포르테스(Meyer Fortes) — 의 분석에서 지지를 얻는다. 포르테스는 맬서스와 다윈이 가설로 제기했던 서유럽 가족체제의 특유성, 즉 단혼제, 독립적인 공동거주, 부부가족 혹은 핵가족을 지적한다.14) 결혼과 부부관계를 중시하는 이러한 가족구조와는 반대로, 서아프리카의 가족체제가 중시하는 요인은 **부모됨**(parenthood)이다. 결혼 그 자체에 목적을 두지 않는 그곳에서 결혼의 일차적 가치는 '부모됨'의 성취를 위한 필수불가결한 조건이다. 왜냐하면 부모됨의 성취는 모든 사람이 열망하는 완벽한 인간으로의 발달 과정에 꼭 필요하기 때문이다. 서구에서는 부부관계나 다른 성관계를 통해 부수적 산물로 자녀를 갖고, 또 복지국가에서는 가족수입의 증대를 위해 또는 노후의 빈곤이나 외로움에 대한 보험용으로 자녀를 낳을 필요가 없지만, 서아프리카에서는 결혼의 최종 목적은 자녀 번식이라고 포르테스는 말한다. 특정 유형의 정치적 지위 및

---

13) Caldwell, 'Fertility', 246~247.
14) Fortes in Hawthorn, *Population*, 124.

개인적 부를 얻기 위해 자녀는 반드시 있어야 한다. 15) 서아프리카에서는 자녀에게 개인적으로 그리고 집단적으로, 감정적으로 그리고 도덕적으로 막대한 투자를 하기 때문에 효성스러운 자녀들은 가능한 일찍 결혼하여 부모가 된다. 이러한 상황에서 결혼하여 부모가 되기 전에는 완전한 인간이 되지 못하고, 정상적인 남녀라면 가임연령 내내 자녀를 임신하고 출산해야 한다는 생각은 그들에게 깊이 각인된 이상이다. 여성은 자녀를 출산할 때 비로소 여성이 되며, 남성성이 남성의 생식력 및 아버지됨과 동일시되는 것처럼 지속적인 출산능력은 지속적인 여성성에 대한 논박할 수 없는 증거가 된다. 16)

서아프리카에 대한 이러한 서술은 맬서스와 다윈으로부터 한참이나 동떨어져 있는데, 서아프리카에서의 충실한 삶은 결혼과 출산에 깊이 연관되기 때문이다. 결혼과 자녀에 대한 선택과 거부는 19세기 초 서구와 오늘날 가족계획 운동가들에게는 자명한 것으로 간주되지만, 서아프리카 문화에서는 놀라울 정도로 예외적인 일이었다. 서로 다른 양극단에 위치한 이 두 가지 형태의 이상형은 다음과 같이 요약된다. 17)

분석가들은 가족주의 사회를 흔히 '부족', '농부' 혹은 '가내생산 형태' 등으로 부른다. 가족주의 사회의 주된 특징은 생산과 소비가 본질적으로 재생산의 단위 혹은 가족의 단위로 묶여 있다는 점이다. 가족주의 사회에서 가족은 사회적 재생산의 단위이자 경제적 재생산의 단위이다. 농장과 가족은 함께 묶여 부와 자녀 모두를 생산하는 곳이다. 샤닌(Shanin)이 지적한 바와 같이, '가족농장은 농부소유권, 생산, 소비 그리고 사회생활의 기본단위가 된다.' 개인, 가족 그리고 농장은 서로 분리될 수 없는 하나의 세계이다. 18) 혹은 차야노브(Chayanov)의 요약처럼, '농부가

---

15) Ibid. , 125, 127, 128, 132.

16) Ibid. , 137, 141.

17) 다음의 요약은 Macfarlane의 'Reproduction'에 근거한 것이다.

운영하는 농장경제의 가장 기본적인 특징은 그것이 가족경제라는 것이다. 농장경제의 전체조직은 농부가족의 크기와 구성, 그리고 농장에서 일하는 가족 수에 따른 소비수요의 조정에 의해 결정된다.'[19)

역사적으로 볼 때 많은 사회에서 생산과 소비의 최소 기본단위는 개인이 아니라 부모와 자녀 혹은 그보다 큰 집단으로 구성된 가족이다. 이 최소 집단에서 태어난 자녀들은 자원에 대해 동등한 지분과 권리를 가진다. 집단의 모든 사람들은 함께 일하고, '토지'는 줄지 않은 상태로 전세대에서 후세대로 전해진다. 이런 상황에서 모든 신생아는 자신의 노동력을 제공하고 공동체자원을 지켜 줄 자산이 된다. 각 구성원은 전성기가 지난 부모와 방계친족의 복지에 기여하며, 가족집단의 위세와 정치적 권력 그리고 경제적 복지를 향상시킨다. 즉 생산의 단위와 재생산의 단위가 일치한다. 생산을 증가시키기 위해 재생산을 증가시킨다. 따라서 맬서스가 주장했듯이, 만일 생산 능력이 증가하면 재생산 능력도 증가할 것이다. 가내집단이 생산과 소비의 기본단위가 되는 곳에서의 출산력은 전통적인 중국, 인도, 아프리카와 동유럽의 경우에서처럼 높이 평가된다. 가내집단은 공동으로 거주하거나 소비와 노동이 하나의 기능적인 단위를 이룬다. 각 소집단은 자신의 크기를 최대화하려고 노력한다. 정치, 경제, 사회구조, 이데올로기,그리고 인구문제는 서로 긴밀하게 얽힌다. 출산을 통제하는 것은 섬세한 구조의 일부를 바꾸는 것인데, 이러한 변동은 삶의 여러 혜택을 위협한다. 이보다 더 심각한 것은 출산이 선택의 문제가 아니라는 점이다. 부모의 이해관계와 친족의 이해관계가 모순되지 않고 심리적 욕구와 경제적 욕구도 모순되지 않기 때문에 출산에 대해 이해득실을 저울질할 필요가 없는 것이다.

그와 정반대되는 상황은 데이비스, 구드와 콜드웰이 '서구', 자본주의

---

18) Shanin, *Peasants*, 241

19) Wolf, *Peasants*, 14.

자, 핵가족, 그리고 개인주의 체제라고 기술한 것이다. 여기서의 주된 특징은 생산과 소비의 최하위단위가 가족이 아닌 개인이라는 점이다. 각 개인은 자신의 자아를 결혼을 통해 하나의 방향, 즉 한 사람에게로 확장시킨다. 이런 사회에서는 부부간의 유대가 강조되고, 공동체나 가족소유의 자산도 없으며 영구적인 공동 소비단위도 없다. 생산은 가족이 아니라 비-가족적인 관계에 기초한다. 영구적인 기본단위는 외로운 개인이나 결혼한 부부이다. 가족보다 개인에 초점을 둠으로써, 인구학적 특징들이 변화된다. 맬서스가 예측한 바와 같이 양적인 인구 팽창이 아닌 생산 능력의 증가가 방계친족보다는 개인의 삶의 질을 향상시키는 데 우선적으로 사용된다. 따라서 생산성의 증가는 출산력의 증가로 곧바로 연결되지 않는다. 거기에는 그러한 지체, 맬서스가 찬양했던 커다란 기쁨의 연기가 당연히 존재한다.

이러한 개인주의 변형에서 부모는 생산과 출산이 본질적으로 연결되어 있다고 보지 않는다. 성행위(sex)와 임신은 별개의 행위이다. 여성은 이미 생산 기계의 역할도 재생산 기계의 역할도 하지 않는다. 여분의 자녀들도 필연적으로 방계친족 혹은 자신의 부모들의 위세와 복지를 향상시키지 않는다. 실제로 자녀들, 특히 다수의 자녀들은 부모의 행복, 어머니의 건강 및 아버지의 평화와 지갑을 위협한다. 다수의 자녀들은 노동을 통해 비축한 미래의 공동자산에서 보상을 받지 못하게끔 개인의 자원을 고갈시킨다. 결혼과 출산이 일정한 대가를 요구하는 이러한 상황에서 독신은 그 나름의 매력이 있고, 자녀수의 제한이 장려될 가능성이 크다. 혼인연령은 높아질 것이고, 사람들은 결혼하기 전과 후에 자녀출산에 대해 잠시 고민할 것이다.

가족주의 형태의 생산에서 출산력이 비록 사회 전반에 불이익을 초래할지라도 그 사회의 최소단위의 복지는 향상시킨다. 개인적 차원에서의 사회적, 경제적, 생산적 목적들 사이에는 긴장이 없지만 가족의 욕구와

72

국가의 욕구 사이에는 새로운 긴장이 야기될 수 있다. 가족체제와 자녀 출산 사이의 그러한 일치는 다음의 두 가지 사례가 실감나게 보여준다. 어느 스페인 농부가 시인 로리 리(Lee)에게 이렇게 충고하였다. '토지를 구입하고 아들을 키우면 당신은 손해 보지 않는다. 전쟁이 터지고 도둑을 맞고 농사가 흉작이어도 그러한 것은 전혀 중요하지 않다. 만일 남자가 자신의 강한 핏줄을 이으려면 자신의 씨를 널리 퍼트려라. 그런 남자는 반드시 성공한다.'[20] 또 인도 편잡의 물장수는 인류학자 맴다니(Mamdani)에게 이렇게 설명했다. 그는 맴다니를 수년 전에 자신을 방문했던 가족계획가로 오인했던 것이다.

> 당신은 1960년에 제가 아들을 더 낳으면 안 된다고 저에게 확신시키려고 노력했지요. 하지만 저는 당신이 보듯이 6명의 아들과 2명의 딸을 낳아 집에서 편히 쉬고 있답니다. 성장한 자녀들은 저에게 돈을 가져 옵니다. 한 명은 출타하여 일을 합니다. 제가 가난하여 다수의 자녀를 양육할 수 없다고 당신은 말했습니다. 이제 당신이 보다시피, 저는 자녀가 많아 부자가 되었습니다.[21]

여기서 보듯 재생산에의 투자는 생산과 소비를 증가시킨다. 그러나 만일 자녀가 자신의 소득을 가족자금으로 송금하지 않는다면 사정은 달라진다. 만일 자녀가 자신의 돈을 관리하고, 분리된 가정을 만들고, 노후보장을 위해 정부에 세금을 낸다면 상황은 상당히 달라질 것이다. 이런 경우, 각 개인은 자녀와 여가상품 사이에서, 자녀와 부동산 융자금 사이에서, 자녀와 지리적·사회적 이동 사이에서, 자녀와 경력 사이에서 선택을 해야 한다. 탐욕스럽고 소유욕이 강한 개인주의는 이러한 모든 등식을 바꾸어 놓는다. 그것은 맬서스와 다윈의 가설이 어느 정도 타

---

20) Lee, *Rose*, 24
21) Mamdani, *Myth*, 109.

당한 세계로 인도한다.

19세기 초반 잉글랜드에서는 이러한 (옮긴이: 개인주의적) 기대와 가족의 책무가 지배적이었고, 유럽과 미국을 통해 전세계로 전파되었다. 이러한 사실은 그것이 어디서 왔으며 어떻게 시작되었는지에 관한 질문을 던진다. 우리는 그것이 작동하는 방식과 무엇이 그것을 야기했는지 알고자 한다. 이것을 이해하려면 그것이 얼마나 오랫동안 체제로서 작동했는지 알 필요가 있다. 만일 그것이 18세기에 시작되었다면 어떤 특정한 형태의 설명이 개진될 수 있다. 만일 그보다 이르면 다른 방식의 설명이 제시될 것이다. 오늘날 결혼패턴의 문제는 매우 중요하기 때문에 그 기원에 대한 다양한 성찰은 전혀 놀랄 일이 아니다. 앞으로 살펴보겠지만 역사적 사건들은, 심지어 잉글랜드에 관해서조차, 상당히 혼란스럽다.

시점(*timing*)이라는 핵심쟁점을 둘러싼 매우 상반된 견해들 때문에 현재 이 문제가 불확실한 상태라는 점은 마이클 앤더슨의 현 상황에 대한 사료편찬학(*historiography*)에 잘 요약되어 있다. 22) 따라서 여기서는 상세히 다룰 필요가 없다. 여러 저자들은 현대사회와 맬서스와 다윈 세계의 기초를 이루는 이상한 가족체제가 최근의 현상이라고 주장한다. 인류학자 래드클리프 브라운(Brown) 23)은 말한다. '오늘날 잉글랜드 유형의 결혼은 최근의 일이고, 매우 특이한 것이며, 특정한 사회발전의 생산물이란 사실을 우리는 기억해야 한다.' 산업혁명과 도시혁명의 산물인 잉글랜드 유형의 가족은 근본적으로 18세기와 19세기에 생성된 현상이

---

22) Anderson, *Western Family*. 잉글랜드 가족에 대한 보다 최근의 접근방식은 Houbrooke, *English Family*, 제1장을 참조할 것. 가족에 대한 나의 견해와 스톤의 견해 사이의 차이가 잘 나타나 있다. 내가 스톤의 입장을 자세히 비판한 글은 Macfarlane, 'Review'에 있다.

23) Radcliffe-Brown, *African Kinship*, 43.

74

다. 24) 혹자는 그러한 변동이 종교개혁 이후 16세기에 시작하여 17세기 후반 혹은 18세기에 '연애결혼'의 형태를 띤 오늘날의 핵가족 제도에 이른 것으로 보았다. 25) 어떤 학자들은 16세기부터 18세기 까지 사회구조나 인간 감성에 있어 커다란 혁명이 없었기 때문에 그 시점은 중세 후반까지 거슬러 올라갈 수 있다고 주장했다. 26)

흥미롭게도 가족체제의 기원과 연속성을 발견한 것은 사회인구학자와 역사학자들이었다. 킹슬리 데이비스(Davis)는 '서유럽 사회는 핵가족 제도의 역사를 일천한 것으로 보는 경향이 있다. 핵가족 제도는 서구의 법제사, 친족용어와 구애관습이 입증하는 사실이며, 최소한 중세까지 거슬러 올라갈 수 있는 문화적 특수성의 산물'27)이라고 기술했다. 리처드 스미스(Smith)는 맬서스의 인구학 체제를 언급하면서 그 체제가 마르크스의《자본론》(Das Kapital)은 물론 토머스 모어(More)가《유토피아》(Utopia) 28)를 저술했을 때 이미 존재했을 가능성이 매우 높다고 말했다. 콜드웰은 '오랜 역사적 근거로 볼 때 서유럽의 가족은 수 세기 전부터 점차 핵가족화 되어 왔다. 사실 어떤 사회집단은 이미 17세기에 세대 간 부(富)의 흐름이 역전된 그 구분(divide) 29)을 뛰어넘었고', 어떤 곳에서는 이보다 더 빨랐다고 주장한다. 콜드웰은 개인주의 가족체제가 현대경제의 태동 이전에도 발생할 수 있다고 주장한다. 바로 이것이야말로 서유럽에서 발생했던 현상처럼 보인다. 영주체제는 고대 도시문명이 파괴되는 과정에서 형성되었으므로 핵가족이 경제적으로 성장할 수

24) Notestein, "Population Change", 16; Lowie, *Social Organization*, 220.
25) Stone, Family; Goode, *World Revolution*; Shorter, *Modern Family*.
26) Mount, Subversive Family; Pollock, *Forgotten Children*; Houlbrooke, *English Family*.
27) Davis, 'High Fertility', 35.
28) (옮긴이) 모어는 1516년《유토피아》를 저술했다.
29) (옮긴이) 여기서의 구분은 부의 흐름의 상향과 하향에 대한 구분을 의미한다.

있는 발판은 이미 오래 전에 제공되었다. 30) 심지어 몇몇 학자들은 이 체제의 기본 전제가 13세기나 그 이전까지도 거슬러 올라갈 수 있다고 주장한다. 이런 주장을 하는 연구자에는 구디(Goody), 포르테스(Fortes) 그리고 나 자신이 포함된다. 31) 그 원인에 대해서는 논의가 다양하지만 그 기원은 매우 이른 시점이었다. 포르테스의 주장처럼, 근대 패턴의 결혼과 다른 특징들에 대한 선입관이 '종교적 이데올로기, 성도덕, 생식에 관한 기독교의 이상에 근거한다고 주장하는 사람들도 있지만 나는 그 선입관이 유럽사에서 더 멀리, 아마 로마사가인 타키투스(Tacitus)가 기술한 게르만 민족까지 거슬러 올라갈 수 있다고 믿는다.'32)

현재 우리의 입장을 간략히 요약하자면 다음과 같다. 맬서스주의적 체제의 부상이 서유럽, 특히 잉글랜드의 사회경제적 역사에 대한 해명과 오늘날 세계의 많은 부분에서의 발달을 설명하는 데 있어 매우 중요하다. 하지만 그 체제가 일련의 연동제도(interlocked institution)로 작동하는 방식과 그것의 출현시점을 우리는 아직 잘 알지 못한다. 이런 문제들을 다루려면 다양성과 증거라는 난제에 직면하게 된다. 몇 가지 어려움을 나열하는 것만으로도 우리가 앞으로 수행할 고도의 일반화와 추상화 작업에 대한 생각을 드러내준다.

우리는 초서(Chaucer) 33) 로부터 맬서스가 살았던 시기, 대략 14세기 후반부터 19세기 초엽까지 약 400년 동안의 결혼에 대한 주요 특성을 연구할 것이다. 그 기간은 메이틀랜드(Maitland) 34) 가 자신의 강의에서 영

---

30) Caldwell, 'Restatement', 356, 346.
31) Macfarlane, *Individualism*; Goody, *Family and Marriage*; Fortes in Hawthorn, *Population*.
32) Hawthorn, *Population*, 124.
33) (옮긴이) 영시의 아버지라고 불리는 잉글랜드의 시인으로, 약 1340년경에 태어나 1400년에 사망한 것으로 알려져 있다.
34) (옮긴이) 프레드릭 메이틀랜드(Fredric Maitland, 1850~1906): 19세기 후

미법 소송형태에 대해 다루었던 500년보다는 약간 짧다. 우리는 메이틀랜드의 경우처럼 그 기간이 상당히 길지만, 그와 마찬가지로 '현재 우리의 목적에 적합하도록 그 시기를 하위 기간들로 분할하는 것이 가능한지는 알 수 없다.'[35] 앞으로 살펴보겠지만 그 시기엔 주요한 변동들이 분명 발생하였고, 우리는 그 가운데 몇 사례만을 조명할 것이다. 증거가 변화하기 때문에 이렇게 긴 시기를 다루기는 무척 어렵다. 특히 16세기 중반 이후에 관한 새로운 자료들이 다량 확보됨에 따라 중세 후반의 여러 난제들에 대해 어느 정도 답변할 수 있게 되었다. 이어지는 분석의 목적들 가운데 하나는 맬서스가 제시한 세계가 어느 정도나 그 당대의 산물이며, 그것이 종교개혁이 성취되기 전 1세기 혹은 그 이전 여러 세기에 얼마나 존재했는지 관찰하는 것이다. 그러한 시도에는 시간을 초월한 모형과 연속성의 강조가 포함된다. 분명 이 시기에 물리적, 사회적, 정치적, 종교적, 그리고 경제적 세계는 수없이 변화했지만, 연구대상 기간을 길게 잡는 것만이 이러한 질문들을 해명해 줄 것이다.

두 번째 문제는 다양한 사회계층 간의 상이한 태도와 구조에 관한 것이다. 이 기간 전반에 걸쳐 잉글랜드는 고도로 계층화되었고, 각 계층 간의 부(富)와 삶의 방식은 엄청난 차이를 보였다. 따라서 특정 계층에 대한 관찰은 다른 계층으로 추론될 수 없다. 홀링워스(Hollingworth)와 로렌스 스톤(Stone)이 보여준 바와 같이,[36] 특히 증거를 고찰하는 사람은 소수 엘리트에 대한 인구학과 가족구조가 대다수 사람들의 경우와 여러 측면에서 다름을 인식해야 한다. 가내 생산과 재생산의 유형은 본질적으로 매우 많은 재산이 관련되기 때문에 다음과 같은 특성이 나타난다. 결혼은 더욱 친족집단들의 동맹과 유사해지고, 남성지배가 강조되며, 상속

반에 활동했던 잉글랜드의 법률가·법사학자(法史學者)이다.

35) Maitland, *Forms of Action*, 43.

36) Hollingsworth in Glass, *Population*; Stone, *Family*.

인들이 더 중요해졌다. 이런 부유한 집단은 이미 폭넓은 주목을 받았고, 다수의 정확한 기록물이 상류층에서 생성되었기 때문에 상류층 고유의 특징이 현저하게 두드러진다. 그러한 불균형을 바로잡기 위해, 그리고 사회적이고 인구학적인 견지에서는 나머지 인구와 그들의 행태도 똑같이 중요하기 때문에 우리는 여타의 사회계층에 집중할 것이다. 이 계층에는 맬서스가 간략하게 언급한 바 있는 소수의 신사계층(gentry) 37) 아래의 네 집단을 포함한다.

17세기 두 인구집단의 상대적 크기는 1688년에 발표된 그레고리 킹 (King)의 잉글랜드 인구도식을 보면 알 수 있다. 38) 킹은 잉글랜드 전체 인구를 약 550만 명으로 산정하였다. 전체 인구의 약 0.36%인 19,720명이 한시적인 귀품이 있는 귀족과 준남작 계층에 포함되었다. 만약 기사들과 천여 명의 고위직, 그리고 고급변호사와 성직자 및 부유한 신사들까지 포함시켜도 여전히 전체인구의 1%에도 미치지 못한다. 우리는 서열상 이러한 상위계층 아래에 있는 99%의 여타 사람들을 주로 다룰 것이다. 귀족집단 아래에 위치한 이질적인 집단들의 명확한 모습을 제시하기 위해 빈곤층, 중간층 그리고 부자집단 사이의 차이와 전문직과 일반직 사이의 차이를 반드시 없애야만 한다. 오랜 시간에 걸쳐 발생한 신분상의 미묘한 변동을 없애는 것과 마찬가지로, 이것은 전체적인 통합을 시도하는 과정에서 우리가 치러야 할 대가이다. 교육의 차이도 마찬가지로 최소화될 것이다.

세 번째의 동질화 과정은 지리적 그리고 사회적인 것이다. 이 시기가 시작될 무렵, 잉글랜드는 놀라울 만큼 문화적 동질성을 유지하고 있었지만, 지역적 차이가 여전했고, 특히 유목경제의 북서 고지대와 경작농

---

37) (옮긴이) 신사계층(gentry)은 잉글랜드 중세 후기에 생긴 토지 소유자 계층이며, 왕, 귀족에 이은 제3의 계급이다. 젠트리는 젠틀맨의 어원이다.
38) Laslett, Lost World, 36~38.

업의 남동 저지대 사이의 차이는 현격했다. 보다 심도 있는 연구와 사례
제시를 위해 우리는 이들 지역 각각의 공동체를 추출했지만 다양성의 문
제는 극복하지 못했다. 게다가 도시인구와 농촌인구 사이에도 차이가
있었다. 런던(London), 브리스톨(Bristol), 39) 혹은 노리치(Norwic
h) 40) 의 주민들과 에식스(Essex) 41) 나 웨스트모어랜드(Westmorland) 42)
의 작은 마을 주민들이 한데 묶일 수 있을까? 우리는 그렇게 해야만 했
고, 여러 나라에서 발견되는 농촌거주자들(*paysans*)과 도시거주자들
(*bourgeois*) 간의 강한 적대감이 잉글랜드에서는 무척 빈번한 도시-농촌
간 이동으로 말미암아 해소되었다는 사실이 이것을 부분적으로나마 정
당화시켜 준다. 하지만 다양한 지역사회를 하나의 유형으로 묶어 버리
는 것은 여전히 위험한 일이다. 마찬가지로 종교적 하위집단들 — 예컨
대 퀘이커(*Quaker*), 천주교, 잉글랜드 국교(*Anglican*) — 사이에 그리고
정치적 집단 — 왕당파와 청교도, 또는 (옮긴이: 왕권에 반대하여 개혁을
주창했던) 휘그당원과 (옮긴이: 의회에 대한 왕권의 우위를 주장했던) 토리
당원43) — 사이에도 상당한 입장 차이가 분명히 존재한다. 이러한 모든
것을 깊게 다루지는 않는다.

　또 다른 문제는 잉글랜드가 과연 어느 정도나 광범한 '서유럽' 패턴의
일부인지, 아니면 약간 특수한 사례인지이다. 나는 앞으로 잉글랜드의
증거들에 관심을 집중할 것이다. 이러한 태도는 언어, 법체계, 정치구
조에 관한 한, 유럽 내에서도 잉글랜드만의 독특한 것이 있다는 나의 신
념을 반영한다. 그러나 영어가 광범위한 유럽어족, 아니 인도-유럽어족

---

39) （옮긴이) 잉글랜드 남서부의 항구도시.
40) （옮긴이) 잉글랜드 동부 Norfolk의 주도.
41) （옮긴이) 잉글랜드 동남부의 주.
42) （옮긴이) 잉글랜드 북서부의 옛 주로, 1974년 Cumbria주에 통합되었다.
43) （옮긴이) 휘그당과 토리당은 17세기 말부터 1832년까지 대립했던 양대 정당
　　이다.

에 속하는 것처럼, 우리가 검토하는 잉글랜드 가족제도의 여러 특징이 반드시 독특한 것은 아닐 것이다. 나의 연구는 잉글랜드에 집중되어 있지만 앞에서 지적한 특유성이 잉글랜드를 필연적으로 유럽, 특히 북서유럽으로부터 분리시켰다는 것을 의미하진 않는다. 인류학자이며 역사학자인 나는 잉글랜드를 서유럽의 여타 국가가 아니라 서유럽이 아닌 지역의 농경사회나 부족사회와 비교할 것이다. 이 저서는 일차적으로 잉글랜드에 관한 것이지만 서유럽 국가 간의 대조뿐 아니라(미국, 호주 등을 포함하는) 서유럽과 기타 지역의 문명과의 대조를 포함한다. 잉글랜드 사회의 여러 특성들 — 특히 암묵적인 가설과 규칙들 — 은 이러한 폭넓은 비교틀 속에 위치시킬 때 보다 쉽게 고찰될 수 있다.

마지막으로 매우 중요한 사항 하나를 지나치게 단순화시켰다는 것을 지적하고 싶다. 이 저서의 논의 대부분은, 남성보다 여성에게 더 많은 영향을 미치는 재생산과 '섹슈얼리티'(sexuality)에 관한 것이다. 남성과 여성이 느끼고 행동하는 방식엔 분명 차이가 있다. 그러나 우리의 개인 자료물 대부분은 남성들에 의해 저술된 것이고, 나 또한 남성이다. 이런 까닭에 이 논의가 남성편향적일 수 있다는 점을 지적한다. 그러한 편향은, 아프라 벤(Behn), 제인 오스틴(Austen), 도로시 오스본(Osborne)의 작품을 읽거나, 여성친구들이 충고해 준다 해도 바로잡을 수 없을 것이다.

만일 우리가 각 지역을 개별적으로 분할한 다음 그 지역을 다시 사회계급으로 나누고, 거기에 약 1백 년 단위로 쪼갠 시간차원으로 교차시키고, 이것을 다시 남성과 여성의 시각에서 각기 분석한다면 — 바꾸어 말하면, 인류학자가 인구 수천 명의 어떤 공동체를 1년간 연구하는 것과 같은 미시적 방법론을 적용한다면 — 이 저서는 수천 페이지로 늘어날 것이다. 사실상 내가 시도하는 것은 다양한 자료들로부터 가장 전형적인 구조와 정서의 일부를 추출해 내려는 것이다. 특정한 시기, 지역 또는 부족에게 관심이 있는 독자들은 나의 일반론적인 저술이 그들이 알고 있는 것과 얼마나 동떨어져 있는지를 스스로 판단할 수 있다.

제 2 부 자녀의 가치

4
자녀의
혜택과 비용

 대부분의 사회에서 결혼의 핵심은 자녀를 갖기 위한 것이라는 점을 우리는 살펴보았다. 자녀는 부(富)로 간주되었고, 개인과 가족의 권력과 신분을 확장시켜 주는 것으로 간주되었다. 그러나 맬서스 도식에서는 이것이 사실이 아니라는 점이 명백하다. 그의 견해에 대한 뿌리를 찾아 우리는 200년 전 잉글랜드로 되돌아 갈 것이다. 만일 우리 자신을 16세기나 17세기의 대규모 중간계층인 자작농이나 상인으로 간주한다면, 자녀출산의 문제는 어떤 식으로 다가올까? 가장 뚜렷한 가설은 일단 결혼하면 자녀출산은 불가피하다고 믿었다는 점이다. 사람들이 피임 실천에 대한 정보나 욕구가 있었다는 증거는 거의 없다. 사실 피임은 부적절한 남녀관계에서 주로 사용되었다. 자녀는 정상적인 결혼의 열매라는 사실이 널리 인정되었다. 그래서 맬서스는 이성에 대한 열정은 항상 불변하고, 불변의 생물학적 충동은 임신과 출산을 가져온다고 가정하였다.

 결혼관계에서 태어난 자녀들은 환영받았다. 자녀들은 부모에게 심리적 축복을 안겨주었고, 부모의 여러 욕구들 — 예컨대, 아이를 낳고 싶은 여성의 갈망, 자신의 분신을 보고자 하는 인간의 소망, 동료애에 대한 갈망, 사랑하고 돌보아 줄 대상에 대한 바람 — 을 충족시켰다. 산파인 샤프 부인(Sharp)이 지적하듯이, 임신은 모든 여성은 아니지만 여성들 대부분이 진정 원하는 것이다. 쿨페퍼(Culpeper)는 모든 남성과 여성이 자녀를 원한다고 기술하였다.[1] 이런 소망은 자녀출산에 대한 반응이 적힌 당대의 일기장에 잘 드러난다.[2] 예컨대, 17세기의 목사였던 랄프 조슬린(Josselin)이 기술한 바에 따르면, 셋째인 자신의 출생이 '부모님께 커다란 기쁨을 주었고, 셋째를 원했던 부모는 아들을 주신 하느님께 감사드렸다.' 그는 부인의 임신 소식에 기뻐했으며, 아이를 원했던 부인의 소망이 이루어졌을 때 자신들에게 기쁨과 위로를 주신 하느님께 감사드렸다. 그는 자신의 아들과 딸이 사망했을 때 그들을 어떻게 하느님께 인도할지 기술했다. 왜냐하면 그에게 아들과 딸은 금은보석보다 더 소중하지만 하느님은 그에게 자녀보다 더 귀한 분이기 때문이었다.[3] 사람들이 다양한 이유로 자녀를 갖기 원한다는 사실은 아프라 벤(Behn)의 소설 《결혼의 열 가지 즐거움》(*Ten Pleasures of Marriage*)에서 분명히 알 수 있다. 임신에 실패한 신혼의 부인은 남편에게 짜증과 푸념을 쏟아냈다. 그녀는 자신의 건강을 자랑했고 남편의 건강도 거의 의심하지 않았다. 자주 남편을 답답한 사람(*Fumbler*), 마른 장화(*dry-boots*), 그리고 아무 짝에도 쓸모없는 좋은 사람(*a good man Do-little*)이라고 불렀다. 그러니 마침내 그녀가 임신하여 출산했을 때 누가 그 아빠의 기쁨을 이해하고 상상할 수 있겠는가?[4]

---

1) Shapr, *Midwives*, 93; Culpeper, *Midwives*, 68
2) Blencowe, 'Burrell', 131; Rye, *Isham Journal*, 41; Jackson, *Thornton Autobiography*, 98; Winchester, *Tudor Portait*, 105.
3) Macfarlane, *Josselin Diary*, 1616; July 1641; 26 May 1650.

출산의 기쁨은 분명 자녀를 향한 깊고 보편적인 애정과 관련이 있다. 이러한 사실이 16세기부터 19세기까지 잉글랜드인의 일기장에 무수히 기록되어 있음이 최근에 밝혀졌기 때문에 여기서는 더 자세히 다루지 않겠다. 5) 출산의 환호는 애정과 깊은 관심과 함께 청춘남녀에게 즐거움을 가져다준다. 6) 당대 사람들은 자녀에 대한 깊은 애정을 당연한 것으로 여겼다. 만일 엄마가 아이에게 수유하는 일이 너무 고통스러우면 그 아이를 유모에게 맡겨서라도 젖을 먹이는 것이 부모의 마음이다. 그러나 부모의 지나친 애정이 아이를 응석받이로 만들 위험이 있었다. 쿨페퍼는 많은 부모들이 자녀들의 응석을 과도하게 받아주기 (자녀를 지나치게 사랑하고, 너무 귀여워하며, 버릇없이 만들기) 때문에 그들을 망치고 있다고 경고했다. 자녀를 부드럽게 대하는 부모의 천성적 성향이 아이를 응석받이로 만든다. 7) 존 로크가 기술했듯이, '하느님이 부모들에게 자애와 관심이라는 적합한 성향을 주셨기 때문에' 부모는 자신의 자녀들을 돌본다. '하느님이 자녀에 대한 부모의 자애를 인간본성으로 주셨기 때문에, 부모가 자신의 권위를 너무 엄격하게 사용한다고 우려할 필요는 없다. 부모의 자녀에 대한 애정이 지나칠 수 있어도 엄격함은 지나칠 수 없다.' 8) 부모의 자녀에 대한 이런 깊은 애정이 우리 시대에 근본적으로 변했다고 생각하지 않는다. 키스 라이트손(Wrightson)은 17세기 초부터 말까지 부모의 이런 감정을 추적하면서 자녀에 대한 부모의 태도나 열망이 한 세기 동안에 근본적으로 변하지 않았다고 결론짓는다. 9) 이 기간

---

4) Behn, *Pleasures*, 51, 84.

5) Pollock, *Forgotten Children*.

6) For example Greven, Protestant Temperament, 156, 183, 266ff; cf. also Illick in DeMause, Childhood, 312~313.

7) Behn, *Pleasures*, 93; Bacon, *Essayes*, 20; Fuller, *Holly State*, 11; Culpeper, *Midwives*, 215.

8) Locke, *Government*, 32, 34.

이 후대까지 확장될 수 있음은 분명하다. 우리가 연구대상으로 삼은 400년 내내 기본전제는 부모의 자녀에 대한 깊은 사랑이지만, 때때로 자녀에 대한 불관용과 엄격함도 있었다고 생각한다. 10)

아들, 딸 모두가 자녀로서 환영받았지만 아들이 약간 더 선호되었던 것처럼 보인다. 하지만 강력한 남아선호의 부재는 주목할 만하다. 인류학자들은 강력한 남아선호는 정착농경사회의 특성이라고 지적했다. 11) 딸은 지참금이 요구되면서 출가외인이 되지만, 아들은 집안에 계속 머무르면서 부모를 돌본다. 딸은 집안을 가난하게 만들고, 딸을 돌보는 것은 이웃집 나무에 물 주기와 같기 때문에 소녀는 가치가 없고, 소년의 가치가 최고라고 마을 사람들은 말한다. 12) 잭 구디(Goody)는 유라시아의 인구밀도가 높은 정착농경사회에서의 남아선호와 사하라 이남 아프리카에서의 성선호 부재를 비교 연구하였다. 13) 우리는 지난 400년간 잉글랜드에서도 그러한 성선호가 존재했을 것으로 기대한다.

실제로 약간의 남아선호가 존재했다는 증거들이 있다. 14) 특히 대농장주는 아들 상속인을 원했다. 딸은 결혼하면 자신의 뿌리에서 분리되어 다른 가족에게 접목되는 나뭇가지에 불과하므로 점점 닳아 없어지는 물품이나 가구일 뿐이라고 뉴캐슬 공작부인(Dutchess of Newcastle)은 말

---

9) Wrightson, *English Society*, 118.

10) Pollock, *Forgotten Children*, passim.

11) (옮긴이) 일부 아프리카 지역, 태국의 북서부 지역과 라오스, 그리고 자메이카 등은 아들보다 딸이 선호된다.

12) Baily, *Caste*, 71; Dube, *Indian*, 148; Stirling, *Tukish*, 116.

13) Goody, 'Strategies of Heirship' in Goody, *Production*.

14) (옮긴이) 저자 맥팔레인은 잉글랜드에서 아들을 약간 더 선호했다고 말하지만, 최근 일반 대중을 대상으로 한 미국과 잉글랜드의 성선호에 대한 경험적 연구들은 일반적으로 아들보다 딸이 더 선호되는 경험적 증거를 보여준다. 따라서 맥팔레인이 언급하는 남아선호는 그가 대상으로 하는 일반사람이 아니라 귀족층 혹은 상류층에서 존재한 것을 의미한다고 할 수 있다.

했다. 클래리사 할로우(Harlowe)의 오빠는 여동생에게 지참금을 주는 것을 싫어하였다. 그는 딸들이야말로 다른 사람의 식탁에 올리기 위해 사육되는 병아리들이라고 말하곤 했다. 그러므로 16세기 초엽 라이슬 (Lisle) 가족에게 딸이 태어났을 때 축하와 더불어 '다음에는 신의 은총으로 아들을 낳기 바란다'는 동정어린 편지를 보냈다. 15) 그러나 이런 사회 계층 사람들조차 아들과 딸 모두를 원했다. 이를테면 루시 허친슨 (Hutchinson)은 자신의 어머니가 3명의 아들을 낳은 다음, 얼마나 딸을 고대했는지 회고한다. 랄프 버어니 경(Sir Ralph Verney)은 '딸들을 너무나 좋아했고, 막내딸을 너무 사랑한 나머지 아들들이 그녀를 아버지의 총아로 생각하지 않도록 자신의 감정을 숨겨야 한다고 생각했지만, 딸의 죽음에는 눈물을 멈추지 못했다.'16)

대다수 사람들은 강한 남아선호의 성향을 보이지 않았다. 오늘날과 마찬가지로 약간 어긋날 수 있겠지만, 아프라 벤(Behn)이 '쑥덕공론'(*gossips*) 축제에 참가한 작중인물들로 하여금 아들 가진 부부는 딸을, 딸 가진 부부는 아들을 다음 해에 출산하라는 덕담을 나누도록 했을 때, 그녀는 시대정신을 잘 포착한 것처럼 보인다. 17) 사람들은 다음에 출산할 자녀의 성에 분명 관심이 있었지만 — 자녀의 성별을 알고자 하는 사람은 점성가를 찾았고, 당시 인기 있는 책력에는 아이의 성을 결정하는 비법이 내포되어 있었다 — 중간계층 사람들이, 오늘날 여러 제3세계 국가들처럼 아들이 없는 것을 불행으로 생각하지는 않았다. 18) 과거 유럽의 다른 지역과 비교했을 때조차 오늘날 잉글랜드인의 아들에 대한 무

---

15) Cavendish, *Letters*, 184; quoted in Watt, *Rise of Novel*, 253; St Clare Byrne, *Lisle*, 201.

16) Hutchinson, *Memoirs*, I, 24; Verny, *Memoirs*, iii, 60.

17) Behn, *Pleasures*, 114.

18) Thomas, *Religion*, 317; e.g., *The Husbandman's Practice*, 170.

관심은 아주 오래된 특징이다. 19)

　부모에게 즐거움을 주는 것을 비롯한 여러 이유들로 자녀는 환영과 사랑을 받았다. 이러한 즐거움의 한 측면은 아이들이 재롱둥이로서 기쁨을 주고 또 애정과 훈육의 대상이 된다는 점이다. 쿨페퍼가 언급했듯이, 사람들이 자녀를 원하는 주된 세 가지 이유 중 하나는 자녀가 '모든 사람이 같이 놀고 싶어 하는 귀염둥이' ― 사람들은 자신이 좋아하는 사람과 함께 놀고 싶어 한다 ― 라는 것이다. 결혼하는 이유가 실린 견본편지에 가장 많이 언급된 것은 '자녀출산'의 즐거움이었다. 이 '즐거움'은 두 가지로 설명되는데, 그 하나는 아이의 혀짤배기 옹알이 소리가 부모에게 상상을 초월하는 청각적 기쁨을 준다는 것이다. 18세기 초엽 메리 워틀리 몬태귀(Montagu) 부인이 자신의 딸에게 설명했듯이 그녀는 갓난아이 딸에게 쏟았던 자신의 사랑을 대단치 않게 여겼는데, 왜냐하면 그 사랑은 천부적 본능이라 여겼기 때문이다. 그러나 이후에 다른 엄마들과 비교하면서 자신은 딸에게 진정한 사랑을 쏟았다고 느꼈다. '대개의 엄마들은 자녀를 자신에게 즐거움을 주는 존재로 간주하면서 아무런 애정 없이 의무적으로, 기분 내키는 대로 자녀를 돌보았다. 아이들은 어렸을 땐 부모의 노리개에 불과하고 나중에는 부모가 자신들의 울화, 가혹행위, 불쾌감을 행사할 수 있는 대상이 되었다.' 20) 그녀는 자신의 딸을 '진정한 친구', 즉 몇몇 인구학자들이 현대인구학의 핵심 가운데 하나로 간주하는 '동료애 가치'를 지닌 친구로 받아들였다. 21)

　자녀를 노리개와 동일시하는 태도는 여러 곳에서 분명하게 나타난다.

---

19) Marwick in De Mause, *Childhood*, 283; Origo, *Merchant*, 45(Italy); Huarte, *Men's Wits*, 286(Spain); Campbell, *Patronage*, 56(Greece)

20) Culpeper, *Midwives*, 68; Day, *Secretorie*, 140; Wharncliffe, *Letters of Montagu*, ii, 414.

21) Tabah, 'Population', 362.

그림엔 아이들을 애완동물과 함께 묶어 표현했고, 민요(*ballad*)는 자녀가 주는 즐거움을 찬양하였다. 22) 어떤 시인은 결혼의 장점들을 열거한 다음 자녀가 주는 혜택을 이렇게 노래하였다. 23)

이처럼 예쁜 아이들로부터
나에게 기쁨이 넘쳐나고
만약 아내가 없었다면 난 이 모든 것을 놓쳤을 것이고
사정 또한 달라졌을 것이다.
아이가 자라서 말하기 시작하면
나의 즐거움 또한 늘어나고
아이가 웃고, 옹알거리고, 쨱쨱거리는 소리를 들으면
나는 미소 짓고, 아이를 꼭 껴안아 준다.
나는 매우 즐겁게 아이와 함께 놀고
아이가 울 때는 달래준다.

마치 앵무새처럼 아이들은 생소한 언어를 곧 습득한다. 24) 이 시에는 본질적인 태도 세 가지가 드러나는데, 즉 아이들은 작고, 의존적이며, 학습능력을 지녔기 때문에 부모에게 즐거움을 안겨준다는 것이다. 이것은 애완동물과 비슷한 특성이다. 결국 자녀는 애완동물처럼 효용성 없는 상품인 셈이다. 자녀들은 경제성이나 유용성 때문에 양육되는 것이 아니라, 그들이 제공하는 감정적이고 심미적인 즐거움 때문에 집주위에 머무르도록 허용된다. 자녀들은 마침내 애완동물처럼 그들의 소유주에게서 떠날 것이다. 애완동물이 죽어 떠나는 것처럼 자녀는 부모 곁을 떠나고 애정도 떼어버린다. 이 모든 일은 매우 빨리 진행된다. '자녀들은

---

22) King-Hall, *Nursery*, 32~33쪽 사이에 이런 그림이 도해되어 있다.
23) Rollins, *Pepysian Garland*, 359~360.
24) Moryson, *Itinerary*, iii, 352.

한 시간용 노리개일 뿐이다. 왜냐하면 사실 곱슬머리나 잘라낸 손톱이 우리 것이 아닌 것처럼 자녀도 진정 우리의 소유가 아니다.'[25]

자녀에 대한 이런 태도는 오늘날 경제학자들로 하여금 자녀를 집이나 승용차와 같이 보장, 즐거움 그리고 다른 기능들을 제공하는 '소비재' (consumer durables) 로 취급하도록 만들었다. [26] 하지만 이것은 자녀를 원하지 않았거나 깊이 사랑하지 않았다는 것을 의미하지 않는다. 자녀에 대한 태도는 일시적인 사랑이고, 본질적으로 사치품에 대한 사랑과 같은 것이었다. 자녀들은 '보석'일 수 있지만 사람들은 보석 없이도 살 수 있다. 이러한 태도는 애완동물에 대한 욕구와 전적으로 유사하다. 단지 차이가 있다면 이 애완동물(자녀) 은 생물학적으로 그 소유주와 연결되어 있고, 또 소유주와 동일한 언어를 사용하는 매력이 있다는 점이다. [27] 몽테뉴(Montaigne) 는 이런 향락적이고 이기적인 태도에 강하게 반발하였다. 그는 자녀에 대한 부모의 애정은 '자연적인 성향' — 생존본능 다음의 두 번째 뿌리 깊은 본능 — 이며 그러한 성향이 이성과 결합하면, 자녀를 점점 더 깊이 이해할수록 자녀에 대한 사랑 또한 증가해야 한다고 주장했다. 하지만 '상황은 너무나 자주 정반대가 되며, 그리고 우리는 자녀의 성숙한 행동보다는 유아기의 발길질, 유치한 장난에 더 흥분한다. 이는 우리가 우리의 기분전환을 위해 자녀를 사랑하는 것, 자녀를 인간이 아닌 원숭이로 취급하는 것과 똑같다.'[28] 유아와 아이들이 안겨주는 이러한 미묘한 즐거움은 일찍이 13세기 사전 De Proprietatibus에 잘 나타나 있다. [29]

---

25) Mary Lamb in Cohen, *Penguin Dictionary*, 229; Osborne, *Advice*, 71.
26) E. g. Leibenstein, 'Interpretation'.
27) 애완동물에 대해서는 Thomas, *Natural World*, pt iii.
28) *The Essays of Montaigne*, i, 374~375.
29) Anglicus, *Properties*, 298~303.

즉 자녀는 '함께 놀 수 있는 귀여운 것'이자 부모의 분신으로 환영받았다. 또한 자녀는 죽음을 부분적으로 극복하는 방식으로 환영받았다. 다윈이 성찰했듯이, 꿀벌처럼 계속 일만하고 결국 아무것도 남기지 않는다면 무슨 소용이 있는가? 베이컨이 지적했듯이, '자녀들은 인생에서 갖가지 걱정을 부추기지만, 죽음에 대한 기억을 완화시킬 수 있다.'[30] 그리하여 우리는 여러 교훈서에서 사람은 자신의 '이름'과 후손이 계속 이어지기를 원한다는 가정을 발견한다. 자녀들은 '살아있는 기념비'이자 부모에 대한 '생생한 재현물'이었다. 결혼의 목적 가운데 하나는 '자녀를 통해 자신의 가문과 명성을 확대하는 것이다.' 자녀를 갖는 것은 '후손에 대한 소망'이었으며, '저에게 아이를 주십시오, 그렇지 않으면 저의 이름은 사라집니다'하고 울부짖는 사람도 있었다. 우리는 자신의 '씨'가 지속되어야 한다고 우려하는 일기작성자들을 발견한다.[31] 조슬린은 또다시 멋진 사례를 제시해 준다. 자녀의 죽음이 임박했을 때 그는 '하느님, 저의 유산을 건드리지 마십시오'라고 썼고, '저의 하느님, 제 아내의 하느님, 그리고 우리가 죽은 후 제 자녀들의 하느님이 되어 주십시오'라고 기도하였다. 그는 자신의 가족을 나무 혹은 포도덩굴에 비유하면서 그와 아내는 줄기로, 자녀들은 묘목과 가지로 파악하였다.[32]

상속인(heirs)을 남기고자 하는 소망은 오늘날에도 여전하지만 앞에서 살펴보았던 아프리카와 인도 사회의 기록보다는 덜 분명하다. 여러 전문서적과 일기장에는 상속인에 대한 소망이 빠져있거나 혹은 살짝 언급된 정도이다. 그 까닭은 가문이 경제적·사회적·종교적인 근거로 영속

---

30) Bacon, *Essayes*, 20
31) Gouge, *Domesticall*, 210; Becon, *Works*, dcxlix; Whateley, *Bride-Bush*, 17; Osborne, *Advice*, 70.
32) Macfarlane, *Josselin Diary*, 20 July 1673, 1 September 1644; Macfarlane, *Ralph Josslin*, 83.

되어야만 하는 여러 사회의 입장과 잉글랜드의 입장을 비교할 때 잘 드러난다. 그러한 사회에서는 만일 부모가 자녀를 낳지 못하면 양자를 상속인으로 세워야 한다. 수 세기 동안 잉글랜드의 중·하류 계층에서는 가문(family line)을 영속시키고자 하는 강렬한 욕구나 소망에 관한 증거가 거의 발견되지 않는다. 33)

'모든 남성과 여성이 자녀를 원하는' 유일한 이유로 쿨페퍼가 제시했던 것은 종교적인 동기들이었다. 자녀는 하느님이 주신 축복이므로 신심 깊은 사람들은 자녀를 소망하였다. 자녀가 신의 축복이라는 사실은 널리 확산된 믿음이었고, 바로 그런 이유로 모두 자녀 갖기를 소망해야 한다고 인구증가 옹호론자들이 주장했다. 34) 윌리엄 페티(Petty) 경은 '(옮긴이: 인구를) 증가시키고 번성시키는 것은 신의 첫 번째 명령'이라고 말했다. 35) 결혼예식에 따르면 자녀생산은 결혼이 제도화된 첫 번째 이유이다. 하지만 사람들이 자녀를 갖는 종교적 동기를 조사해 보니 그 근거가 취약하다는 사실을 발견했다. 쿨페퍼가 인정하듯이, 종교로 동기화된 사람일지라도 성욕이나 심리적 동기로 흔들리는 사람들이 많았다. 36) 많은 사람들이 자녀출산을 하느님을 기쁘게 하기 위한 방편으로 생각했다는 증거는 거의 없다. 후에 다수의 자녀를 갖는 것은 천주교의 타락으로 간주되었다. 성직자는 뚱뚱해 보이기 시작했고, 사정없이 자녀들을 낳았다. 37) 천주교의 출산장려 교리를 따르는 것만이 자신들의 유일한 임무라는 듯이 말이다. 그러나 (옮긴이: 자녀에 대한) 이러한 무관심을 개신교 탓으로 돌리는 것은 지나친 단순화인데 왜냐하면 그 근원은 훨씬

---

33) 양자와 상속인에 대해서는 Goody, *Production*을 볼 것.
34) Coverdale, *Matrimony*, 72; Perkins, *Oeconomie*, 115.
35) Landsdowne, *Petty Papers*, ii, 49; cf. also Becon, *Works*, cccccⅼxxxiii.
36) Culpeper, *Midwives*, 68.
37) Aylmer, *Diary of Lawrence*, 47.

더 깊은 곳에 존재하기 때문이다.

맬서스의 제안과 같이, 인도와 중국의 종교에 따르면 사람은 아들을 남겨 자신의 장례를 치르고 사후의 안녕을 보장받아야 한다. 그로 인해 고출산(*high fertility*)에 대한 강한 압력이 표출되었다. 힌두교와 유교에서 오랫동안 자녀출산과 영적 성공을 연관시켰다는 사실은 명백하다. 38) 무슬림도 마찬가지로 아들의 필요성을 강조했고, 부족 종교의 조상숭배 의식에서도 이와 유사한 강조점을 발견한다. 39) 에드워드 웨스터마르크(Westermarck)에 따르면, '셈족'(the Semites) 40)은 '미혼자는 살인죄를 범하는 것이고, 신의 이미지를 축소시키는 것이며, 신의 존재를 이스라엘에서 철수시킨다'라고 말한다. 41) 어떤 이유에서인지 기독교(*Christianity*)는 불교와 마찬가지로 종교의례의 지위를 출산과 직접 연결시키지는 않는다. 42) 로마가톨릭은 이따금 자연 출산력의 필요성을 강조하지만, 대체적으로 기독교는 출산에 대해 중립적인 태도를 취한다. 사후세계에서의 구원과 하느님과의 관계, 그 어느 것도 출산능력에 영향을 주지 않는다. 독신이야말로 첫 번째 소명이고 결혼은 불행하게도 두 번째 소명에 불과하다. 자녀는 사악한 성욕의 산물로, 아담과 이브에 대한 저주의 하나이다. 우리의 구세주(옮긴이: 예수)는 스스로 독신의 삶을 살았고, 위대한 성인들 대부분 역시 독신이었다. 결과적으로 자녀출산은 품위가 떨어지는 일이다.

금욕주의적 개신교는 지나칠 정도로 출산에 대한 강조가 없지만 이것

---

38) Goode, *World Revolution*, 208; Goode, *Family*, 112; Westermarck, *Marriage*, i, 379.

39) E. g. Freedman in Goody, *Developmental Cycle*, 29; Marsahall, *Natality*, 128.

40) (옮긴이) 이스라엘인(Hebrews)과 아랍인(Arabs)으로 대표되는 부족.

41) Westermarck, *Marriage*, i, 377.

42) Ekvall in Spooner, *Population*, 280.

94

은 극히 예외적인 경우이다. 맬서스는 성직자로서 자신의 종교가 자신이 옹호하는 결혼체제와 잘 맞아 떨어진다는 사실에 환호하였다. 이슬람교에서는 창조자의 영광을 위한 자녀출산이야말로 인간의 주된 의무 가운데 하나이고, 많은 자녀를 둔 사람은 자신의 창조목적을 잘 수행한 사람이다. 한편, '기독교의 진리와 하느님을 즐겁게 수용하는 신앙고백은 결혼과 출산에 관한 우리의 의무를 다른 시각에서 접근한다.'43) 확실히 역사적 증거는 맬서스의 잉글랜드에 대한 평가를 지지해준다. 종교개혁 이전과 이후에 사람들이 종교를 자녀번식과 연결시켰다는 증거는 거의 없다. 자녀는 하느님의 '축복'이지만 자녀가 종교나 의례의 목적을 위해 필요하다는 주장도 거의 없다. 하느님께는 다양한 방법으로 영광을 드릴 수 있었고, 많은 자손은 가장 중요한 방법 중 하나가 아니었다.

대가족, 특히 여러 명의 아들이 주는 한 가지 이점은 정치적이다. 공공질서가 취약한 상황에서는 무기를 다룰 수 있는 사람들이 많은 친족집단은 더 많은 힘을 가진다. 이러한 사례는 각각의 자녀가 가문을 확장시켜주는 부족사회, 그리고 직계 친족만이 탐욕스러운 영주와 마을 사람들로부터 가족과 토지와 명예를 지켜줄 수 있는 유일한 사람들이라고 믿는 여러 농경사회에서 볼 수 있다. 많은 자식을 둔 사람은 자신의 이득을 성공적으로 증대시킨다. 예컨대, '아프리카 일부지방에서는 막강한 힘을 소유하기 위해서는 많은 자녀를 갖는 것이 중요하며, 거의 필수적이라고 말한다.'44)

이와는 반대로, 놀랍게도 잉글랜드에는 그런 정치적 동기가 전혀 없다. 나는 자녀가 부모를 지켜주는 보호막, 즉 잠재적 군사로 필요했다는 진술을 기억해 낼 수 없다. (옮긴이: 우리가 고찰하는) 그 시기에 잉글랜드가 전반적으로 고도의 질서정연한 통치사회였다는 사실 역시 이것을

43) Malthus, *Population*, ii, 165.
44) Forde, *African Worlds*, 177.

확증시켜 준다. 이미 오래 전부터 (옮긴이: 잉글랜드에서는) 국가가 통치
와 사법의 복잡한 체제를 통해 가족이 수행해 왔던 치안(policing) 기능을
떠맡았기 때문에 (옮긴이: 가문 간의) 피의 복수, 폭력집단, 배후 지원자
와 '부도덕한 가족주의' 등이 개입될 여지가 거의 없었다. 45) 여기에서 우
리는 자녀가 애완동물 — 귀엽고 즐거움을 주지만 나중에는 집을 지켜주
는 수호견이 되지는 못하는 — 처럼 간주되어 왔다는 사실을 알 수 있다.
우리가 아는 바와 같이, 전쟁에서의 전투능력을 위해 아들을 선호하지
도 않았고, 가문끼리의 동맹을 맺기 위해 딸을 원하지도 않았다. 정치적
삶은 가족이 아닌 다른 원칙에 의해 구조화되었고, 자녀수는 마을이나
국가에서의 정치력과 무관하였다. 이런 사실은 오늘날 우리의 경험과
대부분 일치하기 때문에 최대한 많은 수의 자녀를 갖는 것이 정치적으로
필요치도 않을 뿐더러 바람직하지도 않은 세계를 태동시킨 문화적 성취
를 인식하는 것은 쉽지 않다. 우리가 고찰하는 시기에 이러한 동기가 크
게 바뀌었다는 징후는 없다.

　　자녀가 가족의 위세와 사회적 존경을 증가시키는 방식으로 이득을 준
다는 사실은 잉글랜드에서 또다시 놀라울 정도로 침묵을 지킨다. 많은
사회에서 부모의 사회적 위세는 자녀를 더 많이 출산할수록 올라간다.
불임은 끔찍한 저주이고 점점 커지는 대가족은 신의 축복이다. 남성의
정력은 많은 자녀수를 통해 입증되며, 그는 매번 계속되는 출산을 통해
명예를 획득한다. 46) 그러나 잉글랜드에서는 자녀를 많이 둔 아버지를
부러운 듯 언급하는 사람들을 찾아보기 힘들다. 47) 앞으로 살펴보겠지만
사실 잉글랜드인은 많은 자녀가 태어난 후에 근심걱정을 시작했다.

---

45) Macfarlane, *Justice*, 마지막 장을 보라.
46) E. g. Fortes in Hawthorn, *Population*, 141; Osborn, *Population*, 100.
47) Stubbes, *Anatomie*, fol. 54v., 사생아를 낳은 사람들에 대한 찬양을 언급하고
　　있다. 하지만 그런 찬양은 합법적 출산이 아니라 남성의 정력에 대한 것이다.

흔히 자녀는 남성보다 여성에게 훨씬 더 중요했다. 결혼을 공고하게 해주고, 여성이 성인의 지위를 획득하는 것은 결혼식 자체가 아니라 자녀의 출산을 통해서였다. [48] 어떤 가문이 신붓값을 지불하는 것은 자궁의 출산력 때문이며, 여성은 재생산을 위한 자산이 되고, 여성의 가치와 평판은 자녀를 낳을 때마다 향상된다. [49] 여성은 자신이 출산한 자녀수에 따라 사회적 지위를 성취하며, 많이 낳을수록 지위가 올라간다. [50] 터키에서는 아내와 자녀는 언어적으로 서로 분리될 수 없으며, 여성은 반드시 아들을 낳아야만 한다는 태도가 오랫동안 이어져 왔다. [51] 18세기 초엽, 워틀리 몬태귀(Montagu) 여사는 '조금도 과장 없이 말하자면 내가 아는 모든 여성들은 12명 내지 13명의 자녀를 출산하였다. 그리고 고령의 여성들은 25명 심지어는 30명의 자녀를 두었다고 자랑했으며, 그들은 출산한 자녀수에 따라 존경받았다'[52]는 내용의 편지를 터키에서 고향인 잉글랜드로 보냈다. 자녀는 여성에게 주된 버팀목이며, 자신이 새로 터를 잡은 시댁에서 그녀의 동맹군이다. 자녀는 세월이 흐를수록, 특히 과부에게는 주된 안식처가 된다. 매 출산은 보험을 더해준다. 새로운 자녀를 출산할 때마다 그녀는 남편과 친족으로부터 칭송을 받고, 다른 여성들의 존경어린 시선을 받게 된다.

문학과 자서전을 통해 이러한 문제를 판단하는 것이 가능하지만, (옮긴이: 자녀출산에 대한) 그러한 압박은 잉글랜드에서는 수 세기 동안 미

---

48) Evan-Pritchard, *Nuer Kinship*, 62, 72; Sailisbury, *Stone*, 37. (옮긴이) 결혼식이 아니라 자녀의 출산을 통해 성인이 되었음을 보여주는 사회들도 있다. 이를테면 자메이카에서는 결혼식이 아니라 자녀의 출산을 통해 자신이 성인이 되었다는 사실을 보여준다.

49) Lorimer, *Human Fertility*, 370.

50) Mitchell, 'Fertility', 298.

51) Stirling, *Turkish*, 154, 114.

52) Wharncliffe, *Letters of Montagu*, ii, 41.

미할 뿐이었다. 비록 17세기에 조던(Jorden)이 '아이들의 엄마가 되는
것은 무척 존경받는 일이며, 결혼생활에서 여성이 얻을 수 있는 최고의
만족'이라고 편지를 썼고, 신혼부부가 친구들과 자녀갖기 경쟁을 벌였지
만 여성의 지위를 높은 출산력과 연계하여 강조하지는 않았다. 53) 잉글
랜드에서는 임신한 여성을 대상으로 한 초상화가 많지 않고, 임신한 자
궁이나 많은 자녀를 둔 어머니를 찬양하는 시도 없으며, 성모 마리아(물
론 숫처녀 상태로 어머니가 된 여성)에 대한 예찬 역시 거의 없었다. '어머
니됨'(motherhood)은 의심할 여지없이 만족감의 근원이었고, 여성들은
처음 몇 명의 아이들이 태어날 때 무척 기뻐하였다. 그러나 '어머니됨'은
여성의 핵심적인, 유일한, 그리고 여성을 정의하는 역할은 아니었다.
프랑스 일부분에서 보고된 것처럼, 여성은 '아이 낳는 기계'(une machine
à enfantement) 54)는 분명 아니었다. 근대적 피임을 위한 필수적인 전제조
건 — 자녀출산 이외의 다른 어떤 것에 의해 여성이 성인 지위를 획득하
는 것 — 은 이미 오래전에 확립된 것처럼 보인다. 55) 여성의 만족과 보
장은 여러 곳으로부터 도출될 수 있고, 자녀는 단지 그러한 것들 가운데
하나일 뿐이다.

따라서 자녀는 인생에 덤으로 주어진 즐거움 정도로 간주되었다. 자
녀들이 삶의 필수조건이 아니라는 사실은 불임에 대한 태도에 잘 나타난
다. 출산이 결혼의 주된 목적이 되는 곳에서 자녀를 전혀 생산하지 못하
거나 원하는 성별의 자녀를 충분히 낳지 못하는 것은 재앙이나 다름없
다. 오직 자녀출산만이 결혼을 공고히 해주고, 자녀가 없는 결혼은 자동
해체된다. 무자녀에 대한 혐오감이 존재한다면 아무도 자녀를 갖지 않
는 위험을 무릅쓰려 하지 않을 것이다. 무자녀는 여성들에게 있어 '가장

---

53) *A Rational Account*, 55: Behn, *Pleasures*, 50ff.

54) Shorter, *Modern Family*, 77.

55) Goode, *Family*, 111

98

큰 개인적 비극이자 굴욕'이다. 56) 몬태귀 여사가 터키에서 느꼈던 당혹
감은 바로 이러한 태도이다. 그녀가 고향(옮긴이: 잉글랜드)에 보낸 편지
에서, '당신은 제가 왜 이런 말을 하는지 모를 것입니다만, 이 나라에서
결혼 후 자녀를 낳지 못하는 것은 우리나라에서 결혼 전에 아이를 갖는
것보다 훨씬 더 모욕적 입니다'57) 라고 썼다. 역으로 터키 여성들은 페피
스(Pepys)의 태도58) — 즉 자신의 아내가 자녀를 낳지 못하는 것을 점점
더 반가워하는 태도 — 를 이해하지 못할 것이다. 또한 그들은 올리버 헤
이우드(Heywood) 59) 가 '몸이 작고 약해서 결코 출산할 수 없을 것이라고
여러 사람들이 걱정하는 여성'과 어떻게 당당히 결혼할 수 있는지 이해할
수 없을 것이다. 물론 잉글랜드인은 오늘날과 마찬가지로 불임에 대해
당혹스러워 했고, 의사와 점술가 그리고 사기꾼들은 그러한 결함을 어
떻게 극복할 수 있는지 조언했다. 60) 그러나 불임이 이혼의 근거로 간주
되지 않았고, 아이를 낳지 못하는 여성을 학대하거나 노여워했다는 증
거도 거의 없다. (옮긴이: 잉글랜드에서) 자녀출산능력의 결여는 여러 나
라에서 발견되는 끔찍한 비극과 굴욕이 아니라 (옮긴이: 개인적인) 불운
으로 간주되었던 것처럼 보인다. 61) 1682년 불임에 대한 논의에서 어떤
저자는 자녀를 갖기 원하는 레이첼의 엄청난 열망을 설명한 뒤, '하지만
그런 소원을 가진 여성들이 오늘날에는 무척 드물다는 사실을 당신은 알
게 될 것입니다'라고 덧붙였다. 62) 남자 상속인을 생산하지 못한 경우에

56) Mead, *Cultural Patterns*, 104; Cambell, *Patronage*, 58; Caldwell, 'Fertility', 203; Lorimer, *Human Fertility*, 265.
57) Wharncliffe, *Letters of Montagu*, ii, 54.
58) Latham, *Pepys*, i, xxxv.
59) Turner, *Heywood*, i, 63.
60) Culpeper, *Midwives*, 91; *Culpeper's Herbal*, 16.
61) Arensberg, *Irish Countryman*, 90; Schapera, *Married Life*, 106; Mead, *New Guinea*, 240.

도, 가계를 잇기 위해 양자를 받아들였던 인도나 중국과 달리, 잉글랜드에서는 양자입양이 널리 행해지지 않았다. 63)

잉글랜드에서 피임 — 예방적 형태 혹은 사후에 실행하는 형태의 영아살해와 낙태 — 의 부재가 시사하는 바는 하느님의 축복이 적정 자녀수 또는 감당할 수 없을 정도로 많지 않은 자녀수에서 나온다는 사실을 대부분 사람들이 인지하고 있었다는 점이다. 현재의 혼인연령, 자연출산 간격 그리고 영유아 사망률 등을 감안하면, 만일 서구의 부부가 피임하지 않을 경우 최고 12명의 자녀들 — 부모의 뒤를 이을 수 있는— 을 생산할 것이라고 추정되고 있다. 64) 사람들이 원하는 자녀수는 2명에서 3명 사이이다. 피임은 이러한 격차를 줄여주는 데 있어 필수적이다. 만일 동일한 변수(옮긴이: 결혼 연령, 자연출산 간격 그리고 영유아 사망률)를 17세기에 적용해보면, 만혼과 비교적 높은 영유아 사망률로 인해 많은 부모들은 단지 4, 5명의 자녀를 출산했고, 그중 2, 3명만이 부모가 사망할 때까지 생존해 있었다.

다양한 이유로 인해 자녀수가 적정수(옮긴이: 둘 또는 셋) 보다 훨씬 많을 경우, 초과한 자녀수는 환영의 대상이 아니라 우려의 대상이었다. 엘리스 쏜톤(Thornton)이 1667년에 (8번째 아이가 태어난 후) 또 다시 임신했을 때, 그녀는 '이번 임신이 하느님께서 보시기에 좋은 것이라 할지라도, 나는 이번 임신을 피하기 위해 훨씬 노력했어야만 했다'65) 고 진술했다. 1651년 프랜시스 클라크(Clarke)는 부친 존 오글랜더(Oglander) 경에게 '방금 열 번째 아이가 태어났는데 하느님의 뜻이라면, 이 아이가 마

---

62) *The British Midwife Enlarged* (1682)에서. 이 참고문헌은 오드리(Audrey) 박사가 알려주었다.

63) Goode, *Production*, ch. 6.

64) Tabarah, 'Demographic Development'.

65) Notestin, *English Folk*, 198에서 인용.

100

지막이기를 기도합니다'라고 편지를 썼다. 그리고 윌리엄 브룬델
(Blundell)은 자녀에게 보낸 편지에서 '너는 물론 이것이 부를 증가시키는
방식이 아니라고 생각하겠지만'이라고 서두를 꺼내면서 자신의 아내가
열 번째 아이를 순산했다는 소식을 전했다. 66) 대법관(*Lord Chancellor*)의
부인은 남편이 죽으면 재혼할지 여부를 고민하면서, 더 이상 자녀를 갖지
않는 조건이라면 기꺼이 재혼할 것이라고 말했다. 일곱 번이나 출산했던
토마스 라이트(Wright)의 첫 부인이 사망했을 때, 사람들은 그에게 더 이
상 출산할 수 없는 고령 여성과 재혼하라고 충고했다. 67) 당대인들은 너
무 많은 수의 자녀들을 두려워했고, 또 다수의 자녀가 요구되었을 때조차
— 귀족의 막대한 재산상속 때문에 — 조심스러워했다. 68) 그리하여 헨
리 퍼시(Percy)는《그의 아들에 대한 충고》(*Advice to His Son*)에서 지나
치게 많은 자녀는 불행이라는 사실과, 자녀가 전혀 없는 불운으로 인해
그는 행복하며, 자녀가 약간이라도 있으면 덜 행복해진다고 — 너무 많
은 자녀의 축복은 부양책임을 증가시킨다고 — 말했다. 69)

비용은 두 가지 형태로 증가한다. 하나는 부모, 특히 아버지가 부담하
는 경제적 비용이고, 또 하나는 거의 2년 터울로 자녀를 출산할 때마다
몸과 건강이 손상되는 어머니의 신체적 비용이다. 출산 때마다 산모는
죽음을 무릅쓰고 극도의 고통을 겪는다. 뉴캐슬 공작부인(the Duchess
of Newcastle) 70)은 여성들이 마치 당연한 일처럼 자녀를 원하는 것을 이
해할 수 없었다. 왜냐하면 출산은 여성 자신의 생명을 담보하는 일이고,
자녀양육 역시 여성이 감당해야 하는 큰 고통이기 때문이다. 71) 일부 여

---

66) Ashley, *Stuarts*, 17~18.
67) Notestein, *Four Worthies*, 95; Wright, Autobiography, 144.
68) Coverdale, *Matrimony*, fol. 26v.
69) Percy, *Advice*, 55~56.
70) (옮긴이) 잉글랜드 북동부의 항구도시.
71) Cavendish, *Letters*, i, 184.

성들이 격렬하게 항의했다는 사실도 놀라운 일이 아니다. 수 세기 동안 면면히 지속된 주제는 여성의 고통이다. 어떤 중세 작가는 '만일 하느님이 남성에게도 약간의 몫을 분담하였다면' 혹은 '만일 하느님이 남성에게도 자녀를 출산케 하셨다면'이라고 가정했고, 19세기의 어떤 옥스퍼드셔(Oxfordshire) [72] 사람은 '아내가 첫 번째 아이를 출산하고 남편이 두 번째 아이를 낳는다면, 더 이상의 자녀출산은 없을 것'이라고 주장했다. [73] 17세기 후반에 제인 샤프(Sharp) [74] 가 지적했듯이, '하느님이 금지된 열매를 따먹은 책임을 이브에게 추궁하면서 **나는 너의 해산 고통을 크게 하리라** 라고 말씀하셨기 때문에 임신이야말로 저주받은 일이라고 말하는 사람도 있다.'

자녀가 하느님의 선물로 환영받아야 한다는 것은 당대 설교자와 도덕주의자들의 끊임없는 주제였다. '여러분의 자녀는 (가장 확실히) 하느님의 축복 그 자체입니다. 여러분은 하느님께 진심으로 감사드려야 하고, 하느님이 당신에게 보내주신 자녀에 대해 그 수가 많든 적든, 아들이든 딸이든 기뻐해야 합니다. 왜냐하면 자녀수가 많을 경우에, 하느님께서는 신실한 부모에게 양육비를 주실 것이기 때문입니다.' [75] 그럼에도 불구하고 증가하는 비용에 대한 의구심을 쉽게 억누를 수 없었다. 앞에서 살펴본 바와 같이 많은 사회에서 자녀가 비용이라는 사고는 전혀 제기되지 않는다. 자녀들은 재산이고, 각 자녀는 수익률 높은 투자이기 때문이다. 생물학과 경제학 사이에 아무런 모순도 없다. 상당히 많은 인구학과 인류학 문헌들은 세계 여러 지역에서 자녀들이 부모에게 부를 더해준다는 사실을 믿는다는 것을 보여준다. (옮긴이: 잉글랜드가 아닌 지역에서)

72) (옮긴이) 잉글랜드 남부의 주도.
73) Power, 'Women', 409; Thompson, *Lark Rise*, 128.
74) Sharps, *Midwives*, 93.
75) Furnivall, *Tell-Trothes*, 187.

이러한 믿음이 맞다. 인도의 일부 지방에서 '부모가 할 수 있는 가장 적절한 행동은 많은 수의 자녀를 갖는 것이다.'[76] 방글라데시도 마찬가지로 '고출산'과 다수의 생존 자녀들은 경제적으로 '합리적'인 제안들이다.[77] 전통적으로 대만에서는 가능한 다수의 남아를 갖도록 강력한 경제적 유인책들이 있었다.[78] 그리하여 인터뷰에 응답한 모든 여성과 남성들은 '자녀들이 자신들의 경제적 지위를 잠재적으로 향상시키는 것으로 본다'고 답변했다.[79]

우리 잉글랜드인은 그러한 견해를 확인하기 위해 아시아나 아프리카까지 여행할 필요는 없다. 18세기 후반, 아서 영 (Young) 은 잉글랜드와 아일랜드의 비교연구에서 아일랜드에서는 자녀가 '무거운 짐'이 아니라는 사실에 주목했다. '빈민의 상태를 연구한 나는 대체적으로 그들의 행복과 편안함이 자녀수에 비례하며, 무자녀만큼 불행한 것은 없다는 것을 발견했다.'[80] 극빈계층과 약간 부유한 계층에서도 이것은 사실이었다. 맴다니 (Mamdani) 가 주장한 바와 같이[81] '인도의 어떤 지역 사람들은 대가족이기 때문에 가난한 것이 아니라, 가난하기 때문에 대가족이 된다.'[82] 비록 고출산이 모든 농경사회에서 반드시 부모에게 혜택을 안겨주는 것은 아니지만, 가난한 사람들은 '종종 낮은 소득과 낮은 교육이라는 악순환에 갇혀 있으며, 이 상황에서 탈출구를 제시해 주는 다수의

---

76) Monica das Gupta in Epstein, *Fertility*, 115; Beals, Gopalpur, 13; Marshall, *Natality*, 185.

77) Cain, 'Children', 224.

78) Arthur Wolf in Zubrow, *Demographic Anthropology*, 229.

79) James Ryder in Kaplan, *Fertility*, 98.

80) Hutton, *Young's Tour*, ii, 120.

81) Mamdani, *Myth*, 14; e. g., Cain, 'Extended Kin', 5.

82) (옮긴이) 아마 자녀가 부로 간주되기 때문에 가난에서 벗어나기 위해 많은 자녀를 가져 대가족이 된다는 것으로 해석할 수 있다.

자녀야말로 그들의 유일한 희망이다. '83) 자녀를 갖지 않을 여유가 없는 상황에서 다수의 자녀를 가질 여유가 없는 상황으로의 변동은 맬서스주의 혁명에서 가장 중요한 토대 중 하나이다. 과거에는 출산의 동기가 대부분 경제적인 것이었고, 개발도상국에는 그런 경제적 출산동기가 여전히 잔존하지만, 오늘날 서구 사회의 출산 동기는 본질적으로 자녀에 대한 부모의 애정이다. 84) 웨스터마르크(Westermarck)가 관찰한 바에 의하면, 85) 서구사회는 후손에 대한 욕구가 그다지 강하지 않았다. 대가족은 생존투쟁에서 도움이 되기보다는 종종 견딜 수 없는 부담으로 간주된다. 잉글랜드에서 이러한 변동이 일어난 것은 언제인가?

16세기 초반으로 거슬러 올라가면, 인식과 태도의 차원에서 자녀들이 '비용'으로 간주되었고, 자녀는 부모에게 순손실이었다는 증거가 있다. 따라서 감정, 생물학, 성향이라는 한쪽과 신중함, 경제학, 사회적 지위라는 다른 한쪽 사이에 대립이 존재하였다. 이것은 19세기 후반, 시골의 중간계층 사람들에게도 분명한 사실이다. 플로라 톰슨(Thompson)은 옥스퍼드셔(Oxfordshire) 마을에 자녀비용에 대해 다양한 의견들이 있었다고 기록한다. 열두 살 아이가 말했듯이, '먹여 살릴 수 없는 개구쟁이들을 많이 갖는 것이 무슨 소용이 있습니까?' 또 한 여성은 말하기를, '부양능력도 없이 개구쟁이들을 많이 갖는 것에 결코 동의할 수 없습니다. 우리는 두 자녀만 키우는 데도 온통 시간이 소모됩니다. 만일 자녀들이 많다면 저축도 못할 것입니다.'86) 여기서 자녀의 부재는 부유함의 원인이 되었다. 87)

---

83) George Mkangi in Epstein, *Fertility*, 176.

84) Tabah, 'Population', 362.

85) Westermarck, *Marriage*, iii, 105.

86) Thompson, *Lark Rise*, 324, 70.

87) Davies, *English Village*, 286.

104

　19세기 후반, 중류계급이 급속하게 산아제한을 선택하게 된 배후엔 이러한 맬서스주의적 견해가 도사리고 있다.[88] 산아증가 찬성논자 (*pro-natalist*)인 코베트(Cobett) 마저도 그러한 갈등을 암암리에 인식했다. '내가 64세가 되면 어떻게 될 것인가? 나에게 아내와 자녀가 없었다면 어쩔 뻔했는가? 나는 이미 축적한 많은 재산에 즐거워할 수 있지만, 그 돈이 나에게 무슨 소용이 있겠는가?'[89] 이러한 견해들은 다윈과 맬서스를 거쳐 이전 시대까지 거슬러 올라갈 수 있다.

　18세기의 관찰자들은 자녀와 재산 사이의 갈등을 잘 알고 있었다. 케임즈(Kames) 경이 말했듯이, '게으름은 방탕을 낳고, 탕아는 아내와 자녀의 부담을 회피한다.'[90] 잉글랜드에서는 탐욕과 자녀가 서로 적대관계에 있었다. '만약 자녀부양이 두려워 결혼하지 않는다면, 그의 부친은 그를 낳았다는 사실에 매우 유감스러워 한다'고 도덕주의자들은 훈계하였고, '결혼의 가장 큰 적은 탐욕이고, 탐욕스러운 사람은 자녀를 제외한 모든 것을 갖고자 한다.'[91] 이런 태도의 대척점에는 자녀를 갖는 것이야말로 국가에 대한 봉사라는 주장도 있었다. 따라서 골드스미스 (Goldsmith)는 '결혼하여 대가족을 부양하는 정직한 사람은 말로만 인구를 부르짖는 독신자보다 국가에 더 많은 봉사를 하지만', 모든 사람이 그럴 수는 없다고 말했다.[92] 코르빈 모리스(Morris)가 1751년 런던에 관한 저술에서 기술했듯이, '적당한 재산을 소유한 채, 결혼하지 않은 이 도시의 신사숙녀들은 — 그들은 매우 커다란 집단이다 — 우아한 생활을 누리면서 가족 비용을 부담할 여력은 없을 것이다. 그래서 그들은 마지

88) See Banks and Banks, *Family Planning*.
89) Cobbett, *Advice*, 204.
90) Kames, *Sketche*s, iii, 54.
91) *Characters*, 193; ibid. , 196.
92) Vicar of Wakefield in Cohen, *Penguin Dictionary*.

못해 독신생활을 받아들인다. 독신남녀들은 결혼 이외의 방식으로 결혼에 대한 보상으로 찾는다.' 결혼이 자녀를 생산하는 것과 같이 자녀 또한 걱정거리와 말다툼을 야기한다. 93)

하류계층에게도 동일한 사실이 적용된다. 정례적인 교구연금 수혜자들은 '자녀들 때문에 과중한 부담을 안고 있는 부모들'이다. 94) 톰 페인 (Paine) 은 가족수당(*family allowance*) 을 제안했는데, '과부들이 자녀를 부양할 수 있게 해주고, 자녀들은 더 이상 부모의 불행을 가중시키지 않도록 하기 위한' 조치였다. 95) 여기서 '더 이상' 이라는 말이 매우 중요하다. 분명 자녀수의 증가는 빈곤을 야기할 수 있다고 여겨졌다. 18세기의 토머스 라이트(Wright) 는 선택의 사례를 실질적으로 보여준다. 첫 부인이 일곱 명의 자녀를 남기고 사망한 다음, 그는 더 이상 자녀를 갖지 않도록 고령의 과부와 결혼하라는 충고를 받았다. 그는 친구들의 충고를 무시했다. 첫 부인과의 결혼생활에서 가족 수가 급속히 늘어 소득이 감소한 그는 자신의 토지를 팔아야만 했다. 젊고 아름다운 처녀와 재혼한 후, 집에는 아이들로 넘치고 재정은 빈핍해졌다. 그럼에도, 그는 '여유와 세속적인 영화를 누리면서 사랑하지 않는 여인과 평생 사는 것보다 현 상황을 천 번이라도 선택했을 것'이라고 정직하게 말했다. 사람들은 자녀와 경제적 여유 가운데 하나를 선택해야 했다. 96)

그 이전 세기에도 동일한 선택이 존재했다. 프랜시스 베이컨(Bacon) 은, 97) '자녀가 없으면 더 부자가 될 수 있다고, 무자녀를 자랑하는 어떤 어리석고 탐욕스러운 부자 남성들'에게 주목했다. 요컨대 헨리 퍼시는

---

93) Glass의 *Population*에 있는 Hajnal의 글을 인용.
94) George, *London Life*, 213.
95) Thompson, *Working Class*, 102에서 인용
96) Wright, *Autography*, 116, 145.
97) Bacon, *Essayes*, 22.

106

자신의 아들에게 충고하기를, 많은 자녀들은 엄청난 비용을 야기하기 때문에 '너는 즐거움이 없는 노예상태로 살거나, 거지가 된 자녀들이 너를 슬프게 할 것이다'고 말했다. 윌리엄 구지(Gouge)는 '많은 자녀들을 생산하는 것에 대한 두려움'이 성관계를 방해하는 동기 중의 하나임을 지적한다.[98] 민요들은 그러한 위험을 피하려면 젊은 여인보다 늙은 과부와 결혼하는 것이 더 낫다고 제안하였다.[99] 당대의 어떤 격언은 '나이 든 자녀가 젖을 세게 빤다'고 지적하고, 또 다른 격언에 따르면 '청소년기 자녀들은 부모를 현명하게 만들고, 성년이 될수록 부모 마음을 괴롭힌다'[100]고 지적하였다.

16세기 작품에서 어떤 가상인물은 다음과 같이 한탄했다. '나는 여섯 명의 아들과 세 명의 딸을 가진 불행한 아버지이다. 힘겹게 갈아엎어야 하는 공유지는 넓기만 하다. 자녀가 너무 많아 모든 것을 망치고, 가난하여 모든 것을 제값도 못 받고 팔아넘긴다.'[101] 시인 퀼즈(Quarles)는 가난의 유형에 대해 다음과 같은 시를 남겼다.[102]

> 그대는 출산력 왕성한 자궁을 보는가? 어떻게 매년
> 그것이 요람을 흔드는지, 그대의 초라한 격려에
> 또 다른 아이를 낳고, 그대를 새 아들의
> 아비가 되게 하네, 차라리
> 옛날, 그 자랑스러운 아들을 양육하는 게 더 나을 걸세.
> 열심히 일해도 보상 없는 노동에
> 그대는 불평하고, 그대의 빈약한 토지에 대한

98) Percy, *Advice*, 56.
99) Rollins, *Pepysian Garland*, 265.
100) Bruce, *Diary of Manningham*, 12; Behn, *Pleasures*, 243.
101) Furnivall, *Tell-Trothes*, 142.
102) Quarles, *Divine Poems*, 236~237. 이 문헌은 크리스토퍼 힐(Christopher Hill)이 나에게 알려주었다.

저주로 여긴다네, 그 토지는 능력이 없네
그대의 좁은 식탁을 풍요로 채울 능력이,
당신은 정녕 가난하고 불쌍한 사람이구나.

극빈자는 예컨대 영아살해 같은 극단적인 조치를 취한다. 셀리어
(Cellier) 여사는 영아살해야말로 자신의 수치를 감추고 자녀를 양육할
수 없을 때 저지르는 일이라고 비난했다.[103] 자신의 상대적 빈곤이 아내
의 다산에서 기인했다고 비난했던 월트셔 백작(the Earl of Wiltshire) 으
로부터 아내와 자녀로 인해 가난해진 성직자와 같은 중류층, 그리고 자
녀들을 교구지원금에 의존하도록 내쫓은 극빈자들까지, 이들 모두는 애
덤 마틴데일(Martindale) 이 자신의 동생에 대해 말한 것처럼 많은 자녀
들을 출산한 아내를 둔 사람은 '자녀부양 책임이 매우 컸다'는 사실을 발
견했다.[104] 19세기 엥겔스(Engels) 는 투자액보다 더 많은 보상을 가져
오는 자녀들이야말로 귀중품이라는 중부유럽의 보편적인 견해를 피력하
였다. 앞에서 살펴본 바와 같이, 잉글랜드적인 태도를 지닌 맬서스는 자
녀란 본질적으로 비용(cost) 이라고 파악했다.[105] 맬서스식의 전통은 적
어도 16세기 초엽까지 거슬러 올라가는 뿌리 깊은 것이었다.

물론 다른 사회에서도 자녀, 특히 딸이 비용이라는 수많은 사례들이
있다. 특이한 사실은 (옮긴이: 딸뿐만 아니라) 모든 자녀가 '짐', '보호',
'비용', 당신이 누릴 수 있거나 또는 누릴 수 없는 어떤 것, 사치품, 집이
나 가구처럼 그것의 구입을 위해 저축해야 할 어떤 것이라는 견해가 뿌
리 깊게 확산되어 있었다는 것이다. 그러한 믿음은 해명되어야만 한다.
이것은 '허위의식'(false consciousness) 이었는가? 대부분의 농경사회에서

---

103) Cellier, 'Royal Hospital', 191.
104) Stone, *Crisis*, 81; Hoskins, *Leicestershire*, 18~19; Parkinson, *Life of Martindale*, 32.
105) Meek, *Marx and Engels*, 61.

처럼 자녀들은 부모에게 실질적인 순 가치 — 각 자녀가 가족재산을 확대시켜 주는 — 를 지니고 있지만, 사람들이 그것을 인식하지 못하는 것이 아닐까? 그것의 사실여부를 살펴보려면 비교연구를 통해 자녀의 비용과 혜택을 세밀하게 검토할 필요가 있다. 산업화 이전 여러 사회에서 자녀들은 왜 '가치가 있으며', 잉글랜드에서는 얼마나 오래전에 그런 가치가 존재했는가?

자녀의 비용과 혜택에 대해서는 많은 논의가 있었다. 그러한 논의들은 다양한 시각을 제공한다. 우선, 절대비용(*absolute cost*)이 있다. 절대비용이란 한 명의 자녀가 음식, 공간, 에너지, 돈 등을 얼마나 소비하는지에 관한 것이다. 너무 단순하게 말한다고 할지 몰라도, 투자액의 크기는 생애 전반에 걸쳐 변화할 것이라고 주장할 수 있다. 예컨대 교육, 음식과 옷에 더 투자해야 하기 때문에 비용이 증가할 것이고, 사람들은 자녀를 감당할 수 없다고 생각할 것이다.[106] 그러나 여러 요소가 절대비용에 영향을 미치기 때문에 절대비용 그 자체로는 아무런 지표 구실도 하지 못한다.

첫째, 농장에서의 잉여가치로 자녀를 부양할 수 있는지, 아니면 자녀의 필수품 구입을 위해 추가수입이 필요한 것인지 따져야 한다. 여기에선 돈의 투입 수준이 핵심적인데, 잉글랜드처럼 일찍이 화폐경제화된 사회와 자급농업 사회 간의 차이는, 18세기 잉글랜드와 아일랜드에 대한 아더 영(Young)의 비교연구에 잘 나타나 있다. '가톨릭 계통의 아일랜드 빈민은 전적으로 토지에 의존해 생존한 반면, 잉글랜드의 빈민은 토지와 관계없이, 필수품을 거의 전적으로 가게에서 구입하였다.'[107] 결과적으로 잉글랜드에서는 자녀가 늘어날 때마다 돈의 지출은 증가했

---

106) Mitchell, 'Fertility', 298ff; Lorimer, *Human Fertility*, 389; Notestein, 'Population change', 16.
107) Hutton, *Young's Tour*, ii, 120.

다. 부모는 자신의 임금을 증가시킴으로써만 자녀를 부양할 수 있었다. 우리가 알고 있듯이 대다수의 잉글랜드인이 최소한 14세기부터 임금 또는 그와 유사한 화폐소득을 벌었다는 사실은 자녀의 비용에 중대한 영향을 미쳤다. 108)

자녀의 비용에 영향을 미치는 두 번째 요소는 사망률로 인한 손실이다. 영·유아 사망률이 높은 많은 사회에서 생존 자녀들의 투자에는 사망 자녀의 투자도 상당부분 포함되었다. 맬서스는 '공적인 시각에서 보면, 10세 이전에 사망한 아이는 그 시점까지 자신에게 지출된 돈만큼 국가에 손해를 끼친 것'이라고 지적했다. 물론 그 손실은 그 아이를 양육한 사람들의 몫이다. 109) 18세기 브리타니110)에서는 대략 절반가량의 아이들이 10세 이전에 사망하였다. 111) 데번셔 콜리턴(Colyton)에서 아이들이 15세까지 살아남을 가능성은 66%에서 75% 사이였다. 비록 잉글랜드의 사망률이 낮은 수준이었지만, 오늘날 기준으로 본다면 높은 사망률이었다. 오늘날 개발도상국에서 생산연령에 도달하기 이전에 사망하는 자녀들이 국가수입 5분의 1의 손실에 해당된다는 수치는 정확한 것은 아니지만 매우 흥미로운 사실이다. 112) 따라서 모든 생존 자녀에게는 사망한 형제자매에게 투자된 비용이 보태져야 한다.

계산해야 할 세 번째 요소는 자녀의 성별이다. 케인(Cain)이 지적했듯이, 113) 많은 사회에서 딸을 키우는 것은 무의미한 비용으로 간주된다. 114) 딸의 결혼지참금이 요구될 경우, 그 비용은 양육비용에 추가된

---

108) Macfarlane, *Individualism*, 148~149.
109) Malthus, *Population*, ii, 252.
110) (옮긴이) 프랑스 북서부의 반도를 중심으로 한 지역.
111) 'Historical Population', 599; ibid., 571.
112) *The Determinants of Population*, 280.
113) Cain, 'Extended Kin', 7.
114) (옮긴이) 이러한 주장은 남아선호 사회에 해당된다고 볼 수 있다. 사실 케

다. 지금까지 살펴본 바와 같이 과거 잉글랜드에서는 딸이 근소한 차이나마 약간 더 손해라는 느낌이 있었다. 아들보다 약간 낮은 딸의 가치는 더 적은 비용 — 특히 교육과 도제제도에서 — 에 의해 보상되었을 가능성이 있다. 확실히 중간계층에서는 아들의 교육과 독립에 딸보다 더 많은 비용을 들였다.

네 번째 요소는 누가 그 비용을 부담하고 또 누가 그 혜택을 누리는가이다. 인구학자들은 거의 대부분 비용이 핵가족 — 기본적으로 아버지와 어머니에게 — 이 부담하는 사회와, 그 비용이 광범위하게 — 조부모, 방계친척, 특히 부모의 형제자매들에게 — 배분되는 사회 사이에는 근본적인 차이가 있다고 자주 지적하였다. 양육비용이 분산되는 가족형태 사회에서, 추가되는 매 자녀는 노동과 여타 지원망을 더 확대하므로 그러한 거대 생산단위에서는 추가 자녀를 '짐'으로 여기지 않는다.[115] 킹슬리 데이비스(Davis)[116]에 따르면, '결혼한 부부가 자녀를 책임지는' 현대서구의 핵가족 제도는 자녀를 비용으로 생각하게 만들고, 그래서 이는 결혼을 연기하게 하는 주된 요인의 하나가 된다. 사촌, 형제자매나 손주들의 도움을 언급하는 역사적 자료들이 종종 있지만, 대체적으로 우리의 (옮긴이: 잉글랜드) 자료들이 기록되면서부터 '결혼부부가 자신의 자녀를 책임져 왔던' 것으로 가정된다. 바꾸어 말하면, 일찍이 14세기 이전부터 확립된 잉글랜드의 핵가족 형태는 자녀를 '비용'으로 간주하도록 강력한 압력을 행사하였다.[117] 이런 상황은 형제, 사촌, 다른 친척

인은 방글라데시와 인도와 같은 남아선호 사회에서 자녀의 가치를 연구했다. 반면 자메이카나 태국 북부와 라오스에서는 딸이 부모를 모시기 때문에, 오히려 딸의 가치가 아들의 가치보다 높다.

115) Halpern, *Serbian Village*, 140; 그리고 Caldwell, 'Fertility', 222, Clark, *Population Growth*, 186~187.
116) Davis, 'Theory', 357.
117) Macfarlane, *Individualism*, 136~138.

이 부모기금(*parental fund*) 118)에 거의 기여치 못하게 함으로써 비용이 친족에게 분산되는 것을 막았다. 노동의 대가와 같은 요인들을 고려해 볼 때, 성인 한 쌍은 작은 의존집단(옮긴이: 자녀들) 하나만 겨우 부양할 수 있었다. 이것은 수 세기동안 관찰자들이 지적해 온 사실이다. 예컨 대, 존 로크(Locke)는 '건강한 남편과 아내가 자신들과 두 명의 자녀만 가까스로 부양할 수 있다'고 보고했다. 로크는 3세 이상의 모든 자녀들에게 국가가 양육기금을 제공해야 한다고 권고한다. 119) 20세기 초엽까지도 자녀들은 성인의 수가 자녀수보다 많은 가구에서만 자신의 재능을 펼치며 성장할 수 있었다. 120)

또 다른 요인은 자녀에 대한 투자의 대안, 즉 자녀의 기회비용에 관한 것이다. 많은 사회에는 자녀에게 투자하는 것 외에는 대안이 거의 없었고, 있다하더라도 매력이 없었다. 은행, 주식과 지분, 연금체제 그리고 단기이득을 위한 장기저축의 형태도 존재하지 않았다. 그런 상황에서 '사람들이 결혼과 친족을 통해 세대간 연계를 형성하고 유지하는 데 전념하는 것은 당연한 일이다.'121) 사람들은 때때로 금, 옷 그리고 다른 귀중품을 축적할 수 있다. 그러나 이러한 보물은 성경의 경고와 같이 좀먹고 녹슬며 도둑(영주도 도둑에 포함된다)에게 빼앗기기 쉽다. 자녀들이 잠시 부담이 될 수는 있지만 그 부담은 결국 저축이 된다. 자녀들은 적어도 곤궁할 때를 대비해 자원을 축적하는 하나의 방식이다.

이러한 시각에서 보면 잉글랜드 사회의 특징은 14세기 혹은 그 이전부터 자녀에 대한 대안 투자가 안정적으로 발달하였다는 점이다. 토지와 기타 재산의 시장이 형성되었고 대부와 저당권이 널리 퍼져 있었다는 것

---

118) (옮긴이) 부모가 되는 데 필요한 돈

119) George, *London Life*, 380.

120) David, *English Village*, 149.

121) Krige in Forde, *African Worlds*, 75; Myrdal, *Asian Drama*, iii, 1540ff.

은, 사람들이 자녀 이외의 것에 쉽게 투자하고 저축할 수 있었음을 의미
한다. 17, 18세기까지 은행, 연금 및 보험이 공식제도로 발전되지 않았
지만, 그것의 여러 기능은 이미 수 세기 전부터 계산서, 유가와 투자에
의해 간접적으로 수행되고 있었다. 오늘날처럼 각 개인은 실제로 대안
을 가지고 있었다. 부모는 자녀에게 투자하거나 혹은 다른 재산에 투자
할 수 있었다. 오늘날과 마찬가지로 대안적인 재산이 더 많은 수익을 가
져왔을 것이다.

이런 상황에서의 한 특징은 대안의 가용성이 아니라 대안에 포함된 위
험에 있다. 여기서 우리는 맬서스 논점의 중요성을 본다. 그 논점은 사
람들이 투자할 수 있는 사적재산이 필요할 뿐 아니라 그 재산, 즉 투자를
정부가 강력하게 보장해야만 한다는 것이다. 13세기 이래 안정된 잉글
랜드의 사회질서는 투자위험을 분산시킬 수 있는 환경을 제공하였다.
잉글랜드에는 군대의 약탈도, 과도한 세금도, 독재자 영주도 거의 없었
고, 재산법을 뒤집어엎는 혁명도 전혀 없었다. 사적재산을 보존하려는
잉글랜드법과 정부의 주된 관심사는 로크와 다른 학자들에게 잉글랜드
정치철학의 근거를 마련해 주었고, 사람들에게 두세 명의 자녀나 무자
녀로도 부자가 될 수 있는 길을 열어주었다.

우리는 비용과 혜택 양자 간의 등식 혹은 균형의 문제를 다룬다. 중요
한 것은 이 둘 사이의 관계이다. 이 주제에 대한 심층연구는 '현대사회에
서 자녀양육비의 일부라도 되돌려 받는 부모들이 거의 없다'는 사실을 지
적한다. 산모가 손실한 수입에 대한 기회비용을 감안하면, 잉글랜드 중
류층 가족의 첫 번째 자녀비용은 8만 파운드 정도로 추산된다. 미국에서
자녀 당 실제 비용은 1944년 1만 6천 불에서 1959년 2만 5천 불로, 그리
고 1985년엔 그 비용이 4배가량 증가할 것으로 추정된다.[122] 부모들이

---

122) Wynn, *Family Policy*, 274; Hunt, *Love*, 302.

이 비용의 일부라도 화폐형태로 보상받을 가능성은 거의 없다.

자녀의 정확한 가치는 오늘날 많은 연구의 주제로 떠오른다. 예컨대, 뮐러(Mueller)는 농경사회에서 자녀의 경제적 가치가 부적(*negative*)이라고 주장했는데, [123] 이것은 자녀를 가치 있는 존재로 여기는 원주민들과 정반대되는 태도이다. [124] 맴다니(Mamdani)의 연구는 펀잡(Punjab) 지역에서는 아들이, 방글라데시에서는 아들딸 모두가 가치 있음을 보여준다. [125] 높은 인구밀도에도 불구하고 네팔과 자바에서 자녀는 부모의 노후보장뿐 아니라, 부모에게 정적(*positive*)인 경제적 가치를 지닌다고 낵(Nag)과 그의 동료들은 주장했다. 자바에서는 '각 개별 가구는 가구원의 수를 늘리면 가구의 기회비용은 **줄어드는 것이 아니라 오히려 늘어난다.**'[126] 이런 상황에서의 한 특징은 자녀가 이득이 되기까지 상당한 시간이 걸린다는 것이다. 방글라데시에서 '남자아이는 12세가 되면 순 생산자가 되고, 15세가 되면 자신의 누적비용을 보상하며, 22세가 되면 자신과 한 명의 여자아이가 누적한 소비를 보상한다.'[127] 그리하여 부모는 재생산의 초기 단계에 열심히 일해야 하기 때문에 자녀들이 강제저축처럼 느껴져 부담스럽다. 17세기 오스트리아 농부에 대한 버크너(Berkner)[128]의 서술과 같이 '농부 가족 인생주기의 전반부에는 소비할 아이가 추가될 때마다 가족의 경제적 안락함은 감소한다.' 그러나 그 후

---

123) (옮긴이) 이러한 뮐러의 주장은 자녀의 경제적 가치 계산에서 중요한 요소들, 이를테면 여아가 수행하는 집안일과 어린 동생 돌보기 그리고 자녀의 보험 가치 등과 같은 것을 빠뜨린 결과로 부적인 자녀의 가치가 산출되었다는 비판을 많이 받았다. 참조. 이성용(2007), "성선호와 자녀의 가치의 인과성에 대한 이론화 작업", 《사회와 이론》, 125~169.

124) Caldwell, 'Fertility', 193에서 인용.

125) Mamdani, *Myth*, 77~78.

126) Nag, 'Children', 301, 298.

127) Cain, 'Children', 224.

128) Berkner, 'Smem Family', 414.

114

에는 장성한 아이들은 순 생산자가 되고, 부모는 자녀를 잘 자란 과일나무처럼 노후의 보호막으로 생각한다. 따라서 대가족 농부에게 경제적 성공이 찾아오는 때는 '그들 생애의 후반부'이다. [129]

콜드웰(Caldwell)의 주장처럼 이 방정식의 본질은 자산의 순 흐름 방향(*the direction of the net flow of asset*)이다. '인구변천의 기본 쟁점은 세대 간 부(富)의 흐름의 방향과 크기, 혹은 그 둘 사이의 순 균형이다.' '부'가 자녀로부터 부모에게 흘러가는 고출산 사회와, 부가 부모로부터 자녀에게 흘러가는 저출산 사회로 크게 구별된다. [130] 기본적으로 가내생산 형태에서는 여러 세대가 자원을 공유하고, 부모와 자녀는 하나의 사회경제적 생산과 소비 단위를 형성하며, 각 부모세대는 자녀로부터 혜택을 받는다.

만일 자녀가 순 생산자가 된다는 논점이 대략 방글라데시에서와 같다면, 어떻게 부모가 자녀로부터 혜택 받을 수 있는지 파악하기 쉽다. '개방된 개척지'(*open frontier*)에서 그 대가가 훨씬 더 클 것이다. 18세기 애덤 스미스(Smith)는 통계치에 근거하여, 북미에서는 '다수의 자녀들이 노동을 통해 잘 보상하기 때문에 부모에게 부담이 되기는커녕, 풍요와 재산의 근원이 된다'고 말했다. '집을 떠나기 전, 각 자녀의 노동은 부모에게 수백 파운드의 순이익을 안겨주며', 이런 사실은 일찍 독립한 자녀들마저도 가능한 일이다. [131]

콜드웰은 자녀가 순손실이 될 때 대변혁이 온다고 주장한다. 대변혁은 핵가족 내 일련의 책무관계가 변동될 때 야기된다. 종사 분야가 농업에서 산업으로 바뀌고, 거주지가 농촌에서 도시로 바뀐다고 해서 대변혁이 필연적으로 발생하는 것은 아니다. 콜드웰은 나이지리아의 이바단 지역 연구에서, '젊은 세대에서 늙은 세대로의 부의 이동이 지배적인 한,

---

129) Nag, 'Children', 300.

130) Caldwell, 'Restatement', 344.

131) Smith, *Wealth*, i, 79.

고출산은 비농업 도시지역에서도 지배적이며', '도시주민이 농촌주민보다 자녀에 대한 투자로부터 더 큰 보상을 받고, 그 보상은 도시주민 가운데 화이트칼라와 전문직 계층이 가장 크다'고 말했다. 132) 이것은 애덤 스미스의 통찰을 새롭게 진술한 것이다. 북미에서의 자녀가 주는 이득과 유럽에서의 자녀가 야기하는 부담을 대조하면서, 그는 자녀의 가치가 결혼을 적극적으로 장려했다는 사실을 지적한다. 4, 5명의 자녀를 둔 젊은 과부의 경우, 유럽의 중·하류층 여성이라면 재혼 가능성이 거의 없지만 북미에서는 자주 구혼을 받는 행운을 누렸다. 133) 그러나 스미스는 노동에 대한 대가 — 그것의 상대적 희소성과 생산성 그 자체 — 를 강조한 데 반해, 콜드웰은 생산의 관계 즉, 성장한 자녀의 열매를 부모가 당연히 누릴 수 있는 정도를 더했다. 예컨대 여기서의 급격한 변동이란, 부모와 자녀가 생산과 소비를 공유하고, 자녀가 자동적으로 부모가 자신들을 위해 지출한 비용에 약간을 더해 친족에게 되돌려주는 사회로부터, 개인의 이익을 추구하는 자본주의 사회로의 이동이다. 후자의 사회에서 자녀들은 언젠가 부모로부터 독립된 경제적 단위를 운영해야 한다는 사실을 곧 배운다. 그런 곳에서 자녀들의 보상은 협상의 대상이지 자동적인 것은 아니다.

따라서 콜드웰의 가장 큰 의문은, '부모가 자녀에게 점점 더 많이 투자하는 반면, 보상으로 요구하는 것 — 그리고 되돌려 받는 것 — 이 거의 없는 감정적 핵가족화를 야기하는 것은 무엇인가?'라는 점이다. 134) 또한 가족의 도덕성이 '쇠퇴하고', 자녀가 자신은 '부모의 생명, 애정과 사랑에 대한 채무자이므로 부의 흐름을 부모 쪽으로 이동시켜야 한다는 정서를 거부할 때까지, 자녀는 순이익이 될 것'이라고 그는 주장한다. 135)

---

132) Caldwell, 'Restatement', 348.

133) Smith, *Wealth*, i, 79.

134) Caldwell, 'Restatement', 352.

그 어떤 것도 생산수단을 본질적으로 결정해 주지 않는다. 자녀는 농사일에 유용하지만, 19세기 유럽이나 20세기 동남아시아의 아동노동의 경우처럼 산업노동에서도 요긴하다. 애덤 스미스가 지적했듯이 자녀들의 노동이 필요하다는 점이 중요하다. 그러나 더 중요한 것은 부모와 자녀 중 누가 아동노동의 보상을 거둬들이는가이다. 앞에서 살펴본 바와 같이 가내 생산양식과 자본주의 생산양식은 두 가지의 극단적인 형태이다. 이들 양극단 사이에는 자녀들이 결국 개인적 보상을 거둬들이지만, 아동노동의 가치 때문에 자녀의 독립을 연기시켰던 상황과 아동노동이 없어 가족이 자녀의 혜택을 못 누리는 상황이 있다. 자녀에 대한 '득실이 균형을 이루는'(break-even age) 나이가 네팔 16세, 자바 21세, 필리핀 25세 그리고 스리랑카 28세로 산정된다는 사실은 아동노동에 대한 수요부족을 보여주며, 그것은 고용부족(underemployment) 때문이다. 136) 아동노동에 대한 높은 수요는 북미 개척지역에서 입증되었고, 18세기의 출산력 급증을 부분적으로 설명해 주는데, 이것은 산업혁명 초기의 아동노동에 대한 수요증가 때문이었다.

이러한 비용-혜택 분석은, 비현실적이라기보다는 몹시 인위적인 것이며 민족중심적(ethnocentric)이다. 인류학자와 인구학자들은 이 모델이 '지나치게 합리적'(over-rational)이며, 오늘날 개발도상국 사람들의 사고방식과 유사성이 거의 없다는 점을 지적한다. 137) 그것은 사실이다. 그러나 흥미로운 것은, 바로 그러한 사고방식이 우리가 설명하려는 혁명적 변동의 일부라는 점이다. 자녀의 심리적/생물학적/사회적 그리고 다른 독특한 혜택이 경제적 상황과 완벽하게 일치한다면, 그러한 사고방식은 부적절하다. 그러나 자본주의가 가져온 변혁의 일부는 자녀

135) Caldwell, 'Education', 247.
136) Cain, 'Extended Kin', 7.
137) Cassen, *India*, 21; Das Gupta in Epstein, *Fertility*, 98, 233.

를 짐, 문제, 비용처럼 보이도록 한다는 점이다. 자녀들이 그러한 메시
지를 수용하면 그들은 연로한 부모를 짐, 문제 그리고 비용으로 전환시
킨다.

자녀비용이 거의 사춘기까지 지속되고, 이득은 그 이후에 발생한다
는 사실을 고려할 때, 판단해야 할 중대요인은 부모나 친족이 자녀소득
에 대한 통제를 상실하는 역사적 시점이다. 자녀가 '비용'이기를 멈추고
'생산'을 시작하는 시점은 언제이고, 그 생산은 얼마나 오랫동안 지속되
는가? 지난 수 세기 동안 잉글랜드에서는 자녀가 비교적 어린 나이에 노
동을 시작한 것처럼 보인다. 물건을 운반하고, 가축을 돌보고, 추수하
고, 감독하는 것과 같은 농사와 집안일은 노동집약적인 일이고, 아동이
마치 성인처럼 해낼 수 있는 일이다. 아동노동은 특히 집안일에서, 그리
고 추수와 제초와 같이 일손이 부족한 시기에 매우 요긴했다. 빈민 센서
스는 6, 8, 9, 10, 12세 아이들의 어린 일손에 대해 언급한다. 아이들은
토탄 운반을 도왔고, 흔히 6, 7세에 도제로 보내졌다. 138) 그들은 '가난
한 부모들에게 큰 도움이 되는' 임금을 6세에서 14세 사이의 어린 나이에
벌어들였다. 139) 그러나 가정과 농장에서 일할 수 있는 기회와 임금 노동
의 기회는 다른 사회에서보다 더욱 부족했다. 적당한 노동수요는 자녀
가 도움을 줄 수는 있지만 노예는 아니었다는 사실을 의미했다. 존 로크
(Locke)가 불평했듯이, '노동자의 자녀들은 교구의 부담이 되고, 대개
게으르게 양육되어, 그들의 노동은 12세 혹은 14세가 될 때까지 손실만
안겨줄 뿐이다.'140) 18세기 거주민 명부에 5세부터 9세까지의 소녀 중 4
분의 1만이, 그리고 소년은 아무도 직업이 없는 것으로 기록되어 있

---

138) Pound, *Census*, *passim*; Ford, *Warton*, 84; George, *London Life*, 182,
     377, 424.

139) Lodge, *Account Book*, xxxiii; George, *London Life*, 182.

140) George, *London Life*, 380.

다. 141) 흔히 잉글랜드인이 휴일과 오락 등의 여가 중심의 생활을 영위하는 것으로 간주되는 것처럼, 자녀들에게도 노역을 시키지 않은 것처럼 보인다. 그들의 자녀는 추수기에도 학교에 다녔던 반면, 스코틀랜드와 아일랜드에서는 추수라는 계절적 수요에 맞추어 학기를 짜야만 했다. 142)

여기서 우리는 18세기의 중요한 변동 — 특히 빈민층에서 — 을 발견할 수 있다. 애덤 스미스의 주장처럼, 아동노동에 대한 수요가 현저히 증가하여 아동의 가치는 급상승 하였고, 더 많은 일손을 생산하기 위해 인구가 증가했다. 갑작스런 산업의 성장은 미국의 외부 개척지와 약간 유사한 형태의 내부 개척지를 생성시켰다. 18세기 초엽, 데포(Defoe)는 산업주의의 요람, 핼리팩스(Halifax) 주변지역의 변동을 기쁘게 지적했다. 의류산업의 성장으로 '여성과 아동들이 면화(혹은 양털)의 보풀세우기, 방적 등의 작업을 수행하고, 한 명의 실업자도 없이, 어린이로부터 고령자들까지 모두 자신들의 빵값을 벌었다. 겨우 4살 된 아이도 손을 놀려 자신의 밥값을 벌 수 있었다.'143) 여기에는 변화된 상황이 있었다. 14세가 될 때까지 빈민의 자녀는 더 이상 빈둥거릴 수 없었고, 4세 때부터 자급자족했다. '일단 아이들이 7세 이상이 되면 자신의 생활비를 벌어야 했지만, 13세 혹은 14세가 되기 전까지는 자립할 수 없었다'는 17세기 앨리스 클라크(Clark)의 견해를 수용하더라도, 144) 데포의 지적을 믿는다면 자립자족의 나이가 거의 10년 정도 낮아진 셈이다. 자녀들은 10세가 되면 잉여생산이 가능해지고, 14세가 되면 상당한 잉여축적이 이루어질 것이다. 중대한 사실은 이 기간 동안 자녀는 자신만의 가정과 결

---

141) Schofield, 'Mobility', 264.

142) E. g. for Scotland, see Graham, *Scotland*, 437.

143) Defoe, *Tour*, 493.

144) Clark, *Women*, 72

혼을 위한 저축을 시작하라는 압력이 없기 때문에 가족경제에 계속 기여
했을 것이다.

맬서스가 지적했듯이, 아동과 여성 노동에 대한 수요는 임금변동이
출산패턴에 미치는 영향을 추정하는 데 있어 절대적이다. 왜냐하면 중
요한 것은 남편의 임금이 아니라 가족 전체의 소득력 (earning power) 이기
때문이다. 아동노동에 대한 수요가 급속히 증가했다. 18세기 말엽, 프
레드릭 이든 경 (Sir Frederick Eden) 은 그것을 자세히 묘사하였다. 145)
아동노동 수요가 정점에 달한 그 시기는 아이들을 납치하여 밤낮으로 일
을 시켰다. '제조업을 성공적으로 가동시키기 위해 오두막과 작업장이
가난한 아이들로 가득 채워졌다는 사실과 아동들이 교대로 야간에 고용
되었다는 사실을', 그는 지적했다. 19세기의 아동들이 얼마나 오랫동안
일했는지에 관하여 많은 기록들이 남아 있다. 그 기록은 현대인들을 경
악시켰을 뿐 아니라 2세기 전의 잉글랜드인들마저도 놀라게 했을 것이
다. 146) 맬서스의 견해를 반영하여 하박쿡 (Habakkuk) 이 지적했듯이,
'산업체 고용에서의 아동의 경제적 가치 향상'과 빈약했던 보수의 인상은
조혼을 방해하던 일련의 '비용'을 감소시켰다. 147) 자녀들은 부모에게 이
득이 되지 않을 수도 있지만, 더 이상 현저한 손실도 아니었다. 아서 영
이 관찰했듯이, '고용이야말로 자녀를 갖게 하는 인구의 영혼이며 — 꺼
져라, 소년들아! — 빨리 가서 아이를 낳아라, 자녀들은 이전보다 더 가
치가 있단다.' 148) 이러한 견해에는 오해의 소지가 있다. 자녀의 가치를
높이 평가한 사람들이 더 많은 자녀를 생산하려고 결혼전략을 바꾸었다

---

145) Stewart, *Works*, viii, 184에서 인용.

146) E. g. Thompson, *Working Class*, 367~368; Anderson, *Family Structure*,
75.

147) Habakkuk in Glass, *Population*, 280.

148) Clambers, 'Vale of Trent', 56.

고 보기란 어렵기 때문이다. 그러나 아동노동의 기회는 맬서스가 언급했던 조혼에 대한 예방적 압력의 일부를 일소하였다. 따라서 1821년 센서스에서 릭맨(Rickman)의 조언에 의하면, 급격한 인구성장은 '자녀들이 제조업으로 자신을 부양할 수 있기 때문에 부모가 지출할 비용이 거의 없다는 점과, 분명히 결혼을 장려한다는 점에 관련된다.'[149]

하지만 가장 중요한 것은 자녀들이 자신의 부를 얼마나 오랫동안 부모에게 제공하는가의 문제이다. 거의 모든 사회에서는 적어도 결혼 전까지이다. 이러한 곳에서의 부모는 자녀가 결혼을 연기하도록 자주 압력을 가한다. 그래서 일부 지중해 사회에서는 자녀의 결혼을 허용하는 것을 꺼려한다.[150] 여러 나라에서 부모와 자녀가 분리되지 않는 공동의 경제를 운영하기 때문에 그 책무는 일생동안 계속된다. 나이지리아의 부모들은 건강상태에 무관하게 결혼한 성인 자녀들로부터 지속적인 지원을 받는다. 부모의 소득 가운데 평균 10% 이상이 독립한 자녀로부터의 지원이다. 자녀가 자진해서 자신의 소득을 부모와 공유하는 한, 그것은 대가족 유지와 가족원들의 교육비로 지불될 것이다.[151] 폴란드의 농촌에서처럼, 청소년기의 자녀가 자신의 소득을 전혀 사용하지 못하며, 대략 20세까지 아동기의 비용을 '되갚아야' 하는 것은 적절치 못하다.[152] 많은 경우를 살펴보면, 인생의 상당 기간 동안 (옮긴이: 부의) 흐름은 부모에게로 향한다.

자녀의 보답을 조사하기 위해 우리는 자녀와 부모의 상대적인 책무와 권력이 무엇인지 살펴볼 필요가 있다. 부모와 함께 사는 자녀들은 어느 정도까지 자동적으로 '가족예산'에 기여하고, 분가한 후에는 그러한 기

---

149) T. H. Marshall in Glass, *Population*, 267에서 인용

150) Pitt-Rivers, *Countrymen*, 122.

151) Caldwell, 'Fertility', 231; Caldwell, 'Rationality', 23, 16.

152) Thomas, *Polish Peasant*, 93~94.

여가 얼마나 계속되는가? 자녀들은 언제 집을 떠나 독립하는가? 결혼한
자녀들은 부모에 대해 어떤 책임을 지는가? 이제 우리는 이러한 질문에
대한 답변을 찾아볼 것이다.

5
개별 사회경제
단위의 수립

　언뜻 보기에, 16, 17 세기의 잉글랜드에서 부모들은 자녀들이 늦게 결혼하거나 독신으로 지내는 것을 좋아했던 것처럼 보인다. 미혼자녀는 자신의 모든 잉여자금을 부모에게 드릴 수 있다. 모든 남녀의 초혼연령이 25세 이상이었다는 사실은 최소한 10년 이상의 소득을 가족기금으로 되돌려 주었다는 것을 뜻한다. 그러나 중요한 것은 사춘기와 결혼시기의 차이 혹은 결혼여부가 아니라 가족원들이 어떤 유형의 부의 흐름을 정상으로 간주하는지이다. 특히 모니 낵(Nag)이 지적했듯이, 자녀의 가치는 '자녀의 독립을 연기시켜 자녀의 노동력을 존속시킬 수 있는 부모의 역량'과 관련된다. [1] 가구에서 떨어져 나간다는 사실도 중요하지만 더 중요한 것은 정서적·경제적 핵가족화로 말미암아 어느 시점에 이르면, (옮긴이: 자녀의) 소득이 일차적으로 자녀의 몫이라는 사실에 부모와 자녀가 합의한다는 것이다. 자녀는 생활비만 지불하면서 부모 집에 머무르는 하숙인이 될 가능성도 있고, 혹은 집을 떠나 도시나 해외에서

---

1) Nag, 'Children', 302.

얻은 소득을 가족기금에 기여하는 것으로 — 그 후 되찾을 수 있다 — 인식될 수 있다.

최근 두 명의 사회역사학자는 자녀들이 부모세대에게 거의 기여하지 못할 수도 있다고 밝혔다. 리처드 스미스(Smith)는 '산업사회 이전'의 잉글랜드에서 '자녀들이 반드시 노동이나 노후보장의 주원천이 아니었다'고 말한다. 17세기에 관한 키스 라이트손(Wrightson)의 언급에 따르면, '부모는 자녀를 대단한 노동력으로 간주하지 않았으며' '자녀가 성인이 되도록 도와주지만 그 대가로 경제적 도움은 기대하지 않았다는 증거'를 유언장은 분명하게 보여준다. 2) 만일 이것이 사실이라면, 어떻게 만혼체제 내에서 그런 일이 발생할 수 있었을까?

잉글랜드에서 자녀에게 부여한 특이한 법적지위와 재산권이 — 상속이든 개인적 축적이든 간에 — 이것에 대한 부분적인 설명을 제공해 준다. 우리 시대에 변형된 형태로 유럽전역을 지배하는 고대 로마법(Roman law)은 그 반대의 형태를 보여준다. 자녀의 자산은 수년 동안 자동적으로 부모의 자산으로 흡수되었다. 가장은 그 위세가 대단하였다.

> 자녀는 가장에게 대항할 권리가 전혀 없었고, 어렴풋하게 **가족공동소유**(*condominium*)가 있었지만, 역사적으로 자녀들은 나이에 상관없이 재산을 소유할 수 없었다. 모든 자산은 가장의 것이었다. 이런 점에서 아들은 노예와 같았다. 아들은 자신이 획득한 모든 것을 — 로마제국에서는 자신의 소득 혹은 군복무를 제외하고는, 후기 로마제국에서는 공공서비스에서의 자신의 소득을 제외하고는 — 아버지에게 바쳤다. 3)

이와는 대조적으로 잉글랜드에서는 일찍부터 부모가 자녀의 재산권을 자동적으로 소유했던 것처럼 보이지 않는다. 이것은 오늘날에도 분명한

---

2) Smith, 'Fertility', 618; Wrighton, *English Society*, 112, 114.

3) Buckland, *Roman Law*, 40.

사실이다.

> 자녀의 연령과 상관없이 부모는 자녀의 재산에 대한 권리가 없었던 것
> 처럼 보인다. 부모는 자녀와 합의 없이 자녀의 임금을 청구할 수 없었
> 고, 아버지 혹은 어머니에 대한 자녀의 주급 지불 협정조차 강요할 수
> 없었다. … 마찬가지로 자녀가 자신의 수입을 통해 구입한 자산은 전적
> 으로 자녀의 몫이었다.

'가족의 일부로서 부모와 함께 사는 18세 미만 자녀들의 가사노동'만
이 유일한 예외였다. 4) 자녀의 재산은 그 자신의 것이었다. 부모나 다른
사람들이 자녀에게 준 것은 그에게 증여된 것이었다 — 비록 자녀의 재
산집행권이 유아기5)엔 극도로 제한될지라도. 유아가 합법적으로 맺을
수 있는 계약에 대해 부모는 아무런 책임도 없었다. 6)

이런 사정은 19세기에도 마찬가지였다. '자녀의 자산에 대해 아버지
는 아무런 권리가 없다. 만일 그가 자녀의 토지소유에 간여하면 그는 자
녀의 토지관리인으로 간주되고, 그가 받은 지대와 이윤에 대해 설명해
야만 한다.' 따라서 '타인에 대한 서비스로 얻은 자녀의 소득을 아버지가
취할 수 있는지는 의심스러워 보인다.'7) 많은 잉글랜드법의 특징들과
마찬가지로 이것은 그 역사가 무척 오래된 것이었다. 메이틀랜드
(Maitland)는 이것을 유사한 방식으로 기술했다.

13세기 잉글랜드에서의 일반적 입장과 로마법의 입장을 대조하면서
메이틀랜드는 다음과 같이 기술하였다.

---

4) Bromley, *Family law*, 458, 304.
5) 유아는 일상적으로 7세 이하의 아이를 의미하나 법적으로는 잉글랜드에서 18
   세 미만의 아이를 의미한다.
6) Buckland, *Roman Law*, 39.
7) Geary, *Marriage*, 433~434; Blackstone, *Commentries*, i, pt 2, 452~453.

126

19세기의 법과 마찬가지로 13세기의 법도 유아와 미성년자를 조건적이지만 많은 법적 결과를 가지는 것으로 인식한다. 그러나 유아의 법적 역량은 그의 아버지의 생존여부에 거의 영향 받지 않으며, 성인남녀는 부모의 권력에 전혀 종속되지 않는다. 우리의 법은 '자녀해방'과 같은 것을 알지 못한다. 단지 성년의 획득만 알고 있을 뿐이다.

따라서 아버지가 여전히 생존해 있어도 유아는 당연히 재산권을 가진다. 8) 유아는 토지를 상속받을 수 있고, 자신의 토지권 옹호를 위해 독립된 개체로서 법정에 설 수 있다. '유아는 고소할 수 있다. 유아는 대리인을 통해 고소할 수 있는데, 왜냐하면 그는 변호사를 지명할 수 없기 때문이다.' 이것은 자녀가 자신의 소득에 대한 권한을 가져야만 한다는 사실과 전적으로 일치한다. 숙박비와 생활비로 지불되는 것 외에는 자녀의 노동소득이 자동적으로 가장에게 귀속되지 않았다. 자녀의 권리에 대한 로마법과 잉글랜드 관습법 사이의 차이에 관해 16세기의 토머스 스미스(Smyth) 경은 다음과 같이 말했다. '자녀들은 로마의 자녀들과 같이 **부모의 권한**(*potestate parentum*)에 구속되어 있지 않다. 그들은 자신의 것을 증여 또는 매매할 수 있고, 아버지는 자녀의 부동산과 동산에 아무런 권리가 없다.'9)

자녀가 자신의 토지를 유언으로 증여할 수 있는 권리는 자녀의 개별 재산권을 잘 보여준다. 만일 자녀가 노동을 통해 물품을 축적했다면 개별 재산권을 보여주는 한 가지 지수(*index*)는, 부모의 소망과 상관없이, 자신이 선택한 사람에게 그 물품을 물려줄 수 있는 자녀의 권리일 것이다. 16세기말의 저명한 유언장 전문가는 그 입장을 다음과 같이 요약하였다. '소년은 14세 이후에, 소녀는 12세 이후에 유언장을 작성할 수 있

---

8) Pollock and Maitland, ii, 438, 439, 440.
9) Smyth, *De Republica*, 106.

고, 자신의 물품과 소지품을 처분할 수 있다. 후견인이나 보호자의 동의 뿐 아니라 아버지의 동의도 필요 없이 자녀는 자기소유물을 처분할 수 있었다.'10) 스윈번(Swinburne)은 이것을 재산권이 부모에게 있는 '시민법' 혹은 로마법과 대조시켰다. 권리들은 거의 공평했다. '여아는 유언을 작성할 수 있었고, 12세에 자신의 재산을 처분할 수 있었다. 남아는 17세, 혹은 분별력이 있다고 판단되면 15세에 개인재산을 처분할 수 있었다.'11)

만일 자녀에게 재산권이 없었다면, 이 모든 것은 무의미했을 것이다. 따라서 자녀의 재산권에 상응하지 않게, 현대 잉글랜드의 가족법전 중 '부모와 자녀' 항목에 '부모의 책무'에 대한 논의는 있지만 '자녀의 책무'에 대한 논의는 없다.12) 이것은 부모의 책무가 부모의 사랑처럼 자녀에게로 흘러내려간다는 것을 자명한 사실로 만든다. 자녀는 조부모를 부양할 필요가 없는데, 왜냐하면 '친족 간의 애정은 올라가는 것보다 내려가는 것이 훨씬 더 자연적이기' 때문이다.13) 1601년에 시행된 구 빈민법(the Poor Law Act)에 따르면, 부모가 '늙고, 가난하고, 무기력하고, 눈먼, 절름발이'여서 일할 수 없는 경우에만 자녀는 부양의 책무가 있었다. 이러한 범주에 속하지 않는 부모는 어떤 지원도 요구할 수 없었다. 게다가 요구되는 지원은 애정이 아니라 의무에 근거하였다. 만일 자녀가 '충분한 능력이 있다면 인자하게 도리를 다한 부모와 사악하고 몰인정한 부모를 똑같이 부양하도록 강제할 것이다.'14) 예컨대 자녀는 일차적으로 곤궁한 부모를 위해 세금을 지불하거나 부양해야 한다. 만일 자녀들이

---

10) Swinburne, *Wills*, 67.

11) *A general abridgement*, 283.

12) Bromley, *Family law*; Hall, *Family Law*.

13) Burn, *Justice*, pt 3, 657.

14) Blackstone, *Commentaries*, i, pt 2, 454.

128

멀리 떠나 있다면 이것을 징수하는 것은 불가능할 것이다. 중요한 것은 치안판사(Justice of the Peace)는 자녀나 부인을 교구 구호소에 맡기고 도망친 부모나 남편의 임차수입(rents) 및 토지에 대해서는 압수 영장을 신청할 수 있지만, 자신의 부모를 유기한 자녀에게는 그와 같은 영장이 발부되지 않았다는 점이다.[15]

이와 관련해 자녀가 부모 소득에 적게 기여했다는 사실을 설명하는 또다른 부문은 자신의 생활비를 벌도록 어린 자녀를 먼 곳으로 보내는 잉글랜드만의 독특한 전통이다. 잉글랜드에는 매우 어릴 때부터 자녀의 삶을 소비와 생산을 공유하는 가족단위에서 추출하여 부모세대와 자녀세대를 분리시키는 제도가 있다. 15세기에 잉글랜드를 방문했던 저명한 이탈리아 관찰자는 이 제도를 행하는 다양한 기제들이 특이하고 매우 역사가 깊다는 사실을 설명했다. 그는 서술하기를 잉글랜드인들은,

> 자녀들을 기껏해야 7세에서 9세까지만 부모 집에서 머무르게 한 다음 자녀들을 — 아들과 딸 모두 — 타인의 집에서 힘든 서비스 생활을 하도록 쫓아 보낸다. 자녀를 대략 7년 내지 9년 동안 묶어두는 그런 생활은 도제생활이라고 불린다. 이러한 운명에서 면제된 자녀들은 거의 없다. 사람들은 자신이 부자일지라도 자신의 자녀를 남의 집에 보내고, 그 대가로 타인의 자녀를 자신의 집으로 받아들인다.

그 결과 자녀들은 밑바닥에서부터 출발해야 했지만 부모들은 '모든 안락을 즐길 수 있었다.' 자녀들은 부모 집으로 되돌아오지 않았다. '후원자들은 소녀들을 정착시켰고 소년들은 능력껏 결혼했기 때문이다.'[16] 15세기부터 19세기에 걸친 400년 동안 이러한 관습이 널리 행해졌다는 증거는 상당히 많다.

---

15) Burn, *Justice*, pt 3, 659~660.
16) Sneyd, *Relation*, 24~25.

특히 자녀를 서번트(*servant*)로 보내는 제도는 특히 잘 기록되어 있다. 그것은 대개 엄밀하게 말해 자녀들에게 요구되었던 미성년 노동이었고, 부모는 자녀들을 그 제도의 수행자로 내몰았다. 그들은 전업노동자로 고용되지는 않았지만 농번기에 가족 내의 자녀들을 대치할 수 있는 일손들이 되었는데, 왜냐하면 필요할 때 모든 연령의 젊은이와 기술자를 제공할 수 있도록 노동시장이 잘 발달되었기 때문이다. 서번트는 바로 이러한 노동을 제공한 셈이다. 필요한 노동력을 적시에 고용하는 것이 — 즉 대가족에 대한 대안으로의 서번트 — 대가족 선호에 결정적으로 중요하다는 사실을 여러 인구학자와 경제학자들은 잘 알고 있었다.[17] 많은 사회에서 적절한 나이와 성별의 노동력 제공을 위한 자녀생산(혹은 과잉생산)과 적절한 자녀수가 채워지지 않을 경우 입양이 필수였지만, 잉글랜드에서는 아이들을 한 번에 1년씩 서번트로 고용하거나 장기간 도제로 삼을 수 있는 무척 유연한 기제가 있었다. 리글리(Wrigley)는 서번트 제도가 **사후**(*ex post facto*) 가족계획의 형태로 기능할 수 있었다는 점을 지적한다. 남아도는 자녀들은 도제로 내보냈고 노동력이 부족하면 다른 집 자녀들을 고용하였다. 앤 쿠스몰(Kussmaul)의 진술처럼 농장서비스는 "매우 융통성 있게, 소작농에게는 '가족균형자'(*family-balancer*)의 역할을 수행했고, 대농에게는 노동력을 공급해 주었다." 농경사회가 직면한 과잉과 과소를 요동치는 공급 문제를 서번트 제도가 해결했다. 다른 지역에서는 이 문제를 다른 식으로 해결했다고 차야노브(Chayanov)는 말한다.[18] 그리하여 서번트 제도는 고출산을 향한 주요 압력 하나를 잠식시켰다.

서번트는 또한 세대 간의 경제적·사회적 연계를 깨뜨렸다. 자녀는 겨우 경제적으로 자립할 수 있는 연령에 도달할 쯤에 다른 가족에서 생

---

17) Boserup, *Population*, 182; Cain, 'Extended Kin', 7; Cassen, *India*, 70.
18) Kussmaul, *Servants*, 26, 27, 23ff.

활비를 벌도록 멀리 보내진다. 자녀는 새로운 가족에게 자신의 노동을
제공하고 그에 대한 보상을 받는다. 이때부터 자녀는 부모의 가내경제
로부터 분리된다. 그는 처음엔 겨우 생활비와 옷값 정도를 벌 수 있다.
점차 임금이 증가하면서 자신의 가정이나 사업체 비용마련을 위해 임금
의 대부분을 저축한다. 19세기 후반과 20세기 초엽, 서번트들이 임금의
일부를 부모에게 보낸 적이 있었지만 그 이전에는 그러한 송금 사례가
거의 없다. 19) 나 또한 상당액의 돈이 부모 집으로 송금되었다는 증거를
찾아내지 못했다. 예컨대 서번트로 떠났던 조슬린의 딸들 가운데 아무
도 그러지 않았고, 그것을 기대하지도 않았다. 비슷한 유형의 자료를 조
사하였던 라이트손(Wrightson)은 자녀들이 임금 일부를 부모에게 송금
했다는 확실한 증거를 찾지 못했고, 리처드 스미스(Smith) 역시 좀처럼
증거를 찾을 수 없었다. 20) 중요한 점은 16세기부터 19세기까지 농장 서
번트생활(*servanthood*)을 광범하게 연구했던 앤 쿠스몰이 그러한 관행에
관해 유일한 증거 하나를 발견했는데, 그것마저 단지 '간접적 암시'에 그
쳤다는 사실이다. 21) 잉글랜드와 유럽대륙(*the Continent*), 아일랜드 및
스코틀랜드 출신 이민자들의 패턴에는 현저한 차이가 있다. 후자 지역
들에서는 서번트 소득의 상당 부분을 부모에게 송금하였다. 22) 쿠스몰이
기술하듯이, '농장서비스는 빈민자녀들로 하여금 임금을 저축하게 함으
로써 소규모 농장이나 공동토지 구입 혹은 결혼 집을 장만할 수 있는 기
회를 제공하였다.'23) 마찬가지로 농장과 목장의 자녀들 역시 농장 서비
스를 자신을 위한 저축의 기회로 삼았고, 자신들이 결코 벗어날 수 없는

---

19) Thompson, *Lark Rise*, 158.
20) Wrighton, *English Society*, 113; Smith, 'Nuclear Family', 12.
21) Kussmaul, *Servants*, 76.
22) Scott and Tilly in Rosenberg, *Family*, 166.
23) Kussmaul, *Servants*, 76.

가내경제에 보탬을 주는 기회로 생각하지 않았다.

도제제도(*apprenticeship*) 역시 대부분의 문명권에 알려지지 않은 오래된 특이한 제도이다. 이 제도의 기본개념은 도제가 예술이나 기술을 점차 숙련함으로써, 이후에 그것으로 자신을 부양할 수 있게 만든다는 것이다. 도제제도는 로마제국 이후 북유럽에서 광범위하게 나타난 현상이다. 애덤 스미스는 다음과 같이 지적하였다.[24]

> 도제제도는 고대인들에게 전혀 알려지지 않았다. 마스터(*master*)와 도제(*apprentice*)의 쌍방 의무는 모든 현대 법전에서 상당히 중요한 조항을 만든다. 로마법은 그러한 의무에 대해 완전히 침묵으로 일관한다. 우리가 도제라는 단어에 연결시키는 아이디어 — 마스터가 특정한 기술(*trade*)을 전수해 준다는 조건으로 몇 년 동안 특정 작업장에서 마스터를 위해 노동하겠다고 약속한 서번트 — 를 표현하는 그리스어 혹은 라틴어 용어를 나는 알지 못한다(나는 그런 단어가 없다고 감히 주장하고, 또 그렇다고 믿는다).

도제제도에서 (옮긴이: 부모로 향하는) 상향식 경제적 지불이 없다는 점은 더욱 분명하다. 자녀를 도제생활 — 학교, 대학교, 법학도 숙사(*Inns of Court*)에 해당하는 과정을 거친 특정한 기술자, 상인, 전문가 — 을 하도록 시키는 데는 사실 엄청난 비용이 든다. 이 기간 동안 도제는 보수를 받지 못한다. 도제제도의 철폐는 마스터들이 '7년 동안 도제의 모든 임금을 — 지금은 도제가 저축한다 — 상실하는' 것을 의미한다고 스미스는 지적하였다.[25]

'학교교육'(*schooling*)과 더불어 도제제도는 자녀에 대한 부모의 투자였고, 도제기간 동안 부모는 그 투자로부터 아무런 대가도 기대하지 않

24) Smith, *Wealth*, i, 137.
25) Ibid., i, 138.

았다. 대부분의 자녀들은 서번트생활과 도제제도에 기용되었고, 그들은 가내경제 밖에 — 집에서 멀리 떨어져 살거나 혹은 적어도 부모의 가내경제에 기여하지 않도록 — 있었다. 이러한 제도들은 경제적 자립과 결혼 사이의 오랜 공백기를 메워 주기 때문에 맬서스주의적 결혼체제를 이해하는 데 매우 중요하다.

현대사회에서 정규교육의 제도화가 가족원들 간의 경제와 정서에 막대한 영향을 미친다는 사실이 점점 더 많이 관찰되고 있다. 정규교육은 자녀의 소득과 부모의 가내경제 사이의 기존관계를 깨뜨린다. 정규교육은 자녀비용을 증가시키고, 자녀를 더 오랫동안 돌보게 만들며, '교육비'를 지출하게 하지만, 자녀의 노동에서 오는 보상은 없다. 26) 콜드웰은 '학교가 가족의 법인정체성(corporate identity)을 파괴한다'고 지적한다. 27) 학교는 다양한 방식으로 이것을 수행한다. 교육은 자녀비용을 증가시키고, 자녀가 가족을 위해 일할 수 있는 잠재력을 감소시킨다. 교육은 모종의 의존성을 생성하여, 사회는 자녀를 현재의 생산자보다 미래의 생산자로 간주한다. 교육은 개인이 자신의 소득을 완전히 통제해야 한다는 것과 인생에서 중요한 것은 부모자식 관계가 아니라 부부관계라는 것과 같은 새로운 '서구의' 가치와 아이디어[28]를 퍼트리고 장려한다. 29)

우리는 과거의 모든 자녀훈련 제도에까지 이러한 분석을 확대할 수 있다. 학교는 16세기부터 잉글랜드에 널리 확대되었지만 우리가 언급했던 '도제제도' 위에 또 하나의 계층(stratum)을 형성했을 뿐이다. 서번트생

---

26) Nag, 'Children', 303; *The Determinants of Population*, i, 81; Dore, 'Fertility', 76.

27) Caldwell, 'Education' 243.

28) (옮긴이) 콜드웰에 따르면, 서구화는 대중교육(*Mass Education*)과 대중 매체(*Mass Communication*)를 통해 비서구사회로 전파된다.

29) Ibid., *passim*.

활은 13세기부터 19세기까지 잉글랜드에 널리 퍼져 있었다. 30) 서번트 생활의 한 분야인 농업 서번트는 '16세기부터 19세기까지 거의 제도상의 변동 없이 시행되었다. 31) 1574~1821년 기간 동안, 15~24세 인구의 약 60%가 서번트였다. 그리하여 농업 서번트들은 초기 근대농업에 고용되었던 노동력의 약 3분의1에서 2분의 1을 제공하였다. 32) 17세기부터 19세기 사이에 어떤 교구에 정착하고자 심사받았던 약 2천 명 가운데 81%가 서번트였다. 쿠스몰의 결론처럼 농업 서번트는 초기 근대 농촌에서 젊은이들의 일상적인 직업이었다. 그들은 아동기에 자신의 부모를 떠나, 성인이 되어 서번트생활에서 벗어났다. '33) 래슬릿(Laslett)의 추정에 의하면, 스튜어트 왕조 시대의 잉글랜드(Stuart England) 가족 중 4분의 1에서 3분의 1이 여러 가지 유형의 서번트(가내 서번트를 포함하여)를 고용하고 있었다. 34) 만일 당시 마을과 도시의 수많은 도제들을 — 장인 기술을 배우기 위한 도제들과 법과 의술 전문직 '마스터'를 꿈꾸던 도제들 모두 — 보탠다면, 대다수의 어린 자녀들이 부모를 떠나 타인을 위해 일했던 특정 사회를 우리는 그려볼 수 있다.

서번트들은 부모 집을 떠나려는 경향이 있었고, 도제와 문하생들 역시 그런 경향을 보였지만 많은 자녀들이 수년 동안 부모와 함께 살았다. 잉글랜드를 방문했던 어떤 이탈리아인이 제안했듯이, 앞에서 언급한 수세기 동안 거의 대부분 자녀들이 10대 초반에 부모 집을 떠났을 것이라는 주장이 제기되었다. 35) 19세기 옥스퍼드셔(Oxfordshire) 마을에 '부

---

30) Laslett, *Family Life*, 47; Anglicus, *Properties*, i, 305; Macfarlane, *Individualism*, 147~149.
31) Kussmaul, *Servants*, 119.
32) Ibid., 3, 5.
33) Ibid., 19, 70.
34) Laslett, *Lost World*, 13.
35) See Macfarlane, *Ralph Josselin*, App. B.

모 집에 계속 기거하는 12세 혹은 13세 이상의 소녀는 없었다'는 플로라 톰슨(Thompson)의 지적은 이전 세기의 모습을 정확하게 묘사할 것이다. 36) 더 많은 목록을 분석해 보면 그러한 묘사가 너무 극단적이라는 사실이 분명해진다. 18세기 카딩톤(Cardington)의 목록을 분석했던 쇼필드(Schofield)는 많은 자녀들이 15세가 넘어서도 여전히 부모 집에 기거했다는 사실을 발견했다. 1697년, 1782년, 1801년과 1841년, 4개의 목록 분석에서도 많은 자녀들이 10대 후반과 20대 초반까지 부모 집에 기거했다는 사실이 발견되었다. 37) 지리적 그리고 시기적 변이가 있었다는 것은 분명하다. 그러나 서번트에 들어가는 평균연령은 13~14세였고38) 모든 집단의 자녀들이 어릴 때 부모 집을 떠났다는 문헌과 증거가 많다. 조슬린의 자녀들은 10세에 두 명, 13세에 두 명, 14세에 한 명, 그리고 15세에 두 명이 부모 집을 떠났다. 39) 도제제도는 3세 이후에 언제라도 시작할 수 있어서 많은 아동이 7, 8세에 도제로 묶이게 되었다. 40)

흔히 서번트는 타인과 함께 살도록 멀리 보내진 반면 도제는 첫 몇 년 동안 부모 집에 거주할 수도 있었고, 다른 아이들은 집에서 살면서 학교에 다니기 시작했다. 17세기의 브린슬리(Brinsley)는 '시골학교의 입학 연령이 대개 7세나 8세인데, 6세는 너무 이르다'고 조언했다. '만일 더 이른 나이에 학교에 보내면 그것은 집에서 피우는 말썽, 위험, 짓궂은 장난을 막기 위한 것이지, 무언가를 가르치고자 하는 소망 때문은 아니다'라고 그는 지적했다. 41) 자녀들은 노동자산이 아니라 귀찮은 존재이

---

36) Thompson, *Lark Rise*, 148.

37) Schofield, 'Mobility'; Wall, 'Leaving Home', *passim*.

38) Kussmaul, *Servants*, 70.

39) Macfarlane, *Ralph Josselin*, 93.

40) George, *London Life*, 239, 377, 424. 길드와 교구의 도제 제도는 그들의 조건과 비용에서 매우 다르다는 사실이 지적되어야만 한다.

41) Furnivall, *Meals and Manners*, lxii.

며, 학교는 현대의 탁아소처럼 기능한다. 동일한 사실이 도제제도에도 적용될 수 있다. 애덤 스미스는 '장기간의 도제제도는 대부분의 직종에 전혀 불필요하며, 며칠만으로도 충분할 것'이라고 지적했다. 사실 마스터는 도제들의 노동으로부터 이득을 취했다. [42] 15세까지의 과잉노동력을 흡수하는 학교의 역할은 일찍부터 확립되었다. 스미스도 '유아기와 세상살이에 진지하게 임하는 연령 사이의 오랜 기간을 유익하게 보내는 데 있어서 공립학교(public school)와 대학보다 더 나은 방법은 없다'고 지적하였다. [43] 1660년 런던 주변의 10개의 마을에서 인구 6천 명당 하나의 교부금지원 중등학교(endowed grammar school)가, 만일 교부금지원을 받지 않는 중등학교까지 포함시킨다면 인구 4천 4백 명당 하나의 학교가 있었던 것으로 추정된다. 이는 19세기 대부분의 기간에서보다 높은 수준이다. 1870년의 교육법령 시행 이전에는 인구 23,750명당 하나의 학교가 있을 뿐이었다. [44]

교육, 서번트생활, 도제제도와 같은 모든 형태의 계약적 관계에 관한 최종 논점은 그것들이 대체로 결혼과 양립할 수 없었다는 점이다. 학교나 대학에 재학 중인 자녀들은 결혼할 수 없었다. 도제들은 결혼을 금지하는 계약서에 묶였다. 가사노동 서번트는 결혼과 자신의 일을 병행할 수 없었고, 농업 서번트조차 결혼하지 못하도록 강한 압력을 받았다. 데이비드 흄(Hume)의 글에서 보듯이, [45] '모든 마스터들은 남성 서번트의 결혼을 단념시키며, 여성 서번트의 결혼은 결코 허용하지 않았다.' 아서 영(Young)은 잉글랜드와 아일랜드 간의 차이에 주목하였다. 잉글랜드에서는 결코 결혼하지 않는 계층의 사람들, 예컨대 서번트인 상류층 집

---

42) Smith, *Wealth*, i, 138.

43) Smith, *Wealth*, , book v, ch. 1, pt3, 295.

44) Jordan cited by M. Curtis in Nicoll, *Shakespeare*, 58.

45) Hume, *Essays*, 1907 edn, i, 387.

136

안의 하인과 하녀들도 아일랜드에서는 일상적으로 결혼하는데, 이러한 결혼은 잉글랜드에서는 매우 보기 드문 상황이다. 46) 우리는 여기서 결혼을 연기시키는 기제를 발견한다. 14세에서 24세 사이의 자녀들이 뿜어내는 에너지에서 이득을 얻는 사람은 부모가 아니라 그들을 도제나 서번트로 고용한 마스터였다. 또한 서번트에게는 일정한 액수의 임금이 지불되었고, 도제에게는 미래의 생계유지를 위한 기술을 획득할 권리가 주어졌다. 정규교육도 장래의 보상을 전제한 것으로, 그 보상은 전문직의 형태로 제공될 것이다.

그리하여 결혼까지의 자녀양육비는 대체로 투자한 만큼 보상되지 않았다. 부모는 자녀의 먼 미래에 투자하였다. 실제로 그들은 얼마나 많이 투자했는가? 나는 랄프 조슬린(Josselin) 자녀 각각에 대한 투자비용을 자세히 분석한 적이 있다. 47) 한 아이의 1년 양육비가 최소 5파운드에서 10파운드라는 오늘날의 추정에 기초하여, 나는 1641년부터 1683년까지 자녀들의 교육, 양육 그리고 상속비가 약 2천 파운드 또는 부모 총수입의 3분의 1에 해당한다고 결론내렸다. 그 비용은 자신과 배우자 혹은 토지와 건물 구입 등의 다른 항목 지출보다 훨씬 더 많았다. 17세기 후반 고아원의 극빈 고아들에 대한 오늘날 추정치에 따르면, 고아의 구제비는 5세 이하 25파운드, 5세부터 7세까지 40파운드, 7세부터 10세까지 50파운드, 10세 이상은 한 살 증가할 때마다 10파운드가 더 필요했다. 48) 1세부터 5세까지 5년간 손자를 돌보았던 중간계층의 애덤 마틴데일(Martindale)은 '30파운드를 주는 사람의 자녀는 돌보지 않을 것이고, 80파운드 혹은 90파운드를 주면 돌보아 주겠다'고 말했다. 49) 컴벌랜드

46) Hutton, *Young's Tour*, ii, 120.
47) Macfarlane, *Ralf Josselin*, 46~54.
48) Cellier, 'Royal Hospital', 196.
49) Parkinson, *Life of Martindale*, 221.

(Cumberland)[50]의 자작농 제임스 잭슨도 비슷한 수치를 제공했는데, 자녀를 다른 집에 하숙시키는 데 주당 1실링 4펜스와 1실링 6펜스 사이의 비용이 든다고 말했다. 당시 그는 4크라운(*crown*)[51]에 10파운드를 더하여 아들의 도제비용을 지불하였다. 아들이 사업을 시작할 때, 그는 150파운드를 더 주었다.[52] 자녀의 인생 후반부까지 그는 비용을 대주었다. 우리는 다음에 지참금과 결혼비용을 살펴볼 것이지만, 또 다른 비용도 있었다. 예를 들면, 아들의 대학생활비를 지불한 마틴데일은 아들이 교장이 되었을 때 가구를 구입해 주었다. 심지어 결혼 이후에도 무어 목사(the Revd Moore)는 자신의 딸의 정착금으로 68파운드 11실링 9펜스를 지불하였다.[53]

물론 이러한 액수는 귀족이나 그 이상의 신분인 사람들에 비하면 하찮은 것이었다. 앨리스 쏜톤(Thornton)이 슬프게 지적했듯이, '나의 사랑스런 아들 쏜톤의 교육비, 생활비, 학습비가 너무 막대하여 그 액수를 대변(貸邊)에 기입할 수 없을 정도이다.'[54] 장성한 자녀들이 부모를 너무 착취한다는 속담이 딱 맞아 떨어진다. 버니(Verney)의 18세 딸의 하숙비로 부모는 1년에 식비 18파운드, 옷값 12파운드를 지불했고, 다른 딸에게는 식사비 25파운드, 옷값 12파운드를 지불했다.[55] 다른 사회에서 그 연령대의 딸은 순 생산자 — 노동과 출산 양면으로 — 노릇을 하지만, 잉글랜드의 대다수 부모들은 자녀들이 재정적 위탁물이라는 것을 실감하였다. 1695년 와톤(Warton)의 교구목사(*vicar*)[56]가 다음과 같이

50) (옮긴이) 이전 잉글랜드 북서부의 주. 1974년 컴브리아(Cumbria) 주의 일부가 되었다.
51) (옮긴이) 크라운은 25펜스 경화, 구 5실링 은화를 일컫는다.
52) Grainger, 'Jackson's Diary', 117~123.
53) Parkinson, *Life of Martindale*, 219; Blencowe, 'Giles Moore', 117.
54) Jackson, *Thornton Autobiography*, 143.
55) Verney, *Memoirs*, i, 434.

한탄했던 것은 놀랄 일이 아니다. '나는 부채가 많고, 부양책임 또한 막중하다. 돌보아야 할 불쌍한 자녀가 9명이고, 나는 날마다 자녀들을 책임져야 하며, 어느 누구도 편애하지 않는다. 그중 한 명은 더 많은 책임을 나에게 떠맡기는데, 왜냐하면 8세인 그를 기숙시켜야 하기 때문이다.'[57]

존 로크는 부모의 이러한 투자가 자녀에 대한 영구적인 권리를 부여하고, 자녀들에게는 모종의 책무를 야기한다고 믿었다. '아버지가 자녀교육에 쏟은 보살핌, 비용, 친절함에 대한 대가로 부모는 자녀의 존경, 경의, 후원, 순종을 영구히 누릴 권리를 갖는다. 이것이 자녀가 부모에게 바쳐야 하는 온당한 예의이다.'[58] 우리는 혼인 전에 자녀의 투자비용을 상당히 보상받지 못하는 경향이 있다는 사실을 살펴보았다.

다음으로 고려해야 할 측면은 자녀가 결혼한 이후의 시기이다. 부모와 자녀가 모두 25세에 결혼한다고 가정하면, 자녀들이 결혼을 시작할 당시의 부모 나이는 50대 중후반에 도달할 것이다. 이제 자녀들은 서번트 임금의 저축 또는 도제제도나 대학교육을 통해 획득한 기술로 미래의 저축을 가지고 있을 것이다. 그들은 처음으로 경제적 자립이 가능해진 것이다. 이러한 잠재적 소득이 연로한 부모와 공유되는 범위는 어느 정도인가? 그 수준은 결혼 이후의 거주양식과 경제적 협조에 관한 문화적 규칙에 따라 결정된다.

신랑신부가 거주지를 결정하는 규칙은 결혼에서 가장 중요한 측면이다. 그 규칙은 우리가 풀려고 시도하는 주요한 수수께끼와 밀접하게 연결되어 있다. 만일 맬서스의 지적이 정확하다면, '잉글랜드에서 조혼의

---

56) (옮긴이) 'rector'은 교구세를 받지만, 'vicar'는 봉급만 받는다.
57) Report of the Lancashire Record Office, 1970, p. 30; 다른 비용에 대해서는 Clark, *Women*, 70ff를 참조.
58) Locke, *Government*, 34.

빈도를 가장 건전하게 억제해 주는 것은 작은 집을 얻는 어려움이다.'59)
그러나 맬서스가 인식했던 바와 같이 문제는 실제 가옥구조에 관한 것만
이 아니다. 아일랜드의 급조된 오두막 또는 여러 사회의 공동주거와의
비교는 적절한 신혼부부용 거처에 대한 문화적 기대감이 문제의 핵심이
라는 것을 드러낸다. 잉글랜드 체제의 특이성을 이해하기 위해 우리는
비교 맥락에서 그것을 간략하게 검토할 필요가 있다.

　많은 인류학자와 사회학자들은 결혼거주지 형태가 다양한 친족체제를
결정하는 주원인이라는 사실을 주장해 왔다. 인류학적 용어로, '관습이
신랑으로 하여금 부모 집을 떠나 처가집이나 그 근처에서 신부와 함께
살 것을 요구할 경우, 그 거주규칙은 모거주제(matrilocal)라 불려진다.
만일 신부가 친정에서 퇴거하면 부거주제(patrilocal), 신혼부부가 양가
부모집의 위치와 상관없이 거주지를 정하면 신거주제(neolocal)이다.'60)
머독(Murdock)은 171개 사회에 대한 표본조사를 거쳐, 101개는 부거주
제 체제, 24개는 모거주제 체제, 13개는 신거주제, 나머지는 혼합체제
라는 것을 발견했다. 현재 서구에서 널리 시행되는 신거주제는 통계적
으로 볼 때 전형적인 것은 아니다. '신거주제로의 이동은 고립된 핵가족
(the isolated nuclear family)의 부상에 기인'한다고 머독은 주장했다. 킹슬
리 데이비스(Kingsley Davis)도 신거주제야말로 핵가족 체제의 중요한
특징이라고 강조했다.61) 이것은 그러한 이상한 체제가 언제 시작되었는
가라는 중요한 질문을 제기한다. 이 질문을 깊이 파고들기 전에 우리는
두 개의 구분을 강조할 필요가 있다.

　첫 번째는 부모가 동일 거주지에 사는 것과 동일 가구에 함께 사는 것
사이의 구분이다. 머독이 암시한 바와 같이, 이러한 구분이 그다지 중요

---

59) Malthus, *Population*, ii, 250.
60) Murdock, *Social Structure*, 16~19.
61) Ibid., 208; ibid., 201, 203~204, 221; Davis, *Fertility*, 21.

140

치 않을 수도 있다. 형제들이 부모와 분리되어 서로 다른 가옥에 거주할지라도 그들은 공동의 경제적 사회적 단위를 운영할 수 있다. 이런 경우, 가옥의 물리적 구조는 거의 비물질적이다.[62] 두 번째 구분은 우리가 자주 접했던 것인데, 명료하게 인지되는(공식 혹은 비공식적) 규칙들과 통계적 경향 사이의 구분이다. 머독은 대부분의 사회에서 거주지를 결정하는 것은 관습이라고 지적했다. 바꾸어 말하면, 거주지 결정엔 강한 문화적 제한들이 있다. 결혼당사자는 어떤 방식으로 ─ 거의 대부분이 시댁식구와 함께 살 것이다 ─ 이사할 것이란 것을 알고 있다. 잉글랜드에도 그러한 규칙이 있었는지 우리는 살펴볼 필요가 있다. 또한 우리는 다소 불명확한 통계적 경향이 있는지 알기 위해 자료를 조사할 필요가 있다. 비록 아무런 규칙들이 없을지라도, 아들이 부모의 집 근처에 거주하는 형태는 ─ 외견상 신거주지 체제이지만 부거주제 체제를 따르는 것 ─ 흔히 접할 수 있는 사례이다.

우리는 어떤 것이 적절한 형태인지, 공식적으로 진술된 사회 '관습'을 먼저 살펴 볼 것이다. 격언, 여행자들의 관찰, 자서전과 기타 자료를 살펴보면 신혼부부가 남편이나 아내의 친족 마을로 이사하는 것이 필수적이라는 사실을 암시하는 것은 없다. 흔히 결혼식은 신부의 집에서 거행되었지만 신혼부부의 거주지에 관한 확고한 규칙은 없었다. 예컨대 대부분 사회에 널리 퍼져있는 규칙, 즉 여성이 자신의 고향을 떠나 남편의 친족에게 합류할 것이란 규칙은 없다. 실증적인 규칙 아래에서 상황은 개방적이었다. 이것은 '신거주제'로 불린다. 비록 공식적 규칙들은 발견되지 않았지만 통계적 차이를 가져오는 비공식적 압력이 존재할 수 있다고 우리는 기대할 것이다.

지방 기록의 분석을 통해 우리는 우선 이러한 문제를 검토할 수 있다.

---

62) Goody in Laslett, *Household*, 103~124.

실제 거주패턴을 조사하는 한 가지 방식은 거주자 목록이 남아있는 교구를 찾아내 얼마나 많은 부모들이 기혼자녀와 함께 그 교구에 거주했는지 살펴보는 것이다. 1695년 커크비 론즈데일(Lonsdale)에서 103쌍의 혼인부부 중 단지 9쌍만이 혼인한 자녀들과 동일한 교구에 함께 살았다. 이들 중 여럿은 기혼자녀가 두 명 이상이었고, 그래서 우리는 혼인한 아들 10명과 혼인한 딸 5명이 부모교구에서 함께 살았다는 사실을 발견했다. 아들들이 고향에 더 남는 경향이 있었지만, 당시 그 목록의 부모들에게 기혼자녀들이 백 명 이상인 점을 감안해 보면 중요한 논점은 부모교구에 정착한 기혼자녀가 얼마나 적었는가 하는 점이다.

거주자 목록이 없으면 다른 방식으로 그 문제에 접근해야 한다. 1580년과 1750년 사이 얼스 콜른(Earls Colne)에서 약 947쌍이 결혼한 것으로 기록되어 있다. 이 가운데 단지 183명의 남성만이 그 교구에서 세례를 받았고, 4분의 3은 외지인이었다. 여성의 경우, 세례 시점과 결혼 시점 사이에 보다 높은 비율로 남아있었던 것처럼 보인다. 얼스 콜른에서 결혼했던 여성 가운데 3분의 1 이하가 그곳에서 세례를 받았다. 그러나 사회이동 비율이 높은 어떤 사회가 부거주제인지 모거주제인지 혹은 신거주제인지를 결정하기 위해서는 우리는 최소한 다른 두 가지 요소를 고려해야 한다.

첫째는 결혼 이후 상당 기간 부모 집에 머무르는 비율이다. 왜냐하면 여성들은 결혼식을 치르기 위해 되돌아 온 다음 사라지거나, 결혼 이후 멀리 떠나는 것이 관습일 수 있기 때문이다. 얼스 콜른에서 세례받고 결혼했던 대부분의 남자들은 수년 동안 그곳에 머물러 있었다. 183명의 남자 중 단지 6명만이 결혼 이후 교구기록에서 사라졌다. 여성의 경우, 그 비율은 더 높다. 교구에서 세례받고 결혼했던 306명의 여성 가운데 39명은 결혼 이후 사라졌다. 두 번째 사실은 얼마나 많은 사람들이 아버지나 어머니가 생존할 때 교구에서 결혼했는가 이다. 사망률과 만혼을 감안하면, 고향 교구에서 결혼한 사람들의 부모 대다수는 이미 사망했다[63]는 사실이 바로 드러난다. 우리가 고찰했던 183명의 남자 가운데, 결혼 시점에 양부모, 편부모, 계부모가 살아계신 경우는 60명(혹은 3분의 1)이었다. 여성의 경우, 그 비율은 약간 더 높다(306명 중 124명). 이러한 모든 요인을 — 기록된 결혼의 총수, 결혼 후 곧바로 이주한 남자와 여자의 수, 그리고 생존부모의 수 — 고려하면, 얼스 콜른에서 결혼한 사람들 가운데 부모 중 한 명이라도 살아계신 교구에서 결혼식을 올린 다음 그곳에 정착한 빈도를 대략 계산할 수 있다. 남자의 경우는 19명 가운데 1명이었고, 여성의 경우는 11명 가운데 1명이었다. 여성이 결혼할 때까지 출생지에 머무르는 경향이 약간 더 높았다. 그러나 주목할 점은 신거주제가 모거주제나 부거주제보다 훨씬 더 중요했다는 분명한 사실이다.

결혼할 때 자녀들이 시골로 분산되는 것은 그 패턴의 다른 두 가지 특징과 밀접하게 연관된다. 그중 한 가지는 결혼 당시의 연령이다. 대부분의 인류학자들처럼 머독은 각각의 파트너가 결혼시점까지 각자의 부모 집에 살기 때문에, 결혼은 한 친족에서 다른 친족으로의 이동을 강요한다는 가정을 세웠다: 관습에 따라 신랑이나 신부가 자신의 부모 집을 떠날 것을 요구받는다.[64] 이러한 가정은 자녀들이 결혼시점까지 심지어는 결혼 후에도 부모 집에 머무르는 대다수 가족주의 사회에서는 합리적이다. 20세기 초엽, 12세에 결혼한 인도 소녀는 확실히 부모 집에서 살았을 것이다. 물론 오늘날 우리 잉글랜드인은 대다수 사람들이 결혼하기 몇 년 전부터 부모 집을 떠나는 상황에 익숙하다. 16세기에서 19세기 사이의 잉글랜드에서는 어떠한 패턴이 발견되는가?

---

63) (옮긴이) 1900년경 잉글랜드의 평균 기대수명은 약 30대 중반이었다. 앞에서 말한 바와 같이 남녀 모두 평균 결혼 연령이 약 25세임을 감안할 때, 신랑 혹은 신부의 부모는 만 50세가 넘어야 한다.

64) Murdock, *Social Structure*, 16.

여성과 남성의 평균 혼인연령이 엇비슷한 25세였기 때문에 남성과 여성 모두 여전히 부모의 집에 거주했을 가능성은 적은 것처럼 보인다.[65] 1585년과 1650년 사이에 얼스 콜른에서 결혼했던 사람들 884명 가운데 221명만이 그곳에서 태어났다. 그 숫자는 어쩌면 과장일 수도 있는데, 외부 사람들이 단지 결혼을 위해 고향 교구로 되돌아 왔을 수 있기 때문이다. 그 사람들 가운데 최대 4분의 1만이 양 배우자가 그곳 교구출신이었다. 그러한 패턴은 서번트, 도제 혹은 다른 직종에서 일하기 위해 그들이 3, 4년 동안 자신의 부모 집뿐 아니라 고향마을마저 떠났을 가능성을 보여준다. 젊은이들이 부모 집 이외의 곳에 정착했기 때문에 갑자기 부모 집이나 마을에 그들이 다시 정착하는 일은 전적으로 다른 문제일 것이다. 만일 어떤 사람이 부모로부터 독립하여 성장하고, 자신의 삶을 책임지고, 생계를 유지하고, 의사결정을 한다면, 그가 고향으로 되돌아와 다시 자녀노릇 한다는 것은 무척 어려운 일이다. 이러한 상황에서 신거주제는 자연스러운 제도이다.

이러한 사실로부터 그 패턴의 두 번째 특징이 바로 도출된다. 이것은 독립에 대한 자녀의 열망 및 가족 내 권위구조의 성격과 관련된다. 부모가 기혼자녀와 함께 사는 것을 반대하는 강력한 문화적 규칙들을 야기한다. 일찍부터 잉글랜드인들은 부모와 사회문화적 요소를 공유하면서 함께 사는 것을 무척 싫어했던 것처럼 보인다. 넓은 토지와 저택을 가진 부자와 권력자들 중에는 부모와 자식 간의 조정 사례들이 발견되지만, 대부분은 부모와의 동거 심지어는 같은 마을에 사는 것조차 회피했다는 두 가지 강력한 증거가 있다.

---

65) (옮긴이) 북서유럽과 달리, 이탈리아와 스페인 같은 남유럽 그리고 대부분의 아시아 국가들에서 미혼자녀들은 전통적으로 결혼할 때까지 부모와 산다. 하지만 여기서 언급하는 서구화의 영향으로 인해, 한국을 포함한 많은 전통적 가족주의 국가들에서 최근 미혼자 가구가 증가하는 경향이 있다.

오늘날의 진술들이 첫 번째 유형의 증거를 제공해 준다. 아서 영은 '부모와 기혼자녀의 회피'와 같은 언급이 18세기 잉글랜드에 널리 퍼져 있었다고 지적한다. 만일 자녀가 결혼한다면 그들은 어디에서 살아야 하는가? 빈 오두막도 없다. 그들은 부모와 함께 살거나 하숙을 해야 한다. 부자들과 마찬가지로 가난한 사람들 역시 그런 상황을 몹시 싫어하고, 오두막도 결혼증명서도 없기 때문에 방탕한 애정행각에 빠져드는 경우들이 많다.[66) 경제적 어려움에 대한 이유도, 부모와 공유하는 것에 대한 혐오도, 모두 새로운 현상은 아니다. 윌리엄 훼이틀리(Whateley)의 저서에 그것이 잘 나타나 있다. 1624년에 출간된 《보호막 혹은 결혼의 고뇌와 고통에 대한 보고서》(*A Care-Cloth or a Treatise of the Cumbers and Troubles of Marriage*)에서 그는 독자들에게 다음과 같이 충고하였다.

> 당신이 결혼하면, 가능하다면 당신만의 가정에서, 당신과 부인 둘만의 독립된 삶을 사십시오. 당신 둘 사이에, 한 가구 안에 타인을 포함시키지 마십시오. 한 가구에 두 가장이 뒤섞이는 것, 한 지붕 밑에 두 주인(*Masters*) 혹은 두 여주인(*Dames*)을 하나로 묶거나 종속시키는 것은 항상 다툼을 일으키고, 쌍방에게 불화를 야기합니다. 젊은이와 노인은 너무나 다른데, 어떻게 젊은이의 행동양식을 무시한 채 노인에게 전적으로 복종시킬 수 있으며, 어떻게 노인이 자신을 부인하면서 젊은이의 의지에 양보할 수 있겠습니까? 이 모든 것은 보통 사람들에게는 불가능한 일입니다. 젊은 꿀벌이 새로운 벌통을 찾는 것과 같이, 젊은 부부도 새 집을 찾아야 합니다.[67)

부모와 자녀가 한 가구에 동거하는 것이 '불가능한 일'로 간주되었다는 사실은 잉글랜드인 이외의 사람들 대부분에게 충격적일 것이다. 일반적

---

66) Tate, *Parish Chest*, 214에서 아서 영이 인용했음.
67) Whateley, *Care-Cloth*, sigs A6-A6v.

으로 젊은 부부는 신랑이나 신부 부모의 가구로 흡수되었다. 물론 며느리와 시어머니 사이의 다툼, 동서들 간의 다툼이 점증하였지만, 토지가 분할되고 부모가 '은퇴'할 때까지는 적어도 그런 공동생활(*joint arrangement*)이 시도되었고, 흔히 수년간 지속되었다.

부모와 결혼한 자녀들이 삶을 공유하는 것에 대한 혐오와 그것이 야기하는 어려움은 17세기 중반 분파주의자 루도윅 머글튼(Ludowicke Muggleton)이 어려움을 겪고 있는 자신의 추종자들에게 보내는 편지에 잘 나타나 있다. 한 과부는 결혼한 딸과 사위에게 그녀 집으로 들어와 함께 살 것을 제안했고, 그 후 딸이 죽었다. 선생님이었던 과부는 사위와 함께 학교를 운영하였다. 사위는 이후 가정부와 재혼하려고 하였고, 과부는 머글튼에게 조언을 요청하였다. 그는 우선 그 사안의 심각성을 지적하였다. '내가 아는 한, 당신과 사위는 토지문제와 살림살이에 서로 얽혀있다. 결혼한 딸이 당신과 함께 살았다는 이유로 당신의 소유와 사위의 소유를 구분하고 나누는 것은 어려운 일이다.'

이것이 핵심적인 문제였다. 개인의 재산권이 허용된 상황에서 어떻게 공동가구 체제가 운영될 수 있겠는가? 흔히 그러하듯이 만일 그 체제가 깨진다면 재산의 재분배는 극히 어려워진다. 머글튼이 지적하기를, '이것은 기혼자녀와 함께 산 부모들이 당연히 거두어들여야 하는 결과이다.' '나는 이런 불편을 잘 알고 있고, 여러 번 경험했기 때문에 그런 짓을 하지 말라는 것이 나의 일관된 충고이다.' '한 채의 가옥에 동업을 하는 두 가족이 살 수 없는' 까닭은 단지 경제적 뒤얽힘, 또는 생산과 소비에 관한 개인적 원칙과 공동의 원칙 사이의 갈등 때문만은 아니었다. 거기에는 또한 정치적 차원인 권위의 갈등이 있었다. 성인은 원칙적으로 자유롭고, 종속되길 원치 않는다. 하지만 이러한 원칙이 성인들이 한 집에 함께 사는 것과(결혼부부가 함께 사는 것은 제외) 어떻게 조정될 수 있을까? 머글튼은 계속 말하기를, '바로 여기에 풀기 어려운 매듭이 있다.

146

당신과 당신의 딸이 그랬던 것처럼, 어떻게 당신 둘이 함께 살면서 학교를 경영할 수 있을까? 두 사람의 권력이 동등하거나 두 사람이 모두 여성이라면 불화가 일어날 수 있다. 그러나 한 사람이 지배하고 다른 사람은 복종하는 곳에서는 멋진 통치체제가 성립된다.' 두 명의 주인이 있을 수 없다. 따라서 아내는 궁극적으로 남편에게, 자녀는 부모에게, 서번트는 마스터에게 복종해야 한다. 만일 과부가 복종하고 추종할 준비가 되어 있다면 그 둘의 관계는 작동할 것이다. 그러나 '당신이 노년에 다른 사람의 하인이 되라고' 머글튼은 충고하지 않을 것이다. 부모와 기혼자녀의 동거를 매우 어렵게 만드는 두 가지 문제를 머글튼은 정확히 파악했던 것이다. 사적 재산과 성인의 자유는 공동생활과 충돌하였던 것이다. 68)

이제 우리는 실제적인 거주패턴으로 눈을 돌릴 것이다. 신사계층 이상에서는 한 가족 안의 두 부부가 한 가구에서 살았다는 사실이 일기나 자서전에 분명히 나타난다. 69) 그러나 하층민들의 일기와 자서전엔 그러한 패턴이 보이지 않는다. 널리 알려진 당대의 유명한 일기와 자서전들 — 페피스(Pepys), 조슬린(Josselin), 헤이우드(Heywood), 마틴데일(Martindale), 에어(Eyre) — 가운데 그 어느 것에서도 결혼 후 공동거주의 흔적을 발견하지 못했다. 일기 작성자 자신들도 결혼 후 부모와 함께 살지 않았고, 자녀들 역시 결혼 후 그들과 함께 거주하지 않았다. 이런 사실이 거주자목록에 의해 확증되지 못하면 그것은 대표성이 없는 것으로 무시될 수 있다.

1960년대 중반 이후, 거주자목록이 분석되기 시작한 이래 가장 흥미로운 발견 가운데 하나는 확대(extended) 혹은 공동(joint) 가구가 부재했다는 사실이다. 이 분야에서의 광범한 분석을 요약하면서, 피터 라슬렛(Laslett) 은 다음과 같이 결론 내렸다.

68) Reeve and Muggleton, 322, 325, 324.
69) Jackson, *Thornton Autobiography*; 'Diary of Mrs Venables', 11~12.

지금까지 조사했던 모든 공동체에서 결혼 후 (부모) 집에 사는 자녀들이 기혼자녀와 함께 사는 부모들보다 훨씬 드물었다는 증거가 발견되었다. 칠버스 코튼(Coton)에 살았던 176가구의 가족들 가운데 단 3가구만이 그러한 형태였고, 1599년 일링(Ealing)에 살았던 86가구의 가족들, 그리고 1676년과 1688년의 클레이워스(Clayworth)의 가족들에는 그러한 형태가 없었다. … 다른 마을에서도 동일한 사례를 보여준다는 사실은 오늘날 널리 인정되고 있다. [70]

예를 들어, 1695년 커크비 론즈데일(Lonsdale) 읍의 107 가구 가운데 단 한 가구만이 부모와 기혼자녀가 함께 사는 사례가 있었다.

잉글랜드의 사례는 무척 예외적인데, 공동거주의 비율이 높은 유럽대륙의 공동체들과 비교할 때 특히 그렇다. 그래서 역사학자들은 그러한 사례를 무시하려고 했다. 가장 널리 알려진 것은 오스트리아의 증거에 근거한 버크너(Berkner)의 연구이다. [71] 그의 주장의 핵심은 어느 시점이든 간에 단지 소수의 가족들만이 결혼부부와 함께 거주할 것이지만 — 공동거주 기간은 생애 전체에서 비교적 짧은 기간인데 —, 공동거주는 대부분 사람들이 경험할 수 있는 정상적인 일이라는 것이다. 비유컨대, 매년 결혼하는 사람은 많지 않지만, 대부분 사람들은 결혼한다는 것이다. 여기에는 분명 무언가가 있다. 그러나 우리가 그러한 주장을, 예컨대 웨스트모어랜(Westmorland) 증거에 적용한다면, 아무리 수치를 과장하려 해도 대부분의 부부는 부모와 함께 사는 것을 결코 원치 않았다고 우리는 확신한다.

두 번째 형태의 유보조건은 마가렛 스푸퍼드(Spufford)가 제공하였다. 그녀는 과부나 홀아비가 기혼자녀와 함께 자신의 집에서 살았다는 사실을 유서들이 보여준다고 주장하였다. 이것은 당연히 별개의 문제이

70) Laslett, *Lost World*, 95.
71) Berkner, 'Stem Family', *passim*.

다. 부모세대의 결혼이 깨진 후, 부모는 노인문제를 해결하기 위해 오랜 기간 다른 집에서 살아왔던 기혼자녀와 함께 살고 싶어 할 것이다. 구조적으로 이것은 결혼 직후 함께 거주하는 것과 완전히 다른 결과를 초래한다. 심지어 이런 유형의 거주조정조차 우리가 생각했던 것보다 덜 빈번했다. 거주자 목록에 대한 자세한 분석은 17세기에 '홀로' 사는 사람들 가운데 절반 이상이 과부나 홀아비였다는 사실을 보여준다.[72] 이것은 마치 한 가구에 두 명의 가장이 동거하는 어려움에 대한 훼이틀리의 경고가 평생 지속되는 것과 같다. 배우자와 사별한 과부나 홀아비는 자신의 기혼자녀에 의존하기보다는 오히려 재혼을 택하였다. 자녀와 부모가 심리적, 경제적 그리고 사회적으로 일단 분리되고 나면 다시 그들을 한 단위로 재통합하는 것은 어려운 일이다. 젊은 꿀벌과 마찬가지로 그들은 새로운 보금자리를 만들었다. 한 가족구조 안에 신 보금자리와 구 보금자리를 통합하는 것은 매우 어려운 일이었다.

중요한 것은 실제의 물리적 거주가 아니라 가족성원들 간의 경제적 사회적 협조체제의 성격이다. 부모 그리고 다른 형제들과 떨어져 각기 다른 집에 사는 형제들끼리, 심지어 인근 도시에 사는 형제와도 공동생산과 소비 단위를 함께 운영하는 것은 가능한 일이다. 아버지는 명령하고, 결혼한 아들들과 며느리들은 공동으로 노동하며 보상을 공유할 것이다. 이런 상황에서 각 자녀의 결혼은 다른 자녀들과 부모의 가내경제에 막대한 영향을 미친다. 중요한 것은 형제자매와 부모 사이의 운영과 관계성이다. 그리고 나면 중요한 질문이 제기된다. 18세기까지 수 세기 동안 부모와 자녀들이 결혼 후에도 계속 공동의 경제적 사회적 단위를 운영하고, 공동으로 재산을 소유하며, 함께 노동하고, 그 대가를 공유했다는 증거가 있는가? 이것은 답변하기 매우 어려운 질문이다. 그러므로 일반

---

72) Spufford, *Contrasting Communities*, 114; Laslett, *Lost World*, 289, note 107.

서민들의 가내예산 운영 방식에 대한 역사적 분석이 전혀 없었던 것이다. 여기에서 우리는 몇 가지 기초적 인상을 제공할 수 있을 뿐이다.

하나의 핵심적인 특징은 결혼 후 재산의 공유인데, 내가 이전에 저술한 책[73]에서 간접적으로 언급했던 점이다. 여러 다양한 자료들을 — 법률교재, 자서전, 마을 차원에서 실제로 운용된 재산법 — 조사한 다음, 잉글랜드에는 최소한 13세기부터 고도로 발달된 사적재산과 개인재산에 대한 개념이 있었다고 결론 내렸다. 수많은 비판이 있었지만 어느 누구도 이 핵심적 발견에는 도전하지 않았다. 부모에게 자신의 재산에 대한 양도권 및 매각권이 있다는 점, 즉 부모의 재산은 부모의 것이지 공유재산의 일부가 아니었다는 사실은 명백해 보인다. 마찬가지로 자녀의 권리도 부모의 요구에 의해 좌우되지 않았다. 결혼한 자녀가 사망했을 경우, 자녀가 부모에게 유언장을 작성해 놓은 경우를 제외하고는 부모가 자녀의 재산을 물려받았다는 증거는 거의 없다. 메이틀랜드(Maitland)가 강조했던 것처럼 잉글랜드법에서 재산은 항상 자녀에게 내려갈 뿐 결코 부모에게 올라가지 않는다는 점은 오래전에 확립된 원칙이었다.[74] 노인들조차도 자녀의 재산에 권리를 행사하지 못했다. '과부권'(*widowright*)과 '자유후보권'(*free-bench*)[75]으로 알려져 있는 어떤 유형의 재산권은 자녀의 재산에 대한 권리가 아니라 비축해 둔 부모 재산의 일부였다.

15세기부터 18세기까지의 수많은 자서전, 자산처분과 명의변경, 재산소송에서 자녀의 결혼 후에도 계속되는 부모와 자녀의 공동재산 개념은 잉글랜드에서 그 흔적조차 찾아볼 수 없다. 노년의 부모가 자녀들로부터 안식처, 옷, 음식을 기대하는 것처럼 자녀 역시 부모의 은퇴나 사

---

73) Macfarlane, *Individualism*, *passim*.
74) Pollock and Maitland, ii, 286.
75) (옮긴이) 자유후보권은 잉글랜드 법률에서 사망한 남편의 등록 부동산에 대하여 미망인에게 지급되는 이자를 말한다. 12장 407~410쪽 참조.

망 시점에 무언가를 기대할 수 있다. 하지만 그것은 자발적인 행위에 근거한 것이지 법적인 공동소유권에 근거한 것은 아니다. 얼스 콜른(Earls Colne) 교구목사의 가내 경제는 — 그의 일기를 통해 구체적으로 재구성할 수 있다 — 그 체제가 어떻게 운용되었는지를 보여준다. 대부분의 자녀는 상당한 돈이나 토지를 유산으로 물려받았다. 그러나 아들 존은 자주 상속권이 완전히 박탈당하는 위협에 직면하였다.[76] 조슬린 자신과 자녀들의 관계에 대한 여러 문단에서 자신과 자녀들의 재산이 어떻게든 서로 연계되어 있다는 암시는 없다. 그는 결코 자녀들의 재산을 합산하지 않았고, 자녀의 재산을 자신의 것으로 동일시하지도 않았다. 그는 결코 자녀들이 비축한 노동을 계산하지 않았고, 그의 경제활동에 자녀들을 이용하려 하지 않았다. 자녀들의 결혼 후에 그는 자신의 사회경제적 세계와 자녀들의 사회경제적 세계가 서로 분리된다는 점을 분명히 인식하였다. 그들은 크리스마스 축제나 세례식에서 서로 만날 수 있었지만 공동사업을 위해 함께 행동하지는 않았다. 만일 16세기와 17세기 다른 사람들의 회계장부와 서류를 검토해 본다면 이것과 유사한 매우 강력한 느낌을 받을 것이다.

물론 회계장부와 일기를 기록한 사람들은 예외라고 주장될 수 있고, 이것은 어느 정도 사실이다. 약간 더 낮은 계층까지 파고들기 위해 우리는 재산에 대한 수많은 판례를 검토할 필요가 있다. 내가 접했던 얼스 콜른, 커크비 론즈데일 혹은 다른 어떤 촌락연구에서도 16세기에 부모와 자녀가 가옥, 목초지 그리고 다른 자산을 공동소유했다는 증거를 발견하지 못했다. 단 하나의 예외는 가족회사(*family firm*)가 있던 곳이었다. 이를테면 '스미스와 아들'(Smith and Son)과 같은 가족회사는 잉글랜드가 대체적으로 재산의 공동체적 성격으로부터 얼마나 멀리 떨어져있는

---

76) Macfarlane, *Ralph Josselin*, 120~123.

지 정확히 보여준다. 대부분의 사회에서 농촌기업 혹은 도제기업은 가족기업이며, 그곳에서는 모든 가족원과 배우자들이 기업파트너가 된다. 잉글랜드에서는 그런 회사와 기업들을 명시적으로 설립함으로써 그런 상황을 인위적으로 조성해야만 했다.

15세기부터 18세기까지의 세 가지 증거를 사용하여 공동생산에서의 공동노동(*pooling of labor*) 문제를 검토할 수 있다. 첫째, 잉글랜드의 여러 법정에서 법적 논쟁들이 있었다. 만일 결혼 후의 공동노동이 널리 퍼져 있었다면 그로 인해 재정법원(*Exchequer*), 대법원(*Chancery*), 영주법정 등에서 다양한 유형의 경제적 소송이 제기되었을 것이다. 부모는 일을 열심히 하지 않은 자녀들에 대해 불만을 토로했을 것이고, 어떤 형제는 자신과 아내, 자녀들이 다른 형제들보다 더 많이 일했기 때문에 더 많은 유산을 요구했을 것이며, 며느리는 남편노동의 상당부분이 시동생들의 교육비로 사용되는 것에 대해 불평했을 것이다. 우리가 살펴본 수많은 논쟁기록들, 특히 대법원에서의 재산논쟁 기록들은 그러한 공동생산에 대한 언급이 전혀 없었다는 사실을 보여준다. 그러한 부재는 관습법과 형평법의 체제에서 초래된다. 브랙턴(Brackton), 포테스쿠(Fortescue), 코크(Coke), 블랙스톤(Blackstone)이 작성한 유명한 법률편람에는 가족 내의 공동생산이 제기하는 복잡한 쟁점들이 하나도 없다. 과부의 권리와 같은 항목을 다룬 장원의 관행은 있었지만 그러한 문제를 다룬 장원의 관행은 없었다. 상속재산의 교회헌납에 관심이 있던 교회법정도 이러한 문제에는 아무런 언급이 없다. 스윈번(Swinburne)은 유서와 유언장에 관한 보고서에서 자녀들이 노동기여의 많고 적음에 따라 유산을 받아야 한다고 제안하지 않았다.[77]

부모와 기혼자녀가 함께 일해야 한다고 가정하는 관행에서는 문화적

---

77) Swinburne, *Wills*, *passim*.

152

규칙이 너무 강력하여 아무도 그것에 대해 말할 필요가 없었고, 마찰도 없었다는 사실이 침묵을 강요했던 것 같다. 이것은 무리한 주장 같지만 가능한 일이기도 하다. 여러 자서전과 일기가 주로 포함된 두 번째 자료들을 살펴봐도 공동생산에 대한 증거가 거의 없다. 페피스(Pepys), 조슬린(Josselin), 헤이우드(Heywood), 에어(Eyre), 마틴데일(Martindale)의 기록, 그리고 기타 자료 역시 부모와 자녀가 노동력을 공유하지 않고 개별적으로 생활했음을 보여준다. 머글튼(Muggleton)이 제시한 학교이사장 과부의 경우는 예외적인 사례이다. 공동생산의 가장 흥미로운 측면 하나는 예컨대 공동생산이 폭넓게 확립된 인도나 아일랜드 일부지역과 같은 문화권에서는 집에서 멀리 떨어진 곳에서 독립생계를 유지하는 자녀조차도 수년 간 부모에게 상당한 송금을 하고, 부모와 은행계좌를 공유한다는 점이다. 부모 역시 지원이 필요한 기혼자녀에게 돈, 음식, 어린 동생들을 보낼 것이다. 역사학자들은 가족성원들끼리 주고받은 편지들을 통해 그런 체제가 원거리에서도 유지되었다는 사실을 간파해 낸다. 그러나 일련의 편지들에 — 파스톤(Paston), 셸리(Cely), 버니(Verney) — 관한 검토는 그러한 상황에 대한 증거를 제시하지 않는다. 이러한 쟁점들과 관련된 마지막 자서전 자료, 즉 당대의 회계장부는 — 로지(Lodge), 펠(Fell), 플레밍(Fleming), 할라켄덴(Harlakenden), 기타 등등 — 동일한 사정을 말해준다. 78) 세 번째 증거는 지방의 세부 기록물이다. 그러한 상황에 대해 다양한 힌트를 제공해 줄 수 있는 유언의 분석을 통해 우리는 필요한 증거를 찾아낼 수 있다. 예컨대 부모 자신에게 특별히 기여한 기혼자녀에게 상속한다는 유산, 특정 자녀의 노고에 의해 축적되었음을 밝히는 재산명세서, 자녀들 간의 얽히고설킨 경제를 내포한 사망 시의 부채와 재산목록 등은 그러한 상황을 암시해 줄 수 있다. 그러

---

78) Lodge, *Account Book*; Penney, *Sarah Fell*, 다니엘의 회계 장부는 WRO에, 리처드 할라켄덴의 장부는 ERO에 있다.

나 이것 역시 굳게 입을 다물고 있다. 혹은 장원기록, 장원관리들의 회계 장부, 재산권 개요, 양도증서 등에서 증거를 발견할 수 있을 것이다. 그러나 우리는 대부분의 부모와 기혼자녀가 하나의 경제단위로 작업했다는 증거를 어느 곳에서도 발견할 수 없다.

지금까지 나는 이 논점을 강조했는데, 왜냐하면 그것이 결혼의 본질을 이해하는 데 매우 중요하기 때문이다. 만일 결혼이 노동력을 증대시키고, 사회경제적 집단을 확대하며, 부모와 형제자매에게 강력한 영향을 미친다면 결혼은 특정한 방식으로 고려되고 계획될 것이기 때문이다. 한편, 만일 부부가 개별 사회경제적 단위를 형성한다면 — 심지어 결혼하기 전부터 — 부부는 훨씬 더 큰 자유를 누릴 수 있다. 이 경우 결혼은 개인에게 영향을 미치지만 생산 집단을 변화시키지는 않는다.

또한 우리의 분석은 소비에 대한 측면으로 확대될 수 있다. 부모와 자녀가 재산을 공동소유하는 곳, 토지에 가족 명패를 붙이고 함께 노동을 공유하는 곳에서 가족은 단일 소비집단으로 행동한다. 가족원들의 노동과 자본에서 나온 모든 열매는 균등하게 분배된다. 한 자녀가 망하면 가족원들 모두가 함께 망하는 것이다. 한 자녀가 성공하면 가족원들 모두에게 그 이익이 돌아온다. 앞에서 언급한 역사적 자료들은 산업혁명에 이르기까지 수 세기 동안 잉글랜드에서는 이러한 사례들이 사실이 아니었다는 것을 보여준다. 기혼자녀, 미혼자녀 그리고 부모가 서로를 하나의 소비단위로 간주했다는 증거는 사실 거의 없다. 물론, 조슬린의 사례에서 보는 것처럼 그리고 오늘날에도 여전히 사실인 것처럼, 부유한 부모들은 정원이나 토지의 진귀한 소출을 자녀에게 선물로 보낼 수 있다. 자신의 누이에게 선물을 보내는 형제도 있을 것이다. 그러나 중요한 사실은 그것이 대가를 요구하지 않는 선물이며, 공동소비 패턴의 일부로서 자동적으로 기대되지 않는 자발적 기부라는 점이다.

6
보험으로서의
자녀

자녀들에게 투자하여 받게 되는 혜택 가운데 하나는 그것이 안정적이라는 사실이다. 말하자면, '자녀들은 일종의 투자나 보험인 셈이다.'[1] 자녀의 가치는 흔히 '부모에게 번영을 안겨주기보다는 오히려 재난으로부터 부모를 보호해 주는 데' 있고, 이러한 위험회피 전략(risk-avoidance strategy)은 대부분 농부들의 불확실한 정치경제적 상황에서 절대적인 의미가 있다.[2] '적도 아프리카에서는 자녀의 가치가 호시절 이득의 극대화에 있는 것이 아니라 힘든 시절에 안전과 생존의 보장에 있다.'[3] 이러한 상황에는 두 가지 요인이 존재한다. 그 첫째는 위험이 매우 높다는 것이다. 사람들은 겨우 생계를 유지할 뿐이고, 사소한 기후변동에도 기근이 야기될 수 있다. 정치는 불안정하고, 질병이 만연하며, 사망률은 매

---

1) Murdock, *Social Structure*, 9
2) Cassen, *India*, 73; Caldwell, 'Restatement' 339.
3) Caldwell, 'Fertility', 213; 그리고 Cain, 'Extended Kin', 9쪽을 볼 것.

우 높다. 자녀들만이 진정 유일한 보호막인 셈이다. 병들었을 때, 노년에, 흉년에 부모를 돕는 것은 자녀의 의무일 뿐 아니라 특권이다. 이것은 또한 자녀가 항해하는 배를 보증하는 데 기여한다.

이러한 상태를 바꾸어주는 것은 위험수위를 낮추는 것과 자녀들의 배를 포기하게 하는 것이다. 전자에 관한 한, 분명 잉글랜드는 이미 14세기에 그런 아슬아슬한 정치경제적 상황으로부터 벗어났다. 물론 오늘날 잉글랜드와 비교해 볼 때 당시의 주거, 공공보건, 노년보장의 수준이 매우 낮았을 것이다. 4) 그러나 오늘날 산업화 이전의 여러 사회와 비교해 보면 당시 잉글랜드인의 전반적 생활수준은 불충분한 생계수준을 훨씬 상회하였다. 옷, 주거 그리고 음식은 비교적 넉넉하였다. 하지만 이 책에서는 여러 역사경제학자들이 오랫동안 인식해 온 어떤 것을 입증할 필요가 없다. 5) 여기서는 14세기 초엽 코버트(Cobbert)가 제시한 유쾌한 조언들을 인용하는 것으로 충분하다.

> 에드워드 4세(1461~1483)의 통치 아래, 계급에 따라 의상을 규제하고, 1야드당 2실링(현시가로는 40실링)인 천으로 만든 코트를 노동자들에게 금지하고, 그들 부인과 딸에게는 금은 장식 허리띠와 거들 착용을 금지했던 의회법(Act of Parliament)이 국왕의 재가를 받아 통과되었다. 이런 사실은 나에게 우리의 조상이 무례하고 천박한 부족이었다는 사실을 믿지 못하도록 만들었다. 캔버스천 작업복과 더러운 목면 옷을 입고 와들와들 떨고 있는 게으름뱅이들과 비교해 볼 때, 우리 조상이 무례하고 천박한 부족이었다는 사실을 아무도 나에게 설득하지 못할 것이다. 또 (에드워드 3세 통치 아래에서) 노동임금규제 법안이 통과되었고, 1쿼트6)의 붉은 와인이 1페니에, 그리고 남자 신발 한 켤레가 2펜스

---

4) Thomas, *Religion*, 제 1장, 위험에 관한 부분.
5) E. g., Marfarlane, *Individualism*, ch. 7; Laslett, *Lost World*, ch. 5.
6) (옮긴이) 액체의 단위로 1쿼트(quart)=1/4갤런(gallon)=0. 096리터(liter)(미국)=1. 14리터(liter)(잉글랜드)

에 팔리는 상황에서 옥수수밭에서 잡초를 제거하는 여인의 일당을 1페
니로 규정한 것이 무례하고 천박한 짓이라고 아무도 나를 설득하지 못
할 것이다. [7]

이러한 모든 증거는 당대의 잉글랜드가 풍요로운 사회였음을 보여주
며, 특히 잉글랜드의 중류층이 매우 큰 규모라는 평판에서 그렇다. 17세
기, 토마스 풀러(Fuller)는 '자작농'(yeoman)을 다음과 같이 묘사했다.
'그는 황갈색 옷을 입지만, 호주머니에 주석 단추와 은으로 장식하는 데
귀중한 돈을 쓴다. 그의 집에서는 낯선 사람과 가난한 사람들에게 넉넉
하게 베푼다. 우리 자작농의 식탁에서는 많은 식기류, 풍성한 음식 등을
볼 수 있다.'[8] 이러한 상대적인 경제적 풍요로움은 정치적 안정과 병행
하였다. 잉글랜드는 적군에게 짓밟혀 본 적이 거의 없었고, 외국에게 약
탈당한 적도 없었다. 세부담은 가벼웠고, 영주는 계속해서 점검을 했다.
잘 조직되고 효율적인 자율적 정치, 법정, 법률체제를 '보장'(insurance)
해 줌으로써 물리적 불안정을 감소시킬 수 있을 정도로 국가는 매우 강
력했다.[9] 유럽과 세계 다른 지역의 농촌과 비교해 볼 때, 잉글랜드 사람
들은 수 세기에 걸쳐 참으로 행운을 누렸던 것처럼 보인다. 위험 보험이
전혀 긴급하게 요구되지 않았다.

그럼에도 불구하고 세계는 여전히 불확실하다. 빈곤, 질병, 사고, 특
히 노년의 문제는 오늘날과 같이 결코 사라지지 않았다. 이러한 위험을
해결하기 위해 어떤 기제가 존재했는가? 대부분의 사회에서 그 기제는
가족이고, 자녀들은 노부모에게 필요한 도움을 제공해 준다. 오늘날의
관찰자들은 책임부담이 친족으로부터 폭넓은 비친족 집단으로 — 새로

---

7) Cobbett, *Advice*, 218.
8) Fuller, *Holy State*, 106.
9) Cain, 'Extended Kin', 10쪽을 참조.

운 태도로 자녀를 대하도록 만드는 집단 — 옮겨가고 있음을 강조한다.
예컨대 론 레싸게(Lesthaeghe)는 제3세계의 출산율 하강을 국가와 거대
공동체의 역할 증대, 이웃 혹은 길드와 법인체와 같은 조직에 대한 의존
과 연결시키는데, 이렇게 증가된 역할과 의존 현상은 가족의 부양책임
을 덜어준다. 10) 맥니콜(McNicoll)은 중국의 급격한 출산력 감소를 비친
족 구조에 대한 의존과 연관시켰다. '새로운 구조는 가문과 친족유대감
으로부터 팀과 단체의 영역으로 그 중요성을 이동시켰다.' 그리하여 공
동체 구조가 강화되고 친족구조가 취약해진 발리(Bali)와 '지역촌락과
행정촌락이 사회적 역할을 수행하지 못하는' 방글라데시(Bangladesh)를
대조하면서, 전자는 출산력이 하강하지만 후자는 높은 출산력이 유지되
고 있음을 보여주었다. 11) 인류학자 포르테스(Fortes)도 친족집단이 전
통적 조직원리를 제공하는 서아프리카와 출생과 더불어 시민으로서 지
원받을 권리와 기여할 책무가 주어지는 유럽사회를 대조하면서 동일한
논리를 폈다. 특히 가난, 노년, 질병에 대한 책임과 관련된 '가족 도덕성'
이 '광범한 공동체 도덕성'으로 이동한 것은 주목할 만한 점이다. 12)

여기에서 잉글랜드에 관한 중요한 질문은 위험시기의 주된 지지원이
— 특히 사고, 투병 혹은 노년에 — 자녀로부터 폭넓은 다른 단위들로 언
제 이동하는가 하는 점이다. 종교개혁(Reformation) 이전에 노인과 빈민
의 문제를 근본적으로 해결해 주는 네 가지 방식이 있었다. 첫 번째는 장
원 조직이다. 빈민구제는 '영주에게 부과된 법적 의무'였고, 장원 내의
빈민 부양이라는 오랜 관습을 준수했던 영주들의 사례가 17세기 중반까
지 보고되었다. 13) 케임브리지셔(Cambridgeshire) 장원 세 곳의 구빈법

---

10) Lesthaeghe, 'Social Control', 531~532
11) McNicoll, 'Institutional Determinants' 447, 448, 450.
12) In Hawthorn, *Population*, 128~129; Caldwell, 'Education', 236.
13) Tate, *Parish Chest*, 188 and note.

에 대한 연구는 '빈민구제 방편이었던 관습적 토지법의 중요성을 과대평
가하였다고 말하기는 어렵다'고 결론 내렸다. 14) 두 번째로 도시에서는
길드가 그와 유사한 기능을 떠맡았고, 길드의 구성원들에게 지원을 제
공했다.

　세 번째로 교회가 수도원 조직과 ─ 수도원의 주된 기능 가운데 하나
는 빈민을 돕는 것이다 ─ 교구조직을 통해 빈민구제에 깊이 관여했다.
웹스(Webbs)에 따르면, 15) '기독교 국가 전체를 통틀어, 중세시대에 빈
민구제에 대한 책임을 집단적으로 또는 개별적으로 가정하고 떠맡은 것
은 바로 교회였다.' 리처드 번(Burn)은 이러한 상황을 다음과 같이 요약
했다. 16) '고대에는 빈민의 부양이 교회의 주된 관심사였다. 모든 교구에
서 십일조 중의 4분의 1은 이러한 목적을 위해 따로 비축해 두었다. 성직
자는 주교의 감독 하에 그것을 처분할 수 있는 명령권(principle direction)
을 가졌고, 교구위원과 다른 주민들은 그것을 거들었다.' 그 후 수도원
은 십일조 대부분에 대한 지출을 승인하였고, 그 기금에 기부금을 보탰
다. 따라서 빈민구제기금 모금 방식은 자동적으로 중세초기부터 확립되
었던 셈이다. 예컨대, 1391년 '제 2차 영구양도 법령(the second Statute
of Mortmain) 17)은 교회수입 충당금을 기초로 이자의 일부를 교구의 빈
민구제를 위해 적립하라고 명령하였다.'18) 교회는 빈민들에게 너그러운
자선을 베풀었다. 종교개혁 이후 수 세기 동안 교구위원은 빈민구제 공
무원처럼 행동하였다. 19) 마지막으로 부자들의 개인적인 자선이 직접 또

---

14) Page, 'Poor Law', 133.
15) Webb, *English Poor Law*, i, 1.
16) Burn, *Justice*, iii, 306.
17) (옮긴이) 영구양도란 부동산을 종교단체 등에 기부할 때 영구히 다른 데로 양
　　도할 수 없게 하는 양도 형식이다.
18) Tate, *Parish Chest*, 189.
19) Hale, *Precedents*, 221; 그리고 일반적인 것은 Webb, *English Poor Law*, i,

는 이러한 기관을 통해 장려되었다. 웹스는 이런 기관들이 어떻게 운영되었는지 설명한다. 20)

따라서 16세기에 국가가 빈민에 대한 책임을 떠맡기 시작했을 때, 국가는 가족이 아닌 다른 기관들에 대한 계승자로서 떠맡았던 것이다. 그 당시 영주와 길드 조직은 쇠퇴하고 있었고, 교회와 수도원 토지는 상당 부분 상실되었다. 그와 동시에 16세기에 급증한 인구는 빈민의 수를 크게 증가시켰다. 이러한 상황에서 국가 체제의 법령이 출현하게 된다. 즉 1834년까지 운영된 그 유명한 '튜더 빈민법'(Tudor Poor Law)이 제정된 것이다. 이것은 웹스가 지적했듯이 기독교 국가들에서는 보편적이지만 동시에 독특한 어떤 전통 위에 제정된 것이다. 중세부터 1834년까지 '책무의 단위'(unit of obligation)가 지방정부와 교회조직의 ― 즉, 교구 ― 단위였다는 점이 '잉글랜드만의 독특한 사실'이다. 교구는 행정 책임을 떠맡았다. 21) 초기 법령들은 1601년에 성문화되었다. 22) 핵심 법령에 따르면 교구위원과 다수의 유복한 시민들이 매년 빈민감독관으로 활동해야 했다. 그들은 빈민을 부양하고 일거리를 제공했다. 그 기금은 납세능력이 있는 주민 전체로부터 징수한 '빈민세'(poor rate)와 십일조에서 지불되는 돈으로 마련되었을 것이다.

1662년의 '정주법'(the Act of Settlement)은 빈민세에 부담을 안겨주는 떠돌이 빈민을 막고자 시도되었다. 교구의 의무는 교구 내에서 태어났거나, 교구에 일 년 이상 거주하고 있는 빈민들의 생활을 보조하는 것이다. 따라서 빈민들은 특정 교구에서 부양하도록 자주 되돌려 보내졌지만 그들 자녀의 거주지는 묻지 않았다. 만일 몹시 가난할 경우, 태생 교

9~10; Campbell, *English Yeoman*, 329; Tate, *Parish Chest*, 85.

20) Webb, *English Poor Law*, i, 16~22.

21) Ibid., I, 5~6.

22) (옮긴이) 엘리자베스 구빈법 혹은 구 빈민법을 말한다.

구 또는 정착 교구가 생활비를 지불하겠다는 서면 동의서를 보내면 빈민은 현재 자신이 있는 곳에 계속 머물렀다. 사실 정주법은 1388년에 제정된 부랑아 법령과 유사하다. 23) 14세기부터 19세기까지 교구, 길드, 장원, 교회 그리고 이들 사이에서 국가가 빈민에 대한 궁극적인 책임을 떠맡았다. 특히 비상사태, 예컨대 전염병이나 화재가 어떤 도시를 덮치면, 특별모금을 위한 서한이나 회장(回章)이 전국으로 보내졌다. 24) 방계 친족이 아니라 국가에 먼저 도움을 요청했던 것이다.

빈곤과 노년의 문제는 밀접하게 연관되어 있다. 자녀의 가치가 높게 평가되는 것은 노년의 사회경제적 문제를 다루는 경우 특히 그렇다. 예컨대 1961년 인도의 사망률을 살펴보면, '50세에서 55세 사이의 여성은 과부가 되고 아들에게 경제적으로 의존해야 할 가능성이 높다.'25) 그 결과 왜 자녀를 부양자로 원하는지 이해하기 어렵지 않다. 26) '가구경제에 근거한 모든 농경사회에서 노부모는 주로 자녀들에게 보호와 생계를 의존'한다. 예컨대 자바(Java)의 마을 121곳 가운데 단지 13곳만이 노인들이 자녀들과 함께 거주했다.'27) 일본에서조차 '성공적인 대가족의 운영이 노년의 확실한 경제적 보장으로 간주된다.'28) 특히 중요한 것은 자녀가 부모부양을 자신의 책임으로 받아들이고, 또 부모가 그것을 자신의 권리라고 믿는 정도이다. 물리적 근접성도 중요하다. 돈과 식량을 고향집으로 보낼 수 있지만, 대개의 경우 보살핌과 도움을 주고받는 것은 부모와 자식이 동일 가구이거나 이웃에 거주할 때 가능하다. 29)

---

23) Tate, *Parsh Chest*, 189.
24) Ibid., 119~124.
25) Proffenberger, 'Fertility', 142.
26) Marshall, *Natality*, 188.
27) Nag, 'Childern', 298, 299.
28) Dore, 'Fertility', 77.
29) Nag, 'Children', 299.

오늘날 세계 대부분에서 발생하는 두 가지 커다란 변동은 이 두 영역에서 일어났다. 더욱 활발해진 지리적 이동은 친족을 서로 분리시키고, 새로운 가치관은 자녀로 하여금 부모보다 자신의 경제복지를 우선시하도록 부추긴다. 토지공유의 상황에서 부의 흐름은 죽을 때까지 계속 부모 쪽으로 올라가고, 노부모의 부양은 자녀의 최우선 의무이다. 그러나 부부간 유대에 근거한 핵가족 체제에서는 그러한 등식이 바뀐다.30) '부모를 떠나' 새로운 파트너와 굳게 결합하라는 명령은 신생 가족이 가장 우선시하는 강령이다. 대다수의 제3세계 사람들은 노인에 대한 냉대가 서구 가족체제의 가장 충격적인 특징이라고 지적한다. 두 가지 사례를 살펴보자. 어느 서부 아프리카인은 언론과의 인터뷰에서 서구의 가족이 노부모를 돌보지 않는다고 개탄한다. 혹은 캘리포니아 인디언 노인의 말처럼, '우리는 점점 백인들을 닮아가는데, 이것은 노인들에게 나쁜 일이다. 우리는 당신들처럼 양로원이 있지 않다. 인디언에게 노인은 소중한 사람이자 현명한 사람이다. 당신네 노인은 바보임에 틀림없다.'31)

초서(Chaucer)32)에서 맬서스까지의 기간 내내 노인문제는 기본적으로 모호했고, 근심과 불안으로 일관했으며, 노인에 대한 명확한 의무와 책임 규정마저 없었다. 두 가지의 모순된 메시지가 전달되고 있었다. 개인의 책임이 일차적으로 자신, 배우자, 자녀들로 한정된다는 사실과 개인은 여하튼 자신의 부모에 대해서도 책임진다는 사실이다. 후자는 결국 선택적인 의무인 셈이다. 부모가 자녀들을 폐적할 권리가 있는 것처럼, 자녀들 역시 부모와 '의절할'(disinherit) 권리가 있다. 이러한 견해가

---

30) Dube, *Indian*, 152; Cambell, *Patronage*, 166; Goode, *World Revolution*, 354.

31) Caldwell, 'Rationality', 25; Hoebel, *Primitive*, 356쪽에서 인용.

32) (옮긴이) 1340년에서 1400년까지 살았던 잉글랜드의 작가. 대표작에는 중세 영문학의 고전인 *The Canterbury Tales*가 있다.

깊이 침투된 사회의 놀라운 점은 세대간의 거래와 협상에 대한 **혐오감** (reluctance)인데, 이것은 서로의 이해관계를 둘러싼 갈등을 반영한다. 부모와 자녀가 결코 분리된 적이 없는 곳에서는 그것은 선택이나 갈등의 문제가 아니다. 부모부양은 곧 자신을 부양하는 것이며, 자아를 확장시키는 것이다. 이는 당연한 일이고 자동적으로 이루어진다. 부모가 세금과 보험료를 지불함으로써, 즉 평생 자신을 지탱해 줄 충분한 돈을 가족 아닌 다른 곳에 저축함으로써 자녀에게 의존할 필요가 없다는 아이디어는 생소해 보인다.

이런 이중적인 태도가 16세기와 17세기에 잘 드러난다. 한편에는 사람들에게 부모를 잘 부양할 것을 촉구하는(주로 종교적인) 권고들이 많았다. 이러한 권고는 중세 도덕주의자들로부터 시작하여 계속적으로 나타났다. "부모에 대한 자녀의 의무에 관하여"(Of the Duty of Children Towards Their Parents) 라는 제목으로, 16세기 초엽 토마스 베이컨은 다음과 같이 가족의 의무에 대해 기술하였다

> 만일 부모가 늙고 가난하여 자신의 생활을 꾸릴 수 없거나 자신의 사업이나 노동으로 생계를 유지할 수 없을 경우, 진정 부모를 존경하는 자녀라면 그들에게 노동과 생필품을 제공해야만 한다. 왜냐하면 자녀가 자신을 부양할 수 없었을 때 부모가 그를 돌봐주었기 때문이다. 33)

사람들이 선호하는 이미지는 부모를 돌본다고 믿어지는 황새34) 이야기이다. 35) 17세기에 풀러(Fuller)는 착한 자녀를 다음과 같이 묘사하였다.

---

33) Becon, *Works*, 358.
34) (옮긴이) 아이들은 황새가 갓난아이를 물어다 준다고 배운다.
35) Perkins, *Oeconomie*, 148.

그는(옮긴이: 착한 자녀) 자신의 부모에게 황새노릇을 하면서 노부모를 먹여 살린다. 그의 아버지가 (자녀들에게 자신을 희생하는) 펠리컨이었을 때뿐 아니라 그의 아버지가 그에게 타조(옮긴이: 방관자)였고, 젊은 시절에 자식을 돌보지 않았을지라도 그렇게 한다. 그는 아버지를 멀리 떨어지지 않은 작은 펜션에 살도록 했고 집에서 효성을 다하며 또 그의 부모에게 보답하는 법을 배운다. 36)

'비록 늙고, 가난하고, 까다로울지라도' 자녀는 부모를 존경해야만 한다. '부모가 자녀가 어렸을 때 돌보아 준 것처럼 자녀는 다시 아이가 된 부모를 부양해야 한다.' 블랙스톤(Blackstone)의 주장처럼, '유아기에 우리를 보호해 주었던 그들은, 고령으로 쇠약해졌을 때 우리의 보호를 받을 권리가 있다.'37)

그러나 이런 의무가 강력한 반대에 부딪힌다는 사실도 인정한다. '불효 자녀들'에 대한 충고와 두려움은 널리 읽힌 책, 《인간의 전반적인 의무》(The Whole Duty of Man)에 잘 나타나 있다. 그 책은 1658년에 처음 출판되어 17세기말부터 18세기에 거듭 재판되었다. 자녀들은 부모를 사랑해야만 한다. 그 사랑은 베풀어준 애정에 대한 감사에 근거한다. 그러나 자녀들이 흔히 그러하듯 부모의 사랑이 자녀들의 소망으로 이어지지 않는다면 어찌할 것인가? 부모에 대한 사랑이 없을 지라도 자녀의 책무는 동일하다. 몰래 혹은 공개적으로 부모를 저주하는 자녀들의 사악함을 어떻게 설명할까? 저자는 하느님이 그들에게 불시에 죽음을 내린다고 경고한다. 38) 이러한 사랑에서 나오는 의무 가운데 하나는 부모가 병약하고 지력이 쇠퇴하고, 가난해졌을 때 그들의 부족한 모든 것을 채워드리는 것이다. 그리하여 구약성서 〈전도서〉(Ecclesiastes)의 저자는 부

---

36) Fuller, *Holy State*, 14.
37) Blackstone, *Commentaries*, i, 453.
38) *The Whole Duty*, 200.

모에게 도움을 드리라고 자녀들에게 권고하였다. 궁핍한 부모에 대한 구제를 거부하고, 친부모에게 자신의 잉여물을 제공하지 않으려 하고, 가난한 부모를 거만하게 꾸짖는 자녀들은 이런 사실을 기억해야 한다. [39]

부모에 대한 이중적인 태도는 대단히 분명해 보인다. '어떤 젊은 난봉꾼이 자신의 불쌍한 아버지가 언제 죽을지 알아내기 위해 기니[40]로 매수하는' 방법을 묘사했던 풍자작가가 있었다. [41] 자녀에게 과도한 재산을 물려주어 부모가 자녀의 자선에 의존하지 않도록 조심해야 한다는 경고가 있다. 훼이틀리(Whateley)는 많은 자녀가 산고보다 더한 고통을 자신의 어머니에게 안겨준다고 말했다. '많은 아버지들도 출산의 고통을 잘 모르는 성년 자녀들로부터 심한 진통을 겪는다.' 때때로 부모는 자신의 거의 모든 토지를 자녀에게 물려준다. 그러나 자녀는 '마지못해 부모에게 음식과 의복을 제공한다.' 랄프 홀부르크(Houlbrooke)는 '어떤 감옥도 아들이나 딸의 집처럼 괴롭지 않을 것'이라고 경고했던 17세기 중반 대니얼 로저스(Rogers)의 저서를 요약하였다. 로저스의 글에 의하면, '사랑은 반드시 내려갈 뿐, 올라가지 않는다. 자녀가 부모를 부양하는 것이 아니라 부모가 자녀를 부양하는 것이 자연스러운 일이니 신의 섭리에 역행하지 말라고 '사도 바울'(Saint Paul)[42]이 말했다. 따라서 자녀들의 사랑을 보장받으려면 회초리가 당신 수중에 있을 때 충분히 매질하라. [43] 이러한 공포의 사례는, 《리어 왕》(King Lear)[44]의 핵심 주제로

---

39) Ibid. , 204.

40) (옮긴이) 기니(guinea)는 잉글랜드의 옛 금화로 이전의 21실링(shilling)에 해당한다. 현재는 계산상의 통화 단위로, 상금, 사례금 등의 표시에만 사용한다.

41) Thomas, *Religion*, 316.

42) (옮긴이) 사도바울(Saint Paul) (?~67) : 신약성서의 여러 편지의 저자이며 초기 기독교를 이방인들에게 전파한 선교사.

166

당당하게 재현되었고, 최소한 13세기로 거슬러 올라간다. 45) 그것은 모든 부모들의 걱정거리였던 것이다. 예컨대 세 딸에게 토지를 유산으로 물려주려던 16세기의 한 남자는 만일 아들과 며느리가 그 소식을 듣는다면 자신은 병환 중에 학대받을 것이라면서 유언장 작성을 두려워하였다. 46) 케임스(Kames) 경은 사업에 성공한 사람이 노부모를 돌보지 않는 것은 흔한 일이라고 18세기 런던에 대하여 기술했다. 그는 교구가 그런 부모에게 빵을 제공할 의무가 있었기 때문에 자녀들의 책임회피가 가능했다고 결론 내렸다. 47)

블랙스톤 역시 동일한 논지를 펼쳤다.

> 구빈법과 자선기관의 남용은 가족의 책무들을 상당히 해체시키는 경향이 있다. 잉글랜드에는 가부장적 가족제도가 주는 보호막이 없다. 부모 부양 능력이 있는 자녀들조차 자신의 부모가 교구와 탁발교단에 구제요청을 해도 좀처럼 부끄러워하지 않는다. 곤궁한 부모의 부양을 능력 있는 자녀에게 강제하는 법률은 좀처럼 시행되지 않았다. 48)

기억할 만한 한 사건이 대니얼 데포(Defoe) 49)의 생애에 발생하였다. 그는 적들이 자신의 토지를 빼앗으려는 시도를 저지하기 위해 재산을 아들 대니얼의 것으로 법적으로 전환하였다. 그 재산은 아내와 미혼의 두

---

43) Whateley, *Care-Cloth*, 51~2; Houlbrooke, *English Family*, 190, citing Daniel Rogers, *Matrimoniall Honour* (1642), 92~93.
44) (옮긴이) 《리어 왕》(*King Lear*): 윌리엄 셰익스피어의 4대 비극 가운데 하나로 '자녀의 효성'을 주제로 다루었다.
45) Homans, *Villagers*, 155.
46) Margaret Spufford in LPS, 7(1971), 30.
47) Kames, *Sketches*, iii, 59.
48) Blackstone, *Commentaries*, i, pt 2, 453, note 19.
49) (옮긴이) 대니얼 데포(Daniel Defoe): 17~18세기 잉글랜드의 소설가(1660~1731)로 대표작엔 *Robinson Crusoe*와 *Moll Flanders*가 있다.

딸을 위한 것이었다. 그러나 아들은 그 재산을 자신의 것으로 가로챘다. 데포의 마지막 편지는 어떤 일이 일어났는지를 기술하고 있다. 자신의 아들에 관하여, 1730년 그는 이렇게 말하고 있다.

> 나는 아들에게 의지하였고, 아들을 믿었다. 나는 귀엽고 불쌍한 내 두 딸을 아들의 보살핌에 맡겼다. 그러나 아들은 동정심이 전혀 없었다. 아들은 나의 두 딸과 가난하고 노쇠한 아내가 문간에서 구걸하는 고통을 안겨 주었다. 또 신성한 약조는 제쳐두고, 딸들과 아내는 아들에게 자신이 서명 날인한 것을 마치 구걸하듯이 요청하였다. 하지만 아들 자신은 아주 호화롭게 살고 있었다. 50)

이것과 유사한 상황에서 머글튼은 이보다 70년 전 어느 과부에게 그녀의 독립을 유지할 것을 권고하였다. 엄청난 벌금형으로 종교적 박해에 직면한 어떤 여성이 재산을 한 친구에게 이양하여 자신의 자녀들을 위해 보관시킬지를 고민하고 있었다. 머글튼은 다음과 같이 지적하였다.

> 만일 당신의 토지를 어떤 친구에게 양도한다면 그들의 박해가 이전보다 더 심해지는 것은 차치하고서라도 당신의 상황은 국가의 박해보다 일곱 배나 더 악화될 것이다. 내가 당신에게 충고하는 바는, 당신이 현재 자유로운 여성이고, 자녀를 위해 마치 영주처럼 남편의 토지에 대해 완벽한 권력을 가진 과부라는 사실이다. 당신의 남편이 그랬던 것처럼 당신은 모든 것을 소유한 여성이다. 당신이 다른 사람에게 토지를 양도한다면 당신과 자녀들은 다른 사람의 하찮은 서번트로 전락할 것이다. 51)

그는 그녀에게 자신의 재산을 잘 지키라고 충고하였다. 이런 사실이 대다수의 자녀가 자신의 부모를 학대했다는 것을 보여주지는 않는다.

---

50) Wright, *Life of Defoe*, 380.

51) Reeve and Muggleton, 563~564.

168

당대의 일기들과 자료들은 사정이 그렇지 않았다는 것을 보여준다. 17세기 말엽, 《마이들의 고대 풍습》(*Antiquities of Myddle*)은 노년에 자녀들의 부양을 받기 위해 자녀들에게로 되돌아오는 아버지들에 대한 다양한 사례를 제공한다. 52) 랄프 토레스비(Thoresby)는 그의 장인이 기혼자녀와 함께 살기로 결정한 다음, 딸과 두 아들의 집을 어떻게 전전했는지 회상한다. 53) 하지만 여기서도 모호한 태도가 엿보인다. 토레스비는 경비에 대해 걱정하고 있는데, 왜냐하면 그는

> 자신의 살림살이를 정리하고 자녀들과 함께 살기 위해 아내, 딸 그리고 서번트와 함께 당도한 장인을 떠나게 할 수 없었기 때문이다. 장인은 때때로 처남 W와 R의 집에도 머물렀지만, 그의 시간 중 3분의 2는 아닐지라도 2분의 1은 나의 집에 있었다고 생각한다. 장인은 관대한 분이시기에 방문객들에게 나의 술을 아낌없이 나눠주었고, 나는 와인을 장인에게 양도하는 것이 반드시 필요하다고 생각했다. 54)

조정(*arrangement*)은 높은 기대수준에서도 자주 일어났다. 1702년 자서전 작가 윌리엄 스타우트(Stout)가 기록하기를, 한 남성이 '자신의 딸 베씨아(Bethia)와 엘리자베스(Elizabeth) — 이 둘은 분명 미혼이었고 런던에서 할머니와 함께 살고 있었다 — 를 런던에서 호출하였는데, 그는 두 딸이 노년의 자신과 아내의 사업을 도울 것이라는 기대를 품었다. 두 딸이 귀향하자 그의 친구들은 모든 것이 예상했던 대로 잘되었다고 희망과 기대를 가졌다.'55) 다른 사람들은 그다지 운이 좋지 않았다. 리틀 바도우(Little Baddow)에 사는 일라이어스 플레져(Pledger)는 1708년 자신

---

52) Gough, *Myddle*, 126.
53) Hunter, *Thoresby Diary*, i, 185.
54) Idem.
55) Marshall, *Stout Autobiography*, 140~141.

의 아내가 사망한 다음, 아들은 도제로 보냈고 자신은 홀로 남았다는 사실을 기록하고 있다. 그는 자신의 살림을 정리한 다음 하숙집에서 은퇴 상태로 살아야 할 것이라고 생각했다. 56)

아버지가 자녀의 집으로 되돌아왔을 때조차 그곳은 거의 하숙집처럼 생각되었다. 17세기 케임브리지셔의 한 노인은 '아내가 죽고 자녀가 성장한 다음, 그가 어떻게 아들 집에 일시 체류자로서 살고 있는지' 증언하였다. 이 사례를 인용했던 마가렛 스푸포드(Spufford)는, '일시 체류자'란 불안정하고, 아버지가 없고, 방황한다는 의미를 가진다고 지적한다. 그녀는 계속 말한다. '사람이 일단 은퇴하고, 모든 토지를 양도하고 나면, 한때 자신의 소유였던 집에서 산다고 할지라도 누구나 일시 체류자가 되었다. 그는 주거권이 없었다.'57) 리어왕의 운명(*Lear's fate*)58)을 조심하고, 자녀에게 전 재산을 양도하지 말도록 부모들에게 경고했던 사실은 놀라운 일이 아니다. 자녀들의 불효 때문이 아니라 근본적으로 자녀의 의무가 부모에게 있지 않았다는 사실 때문이다. 자녀는 부모를 돌보지 않았고, 자신의 배우자에게만 충실했다. 만일 자녀가 있다면 그들은 부모보다 자녀에게 더 많은 책임을 느꼈다. 이러한 견해는 머글튼의 편지에서 확인된다. 부모의 의사에 반하여 결혼한 딸을 용서하라고 권고하면서, '하느님의 법률과 자연의 법률은 부모에게 자녀를 보호하고, 자녀의 잘못을 용서하며, 홧김에 자녀와의 인연을 끊지 않도록 구속하지만 자녀에게 부모를 보살피라고 강제하지는 않는다'고 말했다. 59)

여러 문제점들과 모호한 태도가 랄프 조슬린의 일기에 상세히 나타나

---

56) 'Diary of Pledger' fol. 84v.

57) Goody, *Family and Inheritance*, 174.

58) (옮긴이) 리어왕은 무정한 두 딸 고너릴(Goneril)과 리건(Regan)에게 속아 왕국과 재산을 빼앗기고 쫓겨나는데, 착한 막내딸 코델리아(Cordelia)가 결국 아버지를 거둔다.

59) Reeve and Muggleton, 348.

있다. 아버지는 그에게 물려줄 재산이 없지만 자신은 아버지를 부양하고 싶다고 분명히 느꼈다.

> 아버지에 관해 내가 하느님께 감사하는 것은 아버지께 즐거움을 드리고 싶은 섬세한 마음을 나에게 주셨기 때문이며, 내가 아버지에게 심적인 고통이 아닌 기쁨의 존재가 됨으로써 나는 하느님의 은총을 받았다. 아버지는 물려줄 토지가 없음을 슬퍼하셨다. 아버지가 자신을 위한 재산을 충분히 갖고 계시더라도 도움이 필요할 때 그를 도울 수 있도록 하느님께서 나를 축복해주시길 기도했노라고 아버지에게 말했다. 아버지를 향한 나의 따뜻한 사랑을 생각만 해도 나에게 지속적인 위안이 된다.

그는 사망할 때까지 그 기쁨을 주셨던 장인에게도 주거를 제공했다. 그가 자녀들로부터 많은 물적 지원을 받았다는 증거는 없지만 그가 그것을 바랐다는 것은 분명했다. 아내의 임신 소식을 접했을 때 그는 아내의 순산을 위해 기도했다. '태아에게 생명과 은총을 주시어 당신에게 봉사하게 하시고, 우리의 노년에 위로가 되게 하소서.' 그의 대체적인 견해는 다른 종교 도덕주의자들의 주장을 직접 반영한 것으로, 그의 일기에 기록된 설교에서 엿볼 수 있다.

> 만일 어떤 과부에게 자녀나 조카들이 있다면 그들로 하여금 가정에서 효심을 보이고 부모에게 보답하는 것을 먼저 배우게 하라. 왜냐하면 그것은 훌륭한 일이고, 하느님께서 받으실 만한 것이기 때문이다. 그것은 하느님을 기쁘시게 한다. 우리가 지금 보답을 드리면 우리가 받았던 것의 일부를 되돌려드리는 것이다. 우리가 부모에게서 받은 것은 무엇인가? 그들은 우리에게 하느님의 섭리 아래 생명을 주셨고, 너그러운 보살핌과 노동, 사랑과 부드러움으로 우리를 양육하셨고 교육시키셨다. 이제 기꺼이 당신의 부모에게 사랑과 자애를 돌려드리는 것이야말로 자녀들의 보답인 셈이다. 그리고 하느님을 즐겁게 하는 것이다. 이제 자

녀들이여, 너희들에게 투자했던 비용을 부모에게 갚아 드려라. 부모의
충고에 따르고, 그들의 노년을 즐겁게 해 드려라.[60]

실제로 조슬린은 약간의 애정을 제외하고는 자녀로부터 되돌려 받은
것이 거의 없었다. 그는 68세까지 살았지만 마지막 병환 직전까지 자신
의 재산과 토지를 잘 관리했으며 완전히 은퇴하지도 않았고, 자녀들에
게 양도하지도 않았다. 그의 은퇴는 — 은퇴라고 말할 수 있을지 모르겠
지만 — 점진적으로 이루어졌는데, 자신의 딸들이 결혼할 때마다 재산
일부를 나누어 주었기 때문이다. 그는 자녀나 타인의 도움에 결코 의존
하지 않았고, 유언장을 통해 충분한 동산과 부동산을 아내에게 남겨주
었다. 그는 또한 '아내에게 현재 자신이 살고 있는 침실 서너 칸의 대저
택을 물려주었는데, 그녀는 집과 정원을 자유로이 드나들면서 살 수 있
었고, 정원에는 평생 불을 지피는 데 사용할 땔감, 통나무, 빗자루, 석
탄, 그 밖의 것들이 있었다.'[61] 그는 전체 소득의 3분의 1을 자녀들에게
사용하였고, 자녀들에게 많은 재산을 남겨주었지만 작은 선물을 제외하
고는 자녀들이 그에게 경제적으로 보상하였다는 증거는 없다. 자녀들은
그를 위해 일하지 않았고, 그에게 어떤 소득을 되돌려 주었다는 증거도
없다. 딸 메리가 이따금 그를 간호해 주었지만 자녀들은 그를 돌보기 위
해 되돌아오지 않았다.

자녀가 은퇴한 노부모를 부양하는 정도와 부양방식은 역사가들이 '부
양'(maintenance) 계약 혹은 '은퇴'(retirement) 계약으로 기술한 것에서 잘
나타난다. 그러한 기록들을 조사했던 데이비드 가운트(Gaunt)는 은퇴
관련 자료들이 스칸디나비아와 유럽 일부 지역에 널리 퍼져있음을 발견

---

60) Macfarlane, *Josselin Diary*, March 1632, 1641, 16 November 1650.
Macfarlane, *Ralph Josselin*, 223.
61) Macfarlane, *Ralph Josselin*, 211.

했다. 중세 말엽, 부모와 자식 간의 자동적인 재산공유의 형태가 공식적
이고 구체적인 책무의 형태로 전환되었고, 16세기와 19세기 사이에 부
모는 일정한 식사, 옷, 땔감, 주거공간, 기타 등등을 제공 받는 대가로
자신의 농장관리권을 자녀에게 이양하였다. 이 모든 것은 부모와 자식
양측이 서명한 동의서로 작성되었다. 가운트는 이것을 농촌 생계수준
경제에서 시장통합형 화폐중심적 자본주의 농장으로 진화하는 중요한
단계로 파악하였다. 62)

만일 이러한 은퇴계약 혹은 부양계약을 현재 남아있는 잉글랜드의 증
거와 비교한다면 잉글랜드에서는 그러한 계약이 놀라울 정도로 드물었
다. 때때로 은퇴동의서 (retirement agreement) 가 발견되지만 이것이 널리
선호된 노후해결 방식처럼 보이지는 않는다. 중세와 근대 초엽의 장원
법정 명부, 유서, 판례들, 기타 자료들이 제시하는 바는 부모들이 은퇴
하였고, 과부와 홀아비가 자신의 재산권을 유지하고 있는 상황에서 노
부모와 자녀들 사이의 은퇴계약은 매우 드물었다는 점이다.

13세기에서 18세기에 걸쳐 잉글랜드에서 은퇴계약이 대체로 부재했
던 이유는 잉글랜드의 가족재산권의 속성 때문이다. 가운트가 조사한
지역처럼 '가족재산'이 존재하는 곳에서 상속인 (heir) 은 자동적으로 유산
을 물려받는다. 계약서는 세대 간의 관계가 정확히 무엇인지 문서로 구
체화한다. 그것은 자녀에게 새로운 권리를 생성하지 않는다. 수 세기 동
안 가족재산이 없었던 잉글랜드 사회에서는 불멸의 유산권도, 가족 농
장 (family farm) 도 없었고, 부모는 자녀에게 토지관리권을 양도할 필요
가 없었으며, 자녀에게 양도하지 말라고 확실히 충고 받았다. 만일 부모
가 노년에 소득을 원하면 자녀들의 지불관행에 대한 여러 대안이 그들에
게 제시된다. 그들은 자신의 토지를 저당 잡히고, 토지를 임대하며, 토

---

62) Gaunt, 'Retired Farmer', *passim*.

지 일부를 팔 수 있었다. 그러나 자녀가 절대적인 권리를 가지는 곳에서
는 이 가운데 어느 것도 가능하지 않다. 가족재산의 부분적 양도가 가능
할지라도 대규모 화폐경제의 부재는 부모가 자신의 자본자산을 현금소
득으로 전환시키는 것을 매우 어렵게 만든다. 또한 노년에 필요한 식량,
옷, 서비스를 돈으로 구입할 수 있는 시장의 형성도 불가능하다. 즉 은
퇴계약의 부재는 개인재산권과 발달된 시장경제의 표지인 셈이다. 북유
럽과 중부유럽에서는 그러한 계약이 19세기 후반에 사라졌다. 13세기까
지 거슬러 올라가도 잉글랜드에 그러한 것이 존재했다는 사실을 보여주
는 확실한 증거가 없다. 이러한 부재는 또다시 돈이 끼어들기 때문에 부
모와 자녀 사이의 연계를 파괴한다. 오늘날의 연금체계는 자녀를 필수
품이 아닌 선택으로 만들지만 연금은 단지 노년을 위한 기획 가운데 가
장 최근에야 소개된 것일 뿐이다.

　　그렇다면 자녀는 잉글랜드인들이 위험을 해결하는 여러 기제들 가운
데 하나일 뿐이다. 오히려 자녀는 다른 보물보다 덜 안정적이었다. 자녀
의 가치에 대한 이러한 견해는 최근의 다른 노인연구들과 잘 들어맞는
다. 이 주제를 연구했던 라슬렛(Laslett)[63]은 스코틀랜드에서는 광범한
친족집단이 법적으로 노인들을 책임지는 반면, 잉글랜드에서는 그것이
사실이 아니었음을 지적하였다. 그는 수많은 '독거자들'(solitaries), 즉
홀로 사는 노인 남성들과 여성들이 실제 존재했었다는 사실을 보여준다.
우리는 대부분의 노부모와 자녀들이 어떻게 분리되어 살아왔는지, 잉글
랜드의 재산체제와 권력체제가 어떻게 그러한 형태를 야기했는지를 이
미 살펴보았다. 독립적인 두 명의 성인이 — 아버지와 아들, 어머니와
아들, 혹은 어떤 조합의 부모와 자녀이든 간에 — 함께 사는 것은 매우
어렵다. 그렇다면 자녀들이 잠재적인 노동력이나 노년에 대한 보장의

---

63) Lasslett, *Family Life*, 174ff.

형태로 간주되지 않았다는 라이트손(Wrightson)[64]의 결론은 놀라운 것이 아니다. 방계친족 — 형제자매, 삼촌, 조카들 — 을 부양해야 하는 책무는 역시 미미하였다. 잉글랜드인들이 오랫동안 그들의 노인들을 돌보지 않았다는 평판은 어떤 의미에서는 정당화되는 셈이다. 외로움은 경제적·정치적 개인주의의 성취를 위해 지불해야 했던 대가인 것이다.

왜 다수의 자녀생산이 결혼의 주목적이 아니었는지 살펴보는 것이 이제야 가능해졌다. 그렇다면 도대체 사람들이 왜 결혼하려는지 우리는 의혹을 품게 된다. 이제 우리는 결혼의 이유와 결혼의 통제라는 커다란 주제로 눈을 돌릴 것이다.

---

64) Wrightson, *English Society*, 114, cf. also Smith, 'Fertility', 618.

제 3 부 결혼의 목적

7
누가 결혼을
결정하는가?

일찍부터 잉글랜드에서 결혼의 일차적 목적이 최대한 많은 자녀생산이 아니었다는 사실은 다른 특징들과 깊이 연결되어 있다. 그 특징들은 사람들이 결혼 혹은 독신을 선택하는 이유와 그러한 선택이 개인 혹은 보다 큰 집단에 의해 결정되는 정도에 밀접히 관련된다. 이것은 맬서스주의 체제의 뿌리를 이해하는 데 대단히 중요하다. 앞에서 살펴본 바와 같이 맬서스는 결혼당사자가 배우자를 선택하고 또 누구와 결혼할 것인지 여부를 결정하는 것을 당연시하였다. 이러한 사실은 결혼 연기와 선택적 결혼, 그리고 그가 옹호했던 유형의 비용과 혜택을 저울질하는 것과 일치한다. 그러나 이것은 문화적 맥락에서 보면 매우 특이한 접근이다.

결혼이 당사자의 개인적 감정과 성향에 의해 좌우된다는 생각은 잉글랜드인에게는 분명할 것이다. 그러나 대부분 사회에서의 결혼이란 해당 개인에게 맡겨두기에는 너무 중대한 사안이고, 결혼당사자 간의 '느낌', '감정', '사랑'은 거의 중요치 않다고 생각한다. 이것은 이성 간의 '사랑',

혹은 깊은 애정이 미지의 것이라는 말이 아니다. 원시사회에서조차 이러한 사랑 감정에 대한 증거가 많이 있고, 부족사회에서도 어느 정도는 '사랑에 의한 짝짓기'가 결혼의 기초로 인식된다.[1] 따라서 결혼이 개인적 매력에 기초한 사회와 정혼하는 사회로 구분 짓는 절대적 이분법을 피하라는 구드(Goode)의 견해를 따르는 것이 현명하다.[2] 그럼에도 불구하고 대부분의 농경사회에서의 결혼은 친족이나 기타 고려사항에 의해 결정되고, 흔히 어린 나이의 결혼당사자의 개인적 감정은 관심 밖이다. 맬서스가 당연시한 개인주의적 '사랑에 근거한 결혼'이 얼마나 예외적인 경우인지 보여주기 위해 몇몇 비교사회학자와 인류학자들을 언급하겠다.

19세기 인류학자들은 자신들의 사회와 대조되는 것에 주목했다. 루이스 모건(Morgan)은 '남성이 문명사회에서처럼 아내를 구하지 않는 '야만' 사회[3]에 대한 저술을 했는데, 왜냐하면 야만 사회의 남성들은 애정이라든지 정열적인 사랑 따위를 전혀 모르는 상태에서 아내를 구했기' 때

---

1) Westermarck, *Marriage*, ii, ch. 21; Evans-Pritchard, *Neur Kinship*, 53, 55; Kardiner, *Psychological Frontiers*, 141; Malinowsk, *Sexual Life*, 57, 71. 그리고 오래전 Kames, *Sketches*, i, 360에서도 제시되었다.

2) Goode, 'Love', 41.

3) (옮긴이) 우리는 배우자를 정혼으로 결정하는 것을 흔히 자신의 인생에서 가장 중요한 사람인 자신의 배우자를 스스로가 결정할 수 있는 권리를 박탈하는 행위라고 생각하는 경향이 있다. 이러한 생각은 가족주의가 아닌 개인주의 이데올로기에 기초한 것이며, 또 서구 개인주의의 우월성을 받아들인 결과라고 해석할 수 있다. 또한 서구인들은 가족주의에 근거한 비서구의 전통을 자신의 개인주의 이데올로기에 기초한 행위로 대체시키는 것을 비서구인들을 야만사회에서 구제해 주는 것으로 간주했을 가능성이 높다. 이러한 의미에서 저명한 탈식민주의 페미니스트인 가야트리 스피박(Gayatri Chakravorty Spivak)은 '제1세계 여성은 제3세계 여성을 자비의 눈으로 보지 말라'고 말했을지도 모른다. 개인주의 이데올로기를 바탕으로 한 삶의 방식이 가족주의 이데올로기를 바탕으로 한 삶의 방식에 대한 '구세주'는 아니다.

문이다. 4) 그의 연구결과는 20세기 초반 영미의 인류학자들 세대에 의해 확증되었다. 랄프 린튼(Linton)은 자신의 입장을 다음과 같이 정리하였다. '때때로 이성 간의 불타는 매력이 모든 사회에서 인정되지만 오직 현대 미국문화만이 이러한 사랑을 강조하고 결혼의 기반으로 삼은 사실상 유일한 문화이다.'5) 회벨(Hoebel) 역시 동일한 견해를 펼친다. '미국인들처럼 낭만적인 사랑을 강조하는 사람들은 거의 없다. 개인주의적 감상에 빠져 우리 미국인들은 사랑이라는 신비롭고 심리신체적인 반응에 근거한 이상적인 결혼을 격찬한다.' 로버트 레드필드는 다음과 같이 결론짓는다. '결혼으로 구체화되는 낭만적인 사랑의 근사치마저 제공해줄 수 없는 사회가 많다. 확실히 농경사회는 거기에 포함될 수 없다.'6)

인류학자 로버트 로우이(Lowie)는 그 증거를 아래와 같이 요약한다. 대부분의 인류사회에 있어서

> 결혼을 성사시키고 유지시키는 가장 중요한 요인은 관습적 견해이다. 원시부족뿐 아니라 서구의 몇몇 사회를 제외한 거의 모든 곳에서 낭만적 사랑은 무색해진다. 낭만적 사랑이 없을 수는 없으나, 결혼이라는 인생의 중요한 사안에서 로맨스는 중요치 않은 것으로 간주되었다. 일본인을 아내로 맞이한 라프카디오 허언(Hearn)7)은 1890년대의 일본에서 그 문제를 분명히 지적하였다. 그의 영문학 강의를 수강한 일본 학생들은 결혼의 전주로 이성 간의 사랑을 강조한 앵글로색슨 소설가들의 견해에 매우 놀라워했다.

---

4) Morgan, *Ancient Society*, 463, cf. p. 484.

5) Hunt, *Love*, 308에서 인용

6) Hoebel, *Primitive World*, 214; Redfield, *Human Nature*, 317.

7) (옮긴이) 라프카디오 허언(Lafcadio Hearn, 1850~1904): 미국인 작가, 일본시민권을 얻었으며, 비교문화적 관점에서 일본문화를 분석한 다수의 저서가 있다.

180

또 다른 저서에서 로우이(Lowie)는 한 걸음 더 나아갔다. 결혼의 근거에 관해 그는 이렇게 말한다. '우리가 강조하는 개인적 매력은 결혼의 기본 요소가 아니다. 가까운 우리 조상과 인류사의 거의 모든 사회는 오늘날 서구의 결혼개념을 어리석고 사악한 원칙이라고 배척했을 것이다.'[8] 또한 그는 냉소적으로 이렇게 말했다. '원시인들 사이의 사랑? … 물론 남녀 간의 열정은 당연한 것이고, 많은 여행자들이 보증하는 애정도 인정해야 할 것이지요. 그러나 사랑? 글쎄요. 우리도 마찬가지지만 낭만적인 감정은 좀더 단순한 상황, 예컨대 소설에서나 가능한 것이 아닐까요.'[9]

최근 우정과 사랑에 관해 연구한 잉글랜드 인류학자는 감정에 근거한 개인적 선택과 결혼 사이의 연계에 문화적 특수성이 있다는 의견에 동조하였다. 비서구사회에서 '낭만적 사랑에 대한 콤플렉스'를 약간 발견할 수 있지만 '영혼의 사랑, 좌절된 성, 그리고 결혼의 조합은 다분히 서구적인 요소'라고 로버트 브레인(Brain)은 결론짓는다.[10] 이어서 그는 다음과 같은 질문을 제기한다. '전세계의 사회들 가운데 유일하게 우리로 하여금 사랑을 위한 결혼을 하도록 만든 사회문화적 요인은 무엇인가?'[11] 다른 사람들도 그러한 결혼현상의 독특함과 중요성에 주목하였다. 문학비평가인 루이스(Lewis)[12]는 16세기 후반의 이상적 사랑을 다룬 시편들을 언급하면서 서구의 결혼관습은 '고도로 특성화된 역사적인 현상이며, 특이한 문명에서 피어난 독특한 꽃으로, 좋든 나쁘든 중요할 뿐더러 우리가 이해하려고 노력할 만한 현상'이라고 묘사하였다. 그보다 2세

8) Lowie, *Social Organization*, 220, 95.
9) Goode, 'Love' 40쪽에서 인용.
10) Brain, *Friends and Lovers*, 222ff.
11) Ibid., 245.
12) (옮긴이) C. S. 루이스(C. S. Lewis, 1898~1963): 잉글랜드의 작가이며 대학교수인 그는 다수의 문학과 기독교 저서를 출간하였다.

기 앞서 애덤 스미스(Smith)는 '이전엔 우스운 열정이었던 사랑이 좀더 진지하고 고상한 것이 되었다'고 말했다. 또한 그는 '이러한 사실의 증거로 사랑이 비록 요즘엔 고상해졌고 모든 공적 엔터테인먼트에 영향력을 행사하고 있지만 사랑에 주목했던 고대 비극이 한 편도 없었다는 사실은 주목할 만하다'고 말했다. 13)

   이러한 일반화는 연애 커플의 사랑을 결혼의 궁극적 기초로 삼았던 사회와 결혼이 부모와 방계 친족에 의해 조정되는 사회의 대조에 근거한다. 힌두교 인도와 뉴기니 섬(New Guinea), 브라질 원시부족들과 아프리카 몇몇 지역 그리고 유럽대륙 일부에서는 최근까지도 결혼은 개인들을 **위해**(*for*) 조정되었다. 14) 워틀리 몬태귀(Montagu) 여사는 비록 결혼 문제로 부모로부터 엄청난 압력을 받았지만 18세기 초 잉글랜드에서 부부가 될 상대방의 감정을 비교적 중요시하는 것과 그녀가 남편과 함께 방문했던 터키에서의 '정혼'(*arranged marriage*)이란 상황 사이의 거대한 격차를 인지했다. 비록 프랑스에서조차 젊은 여성이 자신의 결혼에 참견하거나 결혼에서의 선택권을 주장하는 것이 상스러운 것으로 간주되었지만 그 상황은 터키의 아르메니아인들에게는 비교할 바가 아니었다. 그곳 여성들은 어린 나이에 약혼하여, 결혼 후 사흘이 지난 뒤에야 배우자의 얼굴을 볼 수 있었다. 15) 또 다른 18세기 작가는 잉글랜드에서는 '사랑이란 이상한 열정이 젊은 남녀 간에 너무 흔한 일'인 반면, '아프리카에서는 … 그러한 열정이 알려진 바 없다'고 말한다. 16)

---

13) Lewis, *Allegory*, 360; Radcliffe-Brown, *African Kinship*, 45쪽에서 애덤 스미스가 인용되었다.
14) Von Furer-Haimendorf, *Merit*, 153; Mead, *New Guinea*, 133; Chagnon, *Fierce People*, 69; Little, 'Modern Marriage', 422; Friedl. *Vasilika*, 56~57.
15) Wharncliffe, *Letters of Montagu*, I, 19; ibid., ii, 77.
16) Wright, *Autobiography*, 59.

182

맬서스주의적 결혼체제는 결혼당사자에게 선택의 자유가 주어진다는
점에 달려있다. 만약 부모나 방계 친족이 자녀를, 특히 딸자식을 어린
나이에 결혼시키라는 ‘관습'에 의해 엄청난 압박을 받을 경우, 경제적 요
구에 관련시켜 혼인연령을 높이거나 낮추어 비용과 혜택 사이의 균형을
맞추는 유연성은 상실된다. 비교적 늦은 연령의 혼인과 높은 수준의 독
신비율은 맬서스주의적 체제의 두 가지 주된 특징으로, 결혼당사자들의
개인적 선택과 긴밀하게 연관되어 있다. 17) 다시 말해 만혼은 부모의 통
제역량에 영향을 준다. 10대의 딸자식을 결혼시키는 것과 10년 동안 집
을 떠나 있던 26세의 처녀를 결혼시키는 것은 분명 다르다.

정혼에서 개인의 선택에 이르는 연속선상에서의 이동은 가족 내의 균
형을 변화시키기 때문에 인구학적 제반 특성을 내포한다. 낭만적 사랑
이라는 이데올로기는 자녀들이 가족의 통제로부터 벗어나는 구실을 제
공해 준다. 자녀들은 ‘사랑'을 위해 결혼하기 때문에 자신들의 부부관계
를 부모형제에 대한 유대보다도 최우선에 둔다. 따라서 아프리카에서는
‘연애결혼'(love marriage) 은 가족주의에서 개인주의로 이동시키는 이데
올로기적 발판을 제공함으로써 자녀들이 부모세대를 떠나 아내와 자녀
들과 함께 사회적으로 상승이동을 가능하게 해주었다. 18) 이러한 변동은
우리가 앞에서 상세히 논의했던 위로 향하는 부의 흐름에서 아래로 향하
는 부의 흐름으로 전환하는 과정의 일부분이다. 이것은 또한 부모-자식
관계가 아니라 남편-아내의 관계를 가장 중요한 심리사회적 유대관계로
분리시키는 특징 가운데 하나이다. 결혼이 개인적 사랑에 근거해야 한
다는 개념은 요즈음 제 3세계 전반의 교육과 미디어로 확산되고 있으며,
제 3세계에 만연한 정혼 제도를 급속히 전복시키고 있다. 19) 그 결과는

17) Cf. Glass, *Population*, 132.
18) Little, ‘Modern Marriage', 416, 415.
19) Caldwell, ‘Education', 240.

외로움, 좌절감, 자유로움, 만족감 등으로 뒤섞여 있지만 그 이데올로기의 위력은 대단하다. 20) 궁정식 사랑(courtly love) 21) 이라는 서구의 전통 이야기는 어쩌면 연애결혼과 한데 얽히면서 '우리의 윤리, 상상력, 일상생활 모든 면에 걸쳐 영향력을 행사하고 또 우리와 전통적 과거 혹은 현재의 동양 사이에 넘어설 수 없는 장벽을 세웠다.'22)

잉글랜드에서 (옮긴이: 혼인이) 개인의 선택으로 전환된 때가 언제인지는 명확하지 않다. 그러나 몇 가지는 분명하다. 첫째, 부부간의 정서적 깊이와 사망률 사이에는 아무런 관계가 없어 보인다는 점이다. 사람들은 높은 사망률이 떨어지기 시작했을 때 남녀가 서로 깊이 '사랑에 빠질' '여유'가 있을 거라고 생각할 수 있지만, 연애결혼은 사망률이 급격하게 감소했던 19세기 후반에서 적어도 1세기 전에 나타났다. 둘째, 이데올로기로서의 낭만적 사랑이 글쓰기나 구전으로 널리 전파될 수 있다는 것은 자명한 사실이지만, 이것이 제도의 뿌리가 될 수는 없다. 애덤 스미스가 암시하듯이 개인의 사랑을 정당화하는 '새로운' 유행소설을 비난하는 것은 18세기엔 흔한 일이었다. 편지교본인 《궁정편지작가》(The Court Letter Writer)는 사랑에 빠진 사람에게 보내는 편지글에서, '저는 당신이 소설이나 로맨스 따위로 무질서해질까봐 두렵습니다'라고 제안했다. 또한 한 세기 전 뉴캐슬 공작부인은 '우리 여성들의 주된 관심사인 로맨스를 읽다보면, 우리가 상상 속의 남자 주인공이나 '생활능력이 없고 겉만 멀쩡한 사람'(Carpet-Knight)과 사랑에 빠지는 것이 사실입니다'라고 썼다. 23) 오늘날 TV와 낭만적 소설이 사랑의 필요성과 불가피성에

---

20) Brain, Friends and Lovers, 245~248.
21) (옮긴이) 궁정식 사랑(courtly love): 중세후기의 관습화된 코드로 귀부인들과 연인들의 행동과 정서를 규정했다. 중세영문학, 특히 소네트 양식에는 '궁정식 사랑'을 주제로 한 작품이 많다.
22) Lewis, Allegory, 4.
23) The Court Letter Writer, 175; Cavendish, Letters, 39~40.

184

대한 가정을 퍼뜨리고 강조하는 것처럼 과거의 시, 노래, 그림, 통속소설, 민요도 마찬가지였다. 그러나 이러한 낭만적인 사랑을 담지 않고서도 모든 예술형식을 갖추었던 고도로 문학적인 문명들이 여럿 존재한다. 라프카디오 허언이 잉글랜드 소설을 설명해 주었을 때 깜짝 놀랐던 일본 학생은 문학 전통이 고도로 발달된 문화권 출신이었다.[24]

맬서스주의적 체제의 핵심인 결혼 선택의 기제를 더욱 자세히 알기 위해 잉글랜드의 역사적 증거에 눈을 돌릴 필요가 있다. 결혼 결정에 부모의 승낙이 필요한 정도를 먼저 살펴보자. 적합한 결혼 상대를 물색하는 주도권은 여러 사람들, 예컨대 커플 자신들, 부모들, 친척들 또는 친구들이 쥐고 있다. 서로에 대한 매력을 근거로 하면 흔히 첫 번째 선택을 하는 사람은 젊은 커플들이다. 따라서 라이트손(Wrightson)은 '17세기 대다수의 평민은 결혼 파트너를 자유롭게 선택했는데, 친구의 충고를 받고 부모가 가까운 곳에 생존해 있으면 조언을 받거나 계속적으로 알릴 책무는 있다'고 결론지었다. 마이클 맥도널드(MacDonald)는 17세기 점성학자 내피어(Napier)에게 닥친 수많은 결혼문제들을 분석하면서 '대부분의 구혼과정에서 자녀들이 주도권을 갖고 있었던 것처럼 보인다'고 결론짓는다.[25] 사람들은 젊은이들이 '자신의 주관에 따라, 통제불가능한 욕정에 대한 제약을 거부하면서, 변덕과 환상에 따라 배우자를 찾고, 속기 쉬운 시각적 판단에 따라 인생의 동반자를 선택하는' 경향을 개탄하면서도, 그것이 매우 흔한 일임을 잘 알고 있었다.[26] 존슨(Johnson) 박사[27]는 결혼에 이르는 정상적인 절차를 다음과 같이 묘사하였다. '결혼

---

24) 앵글로색슨과 일본인 태도에 대한 최근의 조언은 Takizawa, "Germanic Love"에서 볼 수 있다.

25) Wrightson, *English Society*, 78; MacDonald, *Mystical Bedlam*, 94.

26) Campbell, *English Yeoman*, 283~4; Ingram in Outhwaite, *Marriage*, 49.

27) (옮긴이) 사무엘 존슨(Samuel Johnson, 1709~1784): 흔히 존슨 박사(Dr. Johnson)로 불리는 그는 잉글랜드의 작가이며 사전편찬자로, 18세기 런던에

의 일반적인 과정은 다음과 같습니다. 젊은 남성과 처녀가 우연히 또는 알선으로 만나, 함께 몇 차례 춤을 추고, 예의바른 대화를 나눈 다음, 귀가하여 서로에 대한 꿈을 꾸고 … 떨어져 있으면 불안해하는 자신을 보고 함께 살면 행복할 것이라고 결론짓습니다.'[28] 주도권이 젊은 커플에게 있을 때, 이를테면 부모, 친구 이웃, 다른 사람 등과 같은 균형세력이 여러 겹 존재할 것이다.

커플의 결혼의사에 강력하고 지속적인 관심을 보이며 결정적인 재가를 내리는 사람은 부모이다. 여기서 우리는 수 세기 동안 다른 사회들과 구분되어온 잉글랜드 결혼제도의 특징 하나를 목도하게 되는데, 그것은 결혼결정에 부모의 승낙이 필요하지 않다는 점[29]이다. 18세기의 몽테스키외(Montesquieu)[30]는 이러한 차이에 주목하였다. 그는 잉글랜드의 딸들이 부모의 의견을 묻지 않고 자신의 환상에 따라 결혼하였다는 점을 지적한다. 왜냐하면 프랑스에서는 아버지의 승낙이 있을 때까지 기다려야 한다는 법령이 있는 반면, 잉글랜드의 딸들은 아버지의 승낙 없이 결혼하는 것이 법으로 허용되었기 때문이다.[31] 한 세기 후에 엥겔스(Engels)[32]가 지적하기를, 프랑스 법을 따르는 독일에서는 자녀의 결혼

서 가장 박식한 사람으로 유명했다. 1755년에 *Dictionary of the English Language*를 편찬하였다.

28) Johnson, *Works*, iii, 381~382.

29) (옮긴이) 20세기 후반 이후 우리나라에서 부모가 결혼 의사결정에 미치는 영향은 점점 쇠퇴하는 반면, 결혼당사자의 결정권이 강화되고 있다. 그러나 최근 우리나라에서 부모의 동의가 없는 미성년 신랑신부의 혼인 신고는 부모의 청원으로 무효로 판결났다.

30) (옮긴이) 찰스 몽테스키외(Charles Montesquieu, 1689~1755): 프랑스의 계몽주의 사상가로 《법의 정신》을 저술하였으며 사법·입법·행정의 3권분립 이론으로 미국의 독립에 영향을 주었다.

31) Montesquieu, *Spirit*, ii, 6.

32) (옮긴이) 프레드리히 엥겔스(Friedrich Engels, 1820~95): 독일의 정치사상가이며 혁명가인 그는 칼 마르크스(Karl Marx)와 함께 '공산당 선언'(The

에 부모의 동의가 확보되어야 한다. 그러나 잉글랜드 법을 적용하는 국가에서는 부모의 동의가 결혼의 법적 충족요인이 되지 않는다. 33)

그러한 차이의 연원은 여러 세기 전으로 거슬러 올라간다. 34) 하워드 (Howard)는 잉글랜드 교회법에 근거하여 12세기 말의 입장이 18세기 중반에 이르기까지 본질적으로 변화되지 않은 입장을 기술하였다.

> 부모의 동의나 특정 연령을 언급하는 절대적 요구사항은 없었다. 모든 사람은 사춘기가 되면 자신만의 의사로 결혼할 수 있었다. 종교의식, 증거기록, 증인 따위도 필요하지 않았다. 약혼자끼리의 사적인 동의서, 심지어 비밀 동의서만 있어도 유효한 계약서로 인정받았다. 이 모든 것을 소홀히 할 경우 엄격한 제재를 받을 수도 있지만, 결혼동의서 없이 성사된 결혼이라 할지라도 그 효력이 덜한 것은 아니었다. 트렌트 공의회(the Council of Trent)마저도 결혼이 그 효력을 발휘하려면 사제와 두세 명의 증인 참석을 의무화하고 있지만 그 이상은 요구하지 않았고, 칙령에 명시된 결혼공고, 등록, 축복기도 등을 동일하게 인준해 주었다. 공의회 이후, 그리고 사춘기에 도달하기 이전의 아이들마저도 부모의 동의 없이, 때로는 부모의 의사에 반하여 유효한 결혼서약을 할 수 있었다. 35)

그리하여 7세 혹은 그 이상 연령의 배우자끼리 성립된 결혼이 '부모나 후견인의 동의 없이, 심지어 부모나 후견인이 반대하는 경우조차 적법한 것으로 간주되었다.'36) 결혼이란 궁극적으로 결혼당사자끼리의 계약이라는 이 혁명적 원칙은 12세기 이후 교황의 교서로 완전히 확립되었

Communist Manifesto)을 작성하였다.

33) Engels, *Origin of the Family*, 88.

34) Homans, *Villagers*, 160. 그는 그렇지 않다고 주장했다.

35) Howard, *Matrimonial Institutions*, I, 339.

36) Ibid., 357.

다. 이 교서는 적법한 결혼의 성립 요건으로 주군 또는 가족의 권리를 전혀 인정하지 않았다. 37) 현대의 낭만적 연애결혼의 기초가 된 이 원칙은 적어도 12세기에 교회법(Canon Law)으로 확립되었고, 교회법의 모체가 되었다고 알려진 초기 게르만 사회의 자유계약 원칙을 그 기반으로 하고 있음은 의심할 여지가 없다.

그러나 점차 로마법(Roman Law)의 영향력이 확대됨에 따라 유럽 대부분의 지역에서 이 원칙은 약화되었다. 로마법은 부친에게 거대한 힘을 부여하였고, 교회법의 효력을 약화시켰다. 예컨대 18세기에 리처드 버언(Burn)은 '시민법(즉 로마법)에 의하면, 25세 이하의 남성과 20세 이하의 여성은 부모의 동의 없이 결혼할 수 없다'는 점을 지적하였다. 38) 웨스터마르크(Westermarck)는 1907년까지 프랑스 민법(French Civil Code)에서 25세 이하의 아들과 21세 이하의 딸은 부모의 동의 없이 결혼할 수 없었다는 점에 주목하였다. 그는 '일반적으로 여타 라틴 국가와 마찬가지로 프랑스에서는 로마법의 부모 권리와 효 개념이 중세 이후에도 어느 정도 존속되었'고 말하면서, 유럽에서 '부모 동의는 혼인의 조건'이라고 자신의 연구를 결론지었다. 39) 로마법은 전유럽 가운데 유독 잉글랜드에서만 자신의 주장을 펼치지 못했다. 잉글랜드에서는 교회법을 억누르는 대신에 오히려 고대 게르만 사회의 관습법에 근거하여 결혼이 오직 당사자 간의 계약이라는 사실에 힘을 실어주었다. 모든 계약과 마찬가지로 결혼계약 역시 효력이 발생하려면 동의가 요구되었지만 (옮긴이: 당사자가 아닌) 다른 사람들의 동의를 요구하는 계약은 아니었다.

중세 잉글랜드의 상황을 메이틀랜드(Maitland)는 다음과 같이 요약한다.

---

37) Sheehan, 'Choice', 8.
38) Burn, *Ecclesiatical Law*, ii, 403.
39) Westermarck, *Marriage*, ii, 341.

약간의 망설임 끝에, 신랑과 신부가 아무리 어릴지라도 부모와 후견인의 승낙이 결혼의 효력 발생에 필요하지 않다고 교회는 공표했다 … 비록 잉글랜드의 임시법(*temporal law*)은 '피후견인과 결혼'을 소중한 자산의 일부로 간주했지만, 이러한 교리를 받아들이는 것처럼 보인다. 40)

'피후견인과 결혼'(*wardship and marriage*)에 관하여 메이틀랜드는 다른 곳에서 이렇게 기술하였다.

> 법률은 피후견인이 후견인이 마련해 준 배우자와 결혼해야 함을 적극적으로 강제하지 않았고, 영주의 승인 없이 공표된 결혼의 무효를 선언하지도 않았다 … 비록 우리에게는 낯설어 보이지만, '결혼은 자유로워야만 한다'는 금언이 널리 인정되었고, 교회는 평민 법정의 명령에 의해 혼인성사를 공표하거나 무효화하지 않았다. 41)

그리하여 12세기부터 18세기까지 남성 14세, 여성 12세 이상의 결혼은 바깥세상의 모든 압력에 상관없이 그 효력이 인정되었다. 역설적으로 1753년 하드윅의 결혼법(Hardwick's Marriage Act of 1753)에 — 조지 2세 26년 33장(26 Geo. II. cap. 33) — 의해 잉글랜드법이 처음으로 대륙법 쪽으로 나아가기 시작했다. 바로 그 시점이 부모의 정혼에서 개인의 결혼으로의 주요한 변혁이 일어났다고 여러 주석가들이 믿는 시기이며, 잉글랜드 법은 과부와 홀아비가 아닌 경우, 부모와 후견인의 동의가 없는 21세 이하의 결혼을 불법으로 규정했다. 그리하여 19세기 초엽 코울리지(Coleridge) 42)는 '아버지는 21세까지 자녀의 결혼에 대해 권력을

---

40) Pollock and Maitland, ii, 389.

41) Ibid., i, 319.

42) (옮긴이) 사무엘 코울리지(Samuel Taylor Coleridge, 1772~1834): 잉글랜드의 시인으로 윌리엄 워드워스(Wordsworth)와 더불어 잉글랜드 낭만주의 운동을 주도하였다. 대표작엔 *The Rime of the Ancient Mariner*와 *Kubla*

행사하고 21세가 넘으면 권위와 영향력만 지닌다'고 말했다. 43) 이러한 언급은 13세기부터 18세기 중반에 이르는 시기에는 정확하지 않을 수 있다.

잉글랜드에서는 결혼법이 강화되었지만 미국과 스코틀랜드에서는 부모의 동의가 불필요하다는 사실에 여전히 아무런 변동이 없었다. 44) 잉글랜드에서조차 그 변동은 오래가지 못했다. 하드윅의 결혼법은 1823년 법령 III(Statute III) ― 조지 4세 75장(G. IV. cap. 75) ― 에 의해 철폐되었고, '현재의 결혼법 ― 즉 조지 4세 법령 4, 76장 16절(stat. 4. G. IV. c. 76, 16) ― 에 의하면 부모의 동의를 얻어야 하지만, 부모의 동의가 없다고 해서 결혼이 무효해지거나 무효화될 수는 없다'고 블랙스톤(Blackstone)은 말한다. 45) 1929년에 이르러 '결혼적령법'(Age of Marriage Act) 은 16세 이하의 결혼을 모두 무효로 규정하였다. 46)

자녀가 자신의 행위에 책임질 수 있다면 궁극적인 자유를 가진다고 인정한 사례는 부모의 의사에 반하는 세 번째 결혼을 강행한 딸에게 저주를 퍼부은 부모에게 제공한 머글튼(Muggleton)의 조언에서 엿볼 수 있다. '이번 경우 그녀는 자신의 부모에게 전혀 못된 짓을 한 것이 아닙니다. 왜냐하면 그녀는 자유로운 여성이고, 이전에 두 명의 남편이 있었고, 부모의 후견 아래 있지 않았으며, 원하는 남성에게 몸과 재산을 줄 수 있는 자유로운 사람이었기 때문입니다. 아무도 그녀를 막을 수 없으며 모든 것을 그녀 스스로 결정할 힘이 있습니다.' 머글튼은 계속 말하기를, 하느님의 법과 잉글랜드 법 '모두 그녀의 결혼을 정당화해 줍니다.'

Khan 등이 있다.

43) Table Talk, 155쪽에서 인용.
44) Westermarck, *Marriage*, ii, 343.
45) Blackstone, *Commentaries*, ii, pt2, 452, note 15; Westermarck, *Marriage*, ii, 343.
46) Bromley, *Family Law*, 24.

따라서 '자유 의사결정권을 가진 자녀'를 둔 부모들의 유일한 선택은 그
들을 용서하는 것이지 내쫓는 것이 아니었다. 47)

만약 부모의 동의가 잉글랜드에서 법적으로 불필요했다면 결혼을 타
당하게 해줄 어떤 허가증도 필요치 않았다. 다른 나라에서는 종종 국가
가 결혼에 관여하였고, 결혼당사자들은 특별 결혼허가증이 필요했다.
그러한 국가의 간섭은 중부유럽과 동유럽 그리고 과거 스칸디나비아에
서 현저하였다. 48) 대체로 잉글랜드에서의 결혼은 사적인 계약이었고 국
가가 관여할 문제가 아니었다.

마찬가지로 놀라운 것은 결혼이 장원 영주의 관심사가 아니었다는 점
이다. (옮긴이: 잉글랜드에서는) 후견인제도와 결혼문제에서조차 자유가
허용되었다는 사실을 우리는 알고 있다. 그러나 과거 유럽 대부분의 지
역에서 영주는 소작인, 특히 영지 내의 농노들에 대해 결혼결정권을 행
사하였다. 49) 스코틀랜드의 바라(Barra) 섬에서 족장은 소작인들의 결혼
을 중매하였다. 하지만 잉글랜드의 사정은 달랐던 것처럼 보인다. 50) 물
론 14세기까지 장원에 예속된 소작인들은 종종 영주로부터 결혼 허가증
을 얻기 위해, 또는 자녀를 결혼시키기 위해 '벌금'을 지불해야 했다. 51)
이것은 피후견인이 후견인으로부터 자신의 결혼 권리를 '구입'해야 하는
피후견인 결혼 체제와 매우 유사하다. 그러나 이 두 사례가 궁극적으로
말하는 것은 금전상의 권리이다. 만약 자유가 없는 소작인이 영주의 허
가 없이 결혼했다면, 그 소작인이 벌금을 내거나 장원에서 쫓겨나더라
도 그 결혼의 효력은 인정되었다. 경제적 처벌은 부과될 수는 있어도 일

47) Reeve and Muggleton, 345, 348.
48) Mitterauer, *European Family*, 122~123; Malthus, *Population*, I, 155.
49) Mitterauer, *European Family*, 122~123.
50) Martin, *Western Islands*, 161.
51) Turner, *Brighouse*, 55, 57, 58, 59.

단 계약된 결혼은 파기될 수 없었다. '1150년 교황 하드리안 4세(Pope Hardrian IV) 의 칙령에 따르면, 농노의 결혼은 어떤 경우라도 법적 효력이 있었고 고대로부터의 제약은 벌금의 형태로만 남게 되었으며 그가 결혼 후 장원을 떠날 경우는 반드시 그러했다'고 쿨튼(Coulton) 은 말한다. 달리 말하면 결혼 허가증이 존재하긴 했지만 반드시 필요한 것은 아니었다. 시핸(Sheehan) 이 지적하듯이 결혼에 관한 13세기 잉글랜드의 교회법에 따르면 '가족과 영주의 역할은 사실상 무시되었다.'52)

그리하여 우리는 결혼효력의 타당성에 동의나 증인이 필요치 않은 상황에 이르렀다. 부모, 고용주, 영주, 친구들 모두는 결혼당사자에게 충고할 수 있었고, 신체적, 도덕적, 경제적 압력을 행사할 수는 있었지만 12세기부터 20세기까지 잉글랜드에서 (1754년부터 1823년 사이의 약간의 쇠퇴기를 제외하고는) 14세 이상의 남성과 12세 이상의 여성이 결혼할 경우, 당사자 간의 단순한 서약이 결혼을 견고하게 성립시켰다. 결혼제도에 있어서 이보다 더 급진적으로 개인주의적이고 계약으로 보증된 기반을 찾기는 어렵다. 53)

이러한 원칙과 병행하여 중요하고 상보적인 원칙이 또 하나 있다. 그것은 다른 어떤 계약과 마찬가지로 계약 자체에 대한 당사자 간의 자유로운 동의가 **없으면** 결혼이 무효라는 점이다. 적법한 결혼에 요구되는 것은 '완전하고 자유로운 상호 동의'였다. 54) 그러나 그러한 동의가 없다면 결혼이 성립되지 않았다. 바꾸어 말하면 자녀는 부모의 승낙없이 결혼할 수 있었지만, 부모는 (옮긴이: 자녀를 결혼시키기 위해서) 자녀의 동의를 구해야만 했다. 18세기의 결혼법은 그러하였고, 그것은 널리 용인되었다.

---

52) Coulton, *Medieval Village*, 469; Sheehan, 'Choice', 17.
53) Bromley, *Family Law*, 24~25.
54) *A Treatise of Feme Coverts*, 25.

《남자의 새롭고 전적인 의무》(*The New Whole Duty of Man*)라는 책은 자녀의 권리와 의무를 명확히 말하고 있다. 부모가 '단지 유익함을 내세워 자녀로 하여금 사랑에 근거하지 않고 전혀 행복할 것 같지 않은 결혼을 명령한다면 그런 결혼에 자녀가 동의할 것이라고 생각해선 안 된다.' 그러므로 만약 '부모가 자녀들이 좋아할 것 같지 않고, 모든 사람들이 반대하는 어떤 것을 제안한다면 자녀들이 그것을 거부할 것이라는 점은 의심할 여지없다. 만약 자녀들이 정중하게 거절한다면 그들은 불순종이라는 죄를 범하지 않을 것이다.'[55] 그러한 거절은 결혼을 불가능하게 만들었다. 존슨(Johnson) 박사는 어떤 부모들이 딸들의 결혼을 명령할 권리를 가진다고 생각하는 것처럼 보였지만 그 자신은 그런 생각을 단호히 부정했다. '결혼이라는 거래에 영향을 미치는 야만적인 생각이 이 세상에 떠돌고 있다. 만약 어떤 아가씨가 거래에 충실하다면 그녀는 자신의 양심에 따라 아버지의 선택을 신뢰하거나 거부할 권리가 있지 않겠는가?'[56] 보즈웰(Boswell)[57]은 '존슨 박사는 1779년 3월 29일 월요일, 스트리탬(Streatham)에서 아침식사를 하면서, 아버지는 딸의 결혼을 통제할 권리가 없다고 주장했다'는 것이다. 사실 그 권리는 단지 조건부일 뿐이지 절대적인 것은 아니다. '부모의 도덕적 권리는 그의 자애로움에서만 나오고 그의 시민권(*civil right*)은 그의 재력에서만 나온다.'[58]

두 세기를 거슬러 16세기 초엽으로 가보면 우리는 동일한 법적 도덕적 입장과 마주치게 된다. 따라서 토머스 비컨은 자녀들이 동의하는 것이 필요하다고 생각했다. 이런 까닭에 결혼예식을 시작하면서 신랑 신

---

55) *The New Whole Duty*, 202~203.

56) Hill, *Life of Johnson*, iii, 377, note 3을 *Piozzi Letters*에서 인용.

57) (옮긴이) 제임스 보스웰(James Boswell, 1740~1795) : 스코틀랜드의 변호사이며 저술가인데, 그의 *The Life of Samuel Johnson*은 전기문학의 명저로 꼽힌다.

58) Ibid., iii, 377.

부에게 '당신은 이 여성(남성)을 당신의 아내(신랑)로 받아들이느냐'고 엄숙하게 묻는 것이다. 만약 둘 중 하나가 아니라고 답변하면 결혼예식은 더 이상 진행될 수 없다. 상호 간의 동의가 가장 중요하다. 결혼당사자가 없거나 그러한 진술이 없는 상태에서 결혼은 더 이상 진행될 수 없다. 대리결혼은 단지 배우자 가운데 한 사람이 해외에 있는 경우에만 허용되었다. 따라서 잉글랜드에 거주하는 사람은 '대리결혼을 법적으로 허용하는 타국에서 적법하게 대리결혼을 할 수 있었다.'59) 상호 간 동의가 선언된 다음에는 신성한 결혼으로 진입하기 위해 상대방의 의사결정을 받아들이는 결혼서약을 번갈아가며 한다. 이러한 제도적 승인절차는 보다 비형식적인 관습과 병행하였다. 17세기 중반 요크셔(Yorkshire) 지방에서는 신부가 결혼예복을 입고 교회에 가기 직전, 신랑이 도착하여 '아가씨, 나의 청혼을 기꺼이 받아 주시기 바랍니다'라고 공개적으로 말하거나, 그 자리에 모인 이웃과 가족 앞에서 키스를 하였다.60) 이러한 공개적 절차는 배우자 한쪽이 결혼식을 중단시키는 수단으로 사용되기도 하였다. 17세기 당시의 농담이 이러한 사실을 잘 보여준다. '두 사람이 결혼할 즈음 이 여성을 당신의 아내로 받아들이느냐고 사제가 신랑에게 물었다. 그렇다고 대답하자 사제는 이 남성을 당신의 남편으로 받아들이느냐고 그녀에게 물었다. 그녀는 아니라고 대답했다. 그러면 당신은 왜 결혼식에 왔느냐고 사제가 묻자, 그녀는 대답했다. 제가 제 친구들에게 너무 자주 그렇다고 답변했기 때문에 이번엔 신부님께 고백하러 왔습니다.'61)

결혼에 대한 중세 잉글랜드의 입장은 하워드(Howard)가 부분적인 기술을 제공하였다. 마이클 시핸(Sheehan)은 배우자의 동의가 12세기 이

---

59) Becon, *Works*, 372; Bromley, *Family Law*, 19.
60) Best, *Rural Economy*, 117.
61) Fleming, 'Notebook', fol. 12v.

194

후부터 필요했다는 점을 지적하였다. 62) 또한 결혼의 자유가 비교적 최근의 산물이라고 일반적으로 믿지만, 크리스토퍼 브룩스(Brooks)는 자녀들의 결혼 선택권은 이미 1175년 웨스트민스터 의회에서 지지되었고, 의회는 '동의가 없으면 결혼도 없다'는 이전 시대의 입장을 되풀이한 것에 불과하다고 말했다. 사실 '동의에 대한 생각과 그 핵심인 선택은 12세기에 어느 정도 널리 퍼져있었고, 그리고 어느 정도는 그것이 중세 초기에 극도로 예외적이었다'고 브룩스는 주장한다. 63) 시핸은 브룩스의 이러한 견해를 혁신적 결혼이론으로 평가한다. 12세기의 저작물을 살펴보면, '결혼 동의에 대한 이론이 정교하게 다듬어졌고, 그것의 실제적인 함축은 막대한 사회적 파장을 가져왔다'고 그는 말한다. 이 새로운 이론을 지지하는 여러 기구에 의해 이 혁신적인 결혼이론은 널리 확산되었다. 64)

이러한 견해가 갖는 중요성과 폭발적인 결과에 대한 시핸의 입장에 동의하지만, 어떻게 그 견해가 갑자기 생성되었는지에 대해 그는 설명하지 않고 있다. 이러한 점을 염두에 두면 오늘날 힘들여 만들어진 것은 전혀 새로운 것이 아니라 수 세기 전 앵글로색슨 법전에서 발견된 입장의 강화와 확산이라는 견해가 타당하다. 이 사실은 이미 오래전에 웨스터마르크(Westermarck)가 지적한 바 있는데, 그는 이 '혁신적인' 결혼이론의 근원에 대한 단서를 제공해 준다.

교회법은 결혼당사자의 동의 없이 결혼이 성립될 수 없다는 원칙을 채택하였다 … 560년 클로태이르(Clothaire) 1세의 칙령은 여성에게 자신

62) Sheehan, 'Choice', 7, 32.
63) Brooke, 'Marriage', 15; Outhwaite, *Marriage*, 28; Brooke, 'Marriage', 19.
64) Sheehan, 'Choice', 7, 32.

의 의사에 반하는 결혼을 강제하는 것을 금하였다. 크누트 법령(Laws of Cnut)에 따르면, 어떤 여성이나 소녀에게 자신이 싫어하는 남성과 결혼하도록 강요할 수 없었다. 10세기 이후 앵글로색슨의 결혼양식을 보면, 소녀의 동의가 무조건적으로 요구되었다. 유럽대륙의 초기 튜튼 법전(*Teutonic law-books*)도 마찬가지로 여성의 의사에 반하는 결혼의 강제를 엄단하고 있다. 65)

웨스터마르크는 자신의 주장에 권위를 부여하는데, 그의 견해는 앵글로색슨66) 시기의 잉글랜드에 관한 최근 저작들에 의해 확증되었다. 예컨대 도로시 화이트로크(Whitelock)는 앵글로색슨 시기가 끝나기 전, '법률은 "여성 혹은 처녀가 결코 자신이 싫어하는 남성과의 결혼을 강요당하지 않을 뿐더러 돈에 팔려가서도 안 된다"고 단언적으로 진술하는 사실'에 주목했다. 67) 노르만 정복 이후 잠시 일시적인 변화가 있었을지 몰라도 12세기 후반에 이르러 결혼동의의 필요성은 원상복귀되었다. 그후 결혼동의의 문제는 잉글랜드에서 존속되었고, 정혼을 방해하는 심각한 장애물이었다.

결혼 법규들이 자녀들에게 호의적이었던 반면, 자녀들의 삶에 관심 있는 사람들은 그들에게 막대한 압력을 행사했다. 자녀들에 대한 개인적 성향과 부모와 친구들의 이해관계 사이의 오랜 투쟁을 살펴보기 위해 이러한 '실제로 존재하는'(*de facto*) 상황에 눈을 돌릴 필요가 있다.

자녀들의 상대적인 권리와 권력에 대한 논쟁은 수 세기에 걸쳐 지속되어왔다. 비록 부모의 동의가 자녀의 결혼에 반드시 필요한 것은 아니었지만, 가능하면 부모의 동의를 얻는 것이 자녀의 의무라는 견해가 지배

---

65) Westermarck, *Marriage*, ii, 338~339.
66) (옮긴이) AD 600년경부터 현재의 북독일 지역에서 현재의 잉글랜드로 이주하여 정착하기 시작한 튜튼족.
67) Whitelock, *English Society*, 151.

196

적이었다. 부모가 자녀에게 충고할 수 있는 도덕적 권리가 없어도 부모
는 종종 자녀들의 결정에 영향력을 행사할 수 있는 사회경제적 권력을
갖고 있었다. 그러한 권력은 자녀의 연령, 성별 그리고 출생순위에 따라
엄청난 차이가 있었다. 나이 든 자녀는 어린 자녀보다 통제하기가 더 어
려웠고, 소년은 소녀보다 다루기가 더 힘들었으며, 첫 번째 자녀는 부모
에 대한 의존도가 더 높았다. 부모가 가진 자원의 상태와 크기도 영향을
미쳤다. 거대 지주는 자신의 자녀를 기술견습공이나 임금노동자로 보낸
부모보다 분명 더 큰 권력을 가졌다. 대부분의 시기 동안 중간계층에게
이상적인 것은 부모가 자녀에게 조언을 하고, 선택가능한 배우자의 범
위를 제안하여 결혼후보자의 한계를 정해주며, 자녀들이 열정에 이끌려
'자신을 내던지거나' '인생을 망치지' 않도록 하고, 눈에 보이지 않는 신
분의 경계선을 넘지 않도록 하는 것이 매우 중요하였다. 오늘날과 마찬
가지로 과거의 부모들도 적합한 배우자를 자녀에게 소개시켜 주려 했고,
부적합한 배우자는 거절하였다.

　그러한 미묘한 타협은 17세기 중반 풀러(Fuller)의 비유적 표현으로
아름답게 묘사되어 있다. '착한 자녀'는 결혼의 처음, 즉 결혼이 제기되
는 때와 결혼의 마지막, 즉 결정되는 시점에서 아버지와 의논한다. 최상
의 자녀는 자신의 선정기준이 아니라 아버지의 지침에 따라 가장 만족스
러운 배우자를 선택한다.'68) 부모가 자녀에게 제공할 수 있는 충고의 유
형은 1714년 더들리 라이더(Ryder)의 부친이 사랑에 빠진 아들에게 제
시한 제안에 잘 나타나 있다.

　　저의 부친은 당시 저의 열정을 잘 파악하고 계셨고 너무 이른 결혼이 사
　　업에서 가져올 수 있는 불편함을 저에게 말씀해 주셨습니다. 그 외에도
　　부친은 그녀의 재산이 결코 대단한 액수가 아니라고 말씀하시면서 기껏

---

68) Fuller, *Holy State*, 14.

해야 1,000파운드 혹은 1,500파운드가 될 것이라고 예상하셨습니다. 게다가 그녀의 집안 역시 볼품이 없어 저의 사업에 도움이 될 만한 친지나 친구도 없다는 것이었습니다. 그녀의 부친은 처음엔 평범한 양복쟁이였지만 근면한 노력으로 상당한 재산을 이루었다는 것이었습니다. 그녀 부친의 재산은 5, 6천 파운드로 산정되지만 그 이상은 아니라는 겁니다. 그녀의 모친인 마셜 부인 역시 좋은 사람이긴 하지만 특별한 점은 없다는 것이었습니다.

라이더의 부친은 비용과 불이득을 지적한 후, 계속해서 말했다. '내가 학업에 방해가 될 정도로 사랑에 깊이 빠져 있거나 그녀가 없으면 불안해한다면 아버지는 나와 그녀의 결혼을 승낙했을 겁니다. 그리고 장인 마셜 씨와 직접 만나 결혼을 성사시켰을 겁니다.' 이러한 접근은 라이더에게 유익한 영향을 미쳤고, 그는 갑자기 자신의 열정을 극복할 수 있다는 희망을 갖게 되었다. 69)

부모의 승낙 없이 결혼함으로써 그 미묘한 균형을 깨지 않도록 자녀들에게 경고한 것처럼, 자녀들에게 너무 많은 권력을 행사하려는 부모들 역시 똑같이 비판받았다. 이러한 경고는 '자녀의 결혼에 반대하는 사람은 자신의 아버지가 죽기를 바라는 아들과 딸들을 가진다', '당신의 백성들이 자신들의 결혼 배우자를 좋아하지 않는 까닭은 자신들이 선호하는 배우자와 좀처럼 결혼하지 못하기 때문이다' 등의 18세기 격언에 널리 퍼져 있었다. 그들의 결혼 동기는 '자녀들 대신 토지를 확장하는 것 혹은 무거운 담보부채의 청산에 있었고, 그것이 전부였다.' 그러한 결혼은 '종종 구애과정 없이 성사되었고, 상대방과 일면식도 없는 경우도 있었다.' 그러나 '결혼으로 딸자식을 처분하는 모든 부모는 딸이 아내로 있을 때보다 과부가 될 때, 딸의 행복이 무너지는 것에 조심했는지를 자문해 보라'

---

69) Matthews, *Ryder Diary*, 326~327.

198

는 충고를 받았다. 부자들의 야만적인 관행은 대부분 사람들과 깔보는 듯한 대조를 이루었다. '평범한 사람들은 오직 사랑만을 위해 결혼하기 때문에 행복한 결혼을 한다.'70) 뷰컨(Buchan) 박사가 자신의 의학 교재에서 밝혔듯이, '사랑은 모든 열정 가운데 가장 강렬한 것이지만, 사랑만큼 사람들이 유혹당하기 쉬운 열정은 없다. 그래서 사랑보다 더 위험한 열정은 없다.' 그러므로 부모들은 조심해야 된다. '자녀를 결혼시키는 데 있어 부모가 가장 먼저 고려해야 할 점은 자녀의 성향이다. 이 점에 적절한 주의를 기울인다면 불행한 커플의 수는 줄어들 것이고, 부모들은 잘못된 기질, 성격파탄, 혼미한 정신이 자신들의 실수라는 것이 드러날 때 자신들의 가혹한 행동을 후회하지 않게 될 것이다.71) 논의의 범위를 18세기에 국한시킨다면 이것은 새로운 개인주의적, 연애결혼 제도를 인도할 수 있는 비평(criticism)의 용솟음이었다. 그러나 이러한 비평은 나중에 살펴보기로 하자.

우리는 잉글랜드 왕 제임스 1세 시대의 사람들이 이러한 비평을 시작했다고 생각한다. 확실히 강제결혼(forced marriage)을 개탄하며 그 결과에 대해 많은 사람들이 경고하였다. 자녀문제를 다룰 때, 부모의 권위보다 자녀의 유익에서 추론된 논거에 의해 결혼을 결정하게끔 하는 '좋은 부모'에 관해 풀러는 언급하였다. 부모가 자신의 의지를 내세우고 명령하는 것은 제왕적인 태도이지만 부모라면 그럴 수도 있을 것이다. 도의심과 같은 애정은 인도하는 것이지 끌어내는 것이 아니다. 두려운 점은 사랑하지 않는 배우자와 결혼하는 사람은, 결혼하지 않을 경우 사랑을 할 수 있다는 점이다.'72) 밀튼(Milton)73)은 격노하여 다음과 같이 말했

70) *Characters*, 169, 191, 191, 191, 194, 191.
71) Buchan, *Domestic Medicine*, 119~120.
72) Fuller, *Holy State*, 12.
73) (옮긴이) 존 밀튼(John Milton, 1608~1674) : 영문학사에서 가장 위대한 시

다. '몇몇 부모와 후견인이 자행하는 강제결혼의 관습은 너무 야만적이어서 그러한 비인간적인 야만성에 대해 아무 말도 하지 않는 것이 오히려 낫다.'74) 그보다 반세기 전, 에인절 데이(Angel Day)는 자신의 딸을 부자 구두쇠 영감에게 결혼시키려는 어떤 남자를 설득하여 단념시키려는 편지 한 통을 소개했다. '젊고 우아한 여자를 선호하여 막무가내로 한 쌍이 되는 것은 추악하고 꼴사나운 모습이고, 비열하고 야비한 동물이 되는 것'이다. 이는 사려 깊고 현명한 사고방식에 너무 거슬리는 행동이다.75) 조지 휘트스톤(Whetstone)은 이렇게 쓰고 있다.

> 저는 결혼의 강제, 즉 극단적인 형태의 구속에 대해 절규합니다. 그녀의 부친은 딸의 배우자로 젊고 부유한 피후견인을 선택할 수만 있다면 행복한 거래라고 생각합니다. 그러나 그가 딸에겐 슬픔을 안겨주고, 자신의 명예를 훼손하며, 아내를 사랑하지 않는 사위가 난동을 부려 신사인 그의 저택을 파괴할지도 모른다는 사실을 하느님은 알고 계시고, 그 불행한 커플 역시 종종 느끼고 있습니다.76)

필립 스텁스(Stubbes)는 특유의 과장법으로 '선도 악도 모르는 채 강보에 싸인 아기들이 야심만만한 부모와 친구들에 의해 종종 결혼시켜지는데, 이는 엄청난 사악함의 **근원**을 이루는' 관습이라고 공격하였다.77)

1593년 발간된 《진실을 말하는 새해 선물》(*Tell-Trothes New-Yeares Gift*)은 부모들의 심사숙고에 대해 열렬한 호소문을 싣고 있다. 저자는 왜 많은 결혼이 질투와 갈등으로 가득 차 있는지 분석한다. 첫 번째 원인

인으로 꼽히는 그의 대표작은 《실락원》(*Paradise Lost*)이다.
74) Milton, *Works*, iii, 210.
75) Day, *Secretorie*, 144, 143.
76) Campbell, *English Yeoman*, 284.
77) Stubbes, *Anatomie*, fol. 55.

은 강제결혼이다. 강제결혼이란 강요된 결혼인데, '부모들이 강압적으로 두 사람을 부부로 만들어버리는 것으로, 두 사람 간에 마음의 일치에 대한 배려도 없고, 부부간의 행복한 삶에도 관심이 없다. 진실한 사랑의 결합보다는 돈과 재산과 결합에 더 많은 관심을 보인다.' 저자는 계속 말한다. '수많은 가정의 와해, 이혼 그리고 끊임없이 불만이 야기되는 까닭은 다름 아닌 비상호적인 결혼계약의 부자연스러움 때문이 아닌가?' 새와 짐승들은 자유롭게 짝을 짓는데, '오직 인간만이 자신의 소중한 혈통을 부자연스럽게 사용함으로써 스스로에게 상처를 준다.' 왜냐하면 부모는 '자녀가 선택한 배우자와 결혼시키지 않고, 자신의 탐욕으로 물색한 사람과 짝지어 버린다. 이후 자녀들의 비탄과 자신들의 후회 따위는 전혀 고려대상이 아니다.' 이 문제의 해결책은 부모와 자식 사이의 균형 잡힌 이해관계이다. '부모들이 자유로운 선택권을 가졌듯이, 자녀들도 사랑에 대한 자유로운 선택권을 가져야 한다. 자녀와 부모 간의 상호일치가 있는 곳에 최상의 결혼이 이루어지듯이, 스스로 배우자 선택권을 가진 사람들이 최상의 사랑을 나눈다.'[78]

40년 전 비컨(Becon)은 동일한 내용의 충고를 제안하였다. 아버지가 자신의 아들에게 건네준 교육문답에서 아버지는 아들에게 질문한다. '이 문제에 대하여 아버지의 권위만큼이나 아들의 동의 역시 고려되어야 하지 않겠는가?' 그러자 아들은 '그렇게 하지 않으면 천벌을 받지요!' 라고 대답했다. 이어서 아들은 구약성서에서 리브가(Rebecca)에게 이삭(Isaac)과의 결혼을 원하는지를 질문했던 점을 상기한다. '여기서 우리가 알 수 있는 것은 자녀에 대한 부모의 권위가 압도적이지만 결혼문제에 관한 자녀의 동의를 소홀히 할 수 없다는 점이다.' 부모는 자신의 권위를 남용해선 안 되며, 결혼당사자인 자녀의 '즐거운 동의'를 고려해야

---

78) Furnivall, *Tell-Trothes*, 5, 6, 7.

한다. 그러자 아버지는 이렇게 설명한다. '마치 목축업자가 백정에게 자신의 소를 팔아 도축시키듯이, 어떤 부모들은 자신들의 권위를 남용하여 세속적 이득과 돈벌이를 위해 자녀를 팔아치우듯 결혼시킨다.'[79] 그러자 아들은 공포에 질려 이렇게 대답한다. '그런 사람들은 사악한 부모로군요. 또한 경험에 의하면 그런 결혼은 대부분 성공하지 못해요.'[80]

비컨이 이 문제를 언급했을 당시 이러한 주제는 이미 진부한 것이었다. 결혼에 대한 문학적 충고에 대한 연구에서 캐슬린 데이비스(Davies)는 잉글랜드에서의 결혼에 관한 충고는 종교개혁 이후나 청교도들의 충고에서 새로운 것이 거의 없었다고 말한다. 그녀가 제시한 두 가지 특성은 독신자 비율과 재혼부부의 이혼 가능성이다. 동의에 관한 한, 부모가 인정하는 배우자를 선택하라는 강조는 종교개혁에 의해서도 큰 변화를 가져오지 못했다.[81] 14세기 후반 랑글랜드(Langland)는 결혼이란 부친의 의사, 친구의 충고, 당사자 개인의 찬성이 결합되어 성사되어야 한다면서 이 주제를 제기했던 적 있다.[82] 좀더 과거로 거슬러 올라갈 수도

---

79) (옮긴이) 어떤 의미에서 볼 때, 이 진술은 서구인들의 정혼에 대한 보편적 인식을 나타낸 것이라 할 수 있다. 서구의 영향을 받은 대중교육과 대중매체는 주로 강제결혼, 특히 정혼의 부정적 측면을 주로 다룬다. 그런데 우리는 결혼 첫날밤 처음 배우자의 얼굴은 본 할아버지와 할머니의 행복한 결혼생활을 TV에서 간혹 접한다. 게다가 얼마 전 미국 하버드 대학 로버트 엡스타인 박사는 100쌍이 넘는 중매결혼 부부와 연애결혼 부부를 대상으로 8년간 조사한 결과를 토대로, 중매결혼이 연애결혼보다 배우자 간의 사랑이 훨씬 더 오래 지속된다는 연구결과를 발표하였다. 이는 서구학자들이 말하는 강제결혼과 비서구사회의 정혼 사이에는 커다란 차이점이 있을 수 있음을 함축한다. 그러므로 비서구인의 전통적 삶이 서구인의 문화보다 못하지 않았다는 사실을 보여주기 위해, 서구학자들이 비난의 대상으로 삼았던 비서구사회의 사회현상들은 서구학자들이 주장한 부정적 측면뿐 아니라 긍정적 측면도 있었다는 사실을 이 책의 저자와 같은 방식으로 우리 학자들도 밝힐 필요가 있다.

80) Becon, *Works*, 372.

81) K. Davies in Outhwaite, *Marriage*을 볼 것.

82) Homans, *Villagers*, 160.

있다. 《핸들링 신》(*Handlying Synne*) 이라는 저서에서 로버트 매닝 (Robert Mannying) 은 에드워드 1세 시대에 저술된 영어 작품을 번역했는데, 그는 자신의 책에서 어린 자녀의 결혼은 '엄청난 어리석음'을 가져다 줄 '폭행'이라고 비난했다. 이런 식으로 결혼한 아동들이 성장하고 결혼을 부추겼던 재산마저 탕진되고 나면, '슬픔과 걱정'밖에 남는 것이 없다. 왜냐하면 '사랑'과 재화가 모두 사라졌기 때문이다. [83] 어린 자녀들의 경쾌한 태도는 13세기 후반의 시에 잘 표현되어 있다. [84]

> 부드럽고 차분하게 말하는
> 당신은 진정 학자가 될 사람이에요.
> 저에 대한 사랑 때문에
> 당신은 학자의 고통과 질병을 겪지 않아도 돼요.
> 부모와 친지들 모두
> 저의 의지를 꺾을 수 없지요.
> 당신은 저의 것이 되고, 저는 당신의 것이 될 겁니다.
> 그리고 당신의 모든 기쁨은 가득 찰 겁니다.

초기 자료부터 19세기 말까지 지속적으로 발견되는 비판은 세대 간의 이해관계에 잠재된 갈등에서 나온다. 결국 배우자와 함께 살아야 하는 것은 자녀들이지만, 부모는 종종 자신들이 자녀를 가장 잘 알고, 또 부모가 얼마간 만들어 놓은 기회들을 자녀들이 최대한 이용할 수 있는 방식을 지도해야만 한다고 느꼈다. 부모자식 간의 갈등은 기록 보존이 가장 잘된 부유층 가정에서 보편적인 것이었고, 우리가 소유한 개인적 자료들 중 거의 모두가 부유층 가정들에서 흘러 나왔다. 개인적 감정 (심리학) 과 장기적인 이해관계 (경제학) 사이의 균형 잡기에서, 그 균형이 중

---

83) Homans, *Villagers*, 163.
84) *Medieval English Verse*, 212.

간층과 극빈층은 자녀에게 그리고 부유층은 부모에게 유리하게 작용했다. '귀족과 상류계층이 하류계층보다 자녀들의 사랑과 구애행위에 더 엄격한 통제를 유지했다'는 것은 명백한 사실이지만,[85] 지난 5세기에 걸쳐 모든 계층에서 이해관계와 감정 사이에는 항구적인 갈등이 있었다.

시, 소설, 연극 등 위대한 문학작품의 대부분은 이러한 갈등의 산물이었다. 비록 종종 부모자식 간에 의견일치가 이루어지는 경우도 있었지만, 쌍방 간의 거래에는 끝없는 실패요인이 도사리고 있었다. 18세기에 의사였던 뷰컨이 지적했듯이, '유리한 결혼은 부모들의 지속적인 관심사였던 반면, 종종 자녀들은 자신의 개인적 성향과 의무 사이에서 심각한 고통을 겪었다.'[86] 부모와 자녀 중, 누가 주도권을 잡던 간에 다른 한쪽이 반대할 위험이 있었다. '어떤 커플이 함께 살겠다는 결정을 내리면, 부모는 대개 반대하였다. 부모가 배우자를 정하면, 대부분의 자녀는 자신의 의사에 반하는 결혼을 하게 된다.'[87] 물론 기록물은 부모자식 간의 갈등의 사례들로 채워지는 경향이 있고, 그래서 그 어려움을 과장한다. 지금까지 논의한 결혼제도를 보여주기 위해 이와 관련된 몇몇 사람들의 구체적인 삶을 간단히 살펴보자.

신사 계급 수준에서의 초기 기록들 가운데 하나는 15세기에 작성된 파스톤(Paston) 편지들이다. 이 편지들은 단순히 정혼의 증거로 종종 간주된다. 그러나 어머니 몰래 결혼한 어느 아들이 신부를 먼저 어머니께 소개하지 않은 점을 결혼 후에 사과하는 사례는 주목할 만하다. 또 한 여성이 그녀에게 소개된 구혼자 남성을 완강히 거절하는 경우도 있다. 세 번째 사례는 부친의 농장관리인 남성과 사랑에 빠져 은밀하게 약혼한 소녀의 경우이다. 부모들은 이 부적절한 사랑과 결혼을 파기하려고 그녀에

---

85) Goode, 'Love', 46.
86) Buchan, *Domestic Medicine*, 120.
87) *Characters*, 170.

게 갖은 압력을 가하고, 구타하고, 결국 집에서 쫓아내기까지 한다. 그
러나 그 커플은 승리하였고, 주교의 지지도 받아냈으며, 합법적인 결혼
을 성취하였다. 그 농장관리인은 계속 고용되었다. 88)

17세기에는 편지와 자서전을 쓰는 것이 보편화되어 우리는 여기서 자
녀들의 광범한 반응을 엿볼 수 있다. 앨리스 쏜톤(Thornton)은 어머니
의 요청에 따라 '자신의 마음에 내키지 않는' 결혼을 했다고 기록하고 있
는 반면, 시몬드 데위스(D'Ewes) 경은 '부친은 내가 원치 않는 결혼을
하도록 제안했지만, 내가 부친의 애정에 감사하면서 거절하자 아들을
몹시 사랑하는 부친답게 더 이상 나를 압박하지 않았다'고 기록하고 있
다. 89) 루시 허친슨(Hutchinson)은 자신의 어머니에 대해 썼던 글에서
자신이 얼마나 당혹감을 느꼈는지 설명한다. 왜냐하면 '그녀의 모친과
친구들은 허친슨이 결혼하기를 간절히 소망하면서, 그들이 매우 유익하
다고 생각하는 여러 결혼제안을 그녀가 거절하자 불쾌감을 느꼈기 때문
이다. 그녀는 고분고분하여 그들에게 불쾌감을 안겨주고 싶지 않았지만
자신이 마음에 내키지 않는 결혼을 하는 것은 더욱 더 싫었다.' 루시의
부친 역시 동일한 곤경을 겪었다. 그는 루시의 모친과 사랑에 빠져 자신
의 아버지(즉, 루시의 할아버지)께 말씀드리기로 결심했다. 루시 할아버
지는 '루시의 모친 쪽으로 기울어진 아들의 의향을 파악하기도 전에 가문
에 여러모로 더 유익하고 아들이 좋아함직한 다른 상대와의 결혼을 이미
결정지은 상태였다.' 그러나 루시의 할아버지는 '아들이 엄격하게 자신
의 의무를 준수하려는 만큼이나 아들의 사랑에 너그러웠다.' 그리하여
루시의 부모는 정식으로 결혼하였다. 90)

---

88) Bennett, *Pastons*, 36; Gairdner, *Paston Letters*, iii, 120; ibid., ii, 351, 363.

89) Jackson, *Thornton Autobiography*, 62; Bourcier, *D'Ewes Diary*, 171.

90) Hutchinson, *Memiors*, i, 93, 97.

토머스 이샴(Isham)의 기록에는 사랑의 도피행각과 허가받지 않은 결혼에 대한 여러 사례들이 있는데, 그중에는 아버지의 승낙 없이 결혼했다고 전해지는 윈첼시 백작(Earl of Winchelsea)의 열네 살 된 아들의 이야기도 있다. 91) 존 브램스턴(Bramston) 경은 형의 아들이 자신의 딸과의 결혼, 즉 자신이 강하게 반대하는 '사촌 간의'(cousins german) 결혼을 기록하고 있다. '나의 동의도 없이, 아니 나의 명령에 정면 도전하면서 딸아이가 결혼한 것은 그 아이가 나에게 저지른 유일한 잘못입니다. 그것은 그 아이 스스로 말하듯이 끔찍한 죄악이기에 몹시 슬퍼했으며 하느님과 저의 용서를 구했지요. 저는 딸아이를 완전히 용서했지만 그 녀석을 용서하기란 쉽지 않았지요. 하지만 저는 그 녀석도 깨끗이 용서해 주었고, 하느님 역시 완전히 용서하시어 그들에게 죄를 묻지 않으시길 희망합니다.' 실제로 백작은 자신의 의도와 달리 딸의 몫으로 1100파운드를 주었고, 그 돈으로 그녀의 남편은 목사관 임대계약을 할 수 있었다. 92)

부모자식 간의 타협은 18세기의 여러 문서에서 발견되지만 부모들은 특히 딸들과 관련하여 자신들의 입장을 굽히지 않는다. 몇몇 부모들은 딸의 심각한 거부반응을 기꺼이 수용할 준비가 되어 있었다. 그래서 블룬델(Blundel)은 자신의 딸 말리(Mally)가 어려운 상황에 처할 것을 알고 있었다. '저는 딸의 결혼의향이 이전보다 높아지리라고 생각하지 않습니다 … 저는 어떤 남성이 딸에게 청혼을 하고, 그런 다음 딸이 결혼의사가 없다고 선언하는 것은 무례한 일이라고 생각했습니다 … 그러나 만약 스트릭랜드(Stickland)나 다른 멋진 신사가 딸의 사랑을 가치 있게 여긴다면 저는 그들의 접근을 반대하지 않습니다.' 그의 입장은 분명하였다. '저는 이미 오래전에 딸에게 결혼을 강요하지 않겠다고 말했습니

---

91) Rye, *Isham Journal*, 49, 75, 103.
92) Bramston, *Autobiography*, 28, 348.

206

다. 더구나 딸이 사랑하지 않는 남성과 결혼하여 평생 비참하게 살도록
하지 않겠습니다. 그래서 완전히 자신이 원하는 대로 하도록 내버려두
겠습니다.' 그러나 그녀는 일정한 범위의 남성들과만 결혼해야 했다. '제
가 요구하는 것은 딸의 배우자가 넉넉한 사유지를 소유한 신사이고, 원
만한 성격의 소유자이면서, 가톨릭 신자일 것 정도입니다.'[93] 이것은 리
처드슨[94]의 소설, 《클래리사 할로우》(Clarissa Harlowe)에 나타난 부모
의 극단적 형태의 압력과는 상당히 거리가 먼 발언인데, 매력 없는 구혼
자와 결혼하라는 가족의 압력에 못 견딘 클래리사는 결국 수치스러운 사
랑의 도피행각으로 내몰리게 된다.

클래리사가 처한 상황은 나중에 워틀리 몬태규(Montagu) 귀부인이
되었던 메리 워틀리(Wortley)에게 가해진 압력과 상당한 유사성이 있
다. 그녀 스스로 이렇게 썼다. '솔직히 말하면, 《클래리사 할로우》제 1
권은 저의 처녀시절과 유사하여 제 마음에 위안을 주었지만, 전체적으
로 볼 때 소설의 내용은 몹시 비참하고, 클래리사의 잘못된 행동에는 조
금도 연민을 보낼 수 없다.' 앤 워틀리(Wortley)는 그녀의 결혼에 대해
다음과 같이 한 말을 매우 비관적으로 생각했다. '저와 같은 사람들은
마치 노예처럼 팔렸지요. 주인이 저에게 값을 얼마나 매길지 모르겠어
요.'[95] 그녀는 장래의 남편에게 보내는 편지에서, 15세기의 파스톤의
편지 이래로, 부유한 부모를 둔 딸들이 직면하는 딜레마를 이렇게 요약
했다.

---

93) Blundall, *Diary*, 222~223; cf. also 231.
94) (옮긴이) 사무엘 리처드슨(Samuel Richardson, 1689~1761): 잉글랜드의
    소설가로 근대소설의 발생에 일정한 영향을 미쳤다. 서간체 소설인 *Pamela*와
    *Clarissa*가 그의 대표작이다.
95) Wharncliffe, *Letters of Montagu*, iii, 23; ibid., i, 174~175.

의무가 아닌 다른 어떤 것이 저를 구속할 수 있다고 믿을 하등의 이유가 없지만, 제 자신을 잘 아는 까닭에 저는 바로 그 사실이 저를 비참하게 만든다고 생각합니다. 저는 사랑이 불가능한 결혼의 온갖 불행을 잘 알고 있습니다 … 친족들의 의사에 저항하기 위해 저에게 용기가 필요했지요. 하지만 날이 갈수록 두려움이 가중되어, 마침내 그들에게 대항하게 되었어요. 그러나 그들의 거친 언어는 언제나 저의 영혼을 위축시켜 할 말도 제대로 못 했지요.

그래서 그녀는 '결정권자' 아버지에게 편지로 간청하기로 결심하였고, '아버지가 원하는 상대와 결혼하지 않는 대가로, 결코 결혼하지 않겠다'고 약속할 태세를 갖추었다. 96)

그런 종류의 편지들은 여러 권의 견본 편지(*model letters*) 에 실려 있다. 예를 들면, 1773년의 《구혼 편지 글쓰기》(*Court Letter Writer*) 에는 견본 편지 한 통이 실려 있는데, '젊은 처녀가 자신에게 구혼한 신사와의 결혼을 강요하지 마시라고 부친에게 간청하는' 것으로 자녀의 도리와 개인의 성향 간의 갈등을 분명하게 드러낸다. 97) 앤 워틀리는 부친에게 이런 말을 들었다. '저의 행복을 위한 아버지의 판단에 제가 순종하지 않는 것에 아버지는 무척 놀라셨고, 제가 왜 불평하는지 모르겠다고 하십니다.' 아버지는 만약 딸이 이 구혼자를 거절하면 자신의 생전이나 사후에 딸이 원하는 다른 결혼에는 정착금을 주지 않겠다고 말했다. 그녀는 정착금을 받고 (옮긴이: 아버지가 원하시는) 결혼을 하든지, 재산상속을 거절한 채 자신이 원하는 결혼을 하든지 선택해야 했다. 앤은 즐거워했지만 충격에 휩싸인 친척들은 그녀가 인생을 '망칠까봐' 우려하였다. 그녀는 아버지가 선택해 준 신랑감을 사랑하지 않았다고 말했다. '결혼에 사랑 같은 것은 필요 없으며, 내가 잘 살기만 바란다고 말씀하셨다.'

---

96) *Ibid.* , i, 189.
97) *The Court Letter Writer*, 144~145.

아버지는 그녀가 보낸 답장에 천천히 반성하도록 〔그녀를〕 감금하겠다고 위협하셨다. 또한 아버지는 결국 그녀의 남편에게도 경고하셨다. '나는 손자들이 거지꼴이 되는 것을 원치 않으니, 너의 제안에 결코 동의할 수 없다.'[98]

결혼에 있어서의 사랑과 이해관계라는 갈등을 둘러싸고, 경제력을 휘두르는 부모에게 대항하여 앤 워틀리가 그 문제를 어떻게 해결했는지 궁금하다. 며칠 후 그녀는 애인에게 감동적인 편지를 썼다. '우리가 저지른 일이 무서워요. 당신은 저를 영원히 사랑할 수 있나요? 우리가 혹시 후회하진 않을까요? 저는 두렵기도 하고 희망도 느껴요. 저는 이 사건으로 파생될 모든 것을 예견할 수 있어요. 저는 우리 가족을 격노케 했어요. 모두 저의 행동을 비난할 거예요 … 하지만 당신은 이 모든 것을 저에게 보상해 주시겠지요?' 다음날 밤 그녀는 그들의 만남에 대해 설명하였다. '당신이 저를 어떻게 데려가실지 한번 상상해 보세요. 저는 잠옷차림으로 당신에게 갈 겁니다. 그것이 제가 당신께 드릴 수 있는 모든 것입니다.'[99] 두 사람은 사랑의 도피행각 끝에 결혼에 골인하였다. 그 후 몬태귀 귀부인은 친구들, 친척들과의 관계를 서서히 회복시켰다. 19세기까지도 아버지들에 대한 두려움은 계속되었다. 엘리자베스 배릿(Barrett)[100]의 편지는 아버지에 대한 그녀의 두려움을 잘 보여준다. 그녀와 로버트 브라우닝(Browning)[101]은 비밀리에 결혼한 다음 1846년 도피하였다. 당시 그녀의 나이는 마흔이었다.[102]

---

98) Wharncliffe, *Letters of Montagu*, i, 189~191.

99) Ibid., i, 196.

100) (옮긴이) 엘리자베스 배릿(Elizabeth Barret Browning, 1806~1861) : 잉글랜드의 시인으로 1846년 로버트 브라우닝(Robert Browning)과 결혼하였다.

101) (옮긴이) 로버트 브라우닝(Robert Browning, 1812~1889) : 잉글랜드 빅토리아조의 대표 시인으로 여러 편의 장시를 남겼다.

102) Stack, *Love-Letters*.

앞에서 살펴보았듯이 상류계층 신사와 귀족의 딸들은 정혼이란 극단
지점에 있었는데, 그들은 적어도 5세기 동안 이러한 상황에 직면했었다.
대부분의 평민 자녀들은 훨씬 자유로웠다. 일기와 자서전을 남긴 목사,
상인, 전문직의 중산층에서도 자녀의 독립적 성향을 보인 경우는 많다.

18세기의 토머스 라이트(Wright)는 일가친척들의 반대를 무릅쓰고
자신이 어떻게 결혼을 결정했는지 묘사하고 있다. 문제는 그의 신부가
불과 15세였다는 점이다. 그래서 그 커플은 스코틀랜드로 줄행랑을 쳤
다. 돌아왔을 때 그는 매우 초조하게 장인장모에게 황송한 용서를 구걸
해야만 할 처지였고, 결국엔 용서받았다.[103] 1722년 제임즈 프레트웰
(Fretwell)은 자신의 사촌 얘기를 털어놓았다. '사촌의 외동딸 메리는 부
모의 승낙도 없이 몰래 결혼 했어요 … 그러나 그들은 결혼을 안할 수는
없었기에 가죽수선공이었던 신부 아버지에게 결혼 사실을 알렸어요. 제
기억으론 당시 신부의 나이가 채 열일곱도 안 되었어요.'[104] 여기서 우
리는 어린 딸들이 여전히 부모의 통제 아래 있었다는 것을 알 수 있다.
17세기의 그러한 상황은 다음의 두 자료에 잘 나타나 있다.

첫 번째는, 북쪽 청교도의 교장이던 애덤 마틴데일(Martindale)의 '전
기'(Life)이다. 그의 누이는 '부모와 친구의 충고를 무릅쓰고, 그리고 만
일 그녀가 원한다면 부모가 결혼시켜줄 역량이 있었음에도 불구하고,
런던으로 가겠다고 고집했다. 누이는 런던에서 '그녀와 사랑에 빠진' 신
사를 만나 결혼한 다음, 부모가 보내준 초기 정착금으로 여관을 운영하
였다. 마틴데일의 형 역시 누이처럼 자유분방한 사람이었다. 부모는 장
남인 그가 자신들처럼 부유한 가정의 딸과 결혼하기 원했다. 적당한 결
혼상대가 나타났지만, 결혼이 거의 성사될 무렵 형은 갑자기 결혼을 거
절하고, 15~16세의 바람둥이 소녀와 사랑에 빠졌다. 그녀는 음악과 춤

---

103) Wright, *Autobiography*, 72, 90~91.
104) Fretwell, *Family History*, 201.

210

판이 벌어지는 초상집 밤샘, 야유회, 저녁 파티 등을 무척 좋아하는 여자였다. 게다가 그녀의 지참금은 고작 40파운드에 불과하여 우리는 깜짝 놀랐고, 그 결혼에 완강히 반대하였다. 당시 마틴데일은 10살에 불과했지만 이 대조적인 결혼상대에 몹시 걱정했었다. 하지만 형은 막무가내로 그녀를 소유하려 들었고, 큰 소동을 벌여 아버지의 마지못한 허락을 얻어낸 다음, 1632년 '재의 수요일'(Ash Wednesday) 105) 직전에 결혼하였다. 마틴데일이 통탄한 것처럼, 경박한 누이는 공손하고 종교적이며 착한 아내로 바뀐 반면, 형의 아내는 타락해 버렸다.

마틴데일의 또 다른 형은 '점차 난폭해지고 멋대로 놀더니, 슬프게도 가톨릭교도와 결혼한 다음, 아내와 함께 아일랜드로 떠나버렸다.' 당시 18세이던 마틴데일의 딸 엘리자베스(Elizabeth)의 결혼에서 역시 그의 모든 계획이 수포로 돌아갔다. 그녀는 외지에 서번트로 나갔다가 그녀의 신분에 어울리지 않는 동료 서번트와 사랑에 빠졌다. 이 소식을 접한 마틴데일은 그녀를 데려와 인품, 체격, 덕성, 재산 등에서 훨씬 우월하며 그녀를 사랑하는 남성과 결혼시키려 했지만 성공하지 못했다. 그녀는 미혼으로 25세에 죽었다. 마틴데일의 장남 토머스(Thomas) 역시 교장이었는데, 무절제한 행동으로 멋진 혼처 서너 곳을 놓치고 말았다. 그는 마침내 600파운드의 결혼지참금을 가진 런던의 귀족 아가씨와 결혼했지만, 소문과 달리 그녀는 600파운드라는 거액을 가져본 적조차 없었다. 이 '어리석은 결혼'으로 그에겐 지참금 없는 아내만 달랑 남게 되었고, 기혼자라는 이유로 교장직마저 잃게 되었다. 실직한 그는 북쪽지방으로 돌아갔다. 그는 아버지의 충고를 무시한 채, 아버지에게 깊은 상처를 안겨 주었다. 그러나 이웃의 중재로 마틴데일은 아들 부부를 다시 받아들여 도움을 주었다. 106)

---

105) (옮긴이) 재의 수요일(Ash Wednesday) : 부활절(Easter) 40일 전, 사순절(Lent)이 시작되는 첫 날, 참회의 의미로 이마에 재를 바르는 가톨릭 의식.

마틴데일의 인생을 살펴보면, 의무, 도덕성, 그리고 경제적 압박을 이용하여 자녀들에게 충고하려던 당시 부모들의 모습이 잘 드러난다. 궁극적인 선택은 자녀의 몫이었다. 마틴데일 당대에 잉글랜드 남부에 살았으며 그와 동일계층이었던 랄프 조슬린(Josselin) 목사의 일기도 부모자식 사이의 균형점을 찾으려던 시도를 보여준다. 둘째 아들이며 유산상속자인 존(John)은 부친에게조차 알리지 않고 결혼하였다. 딸들을 다루는 조슬린의 방식 역시 흥미롭다. 그는 자녀에 대한 부모의 통제권을 신학적 근거를 들어 설교하였고, 자신이 천거한 남성과의 결혼에 미온적 태도를 보이는 딸 엘리자베스와 오랜 대화를 나누었다. 그가 아들 토머스의 짝을 맞추어주는 데 실패했지만, 결혼한 네 딸들은 사실상 각자 신랑감을 선택했음이 분명하다. 결혼 당시 각각 25세, 24세, 19세, 16세였던 그의 딸들 모두 결혼하기 전 얼마동안 집을 떠나있었다. 장녀 제인(Jane)은 14년 이상, 메리(Mary)는 15년, 엘리자베스(Elizabeth)는 2년, 레베카(Rebecca)는 6년 동안 집을 떠나있었다. 집을 떠난 기간이 단지 2년에 불과했고, 결혼 당시 17세 이하였던 엘리자베스에게 가장 큰 압력이 가해졌음은 주목할 만하다.

외지에서 14년 동안 자신의 생계를 꾸려왔던 25세의 딸에게 부모가 통제력을 행사하기란 훨씬 더 어렵다. 제인은 고향 마을에서 비교적 최근에 이사 온 신랑감을 찾아냈다. 신랑이 조슬린 목사를 찾아와 청혼하자, 목사는 착실하고, 전도유망하며, 500파운드의 대지를 가진 그에게 결혼을 허락하였다. 다른 두 딸의 구혼자들은 크리스마스에 내려왔다가 부모님께 선을 보이고 낙점을 받은 것 같다. 갈등이 불거진 유일한 경우는 메리의 구혼자들과 관련된 것이었다. 메리가 18세였을 때 동네 목사 아들 셜리(Shirley)가 그녀에게 청혼하였지만 메리의 관심 밖이어서 아무

---

106) Parkinson, *Life of Martindale*, 6, 16, 21~2, 208, 212~213.

일도 일어나지 않았다. 그 후 23세 때 그녀는 인근 목사의 또 다른 청혼을 거절하였다. 반대한 이유는 '그가 14세 연상이라서 자신은 자녀들이 딸린 과부가 될 가능성이 있고, 그의 재산이 그녀의 몫만큼 많지 않을 뿐더러 … 그가 그녀를 사랑하지 않는다'는 것이었다. 여기서 우리는 자녀들 역시 열정과 이해관계, 즉 사랑과 재산 그리고 나이 사이에 균형을 맞추려했다는 점을 알 수 있다. 조슬린 목사는, '나에게 큰 슬픔이었지만', '결혼이 두 사람을 비참하게 만들 것이라고 딸이 말하자 나는 그 결혼에 찬성할 수 없었다'고 말했다. 그는 또한 사윗감 리아(Rhea)의 재산이 생각했던 것만큼 많지 않았다는 점도 덧붙였다. 107)

　　신사계층 아래 계층 사람들의 일기와 자서전은 17세기 이전에는 무척 드물었다. 따라서 동일한 주제를 시대를 거슬러 연구한다는 것은 불가능하다. 이러한 연구를 빈민층은 고사하고, 장인과 농부 계층까지 끌어내리는 것 역시 불가능하다. 이러한 계층에 대한 연구는 간접적으로 접근해야 한다. 한 가지 분명한 점은 자녀는 멀리 떨어져 사는 부모의 조언을 구해야만 했다는 것이다. 그리하여 1653년의 견본편지는 '서번트 딸이 시골의 어머니께 주인의 견습공과의 결혼여부에 대해 충고를 구하는' 내용이다. 108) 부모가 제안한 구혼자를 거절하는 비법을 소개한 견본편지도 많았다. 부모님이 청혼을 강제하시지만 젊은 처녀가 사랑할 수 없는 신사에게 딱 잘라 거절하는 편지부터, '어떤 후견인이 부자 바보와의 결혼을 알선했는데, 그 바보를 증오하는 피후견인 처녀가 편지로 그를 살해하는' 악담까지 다양하다. 후자는 이렇게 끝을 맺는다. '저는 호화로운 장식을 걸친 부자 천치보다 단벌 셔츠의 현명한 남성을 더 높이 평가합니다. 저로서는 당신을 사랑할 수 없으니 저의 결의를 명심하십시오. 안녕.'109)

---

107) Macfarlane, *Ralph Josselin*, 96; Macfarlane, *Josselin Diary*, 2 June 1681.
108) *The Court Letter Writer*, 128.

또한 엘리자베스 여왕 시대(Elizabethan), 제임스 1세 시대(Jacobean), 왕정복고기(Restoration)의 드라마에는 이런 주제에 대한 토론이 넘쳐난다. 윌킨즈(Wilkins)의 《강요된 결혼의 비참함》(*Miseries of Enforced Marriage*)부터 16세기 초 《랠프 로이스터 도이스터》(*Ralph Roister Doister*)에 이르기까지 모두 동일한 주제를 다룬다. 여러 시편과 민요 역시 이런 주제를 담아 노래하였다. 예컨대, 1620년경의 대화체 민요에서는 서로 장래를 약속한 젊은 커플이 먼저 남자의 어머니를 설득한 다음 그 어머니가 아버지를 설득하도록 요청하는 내용이 무대 위에 펼쳐진다. 110) 일반적인 증거자료들은 탠(Taine)이 19세기 잉글랜드의 특성으로 지적한 내용을 확인해 준다. '일단 젊은 남자가 자신의 마음을 정하면 그는 여성에게 선언함으로써 구혼을 시작한다. 그녀 부모의 허락을 받아내는 것은 그 다음이다. 이것은 프랑스의 관습과는 정반대이다.'111)

교회법원의 기록물은 부모자식 관계에 대한 또 다른 자료를 제공해 준다. 그 기록물에 따르면, 자녀들은 부모의 승낙을 얻어내려 시도하였고, 불만 있는 부모들이 압력을 행사하거나 결혼을 파기할 수도 있었다. 그래서 16세기 후반의 어느 구혼자는 자신의 아내감에게 이렇게 말했다. '엘렌, 제발 조심스럽게 행동하기 바라오. 부모님이 두려워 약혼을 파기하는 것은 우습거나 가벼운 일이 아님을 명심하시오. 만약 우리가 먼저 부모님의 의향을 묻지 않는다면 그분들이 우리를 갈라놓을까 두렵다는 점을 당신에게 확고히 알려드리오.' 에식스(Essex)에 사는 한 남성은 다음과 같이 선언하였다.

모든 결혼계약에서 자유롭기 때문에 그는 앤 새브지(Savedge)와 결혼

---

109) *Ibid.*, 142; S. S., *Secretaries Studies*, 23.
110) Rollins, *Pepysian Garland*, 133~138.
111) Taine, *Notes on England*, 78.

214

문제에 대해 여러 차례 명료하게 논의하였다. 그는 호의를 갖고 그녀에게 접근하였고, 그녀 역시 그를 호의로 대했다. 그러나 그녀는 부친의 승낙 없이는 그와 결혼하지 않으려 했고, 양가 부모의 승낙을 전제로 한 결혼을 원했다 … 그는 자신의 부친 윌리엄 레이놀드(Reynolds)에게 이 문제를 털어놓고, 자신과 앤 새브지 사이에 어떤 호의가 오갔는지 말하면서 부친의 승낙을 구했다. 또한 부친께서 그녀 아버지의 승낙 역시 요청해 달라고 부탁드렸다. 112)

대략 1570년경 잉글랜드 북부지방에서는 어떤 남성이 한 여성에게 그녀의 딸을 자신에게 허락해 달라고 요청하면서, 자신은 농장을 소유하고 있다고 말했다. 이것은 정혼의 전주곡처럼 들리지만 어머니의 답장을 보면 그런 느낌은 깨끗하게 사라져버린다. 그녀의 딸은 메돔슬리(Medomsely)에 사는 중년 남자와 혼담이 오가고 있는데, 딸은 당사자만큼 그를 좋아하지 않기 때문에, 메돔슬리 혼사가 파기될 경우 토머스가 딸 애그니스(Agnes)의 구혼자가 되는 것에 만족한다는 것이다. 113) 장모와 사위가 될 남성 간의 또 다른 논의를 살펴보면, 결혼의 주도권은 당사자 커플이 쥐고 있음이 드러난다. 젊은 남성은 연인의 모친에게 자신은 그녀의 딸, 마가렛 라임(Raime)의 호의를 얻었다고 선언하면서, 모친 역시 자신에게 호의와 허락을 베풀어 주실 것을 요청하였다. 어머니의 답장은 이렇게 이어진다. '나는 너희 둘이 서로 동의했음을 알았고, 이제 결혼은 두 사람만의 것이 되었으니, 나는 만족하며 너희가 행복하기만을 하느님께 기도한다.' 114)

만약 가능하다면 서로 간의 힘겨루기는 피해야만 한다. 그러나 교회

112) LRO, Consistency Court Depositions, 1578, fol. 56; ERO, D/AED/1, fol. 9.
113) Raine, 'Depositions', 236.
114) Hale, *Precedents*, 170.

는 궁극적으로 결혼당사자인 커플의 편이었다. 부모의 승낙이나 참석 없이 이루어진 결혼식마저도 절대적인 구속력이 있었다. 결혼계약을 파기하는 근거로 부모의 반대를 내세우는 사람들이 성공한 적은 거의 없었다. 사실 통상적으로 16세기이건 14세기이건 간에 교회법에 의한 계약 파기는 결혼파트너 쌍방에게 엄청난 자유를 안겨주었다. 1374년부터 1384년까지의 엘리(Ely) 기록에 대한 연구는 배우자의 선택에 대한 가족 통제의 증거가 거의 없다는 사실을 보여준다. 115)

　지금까지 우리는 부모와 자식 관계를 집중적으로 논의했지만, 주변엔 다른 사람들도 있었다. 이들의 '호의'는 법적으로 필요하진 않지만 대단히 요긴하였다. 주변 사람들은 친척과 비친척이라는 두 부류로 나뉘었다. 그러나 그 둘 사이의 경계는 모호하여 18세기까지는 '친구들' 이라는 단어가 친척과 비친척을 모두 지칭하는 용어로 사용되었다. '친구들' 속에는 결혼 커플의 고용주, 보증인, 후견인 또는 먼 친척까지 포함되었다. 그러한 '친구들'은 결혼식 재정을 지원하고, 결혼절차에 관여했으며, 결혼의 진행과 성공 여부에 커다란 영향을 미쳤다. 비록 공식적인 승인은 아니지만, 그러한 친구들의 '호의'를 확보할 필요성에 관해 언급한 교회 기록물이 상당히 많이 있다. 1592년 에식스에서 윌리엄 피콕(Peacock)은 '결혼에 관한 앨리스 스태인(Stane)의 호의를 확인했기 때문에 친구들의 호의가 확보되는 대로 결혼식을 올리겠다'고 말했다. 이러한 진술은 그의 억제할 수 없는 성욕을 잘 설명해 준다. 같은 해, 윌리엄 모이즈(Moyse)는 어느 여성에 대한 억제할 수 없는 마음을 이렇게 말한다. '그가 법적으로 결혼계약을 맺었기 때문에, 그녀 친구들의 호의를 확보하기만 하면 결혼식을 올릴 것이다. 이런 상황이 정말 안타깝다.' 116) 친구들은 신사계층의 결혼에 있어서 매우 중요한 요소였다. 17세

115) Ingram in Outhwaite, *Marriage*, 48. Sheehan에 관해서는, 'Stability'; 보다 일반적인 책은 Houlbrooke, *English Family*.

216

기 중반의 루시 허친슨(Hutchinson)은 '쌍방의 친구들이 결혼을 매듭짓고자 어떻게 한자리에 모였는지' 묘사하였다. 그러나 부모들의 경우와 마찬가지로 친구들의 결혼반대가 구속력이 없었다는 점은 분명하다. '포드(Ford) 경의 딸이 친구의 동의 없이 어떤 남성과 결혼식을 올렸다'는 사실은 주목할 만하다고 페피스(Pepys)는 생각했다. 117) 하류계층에서는 애덤 마틴데일의 아들이 아버지와 친구들의 반대를 무릅쓰고 결혼식을 올렸다. 118)

친구들의 '호의'를 확보하는 것이 절대적으로 필요하진 않지만 바람직하다는 대중들의 태도는 1590년 레이스터셔(Leicestershire) 교회법원의 판례에 잘 나타나 있다. 119) 휴 해롤드(Harold)라는 남성이 로사 클라크(Clarke)의 손을 붙잡으면서 이렇게 말했다고 한다.

'로사, 우리가 서로 사랑한 지 오래되었고, 친구들의 호의를 기다린 지도 오래요. 친구들의 호의를 얻어낼 가망이 없어 보이니, 당신의 의견을 한 번 말해보시오'. 그러자 로사가 이렇게 답변했다. '당신은 제가 선택한 남자이기 때문에 저는 친구들의 호의나 동의 따윈 신경 쓰지 않습니다. 저의 확고한 입장 외에 남의 도움은 조금도 원치 않기 때문에 저의 결심을 따르겠습니다.' 그 말을 듣자 휴는 이렇게 대답했다. '자, 그렇다면 우리 결혼을 깨려는 친구들이나 어떤 사람들의 시도도 성공하지 못하도록 결심합시다.'

116) ERO, D/AEA/16. fol. 70v; ERO, D/AEA/16. fol. 31. Browne Transcript, D/AZ/1/5, 585에서 인용.
117) Hutchinson, *Memoirs*, i, 96; Latham, *Pepys*, iii, 264.
118) Parkinson, *Life of Martindale*, 212; Macfarlane, *Josselin Diary*, 28 December 1646.
119) Moore, 'Marriage Contracts', 296.

누가 결혼을 결정하는가? 217

그리고 그들은 결혼서약을 추진하였다. 그러나 부모와 친구들이 압력을 행사하여 그 커플은 강제로 헤어지지 않으면 안 되었다.

> 비록 서로가 사랑하여도
> 많은 결혼이 깨졌다네
> 처녀의 호의를 얻어냈어도
> 그녀 친구들이 퇴짜 놓았네. 120)

다소 결혼을 망설이는 배우자에게 친구들의 반대가 때로는 유용한 보호막 역할을 하기도 했는데, 그녀는 '부모에게 순종하는 척 하면서 교묘하게 거절을 은폐하였다.' 결혼에 대한 일반 대중의 자유분방한 태도는 다음과 같은 견해에서도 잘 드러난다. '사랑하는 남성들을 환대하고 그들의 구혼을 친절로 보답하려는 그녀는, 친구들의 충고에 거의 주의를 기울이지 않았다. 말이 구유에 가득한 여물에서 건초를 고르듯이, 그녀는 자신이 좋아하는 신랑감을 운 좋게 선택할 수 있었다.'121) 이러한 시각은 1636년 에식스에서의 사전 결혼계약의 경우에 잘 나타나 있다. '그에게 그녀의 사랑을 내보이라'는 압력을 받은 한 처녀가 '그의 친구들의 호의를 확보하면 결혼하겠다고 대답하자, 그는 부친의 호의를 얻어냈기 때문에 친구들의 호의는 신경 쓰지 않는다'고 말했다. 122)

기본적으로는 부모의 경우와 마찬가지로 친구들의 충고와 상관없이 배우자들은 결혼식을 올릴 수 있다는 것이 '법률상'(de jure) 입장이었다. 반면, 결혼에 튼실한 경제적 기반을 마련한다는 견제에서 보면 인맥, 충고, 선물 등을 제공해 줄 수 있는 사람들의 호의와 지지를 확보하는 것은

---

120) Rollins, *Pepysian Garland*, 232.
121) Furnivall, *Tell-Trothes*, 55.
122) ERO, D/ABD/8, fol. 143.

분명 현명한 처사였다. 앞에서 살펴보았듯이, 고용주의 승인은 특히 중
요하였다. 결혼당사자가 기술을 습득하여 생계유지와 경제적 자립을 이
룩할 때까지 고용주와 친구들이 도움과 동의를 제공하려 하지 않았다는
사실은 결혼 연령이 늦어졌던 것과 명백한 관련이 있다.

8

결혼의 목적

맬서스주의적 결혼 패턴의 핵심 가운데 하나는 결혼의 이유이다. 대부분의 사회에서 결혼의 궁극적인 목적은 재생산, 즉 자손을 얻는 것이다. 그것은 또한 정치적, 종교적, 사회적 중요성이 있다. 생식이 더 이상 결혼의 주요한 목적이 아닌 곳에서만, 부부의 경제적이고 심리적인 동기가 결혼의 주요 관심사인 곳에서만, 맬서스주의적 결혼 전망이 이해 가능하다. 따라서 우리는 사람들이 어떻게 결혼을 이해하였고, 결혼의 주요한 목적이 무엇이었으며, 결혼 여부와 배우자를 어떻게 결정하였는지 조사할 필요가 있다.

이것에 대한 일목요연한 해석을 제시하기 위해서는 여러 가지 변인들을 설명할 필요가 있다. 한 가지 분명한 점은 남성과 여성 사이에 결혼에 대한 태도 차이가 있다는 것이다. 대부분의 기록물이 남성에 의해 작성되었기 때문에 우리는 결혼동기에 관한 왜곡된 인상을 갖게 된다. 두 가지 주요한 왜곡은 아마 생식과 신분에 관련된 것이다. 여성에게는 자녀를 갖고 싶은 생물학적인 욕구가 결혼의 주요한 동기였을 것이다. 여성이 남편감을 고를 때 최우선적인 고려사항은 그가 자녀들에게 훌륭한 아버지가 되어야 한다는 점이었다. 그녀가 생산하고픈 유형의 자녀를 낳아주고, 그들을 잘 양육해 줄 수 있는 남편감을 원했던 것이다. 소수의 여성작가들의 직접적인 언급을 확인해 보지 못했지만, 사실 상당수의 여성이 자녀를 생산하기 위해 결혼했던 것처럼 보인다. 출산에 수반되는 위험과 고통에 대한 인식은 여성들의 생식에 대한 욕구를 억제하였다. 아프라 벤(Behn)[1]의 저작 《결혼의 열 가지 즐거움》(*Ten Pleasures of Marriage*)에 등장하는 소녀 펙(Peg)은 여주인의 출산 모습을 목도한 다음 이렇게 말했다. '이것이 결혼의 결과인가요? 나는 죽을 때까지 결혼하지 않을 거예요. 신사와 동침하는 것은 무척 즐거운 일이지만 출산은 전혀 아닙니다.' 높은 모성사망률과 자녀를 잃게 되는 슬픔을 감안할 때, 결혼이란 선뜻 감행하기 위험한 것이었다. 따라서 출산이란 여성에게 있어서 혼란스러운 경험이었다.

마찬가지로 여성의 지위에 미치는 결혼의 영향은 긍정적이든 부정적이든 엄청난 것이었다. 아프라 벤이 냉소적으로 말했듯이, '(만약 모든 일이 잘 된다면) 그는 너의 위안자, 너의 친구, 너의 보호자, 너의 안내 신사, 아니 네 마음이 소원하는 모든 것, 하늘이 너에게 허락하는 모든 것이 되어줄 것이다.'[2] 한편, 여성에게 결혼은 남편에의 종속과 자유의 상실을 의미했다. 결혼은 종종 여성에게 성인대접을 받게 해 주었지만, 잉글랜드에서는 사정이 반드시 그렇지만도 않았다. 왜냐하면 여성은 결혼 여부와 상관없이 이미 자유롭고 독립적인 성인이었기 때문이다. 결혼은 여성에게 몇 가지 새로운 지위를 — 예컨대 자신의 '미혼' 자매들보

---

1) Behn, *Pleasures*, 82. (옮긴이) 아프라 벤(Aphra Behn): 잉글랜드 왕정복고기(1660~1688)의 드라마 작가. 그녀는 남녀 간의 연애를 주제로 하는 다수의 작품을 남겼음.

2) Ibid., 17.

다 식탁의 상석에 앉는다든지 특정한 의상을 입을 수 있다든지 — 부여해 주었던3) 반면, 한 남성과의 관계에 있어서 그녀는 사실상 예속되었던 것이다. '젊은 여성이 자신의 결혼식에서 포기하는 것'이 무엇인지 코베트(Cobbett)는 독자에게 선명하게 상기시켜준다.

> 〔여성〕은 쌍방의 결합된 삶에 자신의 자유를 온전히 바친다. 여성은 자신의 주거지, 삶의 방식, 사교 등에 관한 절대권을 남편의 기호에 맡겨버린다. 법적 조치로 따로 남겨둔 것을 제외하고, 여성은 자신의 모든 재산을 마음대로 가져다 사용할 권리를 남편에게 넘겨준다. 무엇보다도 여성은 자신의 전 **인격**을 남성에게 넘겨버린다. 4)

장단점이 뒤섞인 결혼의 축복을 감안해 볼 때 결혼은 부유한 과부로 만들어 줄 수도 있기 때문에 여성에게 전적으로 이롭다는 냉소적인 전통이 있어왔다는 사실은 놀라운 일이 아니다. 초서(Chaucer)의 《서문》(Prologue)에 등장하는 결혼을 다섯 번이나 해치운 '바쓰의 여장부'(Wife of Bath)부터 개이(Gay) 5)의 《거지 오페라》(Beggar's Opera)에 이르기까지 '즐거운 과부' 주제는 계속된다. 후자에서 피첨(Peachum)은 자신의 딸 폴리(Polly)에게 그녀와 노상강도 맥히쓰(Macheath)의 결혼에 '귀부인의 상식적인 결혼관'이 있는지 여부를 묻는다. 그것이 무슨 말이냐고 순진하자 되묻는 폴리에게, '그것은 과부급여(jointure)이며, 과부가 되는 것'이라는 답변이 돌아온다. 사랑하는 남자와 헤어지지 않겠다고 반항하는 폴리에게 그녀의 아버지는 이렇게 대꾸한다. '그 놈과 헤어지란

---

3) Gouge, *Domesticall*, 211; Van Meteren in Wilson, *Shakespeare's England*, 27; Parkinson, *Life of Martindale*, 7; Whateley, *Care-Cloth*, 61.

4) Cobbet, *Advice*, 167~168.

5) (옮긴이) 존 개이(John Gay, 1685~1732): 잉글랜드의 시인이며 극작가로 대표작은 1728년에 발표된 《거지 오페라》(*Beggar's Opera*)이다.

말이야! 과부급여야말로 결혼계약서의 모든 계략과 의도란 말이야. 과
부의 안락한 사유지야말로 아내의 기분을 상쾌하게 만들어 주는 유일한
희망이란 말이야.'6)

그러나 결혼이 여성에게 안겨주는 위험부담과 무능력에도 불구하고
결혼의 이점은 다수여성들을 유혹하기에 충분했는데, 이것은 결혼에 대
한 기대감이 경험적 사실을 압도한 것이다. 사실, 때때로 남편감에 대한
수요가 공급을 초과했다는 것은 널리 확산된 견해였다. 뉴캐슬의 공작
부인은 자신의 17세기 편지에서, 남편감에 대한 수요가 '팔아치울 남편
감보다 많고 … 특히 훌륭한 남편감은 극히 드물다'고 지적하였다.7) 그
당시의 페피시언(Pepysian) 발라드의 가사는 다음과 같다.

　　젊은 남성, 아내 구하려 전혀 고민할 필요 없네
　　과부와 처녀들, 남편감 구하려고 애쓰기 때문이지.
　　살아남은 여성들에게 남편감 부족하여
　　그들 모두 벌떼처럼 교회로 달려갔다네.8)

이러한 상황을 타개하기 위해 25세 이상 독신남성의 결혼을 강제하는
법안을 도입하자는 견해가 17세기 말과 18세기 초에 제기되었다. 1695년
의 한 법령(6 & 7 W. & M. cap. 6)은 25세 이상의 모든 독신 남성에게
세금을 부과하기 시작하였다. 재혼하지 않은 무자녀 홀아비들에겐 고액
의 세금을 부과하여 이전 독신세의 전통을 이어갔다.9) 이러한 사실은 여
성들이 남성들보다 결혼을 더욱 소망했다는 것을 의미하지 않는다. 존슨
박사의 견해가 일견 타당해 보인다. '선생님, 결혼이란 여성보다는 남성

6) Gay, *Beggar's Opera*, 64.
7) Cavendish, *Letters*, 100.
8) Rollins, *Pepysian Garland*, 235.
9) Jeaffreson, *Bridals*, ii, ch. 6.

에게 더 필요한 것이지요. 왜냐하면 남성들은 자신에게 가정의 안락함을
제공할 능력이 훨씬 덜하기 때문이지요.' 그러나 여러 인구학적이고 문화
적인 이유 때문에 17세기 말경에는 독신 남성들이 상당히 많았다. 10)

결혼은 남녀 간에 견해차이가 있었고, 그와 동시에 가문의 사회경제
적 수준에 따라서도 엄청난 차이가 있었다. 공작의 장남이 결혼할 경우
에는 목수의 장남과 달리 여러 가지 고려할 사항이 많았다. 이러한 사실
과 다른 차이점을 고려해 보건대, 결혼의 진정한 목적은 무엇이었을까?

15세기부터 19세기에 걸친 교훈적인 문학작품들은 결혼을 성립하게
만드는 세 가지 주요한 이유가 있음을 보여주었다. 이것은 결혼의 목적
을 당사자에게 설명해 주는 결혼예배에 잘 요약되어 있다. '첫째는 자녀
를 생산하여 그리스도의 교양과 두려움으로 양육해 하느님을 찬미하도
록 하는 것이고, 둘째는 죄에 대한 구제수단, 즉 간음을 피하기 위한 수
단이며 … 셋째는 부부 서로를 위한 교제와 도움 그리고 위로를 나누기
위함이다.'11) 종종 주석가들은 그 순서를 바꾸었다. 스텁스(Stubbes)는
간통의 회피를 첫째로, 상호위안을 둘째로, 자녀생산을 셋째로 바꾼 다
음, 네 번째 이유, 교회와 그리스도의 결혼, 즉 "결혼을 영적 결합의 상
징"이라고 덧붙였다. 보즈웰(Boswell) 12)은 하느님께서 '남녀 간의 상호
위안, 자녀의 생산과 올바른 교육'을 위해 결혼제도를 제정하셨다고 해
석하였다. 13) 결혼의 우선순위에 대한 한 분석에 따르면 종교개혁이 우
선순위의 순서를 이전과 다르게 하지 않았으며, 종교개혁 이전과 이후
에 거의 비슷한 비율로 부부간의 '상호위안'을 첫 번째 이유로 꼽았다. 14)

10) Hill, *Life of Johnson*, ii, 471. 독신자는 Watt, *Rise of Novel*, 165.
11) *The Prayer-Books*, 410.
12) (옮긴이) 제임스 보즈웰(James Boswell, 1740~1795): 사무엘 존슨(Samuel Johnson)의 전기를 펴낸 잉글랜드의 전기 작가.
13) Stubbes, *Anatomie*, fol. 51v; Pottle, *Boswell's Journal*, 304
14) Davis in Outhwaite, *Marriage*, 62~63.

우리는 '자녀생산'의 동기에 관하여 이미 상세한 논의를 거쳤다. 비록 자녀생산의 동기가 잉글랜드에서 존재한 것은 분명하지만, 다른 곳에 자주 발견되었던 그런 지배적이고 압도적인 중요성이 있었던 것처럼은 보이지 않는다. '간통 회피'에 대한 논의는 호기심을 돋운다. 잉글랜드만큼 결혼을 주로 '죄에 대한 구제수단', 즉 욕정이라는 타고난 죄에 대한 안전한 배출구로 정당화하고 강조하는 사회는 거의 없었다. 토머스 모어(More) 경은 사람들이 결혼하는 주된 이유는 사회와 교회가 인간의 생물학적 충동을 억제하기 때문에 결혼이 섹스를 얻기 위한 유일한 방법이기 때문이라고 노골적으로 제시하였다. 15) 결혼이 '죄에 대한 구제수단'이라는 이러한 견해는 종교개혁 이후 서서히 사라진 가톨릭 고유의 특징은 아니었다. 몇몇 급진적이고 영향력 있는 비국교도들16), 예컨대 17세기 후반 리처드 백스터(Baxter) 같은 인물 역시 완전히 똑같은 견해를 취했다. 17) 사창가의 번성으로 인해 결혼이야말로 섹스를 얻기 위한 비효율적이고 값비싼 방법이라고, 사람들은 농담하며 비웃었다. '결혼한 남자에게 섹스란, 대지에 비싼 담장을 치고 식물을 재배한 사람이 텃밭의 오이보다 더욱 싼 값에 타지의 멜론을 맛보는 것과 같은 것이다.'18) 하지만 이것은 모어의 견해와 정확히 일치한다. 부적절한 섹스를 통제할 수만 있다면 결혼이 필요할 것이다. 그러나 이러한 등식은 지나치게 단순한 접근이다. 조혼이 발생하여 널리 보편화된 18세기 후반, 바로 그 시기에 부적절한 섹스가 증가하였음을 우리는 목도하였다. 오늘날엔 성적 만족을 얻기 위하여 강제로 결혼할 의무가 거의 없지만 여전히 많은

15) More, *Utopia*, 103
16) (옮긴이) 비국교도는 잉글랜드국교인 성공회로부터 분리한 개신교 집단으로, 예컨대 감리교, 침례교 등이 있다.
17) Schucking, *Puritan Family*, 24.
18) Fleming, 'Notebook', 29v.

사람들이 결혼을 한다. 그렇다면 자녀생산과 섹스 이외의 다른 강력한
압력이 존재하고 있음에 틀림없다.

　다른 문화권에서 중시했던 수많은 결혼의 동기들이 19세기 잉글랜드
에는 적용되지 않았다. 맬서스가 이 사실을 인정했다는 것을 우리는 앞
에서 살펴보았다. 이러한 사례가 얼마나 더 앞선 시대까지 거슬러 올라
가는지 살펴볼 필요가 있다. 결혼의 정치적 이익에 관한 논의가 거의 없
다. 예컨대, 여러 사회에서 중요한 요소인 다른 친족 집단과의 동족을
형성하는 정치적 이익 말이다. 때때로 사람들이 "우리의 친족, 우리의
친구, 우리의 동족"을 늘리려는 방안으로 결혼의 중요성을 언급하곤 한
다.[19] 그러나 상위 1%를 제외하고는 이 동기는 큰 중요성을 띠지 못한
것처럼 보인다.

　'생산'의 동기에 포함된 또 다른 결혼의 가치는 자녀를 독실한 기독교
인으로 양육하여 세상에 내보내는 것이다. 마찬가지로 때때로 결혼이
하느님과 인간, 예수 그리스도와 교회와의 관계에 대한 은유 또는 상징
으로 격려되었음을 우리는 살펴보았다.[20]

　그러나 이상한 것은 종교에 대한 일반적인 강조가 거의 없다는 것이
다. 종교와 의식에 관한 한, 결혼은 놀라울 만큼 중립적인 사안이었고,
이러한 사실은 다른 세계 종교와 비교해 보면 더욱 뚜렷해진다. 몬태귀
여사가 터키에 체류할 때 발견한 것처럼, 이슬람은 결혼의 필요성에 엄
청난 중요성을 부여하였다. '미혼의 상태로 사망한 여성은 비난과 질책
을 받아야 한다는 이슬람 계율'은 그녀에게 '무척 낯설게' 느껴졌다. '이러
한 신념을 뒷받침하고자 터키인들은 여성 창조의 목적은 자녀수를 늘리
는 것이라고 주장한다. 여성은 자녀를 생산하고 돌볼 때에만 신이 여성
에게 기대하는 소명을 적절히 수행하는 셈이다.' 따라서, '무척 미신적인

---

19) Becon, *Works*, dcxlix; Camdem, *Elizabethan Woman*, 80
20) Pekkins, *Oeconomie*, 107.

226

다수의 터키여성들은 쓸모없는 존재라는 비난 속에 죽기가 두려워, 과부가 된 지 채 열흘이 안 되어 재혼을 시도한다.' 몬태귀 여사는 이슬람과 기독교 사이에 존재하는 이러한 간극이야말로 종교개혁 전과 후에 비견되는 단절이라고 결론짓는다. '이것은 동정녀의 서약이야말로 하느님을 가장 기쁘시게 하는 것이라고 주장하는 신학과 무척 다른 것이다.'21)

로마 가톨릭 교리에는 몇 가지 이상한 모순이 있다. 우선, 결혼은 오랫동안 종교와 무관한 완전히 개인적 사안이었다. '소박한 중세의 결혼은 그 발달기원은 13세기까지 거슬러 올라가 찾을 수 있으며, 평신도 결혼이었다'고 하워드는 주장한다. '결혼에 대한 공적 허가라든지 등록 같은 것은 그 흔적도 찾아볼 수 없다. 성직자 또는 공직자가 권위적으로 결혼에 간섭하는 일도 없었다. 결혼은 완전히 개인 간의 비즈니스 거래였다.' 교회는 13세기부터 15세기 사이에 서서히 결혼문제에 권위를 주장하기 시작했다. 결혼은 금욕보다 열등하며 단지 차선책에 불과하지만 신성한 것이라는 불편한 입장을 교회는 견지하였다. '중세교회의 시각에서 보면 결혼은 성사(sacrament)였다. 하지만 결혼은 여전히 간음에 대한 구제책이었다.'22)

교회의 그러한 모순은 잉글랜드에서는 종교개혁 이후까지 계속되었다. 결혼은 평가절하되었고, 더 이상 성사가 아니었다. 결혼은 '교회와 관계없는 일시적이고 세속적인 사건'이라고 루터는 선언하였다. 결혼은 '그 자체로 교회와 무관한 일로서 시민의 계약일 뿐이다.'23) 종교적인 입장에서 볼 때 결혼은 더 이상 관심사가 아니었고, 서로 동의한 개인끼리

21) Wharncliffe, *Letters of Montagu*, ii, 25, 26; 또 다른 참고문헌으로는, Westermarck, *Marriage in Morocco*, 359.

22) Howard, *Matrimonial Institutions*, i, 285; i, 325.

23) Ibid., i, 388; Perkins, *Oeconomie*, 10; Selden, 'Table Talk', in Cohen, *Penguin Dictionary*.

의 계약일 뿐이다. 24) 그러나 하워드가 지적한 것처럼 이러한 태도는 기술적인 입장일 뿐, 결혼은 여전히 시민들끼리 맺는 관계 그 이상이었다. 사람들은 교회의 축복을 받으며 결혼하도록 격려되었다. 게다가 결혼을 신성시하려는 종교개혁가들의 빈번한 시도는 결혼성사의 평가절하와 대칭을 이루었다. 그들은 중세 가톨릭교회의 가장 역겨운 점은 결혼을 성욕에 대한 차선의 구제책으로 보는 호색의 견해라고 비난하였다. 누구나 결혼하라고 교회가 명령하지는 않았지만, 결혼을 독신과 마찬가지로 찬양받을 일로 간주하도록 충고하였다. 그리하여 《에드워드 6세의 제 2 기도서》(*The Second Prayer Book of King Edward the Sixth*) 는 결혼의 가치를 강조하면서 결혼예식을 축복한다. 결혼은 '인간이 순수했던 당시 낙원의 신이 제정한 명예로운 사회적 제도이며, 예수 그리스도와 교회의 신비로운 결합을 우리에게 가시적으로 보여준다. 그것은 예수가 갈릴리 가나의 결혼잔치에 참석하여 최초의 기적을 행하심으로써25) 축복하고 아름답게 만들었던 성스러운 사회적 지위이다. 모든 사람들 가운데 사도 바울은 교회와 예수의 결합을 가장 칭송한다.' 이것은 결혼이 인류의 타락과 죄의 산물이 아니라는 강력한 증거이다. 결혼은 '인간의 순수성'에서 생성되었고, 26) 예수와 사도 바울이 보여준 것처럼 명예로운 제도이며, 성사는 아닐지라도 하나의 징표였다. 그러나 결혼에 대한 혐오는 계속되었다. 분명한 것은 기독교 신앙과 결혼예식이 사람들로 하여금 결혼하도록 압력을 행사하지는 않았다는 점이다. 예컨대 결혼의사가 없는 딸에게 종교적 논증을 통하여 복종하도록 강제할 수는 없었다.

---

24) Howard, *Matrimonial Institutions*, i, 393.
25) (옮긴이) 예수는 갈릴리 가나의 결혼식에 참석하여 물로 포도주를 만드는 기적을 베푸셨다. (요한복음 2:1~11)
26) (옮긴이) '인간이 순수했던 시절'이란 구약성서에 나타난 에덴동산에서 타락 이전의 인류의 모습을 말한다.

　대부분의 사회에서 많은 부부는 결국엔 다정한 친구가 된다. 그러나 결혼에 대한 인류학적 연구로부터 배울 수 있는 가장 큰 교훈은 '반려자로서의'(*companionate*) 결혼이라는 서구의 개념이 독특하다는 점이다. 서구 이외의 지역에서는 반려자를 얻기 위해 결혼하지는 않는다. 그들의 결혼은 진정한 영혼끼리의 결합도 아니고, 두 반쪽의 연합도 아니며, 자신의 내적 영혼을 토로할 수 있는 존재, 인생의 친구이며 거울과 같은 누군가를 찾는 것도 아니다. 일반적으로 남성들의 세계와 여성들의 세계는 서로 분리되어 있으며, 이러한 상황은 결혼 전후에 상관없이 동일하다. 아내는 남편보다 자신의 여성친족이나 이웃여성들과 훨씬 더 가깝게 지낸다. 남편은 다른 남성들과 함께 시간을 보내면서 그들과 흥밋거리를 공유한다. 부부는 종종 따로 식사하고, 서로 떨어져 걸으며, 결혼기간 대부분에 따로 잠자리를 하기도 한다. 그들은 서로를 몹시 싫어하기도 한다. 그러나 경제적이고 정치적인 목적과 출산이라는 목적이 충족되었기 때문에 만족스러운 결혼이라고 솔직히 주장하기도 한다. 이러한 결혼에는 두 인격체 또는 영혼의 결합은 포함되지 않는다. 부부는 종종 결혼 전날까지도 서로를 전혀 모르고, 결혼 후 수년 동안 서로를 거의 보지 못하며, 부부끼리 함께 있는 것조차 어색해 한다. 이것은 그러한 사회에서의 부부관계가 얕다든지 애정이 결여되어 있음을 의미하는 것은 아니고, 혈족에 대한 사랑과 애정이 우선이라는 것을 뜻한다. 그러나 맬서스주의적 결혼 체제는 남편과 아내 사이의 깊은 결속력을 전제로 한다. 언제부터 부부간의 친밀함이 결혼의 핵심적 특징이 되었으며, 그것이 얼마나 널리 퍼져있었는가?

　다윈이 보여준 '반려자' 결혼의 동기는 19세기 잉글랜드에 널리 퍼져 있었다. 19세기 후반, 프랑스인 텐(Taine)은 이렇게 말했다. '모든 잉글랜드인들은 결혼문제에 관해 마음 깊숙이 낭만적인 성향을 갖고 있다. 그는 자신이 선택한 여성과 함께 살고, 부부와 자신들의 자녀들만으로 이루어진 '가정'을 상상한다. 이것은 외부세계와 단절된 자신만의 작은 우주인 셈이다.'27) 고독과 외로움을 극복하고, '영혼의 친구'를 찾으려는 우선적 욕구는 19세기 후반 마크 러더포드(Rutherford)의 자서전에 아름답게 묘사되어 있다.

나는 내가 좋아하는 친구들을 발견했고 그들 역시 나를 좋아한다고 고백했다. 하지만 나는 그들보다 더 깊은 사랑에의 갈증을 느꼈다. 나는 나의 헌신을 입증하길 원했고, 상대방의 나에 대한 헌신을 갈망하였다. 나는 이러한 이상에 사로잡혀 있었다. 마치 천국을 추구하는 것처럼 열렬하게 찾았던 대상을 드디어 발견한 것은 아닐까 생각하면서, 나는 새로운 사람을 만날 때마다 불안하고 조급하였다. 내가 원했던 유형의 친구가 결코 나타나지 않았다는 사실은 말할 필요조차 없다.

나중에 러더포드는 잠재적 아내감에 대해 이렇게 말했다. '만약 그녀와 결혼한다면 나는 나를 몹시 짓누르는 견딜 수 없는 고독으로부터 벗어나 나만의 가정을 갖게 될 것이다.'28)

이러한 반려자를 얻는 이상적 결혼, 우정으로서의 결혼은 결혼에 대한 기독교적 이상인데, 기독교적 이상이 제시하는 결혼의 세 번째 존재이유는 '서로가 서로에게 제공해 줄 수 있는 상호교제, 도움 그리고 위로였다.' 이상적 결혼에 대한 19세기적 표현은 농부의 아들이었던 윌리엄 코베트(Cobbert)의 작품에 등장한다. 독신의 삶에 대해 그는 다음과 같이 묘사한다.

얼마나 비참한 삶인가! 외출하지 않거나, 말상대를 집으로 초대하지 않으면 대화를 나눌 사람도 없고, 함께 마주 앉아 얘기할 친구도 없으며,

---

27) Taine, *Notes on England*, 78.
28) Shapcott, *Rutherford Autobiography*, 24, 58.

즐거운 저녁을 같이 보낼 사람도 없구나! 너의 슬픔과 기쁨을 함께 나눌 사람이 하나도 없다. 너와 흥미를 공유할 영혼이 한 명도 없다. 네 주위 사람들은 자신만 돌볼 뿐, 너에겐 관심도 없다. 낙담의 순간에 너를 격려해 줄 사람 하나 없고, 한 마디로 말하자면 너를 사랑해 줄 사람이 한 명도 없으며, 네 삶을 마칠 때까지 그런 사람을 만날 가능성도 없다. 왜냐하면, 만약 네게 부모 형제가 있다 할지라도 그들은 다른 사람들과 관계를 맺고 있기 때문이다. 29)

결혼이란 반려자를 구하는 것이라는 견해가 중류층만의 현상은 아니었다는 사실은 18세기 말경 제빵업자의 아들이며 독학자인 프랜시스 플레이스(Place) 가 잘 보여준다. 아내를 매장하고 나서 그는 가눌 수 없는 자신의 슬픔을 이렇게 기록하였다. '나는 잃었다, 변화무쌍한 내 인생의 영원한 **친구**이며 소중한 **반려자**를. 나의 모든 신뢰를 독차지했던 그녀는 자신의 신뢰를 나에게 주었으며, 지난 30년 동안 나에게 무척 성실한 사랑을 베풀었다.' 그는 장례식에 불참한 아들 존에게 이런 편지를 보냈다.

나는 36년 결혼생활의 마지막 날까지 결혼 첫날과 마찬가지로 그녀를 사랑하였다. 나의 가장 큰 즐거움은 그녀를 나의 친구로 삼은 것이었다. 그녀의 모습을 보고, 그녀의 목소리를 듣는 것은 나의 기쁨이었다. 내가 갈망했던 유일한 휴식은 그녀와 함께 있는 것이었다. 남자가 다른 남자의 친구가 될 수는 있어도, 오직 '여성'만이 남자의 '반려자'가 될 수 있다. 내가 이전에 그녀에게 했던 것처럼, 하루 동안의 일을 얘기해 줄 사람도, 대화를 나눌 사람도 없다. 조금도 거리낌 없이 내 생각을 털어놓을 사람도 없고, 내가 하는 일에 공감해 줄 사람도 없다. 30)

유럽의 결혼패턴을 따르는 프랑스 사람들마저도 잉글랜드의 결혼제도

29) Cobbett, *Advice*, 200.
30) Theale, *Place Autobiography*, 254, 255~257.

를 이상하게 여겼다. 텐은 잉글랜드에 대해 말하기를, '이곳에서는 사랑 때문에 결혼을 하고, 서로에 대한 결정적인 이끌림이 있어야 한다.' 거의 한 세기 전 1784년 라 로슈푸코(La Rochefoucauld)는 '잉글랜드에서는 남편과 아내가 항상 붙어있으며, 동일한 사교모임에 소속된다. 그들은 따로 행동하지 않으며 모든 방문일정도 함께 소화한다. 잉글랜드에서 그렇게 하지 않는다면, 파리에서 부부가 함께 돌아다니는 것보다 더 우스꽝스러운 일이다. 잉글랜드의 부부는 서로 간의 완벽한 조화를 보여준다.'31) '일반적으로 잉글랜드인 아내들은 프랑스인 아내들보다 부부간 애정이 훨씬 더 따뜻하다'고 코베트는 지적하였다. 32)

18세기로 돌아가면 결혼은 반려자를 찾는 것이라는 견해가 이미 성행하고 있음을 보게 된다. 두들리 라이더의 말은 다윈의 주장처럼 들린다.

> 나는 편안한 마음으로 독신을 선택하고 싶지만 결혼에 강한 매력을 느낀다. 여성과의 동침을 즐기고 싶은 욕망보다는 결혼한 상태를 선호하는 인간의 자연스러운 성향 때문이다. 결혼은 매혹적이고 감동적이다. 아름다운 여성이 나의 다정한 친구가 되어, 나를 배려해 주고, 지속적인 반려자로서 나를 위로해주고, 돌봐주며, 애무해 준다는 생각만으로도 나는 황홀해진다. 33)

여성들이 그러한 헌신을 기꺼이 제공할 준비가 되어 있다는 사실은 2년 뒤 앤 워틀리(Wortley)가 자신의 청혼자 보낸 편지 구절에 잘 나타나 있다. (청혼자는 그녀가 다른 멋진 남성들을 유혹할지도 모른다고 놀려댔다.) '누구와 결혼하든지, 일단 결혼하면 저는 당신과만 대화를 나눌 것이고, 저는 오직 당신만을 위해 모든 것과 결별하겠어요.' 로크(Locke) 34)는

---

31) Taine, *Notes on England*, 73; Flandrin, *Families*, 168에서 인용.

32) Cobbett, *Advice*, 23.

33) Matthews, *Ryder Diary*, 309~310.

232

결혼이 부부 상호 간의 지원과 조력, 그리고 관심의 교류를 끌어들인다고 말했다. '두 사람 간의 천성적인 동감 때문에 그들은 함께 사랑하며 안락한 삶을 살았다'고 리처드 거프(Gough)가 《마이들》(*Myddle*)에서 기술했던 부부처럼, 이렇듯 친밀한 우정과 사랑의 사례는 많았다. 35)

17세기 중반으로 거슬러 올라가면, 견본편지 작가들은 결혼의 중요한 이점으로 부부의 상호교제와 반려, 경쟁적이 치열하고 개인주의적인 세상에서 동일한 관심사의 소유, 다시 말하면, 부부간의 진정한 우정을 꼽았다. '소중한 아내는 제2의 자아이고', '정숙한 여성은 또한 남편의 진정한 친구였다.'36) 아내의 다양한 역할은 베이컨(Bacon) 경37)의 경구에 잘 요약되어 있다. '아내는 젊은 남편의 정부요, 중년의 친구이며, 늙은 남자의 간호사이다.'38) '결혼에 관하여'라는 설교집은 결혼의 첫 번째 이유로 '남자와 여자가 합법적으로 지속적인 우정을 누리며 사는 것'을 꼽았다. 39)

반려자로서의 결혼(*companionate marriage*)40)을 가장 고양한 표현은 존 밀턴(Milton)의 저작에 등장한다. 밀턴은 주장하기를, 결혼이란 개인의 분리됨과 외로움을 통제하기 위하여 하느님이 최초로 창안하셨다

---

34) (옮긴이) 존 로크(John Locke, 1632~1704) : 잉글랜드의 철학자.
35) Wharncliffe, *Letters of Montagu*, i, 187 ; Locke, *Government*, 40 ; Gough, *Myddle*, 147.
36) I. W., *Speedie Poste*, sig. C3v ; *The Court Letter Writer*, 157.
37) (옮긴이) 프랜시스 베이컨(Francis Bacon, 1561~1626) : 잉글랜드의 철학자이며 수필가.
38) Bacon, *Essayes*, 23.
39) Sermons or Homilies, 'On Matrimony', 1.
40) companionate marriage은 '우애결혼'이라고도 번역되나, 이 뜻은 이성끼리 서로의 우애를 기초로 하여 결혼생활에 들어가기 전에 피임과 이혼의 자유를 인정하면서 시험적으로 동거하는 결혼이다. 따라서 여기에서 의미하는 바와 차이가 있어 '반려자로서의 결혼'으로 번역한다.

는 것이다. 결혼은 독신생활의 해악으로부터 남성을 위로하고 재충전시켜주기 위해 제정되었다는 것인데, 이것은 분명 남성과 여성 사이의 유쾌한 대화를 암시한다. 그러므로 성관계는 '부부간 사랑의 결과'이지 결혼의 핵심 목적은 아닌 것이다. 극복되어야 할 외로움은 '성관계의 결핍'으로 표현되는 육체적 외로움만은 아니었다. 왜냐하면 하느님은 '남성의 가장 고귀한 부분, 즉 정신'에 필요한 것을 공급하시길 원했던 것이다. 하느님은 이렇게 말씀하셨다. '남자가 혼자 사는 것이 바람직하지 못하다. 내가 그를 위하여 돕는 배필을 만들어 주리라.' 그러므로 하느님의 의도에 따르면, '적절하고 행복한 대화야말로 결혼의 가장 중요하고 가정 고상한 목적이었다.' '대화'란 물론 언어적 의사소통만 의미하지는 않았고, 부부간의 총체적인 의사소통, 예컨대 신체적, 정서적, 정신적 의사소통을 뜻했다. 그리하여 밀턴은 '부부간의 교제에 있어서 서로 적절히 대화를 나눌 수 있는 영혼을 만나고 싶은 순수하고 본능적인 욕구'를 가장 강조했던 것이다(이러한 욕구는 '사랑'이라고 불린다). 결혼의 근본적인 근거는 '남자가 혼자 사는 것이 바람직하지 못하다'는 하느님의 인식이다. 따라서 이브가 창조되었던 것이다. '사랑은 외로움의 아들'이라고 모세는 우리에게 말한다. 그러므로 밀턴은 결혼의 필수요소를 꼽으면서 부부 상호 간의 위안을 가장 강조했던 것이다. '부부는 서로 협력해야 하는데, 첫째는 하느님을 향한 외경심, 다음엔 사랑과 우정의 교제, 그 다음엔 자녀생산과 가정꾸리기, 마지막으로 음행의 치유를 위해서'이다. 남성과 여성 창조의 신비는 서로 유사한 존재이면서 굉장히 상이한 존재라는 것이다. 예컨대, 남성과 여성은 상보적이어서 서로의 단점을 치유해 준다. 또한 인간의 영혼은 휴식을 필요로 하는데, 이러한 휴식은 '서로 다른 성별의 사람이 유사하면서 상이하고, 상이하면서 유사한 상대의 모습을 보고 몹시 기뻐할 때 가장 잘 이루어진다.'41) 이토록 드높은 이상을 근거로 밀턴은 서로 양립할 수 없는 부부의 이혼을 옹호했던 것

이다. 만약 부부간의 사랑과 우의가 식었다면 결혼생활을 무리하게 연
장시킬 필요가 없었다. 1626년 출간된 책에 《멋진 아내》(Good Wife)를
묘사하는 일련의 경구들이 밀턴과 유사한 견해를 보여준다.

> [그녀는] 행복으로 가득 찬 세계이다. 엄청난 만족을 주는 위로자이고,
> 유례가 없을 만큼 소중한 그녀의 가치는 측정이 전혀 불가능하다. 그녀
> 는 멋진 남성의 분신이고, 진정하고 지속적인 겸손의 화신이며, 근검절
> 약에 세심한 아내이자, 남편 마음에 행복감을 주는 사랑스런 대상이다.
> 그녀는 하느님께서 남성에게 내려주신 은총이고, 그가 괴로울 때 진실
> 한 친구이며, 모든 경우에 반려자이다. 42)

우리는 반세기 전 셰익스피어의 소네트와 희곡에서 몸과 마음 그리고
영혼의 총체적 결합이라는 결혼의 개념을 다시 발견하게 되는데, 그의
언어는 아무도 필적할 수 없다. 겸손한 수준에서 여성은 다음과 같이 묘
사된다.

> 여성은 왜 연약한 존재로 간주되는가? 여성의 천성이 순수하기 때문이
> 아니런가? 왜 여성은 반드시 필요한 존재인가? 남성들이 여성 없이 살
> 수 없기 때문 아닌가? 우리를 도울 자가 없을 때 여성들은 우리를 위로
> 해 주고, 우울할 때 우리를 북돋아 주며, 지옥문에서 우리를 건져내는
> 방편이다. 우리가 광기에 빠지면 여성의 감미로운 노래가 악귀를 내쫓
> 고, 마법에 걸리면 여성은 우리를 괴롭히는 악령을 사랑으로 결박하며,
> 방종의 바다에 집어삼켜지면, 하늘은 여성을 조력자로 만드시어 지옥
> 불에서 우리를 구해준다. 43)

---

41) Milton, *Works*, iii, 181, 342, 332, 187, 92, 192, 333, 331.
42) Earle, *Microcosmography*, 248.
43) Furnivall, *Tell-Trothes*, 103.

충분한 생계수단의 확보도 없이 결혼의 위험성에 주의하지 않은 사람들에게 스텁즈(Stubbes)는 신랄하고 돌연한 방식으로 비난을 퍼부었다. 그들은 단순히 이기적인 욕망과 감정에 이끌려 결혼했던 것이다. '아니, 아니, 그것은 이 사안에게 적절치 않아. 그리하여 그는 아름다운 신부를 속임수에 빠뜨렸다.'[44]

결혼의 기초로서 사랑의 핵심적 필요성을 논의할 때 우리는 이 주제를 심도 있게 다룰 것이다. 우리가 갖고 있는 결혼관계에 대한 가장 이른 시기의 자료를 되돌아보면서 이 짧막한 연구를 마칠까 한다. 1230년경 잉글랜드 프란치스코 수도회 소속 바르톨로매우스 앵글리쿠스(Bartholomaeus Anglicus)는 백과사전을 편찬했다. 라틴어로 작성된 이 책은 사전류 가운데 가장 인기가 있었고, 영어로 번역된 최초의 백과사전이었다. 이 사전의 남자에 대한 묘사를 살펴보자.

그는 결혼서약을 통해 아내를 떠나지 않고 아내와 함께 살겠으며, 그녀에게 진 자신의 빚을 갚고, 누구보다도 그녀를 사랑하고 지켜주겠다는 맹세를 한다. 남자는 자신의 아내를 몹시 사랑하여 모든 위험에 자신을 내던진다. 또한 그는 어머니의 사랑보다 그녀를 우선시한다. 왜냐하면 그는 부모를 떠나 아내와 같이 살기 때문이다.

결혼하기 전에 남자는 다양한 선물과 행동으로 그녀의 사랑을 얻으려 노력한다. '그는 그녀에게 명랑하게 말을 걸고, 그녀의 얼굴에 기쁨이 번지는 것을 즐거운 눈으로 바라본다.' 그녀와 결혼한 다음, 그녀를 자기 집으로 데려온다.

〔그는〕 잠자리에서나 식탁에서 그녀의 친구가 된다. 그는 자신의 아내에게 돈과 가옥과 토지를 제공한다. 그는 마치 자신을 위한 것처럼 그녀

---

44) Stubbes, *Anatomie*, fol. 55v.

236

를 위해 부지런하고 세심하게 행동한다. 그녀가 실수를 저지르면 각별한 사랑으로 충고하고, 그녀를 조심스럽게 보살펴 준다. 그녀의 행동거지, 언어와 용모, 현재와 지나간 삶, 외출과 귀가를 세심하게 살핀다.

따라서 '선량한 여성을 아내로 둔 남자보다 더 큰 부를 소유한 사람은 없고, 사악한 아내를 둔 남자보다 더 큰 화를 당하는 사람도 없다.'45) 이 말은 이론으로 그치는 것이 아니었다. 중세여성 연구에 있어서 주도적인 학자인 아일린 파워(Power)는 결혼관계에 관한 다수의 자료를 읽은 다음, 중세는 '부부간인 친구들'로 가득 찬 세계라고 결론지었다.46)

결국 교회는 결혼이 사회적, 성적, 경제적 관계에 근거한 부부들의 중대 관심사라는 견해를 지지하게 되었다. 부부는 한 마음, 한 뜻, 한 피가 될 것이다. 그러나 이것을 근거로 결혼을 추진할 때 두 가지 난관이 있었다. 첫 번째 어려움은 결혼부부가 사랑하는 것뿐 아니라 생활도 꾸려야 하는 것에서 연유했다. 달리 말하면, 사회경제적 지위에 관한 복잡한 고려들도 저울질해야만 했다. 이런 것들이 개인의 성향과 마찰을 일으키는 것은 당연하였다. 앞에서 살펴보았던 부모자식 간의 경제·심리적 갈등이 자녀들 간에도 노정되었던 것이다. 첫 번째와 긴밀하게 연결된 두 번째 어려움은 자신의 배우자 선택이 적절했는지 어떻게 확신하는가의 문제이다. 모든 인간관계 가운데 결혼이 가장 중요하고, 파기할 수 없는 관계라면, 올바른 배우자 선택이야말로 필수였다. 이 두 가지 문제는 어느 정도 분리되어 있었지만 서로 연관성도 있었다. 아무리 상대방에게서 성적이고 심리적인 매력을 느꼈다 하더라도 현격한 경제적 불균형은 결혼을 망칠 수 있었다.

결혼당사자와 그의 조언자들이 다양한 고려사항들 사이에서 최적의

45) Steele, *Medieval Lore*, 55~57.
46) Power, 'Women', 416.

균형 상태를 찾아야 한다는 것이 일반적인 견해였다. 비록 부유계층 아들들을 위한 충고이긴 하지만, 16세기 후반 버얼리 경(Lord Burleigh)은 주요 항목을 적절히 제시한 다음, 어떻게 균형을 맞출 것인지 제시하고 있다. 첫째, 잠재적 신붓감은 성격이 좋아야 한다. '그녀의 성향에 대해 부지런히 캐묻고, 그녀 부모들이 젊었을 때의 성격은 어땠는지 알아보아라.' 둘째, 신붓감은 충분한 재력이 있어야 한다. '아무리 가문이 훌륭해도 가난해선 안 된다. 왜냐하면 가문만으로는 시장에서 아무 것도 구입할 수 없기 때문이다. 그러나 재력 때문에 미모가 희생되어서는 안 된다.' 아무리 부유하다 하더라도, '천박하고 못생긴 여성을 선택하면 안 된다. 왜냐하면 남들의 경멸을 사게 되고, 너 자신도 싫어지기 때문이다.' 그녀가 '난쟁이거나 바보여서도' 안 된다. 왜냐하면 전자의 경우는 난쟁이 자손을 얻게 되고, 후자의 경우는 매일 수치거리이고, 그녀의 말을 듣는 것조차 역겹기 때문이다. 몹시 비참한 일이지만, 바보 아내보다 더 불쾌한 것이 없음을 너는 알게 될 것이다.'[47]

노섬벌랜드 백작(Earl of Northumberland)과 헨리 퍼시(Percy)는 아들에게 보내는 충고에서 아내감 선택의 원칙을 이렇게 말했다. '첫째, 네 아내의 몸과 마음이 추해서는 안 된다. 둘째, 그녀 자신의 경비를 충당할 수 있을 만큼 충분한 재산을 가져와야 한다. 마지막으로 그녀의 친구들은 네 재산증식의 디딤돌로 사용되기 위해 저명한 가문 출신이어야 한다.' 특히 마지막 충고는 노섬벌랜드 백작에게 잘 어울린다.[48] 왜냐하면 친족의 연줄은 귀족들에게 굉장히 중요하기 때문이다.

대체적으로 자신과 모든 면에서 엇비슷한 배우자를 선택하는 것이 현명한 일이었다. 17세기 말경에 아프라 벤은 이렇게 충고하고 있다.

엄청난 재력을 가진 신붓감을 추구하지 말고, 네 분수에 맞는 신붓감을

47) Percy, *Advice*, 38.
48) Ibid., 94.

238

고르라. 왜냐하면 부자들은 남을 무시하고, 자존심이 강하며, 오만하기 때문이다. 외적 미모를 찬탄하지 말라. 왜냐하면 미인들은 자신의 아름다움에 자만하면서 스스로 여신이라고 상상하기 때문이다. 너 자신보다 훨씬 낮은 사람은 피하라. 왜냐하면 천출이 신랑을 잘 만나 신분이 상승되면 양가집 출신보다 훨씬 더 오만하고 자존심을 세우기 때문이다. 분별력 있는 친구들의 충고를 따르라. 왜냐하면 사랑에 빠진 경우에 현명함을 유지하기란 신들조차 불가능한 일이기 때문이다. 49)

사람은 '멍에를 함께 맬 수 있는 동등한 배우자', 즉 '계층, 출신, 나이, 교육 등에서 너무 높지도 너무 낮지도 않은 적절한 상대'를 골라야 한다. 그리하여 18세기의 토머스 라이트(Wright)는 자신의 신부와 '가문, 재산, 교육, 덕성'에서 자신이 동등함을 만족스러워 했다. 50) '행복한 결혼이란 두 사람이 만나 자발적으로 서로를 배우자로 선택하는 것인데, 재력 또는 미모와 같은 부수적인 요소를 우선적으로 고려하거나 무시하지 않는 것이다.'51) 다시 말하면, 심리적인 요인과 경제적인 요인 간에 균형을 맞추어야 한다.

따라서 완벽한 아내감이란 '아름답고, 현명하며, 우아하고, 당당한 용모를 지녀야 한다.'52) 17세기의 어떤 시편은 이상적인 배우자의 덕목을 열거하면서, 균형 잡힌 절충안을 제시하였다.

1. 처녀이지만 기꺼이 어머니가 되려고 할 것.
2. 젊지만 완숙할 것. 순진하지만 영악할 것.
3. 순진한 면은 나에게 향하고, 영악한 면은 다른 사람을 향할 것.
4. 말수가 적지만, 멋진 말은 아끼지 않을 것.

49) Behn, *Pleasures*, 224~225.
50) Whateley, *Care-Cloth*, 72~73; Wright, *Autobiography*, 73.
51) *The Court Letter Writer*, 155.
52) Behn, *Pleasures*, 135.

5. 만족할 정도의 재력을 갖되, 지나치지 않을 것.
6. 지혜롭지만 가르치려 들지 않고, 자신의 부족함을 알 것.
7. 경건하여, 자신의 신심을 남편과 더불어 표현하려 노력할 것.
8. 양가집 출신이되, 나를 무시할 정도로 높지 않을 것. 53)

사람들은 미모와 탐욕에 대한 지나친 강조를 피하라고 경고하였다. '당신이 오직 미모 때문에 어떤 여성과 결혼한다면, 그녀의 아름다움이 얼마나 오래갈 지를 나에게 말해주시오. 그러면 그녀에 대한 당신의 사랑이 얼마나 오래갈 지를 당신에게 말해주리다.' 아름다운 얼굴 때문에 어떤 사람을 배우자로 선택하는 것은 어리석은 일이다. 그러한 얼굴은 '독수리를 사체로 유인하는 미끼와 같다.'54) 또한 풀러는 이렇게 말했다. '사람들은 스코틀랜드에 떠다니는 섬이 있다고 말하는데, 그곳에 닻을 내리는 사람은 아무도 없다. 왜냐하면 그 섬과 함께 배가 떠내려갈까 두렵기 때문이다. 여성의 사라지는 미모에만 자신의 사랑을 묶어두는 사람은 반드시 후회하며, 둘 다 함께 망한다.' '미모 때문에 모든 것을 선택하지도 말고, 미모 때문에 모든 것을 포기하지도 말라고' 그는 경고하였다. 55) 반면, 오직 배우자의 재력 때문에 결혼하는 사람들도 위험하기는 마찬가지였다.

16세기 말경의 사람들은 과도한 탐욕 때문에 비난받았다. 결혼할 때 '모든 것을 요구하는 남자는 인생에서 질주한다. 그리하여 그는 재력을 소유하게 되지만, 우리는 그의 정직함에는 조금도 관심이 없다.' 어떤 작가는, '과거에도 그런 적이 없고, 가까운 장래에도 그렇지 않기를 기대한다'고 말했다. 왜냐하면 '절실한 사랑이 없는 배우자들은 가련하기 때문

---

53) Grosart, *Farmer MS*, pt 2, 152.
54) *Characters*, 180; Percy, *Advice*, 111.
55) Fuller, *Holy State*, 208.

이다.'56) 그러한 불만은 두 세기 전 《농부 피어즈》(*Piers Plowman*) 57) 에
도 등장하는데, 그 작품에서는 '신부의 덕성, 미모, 타고난 자유로움보
다는 그녀의 혼수' 때문에 결혼하는 남성을 꾸짖고 있다. 58) 우리는 이러
한 비판으로부터 이전 시대에는 결혼의 균형이 더 잘 유지되었다는 가정
을 도출할 수 있다. 따라서 1625년의 발라드는 이렇게 노래하고 있다.

> 젊은 처녀들은 수줍어하나, 과부들은 대담하여
> 가난한 총각들을 은과 금으로 유혹하네,
> 요즘엔 사랑이 돈으로 거래되니
> 돈 많은 여자는 나이에 상관없네. 59)

17세기 중반부터 1580년경까지 거슬러 올라가면 한 남성이 자신의 할
아버지 윌리엄 오글랜더 경(Sir William Oglander)을 이렇게 회상한다.
'나의 할아버지는 후견신분을 벗어나자마자 딜링턴 여사와 결혼하였는
데, 그녀는 지참금이 50파운드도 넘지 않았다. 당시에는 남자들이 돈보
다는 사랑 때문에 결혼하였다.'60)

사람들은 미모, 혈통, 재산과 더불어 성격과 덕성을 지속적으로 고려
하였다. 여성은 미모와 지참금보다 덕성과 정직함이 더 고려되어 선택
되어야했다. 16세기 중반 비컨은 이렇게 기록하고 있다. '세속의 풍속처
럼 여성의 재산, 미모, 선호, 신분, 우정 등보다 오히려 여성의 경건한
마음, 부모의 정직성, 덕성교육, 가정주부다움, 선행의 실천 등이 더 고
려되어야 한다.'61)

---

56) Furnivall, *Tell-Trothes*, 61~62.

57) (옮긴이) 윌리엄 랭란드의 장편설화시, 1360~1387

58) *Piers Plowman*, 29

59) Rollins, *Pepysian Garland*, 236.

60) Long, *Oglander Memoirs*, 169.

미래의 배우자를 고르는 몇 가지 기준이 있었다. 당연한 얘기이지만 한 가지 조건이 탁월하면 다른 불리한 점은 무시될 수 있었다. 결혼 체제에서 가장 흥미로운 특징은 아마도 재산과 혈통 사이의 용이한 교환이었다. 일반적으로는 그러한 교환이 극도로 어려웠다. 예컨대, 낮은 카스트의 재산 많은 청년이 브라만(옮긴이: 가장 높은 카스트)의 가난한 여성과 결혼하는 것이 불가능하듯이 부유한 유산계급(*bourgeois*) 청년은 귀족 신분과의 결혼에 장벽을 느꼈다. 그러나 수 세기 동안 많은 사람들이 언급했듯이 유서 깊은 가문들은 부유한 상인 가문에 자신의 자녀들을 기꺼이 결혼시키려 하였다. 이러한 경향에 대해 버얼리(Burleigh) 경은 넌지시 이렇게 말했다. '남자가 좋은 집안의 태생이라는 것으로 결혼시장에서 살 수 있는 것은 아무 것도 없다.' 그러나 비엔나에서는, '신부의 용모나 특성보다 가문이 훨씬 더 중시'됨을 몬태귀 여사는 발견했다. 62)

또 다른 일차적으로 중요한 자질은 신부의 성격이었다. 이것은 결혼을 부부가 중심이면서 진정으로 가까운 반려의 관계로 파악하는 견해와 일치한다. 자신의 배우자가 모든 필요조건의 자질들을 갖추었는지를 확인하는 일은 필수적이었다. 코베트(Cobbett)의 《연인에 대한 충고》(*Advice to a Lover*)는 이러한 자질들에 대한 완벽한 목록과 각 세부항목을 평가하는 방법을 제공해 준다. 그는 배우자가 갖추어야 할 필수항목들을 다음과 같이 열거했다: ① 정절 ② 진지함 ③ 근면 ④ 절약 ⑤ 청결 ⑥ 가사에 대한 지식 ⑦ 좋은 성격 ⑧ 미모. 63) 임신가능성, 육아에 대한 잠재력, 재산, 혈통 등은 언급되지 않았다. 코베트의 충고가 지닌 어조는 3세기 전 비컨의 충고와 유사하다. '아내는 정직하고 경건하며 덕성이 있는 여자이어야 하며, 낭비벽이 없어야 하고 도박을 해서도 안 된다.

61) Comenius, *Orbis*, 241; Becon, *Works*, 347.
62) Stone, *Open Elite*; Wharncliffe, *Letters of Montagu*, i, 300.
63) Cobbett, *Advice to Lover*, 10

성실하게 일하여 돈을 보태고, 남편이 벌어오는 의복, 고기, 음료, 실, 카드 등을 저축해야 한다.' 바람직한 남편감은 경건하고, 올곧은 가문 출신이며, 반듯하게 양육되고, 생계를 위한 깨끗한 직업을 갖고, 진실하고 정직한 삶에 대한 욕구가 있어야 한다. 64)

　　대부분 잉글랜드인들이 이러한 많은 기준을 극대화시키려고 끊임없이 노력했던 것은 명확해 보인다. 그러나 중요시하는 것은 사람마다 다를 것이다. 따라서 자신의 살림을 돌보아 주던 누이를 잃은 페피스의 사촌은 아내이자 가정부인 신붓감을 물색할 수밖에 없었다. 그는 서른에서 마흔 사이의, 자녀는 없지만 재산은 있는 과부를, 착실하지만 자랑거리는 별로 없는 여성을 구해달라고 페피스에게 부탁하였다. 65) 이런 유형의 아내는 하녀보다는 낫겠지만, 이런 아내가 모든 남성에게 적합할 수는 없었을 것이다. 코베트가 나중에 지적했듯이 아내감을 구하는 것이 하녀를 구하는 것보다 나은데, 왜냐하면 '하녀는 남편의 관심사를 함께 공유할 수 없고, 오직 아내만이 공유할 수 있기 때문이다.'66) '아내는 경제적인 면에서 반드시 갖추어야 할 필수품이며, 특히 소농이나 상인의 경우에 그러하다. 주변상황을 한 번 살펴보면 그 어떤 사람보다도 농부는 아내 없이 농사일에서 소득을 올릴 수 없다'67)고 코베트는 강하게 주장하였다. 따라서 지금까지 살펴본 바에 의하면 자녀는 필수품이 아니어도, 아내는 이득이 되는 존재였다. 18세기의 토머스 라이트 ― 첫 번째 부인을 잃고, 그 후 서번트들에게 사기를 당했던 ― 는 '반드시 새 아내를 얻든지 아니면 파멸하고 말겠다'고 결심했다. 또 한 남성은 처녀에게 구혼하면서 이렇게 말했다. '독신남인 저는 위도우슨(Widdowson) 여

---

64) Becon, *Works*, 356.

65) Latham, *Pepys*, iv, 159.

66) Cobbett, *Advice*, 199~200.

67) Campbell, *English Yeoman*, 255; Cobbett, *Advice*, 199.

사에게 음식비와 숙박비로 매년 10파운드를 지불합니다. 아내가 없기
때문에 어쩔 수 없답니다.'68)

　매우 일찍부터 자신이 결혼했던 여성이 어떤 종류의 여성이었는지를
자세히 열거했던 사람들은 우리가 윤곽을 그려왔던 절대적 요구들의 체
크리스트에 대해 일종의 함축적 응답을 제공한다. 15세기의 한 구혼자
는 이렇게 말했다. '결혼식 날, 나의 부친이 신부에게 1마르크를 주시려
고 할 때 저는 이렇게 말했답니다. 약속한 대로 저는 아버지께 엄청난 보
물, 즉 재치 있는 숙녀를 며느리로 소개하겠습니다. 한마디 덧붙이자면
그녀는 착하고 덕성이 있답니다.' 또한 40세 과부를 배우자로 맞이한 한
남성은 그녀를 이렇게 칭찬하였다. '첫째, 내가 알고 있는 어떤 여성보
다 그녀는 착하고 아름다우며, 지혜롭고 여성스럽다. 부족한 점은 하나
도 없으며, 양가집 출신이고 존경할 만하다.' 이어서 그녀의 재산 정도
를 기술했다. 69) 또한 15세기에는 어느 젊은 처녀가 부유한 친정부모를
둔 것 이외에 갖고 있는 다양한 매력을 이렇게 묘사한다. '그녀는 젊고,
몸집이 작으며, 재치와 귀염성이 있어 주변사람들로부터 많은 칭찬을
듣는다.'

　사람들은 재산과 매력적인 성격을 겸비한 신붓감을 찾았던 것이다.
그래서 어떤 남성은 '무척 부유하지만 평판 나쁜' 한 과부를 거절하였다.
'왜냐하면 그녀에 관한 나쁜 소문이 파고들수록 자신의 마음은 상처입기
때문'이었다. 운이 더 좋은 사람들도 있었다. 17세기 후반으로 오면 아
내 '운이 엄청나게 좋은' 한 남성을 만나게 되는데, 그의 아내는 '사랑스
럽고, 신중하며, 유능한 가정주부'였기 때문이다. 70) 18세기의 토머스
터너는 자신의 두 번째 결혼에서 계산했던 수지타산에 대해 기술했다.

68) Wright, *Autobiography*, 144; LPS., 2(Spring 1969), 57.
69) Gairdner, *Paston Letters*, iii, 168; Staplton, *Plumpton Letters*, 123.
70) Hanham, *Cely Letters*, 152; Rye, *Gawdy*, 157; Gough, *Myddle*, 130.

소매상인 수준에서 혈통이라든지 대단한 재산에 대한 언급을 하지는 않지만, 그의 미래 신붓감은 근면하고, 진지하며, 신중하고, 청결하며, 잘 다듬어진 사람이었다. 즉 그녀는 한 세기 뒤 코베트가 언급하는 신부목록의 대부분에 잘 들어맞는 여성이었다. 그러나 그녀는 못생겼고, 교육은 부적절했으며 과묵한 성격이었다. '그는 학식이 많은 여성과 결혼하지 않았고, 그녀가 명랑하지도 않지만', 그녀는 '본성이 착했고' 남편을 행복하게 만들기 위해 최선을 다할 것이라고 믿었다.[71]

배우자를 선택할 때 실질적인 필요사항들과 개인적 성향들 사이에서 적절한 균형을 맞추는 것은 이 당시 사람들의 주된 관심사였다. 그러한 관심사는 과거 사람들에게 문제를 제기했던 것처럼, 19세기와 20세기에 성장한 역사학자들에게 맬서스주의적 결혼체제를 이해하는 데 어려움을 주었다. 그들은 가축처럼 팔려나가는 사람들에 관한 불평을 읽었고, 결혼을 시장처럼 말하는 것을 들었으며, 사사로운 돈 문제에 집착하는 편지와 주거계약서를 읽었고, 그리고 종종 혐오감을 느꼈다. 결혼당사자 간에 해결해야 할 재정 문제가 산적해 있다는 사실은 남녀 간의 사랑 또는 애정을 조롱하는 것처럼 보였다. 따라서 역사자료 편집자들은 일목요연하게 정리된 재정문제와 병행하여 결혼당사자 간의 애정 또는 사랑을 발견할 때 당혹감을 느꼈다.[72] 결혼이 심리적인 동시에 경제적인 모험인 점을 상기한다면, 두 영역 사이의 긴장 그리고 문제해결을 보는 것은 어렵지 않다. 아프라 벤은 그러한 긴장과 문제해결을 잘 표현하고 있다. 한쪽 방에서는 두 연인이 '열정적으로 키스하고 있고', 그 옆방에서는 쌍방의 '친구들'이 재정문제 해결을 위해 노력하고 있음을 그녀는 보여주고 있다. '많은 경우 한 쪽은 재산이 너무 많고, 다른 쪽은 가진 것이 너무 없어' 종종 불화가 발생한다. 그러나 젊은 커플은 '결혼을 밀고 나가

---

71) Turner, *Diary*, 75~76.
72) Kingsford, *Stonor Letters*, i, xxviii, xliii.

기로' 결심하였다. '왜냐하면 리넨에 붙은 불은 불길이 번지더라도 결국 꺼지기 마련이기 때문이다.' '남성의 마음은 사랑의 불꽃으로 활활 타올라' 결코 자신의 아내를 떠나지 않겠다고 결심하고, 결국 쌍방은 의견일치에 도달한다.[73] 이 대목은 욕망과 이성, 충동과 계산, 열정과 이득 사이의 갈등을 잘 보여주는데, 이것은 맬서스주의적 결혼 패턴을 구성했던 섬세한 균형들에서의 주된 특징들 중 하나이다.

결혼을 시장에서의 물품구입에 비유하는 것은 흔한 일이었다. 따라서 우리는 다음과 같은 제목의 전단지와 마주치게 된다. '젊은 남성들을 위한 결혼시장' 또는 '런던 주변 여러 곳에서의 공공 세일, 젊고 아름다운 처녀들과 흠집 있는 과부를 싸고, 합리적인 가격으로 판매합니다.' 또한 남성들을 위한 결혼시장도 있었다. '매물로 나온 남편들보다 처녀 시장, 예컨대 교회, 극장, 무도회, 가면무도회, 결혼식에 몰려가는 남성고객들이 더 많았다.'[74]

그러나 결혼시장은 일반시장과 달랐다. 첫째, 종종 결혼상품에 대한 정보가 매우 부적절하였다. 17세기 견본편지 작가가 말했듯이, '말을 한 필 구입할 경우, 나이를 알기 위해 말의 입안을 살펴보고, 구매를 결정하기 전 몇 걸음 걷게 해 본다.'[75] 이 대목은 토머스 모어의 《유토피아》에서 신붓감을 얻을 때 나체로 검사하라는 충고를 의도적으로 모방한 것처럼 보인다. 유토피아의 주민들은 이렇게 지적하였다.

말을 한 필 구입하는데 약간의 돈 밖에 없을 경우, 당신은 가능한 모든 예비조사를 시도한다. 말은 사실상 온 몸이 나체로 드러나 있는 셈이지

---

73) Behn, *Pleasures*, 14~15.
74) The Pepys Ballads, vol. iv, 236, in Magdalene College, Cambridge; Cavendish, *Letters*, 100. 16세기부터 18세기 상업적 결혼시장을 공격하는 책들을 찾기 위해서는 Thomas, 'Women', 338을 참조.
75) I. W. *Speedie Post*, sig D; see also *Characters*, 190.

만, 당신은 안장과 재갈에 채찍질을 가하여 그 아래 숨겨진 상처가 없는
지를 확인할 때까지 말의 구입을 단호히 거절한다. 하지만 당신이 아내
를 선택할 때는 … 무척 경솔하고, 옷을 벗겨 몸을 살펴보지도 않는다.
당신 육안으로 파악할 수 있는 몇 평방 인치에 불과한 얼굴로 그 여성 전
체를 판단한 다음, 결혼하겠다고 나선다. 당신은 그녀의 진면목을 보면
그녀의 가장 혐오스러운 부분을 발견하는 위험을 맞이할 수 있다. 76)

둘째, 일반시장과 달리 결혼상품에 하자가 있을 경우 반품하거나 재
판매 또는 파기처분이 불가능하다는 점이다. 일단 구입한 아내는 당신
이 잘 보관해야 하며, 평생토록 소유해야 한다. 아내 선택은 마치 전쟁
터의 전략과 마찬가지여서, 당신은 실수를 저지를 수 있지만 단 한 번의
실수만 용납된다. 77)

상품에 대한 빈약한 정보와 반품불가 때문에 결혼시장이란 일반시장
보다 복권을 더 닮았다고 사람들은 결론내렸다. 이러한 결혼체제의 예
측불가능성은 여러 측면에서 확인되었다. 무작위로 배우자를 할당받는
것이 개인적 선택만큼이나 행복을 가져다준다고 존슨 박사는 결론지었
다. 그는 이렇게 말했다. '만약 결혼이 배우자 쌍방의 선택권 없이 대법
관이 양측의 성격과 조건을 충분히 검토한 다음 결정해 준다면, 나는 대
부분의 결혼생활이 무척 행복할 것이라고 믿는다.'78) 17세기 문헌에는
연인의 이름을 기록한 다음 무작위로 뽑는 연인 제비뽑기에 대한 언급이
등장한다. 게다가 배우자 선택이 개인보다 더 막강한 외부의 힘, 예컨대
별들, 하느님, 운명에 의해 결정된다 하더라도, 사랑의 여신 큐피드가
거의 장님에 가깝다는 사실은 공공연한 비밀이었다. 때때로 큐피드는

---

76) More, *Utopia*, 103; Pollard, *Chaucer Works*, 158.
77) I. W. , *Speedie Post*, sig. D; More, *Utopia*, 103; Percy, *Advice*, 38쪽에
   있는 Burleigh의 충고
78) Hill, *Life of Johnson*, ii, 461.

완전한 장님으로 묘사되곤 했지만, 밀턴은 이렇게 주장했다. '비록 시인 들이 잘못 말한 것처럼 큐피드는 완전한 장님이 아니고 과녁을 겨냥하는 외눈박이 궁술가인데, 캄캄한 이 곳 체제에서는 눈보다 화살이 더 빨라 종종 빗나갔다.'[79] 그래서 결혼은 승률이 낮았다. 인생사에 대한 충고를 담은 17세기의 매뉴얼은 아내의 정직성 여부를 가리는 방법을 제시하는 데, 그 정확성은 반반이었다. 1603년, 어느 목사는 이렇게 말했다. '여 성들은 통 속에 가득 들어있는 한 무리의 뱀들과 그 속에 섞여있는 한 마 리의 장어와 같은데, 남성이 그 장어를 선택할 확률은 천 분의 일에 불과 하였다. 만약 손으로 붙잡는다 해도 그가 잡은 것은 축축한 꼬리 부분뿐 이었다.'[80]

결혼의 혜택을 강조한 사람들도 있었다. 1630년경의 발라드에는 결혼 의 장점을 열거하면서 결혼을 옹호하는 남편이 등장한다. 그는 결혼 후 에 사행성 도박을 그만두었고, 술을 끊었으며, 아내가 조리한 음식으로 건강해졌고, 아내와 여러 문제들을 의논할 수 있으며, 자녀의 세례 이후 신용도가 높아졌고, 아이와 함께 노는 즐거움을 만끽하였다.[81] 18세기 후반의 견본편지에는 친구에게 결혼을 권유하는 한 신사가 등장하는데, 그는 이 세상을 사람들로 가득 채우는 합법적인 방법은 결혼밖에 없다고 주장한다. '자녀들은 한 개인의 불멸성을 확보해 주고, 남편의 보호에 자신을 내맡긴 아내와 함께 사는 것보다 더 안락한 것은 없으며, 모든 사 안은 부부가 함께 결정한다. 모든 집안 살림들을 검소하고 착한 아내에 게 맡김으로써 남편은 평안을 누리고, 사랑의 결실이자 노년의 버팀목 인 자녀들은 기쁨 그 자체이다. 따라서 독신남성은 여성과 함께 살면서 누릴 수 있는 진정한 위안과 조력을 아무데서도 찾을 수 없다.'[82]

---

79) Brand, *Popular Antiquities*, I, 53; Milton, *Works*, iii, 194.
80) *The Husbandman's Practice*, 171; Harrison, *Jacobean Journal*, 13.
81) Rollins, *Pepysian Garland*, 357~358.

2세기 전, 한 견본편지도 결혼의 혜택을 그와 유사하게 강조했다. '결혼하지 않은 남성의 저택은 쇠락하고, 그에게는 고독하고, 느슨하며, 바람직하지 않은 유형의 삶이 계속된다. 후계자가 없을 경우, 그의 재산과 명성은 그의 사망과 함께 끝이 난다. 하느님이 제정하신 결혼제도는 생식을 장려하고, 남편과 아내가 주고받는 사랑과 교제와 위안 … 달콤한 즐거움, 보살핌, 기쁨의 상호교류를 가능케 해준다. 서로 상대방에게 만족, 위로, 즐거움을 선사하기 위해 노력하며, 생식의 즐거움은 아이들의 떠드는 소리를 최상의 기쁨으로 만들어 준다.'[83] 조화와 사랑으로 가득 찬 결혼생활의 모습을 보았던 바르톨로메우스 앵글리쿠스(Bartholomaeus Anglicus)는 착한 여성을 아내로 맞이한 남성보다 더 부유한 사람은 없다고 주장했다.

과거, 많은 사회에서의 사람들은 결혼 논쟁을 이 정도에서 그쳤을 것이다. 결혼은 자연스러운 것일 뿐 아니라 무척 바람직한 것이다. 결혼의 혜택은 손실을 훨씬 앞질러, 진정으로 그 득실을 따질 필요조차 없다. 결혼은 불가피한 것이며, 성인으로의 성숙과 후손을 얻음, 그리고 세력과 번영을 획득하는 지름길이다. 그러나 잉글랜드의 문헌을 살펴보면 결혼에 대한 개인의 선택이 분명히 강조되었고, 결혼의 혜택에 대조되는 상당한 비용에 대한 고려가 있었다. 결혼제도에 대한 단호한 지지자들조차 잉글랜드의 이러한 차이점을 인정하지 않을 수 없었다. 따라서 풀러(Fuller)는 결혼을 장려했지만, 사람들이 결혼에 대한 지나친 낙관론을 갖지 않도록 경고도 했다. '당신은 때때로 바람과 폭풍을 각오해야 하고, 당신에게 닥쳐올 걱정과 고통을 고려해야 한다.' 그는 독자들에게 나이팅게일을 기억하라고 경고한다. 이 딱샛과의 작은 새는 새끼들이

82) *The Court Letter Writer*, 156~157.
83) Anglicus, *Properties*, i, 209. 15세기부터 18세기 사이의 결혼 선택 기준에 대한 논의는 Houlnrooke, *English Family*, 73~78쪽을 참조

부화하면 마치 자신의 기쁨이 새끼들을 돌보는 일로 전환된 듯이 노래부르기를 멈춘다. 거의 2세기 후에 코베트는 결혼생활에 수반되는 근심걱정이 많음을 인정하면서도, '독신생활엔 근심걱정이 없느냐?'고 반문하면서 결혼에 대한 자신의 선호를 강조하였다. 84) 코베트는 의도적으로 아비시니아(Abyssinia) 왕자 라슬라스(Rasselas)와 그의 누이 네카야(Nekayah) 공주가 주고받은 대화를 통해 결혼의 장단점을 따져보려는 존슨 박사의 시도를 암시하는 것처럼 보인다. 공주는 결혼생활의 여러 불편한 점을 지적하면서도, '결혼에 많은 고통이 따르지만 독신생활에는 어떤 즐거움도 없다'고 결론짓는다. 계속해서 '결혼이 셀 수 없이 많은 인간적 고통 가운데 하나가 아닌지 모르겠다'고 그녀가 말하자 왕자는 이렇게 답변한다. '지금까지 당신은 독신이 결혼보다 덜 행복하다고 말했다는 사실을 잊고 있군요. 결혼이든 독신이든 바람직한 형태는 아니지만, 둘 다 최악은 아니지요.' 네카야가 계속 주장하듯이, 진정한 문제는 둘 중에서 어떤 것이 덜 나쁘냐는 것이다. 모든 과정은 불이익을 수반한다. 85)

사람들에게 결혼의 위험과 불이익에 대하여 경고하는 문학작품이 많이 있었다. 초서의 작품엔 결혼에 대한 회의적 태도가 자주 등장한다. 등장인물 가운데 한 명인 상인은 결혼한 다음 '대성통곡한' 어떤 남자의 얘기를 들려주는데, 그 남자는 결혼생활에서 단지 '비용과 근심'만을 발견했기 때문이었다. 결혼에 대한 초서의 충고는 다음과 같다.

결혼하는 것이 혼자 사는 것보다 낫지만
그대는 자신의 육체와 인생에 슬픔을 느낄 것이고
당신의 아내도 그렇다고 말할 것이다.

---

84) Fuller, *Holy State*, 208; Cobbett, *Advice*, 197.
85) Johnson, *Works*, iii, 374, 379, 38.

그러므로 결혼의 '덫'에 빠지는 것보다 죽는 것이 훨씬 더 나았다. 86)

16세기 중반, 뉴베리(Newbury)의 잭(Jack)이라는 가상인물은 자신은 결혼을 원치 않는다고 주장했는데, 왜냐하면 그는 재산이 거의 없고, 결혼에는 많은 슬픔이 뒤따른다는 것을 알았기 때문이다. 결혼이 유지되기를 원한다면 더욱 그러한데, 왜냐하면 변하지 않는 여성을 얻는다는 것은 어려운 일이기 때문이다. 87) 결혼을 찬성했던 견본편지 뒤에 결혼을 반대하는 이유가 동시에 등장한다. 첫째, 자유의 상실을 꼽을 수 있는데, 더 이상 자신이 원하는 것을 할 수 없다는 것과 배우자 한 사람만으로 만족해야 한다는 점 때문이다. 배우자가 완벽한 경우에도 결혼생활은 힘든 것인데, 만약 아내가 불평하고, 제멋대로이며, 고집이 세고, 악독하며, 찡그리고, 의심 많은 여자라면, 수많은 악마를 공포로 몰아넣을 독사와 같은 아내와 함께 사는 그 남편은 생지옥일 것이다. 아내는 변덕스럽거나 잘난 체할 수 있다. 남편보다 더 똑똑할 경우엔 오만하고, 그녀가 바보일 경우엔 놀림감이 된다. 아름다운 경우엔 사람들의 시선이 집중되지만, 못생긴 경우엔 기쁜 척 억지웃음을 지어야 한다. 돈이 많은 경우엔 오만하고, 가난한 경우엔 불쾌해진다. 그녀의 성격이 어떠하든지 간에 그녀는 의상, 식사, 살림, 서번트 비용으로 엄청난 청구서를 가져온다. 그 밖에도 자녀양육과 가구구입 비용, 그리고 하루도 쉬지 않고 계속되어야 하는 그녀와 자녀를 위한 남편의 노동 등이 있다. 88) 반세기 후, 또 다른 견본편지가 결혼의 불이득을 지적한다. '여성의 미모는 질투를 낳고, 재치는 그녀를 제멋대로 놀게 만들며, 미련하고 더러운 여성은 남편을 짜증나게 만든다. 재산은 그녀를 교만하게 하고 가난은 불만을 낳는다. 만약 그녀가 귀족출신이면 남편은 그녀의 친척들에게

---

86) Pollard, *Chaucer Works*, 207, 633.
87) Deloney, 'Jack of Newberrie', 9.
88) Day, *Secretorie*, 140~141.

굽실거려야 하고, 천민출신이면 그녀의 가난한 친척들이 찾아온다.'89)

결혼이 겉보기와 다르다는 사실은 널리 농담이 되었다. '결혼은 신기루가 되고, 결혼생활은 오직 재정문제일 뿐이다.' '결혼은 진퇴양난이다. 《이솝우화》(Aesop)에 등장하는 개구리들은 무척이나 영리했다. 그들은 몹시도 물을 갈망하였지만, 다시 밖으로 나올 수 없는 우물 속으로 뛰어들지 않았다.' 《시골출신 아내》(The Country Wife)에 등장하는 인물은 이렇게 말한다. '글쎄요, 잭. 당신이 오랫동안 도시를 떠나있는 것, 당신의 우울한 안색, 당신의 게으른 습관으로 인해 제가 당신에게 결혼의 즐거움을 드려야 하지 않겠어요? 제가 알게 된 바로는 결혼은 산 채로 매장당하는 것이더군요.'90) 결혼에 대한 가장 통렬한 공격 가운데 하나는 아프라 벤의 《결혼의 열 가지 즐거움》(Ten Pleasures of Marriage)이다. 작가는 솔직하게 말한다. '제 경우로 말씀드리자면, 평생 겪을 수 있는 재앙 가운데 결혼이야말로 최우선 순위를 차지한다고 확신합니다. 결혼생활의 고문은 수천 가지의 짜증과 고뇌를 야기하지요. 그러니 결혼생활이라는 끔찍한 상태로부터 벗어나 있어 아직 행복한 당신은, 그 공포를 한 번 느껴보시지요.' 드라이든(Dryden)은 이렇게 말한다.

사랑은 멀리서 볼 때 멋진 장면처럼 보이지만
결혼은 덧칠된 풍경을 가까이서 보는 것이다.91)

결혼엔 불이득이 이렇게 많아서 도대체 누가 이런 덫에 들어가느냐는 질문이 유행하였다. 아프라 벤은 이렇게 숙고하였다. '이토록 많은 근

---

89) I. W., *Speedie Post*, sig. C4v.
90) Singer, *Table-Talk*, 90; Wycherley, *Country Wife*, Act I, scene 1; *The Court Letter Writer*, 174.
91) Behn, *Pleasures*, 133, 130. Schucking, *Puritan Family*, 130쪽에서 인용됨

심, 걱정, 재난이 따르는 결혼생활에 진지한 열의를 갖고 몰입하는 사람들이야말로 칭찬받아 마땅하다.'92) 존슨 박사는 보즈웰에게 이렇게 말했다. '며칠 전 숙녀들에게 내가 이렇게 말한 것을 당신은 기억하겠지요. 결혼했을 때보다 아직 미혼일 때, 더 많은 자유를 누리고, 남자들로부터 더 많은 관심을 받을 수 있는데 왜 젊은 여성들이 결혼해야 하는지 모르겠어요.' 페피스는 결혼식장에서 이렇게 생각했다. '이 가련한 바보 커플이 우리처럼 결혼생활에 빠져드는 것을 보면서, 왜 모든 남편들과 아내들이 기쁘게 미소 짓는지 참 이상한 일이야.'93) 결혼은 미끼 또는 그릇된 기대감이라고 생각하는 사람들이 많았다. 오랫동안 미혼 처녀들 대부분이 자신들을 불행하다고 생각하는 이유는, 그들이 결혼생활에 수반되는 근심걱정을 모르거나 믿으려 하지 않기 때문이라고 뉴캐슬의 공작부인은 짐작했다. 바르톨로메우스 앵글리쿠스가 말했듯이, 결혼생활은 잘 풀리면 행복이 배가되고, 잘 안 풀리면 재앙이었다. 18세기의 한 관찰자는 이렇게 쓰고 있다. '독신생활의 즐거움과 고통은 결혼생활보다 훨씬 덜하다.'94) 밀턴에 따르면, 남자와 여자가 연합하여 한 몸을 이루라는 성서의 명령은 결혼의 큰 족쇄이다. '이것은 마치 섬뜩한 문지기가 지혜로운 남성들을 결혼이라는 불행한 열차 속으로 미묘하게 유인한 다음, 무덤과 같은 문짝을 쾅하고 닫는 것과 같다.'95)

18세기 초엽, 두들리 라이더(Ryder)는 결혼여부를 결정짓지 못하고 있었다. 그는 친구와 이렇게 의논하였다.

결혼생활에 수반되는 비참함과 불편함이 결혼의 장점보다 훨씬 더 크고, 남성은 결혼하면서 엄청난 위험을 감수한다는 것을 내가 종종 숙고

---

92) Behn, *Pleasures*, 1.
93) Hill, *Life of Johnson*, ii, 471; Latham, *Pepys*, vi, 338~339.
94) Cavendish, *Letters*, 379; *Characters*, 189.
95) Milton, *Works*, iii, 337.

해 보았지만, 내가 결혼하지 않은 채 이곳에서 완벽한 행복을 누릴 수는 없다고 생각하네. 내가 독신으로 삶을 마감한다고 생각하면, 나는 불안감을 느끼지 않을 수 없다네.

나중에 사촌과 그 문제를 논의하면서, 그는 '결혼생활이 남성에게 부과하는 슬픔, 근심, 부담이 결혼으로부터 기대되는 기쁨과 즐거움을 충분히 상쇄하지 못한다'고 말했다. 그럼에도 불구하고 그는 자신의 이성으로 자신의 감정을 억누를 수 없었다. 그러자 그의 사촌은, '사업을 하지 않는, 2, 3천 파운드를 소유한 젊은 남성이 1, 2천 파운드를 소유한 여성과 결혼할 경우, 평생 하층민으로 살아야 한다'고 지적하였다. 라이더는 현재 자신의 연애관계를 다시 생각하였다. '우리 둘 모두가 궁핍해지는데 내가 왜 그녀를 소유해야 한단 말인가?'[96]

보즈웰 역시 결혼의 장단점을 따져보았다. 그는 깃털처럼 인간관계가 복잡한 독신남성과 '하나의 큰 종속으로부터 많은 사랑'을 받는 결혼남성을 대비시켰다. 그는 결혼이 두 가지 방식으로 간주될 수 있다고 썼다.

모든 친교에 때때로 드리우기 마련인 지겨움과 인간끼리의 교류에서 발생하는 짜증과 역겨움에 생각이 미치면, 한 가족의 가장이라는 심각한 책무를 떠맡기가 당신은 두려울 수 있다. 하지만 당신이 제왕처럼 군림하는 가정이 제공할 수 있는 안락함, 오로지 당신의 행복만을 위해 노력하는 사랑스러운 아내, 자녀들이 유아에서 남자로 성장하는 것을 지켜보는 기쁨, 용감하고 똑똑한 사내아이들의 아버지라는 즐거운 자부심을 생각해 보면 … 결혼이야말로 진정한 행복을 얻을 수 있는 유일한 조건이다. [97]

여러 사람들이 지적했듯이, 결혼은 미친 짓이다. 남성에게 있어서 결

96) Matthews, *Ryder Diary*, 224; ibid., 309~310.
97) Brady, *Boswell in Search*, 25.

혼은 자유의 상실과 살림경비와 불화를 의미하고, 여성들에게는 독립의
상실, 고통, 출산시의 죽음의 가능성을 의미하였다. 게다가 결혼에 관
한 정보는 불완전하였고 위험부담은 높았다. 따라서 실수할 경우, 그 결
과는 심각하였다. 사업투기라는 냉정한 시각에서 보면, 결혼은 정상적
인 행동이 아니었다. 왜냐하면 결혼의 모든 장점, 예컨대 섹스, 가사,
우정은 시장에서 구입 가능했기 때문이다. 그러므로 헬리(Halley)는
1693년에 이렇게 말했다. '인류의 성장과 증가는 인류 자체의 속성보다
는 대부분 사람들이 신중하게 착수하는 결혼이라는 어려운 모험과 가족
부양의 책무와 어려움 때문에 더욱 지체되었다.'98) 그러나 사람들은 계
속 무리지어 결혼하였고, 거기에는 많은 이유가 있었다.

　　혹자는 후손을 낳아 친형제들을 실망시키기 위해 결혼하고, 혹자는 자
　　신의 절절한 사랑이 거절당하면 사랑하지 않는 사람의 품속에 자신을
　　던진다 … 혹자는 서번트들에게 사기당하여 결혼하고, 혹자는 재산을
　　탕진했기 때문에 결혼하며, 혹자는 자기 집에 친구들이 들끓기 때문에
　　결혼하고, 혹자는 남처럼 살고 싶어서 결혼하며, 혹자는 자신이 지겨워
　　져서 결혼한다.99)

　그러나 결혼에 관한 모든 손익계산을 무화시키는 한 가지 힘이 있었
다. 한쪽 눈이 먼 큐피드가 화살을 쏘아 냉정한 계산을 혼란시켰기 때문
이었다. 결혼의 핵심에 도사리고 있는 이러한 '제도화된 불합리성'이 남
자와 여자를 지속적으로 결합시킨다. 패리스(Paris) 장군을 파멸에 빠뜨
리고, 아벨라르(Abelad)를 엘로이스(Heloise)의 발치에 무릎 꿇게 만든
것처럼, 17세기 후반 결혼의 재앙이며 비국교도의 기수이던 노인 리처

98) Habakkuk in Glass, *Population*, 275쪽에서 인용. Goode, *Family*, 83쪽에
　　도 있다.
99) Johnson, *Works*, iv, 293.

드 백스터(Baxter)는 갑자기 18세 제자와 사랑에 빠졌다. 적대자들의 조롱에도 불구하고 자신의 모든 원칙을 무너뜨린 채, 그는 결혼의 은총에 굴복하여 행복하게 살았다. 100) 사랑의 핵심은 외로움이라는 밀턴, 존 단(Donne)101), 셰익스피어의 진단은 많은 사람들을 결혼하게 만들었다. 이러한 감정, 충동, 성향을 검토해 보면, 최근까지 사람들을 결혼으로 이끈 궁극적 요인을 찾을 수 있다. 결혼계약은 다른 계약과 무언가 다른 점이 있었다. 결혼은 매우 이상한 방식으로 인위적인 의지의 행사를 시작하고, 두 사람의 몸과 마음과 인격을 우발적으로 결합하지만, 역설적이게도 가장 중요하면서도 자연스러운 인간관계로 발전하였다.

그러나 제도로서의 결혼은 매우 부자연스러운 상태였다. 결혼이 인간에게 자연스러운 것이냐는 질문을 받자 존슨 박사는 이렇게 답변했다. '선생님, 남자와 여자가 결혼하여 동거하는 것은 너무나 부자연스러워서 결혼 상태를 지속하려는 모든 동기와 문명사회가 이혼을 막으려고 부과하는 모든 제약이 그들을 부부로 묶어두기엔 충분치 않습니다.'102) 그러나 이렇게 부자연스러운 상태가 한 개인의 삶에 있어서 가장 깊은 유대감을 낳았다. 한 개인의 결단이 혈통과 신분의 모든 관계를 대체시켰다. 결혼의 실수가 파멸을 불러올 수 있다 하더라도, 남성들과 여성들은 이 정도까지 자신의 운명을 형성할 수 있었다. 적어도 개구리들에겐 우물에 뛰어들 수도, 뛰어들지 않을 수도 있는 자유가 있었다. 우물 속의 삶이 어떤 모습인지 누가 알 수 있으랴?

---

100) Baxter, *Breviate*.

101) (옮긴이) 존 단(John Donne, 1572~1631) : 잉글랜드의 시인이자 성직자. 대표시는 〈노래와 소네트〉이며, 이는 사랑의 온갖 심리를 대담하고 정치한 이미지를 구사하여 표현한 작품이다. 불굴의 정열과 냉철한 논리와 해박한 지식의 통일을 이룩한 이들 작품으로, 20세기의 현대 시인에게도 깊은 영향을 끼쳤다.

102) Hill, *Life of Johnson*, ii, 165.

9

낭만적 사랑

　기록을 남긴 대부분의 사회와는 대조적으로, 미국인들은 특이하게도 '부부관계에 기초하여 가족을 형성할 뿐 아니라 부부관계에 기초하여 전반적인 가치체제와 도덕성을 수립한다.' 서구 산업사회에서 부부간의 정서적 유대감이 최우선인 반면, 대부분 사회에서는 그것이 사회구조의 핵심을 차지하지는 않는다. 1) 앞에서 살펴보았듯이, 가장 중요한 관계는 종종 부모와 자식의 관계이며, 부부관계는 두 번째 순위로 전락한다. '고대문명의 발상지인 동양 국가들에서는 현재까지도 서구 가족생활에서의 주된 매력인 여성에 대한 따뜻한 사랑이 거의 존재하지 않는다'고 웨스터마르크(Westermark)는 말한다. 2)

　부부관계가 다른 관계에 종속되는 상황으로부터 부부관계를 삶의 가장 깊고 지속적인 관계로 파악하는 서구의 보편적 시각으로의 전이는 다

---

1) Bohannan, *Social Anthropology*, 99; Goode, *World Revolution*, 14, 89.
2) Westermark, *Marriage*, ii, 24ff; ii. 28.

양한 결과를 낳았는데, 결혼의 속성과 남성/여성의 역할을 변화시켰다. 그 한 결과로 인구분포에도 변화를 가져왔다. 방계친족과 부모자식 간의 유대관계를 부부관계로 대치하면서 자녀생산의 압박이 줄어들었다. 부부는 서로만으로 충분했으며 자녀는 필수품이 아닌 사치품이 되었다. 효과적인 피임기구는 사치품, 즉 자녀수의 조정을 가능케 해주었다. 그러므로 이러한 부부 유대관계의 강화는 정서적·재정적 핵가족화를 가져왔는데, 콜드웰 같은 인구학자들은 이러한 경향이 출산율 급감에 적극적으로 기여했다고 본다.3) 따라서 결혼 전의 사랑과 매력 그리고 결혼생활에서 모든 것을 지배하는 감정에 의해 특징 지워지는 이러한 상황이 언제 확립되었는지 파악하는 것이 필요하다. 앞에서 살펴보았듯이, 이러한 문화적 전제는 맬서스주의적 혼인 패턴의 일부가 되었다. 맬서스는 자신의 저서에서 '사랑' 때문에 결혼하는 것이고, 일단 결혼한 이후에는 부부관계야말로 개인의 삶에 있어서 가장 중요한 것이라는 일관된 전제를 가정하였다.4) 비록 현재는 널리 확산된 견해이지만, 맬서스 당대에 이 두 전제는 문화적으로 독특한 것이었다. 이런 변화가 처음으로 감지된 것은 언제쯤이었을까?

결혼에 대한 충고를 아끼지 않은 철학자들과 도덕주의자들을 먼저 살펴보자. 결혼은 사랑에 기초해야 한다는 생각이 18세기에 이미 당연시되고 있었다는 사실을 강조할 필요는 없을 것이다. 부부간의 사랑을 칭찬 또는 비난할 수는 있어도, 그것이 널리 확산되었다는 사실은 부인할 수 없다. 부부간의 사랑은 세 가지 인상 혹은 열정의 혼합물에서 비롯된다고 데이비드 흄은 생각했는데, 그 세 가지란 '배우자의 미모로부터 야기되는 즐거운 감각, 생식을 위한 몸의 욕구, 그리고 너그러운 친절과 선의'이었다. 먼저 배우자의 미모로부터 즐거운 인상을 자극받은 다음,

---

3) Caldwell, 'Restatement', 354
4) Malthus, *Population*, i, 237.

친절과 몸의 욕구로 확산되는 것이 흔한 사례였다. 5) 수필가들은 이렇게 언급하였다. '서로 자유롭고 구속되지 않을 것, 이것이야말로 사랑의 핵심이고, 사랑은 우정과 욕망으로부터 발달된 의지이다.' 청혼할 때의 대화가 일상적 담화보다 더 즐겁듯이, 너그러운 남편이 아내에게 느끼는 우의야말로 남자끼리의 우정보다 한층 차원이 높다. 6) 그래서 이런 경구와 격언이 등장했다. '사랑은 이상한 열정이어서 남자를 큰 고통과 불안으로 몰아넣는데, 그것으로부터 벗어나고픈 욕망마저 제거해버린다.' '대부분 사안에서와 달리 우리는 사랑의 속박에서 벗어날 수 없다. 온전한 정신으로는 사랑할 수 없으며, 사랑에서 벗어나고 싶어도 벗어날 수 없기 때문이다.' 여기엔 사랑은 젊은이의 본능적인 열정이며, 보통 사람들은 오직 사랑만을 위해 결혼한다는 가정을 전제하고 있다. 또한 부부간에 지속되는 깊은 정서적 유대감을 가정하고 있다. '여성이 남편과 자녀들의 죽음에 대해 극도의 슬픔과 비탄을 느끼면서도 결혼을 한다는 것'7)은 이상한 일이다.

18세기 내내 인기 도서이던 《남자의 새롭고 전적인 의무》의 여러 판본들은 사랑과 부부관계의 일차성에 근거한 기독교적 결혼의 속성에 관하여 말하고 있다. 사랑은 결혼의 필수적인 선행조건이었다. '어떤 법도 남자의 결혼을 강요하지 않지만, 남자는 결혼을 통해 얻은 아내를 사랑할 의무가 있다.' '한쪽 배우자의 진정한 사랑과 그 사랑에 대한 다른 한쪽의 충분한 확신 없이, 행복을 기대하면서 결혼이라는 모험을 감행하면 안 된다.' '사랑은 연약한 식물과 같아서 섬세하게 돌보아 줄 때만 생존할 수 있다.'8) 사랑이 결혼의 근본이라는 사실은 결혼계약서에도 명시되어

5) Hume, *Treatise*, 394~395.
6) Steele, *The Englishman*, 41, 39.
7) *Characters*, 186, 187, 166, 191, 189.
8) *The New Whole Duty*, 227, 202, 220.

260

있다. '먼저 남편이 아내를 사랑하겠다는 약속을 하면 아내는 남편에게 순종하겠다는 약속을 한다. 따라서 남편의 사랑이 아내의 순종의 조건이 되기 때문에 남편이 사랑할 때에만 아내는 순종할 필요를 느낀다.' 이러한 사랑은 무엇인가? 그것은 '배우자 쌍방 간 서로에게 친절하고 깊은 애정을 느끼는 것'이다. 혼인관계는 안정과 행복이 핵심이었다.

> 화려하게 펄럭이는 휘장을 들췄을 때 만약 행복이 시작되어야 할 가정에서 남편이 불행하다면, 화려한 삶의 외적인 과시가 무슨 소용이란 말인가? … 집 밖을 나서면 우리는 다소간의 시련을 만나게 되지만, 가정이 세상이라는 고통의 현장에서 맞닥뜨리는 모든 좌절로부터 우리를 안전하고 평화롭게 지켜준다면, 우리는 그럭저럭 행복을 느낄 수 있으리라. [9]

현대 가족의 역사에 관한 책의 제목처럼, 가정은 '무정한 세상에서의 항구'인 것이다. [10] 결혼한 부부는 친구이자 파트너인 셈이다. 친족들, 형제들, 친구들로부터 분리되어 서로를 위해 하나가 된 부부는 불가분의 상호 조력자가 된다. 따라서

> 남편은 아내가 자신의 동반자가 되도록 만들어야 한다. 아내는 남편의 노예도 아니고, 몸종도 아니며, 친구이자 동료이다. 아내는 남편과 재산을 공유한다. 왜냐하면 아내는 남편의 고통과 수고에 동참했으므로 남편과 행복을 함께 나누는 것은 당연한 일이다. 남편이 노쇠해지거나 재난을 당했을 때 그 아내도 함께 겪기 때문에 부부는 불행과 비참 속에서도 불가분의 동료가 되는 것이다. [11]

---

9) Ibid., 227, 220.
10) Lasch, *Haven*.
11) *The New Whole Duty*, 229~230.

18세기 내내 강조된 반려자적 결혼의 이상을 이보다 더 간결하게 말할 수는 없을 것이다.

17세기에는 반려자적 결혼의 이상이 폭넓게 강조됨과 동시에 보편적으로 받아들여졌다. 하느님께서 여성을 남성의 제 2의 자아, 즉 남성의 보완적인 존재로 창조하셨다는 것이다. 하느님께서는 여성을 조력자로 묘사하는 데 만족하지 않으시고, 여성을 남성의 또 다른 분신, 제 2의 자아, 남성의 자아 그 자체라고 말씀하셨던 것이다. 따라서 여성은 남성을 완성시키는 구원자, 즉 남성의 다른 반쪽인 것이다.[12] 결혼은 불완전한 사람을 전인적 인격체로 변모시켜준다.

인류 최초의 낙원에서 아담은 파트너를 만들어 달라고 하느님께 간청하였다.

> 왜냐하면 그는 외롭고 … 결함이 많아서 수평적 사랑을 나눌 따뜻한 친교가 필요하기 때문이다.

그러자 하느님께서는 '너와 닮은 사람, 너에게 적절한 조력자, 너의 또 다른 분신'을 약속하셨던 것이다. 아담이 이브를 처음 보았을 때, 그는 이브가

> 자신의 뼈 중의 뼈요, 살 중의 살이며,
> 나 이전의 내 자신이고, 그녀의 이름은 여자이며,
> 남자로부터 뽑아낸 존재이고, 이런 까닭에 그는
> 부모를 떠나, 자신의 아내에게 소속될 것이고
> 그들은 한 몸, 한 마음, 한 영혼을 이룰 것이다

---

12) Milton, *Works*, iii, 334.

라고 노래하였던 것이다. 아담은 이브의 육체적 아름다움이나 생산적 잠재력에 우선적으로 매료되지 않았다. 그녀의 주요한 매력은 이렇게 묘사되고 있다.

> 나를 몹시 기쁘게 하는구나, 우아한 행위가
> 수천의 예의바른 행동이, 사랑과 달콤한 순종을 곁들여
> 그녀의 언행으로부터 매일 흘러넘치나니… 그것은 꾸밈없는
> 마음의 결합, 둘이 한 영혼임을 선언하노라
> 결혼한 부부에게서 조화로움이 드러날지니…

그 조화는 너무 친밀하고, 한 몸으로의 결합은 너무 강렬하여 그만 불경스런 일이 터지고 말았다. 아담은 이브를 하느님보다 우위에 두었던 것이다.

아담이 왜 이브로부터 사과를 빼앗아야 했는지 창세기는 설명하고 있지 않다. '그녀는 사과를 나무에서 따서 먹었고, 자신과 함께 있는 남편에게 주었더니, 그도 먹었더라.' 재앙에 가까운 아담의 이 결단의 원인을 밀턴은 이렇게 설명한다. 아담이 이브와 닥쳐올 재앙을 자신의 창조주보다 우위에 둔 까닭은 파트너에 대한 사랑과 파트너와 결합하고픈 욕구 때문이었다. 아담은 이브가 금단의 열매를 따먹었다는 사실을 알고 있으면서도, 그녀와 운명을 함께하고 싶었던 것이다. 비록 그것이 파멸에 이르게 할지라도.

> 하지만, 나 그대와 더불어 내 운명 결정했나니
> 기꺼이 파멸을 감내하겠네, 만약 죽음이
> 그대와 동행한다 해도, 그 죽음은 나에겐 삶이라오.
> 나는 마음속으로 강렬하게 느끼네
> 하늘의 인연이 나를 내 짝에게로 이끄는 것을 ―

당신이라는 나의 짝에게로, 당신은 바로 내 것이고,
우리 서로 나뉠 수 없나니, 이미 하나이기 때문이요 —
한 몸이니, 당신을 잃는 것은 나를 잃는 것이요.

부부간의 사랑이 죽음도 정복할 것이라는 영웅적 주장에 이브의 답변
이 이어진다. 그녀와의 이별보다는 차라리 하느님의 천벌을 감수하겠다
는 아담의 말에 그녀는 감동한 것이다.

　… 그대의 귀중한 갈비뼈로 창조된 것을 나는 자랑하네
　우리의 결합에 대해 당신의 말을 나는 즐겁게 듣네
　두 사람의 마음도 하나, 영혼도 하나이니, 그것의 충분한 증거는
　오늘도 넘치네, 그대는 결의를 선언하네
　차라리 죽을지언정, 죽음보다 더 무서운 어떤 것도,
　소중한 사랑으로 연결된 우리를 갈라놓을 수 없나니,
　더불어 감당하겠노라고, 죄책감도 하나요, 범죄도 하나이니,
　어떤 죄인가 하면, 이 아름다운 열매를 맛본 죄라네.

그리하여 인간의 불순종, 그리고 순수함과 낙원의 상실은 남녀 간의
깊은 사랑으로부터 연유하게 되었다. 부부의 사랑은 밀턴 견해의 근원
적 신화였던 것이다.

밀턴의 서사시는 여러 출처로부터 영감을 얻었다. 예컨대, 그 서사시
는 프랑스 신교도 작가 뒤 바르따스(Du Bartas)의 초기작을 의식적으로
끌어들였다. 영어 번역판에는 이런 내용이 등장한다.

　… 인간은 단지 반쪽 인간이었네,
　한 마리의 야생 늑대, 하나의 야만인,
　잔인하고, 분노하며, 사납고, 변덕스러우며, 우울증 환자처럼
　밝은 빛을 싫어하고, 아무도 그를 좋아할 수 없었네.

264

자신만을 위하여 태어났네, 이성도 없이,
따뜻한 마음도, 사랑도, 생명도, 탁월함도 없이.
그리하여 하느님은, 모든 짐승들보다
인간에게 덜 너그러운 것처럼 보이지 않기 위해,
신의 완벽한 사랑의 모습을 보여주시려고,
반쪽 아담에게 또 다른 반쪽을 주셨나니 …

　아담은 자신에게 주어진 반쪽의 우수성을 즉시 알아차리고 기뻐서 날
뛰었다.

그녀에게 부드럽게 키스하면서, 그녀를 자신의 생명,
자신의 사랑, 자신의 지주, 자신의 휴식, 자신의 행복, 자신의 아내,
그의 다른 반쪽, 그의 조력자(그를 재충전시켜 주는)
그의 뼈 중의 뼈, 그의 살 중의 살이라고 불렀다.
모든 기쁨의 원천! 달콤한 그-그녀-부부로-하나되었나니,

오 순결한 우정이여, 그 순수한 불꽃이
두 영혼을 하나로, 두 마음을 한 마음으로 결합했나니![13]

　하나의 몸과 피이고, 하나이면서 둘이라는 부부의 이토록 황홀한 모
습은 깊은 상호의존성이라는 현대적 부부 개념의 핵심과 일치한다. 이
러한 개념은 '멋진 아내감' 그리고 '멋진 남편감'의 모습으로 특화되어 당
대 도처에 넘쳐났다. 두 가지 실례를 들어보자. 좀더 이른 시기에 완성
되었지만 1614년에 출간된 토머스 오버베리 경의 《인물들》(Characters)
에서, 그는 '멋진 아내감'에 대한 묘사를 이렇게 시작하였다.

---

13) Milton, *Paradise Lost*, 240~241, 242, 246, 281, 282; Du Bartas, *Weekes*, 57.

〔그녀는〕 남편에게 최고의 동산이고, 달콤한 열매를 맺도록 나무에 접붙인 곁가지이다. 남편에게는 친구 그 이상의 존재이고, 거의 폐를 끼치지 않으며, 그와 함께 멍에를 같이 매는 동료이다. 그녀는 재난과 고통을 함께 나누고, 그가 즐겁지 않은 일은 그녀 역시 즐겁지 않다. 그녀는 모든 일에 친척 같은 존재이고, 그녀가 없다면 그는 반쪽에 불과하다. 그녀는 그의 보이지 않는 손과 눈과 귀와 입이다. 그의 존재와 부재 모든 것에 스며들어 있다. 그녀가 없는 남편의 외관은 초라하다. 늙은 남편의 도우미는 그녀밖에 없으니, 그녀는 그의 안락의자와 지팡이가 되어준다. 14)

2년 뒤 니콜라스 브레튼(Nicholas Breton)은 또 다른 인물묘사집 《선인들과 악인들》(*The Good and the Bad*)을 출간하였다. 아내감에 대한 칭송은 한층 더 열광적이었다. '멋진 아내는 재화의 보고이다 … 그녀는 신중함의 눈동자이고, 침묵의 혀이며, 일하는 손이고, 사랑하는 마음이다. 그녀는 친절한 친구이고, 열정적인 정부이며, 인내심의 실천이고, 경험의 전범이다 … 그녀는 남편의 보석이고, 자녀들의 기쁨이며, 이웃들의 사랑이고, 하인들의 존경이다.'15)

이것은 단지 이상만은 아니었다. 왜냐하면 이것이야말로 널리 확산된 반려자적 사랑의 깊이와 강도를 반영한다고 생각되었기 때문이다. 이것은 회중들을 위로하고 북돋아 주려는 목사들이 갖고 있는 부부간의 사랑에 대한 태도에서 잘 드러난다. 장례식 설교에서 랄프 조슬린은 슬퍼하는 남편에게 이렇게 충고하였다. '한 번 생각해 보세요. 저는 이곳에서 사랑스런 아내를 늘 보지요. 아내의 달콤한 포옹을 즐기고요. 아내와의 상담, 영적인 대화, 게다가 하느님 신앙에 대한 격려를 받기도 하지요. 아내는 집안일에 대한 나의 부담과 고민을 덜어주고, 아내의 모습은 귀

14) Morley, *Character Writing*, 45.
15) Ibid., 274. Fuller, *Holy State*, 1, 7.

266

가하는 나를 기쁨으로 환영하지요. '16) 토머스 후커(Hooker)가 그리스도의 성찬식에 대한 비유를 찾아보려고 했을 때, 서로 깊이 사랑하는 부부관계를 참조한 것은 당연한 일이었다.

아내는 먼 지방으로 출장 간 남편의 편지를 읽으면서 남편이 남긴 달콤한 사랑의 암시를 곳곳에서 발견하고, 이 편지를 날마다 거듭 읽는다. 그녀는 멀리 떨어진 남편과 대화를 나누고, 편지글 속에서 남편을 만나는 것이다. 남편이 편지를 쓰면서 이런저런 생각을 했다고 그녀는 감탄하면서 남편이 자신에게 다시 말을 건다고 느낀다 … 따라서 성찬식은 그리스도의 연애편지나 마찬가지다.

사랑하는 남편의 아내에 대한 느낌을 묘사하는 후커의 표현은 한층 더 강렬하다.

사랑하는 아내를 온 마음으로 그리워하는 남편은 밤마다 그녀를 꿈꾸고, 깨어있는 동안에는 눈앞에 그녀를 그려보기도 하고, 식탁에 앉아 그녀에 대한 생각에 잠긴다. 여행 중에는 그녀와 함께 거닐고 새로운 곳에 도착할 때마다 그녀와 얘기를 나눈다 … 남편은 자신의 배우자를 그 어떤 사람보다도 따뜻한 마음으로 사랑해 주는데, 이것은 그의 존경어린 표정에 잘 나타난다. 그의 모든 소유물은 그녀 마음대로 사용할 수 있고, 그의 모든 행동은 그녀의 만족을 위해 활용된다. 그녀는 그의 품에 안기고, 그는 마음으로 그녀를 신뢰하면서 그녀에게 모든 것을 고백한다. 그의 사랑의 강물은 거대한 파도처럼 가득 넘쳐 세차게 흐른다. 17)

16) Macfarlane, *Ralph Josselin*, 107쪽 인용.
17) Morgan, *Puritan Family*, 61~62.

비록 비유적이고 추상적인 표현이긴 하지만, '그들 언어의 진정성은 조금도 약화되지 않았다. 후커는 생생하게 실재했던 감정을 묘사하였다' 고 모건(Morgan)은 결론지었다.

16세기 후반과 17세기 초엽에 유행했던 세속적이면서 '종교적인' 전단문학(*pamphlet literature*) 대부분은 사랑의 실재와 그 필요성을 가정하고 있었다. 어느 세속적인 작품은 사랑의 압도적인 속성을 이렇게 표현하고 있다. '사랑의 열정은 대단하여 사랑의 대상을 굴복시킨 다음 정복하거나 살해한다 … 사랑은 즐거운 고통이다 … 사랑은 쐐기풀과 같아서 쾌감으로 마음을 끊임없이 찌른다.' '사랑의 열정으로 단련된 여성의 마음은 밀랍 같아서 그 열정의 흔적을 고스란히 받아들인다.'[18] 이러한 열정은 작가가 남녀의 삶에 있어서 주도적인 것으로 파악하는 관계의 기초가 된다. 우리가 부모에게 느끼는 의무감은 사랑하는 부부의 의무감으로 대체된다. '나는 엄청난 순종과 강력한 계약으로 자신을 묶는 사랑이야말로 의무라고 주장한다. 왜냐하면 사랑하는 사람은 모든 하위의 의무를 져버리기 때문이다. 나는 사랑을 제외한 모든 의무는 하위라고 규정한다. 왜냐하면 계명에 따르면, 남편이 요구하는 사랑의 의무를 위해 나머지 의무는 모두 거부되어야 하기 때문이다.' 《신성한 사랑의 거울》(*The Glasse of Godly Love*)에 제시된 이상적인 남편의 모습에는 부부간의 사랑이 가장 탁월한 것으로 묘사된다. 남편은 아내의 지배자이며 보호자이다.

> 남편은 자신의 살과 피인 아내에게 열렬한 사랑과 애정, 부드러운 행동, 신실함과 도움, 안락함과 너그러움을 마치 자신에게 하듯 제공해야한다. 따라서 사랑, 애정, 우정, 친족의 친밀함, 이 세상 그 어떤 것도 부부의 사랑에 비견되는 것은 없으며, 남편과 아내가 일치하여 하느님

---

18) Furnivall, *Tell-Trothes*, 39, 28, 57.

을 경외하면서 살아가는 것보다 하느님을 더 기쁘시게 하는 것은 해 아래 하나도 없다.

이런 까닭에 그리스도와 교회, 즉 '둘의 연합체인 거룩한 몸'은 결혼 혹은 부부간의 사랑에 대한 모형 또는 거울로 제시되는 것이다.[19]

결혼에 관한 경건한 보고서들 역시 부부연대감의 우월성과 깊은 사랑의 필요성을 주장한다. 구지(Gouge)는 사랑을 아교에 비유했다. 왜냐하면 사랑이야말로 결혼시작부터 필요한 것이기 때문이다. '결혼 초기에 부부의 마음 깊숙이 서로에 대한 호감이 자리 잡고 있으면, 둘 사이에 사랑이 영구히 지속될 가능성이 크다. 왜냐하면 서로 단단히 접착되어 고정된 것은 결코 분리되지 않기 때문이다. 그러나 아교 없이 붙여진 것이나, 아교가 마르기 전 뒤흔들린 것은, 견고하게 지속될 수 없다.'[20] 휘이틀리(Whateley)의 주장도 철석같다. '사랑이야말로 결혼생활의 생명이자 영혼이다. 사랑 없는 결혼은 썩은 사과와 마찬가지이고, 살아있는 몸이 아닌 시체나 다름없다.' 이러한 사랑은 다른 모든 것들을 대체시킨다. '남편은 주변 그 어떤 것보다 아내를 사랑해야 한다 … 이웃도, 친족도, 친구도, 부모도, 자녀도 아내보다 더 친밀하거나 사랑스러워서는 안 된다.'[21]

반세기 전, 비컨(Becon)은 그 어떤 것보다도 깊고 지속적인 사랑에 근거하여 결혼하라고 사람들을 격려하였다. 남편은 아내를 사랑하되 '마치 자신을 사랑하듯, 그리스도가 자신의 교회를 사랑하듯'해야 한다는 것이다. 남편은 '마치 자신의 몸처럼 아내를 사랑해야 하고, 아내를 사랑하는 남편은 자신을 사랑하는 것'이라는 사도 바울의 말을 인용하면

19) Ibid., 57, 183.
20) Gouge, *Domesticall*, 197.
21) Whateley, *Bride-Bush*, 31, 38.

서, 비컨은 아내를 사랑해야 하는 몇 가지 이유를 제시하는데, 그중에는 그녀가 '그의 살 중의 살이요, 뼈 중의 뼈이기' 때문이라는 사실도 포함된다. 비컨의 대화에 등장하는 '아버지'가 이렇게 질문한다. '결혼한 남자의 아내에 대한 사랑이 다른 모든 사람들에 대한 사랑을 능가해야 하는가?' 그러자 아들은 '예, 그렇죠'라고 답변하면서 마태복음 19장을 인용한다. '이런 까닭에 남자는 부모를 떠나 아내와 합쳐야 할 것이다. 그리하여 그들은 한 몸을 이룰지니라.'[22] 이러한 사랑의 결과로 남편의 의무는 아내를 보호하고 소중히 여기는 것이었다. 남편은 아내에게 야비하거나 잔인해서는 안 되고, 온화한 아버지가 사랑스런 자식을 대하듯 아내에게 조용하고, 부드러우며, 겸손하고, 인내하며, 친절해야 한다. 또한 아내의 의무는

> 진실하고, 살가우며, 정절 있고, 꾸밈없이 남편을 사랑해야 한다 … 결혼한 여성은 남편을 마치 자신처럼 사랑해야 한다. 또한 남편을 가장 공평하고, 가장 아름다우며, 가장 적절하고, 가장 잘 생겼으며, 가장 사랑할 만하고, 가장 정직하며, 신심 깊은 남편답게 모든 덕성과 자질을 갖추었다고 생각해야 한다. 서로의 존재를 순수하게 즐기고 진심으로 사랑하기 위해서, 남편 역시 아내를 그렇게 생각해야 한다.[23]

이렇게 널리 확립된 결혼태도가 종교개혁에서 발생한 것이 아니었음은 분명하다. 종교개혁 이전에 저술된 잉글랜드의 책자들도 같은 메시지를 전달한다. 예컨대, 이전에 저술되었지만 1528년에 처음 출간된 해링턴의 《결혼의 찬양》(*Comendacions of Matrymony*)은 조심스럽게 정통 가톨릭 교리를 따르면서도 동일한 견해를 취했다. 예컨대, 그 책은 부부의 유대가 부모자식의 유대보다 더 강력해야 한다고 지적한다. '남편은

---

22) Becon, *Works*, 334.
23) Ibid., 338, 341.

아내를 사랑해야 하고, 아내는 남편을 부모보다 더 사랑해야 한다.'24)
종교개혁 전후의 가톨릭과 개신교 양측의 결혼 충고 서적을 꼼꼼히 살펴
보면 이러한 강조점은 변하지 않았다. '그러한 충고는 지속되었다 … 청
교도 규범서들을 살펴보면 결혼의 이상인 사랑과 단란한 가정이 전혀 변
하지 않았음을 알 수 있다.' 그러한 결혼의 이상에 새로운 것은 아무 것
도 없다고 캐슬린 데이비스(Davis)는 결론짓는다. '왜냐하면 흥미롭게
도 청도교 규범서들은 그러한 이상의 지속성을 보여주기 때문이다.'25)
　이로부터 멀지 않은 과거에도 동일한 주장에 대한 증거가 발견된다.
13세기 초엽으로 건너뛰면 바르톨로메우스 앵글리쿠스(Bartholomaeus
Anglicus)는 자신이 편찬한 백과사전에서 사랑, '동료애'(fellowship), 애
정, 배려에 대해 유사한 강조를 하고 있다. 이것은 동일한 두 가지 중요
한 원칙에 근거한다. 첫째, 부부관계는 모든 다른 관계를 대체한다. '남
편은 아내를 무척 사랑하기 때문에 그녀를 위해서라면 모든 위험을 무릅
쓴다. 또한 아내의 사랑을 어머니의 사랑보다 우위에 둔다. 왜냐하면 그
는 아내와 함께 동거하면서 자신의 부모를 떠나기 때문이다.'26) 궁극적
선택이 이루어진 셈이다. 이성과 감정이 혈육을 정복하였고, 선택이 필
연성을 대체하였다. 헨리 메인(Maine) 경의 주장을 원용해서 말한다면,
부부의 마음속에서 계약이 신분을 대체시켰다. 두 번째 특징은 나눔과
반려자 의식 그리고 부부간의 유대감이다. 남편은 자신의 아내를 '잠자
리 동료이자 식탁 동료'로 만들었다. 27) 오늘날 옥스퍼드와 캠브리지 동
료들이 그러하듯이, '동료'(fellow)는 동등한 사람들끼리의 영적인 벗,
제휴(partnership), 상호 이해관계를 의미한다. 남편과 아내는 다른 사람

---

24) Harrington, *Matrymony*, sig. Dii.
25) Outhwaite, *Marriage*, 78
26) Steele, *Medieval Lore*, 56.
27) Ibid., 57.

들은 모두 배제한 채, 살아있는 한 지속되는 작은 공동체를 하나 설립한 셈이다. 교훈문학(*moralistic literature*) 작품에서 엿보이는 이러한 결혼 양상이 다른 출처에서도 확인된다면 생소하지만 큰 영향을 미친, 부부의 반려자적 결혼이라는 혁명은 잉글랜드에서는 적어도 초서 당대에 발생했음을 제시한다.

초서와 맬서스 사이의 시기에 출간된 다른 문학작품에도 사랑이라는 문화적 전제가 등장한다. 18세기에 형식적 완성이 이뤄진 소설들과 그 이전의 단편적인 스토리들의 주제는 사랑과 의무, 사랑과 이성, 사랑과 운명 사이의 긴장이었다.[28] 사실 존슨 박사의 《사전》(*Dictionary*)에는 '소설'이 '주로 사랑에 관한 작은 이야기'라고 정의되어 있다. 사랑에 관하여 그토록 처절하게 고뇌한 나라에서 몇몇 위대한 소설가들이 배출된 사실은 우연이 아니다.

드라마 장르에 대해서도 동일한 논의를 전개할 수 있을 것이다. 16세기 초부터 18세기 말 사이에 잉글랜드에서 출간된 드라마를 읽어본 사람은 누구나 사랑의 갈등이 지배적 플롯이었음을 알 수 있다. 다양한 양상으로 전개되는 열정적 사랑은 수없이 많은 장애들과 마주치게 되고, 그 갈등의 해소는 과거와 현대의 관객들을 긴장과 감동으로 몰아넣는다. 여기서 이 드라마들을 일일이 검토할 수는 없지만, 몇몇 장면을 인용할 수는 있다. 셰익스피어가 자신의 여러 작품에서 사랑을 다루었음은 널리 알려진 사실인데, 《로미오와 줄리엣》(*Romeo and Juliet*)은 완성도가 정점에 이른 작품이다. 엘리자베스와 자코뱅 시기의 다른 극작가들도 사랑의 위력을 이렇게 묘사했다. '남녀가 너무 신중하면 그 사랑 깊지 않고, 첫눈에 반한 사랑이 진정한 사랑 아니런가.' '그녀의 특별한 매력 점차 늘어나 과거를 덮고 미래를 비추나니.' '만약 그대가 바다의 썰물보다

---

28) Wright, *Domestic Manners*, 274; Deloney, 'Jack of Newberrie'.

더 확고하다면, 나는 운명을 내 손아귀에 붙잡고, 영원한 시간의 흐름을 장악할 텐데.' '폭풍이여 오려면 오라, 피난처에 숨은 그대 모습 보게 되리니, 어떤 의혹 일어날지라도, 아무것도 그대 괴롭히지 못하리라. 그대 마음의 평정을 원한다면 우리 사랑을 신뢰하시오.'[29] 이러한 사랑의 주제는 왕정복고기의 드라마 작가들까지 이어졌는데, 예컨대 드라이든 (Dryden)의 《사랑을 위해서라면 모든 것을》(All for Love), 위철리 (Wycherley)의 《시골 아내》(The Country Wife), 밴브룩(Vanbrugh)의 《분노한 아내》(The Provok'd Wife) 등 다수의 작품이 있다. 사랑은 항구와 같은 것이었다. '나는 항구를 고대하는 가련한 선원을 꿈꾸었는데, 깨어보니 폭풍우 속이었다네!' 그러나 사랑은 서두른다고 될 일이 아니었다. '그대는 무(無)와 같아서, 그대의 시간 아직 오직 않았소. 그러나 때가 이르면, 사랑과 죽음은 운명처럼 불시에 다가오네.'[30] 사랑 받고난 다음에 버림받는 것이 더 나았다. '그러나 당신이 무슨 말 하든지, 사랑 한 번 받지 못한 것보다는 사랑받고 홀로 남겨지는 것이 더 낫소. 사랑에 무관심한 채 우리의 젊음을 흘려보내고, 언젠가 사라진다 하여 인생의 달콤함을 거절하는 것은, 언젠가 늙을 것이기 때문에 노인으로 태어나길 원하는 것만큼이나 모순이오.' 이러한 드라마와 소설은 사랑, 특히 결혼과 긴밀하게 연결된 사랑을 중심주제로 삼았다.

사랑은 시에서도 역시 압도적인 관심사였다. 사랑의 주제는 테니슨 (Tennyson)의 시 《공주》(Princess)에서 그 정점을 이룬다. 《공주》는 비록 1847년에 쓰였지만, 밀턴이나 뒤 바르타스(Du Bartas)의 시처럼 읽

---

29) Cohen, *Penguin Dictionary*에서 인용된 Marlow, Hero and Leander; Webster, *Duchess of Malfi*, Act I, scene I; Ford, '*Tis Pity She's a Whore*, Act V, scene 5; Middleton, *Women Beware Women*, Act II, scene I.

30) Farquhar, *Beaux's Stratagem*, Act V, scene iv; Act II, scene 1.

힌다. 결혼은 환영할 만한 것이었다.

> … 남녀가 홀로인 것을 보니
> 서로 반쪽일 뿐인데, 진정한 결혼은 평등도
> 불평등도 아니요, 서로의 부족함을
> 채워주는 것이니,
> 서로의 생각 속의 생각
> 목적 속의 목적이 되어 … 두 외로운 영혼의 심장
> 서로 힘차게 박동하나니. 31)

서로의 '부족한 점' 또는 공허감을 채워주는 사랑의 치유적 기능은 2세기 전 존 단(Donne)의 〈엑스터시〉(*Extasie*)라는 시를 떠올리게 한다.

> 사랑이, 연인과 더불어 그토록
> 두 영혼에 활기를 불어넣으면,
> 거기서 흘러나오는 좀더 탁월한 영혼은
> 외로움이라는 결함을 치유해 준다.

단, 허버트(Herbert), 마블(Marvell), 킹(King) 등의 형이상학파 시인들은 매우 강렬하고 진지하게 사랑을 찬양했는데, 그들을 능가할 사람은 아무도 없었다. 결혼생활의 안과 밖에서 벌어진 사랑에 대한 그들의 열정적 분출은 아무도 따라갈 수 없었다. 사랑에 관한 그들의 시는 탁월하였다.

그러나 50년 전으로 거슬러 올라가면 사랑의 정서는 더욱 강렬하였다. 《엘리자베스 시대의 사랑 관습》(*Elizabethan Love Conventions*)이라는 연구서에서 피어슨(Pearson)이 결론짓듯이, '이전과 이후에 세상 사

---

31) Tennyson, *The Princess* (1st edn, 1847), 157.

274

람들이 이렇게 사랑에 열중한 적은 없었다.'32) 기쁨, 그리움, 염려, 고
뇌, 질투, 정절 각각의 주제는 필립 시드니(Sidney) 경, 에드워드 드 비
어(Vere), 조지 필(Peele), 필크 그레빌(Greville), 크리스토퍼 말로
(Marlow), 로버트 그린(Grene), 니콜라스 브레튼(Breton), 월터 롤리
(Raleigh) 경 등의 시에서 거듭 분석되었다. 연인들이 분리됨과 외로움
을 극복하고 두 개의 반쪽이 하나로 통합될 수 있도록 사랑은 육체와 정
신과 마음의 완전한 일치를 추구한다는 주제는 거의 언제나 등장했다.

> 만약 우리가 서로 헤어져야 한다면
> 우리 두 마음으로 만든
> 하나의 마음은 어찌해야 하나?
> 마담, 서로의 두 마음을 쪼개어
> 그 둘로부터 취합시다
> 최선의 마음을, 하나의 마음을 만들기 위해. 33)

이러한 위대한 시인들로부터 우뚝 솟아오른 두 사람은 스펜서
(Spenser) 34) 와 셰익스피어였다. 전자에 대하여 루이스(Lewis) 는 이렇
게 말한다. '정서의 역사를 살펴보면 스펜서는 셰익스피어부터 메러디스
(Meredith) 에 이르기까지, 사랑에 관한 모든 영문학 작품의 기초가 되는
낭만적 결혼 개념의 가장 위대한 창시자였다.'35) 셰익스피어에 관해 말
한다는 것은 불필요한 일이다. 모든 연애 시인들 가운데 가장 위대한 시
인으로 폭넓게 칭송되는 그는, '사랑의 모든 현상과 양상을 모방 불가능
한 장인의 손길로 재현'하였다. 그가 묘사한 사랑은 '완전히 개화한 현대

---

32) Pearson, *Elizabethan Love*, 297.
33) *Some Longer Poems*, 433.
34) (옮긴이) 에드문드 스펜서(Edmund Spencer, 1552?~1599) : 잉글랜드 시인.
35) Lewis, *Allegory*, 360.

적 사랑'이었다. 36) 비록 천재이긴 했지만, 셰익스피어가 현대적 사랑의 창시자로서 자신을 이해하지 못하는 세상을 향해 노래하면서, 예고 없이 나타난 것은 아니었다. 셰익스피어 당대의 독자들과 그 자신의 삶은 그에게 낭만적 사랑의 실례를 넉넉히 제공해 주었고, 그보다 역량은 부족하지만, 선배 작가들 역시 활기차게 사랑의 노래를 불렀던 것이다.

초서의 운문은 사랑의 탁월성에 관한 언급과 가정으로 가득 차 있다. 사랑은 《캔터베리 이야기》(*The Canterbury Tales*)의 빈번한 주제였다. 예컨대, 〈방앗간지기 이야기〉(*The Miller's Tale*)에는 다음과 같은 이야기가 등장한다.

목수는 아내와 새로 결혼했는데
그는 그녀를 자신의 목숨보다 더 사랑하였다.

그의 결혼은 실수로 판가름 났다. 왜냐하면 그녀는 그보다 훨씬 젊고, 그는 '덫에 걸려들었기' 때문이다. 자신의 젊은 아내가 익사하려 한다고 생각하자, 목수는 불안하여 제정신이 아니었다. '아, 내 아내여! 그녀가 물에 빠져 죽지 않을까? 아, 나의 앨리순(Alisoun)!' 이 슬픔 때문에 그는 거의 쓰러질 지경이었다. 롬바르디(Lombardy)가 배경인 〈상인 이야기〉(*The Merchant's Tale*)는 사랑 때문에 결혼한 늙은 남자의 젊은 신부가 서방질하는 줄거리를 다루고 있다. 그는 노년에 결혼하기로 결심하였다.

남편과 아내 사이의
저 행복한 삶을 맛보고 싶어서.

---

36) Bloch, *Sexual*, 507, and Finck in the same.

초서는 그의 결심을 환영하면서, 결혼생활을 이렇게 찬양한다.

아내보다 더 풍만한 가슴을 가진 자 누구인가?
아플 때나 건강할 때, 남편을 지켜주는
아내처럼 진실하고 협조적인 사람, 그 누구인가?
그녀는 기쁠 때나 슬플 때 그를 버리지 않고
침대에 누워 죽어가는 남편,
사랑하고 섬기는 데 조금도 염려치 않네.

아내는 남편이 외롭거나 힘들 때 그를 도우라고 보내주신 하느님의 선물이다.

그대는 여기서 보고, 확인하리라
아내가 남편의 조력자이며 위로자임을,
남편의 지상 낙원이자 놀이동무임을,
그녀는 무척 건강하고 덕성스러워
부부는 하나 되어 살기 원하네
비록 몸은 서로 달라도
행복할 때나 고통스러울 때 한 마음으로 살아가나니.

그녀는 가사를 돌볼 때나 아플 때 남편의 조력자이기 때문에 지혜로운 남편은

너의 아내를 잘 사랑하라, 마치 그리스도가 자신의 교회를 사랑한 것 같이.
만약 네가 너 자신을 사랑하면, 네 아내도 사랑하라.

부부간의 사랑과 한 마음 한 몸을 강조한 이러한 언급은 정확히 17세기 결혼의 모습이다. 초서도 초기의 여러 시편에서 결혼을 찬양한다.

⟨블랑쉬 백작 부인의 죽음⟩(*The Dethe of Blaunche the Duchesse*) 이란 시 전체는 사랑과 관련되어 있으며, ⟨트로일루스와 크리세이데⟩(*Troilus and Criseyde*) 는 열정적인 사랑으로 가득 차 있다. ⟨선한 여성들의 전설⟩(*Legend of Good Women*), ⟨금수회의록⟩(*the Parlement of Fowles*), ⟨장미 이야기⟩(*Romount of Rose*) 번역판 모두 사랑의 주제를 많이 포함하고 있다. 14세기부터 17세기 어느 때라도 쓰일 수 있었던 수많은 시편들이 있었다.

> 나는 이렇게 사랑의 화살에 찔려
> 나의 달콤한 원수, 그녀를 힘껏 사랑해야만 한다.
> 언제나 섬기고 슬플 때 버리지 않음을 제외하고는
> 사랑은 나에게 자신의 기술을 가르쳐 주지 않았다. [37]

초서의 시는 프랑스 시의 영향을 받은 연애시의 오랜 전통의 일부분이었다. 그러나 사랑의 대상은 시인과 동일한 신분의 여성이었던 것 같다. 그녀는 상위층 귀족도 아니었고 간통의 주제를 강조하지도 않았다. 초서의 연애시에는 존경과 숭앙은 있었으나 굴종은 없었고, 그 사랑은 얻을 수 있는 것이었다. 원고 형태의 슬로안(Sloane) 의 시엔 사랑을 정의하려는 시도가 엿보인다.

> 사랑은 부드럽고 사랑은 달콤하며, 아름다운 어조로 이야기 한다.
> 사랑은 엄청난 고뇌이고, 사랑은 자상한 보살핌이며
> 사랑은 극상의 황홀함이고, 사랑은 모험을 감행하며
> 사랑은 가련함이고, 동거하기엔 사랑은 좌절이다.

---

37) Pollard, *Chaucer Works*, 44, 48, 204, 205, 334. 물론 초서의 찬양에는 약간의 풍자가 있다.

13세기 말경과 14세기 초엽에 작성된 〈할리(Harley) 2253〉 원고 한 편엔 특히 강렬한 일련의 연애시가 우연히 살아남아 있다. 세속적인 첫 번째 시는 이렇게 시작한다.

남자의 마음은 거의 알 수 없다
은밀한 사랑이 어떤 일을 저지를 수 있는지,
그것에 거듭 통달한
사랑스러운 여인이 알려주기 전에는

또 다른 시에서는 이렇게 호소하고 있다.

1년 내내 사랑에 빠져 지냈으니, 이젠 더 사랑할 수 없노라,
당신의 호의를 청하는 한숨 끝이 없는데, 내가 연모하는 사랑이여,
하지만 사랑은 아직 멀기만 하여, 나를 괴롭히누나.
사랑스러운 이여, 내 그대를 오래 사랑했으니, 제발 내 간청 들어주시오.

위 시는 이렇게 끝맺고 있다.

링컨(Lincoln), 린제이(Lindesey), 라운드(Lound),
노샘프턴(Northampton) 근처 몇 마일 지역에
내 마음 사로잡을 더 멋진 처녀 본 적 없으니
사랑하는 이여, 간청하노니, 잠시라도 내 사랑 되어주게나.

이 시는 먼 성채로부터 외치는 소리이며, '궁정의 사랑'에 등장하는 군주 아내들의 호소이다. 이 시는 아름다운 처녀를 만나 사랑에 빠진 남자가 주위를 배회하는 것을 묘사하고 있다. 시의 마지막 장면에서는, '그 남자'와 '그 여자'가 기쁨에 넘쳐 함께 노래 부른다. '내 근심 슬픔 모두 사라졌다고 한 마디만 해주오, 내 사랑이여'라고 남성이 간청하면, 그녀

는 그를 바보라고 부르면서 단념하라고 말한다. 그는 이렇게 답변한다.

　　당신 연모하다 내가 죽으면 당신은 스캔들에 휘말릴 거니
　　내 살아 당신 연인이 되고, 그대 내 사랑 되어주오.

그녀는 그에게 시끄러운 소리 그만두라고 말한다. 한때 그녀의 창가에서 서로 포옹하며 키스를 퍼붓던 시절 있었으나, 이제는 슬프기만 하다고 그녀에게 말한다. 마침내 그녀는 설득되어 그를 자신의 사랑으로 선언한다. '그대 내 것이 되고, 나 그대 것 되어 줄 테니, 당신은 기쁨을 누리시라.'38)

이러한 사랑의 주제는 좀더 이른 시기, 예컨대 앵글로색슨 시기에 남편과 헤어짐을 묘사한 〈아내의 비탄〉(*Wife's Lament*) 이라는 시까지 거슬러 올라갈 수 있다. 그녀는 이렇게 회상한다.

　　… 얼마나 자주 맹세했던가
　　죽음을 제외하고는, 그 어떤 것도
　　우리를 갈라놓을 수 없다고.
　　그 모든 것 변하여, 이젠 마치
　　우리 사랑 결혼이 없었던 일처럼 …

홀로 남겨지자 그녀는 이렇게 노래한다.

　　남편의 부재가 통렬히 느껴지네.
　　세상의 사랑하는 연인들 잠자리에 누웠는데,
　　새벽녘 이리저리 나 홀로 거니네
　　지상의 움막 주변 참나무 아래. 39)

---

38) *Medieval English Verse*, 178, 101, 199, 209, 211~212.

아무것도 그들 사이를 갈라놓을 수 없다는 것과, 부부의 절절한 사랑
이 모든 것을 능가한다는 고백이 위 시에 잘 드러난다. 또한 잠자리를 함
께 하는 다른 부부들 역시 '사랑하는 연인들'이라는 가정도 동시에 표출
되고 있다.

이러한 드라마와 시편의 대부분은 저자들과 독자들이 극소수의 교육
받은 상류계층이기 때문에 일반 대중들의 정서를 정확하게 반영하지 못
한다는 주장이 제기될 수 있다. 시편들을 통하여 하위계층의 정서까지
파악한다는 무척 어려운 일이다. 왜냐하면 수 세기 동안 일반 대중들이
노래하고 암송했던 '민중'(folk) 발라드 대부분이 사실은 우리가 인용했
던 시편들을 각색하거나 모방한 것이었기 때문이다. 16세기 이후 대량
으로 판매된 발라드 대부분이 특히 이러한 시인들의 작품이었던 것이다.
하지만 그러한 사실 자체는 무척 흥미롭다. 왜냐하면 교육받은 엘리트
계층의 사랑에 흠뻑 빠진 문학작품이 나머지 계층에게도 매력적이고 적
절했음을 암시하기 때문이다. 19세기의 위대한 발라드 수집가들에 의해
출판된 발라드의 대부분이 사랑에 관련된 것이었음을 지적할 필요가 있
다. 40) 사랑을 노래한 발라드들은 대중들 사이에 무척 많이 읽혀, 페피
스(Pepys)의 도서관에는 그것들만 따로 모은 한 전집이 있었다. 발라드
는 사랑의 모든 측면을 파헤쳐 노래했는데, 사랑이라는 이상하고 압도
적인 열정은 누구에게나 일격을 가할 수 있으며, 그 결과는 기쁨이나 고
통이었다.

비록 시, 드라마, 이야기 등의 예술작품이 당대의 윤리 및 철학과 잘
들어맞지만, 그것이 결정적인 증거가 될 수 없다는 문제가 제기될 수 있
다. 첫째, 예술은 반드시 인생을 반영할 필요는 없다. 둘째, 대부분의
예술작품은 고전이나 유럽대륙을 모델로 삼고 있어, 그것이 반영하는

---

39) Mount, *Subversive Family*, 101에서 인용
40) Percy, *Reliques*.

것은 복잡한 뿌리를 갖고 있다. 결혼 이전과 결혼생활에서 사랑이 필수적이었는가의 여부를 추적하려면, 역사상 구체적인 인물에 의해 혹은 그 인물에 관해 작성된 좀더 개인적인 자료를 살펴볼 필요가 있다. 그러한 자료 가운데 하나는 남성들과 여성들 사이에 교환된 또는 그들에 관해 쓴 편지들이다.

그러나 편지를 자료로 사용하려면 심각한 어려움이 따른다. 편지글 작성에는 고유의 관습이 있기 때문에, 우리는 편지글 이면의 내용을 파악해야만 한다. 때로는 부자연스러울 정도로 형식적이거나 경직된 편지글이 있어서 감정이 결여된 것으로 오인될 수도 있다. 또한 지나치게 감상적인 편지글 역시 역으로 오인된다. 게다가 지금까지 보존된 편지들은 중산층 이상의 상류층에서 작성된 것이다.

부부관계에 대한 자료로의 편지글에 대한 첫 번째 논점은 배우자 간의 편지가 매우 중요했다는 점이다. 앞으로 살펴보겠지만 남편이 아내로부터 며칠 이상 떨어질 경우, 쌍방은 규칙적으로 편지를 주고받았다. 후커(Hooker)가 말하듯이, 그러한 편지는 수신자에게 기쁨을 안겨 주었고, 편지내용은 서로 간의 감정, 생각, 실제적 충고의 소통이 부부에게 무척 필요함을 보여준다. 잉글랜드에서 스위프트(Swift), 스틸(Steele), 로버트(Robert), 엘리자베스 브라우닝(Browning)이라는 네 명의 위대한 연애편지 작가들이 배출된 것은 우연이 아니며, 잉글랜드에 베껴 쓸 수 있는 멋진 편지글 모음이 있는 것도 우연이 아니다. 우리가 앞서 살펴본 두들리 라이더의 결혼의 장점과 단점에 대한 숙고는 편지글의 양극단을 보여준다. 그가 말하기를, 자신은 아내와 매일 편지를 교환했으며, 그녀는 가사와 재정문제를 전적으로 책임졌다고 한다. 결혼 전과 결혼 후에 있어서, 남편과 아내 간에 주고받은 편지의 중요성과, 그 편지글에 드러난 부부간의 친밀감은 견본편지가 잘 보여주고 있는데, 이 견본편지는 16세기 이후 대량으로 출판되었다.

1841년경 출판된 레브드 쿡(Revd Cooks) 목사의 《일반 편지글》(*Universal Letter Writer*)의 4분의 1은 '사랑, 구혼, 결혼'에 할당되고 있다. 이 책은 결혼을 두 사람의 영혼과 정신과 마음의 결합, 즉 참되고 깊은 우정으로 파악하는 테니슨풍(*Tennysonian*)의 이미지로 묘사하고 있다. 결혼한 지 3개월이 지난 한 여성은 사촌에게 편지를 보내면서 결혼의 장점을 이렇게 말한다. '나의 비밀을 털어놓을 수 있고, 언제나 나를 이해해 주는 진정한 친구를 갖게 된 것은 이전에 한 번도 경험해 보지 못한 일이다.' 재혼을 고려하는 한 과부는 노년에 언제나 자유롭게 마음을 털어놓을 수 있는 친구 같은 남성과 결혼하겠다고 말했다. 1773년에 출간된 《궁정 편지글》(*The Court Letter Writer*) 122편 가운데 유명 인사들의 편지를 제외한 59편은 '사랑, 결혼, 결혼생활 지침'에 할애되어 있다. 출타한 남편이 보낸 견본편지는 이렇게 쓰여 있다. '당신과 멀리 떨어져 있는데 행복할 수 있을까? 하지만 이번에 나는 무척 행복하오. 애인은 의심할 수 있어도, 남편은 믿어도 되오. 사실, 당신과 함께 나누지 않는 그 어떤 것도 나에게 진정한 만족을 줄 수 없다오.' 사람들은 열정이야말로 성공적인 결혼에 꼭 필요한 것이라는 충고를 받았다. 한 여성은 늙은 수전노와 결혼하지 말라고 이렇게 충고하였다. '너와 나는 낭만적인 사랑을 오랫동안 인정하지 않았지. 하지만 결혼생활에 따르기 마련인 사소한 짜증을 상쇄하기 위해선 뜨거운 열정이 충분해야 돼.' 한 신사는 누이에게 이렇게 충고하였다. '행복한 결혼생활은 존경심만으로는 안 되고, 열정이 활활 살아남아 있어야만 돼.' 이어서 그는 마담 드 맹테농(Madame de Maintenon)의 충고를 인용하였다. '당신의 남편을 당신의 최고의 친구, 유일한 의논자로 삼으라.'[41]

120년 전으로 거슬러 올라가면, 또 다른 견본편지는 사랑의 주제를 담

41) Cooke, *Universal Letter Writer*, 73, 76, and cf. 77; *The Court Letter Writer*, 107, 166, 180~181.

은 편지글 279페이지 가운데 105페이지를 결혼 또는 미혼의 사랑에 할애
하였다. 대부분은 연인끼리 주고받은 편지였지만, 남편과 아내의 편지
도 약간 있었다. '사랑하는 남편에게'로 시작되는 한 편지는 자신의 남편
을 '나의 유일한 생명'이라고 부르면서 '언제나 사랑의 고통에 겨운 아내
로부터'라고 끝맺고 있는데, 분명 사랑의 포로가 된 여성이 보냈음이 분
명하다. '사랑하는 아내 B. G. 에게'라고 시작하는 또 한 편지는 아내와
너무 오랫동안 떨어져 있음을 사과하는 내용을 담고 있다. 42) 좀더 이른
시기의 견본편지인 1586년의 《잉글랜드식 비밀》(*The English Secretorie*)
에는 사랑과 결혼에 관한 다수의 편지가 포함되어 있다. 특히 주목을 끄
는 편지는 얼마 전 남편과 사별한 어떤 여성을 위로하기 위해 작성된 것
이다. 그녀가 최고의 친구이자 독실한 친구인 남편을 잃어 깊은 고통을
겪고 있으리라는 내용이다. 남편의 사별 소식을 몹시 큰 슬픔으로 접한
다음, 한 달 내내 눈물로 지낸 과부를 극도의 비통으로부터 건져내려고
편지의 필자는 노력한다. '즐겁고 젊은 시절의 총애하는 친구이자, 현재
의 위로와 행복 전체이며, 세상 모든 것보다, 그 어떤 세속적 평가보다
뛰어나게 존경받았으며, 그 어느 누구보다 당신을 수용하고 사랑했던,
그녀의 세속적인 사랑과 기쁨의 보석인 남편을 잃었으므로', 그녀가 슬
퍼하는 것은 당연하다고 그는 생각하지만, 그녀가 애도의 감정을 누그
러뜨리고 슬픔을 통제하도록 그는 설득한다. 43)

견본편지는 예술과 실제 삶의 중간쯤에 위치하는데, 그것의 정확성은
그것을 '전범'으로 인용한 진짜 편지글들을 살펴보아야만 확인가능하다.
예컨대 스위프트, 스티일, 몬태귀 여사, 윌리엄 피트 등이 작성한 18세
기의 편지들은 매우 유명하며 부부 간의 고양된 사랑의 개념을 잘 보여
준다. 많은 17세기 편지들 역시 동일한 특징을 보여주는데, 거의 모든

---

42) S. S. , *Secretaries Studie*, 8, 97.
43) Day, *Secretorie*, 211~212.

284

편지들이 경제적 이해관계 때문에 결혼생활에 심한 압박을 받고 있던 상류 신사계층에 의해 작성되었음에도 그렇다. 윌리엄 메인워린지(Mainwaringe) 경은 1645년 "나의 친애하는 최고의 사랑에게"라는 편지에서 '나의 유일한 기쁨이여, 그대의 편지는 나에게 대환영이었소'라고 시작한다. 이어서 그는 이런 충고를 덧붙인다. '유능한 사람이며, 그대에게 가장 안전하고 최선의 충고를 기꺼이 제공할 나의 충언에 따라 행동하시오. 세심한 주의를 기울여 그대의 건강을 돌보고, 그 다음엔 함께 살 수 있기를 희망합시다. 왜냐하면 우리가 서로 떨어져 지낸다는 것은 하느님께서 허락하지 않으시는 영원한 이별 다음으로 나에게 닥칠 수 있는 큰 재앙이며 고통이기 때문이오.' 그리고 그는 이렇게 끝맺는다. '당신의 변함없고, 충실하며, 언제나 사랑하는, 가련한 W. 메인워린지로부터.'44)

내전은 많은 남편과 아내를 서로, 때로는 영구히 갈라놓았다. 1651년 티모시 페터스톤하프(Fetherstonhaugh) 경은 처형 직전 아내에게 편지를 한 통 남겼는데, 거기엔 자녀교육에 관한 충고가 포함되어 있었다. '그들로 하여금 그대로부터 오직 덕성만 빨아들이게 하시오. 하느님 앞에 맹세하노니 그대는 나에게 최고의 아내였고, 나의 자녀들에게 최고의 어머니였소.'45) 브릴리아나 할리(Harley) 여사가 1620년 남편에게 보낸 다수의 애정 어린 편지들이 발견되어 출간되었다. '나의 친애하는 남편 로버트 할리 경에게'라는 서두에서 그 부부의 감성을 느낄 수 있다. '경애하는 할리경이여, 당신의 편지 두 통은 몹시 반가웠어요. 제가 얼마나 기뻐했는지 아신다면 편지 쓸 기회를 놓치지는 않으시겠지요.' 날씨에 대하여 언급하고 조만간 그를 만나길 희망하면서 그녀는 이렇게 말한다. '제 생각이 언제나 당신과 함께 하는 것을 알고 계시지요. 당신이

44) *The Topographer*, I, 70~71.
45) Bouch, *Prelates and People*, 265.

제 생각을 지배하듯이 저도 당신 생각을 공유하게 해주세요. 요즈음보다 더 당신을 그리워한 적은 없는 것 같아요. 그렇지 않다면 지난 일은 다 잊었을 겁니다.' 그리고 그녀는 가족소식을 전하고, 책과 음식과 음료수를 그에게 보냈다고 말한 다음, '당신의 가장 애정 어린 아내, 브릴리아나 할리로부터' 라고 편지를 끝맺는다.[46]

왕당파 니베트(Knyvett) 가족의 편지들 역시 부부간의 사랑을 감동적으로 증언해 준다. 편지의 편집자는 이렇게 말한다.

> 아내는 이 편지들을 조심스럽게 보관하였고, 남편은 집으로 돌아가 그녀의 품에 잠들고 싶다고 자주 언급하였다. 편지글에 나타난 따뜻함과 열정, 가벼운 농담과 칭찬 그리고 장난기 어린 꾸지람, 다양하고 사랑이 넘치는 호칭과 서명, 패션에 대한 세심한 연구와 아내에게 줄 선물의 선택, 여행 중인 그에게 보낸 그녀의 간식거리… 이 모든 것들은 상호 이해와 애정을 뚜렷이 대변해 준다.

편지 한 통만 인용해 보자.

> 여보, 나는 나의 일부분, 즉 세상 그 무엇보다도 당신을 더 사랑하는 내 애정의 실체를 당신에게 보내고 싶다오. 바라건대, 나의 일이 조만간 빨리 해결되어, 하느님께서 원하신다면 당신이 알아차리기 전에 당신 곁에 머무르고 싶다오. 당신의 침대용품을 물색 중이고, 당신이 좋아하는 것을 고르도록 샘플을 보냈다오. 그것은 우리가 구할 수 있는 샘플 중에서 가장 근사한 것이요. 만약 나를 제외하고 당신에게 부족한 것이 있다면, 나에게 알리지 않은 당신 탓이 크오. 나 자신이 당신의 것이니, 나머지는 모두 당신의 것이 아니겠소. 급하게 간청하니 부디 즐거운 마음으로 생각하시오. 그대는 나를 그대의 품속에 소유했다고 생각하시오. 그대 품은 내가 하늘 아래 가장 머무르고 싶은 곳, 바로 내가 안식

---

46) *Letters of Harley*, 3.

하는 곳이오. 영원히 그대를 사랑하는 남편, 니베트로부터. 47)

17세기 편지글 모음집 중에서 가장 방대한 버킹엄셔 버니(Verneys) 부부의 편지글은 남편과 아내 사이의 이러한 애정의 깊이와 헌신을 다양하게 보여준다. 예컨대, 랄프 버니 경에게 아내의 상실은 어마어마한 충격이었다. 그 편지글 모음집의 초기 편집자는 이렇게 말한다. '아내와 사별한 랄프의 슬픔은 그가 평생 홀아비로 지냈다는 사실과, 이후 46년 동안 그녀에 대한 그의 기억이 사라지지 않았다는 사실로 뚜렷이 입증된다 … 그의 편지 속 그녀에 대한 언급은 사실일 뿐더러 몹시 감동적이다.' 일례를 들자면, 랄프 경은 덴튼(Denton) 박사에게 이렇게 썼다. '제 마음은 자꾸만 이탈리아로 향합니다. 이탈리아의 풍물로 나 자신을 즐겁게 하기 위해서가 아니지요. 사랑하는 아내가 세상을 떠난 뒤, 나는 남자들 대부분이 행복으로 여기는 모든 것과 작별했답니다 … 아, 선생님, 선생님, 그녀와의 동행은 나에게 모든 곳을 낙원으로 만들어 주었지요. 그러나 그녀가 가고 없으니, 만약 하느님께서 저에게 기적을 베푸시지 않는 한, 불행하고 고통스러운 제가 그 어떤 좋은 것을 기대하겠습니까.' 그의 아들 존 버니 역시 아내를 극진히 사랑했던 사람처럼 보인다. 그는 자신보다 25살 어린 15세 소녀와 결혼했는데 '6년이라는 짧은 결혼생활 동안 한 번도 그녀의 연인이 아니었던 적은 없었다'고 편집자는 전한다. 그는 사람들에게 그녀의 초상화를 그리도록 주문했으며, 아주 어쩌다가 서로 헤어져 있는 동안에 보낸 편지는 현명하고 세속적인 사업가의 마음 저변에 흐르는 섬세한 사랑의 깊이를 드러내준다.

몹시도 사랑스러운 여보, 오늘 아침 마차에서 이 편지를 쓰오. 나는 당신의 사랑스러운 22일자 편지를 받았고, 당신의 부드러운 사랑의 표현

47) Schfield, *Knyvett Letters*, 23, 56~57

에는 오직 사랑으로만 화답 가능하기에, 믿으시오 당신은 그 사랑을 소
유했다고… 당신의 1만 번의 키스에 감사하고 그중 절반이라도 내가 제
때에 받을 수 있기를 바라오. 이 공백기만 없다면, 하느님께서 보호해
주시는 당신에게 내가 돌아가면 더 많은 키스를 할 것이요. 나는 언제나
진정으로 당신을 사랑하는 남편, 존 버니로 남을 것이요. 나는 이발을
하였소.48)

17세기 이전의 편지글로 거슬러 올라가면, 저자들은 우리와 다른 고
어체 언어와 형식적 스타일을 구사하는 경향이 있다. 편지글은 좀더 절
제되어 있고, 그 내용도 실질적이다. 이러한 스타일상의 변화에도 불구
하고, 당사자 간의 친밀함은 편지글의 저변에 흐른다. 16세기에는 단지
몇 묶음의 편지글만이 전해지는데, 대부분 몰수되어 공공기록보관소에
보존되었기 때문이다. 이러한 편지글 모음집에는 상인 존슨 가족의 것
도 있는데, 1542년부터 1552년 사이에 주고받은 대부분의 편지는 회사
가 망한 뒤 추밀원(Privy council)49)으로 보내졌다. 후대에 남겨진 이러
한 편지글은 바버라 윈체스터(Winchester)가 저작한《튜더시대 가족의
초상》(Tudor Family Portrait)의 기초가 되었다. 저자는 이 편지글들에서
부부간의 애정이나 사랑은 거의 기대하지 못했음이 분명하다. 엘리자베
스 여왕의 시대가 시작되기 전, '튜더시대의 잉글랜드인들은 낭만적인
성향이 거의 없었고, 낭만적인 사랑 역시 그 역할이 미미하였다. 사랑과
결혼은 서로 별개였다.' 하지만 주로 사업적 성격을 띤 이러한 편지글이
드러내 주는 것은 무엇인가? 이 편지글은 존 존슨(Johnson)과 사빈 샌더
스(Saunders) 사이의 상호 이끌림에 근거한 결혼, 오랫동안 공들인 구애
과정을 거친 결혼의 과정을 보여준다. 결혼하기 전 '사빈은 그의 뇌리에
서 떠난 적이 없는 것처럼 보이고', 그는 그녀에게 지속적으로 선물을 보

48) Verney, *Verney Memoirs*, ii, 422; ii, 423; iv, 251~252; iv, 252~253.
49) (옮긴이) 잉글랜드 왕의 자문기관.

288

냈다. 일단 결혼이 성사되자 사랑이 증폭되었다.

수년간의 결혼생활도 연인을 남편으로 바꾸어 놓지 못했다. 존과 사빈은 서로 열정적으로 사랑했음이 분명하다. 그들은 서로 함께 있으면서 복된 행복감을 느꼈고, 서로 떨어져 있으면 몹시 우울해졌다. 그가 사업상 해외에 머무르지 않으면 안 되었을 때, 그들은 어쩌다가가 아니라 한 주에도 여러 번씩 사랑에 넘치는 장문의 편지를 주고받았다.

그녀가 그에게 보낸 편지글엔 '사랑과 치즈가 놀랍도록 뒤섞였다'는 표현이 있고, 그는 '시간이 흐를수록 사랑과 만족감이 증가하여, 사빈이야말로 그가 가면을 벗고 진정 자기 자신이 될 수 있는 세상에서의 유일한 사람'이라고 고백하였다. 그들의 편지엔 자녀들, 친구들, 가사일, 사업 소식이 가득하였다. 때때로 그들은 서로 장난을 치고, 난센스를 주고받으며, 서로 함께할 수 있기를 간절히 원했다. 시간이 흐를수록 그들의 사랑은 더욱 견고해졌다. 그의 병환 소식에 접한 그녀는 그와 함께 있고 싶은 초조함에 열병이 났고, 11월의 추위를 무릅쓰고 그가 머무르고 있는 칼레(Calais)50)를 향해 떠났다. 서로를 향한 이러한 열정과 부드러움은 처음부터 끝까지 계속되었다. 51)

이것과 유사한 경우로, 아서 플랜태저넷 리슬(Lisle) 경의 반역재판 건은 좀더 광범위한 편지글 모음집을 후대에 남겼다. 1533년부터 1540년 사이에 작성된 약 1,900여 통의 편지글은 존슨의 편지글과 거의 동시대의 것이며, 후대의 편집과정을 거쳤다. 리슬 경은 존슨과 마찬가지로 프랑스 칼레에 머무르고 있었는데, 그의 직임은 부총독이었다. 상류층인 그의 결혼은 좀더 엄격하였고, 자발성과 애정은 좀 덜했으리라 추측

---

50) (옮긴이) 도버해협에 임한 프랑스의 항구도시.
51) Winchester, *Tudor Portrait*, 61, 65, 67~68, 69, 73.

된다. 축약본 편지글의 서문은, '그들의 결합이 쌍방 간에 튜더 왕조의 업무처리 방식으로 시작되었는지는 알 수 없다'고 말하고 있다. 존슨 편지글 모음집의 경우처럼, 편집자는 사랑이라곤 거의 없는 정략결혼을 기대했음이 틀림없다. 그러나 편지글의 내용은 정반대였다. '남편과 아내로서 주고받은 그들의 편지글을 살펴보면 결혼 전과 후에 그들은 낭만적인 모더니스트처럼 전폭적으로 사랑에 빠졌음을 알 수 있다.' 이러한 '예외적인' 사랑의 깊이는 형식적인 편지글투에도 불구하고 잘 드러난다. '1538년과 1539년, 그들이 서로 떨어져 있을 때 주고받은 편지글 모음집은 비교 대상이 없을 정도로 빼어나다. 16세기에 이것에 필적할 만한 유형의 것이 없다. 형식적인 어투에 의해 당사자 간의 친밀감이 손상되기보다는 오히려 더욱 강화되었다.' '기괴하고 야만스러운 당대의 분위기에도 불구하고, 이 편지글들은 우리에게 휴식처를 제공하며 궁극적인 가치를 재확인 시켜준다.' 그들의 냉소적인 친구들마저 리슬 부부에게 이런 편지를 보낼 정도였다. '그대 부부의 몸은 각각이지만 영혼은 하나이기에, 나는 한 통의 편지만 보내노라.' 리슬 경은 아내를 '나 자신만의 것' 또는 '여보'(Sweetheart)라고 부른 다음, '당신의 사랑하는 남편으로부터'라는 말로 편지를 끝맺었다. 그의 아내 역시 '나만의 달콤한 당신'이라고 답신을 보냈다. 그녀는 자신의 안전한 귀향에 대해 말한 다음, 자신은 건강하며, '만약 남편을 만나러 간다거나 남편이 자신과 함께 있을 수 있다면' 오히려 더욱 기쁘겠다고 말했다. '남편과 다시 재회할 때까지는 모든 시간을 지워버리겠다'는 말로 편지를 끝맺으면서, '당신과 그녀 자신의 것인 그녀로부터'라고 사인을 했다.52) 이렇듯 두 개의 편지글 모음집은 서로를 잘 반영하고 있다.

종교개혁 이전의 시대로 돌아가 보면, 남아있는 편지글 모음집의 수

---

52) St Clare Byrne, *Lisle*, 2~3, 3, 3, 307, 310~311.

는 더욱 적다. 요크셔(Yorkshire) 지방의 신사계층인 플럼튼(Plumpton) 가족의 편지글은 적어도 부부간의 호칭에 있어서는 유사한 애정을 보여준다. 1502년 로버트 플럼튼은 '전적으로 옳은 마음으로 사랑하는 아내 애그니스 플럼튼(Dame Agnes Plumpton)에게' 보낸 편지에서, '내 마음으로 사랑하는'이라는 말로 시작한 다음, '당신만의 애인 로버트 플럼튼'이라고 끝맺는다. 부부간의 이러한 호칭이 판에 박힌 형식적인 것이 아님은 다음 편지에서도 확인되는 바, '옳은 마음으로 내가 전적으로 사랑하는 아내에게'라고 부른 다음, '가장 사랑하는'으로 시작된 편지는 '당신의 사랑하는 남편으로부터'라고 끝맺는다. 53) 또 다른 편지글 모음집인 셀리(Cely) 가족 편지글에는 온통 무역에 관한 내용뿐, 부부간의 편지는 한 통도 없다. 그러나 한 형제가 다른 형제에게 결혼할 것을 격려하면서 사랑의 필요성을 인정한 것을 보면 놀랍다. '네 마음을 고정시킬 사랑의 대상을 네 마음에 확고히 심어주시기를 나는 하나님께 기도한다.'54)

출판된 두 권의 중세 편지글 모음집 가운데 하나는 옥스퍼드셔(Oxfordshire)의 신사계층인 스토너(Stonors) 가족의 편지글이다. 편집자는 정략결혼과 부부간 사랑의 결핍을 예상했지만, 다시 한 번 즐거운 놀라움을 경험한다. '당시엔 부모의 규율이 몹시 엄격했지만, 스토너 가족의 편지글들은 부부간에 따뜻한 애정을 나누었다는 일관된 인상을 전한다. 결혼이 일종의 사업처럼 행해지던 시대임을 감안하면, 이 점은 무척 놀랍다.' 1475년 윌리엄 스토너에게 재혼한 엘리자베스 라이치(Ryche)는 그에게 자주 애정 표현을 담은 편지를 보냈다. '그녀는 전적으로 사랑하는 남편에게'라는 호칭에 이어 '자기의 것인 아내로부터 나의 힘인 남편에게'라는 말로 편지를 마감하였다. 이러한 호칭 역시 판에 박힌 것이 아니었다. 왜냐하면 그녀는 이후에도 '존경하고 경애하며 사랑

---

53) Stapleton, *Plumpton Letters*, cx, cxiii- xiv.
54) Hanham, *Cely Letters*, 106~107.

하는 남편에게'라고 시작한 다음, '당신의 아내로부터'로 편지를 끝맺고
있기 때문이다. 또 다른 편지는'내가 전적으로 사랑하는 남편에게'로 호
칭한 다음, '내가 전적으로 사랑하는 특별한 남편에게'로 편지를 시작하
기 때문이다. 상대방에 대한 관심과 흥미, 그리고 서로의 삶이 겹쳐짐을
보여주는 편지 내용은 친밀하고 따뜻한 인사말로 일관되어 있다. 이 편
지글 모음집에 유일한 구애의 편지가 한 통 남아 있으니, 토머스 벳슨
(Betson)이 나중에 결혼하게 되는 13세가량의 소녀에게 보낸 편지이다.
이것은 즐겁고, 장난기 넘치며, 애정 가득한 편지인데, 사랑의 징표로
반지가 하나 동봉되어 있다. 일례를 들면, 그는 그녀에게 '식사를 잘 하
여 빨리 성숙한 여성이 되라'고 요청하는데, 그것은'그를 세상에서 가장
행복한 남자로 만들어 줄' 것이기 때문이다. 55)

중세 후기의 가장 방대한 편지글 모음집은 노폭(Norfolk)의 신사계층
인 패스톤(Paston) 가족의 편지글이다. 이 편지글들엔 실용성과 낭만성,
경제적인 면과 심리적인 면이 재미있게 섞여 있는데, 이것은 경제수준
이 비슷한 두 가정의 결혼에 정략 그 이상의 어떤 것을 결합시키려는 당
대의 시도와 잘 맞아 떨어진다. 후대에 전해지는 유일한 콜(Calle)의 편
지에 마저리 패스톤(Paston)과 리처드 콜(Calle)의 연애사건이 회상되는
데, 여기서 콜은 서로의 사랑과 결혼의 결속력을 그 어떤 것보다 우선시
한다. 56) 그녀 어머니로부터 통렬한 반대에도 불구하고 그들의 결혼은
교회의 승인과 지지를 얻게 된다. 또한 흥미로운 점은 재산문제를 둘러
싼 광범위한 협상이 전제된 여러 건의 결혼들마저도 당사자 간의 깊은
정서적 유대감이 동반되었다는 것이다. 신부의 어머니는 신랑에게 이런
편지를 보냈다. 비록 신랑이 다른 문제들이 해결될 때까지 딸과의 결혼
을 파기하지 않겠다고 약속했지만, 신랑이 딸을 자신의 옹호자로 만들

55) Kingsford, *Stonor Letters*, I, xliii; i, xxviii; ii, 42; ii 66~67; ii, 7.
56) Gairdner, *Paston Letter*, ii, 350.

292

었기 때문에 그 문제가 해결될 때까지 어머니 자신은 밤낮없이 마음의 평정을 누릴 수 없다는 것이다. 또한 어머니는 다가오는 금요일이 모든 신부들이 신랑감을 고르는 성 밸런타인데이(Saint Valentine's Day)임을 지적하면서, 신랑이 자기 집을 방문하여 그 문제를 매듭지어 달라고 요청한다. 신부 역시 '몹시 사랑하는 밸런타인 연인'에게 편지를 보내 그의 안부를 물으면서, 자신은 몸과 마음이 편치 못하며 그의 답장을 받기 전에는 안녕치 못하리라고 말한다. 그녀는 사랑을 다룬 시 몇 편을 인용하면서, 부족한 지참금 때문에 자신을 버리지 말라고 신랑에게 간청한다. '진정 제가 믿건대 당신이 저를 사랑한다면 저를 버리지 마세요. 당신의 재산이 현재 수준의 반 이하라 하더라도… 저는 당신을 버리지 않을 테니까요.'

그 결혼은 결국 성사되었고, 이후의 편지들은 상대방에 대한 일관된 배려와 흥미 그리고 사랑을 보여준다. 결혼 직후 보낸 편지에서 마저리는 이렇게 썼다. '귀향하실 때까지 제가 기억의 징표로 당신께 보내드린 성녀 마가렛 반지를 꼭 착용해 주세요. 당신 역시 저에게 기억의 징표를 남기셨기에 밤낮없이 그리고 잠잘 때조차도 저는 당신을 생각한답니다. 한 편지에서 그녀는 남편에게 이렇게 불평한다. '당신으로부터 소식이 없어 놀라울 뿐더러 저는 몹시도 슬프답니다.' 그 다음 편지에서 그녀는 남편을 '나만의 당신'이라고 호칭한다. 이후의 서신들이 보여주듯이, 둘 사이의 사랑은 계속 유지되었다. 예컨대, 마저리는 7년 후 한 편지를 이렇게 끝맺는다. '당신께서 크리스마스에 집에 못 오신다니 슬프군요. 아무튼 가능한 빨리 귀가하시도록 기도합니다. 당신이 못 오신다니 저는 반쯤 과부가 된 느낌이랍니다. 하느님께서 당신을 보살펴주시길. 크리스마스이브에, 당신의 마저리로부터.'[57] 물론 이보다 더 애정이 담긴 편지를 주고

57) Ibid., iii, 169~170; iii, 215; iii, 293, 294; iii, 315.

받았던 커플들도 있었다. 그러나 그 증거들은 너무 암시적이다.

우리가 살펴볼 마지막 주요 자료들은 여러 관습과 형식의 배후에 있는 당대 사람들이 사랑과 부부관계를 진정 어떻게 느꼈는지에 대해 좀더 깊은 통찰을 안겨준다. 이 자료들은 16세기 이후에 전해진 자서전들과 일기들이다. 이 자료들의 결점은 시작 시점이 상대적으로 늦어, 16세기 중반 이전으로 되돌아갈 수 없다는 것이다. 게다가 우리가 가진 대부분의 자료들과 마찬가지로 일기와 자서전은 문자 해독 능력이 있는 상류층 사람들에 집중되는 경향이 있다. 비록 자작농, 견습공 등에 의해 쓰인 자료가 약간 있지만, 우리가 가진 자료의 대부분은 중간계층 이상에 국한된다. 그러나 자료의 이러한 편협성은 그러한 계층이 경제와 신분상의 고려로 인해 결혼에 관한 압박을 가장 심하게 느끼고 있었다는 사실에 의해 어느 정도 상쇄된다.

많은 일기와 자서전은 부부간 결속의 여러 측면을 보여주지만, 그 자료들이 보여주는 부부간의 친밀하고 우정이 어린 관계를 다루기 위해서는 또 한 권의 책이 필요하다. 우리가 사용할 수 있는 가장 정확한 지수는 배우자의 사망 혹은 사망의 가능성에 대한 반응이다. 배우자의 죽음은 사람의 정신과 감성을 집중시켜, 자신이 상실한 것과 상실할 가능성이 있는 것에 대한 날카로운 인식을 하도록 만든다. 배우자의 죽음에 대한 침묵 또는 짧은 언급을 감정 결핍의 증거로 해석하면 곤란하다. 사람이 자신의 진정한 감정을 기록으로 남기지 않는 데에는 많은 이유가 있다. 그러나 어떤 사람들은 자신의 감정을 묘사하고 있는데, 이러한 자료는 결혼이 정신과 정서의 깊은 결합에 어느 정도로 근거했는지에 대한 통찰을 우리에게 제공해준다.

비록 축약본이긴 해도, 1750년대의 서식스(Sussex)의 상점주인 토머스 터너(Turner)의 일기는 자신의 '반쪽'을 잃은 한 남자의 처절한 기록이다. 그는 결혼생활에 대해 깊은 비참함을 느낀 적이 이전에도 몇 번 있

294

었지만, 아내가 임종에 이르자 그는 이렇게 썼다. '부모님도 살아계시지 않는데, 나의 세속적 행복의 유일한 중심이며, 이 세상에서 내가 소유한 유일한 친구인 아내를 잃을 가능성이 매우 크다.' 그녀의 병환 중에 그는 이렇게 탄식하였다. '오, 내 아내의 상태는 몹시 좋지 않다. 그녀의 회복 가능성엔 한 줄기 서광도 비추지 않는다. 그 생각만 하면 나의 고통스런 영혼이 얼마나 심란한지! 어찌하면 좋단 말인가? 나는 어떻게 될까?' 그의 사랑하는 아내는 얼마 후 세상을 떠났다. '그녀의 죽음으로 나는 성실한 친구이자 정숙한 아내이며 살림살이가 알뜰한 절약꾼이자 소중한 친구를 잃었다.' 6주 후 그는 고통으로 거의 제정신이 아니었다. '내 사랑했던 아내의 죽음에 대한 상실감이 매 순간 나를 엄습하는구나! 그 무엇이 현숙한 아내의 가치에 비할 수 있단 말인가? 어디로 가야 할지도 모르겠고, 어떻게 인생을 살아야 할지도 모르겠구나. 나는 암석 위의 등대처럼, 언덕위에 나부끼는 깃발처럼 홀로 남았구나.' '차분하고 질서정연하던 모든 것'들이 '소음과 혼란'으로 바뀌었으며 사별한 아내에 대한 기억이 그를 계속 짓눌렀다. 3년이 지난 후에도 여전히 그는, 자신의 '엉망인 불행한 현재의 삶'을 '아내 페기(Peggy)와 함께 누렸던 삶'과 비교하면서 한탄하고 있었다. '나는 기분 좋은 친구이자 현숙한 미녀와 함께 사는 위안을 누리지 못하고 있구나.' 그는 행복한 시절의 상실감과 외로움을 극복하도록 도와준 친구의 부재를 생생하게 묘사하고 있다. '오, 바쁜 하루의 일과를 마치고 사랑하는 페기와 함께 보냈던 저녁 시간은 얼마나 즐거웠던가! 그러나 이젠 모든 것이 즐겁지 않다. 내 불안한 마음을 달래줄 것도 없고, 즐거운 동료도, 신실한 친구도, 마음 맞는 친지도, 적어도 여성들 중에는 한 명도 없구나.' 그리하여 그는 외로움에 지쳐 두 번째 아내감을 물색하기 시작했다. [58]

58) Turner, *Diary*, 46, 47~48, 50, 51, 54, 68, 70~71.

다수의 17세기 일기와 자서전은 아내를 잃은 남편의 엄청난 슬픔을 기록하고 있다. 59) 단지 몇 가지 예를 들어보자. 에식스(Essex)에 사는 일라이어스 플레져(Pledger)는 아내와의 사별로 '자신의 삶의 반려자이며 모든 면에서 적절한 도우미였던 사람 하나를 잃게 되었다'고 묘사한다. 자신의 아내가 죽은 다음, 존 브램스턴(Bramston) 경은 '아이들 때문에 아내의 빈자리가 날이 갈수록 통렬하게 느껴졌다'고 말하면서, '아내는 무척 고분고분하였고 자신이 여행만 떠나도 아내는 울음을 터트렸다'고 회상했다. 일라이어스 애쉬모울(Ashmole)의 아내는 출산 도중 사망하였다. '아내는 한밤중에 갑자기 진통을 느끼다가 사망하여, 나 자신뿐 아니라 그녀의 친구들 모두 몹시 슬퍼하였다.' 이어서 그는, '그녀가 덕성스럽고, 겸손하며, 주의 깊고 애정 어린 아내'였다고 강조하면서, 그녀의 남편사랑은 자신의 아내사랑만큼 깊어서 서로 행복하게 살았노라고 회상하였다. 60)

자신의 기록에 따르면, 리처드 백스터는 나이 들어 결혼했지만 19년 동안 서로에게 헌신하였고 인생의 고통을 나누었다고 한다. '우리는 순수한 사랑과 상호 친밀감 속에서 살았으며, 서로 도와주는 유익함을 잘 인지하고 있었다.' 아내가 사망하자, 그는 깊은 슬픔에 잠겨 아내의 전기를 진지하게 작성하였고, 동일한 마음으로 몇 편의 《단편 시가》(Poetical fragments)를 출간하였다. 몇 년 전 아내의 대리석 묘비가 파괴된 다음, 그는 '진한 사랑과 슬픔을 담아 진지하게 종이기록으로 남기면서, 대리석보다 일반대중에게 좀더 유익하고 오래 기억되기를' 소망하였다. '가슴 뭉클한 사랑의 힘의 영향'을 받아 쓰인 이 작품은 부부를 하나

---

59) Grosart, *Lismore Papers*, 102; Hooles, *Memorials*, 195, 231; Fishwick, *Thomas Jolly*, 23; Parson, *Diary of Slingsby*, 74.

60) Diary of Pledger', fol. 83v; Bramston, *Autobiography*, 111; Gunther, *Diary of Ashmole*, 18.

296

로 묶어 주었던 깊은 정신적, 영적, 사회적 연대감을 기록하고 있다. 마거릿(Margaret)은 그의 재정을 분담해 주었고, 그와 함께 투옥되어 감옥을 행복한 곳으로 바꾸어 놓았다. 그는 저명한 《성자의 마지막 안식》(Saint's Everlasting Rest)을 포함하여 여러 명저를 저술하였고, 당대의 뛰어난 영적 조언자 가운데 한 명이었는데, 풀기 어려운 영적 문제들에 관한 그녀의 충고가 무척 탁월했음을 인지하였다. '영적인 문제에 대한 그녀의 이해는 나보다 훨씬 더 빠르고 분별력이 있었다. 그녀는 양심의 문제를 해결하는 데 있어서 내가 평생 교류했던 그 어떤 성직자보다 더 유능했다.'61)

백스터와 동시대인이며, 그와 마찬가지로 비국교도62) 목사인 올리버 헤이우드(Heywood) 역시 자신의 결혼과 아내의 죽음에 관해 감동적인 얘기를 들려준다. 그가 하느님께 드린 최초의 감사는 자비로운 하느님께서 그에게 '경건하고 검소하며 성격 좋은 아내를 주신 점에 대해서였고, 그는 아내를 전심으로 사랑했으며, 아내 역시 그를 극진히 사랑하고, 그를 지나칠 정도로 부드럽게 대해준다는 것'이다. 하느님께서는 '진실한 사랑의 끈으로 자신의 마음을 사랑스런 아내와 묶어주셨는데, 인간적, 도덕적, 영적 측면에서 그렇다'는 것이다. 그녀는 '남편의 품에 안긴 그 어떤 아내보다 더 사랑스러웠고, 만약 그녀가 어떤 식으로든 자신의 마음을 상하게 한다면 그것은 지독한 사랑 때문이었으며, 서로 동거한 6년 동안, 자신들보다 더 행복하고 덜 불만족스러운 부부는 결코 없었을 것'이라고 말한다. 헤이우드는 아내의 죽음에 관해 두 번 언급하고 있다. 첫 번째는 임종 장면 그 자체와 그 자리에 모인 가족에 대한 유언을 장장 네 쪽에 걸쳐 고통스럽게 묘사한다. 그 후 아내와의 사별에 대한

61) Lloyd-Thomas, *Autobiography of Baxter*, 274, 249; Baxter, *Breviate*, 149, 61, 127.
62) (옮긴이) 성공회가 아닌 프로테스탄트.

명상이 이어진다. '소중하고 사랑스러운 아내와의 사별은 자신이 경험한 가장 견디기 힘든 개인적 충격이었고, 그 충격은 심각한 것'이었다. '나는 모든 경우, 모든 장소, 모든 작업을 하면서 아내가 살아있기를 원했다. 아내 없이는 나 자신이 반쪽이라는 생각이 들었다.' 헤이워드의 아내에 대한 짧은 《전기》(Life)는 다정함으로 가득 차 있다. 예를 들면, '친척들 사이에서 그녀는 인내와 복종의 화신이었고, 아내로서는 아이와 같이 순수하였으며, 자매와 어머니로서는 자애롭고 보살핌이 넘쳤다.' 그의 일기엔 그녀에 대한 퇴색되지 않은 기억이 담겨있다. 17년이 지난 후 그는 아내의 사망일을 기념하고 있는데, 50년 후에도 마찬가지로 '감동적인 모습'을 보여준다. 63)

불행하게도 1600년 이전 잉글랜드인들의 자서전과 일기는 무척 드물기 때문에 훨씬 앞선 시대로 거슬러 올라가 이러한 분석을 적용하기는 불가능하다. 또 다른 청교도 목사인 에식스의 리처드 로저스(Rogers)가 쓴 1580년대의 일기는 예외적이다. 출산 도중 아내의 죽음 가능성에 대한 그의 반응은 결혼한 남녀를 한데 묶고 있는 실타래를 분명히 보여준다. 만약 아내가 사망할 경우 자신이 잃게 될 것을 그는 다음과 같이 열거한다. '첫째, 두 번 결혼하는 것은 위험한 짓이기에, 재혼하는 것이 두렵다. 그 사이에 아내가 없기 때문에 종교, 가사, 위안을 제공할 적절한 친구가 없는 셈이다. 재산이 줄어들거나 소모되고, 집안일을 돌보는 것이 나에게 떠맡겨진다. 학문에 소홀하게 되고 자녀들을 보살펴야 한다. 정원 없이 지내야 하고, 아내의 친척과의 우정을 잃을까봐 두렵다. 이것이 나의 간략한 목록이다.'64) 여기엔 아내가 채워 주었던 실제적이고 정서적인 욕구가 잘 섞여 있다.

---

63) Turner, *Heywood*, iii, 270; i, 169~170; i, 62; i, 66~69; i, 176~177; i, 176~177; i, 61; ii, 64; iv, 258.

64) Knappen, *Puritan Diaries*, 74.

298

  아내와의 사별로 인한 상실의 한 측면을 보여주는 남편들의 이러한 반
응은 17세기 아내들의 반응을 살펴봄으로써 보완될 수 있다. 루시 허친
슨은 남편과의 사이가 무척 좋았는데, 과부가 되자 그녀는 《허친슨 대령
의 삶에 대한 비망록》(*Memoirs of the Life of Colonel Hutchinson*) 이라는 장
편을 저술했다. 서두에서 그녀는 자녀들에게 이렇게 말하고 있다. 남편
의 임종시 다른 비참한 운명의 여성들처럼 슬퍼하지 말라는 그의 명령을
받았기에, 그녀는 자신의 슬픔을 줄일 수 있는 방법을 모색하였고, 만약
자신의 사랑을 증대시킬 수만 있다면 현재로서는 남편에 대한 기억을 보
존하는 것보다 남편에게 더욱 적절하고 자신에게도 위로가 되는 일은 없
을 것이라고 했다. 남편으로부터 받은 과도한 사랑과 기쁨에 대해 하느
님께 감사하면서, 그녀는 남편의 사람 됨됨이와 덕성에 대해 묘사해 나
간다. 남편의 무수히 많은 장점 가운데 아내에 대한 사랑도 있었다.

  아내에 대한 사랑에 있어서 그는 종교와 명예와 친절의 원칙을 설정하
  여 신분에 맞게 실천했기 때문에 더 이상 모범을 따로 찾을 필요가 없었
  다. 여성을 그보다 더 열정적으로 사랑한 사람도 없었고 아내를 그보다
  더 존경한 사람도 없었지만, 그는 아내에게 무른 사람은 아니었고 … 설
  득으로 다스렸는데, 그 설득마저도 그녀에게 명예롭고 이로운 사안에
  만 적용하였다. 그는 그녀의 영혼과 명예를 외모보다 더 사랑하였고 …
  그가 이곳에 머무르는 동안 그녀의 모든 것은 바로 그 자신이었고, 현
  재 그녀의 모든 것은 기껏해야 그의 창백한 그림자에 불과하다 … 그의
  사랑은 무척 충실하여 그녀가 젊음과 미모를 상실했을 때조차도 그는
  뜨거운 애정을 보여 주었고, 그는 언어로 표현할 수 없을 정도로 친절하
  고 너그럽게 그녀를 사랑해 주었다. 65)

65) Hutchinson, *Memoirs*, i, 29~30, 31, 45~46.

위 인용은 장장 16페이지에 이르는 남편의 미덕에 대한 칭송의 한 부분인데, 허친슨 여사는 이 칭송이 마음에 들지 않아 전체를 다시 쓰려고 시도하였다. 이 칭송에 이어 650페이지의 남편의 《전기》(*Life*)가 뒤따른다.

앨리스 쏜톤(Thornton)의 《자서전》(*Autobiography*) 역시 남편과의 깊은 부부관계를 묘사한다. 그녀는 처음엔 그와 결혼하기를 꺼려하였다. 그녀는 '내 사랑하고 존경하는 남편 윌리엄 쏜톤 경의 마지막 병환과 죽음에 관하여' 장편의 저작을 남겼다. 그녀는 '눈물의 골짜기와 사망의 음침한 그늘'을 벗어나 남편의 죽음을 하느님의 뜻과 연관시키려 했다. 남편 병환의 첫 소식에 '그녀는 벌벌 떨었고, 남편의 생명과 안위에 심한 두려움과 슬픔을 느꼈다.' 그녀는 여러 번 실신하였는데, 그녀의 '기쁨과 위로자'인 남편을 잃기보다는 차라리 실신하기를 원했다. 그의 상태가 악화되었다는 말을 듣는 순간, '이 세상에서 하느님 다음으로 그녀의 유일한 기쁨인 남편을 잃는다는 두려움에 그녀는 다시 실신하였다.' 그 후 그녀는 사랑하는 남편의 사망 소식을 들었는데, 이것은 어떤 여성이건 비참하게 만드는 끔찍한 기별이었다. 그들은 '성스러운 결혼식을 올린 다음, 서로 사랑하는 부부로 약 17년 동안 함께 살았다.' 그녀의 '슬픔과 비탄은 그녀의 삶에서 유일한 기쁨과 위로를 제공했던 남편의 존재와 비견될 수 없었다.' 그가 '중풍 발작을 일으킬 때마다 그를 세상에 남겨두시고 자신을 데려가시도록 여러 번 하느님께 간청드렸다'고 그녀는 말했다. 그러나 남편을 지나치게 사랑하고 남편과 사별하지 않으려는 것은 하느님을 노엽게 하는 것이라고 남편은 그녀를 꾸짖곤 했다.'[66]

루시 허친슨과 마찬가지로, 팬쇼의(Fanshawe) 여사인 앤은 자신의 슬픔을 달래고, 자녀들에게 남편의 사람 됨됨이를 알려주기 위해 남편

66) Jackson, *Thornton Autobiography*, 172~173, 175, 176, 173.

에 대한 전기를 쓰려고 마음을 먹었다. 내란 동안[67] 부부가 살아낸 평범치 않고 굴곡진 삶은 강렬한 부부관계에 근거한 것이었는데, 팬쇼의 여사는 아들에게 다음과 같이 쓰고 있다.

> 비록 눈물이 내 두 눈에서 솟구치고 내 영혼에 상처를 줄지라도, 남편과 함께 살면서 누렸던 기쁨을 표현하고 기억하기 위해 이제 네가 기대하는 바와 같이, 나는 우리 부부의 삶을 말하고자 한다. 결혼생활 내내 우리가 한 마음이었고, 우리의 영혼이 서로에게 감싸여 있었으며, 우리의 목적과 구상이 하나였고, 사랑도 하나였으며, 분노도 하나였음에, 하느님은 찬양 받으소서. 서로를 깊이 탐구하게 되어, 표정만 보아도 상대의 마음을 알게 되었고, 진정한 행복이 무엇이든 간에 하느님은 남편을 통해 그것을 나에게 주셨다. 그러나 남편을 칭송하는 것은 바로 나 자신을 칭찬하는 것이기에, 아마도 비난을 받으리라.

그녀의 저서는 이러한 깊은 사랑과 애정을 보여주는 사소한 일화로 가득 차 있다. 결혼한 다음 그녀의 남편은 브리스톨(Bristol)로 떠나게 되었다. 결혼 이후 처음으로 서로 떨어져 지내게 되자 그는 몹시 고통스러워하면서 눈물지었다. 그는 그렇게 감정 표현을 하는 사람이 아니었다. 다시 만났을 때 남편은 그녀에게 많은 금붙이를 주면서 이렇게 물었다. '당신은 내 마음을 가져간 사람이니, 내가 지금부터 당신 손에 맡기는 나의 재산을 맡아 주겠소?' 한 번은 그녀가 추밀원 회원인 남편의 미묘한 정치적 사안에 대해 캐물으려 한 적이 있었다. '잠자리에 들면서 나는 남편에게 다시 한 번 물었다. 만일 그가 알고 있는 모든 것을 나에게 털어놓지 않는다면 그가 나를 사랑한다는 것을 믿을 수 없노라고 말했다. 하지만 그는 아무 말도 하지 않고 키스로 내 입을 막았다.' 다음날 늦게 그녀가 또 다시 그를 압박하자 그는 그녀를 두 팔로 껴안으면서 이렇게 말

---

67) (옮긴이) 잉글랜드 찰스 I세와 의회와의 전쟁, 1642~1649.

했다. '여보, 당신에게 상처를 주는 것은 몹시 괴로운 일이지만 당신이
나의 업무에 대해 묻는다면, 나는 당신을 만족시킬 수 없소. 왜냐하면
나의 생명과 재산, 그리고 마음 속 모든 생각은 당신 것이지만 내 명예는
나의 것이기에, 만일 내가 왕자의 비밀을 당신에게 털어 놓는다면, 나는
내 명예를 보존할 수 없기 때문이오.' 그가 죽자 그녀가 큰 슬픔에 짓눌
려 침잠하는 자신의 불안한 영혼을 도와달라고 고뇌에 찬 울부짖음을 하
느님께 쏟아냈음은 놀라운 일이 아니었다. [68]

　마지막으로 짧은 에피소드 한 편을 소개하는데, 퀘이커 교도인 메리
페닝튼(Pennington)의 자서전에 나오는 얘기다. 첫 남편의 죽음을 묘사
하면서 그녀는 이렇게 썼다. "드디어 그는 나를 불렀다. '여보, 이리 오
시오. 내가 죽기 전 당신에게 키스를 해야겠소.' 자신의 마지막 숨을 나
에게 불어넣으려는 듯이 그는 성의껏 키스를 한 다음, 그는 이렇게 말했
다. '이리 오시오. 내가 한 번 더 키스한 다음, 당신과 작별해야겠소.' 그
렇게 내게 키스한 다음 그는 더 이상 아무 말이 없었다." 그는 고통스럽
게 몸을 비틀었다. '오! 그것은 정말 끔찍한 광경이었다. 내 마음은 산산
이 찢어지는 듯 아팠고, 내 심장은 뱃속 깊이 추락하는 것 같았다.' 그녀
가 곁에 있으면 그가 죽을 수 없다면서, 그녀의 친구들은 그녀에게 침대
곁을 떠나라고 말했다. '그것은 내가 감당하기에 너무 심한 말이어서 나
는 놀란 짐승처럼 발을 동동 구르며 울부짖었다. 죽어! 죽으라고! 그는
죽어야 해! 나는 그와 떨어질 수 없어.' [69]

　나는 현재까지 전해지는 여러 자서전에서 부부간의 친밀한 관계라는
한 측면에만 집중하였다. 그러나 여러 부부관계에서 드러나는 무척 현
대적인 가사분담에 관한 구체적이고 지속적인 분석이 필요하다. 그런
종류의 작업은 랄프 조슬린(Josselin)의 일기에 대한 분석사례인데, 상

68) *The Memoirs of Fanshawe*, 5~6, 31, 34, 36, 195.
69) 'A Brief Account', 33, Delany, *British Autobiography*, 159쪽에서 인용

호결속을 그 무엇보다 중요하게 여기는 이 부부는 서로 긴밀한 관계를 유지하고 있었다. 70)

적어도 초서의 시대부터 결혼 전과 후에 '낭만적인 사랑'이 광범하게 존재했다는 사실은 여러 자료로 입증된다. 윌스(Wills)는 자주 '사랑스러운 아내'에 대하여 언급하였다. 71) 점성술사들은 사랑에 대해 질문하는 수많은 고객들에게 둘러싸였다. 자신들의 장래 신랑감에 대해 궁금했던 서번트 소녀들이 끊임없이 밀려들었다. 고객이 쇄도하자 16세기 후반의 점성술사 포먼(Forman)은 남성고객들에게 설문지를 제시했는데, 아내 후보감이 '정말로 당신을 사랑하는가?'라는 항목도 포함되었다. 마이클 맥도널드(MacDonald)는 점성술사 내피어(Napier)의 노트에 관한 광범한 연구결과를 다음과 같이 요약한다.

> 자신들의 불안과 난제에 대해 내피어에게 상담한 남녀고객 40%는 구애 과정과 결혼생활의 좌절감에 대한 불평을 쏟아 놓았다. 그들의 사례는 낭만적인 사랑이 17세기 잉글랜드에서 드문 일이었다거나 결혼 배우자 선택에 있어 중요하지 않았다는 역사가들의 자신만만한 주장을 일축시킨다. 점성술사의 고객들 중에는 열정적으로 사랑하는 사람들이 많았다. 결혼 전 배우자를 사랑했노라고 언급한 400명의 고객들 중에 141명은 상대방과의 말다툼, 자신의 일방적인 사랑, 배우자의 외도를 결혼 후 정서적 갈등의 원인으로 꼽았다. 이 젊은 부부들은 낭만적인 사랑에 따르기 마련인 고통을 겪었던 것이다. 72)

많은 사람들은 그 때문에 병이 나기도 했다. 남자들과 여자들이 '상사병'(*love-sickness*)이라는 심각한 중병을 앓을 수 있음을 앤드루 부어드

---

70) Macfarlane, *Ralph Josselin*, 105~110.
71) LPS, 8(Spring 1972), 65.
72) Thomas, *Religion*, 314; MacDonald, *Mystical Bedlam*, 88~89.

(Boorde)가 16세기 중반에 인지한 이래로, 로버트 버튼(Burton)이 자신의 저서 《우울증의 해부》(*Anatomy of Melancholy*)에서 상사병의 징후와 치유법을 묘사한 17세기를 거쳐, 사랑이야말로 가장 강렬한 열정이라고 말했던 18세기의 뷰컨(Buchan) 박사에 이르기까지, 사랑이 여러 질병과 우울증의 원인임이 널리 알려져 있었다.[73)]

18세기 이전 잉글랜드 교구에 관해 우리가 소장하고 있는 유일한 자료인 리처드 거프(Gough)의 《마이들 교구의 유물과 회고》(*Antiquities and Memoirs of the Parish of Myddle*)라는 세밀한 분석에 따르면, 사랑에 빠지는 연인들과 사랑하는 부부들에 관한 언급이 빈번하게 등장한다.[74)] 17세기 초엽 로버트 로더(Loder)가 엿기름을 만드는데 그의 장부에서 5파운드가 부족함을 발견했을 때, 그는 이렇게 생각했다. '그 원인이 무엇인지 나는 모르지만 피어스(Pearce)와 앨리스(Alice)가 나의 서번트로 있으면서, 무척 잘된 일이긴 하지만, 서로 열정적인 사랑에 빠졌던 해에 발생한 일이다. 그 녀석이 그 돈을 나의 말들에게 주었는지, 그 돈이 어디로 샜는지는 신만이 알아.'[75)] 17세기와 18세기의 여러 교회 담장에는 남편이 아내를, 아내가 남편을 추억하는 새김글들로 뒤덮여 있었다. 예컨대, '그를 사랑했고 그의 사랑을 받았던 작고한 아내', '사랑에 넘치지만 위로받을 길 없는 남편을 남겨두고 그녀는 떠났네', '아내를 잃고 큰 고통과 슬픔을 겪고 있는 사랑하는 남편에게 변함없이 열렬한 애정을 보내는 그녀가', '서로에게 변함없음을', '최상의 아내감과 함께 보낸 달콤한 교제' 등의 표현이 새겨져 있다.[76)]

특히 생생한 자료들은 교회법정에서 결혼문제 때문에 심문받고 증언

---

73) Boorde, *Breviary*, fol. 62; Buchan, *Domestic Medicine*, 119.

74) Gough, *Myddle*, 84, 105.

75) Lodge, *Account Book*, 129.

76) *The Topographer*, iv, 94; ii, 154; iii, 176; ii, 143.

304

하는 사례들이다. 조사범위를 하류계층까지 확대해 14세기까지 거슬러 올라가도 그러한 경우는 유일한 사례이다. 이 당시는 어떻게 결혼서약 에까지 이르게 되었는지 사람들이 자신들의 감정을 밝혀야 하는 시대였 다. 16세기의 자료들은 낭만적 사랑을 분명하게 입증해 준다. 몇 가지 예를 선별해보면, 엘리자베스 여왕 시대에 에식스의 한 여성은 구혼자 의 청혼을 거절했는데 그를 도무지 사랑할 수 없기 때문이었다. 법원서 기는 두 서번트 남녀가 '사랑에 빠졌노라'고 기록하고 있다. 그 교구의 '한 사내와 사랑에 빠진' 어떤 여성은 그가 다른 여성과 결혼하지 못하도 록 방해를 시도했다.[77] 레이스터셔(Leicestershire)에 사는 한 남성은 장래의 배우자를 이렇게 불렀다. '로사, 우리가 참 오랫동안 사랑을 나 누었군요.'[78] 1636년 에식스의 사례는 부부간의 기대치를 특히 잘 드러 내준다. 어떤 소녀의 자매는 이렇게 증언했다. '존 스미스(Smith)는 그 녀의 결혼 구혼자로서 매우 사랑스럽게 행동하면서 그녀의 사랑을 간청 하였다. 그리고 그녀와 그녀의 아버지께서 승낙한다면 그녀의 남편이 되겠노라고 말했다.' '존이 그녀의 자매를 전적으로 사랑했었다'는 말을 그녀는 종종 들었으며, 다른 증인들은 그가 '애정을 쏟는 태도와 행동'을 주목하였다.[79]

월트셔(Wiltshire) 자료에 대한 상세한 연구를 바탕으로, '상사병과 배 우자의 부정에도 불구하고 "낭만적 사랑"의 개념과 근사한 것이 혼인관 련 소송 증언록에 분명히 엿보인다'고 마틴 잉그램(Ingram)은 결론짓는 다. 노리치(Norwich) 자료를 집중 분석한 랄프 훌부룩(Houlbrooke) 역 시 1450년부터 1750년까지의 시기에 대해 유사한 결론을 내린다. '교회 재판 사례를 살펴보면, 열렬한 사랑은 사회의 하층민에 이르기까지 공

---

77) ERO, D/AED/1, fol. 18; ibid., fol. 7v; D/ACA/42. fol. 49.
78) Moore, 'Marriage Contracts', 296.
79) ERO, D/ABD/8, fols 141~143v.

통된 경험이었고, 낭만적 사랑이라는 이상은 근세 전반기에 깊이 뿌리 내린 문화였다. '80) 이러한 현상이 16세기에 처음 나타난 것이라는 증거는 전혀 없다. 1456년 캔터베리(Canterbury) 재판 기록을 살펴보자. '불쾌하지 않다면, 당신에게 고백할 것이 있다'고 아내가 말하자 남편은 '말하라'고 한다. 그러자 아내는 '세상에서 당신보다 더 사랑하는 남자는 없다'고 말한다. 그러자 그는 '고맙다'며 그녀를 사랑한다고 말한다. 1407년 요크(York)에서 심리한 두 번째 사례를 보면, 교회 당국은 부모의 바람과는 달리 당사자 간의 사랑을 지지하였다. '애그니스 내커러(Nakerer)는 존 켄트(Kent)라는 유랑 가객을 만나 사랑에 빠졌는데, 그는 분명 그녀 부모의 사전 동의 없이 은밀하게 결혼식을 올린 것 같다.' 그러자 부모는 그녀를 다른 남자에게 결혼시키려 했지만, 법정은 그 결혼의 적법성을 승인하였다. 81)

사랑이란 도대체 무엇이기에 점차 서로에 대한 열정으로 깊어지고, 부부간의 반려자 의식으로 성숙되며, 몸과 마음과 정신의 연합으로 까지 발전하는가? 그것은 진정 복합적인 뒤섞임이고 여러 관계항의 집적인데, 남편의 죽음을 깊이 애도하는 어떤 여성이 이 사랑을 탁월하게 분석하였다. 그녀는 자신들이 관계를 이렇게 묘사하였다.

남편에 대한 나의 사랑은 부부간의 사랑이었을 뿐 아니라 형제, 부모, 자녀의 사랑처럼 자연스러운 것이었고, 친구지간의 사랑처럼 공감적인 것이었다. 친지간의 사랑처럼 관습적이었고, 신하의 사랑처럼 충직하였으며, 덕성에 대한 사랑처럼 순종적이었다. 몸과 영혼의 사랑처럼 서로 하나로 묶어주는 사랑이었고, 하늘에 대한 사랑처럼 경건하였는데, 이 모든 개별적인 사랑이 서로 뒤섞여, 하나의 거대한 사랑을 이루었다. 82)

80) In Outhwaite, *Marriage*, 50; Houlbrooke, *English Family*, 78.
81) Helmholz, *Marriage Litigation*, 7, 133.

　결혼제도의 핵심에 자리한 이토록 강력하고 보편적이며 추진력 있는 열정에 대한 고려 없이 결혼의 여타 속성에 대한 이해는 불가능하다. [83] 이러한 힘에 방향성을 부여하거나, 누그러뜨리거나, 격려하는 것은 어려운 일이었다. 사람들로 하여금 사랑의 표현을 억제하도록 만든 규칙과 관습은 무엇이었는지 다음 장에서 다룰 것이다.

---

82) Cavendish, *Letters*, 394.

83) 최근의 증거들과 유사한 결론을 좀더 보려면, Houlbrooke, *English Family*, 102~105쪽을 참조.

제 4 부 결혼의 규칙

10

혼인의 기간과
영속성

　다자녀 출산이 혼인의 주된 목적인 곳에서 임신 가능한 어린 나이의 여성에게 출산장려 전략을 펼친 것은 분명하다. 그곳 여성들 대부분은 사춘기, 대략 15세 전후에 초혼을 한다. 이러한 조혼을 통해 여성들의 유효출산기간은 약 20년이 되며, 그 기간 동안 최소 10명의 자녀생산이 가능하다. 대부분의 문화는 그러한 통계적 경향을 강력하게 유지한다. 친족들은 가능한 한 이른 혼인을 알선하고, 처녀가 결혼적령기에 이르면 곧장 시집을 보낸다. 성적으로 성숙한 처녀가 결혼하지 않으면, 그녀의 가족은 위험에 빠진다. 이슬람 문화, 힌두 문화 그리고 남유럽의 가톨릭 문화에서, 그런 여성은 부모를 부끄럽게 만들고, 곤경에 빠뜨리며, 가족의 명예를 더럽히는 위험인물로 간주된다. 이와는 대조적으로, 잉글랜드에서는 산업혁명 이전 수 세기 동안 여성들의 혼인연령이 매우 늦었다는 사실을 앞에서 살펴보았고, 그 사실여부를 조사해 보았다. 그러한 압력들(옮긴이: 만혼을 강요하는) 가운데는 결혼적령기에 대한 당대의 법적이고 통속적인 생각들이 자리 잡고 있었다.

출산의 의미를 '부인생태학'(*gynaecological*)의 입장에서 고찰했던 의학 서적들은 이러한 주제의 연구에 하나의 자료를 제공한다. '이른' 결혼이 위험할 수 있다는 견해는 16세기부터 18세기까지 널리 퍼져 있었다. 16 세기의 한 저서는 다음과 같이 주장했다. '그것으로(옮긴이: 이른 결혼으로) 인해 겪는 심각한 고통이 자주 발생한다. 어린 산모는 아이를 출산할 힘도, 건강하게 키울 능력도 없다. 게다가 어린 산모의 아이는 병약하고 지능도 낮았다.'[1) 서로 다른 주장들이 동일한 결론을 도출하였고, 그것 이 도처에서 되풀이되었다. 조혼에는 악영향이 많다. 너무 이른 결혼은 남성을 허약하게 만든다. 충분히 성숙하지 못한 남성은 성행위로 정력 을 소모(정자를 방출)하여 체력이 소진될 것이다. 이러한 견해는 아비센 나(Avicenna)[2)와 고전 철학자들로부터 물려받은 체액과 분비액 이론에 근거한다. 당대인들의 비유에 따르면, 어린 나무가 너무 일찍 과일을 생 산하면 성장이 저해되듯이 어린 남성도 발육이 저해된다는 것이다. 성 장기 여성에게 미치는 영향은 더 심각한데, 너무 어린 나이에 출산에 대 한 압박을 받기 때문이다. 이른 나이에 출산을 시작한 여성은 평생 몸이 손상된다. 세 번째로, 어린 산모에게서 태어난 아이 역시 손상을 입는 다. 그 아이는 발육이 느리고 병약할 것인데, 왜냐하면 산모 역시 성장 이 완성되지 못한 미성년이기 때문이다. 이것과 유사한 맥락에서 덜 자 란 동물들의 짝짓기도 위험하다는 가설이 제기되었다. 출산율의 제고를 매우 강조했던 윌리엄 페티(Petty) 경[3)마저도 18세 이하 남성과 16세 이

---

1) Coverdale, *Matrimony*, fol. 16v.
2) (옮긴이) 아비센나(Avicenna, 980~1037) : 페르시아에서 태어난 이슬람 철 학자.
3) (옮긴이) 윌리엄 페티(William Petty, 1623~1687) : 잉글랜드의 대표적 중상 주의 인구학자이다. 국부를 늘리기 위해 출산을 장려해야 한다고 주장했다.

하 여성의 성행위에 반대하였고, 다른 사람들도 그 연령을 더 높일 것을 요구하였다. 4)

두 번째 주장은 경제적인 것이다. 맬서스가 예견한 바와 같이, 사람들은 결혼 이전 당사자가 경제적으로 신체적으로 성숙할 필요성을 오랫동안 주장해 왔다. 다수의 직업훈련제도는 경제적 독립의 확보 없이는 혼인하지 못하도록 제도화시켰다. 16세기 중반의 법령은 24세 미만의 사람들에게 런던 구시가지의 출입허가증 발부를 금지하였고, 그리고 도제 기간을 24세 이전에 끝내려는 도제의 채용도 금지시켰다. 그 법령의 주된 근거는 도시에 빈곤이 야기될 가능성이 있다는 것이다. '그러한 사례의 하나(예: 빈곤)는 도시 젊은이들의 지나치게 성급한 결혼과 그로 인해 넘쳐나는 가구들 때문인데 … 그들은 그토록 어리거나 비숙련공이어서는 안 되었다.'5) 앞에서 살펴보았듯이, 도제들과 서번트들은 혼인이 금지되었고, 이러한 금지로 말미암아 소년들은 10대 후반, 남성들은 20대 초반이 되어서야 비로소 결혼을 생각할 수 있었다.

재산이 축적되기 전에는 혼인을 연기해야 한다고 데포(Defoe)는 단도직입적으로 말하고 있다. 로빈슨 크루소(Crusoe)6)는 계속된 항해로 영웅의 지위를 최종적으로 보장받은 다음 결혼하였다. 7) 데포는 그의 저서 《완벽한 장사꾼》(Complete Tradesman)에서 조혼의 경솔함을 보여주기 위해 여러 이론적 주장과 역사적 사례를 제시했다. 그는 도제들의 결혼 금지 전통이 그 힘을 잃기 시작하는 것 — 관습도 그 이후 기세가 꺾였다 — 을 개탄하였다. 왜냐하면 '성공하기 전에 결혼하면 안 된다'는 격언처럼, 그는 도제의 혼인금지 규칙에 찬성했기 때문이다. 그 규칙은 '어린

4) Landsdowne, *Petty Papers*, ii, 50.
5) Quoted in Tawney, *Agrarian Problem*, 106, note.
6) (옮긴이) 로빈슨 크루소의 결혼 이야기를 간략하게 살펴보기 바람.
7) Ian Watt, *The Rise of the Novel*, 75.

초심자가 너무 일찍 결혼하면 결코 안 된다'는 것을 의미했다. 도제기간 동안 결혼해선 안 될 뿐 아니라, 도제기간이 만료되어 상점을 개업한 후라도 젊은이는 몇 년 더 기다려야만 한다. '아내와 가게를 동시에 보여주는 것이 오늘날의 보편적 관습이지만, 조기 결혼자 가운데 그럴 수 있는 사람이 거의 없다!'고 그는 지적했다. 데포는 조혼이 파멸을 야기한 구체적 사례들, 예컨대 재산을 탕진하고, 가게에는 재고가 없으며, 큰 손실을 입은 젊은이들을 열거하였다. 누구든지 멋진 아내를 얻을 수 있으려면, 당분간 이윤을 축적하여 저축해야 한다. 개업초기 가계를 근면하고 알뜰하게 관리함으로써, 아내와 함께 가정을 꾸릴 수 있는 기반을 마련할 때까지, 누구나 결혼해선 안 된다. 8)

데포는 16세기에서 18세기에 걸쳐 펴져있던 여러 견해들을 찬양하였다. 예컨대, 17세기 초엽 훼이틀리(Whateley) 는 '충분한 자산의 소유자들'만 결혼해야 한다고 경고하였고, 심지어 넉넉한 자산을 제공할 수 있는 사람들에게조차 '결혼의 보류를 제안하였다.' 결혼하려면 초과수익을 저축하거나 장래의 수익성이 있어야 했다. 왜냐하면 '결혼 후에는 불행, 궁핍, 필수품이라는 옹색한 족쇄에 갇혀 자신뿐 아니라 아내, 자녀들 그리고 서번트들에게 음식과 의복을 충분히 제공할 수 없기'9) 때문이다.

경제와 결혼 간의 관계에 대한 여러 논의들의 기본 전제는 결혼 전이나 결혼 시점까지 개인은 경제적 독립성을 획득해야만 한다는 것이다. 잉글랜드에서는 제 2차 세계대전 직전까지 젊은 은행원과 외국회사 직원들이 자신의 직장에서 적정 수준의 직급으로 승진할 때까지 결혼을 미룬다고 가정되었다. 왜냐하면 그들이 첫 번째 귀향 휴가를 얻어 결혼하면, 그들의 직장에서 해고될 가능성이 있기 때문이다. 결혼이란 어떤 의미

---

8) Daniel Defoe, *Complete Tradesman*, 87, 88, 92, 91~92, 98.
9) Whateley, *Care-Cloth*, sig. A5, 56; cf. Gouge, *Domesticall*, 180; Stubbes, *Anatomie*, fols 55-55v

에서 보면 오늘날의 고급 승용차나 최고급 주택으로 대체될 수 있는 지위의 상징이었다. 1950년대 잉글랜드 대학에서는 학부생이나 대학원생의 결혼은 어리석고 신중하지 못한 행위로 간주되었다.

　세 번째 주장은 개인은 신체적으로 그리고 경제적으로 성숙하여, 자신의 '성장'과정을 완성해야만 할 뿐 아니라, 사회적으로도 성숙해야 한다는 것이다. 바꾸어 말하면 그들의 인성, 마음, 성격은 젊음의 소용돌이를 벗어나 안정된 평원에 도착해 있어야만 한다. 물론 이러한 성취의 시점은 대개 문화적으로 결정된다. 시킴 (Sikkim) 10) 의 렙차즈 부족과 같은 일부 사례에서는 성인의 일을 할 수 있고, 성인의 책임을 감당할 능력이 있다고 생각되는 12세가 되면 결혼한다. 11) 다른 요소들, 예컨대 인종 혹은 자식이라는 신분 때문에 사람들은 인생의 후반부에 이르도록 '성인 남성'이 되지 못하고 '소년'으로 남게 된다. 12)

　잉글랜드인들은 개인의 '성숙' (maturity) 을 결혼의 필수요소인 동시에 비교적 늦은 나이에 성취되는 것으로 파악하였는데, 이러한 경향은 16세기부터 18세기까지의 일반인들의 진술과 자기인식에서 드러난다. 16세기 말의 자서전 작가 토머스 휘손(Whythorne)은 토머스 엘리엇 (Elyot) 경으로부터 '아동기 (유아기 이후 계속되는) 이후 청소년기가 시작되고 청소년기는 25세까지 계속된다'13) 는 것을 배웠다. 흥미롭게도 《옥스퍼드 영어사전》(Oxford English Dictionary) 는 '청소년기'를 남성의 경우 14세부터 25세까지, 여성의 경우 12세부터 21세까지로 간주한다. 16세기의 토머스 코간(Cogan)은 갈렌(Galen)의 선례에 따라 인생을 다섯 기간 — 아동기 (0~15세), 청소년기 (15~25세), '호색 청년' (25~35세), 중

---

10) （옮긴이） 히말라야 산록에 위치한 왕국.

11) Gorer, *Himalayan Village*, 307.

12) Arensberg, *Irish Countryman*, ch. iv.

13) Osborn, *Whythorne Autobiography*, 11 and note.

314

년(35~49세), 노년(50세 이상) — 으로 구분하였다. 14) 만일 일반적으로 25세까지의 남성과 21세까지의 여성을 미성숙 청소년으로 간주했다면, 이런 생각이 혼인연령에 어떠한 영향을 미치고, 어떠한 제한을 가했을지 쉽사리 짐작할 수 있다. 사실 오늘날에도 사람들은 20세 미만 남성의 결혼이 너무 이르다고 생각한다. 상당한 결혼압박을 받았던 20세의 한 '퀘이커 교도'(Quaker)는 '나는 아직 어리고 좀더 배워야만 한다'고 응답한 반면, 어떤 신사에게 그의 결혼여부를 질문하자, '나는 우선 현명해질 필요가 있다. 왜냐하면 내가 그러한 부담을 지기에는 너무 어리고 또 경험과 재산이 부족하기 때문이다'라고 대답하였다고 토머스 휘손은 말했다. 15) 17세기 후반의 자서전 작가 윌리엄 스타우트(Stout)는 19세 동갑 남녀의 결혼에 대한 묘사에서, '너무 어린 그들이 결혼생활을 잘 할 거라고 기대할 수 없다'고 말했다. 16) 모두가 그렇게 비관적인 것은 아니지만, 너무 어린 나이의 결혼은 사람들의 관심을 집중시켰다. 그래서 거프(Gough)는 '그들 부부는 너무 어릴 때 결혼했고, 30년 이상 함께 살지 못할 것이며, 그들의 부모가 결혼을 강요하지는 않았지만, 함께 학교에 다니면서 사랑에 빠져 결혼했을 것'이라고 지적했다. 17)

사람들은 대체적으로 20대가 되면 청소년기를 벗어나는 것으로 생각하였다. 하지만 결혼하기 위해서 사람이 사회적으로 성숙해야만 한다는 사실은 왜 필연적인가? 이것에 대한 답변은 또다시 결혼의 '속성'에서 유래한다. 결혼한 부부는 대개 본가에서 분가하고, 경제적으로 독립된 생활을 하며, 자신의 기술과 자원을 이용하여 자녀를 양육하고 사회화시켜야 한다. 그러므로 그들에게 자급자족 능력과 유능함은 필수적이다.

---

14) Cogan, *Haven of Health*, 191~192.
15) Watkins, *Puritan Experience*, 192; Osborn, *Whythorne Autobiography*, 23.
16) Marshall, *Stout Autobiography*, 178.
17) Gough, *Myddle*, 105.

따라서 그들은 자신의 교육과 훈련 — 오랜 기간이 걸리지만 — 을 끝마쳐야 할 필요성이 있었다. 게다가 그들의 품성 역시 '안정된' 시점에 도달할 필요성이 있었다. 만일 결혼계약 당사자들의 장기적인 목표와 소망이 불확실한 상태라면 영속적이며 깨지지 않을 결혼계약을 맺는 것은 불가능하다. 계약 당사자의 품성이 계속적으로 변화하고 진화하기 때문에, 젊은 부부는 헤어질 가능성이 크다. 앞에서 살펴보았듯이, 결혼관계는 개인의 인생에서 가장 중요한 사적 인간관계이다. 이 관계가 성공적으로 유지되려면 부부간의 사랑 혹은 친밀감에 그 근거를 두어야 한다. 사람이 서로의 마음을 파악하기 전에 결혼한다는 것은 어리석은 일이다. 이런 사실은 강제로 결혼시킨 자녀들은 호색가와 창부가 된다는 17세기의 잉글랜드 격언에서 엿볼 수 있다. [18] 결혼이란 성숙한 성인 남녀의 상호 동의에 근거한 계약인 것이다.

이 모든 견해들을 요약하면 다음과 같은 패턴이 나타날 것이다. 법적으로 타당한 최소 혼인연령은 여성 12세, 남성 14세로 매우 낮다. [19] 법적 최소 혼인연령보다 6세 더 많은 연령까지 남녀 모두 결혼이 가능했지만, 여러 제약들도 있었다. '청소년기' — 여자는 18세에서 20세, 남자는 20세에서 25세 — 의 결혼이 힘을 발휘했던 시기도 있었지만, 그 시기에도 결혼에 반대하는 사회경제적 압력들은 여전히 존재했을 것이다. 여성은 20세부터 그리고 남성은 25세부터 결혼할 만큼 '성숙'(ripe)한 존재가 되고, 그 후 10년 동안 남녀 모두 결혼할 가능성이 가장 크다. 여성은 30대 초반, 남성은 30대 후반에 도달하면 결혼가능성이 다시 낮아지기 시작하여 상당수가 독신자집단에 합류할 가능성이 커진다. 결혼 '절정기'(peak period)는 20세부터 30세 사이로 비교적 늦은 편인데, 갑자기 한꺼번에 결혼을 시도하는 특정 연령은 없었다. [20] 15세기부터 19세기까

18) Ibid., 73.
19) Swinburne, *Spousals*, 47; Gouge, *Domesticall*, 180.

지의 출산율 변동은 여성의 초혼연령이 22세부터 26세 사이에서 오르락
내리락 한 것에 의해 대략 설명이 가능하다. 22세에서 26세까지의 연령
은 여타 문명권에서는 늦은 결혼으로 간주될 것이다. 당대의 여행자가
관찰했던 바와 같이, '요즈음 터키인들은 25세의 여성을 늙은 여성 혹은
사랑할 나이가 지난 여성으로 여긴다.'[21]

또한 우리는 넘어가면 너무 늙었다는 특정한 혼인연령이 존재했는지
에 대해 궁금할 수 있다. 답변은 절대로 넘어가서는 안 되는 연령은 존재
하지 않았다는 것이다. 남성과 여성은 어떤 연령에서도 결혼할 수 있다.
이런 사실은 다수의 재혼사례에서 분명히 나타나고, 심지어 매우 늦은
나이에 초혼도 가능하다. 때때로 가족 전체가 늦게 결혼하는 경우도 있
다. 점성술사 포먼(Forman)은 자신뿐 아니라, 형제자매들도 34세 이전
에 결혼하지 않았다는 사실을 약간 놀라운 듯이 지적했다.[22] 늦게 결혼
하는 것에 대해 비난을 했다거나 놀랐다는 증거들은 거의 없다. 올리버
헤이우드는 아들이 결혼을 결정했을 때 반대하지 않았다. '나는 아들의
결혼이야말로 나의 기도에 대한 하느님의 응답이라고 생각했으며, 나의
아들은 월린웰즈(Wallin-Wels)에서 20년 이상 목사로 재직하고 있는데,
현재 나이는 42세'라고 그는 기술하였다.[23]

얼스 콜른(Earls Colne)에서 조사한 남녀 초혼연령의 조사에 따르면,
1580년부터 1750년까지 여성 평균초혼연령은 24. 5세였고 최빈 혼인연
령은 22세(463명)였다. 남성은 평균초혼연령이 26세, 최빈 혼인연령은
22세(317명)였다. 평균값과 최빈치 사이의 차이는 다수의 사람들이 최

---

20) Glass의 저서 *Population*에 수록된 Hajnal의 논문을 참조. 이 논문은 다양한
   사회에서의 혼인연령에 대해 조사했다.
21) Moryson, *Itinerary*, iii, 435.
22) Halliwell, *Diary of Forman*, 2.
23) Turner, *Heywood*, iii, 300.

빈 혼인연령을 지난 다음 결혼했다는 사실을 보여준다. 463명의 여성 중, 54명이 30세와 39세 사이에 초혼을 했다. 가장 흥미로운 사실은 자녀출산이 거의 불가능한 연령인 40세 이후의 초혼여성들도 있었다는 점이다. 이러한 여성은 도합 10명이었는데, 45세 두 명, 47세 한 명, 48세 두 명이 그 연령에 결혼하였다. 남성은 여성보다 더 오랜 기간 생식능력을 유지할 수 있지만 여성보다 더 늦은 혼인연령을 보여주지는 않는다. 단지 네 명의 남성만 40세 이후에 결혼하였다. 1695년 커크비 론즈데일 (Kirkby Lonsdale) 읍구[24]의 주민 명부에 나타난 바에 의하면, 남성의 초혼 평균연령은 28세, 최빈연령은 26세와 28세, 결혼 연령의 범위는 18세부터 48세까지였다. 결혼가능성은 20대에 가장 높았고, 그 가능성은 남녀 모두 약 50세가 될 때까지 감소세를 보였지만 소멸되지는 않았다. 남성이 더 오랜 기간 매력을 유지했다는 것은 근거 없는 생각이다. 일부 아프리카 사회와는 달리 출산이 불가능한 연령에서의 결혼은 전혀 의미가 없다는 사고방식은 (옮긴이: 잉글랜드에서는) 설득력이 없었다.[25]

그러므로 결혼에 대한 문화적 견해는 맬서스가 전개한 다수의 경제적인 논의를 흡수하였다. 적합한 혼인연령은 정의되지 않았다. 여성에게 사춘기 이후 곧바로 결혼을 강요하는 압력도 없었다. 실제로 개인이 성숙하면서, 결혼에 반대하는 사회적 압력은 서서히 줄어들었다. 개인을 자족적이고 독립적인 존재로 부각하는 사회에서 사회는 개인에게 족쇄를 점차적으로 풀어주는 것 같았다. 이런 맥락에서 보면, 어떻게 그러한 균형들이 결혼이라는 위험한 모험을 다소간 매력적으로 만들어 주면서 경제변동에 의해 이동하는지를 이해하기란 어렵지 않다. 그리하여 그 수수께끼의 핵심에 존재하는 기묘한 방식으로, 자발적이고, 개인적이며, 심리적인 동기들과 규칙적이고, 구조화된 경제적 압력 사이에 어떤

---

24) (옮긴이) 읍구(township)는 큰 교구(parish)를 다시 세분한 것을 지칭한다.
25) Lorimer, *Human Fertility*, 284, 286.

연결고리가 형성되었다.

　오늘날 잉글랜드 호적등기소의 공시에 따르면, '이 국가의 법률이 명시한 혼인은 다른 모든 사람을 배제하고 한 남성과 한 여성이 자발적으로 진입한 일생의 결합'이다. 이러한 결혼의 정의에는 네 가지 특이한 가정이 있다. 쌍방 동의의 필요성, 즉 '자발적 진입'에 대해서는 이미 앞에서 논의했다. 다른 세 가지 가정은 결혼의 '속성'과 영속성에 관련되고, 이 가운데 첫 번째 가정은 결혼이 한 남성과 한 여성 사이에서 이루어져야 한다는 규칙, 즉 일부일처제에 관한 것이다. 두 번째 가정은 그 결혼은 '일생 동안'이 지속되는 것이어서 일방 혹은 쌍방에 의해 파기되면 안 된다 ― 그리고 때때로 파기될 수도 없다. 세 번째 가정은 결혼이란 '다른 모든 사람을 배제한 것'이어서 간통, 첩, 기타의 경우를 허용하지 않는다.

　결혼의 배타성과 영속성에 관한 일련의 규칙들은 결혼에 대한 사람들의 태도를 결정짓는다. 당대의 관찰자가 지적한 바와 같이, 다른 모든 의사결정들과 달리 이 결정은 번복할 수 없었다. 대부분의 사회에는 이토록 배타적인 소유관계는 없다. 아내나 남편을 추가로 더 얻을 수 있는 가능성, 합의를 통한 완벽한 이혼, 그리고 간통과 첩에 대한 너그러운 용인으로 인해 잘못된 결혼결정 판단이 치명적이지는 않았다. 잉글랜드에서는 대부분 열정에 이끌려 내려진 결혼 결정이 한 사람의 남은 인생을 결정할 수 있다. 버얼리(Burleigh) 경은 배우자 선택에 있어서 무척 신중해야 한다고 경고했는데, 왜냐하면 그 선택으로부터 미래의 모든 선이나 악이 도출되기 때문이다.[26] 독신 여성이나 남성은 자신의 경력, 가옥 또는 친구들을 바꿀 수 있다. 결혼의 규칙은 다른 모든 사람을 배제한 채, 일생동안 한 명의 파트너와 함께 사는 것이다. 이러한 제한은 사

---

26) Percy, *Advice*, 38.

람들이 늦게 결혼하고, 다수는 아예 결혼조차 하지 않는 원인이 되었다. 결혼식에서 엄숙하게 경고하는 바와 같이, 혼인은 가볍게 위험을 무릅쓸 사안이 아니라 존경심을 가지고, 신중하고, 현명하게, 그리고 신을 두려워하면서 해야 할 일이다.

우선 우리는 결혼의 속성에 집중해야 하므로 여러 배우자와의 결혼을 기술할 때 사용하는 어휘를 살펴볼 필요가 있다. 잉글랜드의 법률가들은 한 번에 두 명 이상의 배우자와 결혼하는 것을 '복혼제'(polygamy), 이전 배우자의 사망으로 두 번 이상 결혼하는 것을 '이중결혼'(bigamy), '삼중결혼'(trigamy)이라 구분하였다. 즉 1603년 법령은 최초로 복혼제 — 첫 번째 남편 혹은 아내가 살아있는데 두 번째 남편이나 부인과 결혼하는 것 — 를 중범죄로 규정하였다. 27) 인류학자는 복혼제를 두 가지 형태로 더 세분하였다. 한 가지는 한 명의 남성이 두 명 이상의 여성과 결혼하는 '일부다처제'(polygamy)이고, 다른 한 가지는 한 명의 여성이 두 명 이상의 남성과 결혼하는 '일처다부제'(polyandry)이다.

단혼제 규칙은 예외적인 것이다. 웨스터마르크(Westermarck)는 단혼제와 복혼제의 분포를 조사한 결과, 대부분 사회에서 복혼제를 허용하고 있다고 지적했다. 28) 잭 구디가 저술한 바와 같이, '인류문화에서 단혼제는 예외적이고, 복혼제는 보편적이다.' 단혼제는 주로 과거의 유럽사회에 국한되어 있었고, 최근에는 서구의 주된 수출품 중 하나가 되었다. 29) 다른 사회에서 복혼제가 널리 허용되어 있다는 사실은 유럽인들이 유럽의 특유성을 인식하는 순간 주목을 끌었다. 몽테스키외(Montesquieu) 30)는, 과연 그답게, 단혼제를 기후와 관련시켰다. 열대

---

27) Coke, *Institutes*, 3rd, 88.

28) Westermarck, *Marriage*, iii, chs xxvii-xxix.

29) Goody, *Production*, 51; Kiernan in Goody, *Family and Inheritance*, 376.

30) (옮긴이) 몽테스키외(Charles De Montesquieu, 1689~1755): 프랑스의 정

지역 여성들은 매우 어린 나이, 이를테면 8세나 9세에 결혼을 한다. 몽테스키외는 그곳 여성들이 빨리 늙기 때문에 매우 어린 나이에 결혼한다고 생각했다. '그러므로 법률의 규제가 없는 그곳 남성이 한 명의 아내 외에 다른 아내를 얻는 것, 즉 복혼제가 도입되는 것은 극히 당연하다.' 온대지역 사람들은 늦게 결혼하고, 남녀평등이 잘 보장되어 있으며, '그 결과 아내를 단지 한 명만 얻는 법률이 있다.' 예컨대, '단 한 명의 아내만 허용하는 법률은 유럽의 기후에는 신체적으로 적합하지만, 아시아의 기후에는 적합하지 않다.'[31)

이것은 다른 사람들도 천착했던 주제이다. 몽테스키외 사후 100년 뒤, 에이브베리(Avebury) 경은 혼인연령과 복혼제에 대해 거의 동일한 견해를 제시했다.[32)

예컨대 모든 적도지역 여성들은 매우 어린 나이에 결혼할 수 있다. 여성의 아름다움은 일찌감치 꽃피지만 곧 시든다. 그러나 남성은 그들의 왕성한 힘을 상당히 오랜 기간 보유한다. 그러므로 남녀의 사랑이 서로 유사한 취향, 추구 혹은 공감에 달려 있는 것이 아니라 전적으로 외적 매력에 달려있기 때문에 능력 있는 남성이 멋진 아내를 계속 얻는 사실에 놀랄 필요가 없다.

그의 견해는 몽테스키외 주장의 두 번째 주제, 즉 복혼제에 내재된 불평등 관계는 건드리지 않았지만, 한 스코틀랜드 철학자의 주목을 받았다. 케임즈(Kames) 경은 '복혼제는 여성을 열등한 존재로 취급하는 나라의 산물이었다. 복혼제는 남녀관계가 동등한 곳에서는 결코 발생하지 않았다'고 주장한다. 이런 사실은 북유럽의 복혼제 부재를 설명한다. 크

치사상가.

31) Montesquieu, *Spirit*, i, 251~252.
32) Avebury, *Origin*, 150~151.

란츠(Crantz)는 색슨족(Saxon)의 역사를 다룬 자신의 저서에서, '북서 유럽 국가에서는 복혼제가 소개된 적이 없다고 말했는데, 이들 국가의 역사를 연구했던 모든 학자들도 이것에 동의했다.'[33] 데이비드 흄 (Hume)은 그의 에세이 〈복혼제와 이혼〉(*Of Polygamy and Divorces*)에 서, '**동양**(*Eastern*)의 국가들처럼 복혼제를 법으로 허용할 수 있다. 혹은 그리스와 로마처럼 자발적 이혼을 허용할 수 있고, 또 오늘날 유럽 국가 들처럼 일생 동안 남성 한 명의 배우자를 여성 한 명에게 국한시킬 수 있 다.' '복혼제의 옹호자'는 복혼제를 남성의 우월성을 되찾는 유일한 방식 으로 추천한다. 이것에 대해 흄은 복혼제와 남성지배 사이의 연계성은 인정하지만, '이러한 남성주도권은 상당한 권리침해이며, 자연이 양성 간에 설정해 놓은 평등은 말할 것도 없고, 근접한 서열마저 파괴하는 것' 이라고 응답하였다. 남성은 본질적으로 여성을 사랑하고, 여성의 친구 이며, 후원자이다. 복혼제의 도입은 이러한 친밀함을 파괴할 수 있 다.[34]

최근의 인류학자들은 복혼제의 다양한 기능을 폭넓게 분석하였다. 레 이몬드 퍼스(Firth)는 남아프리카 종족의 복혼제를 연구하면서 복혼제 에 다음과 같은 기능을 포함시켰다. 첫째, 장기간의 산후 수유는 그 기 간 동안의 성행위를 금지하는데, (옮긴이: 복혼제는) 성적만족을 통해 남 성의 금욕 스트레스를 해결해 준다. 둘째, '여러 명의 아내를 얻으면, 남 녀 모두가 원하는 후손의 가능성을 높여준다.' 일찍이 윈우드 리드 (Reade)가 지적했듯이, 아프리카에서 '번식은 치열한 싸움이다. 따라서 복혼제는 자연법칙이 된다.' 게다가 '불임아내 또는 잇따른 여아 출산은 기존 배우자 이외의 다른 배우자를 얻는 가장 일상적인 이유이다.'[35]

---

33) Kames, *Sketches*, i, 359.
34) Hume, *Essays*, 108, 109(Essay xviii).
35) Firth, *Human Types*, 108; Westermarck, *Marriage*, iii, 80에서 인용 됨;

노동공급의 증가를 중요시하는 지역에서는 경제적 혜택의 문제도 있다. 다수의 아내를 둔 남성은 힘든 노동을 피하면서 자신에 대한 대접과 위세를 높일 수 있다. 여성에게도 혜택이 돌아간다. 복혼제는 젊은 아내가 늙은 아내의 부담을 덜어줄 수 있고, 결혼을 못 하고 남아도는 여성들을 처리해 주는 해결책이 될 수도 있다. 복혼제에서 단혼제로의 이동은 우리가 관심을 가져야 하는 많은 뿌리 깊은 구조적 특징들을 나타내고 초래한다. 이러한 이동은 자녀에 대한 소망과 친척의 필요성을 감소시킨다. 그것은 동료애, 평등 그리고 낭만적 사랑에 근거한 결혼관의 성장과 연관되며, 부부간의 유대를 가장 중요한 유대로 만들어 준다.[36] 재클린 사스비(Sarsby)가 지적했듯이, '단혼제는 일부다처제나 일처다부제보다 쌍둥이 영혼들의 만남이란 개념에 더 적합하다.'[37] 잉글랜드의 위대한 연애시들을 복혼제의 시각에서 개작해 보면 재미있을 것이다. 아프리카의 결혼 추세에 대한 최근의 한 연구는 복혼제의 쇠퇴가 서구식 '연애결혼'의 발전과 관련된다는 사실을 밝힌다. 여러 명의 아내를 두는 것은 더 이상 남편의 지위와 영향을 증대하는 방법이 아니다. 서아프리카의 교육받은 젊은이들의 낭만적 사랑과 사회적 열망 간의 관계는 오늘날의 단혼제 열풍을 잘 설명해 준다.[38]

그러므로 우리가 지금까지 고찰해 온 시기의 결혼이 일부일처제였다는 사실은 여성과 자녀들에 대한 태도를 보여주는 뚜렷한 지표이다. 그러나 반론도 가능하다. 왜냐하면 일부일처제에 대한 주된 근거가 '기독교'(Christianity) 때문이라고 주장될 수 있기 때문이다. 이 주장도 설득력이 있지만 기독교인들이 전체적으로 보아 일부일처제인 이유는 설명

---

ibid., iii.

36) Westermarck, *Marriage*, iii, 105.

37) Sarsby, *Romantic Love*, 39.

38) Little, 'Modern Marriage', 414, 422.

하지 못한다. 웨스터마르크(Westermarck)가 지적했듯이, 《신약성서》(*New Testament*)는 단혼제를 정상적인 혹은 이상적인 결혼형태로 가정하지만 주교 또는 집사의 경우를 제외하고는 복혼제를 엄격히 금지하지 않는다.' 그는 계속해서 주장하기를, '메로빙거 왕조'(Merovingian) 39)의 왕들은 자주 복혼제를 선택하였고, 그 후 루터교 성직자는 헤센의 필립과 프로이센40)의 프레데릭 윌리엄 2세(Frederick William II)의 중혼을 승인하였다. 41) 독실한 기독교인이었던 에이브러햄(Abraham)조차 12명의 아내를 두었다. 30년전쟁이 끝나고, 누렘베르크(Nuremberg) 42) 지역의 '프랑크족 크레스탁'(Frankish Krestag)은 인구증가를 장려하기 위해 모든 남성이 두 명의 여성과 결혼하는 것을 허용하였다.

복혼제가 허용되어야 한다는 전통이 기독교 내부에 강하게 내재했기 때문에 이 쟁점에는 심각한 모호성이 있었다. 존 케인크로스(Cairncross)의 조사는 밀튼(Milton)과 뉴턴(Newton)을 포함한 여러 저명인사들, 그리고 '문스터 재침례자 공동체'(Christian Communities of Munster Anabaptists)와 '몰몬 공동체'(Mormons) 등에서 복혼제가 기독교 정신에 일치한다고 주장했다는 사실을 보여준다. 43) 토마스 브라운(Browne) 경은 지금 당장은 복혼제를 비난할 시기가 아니라는 것이다. '모든 사례에서 복혼제를 부정해서는 안 되며, 복혼제는 이따금 허용할 수 있는데, 남녀 성비가 불일치한 경우에는 필요할 수 있다.' 이것과 마찬가지로 윌리엄 페티도 특정 상황에서의 복혼제를 허용하였다. 44) 복혼제가 합법적이고 장려되어야 할 것인지에 대한 논쟁은 이어졌고, 복혼제의 찬반논쟁에

---

39) (옮긴이) 메로빙거 왕조는 프랑크(Frank) 왕국 최초의 왕조이다(486~751).
40) (옮긴이) 프로이센 왕국은 1701년부터 1918년까지 존재했다.
41) Westermarck, *Marriage*, iii, 50.
42) (옮긴이) 독일 남부의 도시이며, 나치스 전범을 재판한 곳이다.
43) Cairncross, *After Polygamy*.
44) Browne, *Religio Medici*, 79; Landsdowne, *Petty Papers*, ii, 523.

대한 자서전들이 널리 출판되었다. 45) 따라서 복혼제 금지는 기독교의 가르침과 초대 교부들의 합의에서 도출된 만장일치의 견해가 아니다. 복혼제 금지는 수 세기 동안 유지되어 온 대다수 사람들의 견해였지만, 현실에서는 복혼제를 추진하는 강력한 힘과 열정이 존재했다. 그래서 복혼제 금지의 기원과 지속성은 여전히 수수께끼이다.

복혼제를 금지했던 근본 원인을 설명하는 두 가지 주요 견해가 있다. 앞에서 살펴보았듯이 케임즈(Kames)는 그 근원을 북서유럽, 특히 색슨족의 문화와 연결시켰다. 헨리 메인(Maine) 경은 그 근원을 로마제국에서 물려받은 고유한 특성에서 찾았다. 그는 '현대 서구의 단혼제는 사실 로마식 단혼제이며, 로마는 켈트족(Celtic) 사회에서 시행되었던 복혼제를 배격했다'46)고 주장했다. 메인은 케임즈가 언급한 초기의 증거들을 고려하지 않았다. 케임즈의 증거는 게르만족에 대한 카이사르(Caesar)와 타키투스(Tacitus)의 관찰, 즉 로마를 정복했던 게르만족이 단혼제의 기본전제를 공유했다는 사실로 인해 뒷받침되었다. 따라서 로마와 게르만 계통(Germanic schools) 간의 구분은 그릇된 주장이 되고 말았다. 이유는 밝혀지지 않았지만, 사실 로마와 게르만 두 문화는 단혼제라는 특이한 체제를 공유했고, 이 두 체제의 합체는 서구에서 천오백 년 이상 지속되었고, 또 오늘날 세계의 지배적 결혼체제의 형성에 강한 토대를 제공하였다.

이런 주장들과 심각한 모호성에도 불구하고, 단혼제는 초서 시대부터 맬서스 시대까지 잉글랜드의 결혼규칙이었다. 따라서 교회법과 1603년 법령을 준수하는 모든 세속 법정은 그러한 규범을 위반한 사람들은 고발

---

45) Hill, *Puritanism and Revolution*, 316~317, 390; Thomas, 'History and Anthropology', 16; Thomas, 'Women', Howard, *Matrimonial Institutions*, I, 406; Cairncross, *After Polygamy*.

46) Maine, *Early Institutions*, 60.

하고 기소하였다. 1604년 이전에는 두 명 이상의 배우자를 둔 사람은 복혼으로 교회법정에 고발당했다. 47) 1604년 이후, 복혼은 중범죄로 간주되어 사형에 처해졌다. 결혼의 기본원칙은 한 번에 한 명의 배우자만 두는 것이고, 잉글랜드와 유럽 나머지 국가들도 이 원칙을 공유하였다. 이러한 원칙은 남녀평등에 잘 부합되었고, 남편과 아내 간의 깊은 유대감을 강조했던 반면, 자녀들에 대한 수요는 상대적으로 낮았다. 단혼제의 이러한 특징은 두 번째 특성, 즉 실질적으로 갈라설 수 없는 결혼의 속성에 의해 강화되었다.

메인은 결혼배우자의 교체를 금지했던 기독교에 의해 도입된 두 번째 원칙이 로마의 단혼제를 강조했다는 점을 지적하였다. 로마인들은 단혼제를 시행했지만 이혼을 쉽게 허용했기 때문에, '연속 복혼제'(serial polygamy)가 가능하였다. 그러나 이 결혼체제에서 '기독교 윤리는 이혼 허가서를 찢어버렸다.'48) 하워드는 기독교가 이 새로운 원칙을 어떻게 강요했는지 보여주면서 이혼의 역사를 자세하게 약술하였다. 초기 게르만 사회, 예컨대 앵글로색슨 잉글랜드에서는 일방 혹은 쌍방이 원할 경우, 비교적 쉽게 이혼할 수 있었다. 49) 10세기까지 대부분 유럽 국가들은 쉽사리 이혼을 허용하였고, 그렇게 함으로써 대다수 사회와 동일한 패턴을 보였다. 홉하우스(Hobhouse), 휠러(Wheeler) 그리고 긴즈버그(Ginsberg)는 그들의 조사에서 271개 종족집단 중 단지 4%만이 이혼을 금지하였고, 72%는 상호 동의하면 (부부간의 성격차이나 변덕 때문에) 이혼을 허락했다고 말했다. 세계 도처의 이혼법에 관한 조사는 이혼이

47) ERO, D/AED/1, fols 6~9; Emmison, *Morals*, 168ff, ERO, Q/SBa/2, fol. 55; Gough, *Myddle*, 51.

48) Maine, *Early Institutions*, 60; Howard, *Matrimonial Institutions*, ii, ch. 1.

49) Pollock and maitland, ii, 392~393; Howard, *Matrimonial Institutions*, ii, 39; Whitelock, *English Society*, 150; Lancaster, 'Kinship', I, 246~247.

금지된 곳은 거의 없으며, 대부분의 사회는 이혼을 폭넓게 허용하는 관대한 태도를 취하였다는 것을 보여준다. 50)

재혼을 하기 위한 이혼의 가능성은 흔히 자녀출산의 소망과 관련이 있다. 만일 자녀가 없으면 부부는 서로 갈라선 다음 각자 다른 배우자를 찾을 것이다. 부부사이에 자녀가 없으면 그 결혼은 완성되지 않는다. 재혼권리를 지닌 이혼을 완벽하게 금하는 사회나 문명, 즉 자녀의 유무에 상관없이 부부는 갈라설 수 없는 것으로 파악하는 사회나 문명은 결혼목적에 대한 일정한 태도를 보여준다. 그러한 견해는 결혼의 의미에 대한 상당한 함의를 갖고 있다. 일단 결혼하면 갈라설 수 없는 결혼이야말로 최초의 결정을 더욱 더 중요하게 만든다. 웨스터마르크(Westermarck) 와 하워드(Howard) 가 동의했듯이, 결혼을 실질적으로 갈라설 수 없는 것으로 만든 것은 바로 기독교였다. '기독교는 유럽의 이혼법을 획기적으로 바꾸어 놓았다.' 역사상 처음으로 이혼을 광범위하게 금지시킨 것이다. 완벽한 기독교식 결혼은 '성사'(sacrament) 이며, 따라서 그 유효성이 영구히 유지되어야만 한다. 결혼은 그리스도(Christ) 와 교회 간의 결합을 상징하므로, 그것은 결코 갈라설 수 없는 결합이다. 10세기의 잉글랜드교회는 앵글로색슨 사회가 관대하게 허용했던 이혼의 자유를 짓뭉개 버렸다. 51) 그 후 잉글랜드에서는 재혼권리를 가진 이혼을 금지하는 체제가 거의 천 년 동안 유지되었다. 1857년이 되어서야 비로소 시민들의 이혼이 가능해졌다.

중세의 교회는 '이혼'을 두 가지 유형으로 구분하였다. 하나는 결혼의 '사슬'(chain) 을 끊어버리는 **결합관계의 부정**(a vinculo) 유형의 이혼이고, 다른 하나는 식사와 잠자리를 따로 하는, **별거**(a mensa et thoro) 유형의

---

50) Hoebel, *Primitive World*, 215; Westermarck, *Marriage*, iii, xxxii; ibid., iii, 269.

51) Westermarck, *Marriage*, iii, 327; iii, 328, iii, 333.

이혼이다. 이 두 가지 유형 모두 오늘날 이혼의 모습과 정확하게 일치하지는 않는다. 첫 번째 유형은 완벽한 결혼무효 선언이다. 결혼은 아예 존재하지 않았던 것으로 조치된다. 왜냐하면 한쪽 배우자가 '약혼'(*pre-contract*)을 했거나, 위반된 혼전 애정행위를 하는 등의 결혼저해 사유가 처음부터 존재했기 때문이었다. (옮긴이: 이혼을 실행할 수 있는) 근거가 다양했기 때문에 중세에는 사실 이혼의 자유가 널리 확산되어 있었다 — 비록 이런 자유는 교회판결에 돈을 지불할 수 있는 부유층들이 주로 누렸지만. 그 결과, 메이틀랜드(Maitland)가 지적한 바와 같이, '중세에는 결혼이나 결혼처럼 보이는 부부관계는 몹시 불안정했는데', 왜냐하면 그것들이 결코 존재하지 않았던 것처럼 소급될 수 있었기 때문이다.52) 두 번째 형태의 이혼은 부부가 식사와 잠자리를 따로 하지만 파트너가 다른 사람과 결혼할 가능성은 전혀 없었다.

종교개혁(*Protestant Reformation*)이 재혼권리를 가진 이혼을 더 어렵게 만들었다는 사실은 역설적이다. 결혼은 더 이상 기독교인 자신과 교회와의 관계를 나타내는 상징, 즉 성사가 아니라 두 개인 간의 서약이나 계약으로 환원되었다. 캐슬린 데이비스(Davis)가 지적했듯이, '만일 혼인이 성사가 아닌 계약이라면, 간통은 계약의 근거를 파괴하는 것이므로 그 혼인은 해체될 수 있다.'53) 이것은 당연히 발생해야만 했던 변화이고, 유럽의 일부 급진적 신교 신학자들은 실제로 이러한 태도를 취했다.54) 잉글랜드에서는 결혼법이 거의 완벽한 변화를 겪었다. "교회법 개정"(Reformatio Legum Ecclesiasticarum)에 상술된 프로테스탄트의 새로운 교리들이 1552년에 제출되었다. 그 교리들은 부부의 별거 또는 정신적 교감을 이혼사유로 간단히 처리해 버렸다. 다음과 같은 사례에서

52) Howard, *Matrimonial Institutions*, ii, 56; Pollock and Maitland, ii, 369.
53) Outhwaite, *Marriage*, 74.
54) Howard, *Matrimonial Institutions*, ii, 60ff.

328

는 결혼 '사슬'에서부터 완벽한 이혼이 옹호되었다. 예컨대, 부부간에 극단적 부정을 저지른 경우, 부부간에 유기나 잔인한 행위가 있는 경우, 남편 — 자신의 아내를 유기하는 죄를 범한 것은 아니지만 — 이 수년 동안 아내와 동거하지 않는 경우(남편이 사망했다는 근거가 제공된다면), 그리고 부부간의 사랑이 전혀 불가능할 정도로 극단적인 증오를 느끼는 경우이다. '쌍방 파트너의 부정의 죄가 있는 경우, 그 이혼은 기각된다. 한쪽이 죄를 범했을 때, 죄를 짓지 않은 배우자만이 다른 사람과 결혼계약을 할 수 있다.'55)

의원들의 "교회법 개정" 보고서는 왕의 돌연사 때문에 왕의 재가를 받지 못했다. 따라서 교회법에는 어떠한 변동도 발생하지 않았다. 그러나 그 개정에서 구체화된 몇 가지 원칙들은 비록 단기간이지만 교회법정에서 준수되었다. 즉 1552년부터 1602년까지 '교회가 결혼의 파기불능을 인정하지 않았기 때문에, 잉글랜드법 역시 그것을 인정하지 않았다.' 엘리자베스 여왕의 통치기간에는 '부정한 배우자와 이혼한 다음 자유롭게 재혼하였다.' 에미슨(Emmison)이 "엘리자베스 1세 시대의 에식스 지역"(Elizabethan Essex)에 낱낱이 열거한 다수의 사례는 이러한 태도를 잘 보여준다.56)

1597년의 교회법과 '성실청'(Star Chamber)57)의 축하사례에 뒤이어, 1603년에는 1552년 이전의 입장이 다시 법제화되었다. 그리하여 재혼을 위한 이혼이 불가능하게 되었다. 하지만 상황은 종교개혁 이전보다 더 엄격해졌다. 왜냐하면, 일련의 섬세한 원인들 — 예컨대, 일부 사람들

---

55) ibid, ii, 78, 79.
56) ibid., ii, 79, 81; Emmison, *Morals*, 164~168.
57) (옮긴이) 이는 웨스트민스터 궁전(Westminster Palace)의 천장에 별 모양 장식이 있는 방의 명칭에서 유래되었다. 1641년 폐지된 형사법원으로, 배심원을 두지 않고 전횡과 불공정한 재판을 일삼았다.

의 결혼무효를 가능케 해주었던 약혼, 정신적 교감 등등 — 이 제거되었
기 때문이다. 1603년부터 1837년까지 잉글랜드에서의 결혼은 거의 이혼
이 불가능했다. 지프리슨(Jeaffreson)의 글처럼, '1603년 이후 수 세대
동안 우리 선조들은 유례없이 엄격하고 편협한 결혼법의 지배를 받아왔
다. 결혼으로부터의 탈출구는 죽음을 제외하고는 모두 닫혀 있었다. 결
혼에 대한 인위적인 장애물과 더불어 종교개혁은 허위의 근거로 결혼을
무효화할 수 있는 수단마저 파괴해 버렸다.'58)

세 개의 협소한 탈출구는 남아 있었다. 첫째는 부부가 식탁과 잠자리
를 따로 갖는 '법적 별거'는 여전히 가능했지만, 재혼할 수 있는 권리는
없었다. 둘째, 17세기 후반 이후의 이혼은 '의회법'(Act of Parliament)에
의해 가능해졌다. 그러나 이혼의 근거는 매우 제한되었고, 엄청난 이혼
소송 비용 때문에 1857년까지 300건 남짓의 이혼만 승인되었고, 소송제
기인의 반은 여성이었다. 59) '의회법'에 접근할 수 없는 대다수 사람들은
다른 두 가지 전략을 폈다. 첫 번째 전략은 결혼을 피하는 것이다. 17세
기 후반부터 비밀결혼이 급증했다는 암시가 보인다. 비밀결혼을 감행한
사람들은 단지 '관습법'(common law)에 따라 남편과 아내처럼 산다. 60)
이것은 이혼이 불가능해진 상황에 대한 부분적인 반응이다. 두 번째 전
략은 18세기 중반 '하드윅 결혼법령'(Hardwick's Marriage Act) 61)이 비밀
결혼과 '관습법결혼'을 어렵게 만든 시점부터 널리 퍼졌던 관행이다. 그
것은 부부가 스스로 이혼할 수 있도록 허용한 법령인데, '아내판
매'(wife-selling)로 널리 알려져 있다.

---

58) Jeaffreson, *Bridals*, ii, 339.
59) Westermarck, *Marriage*, iii, 337; Thomas, 'Double Standard', 201.
60) Hollingsworth, *Historical Demography*, 21; Laslett, *Family Life*, 131.
61) (옮긴이) 이 법령은 자격이 있는 목사의 면전에서 잉글랜드교회에서 결혼 의
   식을 행하여야 했다.

1855년 옥스퍼드셔 어사이지즈(Oxfordshire Assizes, 순회 재판소)의 한 판사는 '의회법'에 대한 대안으로 이러한 '아내판매'의 기능을 흔쾌히 지적하였다. 자신의 아내가 다른 남성과 16년 동안 동거했음에도 불구하고, 왜 그가 이혼할 수 없었는지를 보여주는 '중혼'(bigamy) 사례를 재판에 부치면서, 판사는 다음과 같이 고소인을 청원하였다.

나는 당신이 시행했어야만 하는 일에 대해 말씀드립니다 … 당신은 변호사를 시켜 당신 아내를 유혹한 자에게 손해배상청구 조치를 취했어야 했습니다. 그 비용은 약 100파운드(£100) 정도 소요됩니다. 소송이 더 진행되면 당신은 '대리인'(proctor)을 고용한 다음, 별거이혼을 위해 교회법정에 소송을 제기해야만 합니다. 그 비용은 200파운드 또는 300파운드 이상이 소요됩니다. 당신이 별거이혼을 획득하면 당신은 결혼 관계를 부정하는 이혼을 위한 사적법령을 획득합니다. 이런 법정절차는 모두 약 1,000파운드가 소용됩니다. 당신은 100파운드도 없다고 말하겠지만 그것은 쓸데없는 말입니다. 나는 잉글랜드의 판사로 재직하기 때문에 부자를 위한 법률과 가난한 자를 위한 법률이 따로 존재하는 나라는 없다는 사실을 당신에게 말해주는 것이 나의 의무입니다. 언젠가 당신은 구속될 것입니다. [62]

부자가 아닌 사람들의 대안은 여성의 목에 밧줄을 감은 다음, 공공장소로 데려가서 '경매'에 부치는 것이었다. 최고 입찰자 — 대개 입찰 이전에 협상된 — 는 그녀를 '구매하고', 그럼으로써 그는 그녀의 남편이 된다. 이혼과 재혼은 하나로 법령으로 처리되어 효력을 발생했다. 비록 법적 재가를 받을 수는 없었지만, 이것은 대중에게 널리 퍼져 있는 사실상의 이혼승인이었다. 메네피(Menefee)는 약 387개의 사례를 열거하면서 이 제도가 널리 퍼져 있음을 설명했지만, 아마 더 많은 사례가 있을 것이

다. 63) 19세기 초엽 하디(Hardy)의 소설 《캐스터브리지의 시장》(*The Mayor of Casterbridge*) 64)에 기술된 유명한 '아내판매' 이야기처럼 이러한 사례들은 사회경제적 최하계층에서 자주 발생했다. 이러한 집단에서조차 아내에 대한 모욕과 적법성이 모호한 방식은 억제되었다. '의회법'을 통해 이혼을 획득할 수 있는 소수의 상류층과 18세기 이후 '아내판매'를 시행했던 최하계층 사이의 대부분 사람들에겐 돌파구가 없었다. 이혼에 대해 자비로운 태도를 취해 달라는 밀튼(Milton)의 감동적인 탄원서에도 불구하고, 잉글랜드 국교는 이 문제에 대해 일관된 입장을 취했고, 잉글랜드의 가톨릭도 똑같이 엄격한 태도를 취하였다. 65) 이혼을 쉽게 허용했던 집단 등 모두는 회피당했다. 유대인들이 이에 대한 적절한 한 사례이다. '남편이 자의적으로 부인과 이혼할 수 권리는 유대인 이혼법의 주된 사상'이라고 우리는 말한다. 이러한 유대인들의 태도는 1655년 왕이 궐위되었던 시대인 '공위기간'(*Puritan Interregnum*)에도 유태인들의 '시민권 부여에 반대하는 강력한 근거의 하나'가 되었다. 66)

따라서 재혼권리를 가진 이혼은 점점 더 제한되었다. 이혼이 10세기까지는 비교적 용이했지만, 중세로 접어들면서 점점 더 어려워지다가 16세기 후반에는 그 가능한 범위가 더욱 더 좁아졌다. '의회법'이나 '아내판매'를 통해 결혼에서 벗어날 수 있는 사람은 극소수에 불과했고, 잘못된 결혼을 인지한 나머지 사람들의 최선책은 부부가 따로 사는 것이었다.

---

63) Ibid., 211~259.

64) (옮긴이) 1886년 작품. 주인공인 마이클 헨처드는 젊은 시절, 술에 취해 자신의 아내 수잔과 딸 엘리자베스-제인을 경매에 붙여 뉴슨이라는 뱃사람에게 팔아버린다. 술에서 깨어난 그는 앞으로 21년간 술을 끊기로 맹세한다. 그로부터 19년이 지난 다음, 캐스터브리지란 마을의 시장이자 지역의 유지로 성공한 헨처드 앞에 수잔과 엘리자베스-제인이 등장한다는 소설이다.

65) Milton, *Works*, iii, 169~461; Davis in Outhwaite, *Marriage*, 74.

66) Westermarck, *Marriage*, iii, 307; Inderwick, *Matrimonial Institutions*, i, 421.

332

완벽한 이혼은 특히 여성에게 너무 많은 비용을 부과하였고 또한 수치스러운 일이었다. 불행한 결혼 때문에 별거를 심사숙고했던 부부에 대한 이야기들은 많다. 67) 아마 다수의 사람들은 몬태귀 여사가 자신의 편지에서 과감히 설파했던 충고, 예컨대 '일반대중을 위하고 개별가족의 희생을 막을 수 있는 최선책은 모든 잉글랜드인들이 이혼할 수 있는 일반 법령일 것'이라는 사실을 남몰래 떠올렸을 것이다. 68)

이러한 상황에서 흥미로운 한 가지 사실은 배우자의 불임이 이혼의 사유가 된 적이 결코 없었다는 점이다. 성행위 불능이나 첫날밤을 제대로 보내지 못하는 것은 매우 일찍부터 결혼무효의 근거가 된 반면, 종교개혁 이전 혹은 이후에도 불임이나 아이를 낳지 못하는 것은 이혼의 충분조건으로 간주되지 않았다. '성행위'(sex)는 결혼생활의 필수요건이지만 자녀는 아니었다. 비록 인구학자 페티가 인구성장을 격려하기 위해 아이를 못 낳는 경우 이혼을 허용해야 한다고 주장했지만, 법률이나 판례에서 그것을 이혼의 근거로 받아들였다는 증거는 없다. 69)

맬서스를 비롯한 여러 학자들이 가정했던 결혼의 해체불가능성은 분명 결혼이 치러야 할 비싼 대가 중 하나였다. 결혼은 매우 위험한 전략이었다. 특히 여성에게는 위험부담이 컸다. 왜냐하면 여성 자신과 자녀들 생계와의 연관성을 근거로 별거의 구실을 증명하는 것이 무척 어려웠기 때문이다. 다른 사회에서 이혼녀나 별거 여성은 가족의 지원을 받을 자격이 있다. 여성은 자신과 자녀들이 환영받을 수 있는 친족집단과 재결합한다. 그녀의 혼수는 당연히 그녀에게 되돌아간다. 70) 그러나 잉글랜드에서는 여성에 대한 입장이 우호적이지 않다. 그녀에겐 되돌아갈 친족

---

67) Turner, *Diary*, 4; Eyre, 'Dyurnall' 53; Gunther, *Diary of Ashmole*, 60.
68) Wharncliffe, *Letters of Montagu*, ii, 211.
69) Landsdowne, *Petty Papers*, ii, 50.
70) E. g. Obeysekere, *Land Tenure*, 43; Friedl, *Vasilika*, 59.

집단이 없다. 형제자매, 부모, 친척들은 그녀와 그녀의 자녀들을 돌봐줄 책임이 없다. 결혼하면서 친족의 강한 유대감을 잘라버렸기 때문에, 그녀는 외톨이가 되었다. 게다가 그녀는 여전히 결혼한 상태이기 때문에 어느 정도 남편의 '보호'(couverture)와 지배 아래 있다. 키스 토머스는 16세기부터 18세기까지의 이러한 냉혹한 상황을 다음과 같이 말했다.

> 부인은 좀처럼 남편에게 별거를 요청할 수 없다. 그 이유는 경제적인 것이다. 별거 여성은 자신을 부양할 능력이 없다. 왜냐하면 별거중일지라도 그녀는 여전히 결혼여성의 법적 무능력 상태에 묶여있기 때문이다. 다시 말하면, 그녀는 현재 실질적으로 법의 보호를 박탈당한 상태이다. 왜냐하면 별거 이후에도 남편이 그녀의 임금과 재산에 대한 모든 권리를 보유하고 있기 때문이다. 그녀는 독립적으로 법적행동을 취할 능력이 없고, 심지어는 그녀의 자녀들에게조차 접근할 수 없다.

생계를 위해 그녀가 가진 것이라곤 약간의 이혼별거 수당밖에 없는데, 이 돈마저 제대로 지불되지 않았다.[71]

여기에 별거에 관한 수많은 쟁점들이 있다. 만일 남편과 아내가 별거할 경우, 여성이 어떤 의미에서 '결혼한 상태'로 남아 있는 것은 분명하다. 아내는 관습법 권리에 따라 남편이 소유한 자유보유 자산(freehold estate)의 3분의 1, 혹은 '과부산'(dower)을 차지할 수 있는 이득과 동시에 '법적 미성년자'로 전락하는 불이익을 당했다. 애인과 눈이 맞아 도망치면 '과부산'을 상실한다. '과부산'은 결혼의 '사슬'에서 완벽한 이혼이 허용된 경우에도 당연히 상실된다. 왜냐하면 '법적으로'(technically) 결혼 자체가 존재했던 적이 없기 때문이다.[72] 사실 '법적 별거'란 부부가 여전

---

71) Thomas, 'Double Standard', 200.
72) Blackstone, *Commentaries*, ii, pt 1, 130; Burn, *Ecclesiastical Law*, ii, 458; Pollock and Maitland, ii, 394.

334

히 '남편과 아내'이지만 따로 사는 것 — 식사와 잠자리를 따로 갖는 것 — 에 동의했다는 것이다. 이러한 '법적 별거'가 가능하도록 하기 위해서 법정은 부부의 공동 재산 중에서 여성에게 '적절한' 생활비를 할당해 준다. 남편은 결혼부부처럼 자신뿐 아니라 아내에게도 생활비를 지불할 의무가 있고, 부인의 부채도 갚아야만 한다. 만일 부인이 다른 남자와 눈이 맞아 도망친다면 남편에겐 이러한 책무가 없다.

여성들이 때때로 이혼수당(alimony) 규정으로부터 많은 이득을 얻었다는 견해가 유행했던 적이 있다. 그래서 윌리엄 로렌스(Lawrence)는 결혼지참금의 이자보다 이혼수당이 더 크기 때문에 17세기 말에 '법적 별거'가 매우 '빈번했다고' 주장한다.[73] 달리 말하면, 오늘날 영화배우들이 이혼수당 소송에서 주장하는 것처럼, 남성에게 올가미를 씌워 결혼한 다음 그를 참을 수 없게 만들어 이혼수당을 요구하는 것은 여성들에게 매혹적인 전략이었다. 롤린슨의 작품 〈톰 에센스〉(Tom Essense, 1677)에서 머니러브(Moneylove)가 별거를 위협하자, 그의 아내는 '여보, 초조해 하지 말아요, 당신의 약속이 유효하기 때문에 배당금은 반드시 지불하셔야 돼요. '교회재판소'(Prerogative Court)가 애인(gallant)과 함께 살기에 충분한 이혼수당과 법정 별거수당을 나에게 지불한다면, 당신은 이혼할 수 있어요'라고 응답했다. '잉글랜드에서 자유여성의 연애는 자유롭고, 별거는 그녀의 재산을 보존해 준다'는 말이 있을 정도였다.[74]

그러나 이러한 쾌활한 태도 — 아마 런던의 부유한 상인과 신사계층 아내들의 입장을 반영하는 — 는 많은 여성들의 어려움을 은폐시킨다. 이혼수당의 지불의사가 없는 배우자가 이혼수당을 정기적으로 지불할지 확신하기 어렵고, 또한 자녀의 문제도 있다. 다수의 가련한 아내들과 다

73) Lawrence, *Marriage*, 94.
74) Thompson, *Women*, 184, note 72.

수의 남편들은 자녀에게 우호적인 상태로 남아있을지라도, 둘 중 하나는 자녀를 '잃을' 가능성이 있다는 사실을 인식하였다. 유럽 전역에서 시행된 '후견'(*custody*)에 대한 조사에서 웨스터마르크(Westermarck)는 '잉글랜드에서는 법원에 많은 자유재량권이 주어져 있다'고 결론내렸다. 75) 원칙적으로 법정은 자녀의 복지문제에 관심을 갖고, 부모 중 한쪽을 후견인으로 결정할 것이다. 그러나 만일 어떤 여성이 다른 남자와 눈이 맞아 도망쳤다면, 그 여성에게 자녀들을 내맡기지 않는다. 메이틀랜드가 주장한 것처럼, 이전의 법률은 상속인이 분명한 경우를 제외하고는 자녀의 후견에 대한 권리를 아버지에게 넘겨주지 않았지만, 아버지의 그러한 권리는 다른 문제들과 마찬가지로 세월이 흐르면서 점점 커졌다. 76) 19세기 초엽의 관습법에 의하면, '아버지는 자녀가 21세가 될 때까지 자녀에 대한 후견을 합법적으로 부여받았다.' 아버지의 후견권은 '그 권리의 강제적 행사가 자녀에게 신체적 혹은 도덕적 해를 끼칠 경우엔' 상실된다. 77) 19세기 후반부터 현재까지 일련의 법령을 통하여 아내는 남편과 동등한 권리를 갖게 되었다. 결백한 쪽이 고통을 덜 받을 것이란 원칙에 따라 아내든 남편이든 간에 언제나 결백한 청원자에게 자녀의 후견인 자격을 부여했는데, 그래도 남편이 자녀들을 요구하고 획득할 위험은 상당히 컸다. 78) 자녀가 있는 여성의 별거는 위험한 비즈니스였다. 여성은 여전히 '결혼여성'이란 '포장된' 지위를 갖고 있었지만, 그녀의 생계는 불안정했고 자녀마저 빼앗길 수 있었다. 차라리 불만족스런 결혼생활을 지속하는 편이 더 나았다.

데이비드 흄은 기독교 사회가 직면한 딜레마를 잘 표현하고 있다. 한

---

75) Westermarck, *Marriage*, iii, 363.
76) Pollock and Maitland, ii, 444.
77) Bromley, *Family Law*, 268.
78) Geary, *Marriage*, 406.

336

편에는 결혼의 핵심, 즉 상호간의 사랑에 근거한 동료애와 존엄성이 사라졌을 때의 결혼은 더 이상 결혼이 아니라는 밀튼(Milton)의 견해가 있었다. 처음엔 서로에 대한 사랑으로 결혼생활을 시작했지만, 현재는 서로에 대한 증오 때문에 사실상 와해된 '결합'(union)을 폭력으로 유지하는 것보다 더 잔인한 것은 없다. 그러한 결혼은 최악의 감옥이다. 다른 한편에는, 이혼을 쉽게 허용하면, 세 가지의 결정적인 반대급부가 존재한다고 흄은 주장한다. 첫째, 자녀들은 어떻게 될 것인가? 둘째, 사람의 마음은 '당연히 사랑의 필요성에 굴복하는데, 그것을 만족시켜 줄 가능성이 전혀 없으면, 사랑은 곧 식어버린다.' 이혼을 불가능한 것으로 만들면 결혼은 전반적으로 더 행복해질 것이다. 셋째, 만일 우리가 사람들을 친밀하게 맺어주려면 우리는 그 결합을 '완벽한 전체'로 만들어야만 한다. 왜냐하면 '별거에 대한 관심을 최소화하면, 끊임없는 싸움과 의심의 근원은 최소화된다.' 따라서 결혼을 모든 인간관계들 가운데 가장 심오한 관계로 간주하는 사회는 반드시 그 대가를 치러야만 한다. 79)

잉글랜드는 '통제된 실험'(controlled experiment)을 수행하고 있다. 기독교적 방식이 도입되었고, 결혼은 평생 지속되는 것으로 간주되어 왔다. 오늘날에는 이혼과 재혼이 널리 시행되고 있다. 어느 것이 대가를 덜 치르는지를 산정하기란 어려운 일이다. 여기서 전적으로 강조할 수 있는 것은 맬서스 결혼 체제에 내재된 특징의 하나가 — 이것은 현재의 체제와 차별화되지만 — 수 세기 동안 결혼을 사실상 해체불가능한 것으로 만들었던 체제와 잘 부합한다는 사실이다. 결혼을 합법적으로 종결짓는 유일한 방식은 결혼이 결코 존재하지 않았다는 사실을 증명하는 것이었다. 이상적인 결혼은 평생 지속되어야 하며, 평생 지속되지 않는 결혼은 결혼이 아니라고 정의함으로써 그러한 긴장을 완화하였다.

79) Hume, *Essays*, 111~112(Essay xviii).

　　이혼 후 재혼에 대한 부정적인 태도와 여러 번 결혼하는 것에 대한 총체적인 금지 때문에 배우자 사후의 재혼도 금지되거나 강하게 단념시켰을 것이라고 생각된다. '안정된 농경사회'에서는 다양한 이유로 재혼에 반대하였다. 80) 또 한 번의 결혼은 경제적·사회적 상황을 복잡하게 만든다. 첫 번째 결혼을 통해 결합하였던 두 집단이 이제 제3의 집단으로 연결된다. 첫 결혼에서 태어난 자녀들은 다음 차례의 결혼에서 태어난 자녀들과 경쟁관계에 놓인다. 이러한 새로운 긴장과 갈등을 어떻게 해결해야 하는가? 한 가지 방법은 한 여성이 한 집단과 결혼하는 것이지 한 개인과 결혼하는 것은 아니라고 가정하는 것이다. 만일 그녀의 남편이 사망하면 죽은 남편과의 '결혼상태'가 지속되지만, 실제로 그녀와 더불어 자녀를 생산하는 사람은 죽은 남편의 형제이다. 이러한 '과부 물려받음'(*widow inheritance*) 혹은 '레비레이트혼'(*levirate*) 81) 은 널리 행해졌고, 조사된 부족들 중 3분의 1 이상이 이러한 제도를 시행하였다. 이런 결혼 형태는 과부와 그녀의 자녀들을 보호할 뿐 아니라, 재산과 친족동맹의 어려움을 해결해 준다. 82) 일단 결혼을 하면, 언제까지나 결혼을 한 것이다. 과부상태(*widowhood*)의 문제는 폐기된다. 결론적으로 에번스-프리처드(Evans-Prichard)는 누어족에게 과부의 재혼을 납득시키기가 매우 어렵다는 사실을 알았다. '과부 물려받음'은《구약성서》에서 발생했던 체제이고, 고대 인도에서도 발견되었다. 83) 친족이 과부를 받아들이지 않는 사회에서 과부의 지위는 종종 변칙적이고 때론 참을 수 없을 정도이다. 가장 극단적인 형태는 과거 인도에서 시행되던 **서티**(*suttee*)이

---

80) Davis, 'Fertility', 228.
81) (옮긴이) 성서에서 레비레이트혼은 남편이 죽고 그 처에게 자녀가 없을 때 그 처를 남편의 형제 혹은 근친자가 아내로 삼아야 한다는 옛 유대의 관습.
82) Lowie, *Primitive Society*, 30; Leinhardt, *Social Anthropology*, 111; Westermarck, *Marriage*, iii, 216ff.
83) Evans-Pritchard, *Nuer Kinship*, 112; Maine, *Early Law*, 100ff.

다. 서티는 죽은 남편을 화장하면서 살아있는 아내도 함께 화장하는 풍
습이다.

만일 배우자 사후의 재혼에 반대하는 압력이 있다면 이것은 사회의 인
구학적 패턴에 영향을 미친다. (옮긴이: 그 당시) 잉글랜드의 사망률은
오늘날의 사망률보다 훨씬 높았다. 특히 출산시 여성의 사망률은 매우
높았다. 20대 중반에 결혼했던 여성들 가운데 약 절반이 60세 이전에 홀
로 되었다.[84] 만일 재혼이 금지되었다면 수많은 과부와 홀아비가 양산
되었을 것이고, 이들은 '재생산 풀'(reproductive pool)에서 제외되었을 것
이다. 다른 한편, 만일 재혼이 허용되고 격려되었다면 결혼했던 사람들
의 상당수가 초혼 관계의 결합에 있지 않았을 것이다.

우리는 과거 재혼에 대한 부정적 태도의 단서들을 발견할 수 있다. 타
키투스(Tacitus)[85]가 서술했던 일부 게르만족들 가운데는 과부의 재혼
에 법적 금지는 없었지만 대중적인 혐오가 있었던 것처럼 보이는데, 이
러한 전통은 기독교 내에서도 지속되었다. 바이브즈(Vives)는 결혼에
관한 그의 논문에서 재혼을 금하지 않았지만 사람들에게 재혼하지 말 것
을 권고하고 있다.[86] 앞에서 살펴보았듯이, 배우자 사후의 재혼은 전문
용어로 '이중결혼'(bigamy)라고 부른다. 즉 과부나 홀아비의 결혼은 '이
중결혼'이다. 재혼한 사람에게는 '성직자의 결혼승인'(benefit of clergy) —
나중에 복원되지만 — 을 박탈하는 시대도 있었다.[87] 또한 대중의 반감
에 대한 암시도 있는데, 거기에는 세 가지 주된 근거가 있는 것처럼 보
인다. 첫째, 첫 번째 배우자가 사망했을지라도 재혼에는 간통 혹은 다른

---

84) 인도는 Myrdal, *Asian Drama*, ii, 1438; 귀족은 Glass, *Population*에 있는
  Hollingsworth의 논문, 특히 369쪽; 프랑스는 Goubert, *Beauvais*, 37~38.
85) (옮긴이) 타키투스(Publius Cornelius Tacitus, 55?~117?): 로마의 역사가.
86) Howard, *Matrimonial Institutions*, i, 277.
87) *Oxford English Dictionary and Coke, Institutes*, 3rd, s. v. 'Polygamy', and
  Burn, *Ecclesiastical Law*, s. v. 'Bigamy'.

배우자와 불륜의 요소가 있다고 생각되었다. 재혼에는 무언가 외설스러운 요소가 있었다. 그래서 코베트(Cobbett)는 특히 여성의 재혼에 반대하였다. 여성의 두 번째 결혼은 남성의 두 번째 결혼보다 더 저속한 짓이며, 재혼여성은 우아함과 고상함을 결여하고 있다고 생각하였다. 그는 재혼에 관한 모든 실제적인 근거들이 일고의 가치도 없는 것이라고 생각하였다. 88)

여성의 자궁이 진흙 주형틀과 비슷하다고 믿는 사람들도 있었다. 여성의 자궁은 첫 번째 아이에 의해 형성되기 때문에, 다음 자녀들은 첫 번째 자녀의 흔적을 지닌다는 것이다. 이러한 '감응유전'(*telegony*) 이론은 잉글랜드의 저명한 의사 윌리엄 하비(Harvey)에 의해 받아들여졌다. 존 오브리(Aubrey)는 자신의 견해를 다음과 같이 밝혔다.

> 과부와 결혼하는 남성은 자신을 부정한 아내의 '서방'(*Cuckold*)으로 만든다. 예컨대 만약 어느 '혈통 좋은 암캐'(*good Bitch*)가 '잡종개'(*Cur*)와 첫 번째 짝짓기를 했다면, 다음에 혈통 좋은 수캐와 짝짓기를 한다해도, 암캐의 자궁이 일차적으로 잡종개로 인하여 감염되었기 때문에 계속 잡종개를 낳게 된다. 그러므로 자녀들은 첫 번째 남편을 닮을 것이다. 따라서 간부는 법적인 범죄자이지만, 자녀를 (옮긴이: 간부) 남편과 같게 만든다. 89)

그러나 나는 이러한 견해를 주장하는 사람들을 본 적이 없다.

두 번째 반대는 재혼으로 고통받는 사람들, 특히 자신의 유산 일부를 잃고 계부모에게 고통당하는 사람들에 의해 제기된다. 다수의 일기와 자서전은 부모 한쪽이 재혼을 고려할 때 자녀들이 겪는 괴로움과 불안감을 잘 보여준다. 90) 양부모들 자신, 계부모과 자녀들, 그리고 이복 형제

---

88) Cobbett, *Advice*, 207.
89) Aubrey, *Brief Lives*, 213.

340

자매들이 겪는 어려움은 무척이나 심각했다. 흄은 어머니의 재혼이 아버지의 재혼보다 왜 훨씬 더 치명적인지에 관해 숙고하였다. 그 까닭은 재혼한 아내가 자신의 충성심을 전남편의 자녀들과 새로운 관계들 사이에서 나누어야 한다는 사실에 부분적으로 기인한다.[91] 《인간의 새롭고 전체적인 의무》(*The New Whole Duty of Man*)에서 자녀들이 부모를 상대로 왜 소송을 제기할 수 있는지 설명하면서 주장했던 바와 같이, '새로운 애정이 끼어들면 미래에 대한 전망이 불투명해지고, 새 아내는 자신이 선택한 새로운 관계에 받아들여지기 위해 자신의 모든 혜택을 가져가기 때문에, 대개 자신의 자녀들과 이전 사랑을 잊어버린다.'[92] 이런 이유로, 토머스 오버베리(Overbury)가 주장했듯이 정숙한 과부는 재혼하지 않을 것이다. 왜냐하면 그녀는 자녀출산을 위해 결혼하였고, 그 자녀들을 위해 더 이상 결혼하지 않을 것이기 때문이다. 브램스톤(Bramston)은 자신의 자녀들이 성장할 때까지 재혼을 기다렸다.[93] 다른 사람들에게는 어릴 적에 집을 떠나는 서번트 제도가 (옮긴이: 재혼이 갖는) 이러한 어려움을 재고할 기회를 주었고, 안전밸브의 역할도 해주었다.

재혼에 대한 세 번째 압력은 여성의 권리와 경제적 지위와 관련된 것이다. 결혼계약 또는 관습법에 의해 자유보유 재산의 과부산으로 일평생 보장받은 여성의 '과부급여'(*jointure*)[94]가 결혼에 영향을 주었던 것처럼 보이지는 않는다. 그러나 어떤 영지에서는 재혼이나 간통을 범한 여

90) E. g. Bourcier, *D'Ewes Diary*, 65, 121; Halliwell, *D'Ewes Autobiography*, i, 134; Brady, *Bosweel in Search*, 240ff; Gunther, *Diary of Ashmole*, 31; e. g. Hutchinson, *Memoirs*, i, 76.
91) Hume, *Treatise*, 355.
92) *The New Whole Duty*, 203.
93) Morley, *Character Writing*, 81; cf. also *Letters of Harley*, 117; Bramston, *Autobiography*, 34.
94) (옮긴이) 남편 사후 아내의 소유가 되도록 법으로 규정된 토지 재산.

성의 경우, 사망한 남편의 토지에 대한 관습법상 권리를 상실할 수 있었다. 이러한 권리는 그녀가 정숙한 과부로 지내는 동안만 인정되었다. 95) 그러므로 재혼은 여성에게 경제적 혜택을 가져다 줄 수 없다. 남편의 많은 재산을 물려받고, 남편의 지배에서 벗어난 일부 과부들은 참으로 즐거움을 만끽했을 것이다.

그러나 우리의 기대와는 정반대로 14세기부터 19세기까지의 시기에는 재혼을 허용하거나, 심지어 격려하였던 사회였다는 인상이 짙다. 이러한 '연속 복혼'(serial polygamy) — 그것이 야기하는 가족 내부의 많은 어려움에도 불구하고 — 은 맬서스 혼인 기반의 주된 특징이다.

높은 사망률은 몇몇 극단적인 사례들을 야기할 수 있다. 예컨대, 25번 결혼한 네덜란드(Dutch) 여성, 여덟 번 아내의 장례를 치른 에식스(Essex)의 남성, 그리고 사람들에게 14번째 혹은 15번째 아내를 얻게 만들었던 에식스 늪지의 열병에 대한 데포(Defoe)의 유명한 이야기 등이다. 96) 조슬린은 지적하기를, 어떤 상습자는 여섯 명의 아내와 32명의 자녀를 두었다는 것이다. 어떤 성직자는 작은 마을에 '4명의 아내를 둔 사람이 4명, 5명의 아내를 둔 사람이 1명 있다'고 지적하였다. 97) 남자들만 여러 차례 결혼했던 것은 아니다. 재혼을 계속 반복했던 여성의 사례도 많다. 다섯 번 결혼했던 바스(Bath) 98)의 유명한 과부와, 신은 우리에게 부모를 떠나 결혼하라고 조언했지만 '중혼 또는 8중혼에 대해서 신은 한 번도 언급하지 않았다'는 그녀의 소견에서부터, 26세가 되기 전 세 번이나 결혼했던 마가렛 호비(Hoby) 여사, 8명의 남편들보다 더 오래

---

95) E. P. Thompson in Goody, *Family and Inheritance*, 351ff; Campbell, *English Yeoman*, 128.

96) Bray, *Evelyn Diary*, 19; Moryson, *Itinerary*, iii, 437; Defoe, *Tour*, 55.

97) Macfarlane, *Josselin Diary*, 9 November 1644; Gill, *Rector's Book*, 88.

98) (옮긴이) 잉글랜드 Avon 주의 온천 도시.

살았고 아홉 번째 남편에 의해 장례가 치러졌던 여성에 이르기까지. 여러 명의 남편들보다 장수했던 어떤 여성은 자주 홀아비와 결혼해야만 했다. 99) 그것으로 인해 파생되는 친족 관계는 오늘날 널리 퍼진 이혼에서처럼, 매우 복잡했을 것이다.

재혼의 수치는 1688년 클레이워스(Clayworth)의 교구목록이 잘 보여준다. 기록에 의하면, 그 시기 마을의 72명의 남편 중 21명이 두 번 이상 결혼하였고, 그중 한 명은 다섯 차례나 결혼하였다. 72명의 부인 중, 9명은 이전에 결혼경험이 있었다. 100) 거프(Gough)는 마이들(Myddle)에서도 상당히 많은 재혼이 시행되었다고 기술하였다. 101) 재혼이 잉글랜드에서 오래전에 확립된 패턴이라는 사실은 중세 기록에서 엿볼 수 있고, 블로흐(Bloch)는 11세기부터 20세기까지 잉글랜드에서 재혼은 '거의 보편적'이었다고 주장한다. 102)

널리 시행된 재혼의 여러 특징들은 우리에게 뜻밖의 충격을 안겨준다. 첫째는 그것이 발생했던 속도이다 — 비록 여성에게는 약간의 제약이 있었지만. 로마법에 의하면, 남편이 사망한 그 해에는 재혼이 금지되었다. 그 까닭은 두 가지인데, 부권의 불확실성을 방지하기 위해서였고, 사망한 남편을 추모하는 경건한 애도와 종교적 동기가 아내에게 기대되기 때문이다. 103) 그러나 남편이 사망한 해의 재혼은 잉글랜드의 관습법이나 교회법이 금지했던 것은 아니었기 때문에 강제력은 없었다. 사람들은 지나치게 빠른 재혼을 허용하지 않았지만 — 조슬린이 단지 네 달 후에 재혼했던 것처럼, 훼이틀리(Whateley)는 당대 사람들이 한 달 만에 장

99) Pollard, *Chaucer Works*, 155; Muncy, *Parish Registers*, 85; Meads, *Hoby Diary*, 10.
100) Laslett, *Lost World*, 104쪽에 요약되어 있다.
101) Gough, *Myddle*, e.g. 49~50; Hair, 'Bridal Pregnancy',
102) Titow, 'Differences', 7; Bennett, *Pastons*, 35; Bloch, *Feudal*, i, 136.
103) Burn, *Ecclesiastical Law*, ii, 416.

례 치르고 결혼하는 것을 비판하였다 ―, 대다수 사람들의 기다림의 기간은 무척이나 짧았다.

일부 극단적인 사례들도 발견되었다. 10월 28일에 아내를 장사 지낸 남편이 11월 5일에 재혼하였다. 또 아내에게 매년 500파운드의 토지수익을 남긴 한 신사는 일주일 전 아내와 함께 런던에 갔다가 저녁 8시경 사망했는데, 그 다음날 12시가 되기도 전에 그의 아내는 문상 온 포목상과 결혼하였다. 104) 그러나 이러한 것은 예외적이었다. 얼스 콜튼의 연구에 따르면, 사별한 남성이 여성보다 재혼을 더 빨리 그리고 더 자주 하는데, 이러한 패턴은 1580~1740년의 시간 동안 큰 변동이 없었다. 결혼했던 여성 중 13.5%가 과부가 되었고, 결혼했던 남성 중 19%가 홀아비가 되었다. 재혼했던 사람들 중, 남성은 60%가 1년 이내에 재혼했던 반면, 여성은 14%만이 재혼하였다. 배우자가 사망한 해에 재혼한 경우, 남성은 평균 5개월을 기다린 반면, 여성은 평균 8개월을 기다렸다. 78명의 남성 중 9명은 3개월 만에 재혼했고, 36명의 여성 중 남편의 사망 후 6개월 이내에 결혼한 사람은 아무도 없었다. 어린 자녀들이 딸린 경우 재혼에 어떤 영향을 미치는지 우리는 의아해 할 것이다. 남성의 경우, 자녀유무에 따라 재혼의 속도에 약간의 차이가 있었다. 여성의 경우, 1년 이내에 재혼했던 여성 중 자녀가 딸린 사람은 아무도 없었지만, 오랜 기간이 지난 후 재혼했던 여성 중 반은 자녀가 있었다. 아무튼 어린 자녀는 재혼의 방해물이었고, 이것은 홀로된 여성이 자신과 자녀들을 어떻게 부양했는지에 대한 질문을 제기한다.

이토록 빈번하고 급속히 이루어진 재혼은 분명 널리 퍼져있는 재혼에 대한 관용 혹은 재혼에 대한 사람들의 열망을 보여준다. 15세기의 이탈리아 여행객이 지적했듯이, 비록 배우자끼리의 연령, 계층 그리고 재산

---

104) Macfarlane, *Josselin Diary*, 15 January 1657; Whateley, *Care-Cloth*, 50.

이 서로 걸맞지 않을지라도 과부 여성이 매번 다시 결혼하는 것을 불명예로 여기지 않았다. 105) 설교자들은 때때로 재혼을 비난하지만, 106) 일반 대중들은 재혼에 적대감을 거의 보이지 않았다. 16세기와 17세기에 사람들은 점성가를 찾아가 자신이 남편을 몇 명이나 얻을 것인지 물었다. 107) 하지만 재혼에는 양면성이 있었다. 한편으로는 일부 사람들이 너무 많은 배우자를 취한다고 느끼는 미혼자 집단이 있었고, 다른 한편으로는 이전 결혼에서 출생한 자녀들에 대해 동정하는 사람들이 있었다. 이러한 양면성은 대중적 비난의 형태로 표출되었다. 유럽에서 '거친 음악'이나 '소란한 장단치기'(charivary)는 재혼한 사람들을 비난하기 위해 자주 연주되었다. 그러나 잉글랜드에서는 '거친 음악'의 연주사례가 거의 없었고, 있다 해도 재혼자들을 겨냥한 것은 아니었다. 이것은 흥미로운 누락이다. 티토우(Titow)가 보여준 것처럼, 실제로 잉글랜드엔 매우 일찍부터 거의 제도화된 재혼 패턴이 있었다. 나이 많은 여성은 젊은 남성과 결혼하려고 할 것이고, 그 남성은 노년에 젊은 여성과 결혼하게 될 것이다. 108) 부유한 과부들은 이런 패턴을 열광적으로 추구하였다.

과부와의 결혼이 가져오는 여러 혜택에 대한 농담, 격언 그리고 충고들이 전통적으로 이어져왔다. 랄프 로이스터 도이스터(Doister)가 말했듯이, '그녀는 과부인가? 그러면 나는 그녀를 더 사랑할 거야.' 과부가 될 때마다 여성의 가치는 더욱 상승한다. '부유한 과부는 재판, 삼판의 책과 다르지 않아 … 항상 수정 보완되어 출판된다.'109) 그리하여 어떤 미혼 남성은 자신이 왜 처녀보다 과부와 결혼하려는지 설명하였다. 그녀가 부

---

105) Sneyd, *Relation*, 27.

106) Latham, *Pepys*, i, 60.

107) Thomas, *Religion*, 283.

108) Ingram, 'Ridings', passim., 특히 86~87, 90~92; Titow, 'Differences' passim.

109) Gassner, *Medieval Drama*, 272; *Characters*, 177.

유하기 때문이 아니라 경험으로부터 유래하는 기혼녀의 정숙함 때문에
자신은 그녀에게 구혼한다는 것이다. '그녀는 남자의 덕목을 잘 파악할
뿐 아니라 나의 소득을 절약해 줄 것이다.'110) 당시에 유행하던 농담처
럼, '과부와의 결혼은 기품 있는 것인데, 왜냐하면 '감정인'(taster)을 소
유하는 것이기 때문이다.' 이와 유사한 문헌이 홀아비와 관련해서는 존
재하지 않는데, 홀아비들은 덜 매력적이었기 때문이다. '홀아비는 중고
책과 같고, 반값도 안 된다.'111) 배우자 선택에 관하여 남성과 여성에게
가해졌던 사회적 압력은 세월이 흐르면서 점차 줄어든다. 재산을 소유한
과부는 부모나 친족의 공식적 압력을 받을 가능성이 적었다 — 비록 신사
계층이나 그 이상의 상류층에게 해당되는 사실은 아니지만 말이다. 112)
부모의 동의는 여전히 바람직한 것이었지만, 필수적인 것이 아님은 확실
하였다. 113) 재혼 이상에서는 파트너들 스스로 결정했다. 이런 사실은
친구나 주변 사람들이 결혼이나 독신 여부를 설득하지 않았다는 것을 의
미하지 않는다. 베너블즈(Venables) 부인과 같은 과부는 친구들의 압력
과 상관없이, '나의 여건을 바꿀 의사가 전혀 없다'고 말했다. 친구들이
외로운 홀아비에게 과부와의 재혼을 자주 격려하곤 했지만, 선택은 주로
개인 자신의 몫이었다.

상당한 부가 결혼을 통하여 한 집단에서 다른 집단으로 이전되는 사회
에서 아내의 재혼 선택은 제한될 가능성이 있다. 그녀는 남편의 친족집
단에 속하는 사람과 결혼하거나 결합될 것이다. 114) 만일 그녀가 죽으면
그녀의 자매로 대치될 수 있다. 잉글랜드에서 친족 간의 재혼이 선호되

---

110) Furnivall, *Tell-Trothes*, 63; 과부와의 결혼에 대한 또 다른 충고는 Rollins,
  Pepysian Garland, 229~232.

111) Fleming, 'Notebook', fol. 29v; *Characters*, 190.

112) E. g. Bramston, *Autobiography*, 18~19.

113) *Diary of Venables*, 23; Hutchinson, *Memoirs*, i, 15.

114) Murdock, *Social Structure*, 270.

거나 강제되었다는 증거는 없다. 헨리 워튼(Wotton) 경의 아버지는 친족 여성과의 재혼을 분명히 원치 않았고, 자녀가 있거나 법정소송에 휘말린 여성과의 재혼도 피하고자 하였다. 사랑에 빠진 워튼 경의 아버지는 훌륭한 조언들을 모두 무시한 채, 앞서 열거한 특성을 모두 갖춘 여성과 결혼하였다.[115] 남성이 언급하는 재혼의 동기는 수없이 많은데, 서번트에게 기만당하지 않기 위한 멋진 가정부의 필요성, 외로움, 자신에게 익숙한 우정이나 동료애 등이 포함된다.[116] 남성과 여성은 결혼 상태에 익숙해져 있었고, 그것을 좋아했거나 필요로 했기 때문에 재혼을 시도했던 것처럼 보인다. 일부 남성들과 여성들은 결혼생활에서 해방되어 몹시 행복하고 자유스러웠지만, 대부분 사람들은 가계를 꾸리고, 생활비를 벌어들이며, 자녀를 양육하는 일에 버거움을 느꼈다.

오늘날보다 배우자의 사망으로 해체되는 결혼이 더 많았고, 또 다수의 사람들이 배우자 사망 이후 곧 재혼했던 패턴은 결혼관계의 속성에 영향을 미치거나 혹은 그 속성을 가리킨다고 생각된다. 만약 어떤 결혼이 비교적 취약하고 배우자가 자주 바뀐다면, 이것은 당사자 서로에 대한 감정의 깊이 수준을 말해주는 것은 아닐까? 문제는 복잡한데, 왜냐하면 신속한 재혼은 두 가지 방식 — 애정 결핍의 증거이거나 혹은 그 반대 — 으로 해석될 수 있기 때문이다. 당대의 자서전들과 충고들은 후자의 해석이 더 정확하다는 사실을 함축한다. 존슨 박사가 말했듯이, '재혼하는 남성은 자신의 결혼생활이 매력적이었다는 사실을 보여줌으로써, 첫 번째 부인에게 최고의 경의를 표한다. 또는 어느 홀아비가 150년 전에 말했듯이, 나의 연인을 사랑하면서 동거하는 것은 … 나의 전 연인을 무척 좋아하는 것과 같고, 나의 이전 행운이 그와 비슷한 행운을 가져올 것

---

115) Wotton, *Reliquiae*, sig. b4.
116) Wright, *Autobiography*, 144; Turner, *Diary*, 50ff; Fishwick, *Thomas Jolly*, 109; Thale, *Place Autobiography*, 254~258.

이라고 확신하는 것과 같다.'117) 어떤 남성은 첫 아내의 죽음을 몹시 애
도했는데, 오랫동안 깊은 슬픔에 잠김으로써 그의 마음은 두 번째 사랑
을 시작할 수 있도록 부드러워져 있었다. 어떤 남성의 경우, 사랑하는
아내와의 사별 후 6개월 이내에 결혼하는 것도 가능했다. 하지만 어떤
사람들은 그 기간이 두 번째 결혼을 상상하기에 너무 지루하다고 느꼈
다. 하지만 사람들이 재혼하기에 편리하다고 느끼는 기간은 매우 다양
했다. 118)

친구들은 비탄에 빠진 배우자가 재혼에 대해 느끼는 반감을 극복하도
록 돕는 것이 자신들의 의무라고 생각하였다. 과부에게 재혼을 충고했
던 전형적인 편지에서, 글쓴이는 남편의 사망으로 슬픈 고통을 함께 나
눈 까닭에 재혼 이야기를 꺼낼 수조차 없었다고 말했다. 그러나 이제 글
쓴이는 친구의 재산을 위해 재혼할 것을 강력히 충고하였고, 독신으로
사는 것이 그녀를 사랑했던 전남편의 영혼에 도움이 되는지 생각해 보라
고 질문하였다. 119) 참으로 옛 사랑과 재혼 사이에 모순이 없다120) — 죽
은 배우자는 아마도 자신의 배우자에게 재혼할 것을 간곡히 충고할 것이
다 — 고 생각하는 사람은 단지 친구만이 아니었다. 월터 롤리 (Raleigh)
는 사형당하기 직전, 자신의 아내에게 다음과 같이 유언하였다. '당신은
아직 젊으니 결혼하지 않겠다는 생각은 그만두오. 당신의 재혼은 나에
게 아무 것도 아니고, 당신은 더 이상 내 사람이 아니고 나도 당신의 사
람이 아니오 … 인생을 즐기기 위해서가 아니라 가난에서 벗어나고 당신
의 자녀를 돌보기 위해 결혼하기 바라오.' 올리버 헤이우드 (Heywood) 와

117) Brady, *Boswell in Search*, 332; Furnivall, *Tell-Trothes*, 57.
118) Hutchinson, *Memoirs*, i, 61; Hodgson, 'Diary of Sanderson', 37~38; Holles, *Memorials*, 195.
119) Day, *Secretorie*, 122, 124.
120) Hadow, *Sir Walter Raleigh*, 177~178.

348

그의 아내는 서로 깊이 사랑했고, 그는 그녀의 죽음을 몹시 슬퍼하였다. 그러나 병석의 아내는 그가 이전처럼 하느님을 모실 것을 소망하면서 그의 재혼을 언급하였고, 신이 그에게 좋은 배필을 다시 마련해 주실 것이라고 말했다. '그녀는 나에게 신붓감의 자질뿐 아니라 구체적인 사람들도 언급했는데, 나에게 적합하고 나의 자녀들에게 도움이 될 만한 사람들이었다.' 오늘날의 결혼은 별거와 이혼으로 말미암아 깨지기 쉬운 반면, 배우자의 사망으로 인해 깨지기 쉬웠던 과거와 마찬가지로, 우리는 여전히 희망을 가지고 결혼에 진입하고 우리의 결혼은 애정에 근거한다. 우리는 이러한 인구학적 취약성으로부터 그 어떤 것도 자동적으로 추론할 수 없다.

여기에 결혼이 단 한 사람과 일생동안, 그러나 살아있는 동안에만 지속되는 패턴이 있다. 마지막 원칙을 간단히 언급하자면, 그 원칙은 우리가 출발했던 정의 — 즉, 결혼은 다른 모든 사람을 배제한다는 — 에 함축되어 있다. 특정인을 배제하거나 소유하는 결혼의 특징을 우리는 당연시하는 경향이 있다. 그러나 단혼제의 대안으로 축첩이나 간통과 같은 관습이 당연히 존재해왔다. 오늘날의 결혼이 이렇게 배타적이 아닌 것만은 확실하다. 1950년대조차, 미국 기혼 백인남성의 반이 간통 경험이 있었고, 오늘날에는 그 숫자가 훨씬 증가 했을 것이다.[121] 그러므로 잉글랜드 역사에서 그 비율과 태도가 어떠했는지 궁금하다.

축첩은 인간사회에 널리 퍼진 관습이지만,[122] 잉글랜드에서는 찰스 II세[123]와 같은 몇몇 혐오사례들을 제외하고는 축첩의 증거가 거의 없다. 몬태귀(Montagu) 여사가 비엔나(Vienna)를 방문했을 때, 모든 여성들이 두 명의 남편을 갖는 것 — 한 명은 여성에게 '성'(name)만 제공하

---

121) Kinsey, *Human Male*, 585.
122) 참조, Goody, *Production*의 'Concubines and co-wives'.
123) (옮긴이) 잉글랜드 스튜어트 왕조의 제3대 왕(재위기간 1660~1685).

고, 다른 한 명은 남편의 의무를 수행한다 — 이 기존의 관습이라는 사실을 발견하고 매우 놀랐다. 124) 잉글랜드에서의 결혼은 배우자 이외의 모든 사람을 배제한다. 영구적인 밀애가 격려되지 않았음은 물론, 일시적 불륜도 금지되었다.

케임즈 경은 간통에 대한 태도와 처벌이 사회마다 달랐다는 사실을 지적하였다. '아내를 구입하고 복혼제가 시행해지는 사회에서는 간통을 남편의 범죄로 인식하는 경우는 드물다. 아내를 여럿 거느리는 사회에서는 간통을 경범죄로 보는 것이 건전한 상식이었다.'125) 이와는 반대로 '한 쌍의 남녀로 이루어진 단혼제는 상호간의 안락과 자녀생산을 위해 가장 엄격한 정절을 암암리에 요구하였다.' 현대의 인류학적 연구는 간통에 대한 비난이 전무했던 남인도의 '토다스'(Todas) 사회로부터 극형에 처해졌던 사회에 이르기까지 간통에 대한 태도가 다양했음을 보여주는 케임즈의 주장을 지지한다. 126)

부부간의 유대감을 극단적으로 강조하는 것과 병행하여 그 유대감을 위협하는 간통은 게르만족 역사를 최초로 기술했던 타키투스(Tacitus) 시대부터 19세기까지 심각한 도덕적 범죄였다. 127) 간통의 증거는 별거의 근거가 되었고, 16세기부터 18세기까지 잉글랜드 전역에서 시행되었던 풍습, 즉 기만당한 남편의 집에 부정한 아내의 정부의 '코'(horn)를 매다는 풍습은 간통을 공개적으로 처벌했다는 사실을 분명히 보여준다. 128) 간통한 사람을 교수형에 처하거나 간통한 자의 눈을 뽑는 등의

---

124) Wharncliffe, *Letters of Montagu*, i, 296.

125) Kames, *Sketches*, ii, 45.

126) W. H. Rivers in Hoebel, *Primitive World*, 219; Evans-Pitchard, *Nuer Kinship*, 120; Murdock, *Social Structure*, 270; Westermarck, *Moral Ideas*, ii, ch. xlii.

127) Tacitus, *Germania*, 117.

128) ERO, Q/SR/88, 71, 84; D/AEA/28, fol. 32v.

엄격한 처벌의 요구가 빈번히 제기되었다. 129) 17세기라는 제한된 기간 동안 간통은 사실 최악의 범죄였다.

하지만 초서(Chaucer) 이후 거의 전 시기에 간통에 대한 처벌은 놀라울 정도로 가벼웠다. 당대인들은 '쌍방(double) 간통'과 '일방(single) 간통'을 구분하였다. 쌍방 간통에서의 범죄자는 모두 기혼자이지만, 부부는 아니었다. 일방 간통에서는 둘 중 한 명만 기혼자였다. 또 미혼여성이 임신하여 자녀를 출산한 경우와 자녀를 출산하지 않는 경우로 세분되었다. 교회법정과 지역문서를 분석해 보면, 간통죄는 전반적으로 매우 가볍게 취급되었다는 것을 알 수 있다. '간통'(adultery)과 미혼자들 간의 성관계를 확실히 구분하지 않았던 고소장에도 애매한 점이 있었다. 흔히 이 두 가지 모두를 '간음'(fornication) 또는 다른 용어로 지칭하였다. 친족이나 이웃들로부터 비공식적으로 신체적 공격을 했다는 증거는 없다. 130) 당대인들이 관찰했던 바와 같이, 앵글로색슨 시대부터 잉글랜드는 간통에 대해서 이상할 정도로 관대한 태도를 보였다. 131) 흔히 다른 나라에서는 사형이나 낙인이 찍히는 처벌을 받았지만 잉글랜드에서는 신에 대한 도덕적 범죄로 간주되어 교회법정에서 처리되었다. 대개의 경우, 처벌이란 대중 앞에서의 자백과 굴욕이지만, 돈만 주면 이러한 처벌도 피할 수 있었다. 하지만 미혼여성이 간통하여 아이를 낳으면 시민법정이 처리하였다. 아버지로 추정되는 사람이 발견되면 그는 자녀를 부양할 책무가 있었다. 산모는 길거리에서 반쯤 옷이 벗겨진 채 채찍질 당한 다음 일 년 동안 '교정원'(house of correction)에 감금되었다. 그녀의

---

129) *Sermons or Homilies*, 11th Homily, 12; Landsdowne, *Petty Papers*, ii, 213.
130) Macfarlane, 'Marital Relationships', 126~129.
131) Lancaster, 'Kinship', i, 246; Moryson, *Itinerary*, iv, 291; *The New Whole Duty*, 225~226.

주된 범죄는 사생아 양육비용을 이웃에게 부담시켜 교구에 폐해를 끼쳤다는 것이다. 여기에 이중 기준이 있었다.

강력한 유죄판결이 온건한 제재, 그리고 일반대중의 범죄에 대한 무관심과 결합되면서 대부분의 사회에서 간통은 흔한 일이었다. 물론 이것이 확실한지는 알 수 없다. 왜냐하면 교회법정에 제시된 다수의 사례들은 실제 사례들에서의 극히 일부분이기 때문이다. 그러나 이러한 사례들조차 간통이 상당히 널리 행해졌고, 관대하게 받아들여졌음을 보여준다. 예컨대, 얼스 콜른에서는 3년 동안 10명이 간통혐의로 제소되었다.[132] 조슬린 목사는 간통이 자신의 교구에서는 매우 흔한 일이었으며, '매춘'(Whoredom)에 반대했던 《설교집》(Homily)은 '오늘날 간통은 모든 악덕 위에 군림한다'고 주장하였다.[133] 이러한 주장을 보면 이전의 전통이 지속되는 것처럼 보이는데,[134] 잉글랜드는 간통으로 악명 높은 나라이기 때문이다. 15세기의 시인 호클리브(Hoccleve)는 간통죄를 잉글랜드보다 더 옹호해 줄 수 있는 최악의 나라는 없다고 주장하였다. 18세기 초엽, 한 스코틀랜드 여성은 버트(Burt)에게 이렇게 말했다. '잉글랜드에서는 결혼 전에 좀처럼 자유가 없지만, 결혼 후에는 자유가 많다. 반면 스코틀랜드 여성은 독신일 때 '과실'(Trip)을 범하지만, 그 후에는 거의 범할 수 없다.'[135]

간통에 대한 빈도와 아량은 17세기의 수많은 일기들, 특히 페피스(Pepys) 일기가 잘 보여준다. 간통은 종종 농담처럼 들리기도 했다. 한 시골 남성이 자신의 아내에게 들려준 농담이 하나 있다. '모든 정부를 강

---

132) 참조, Macfarlane, 'Historical Anthropology', 16~17.
133) Macfarlane, *Josselin Diary*, 1 March 1668; *Sermons or Homilies*, 11th homily, 5.
134) Britton, *Community of Vill*, 34; Du Boulay, *Ambition*, 104.
135) Hoccleve, *Works*, iii, 64; *Burt's Letters*, i, 107.

352

에 집어던진다는 법률이 공표될 거야.''(아내가 말하기를) 여보, 당신 수영할 수 있어?'136) 목사님에겐 아내가 있지 않느냐고 질책하는 어떤 여성과 키스했던 교구목사도 있었다. 그는 '목초지를 바꾸어주면 송아지가 살찌고, 약간의 외도는 집에만 갇혀있는 송아지 두 마리보다 더 가치가 있다'고 둘러댔다. 자신이 저지른 행동을 정당화하려는 말일 것이다. 그리하여 1588년 에식스(Essex) 지방의 교회법 사례를 보면, 간통으로 고소된 한 남성은 '남편이 잠든 경우, 그 아내와 성관계를 갖는 것이 양심에 거리끼지 않는다면 죄가 되지 않는다'고 말했다. 그는 예언자 다윗과 성서에서 인용했다고 말한다. 137)

잉글랜드법에 의하면, 결혼생활에서 태어난 모든 자녀는 자동적으로 그 부부의 합법적인 자녀가 된다 — 그 자녀들이 다른 아버지로부터 태어났음을 모든 사람들이 알지라도. 138) 적자에 대한 이러한 개념이 널리 퍼진 곳이라면, 간통에 대한 태도가 너그러움을 알 수 있다. 왜냐하면 사람들은 아버지가 누구든지 간에 자녀생산에 최대 관심을 갖기 때문이다. 예컨대, '누어(Nuer) 족은 생물학적 아버지에게 커다란 의미를 부여하지 않았다. 남성들은 자신에게서 태어난 아들을 선호했지만, 다른 남자에게서 태어난 자녀의 양육을 수치로 여기지 않았다.'139) 잉글랜드에서는 간통을 절도행위의 한 형태로 보았다. 특히 결혼배우자만이 누릴 수 있는 성적인 혜택과 반려자로서의 혜택에 대한 배타적이고 독점적인 권리를 훔쳤다고 보았다. 《인간의 새로운 전체적 의무》(The Whole Duty of Man) 는 '한 남성의 부인을 타락시키는 것, 그녀를 낯선 침대로 유혹하는 것은 일반 절도행위와 비교할 수 없는 최악의 도둑질'이라고 진술했

---

136) Fleming, 'Notebook', fol. 19.
137) ERO, D/ABD/7, fol. 127v; D/AZ/1/9; D/ACA/16. fol. 64v.
138) Lawrence, *Marriage*, 72~73.
139) Evans-Pritchard, *Nuer Kinship*, 120.

다. 140) 이것은 결혼이란 본질적으로 부부간의 육체적 그리고 정서적 관계라는 사실을 보여준다. 간통은 결혼의 이러한 본질을 훼손시키고, 아이를 임신한 경우에는 상황을 더욱 악화시켰다. 반면 누어족은 형벌을 경감해 주었다.

이러한 사고방식은 널리 알려진 '이중 기준', 즉 여성의 간통을 남성의 간통보다 더 나쁜 것으로 간주하는 관습을 설명해 준다. 이러한 주장이 간략히 담겨 있는 18세기의 진술을 살펴보자. '남성이 아무리 많은 아이를 임신시킨다 해도 여성은 자신의 자식을 확실히 알고 있다. 불쌍한 남자들 같으니라고…'141) 케임즈 경은 다음과 같이 기록하고 있다.

아내의 간통은 두 가지 의미에서 결혼계약의 파기이다. 남편의 애정을 식게 만들어 그녀로부터 남편의 친구와 동료가 되어주는 자격을 박탈한다. 그리고 사생아를 가족으로 편입시켜 남편을 배반하는데, 그로 하여금 친자식이 아닌 아이들을 부양하고 교육하도록 만들기 때문이다. 142)

존슨 박사도 유사한 논점을 전개했다. 간통은 가족의 평화를 깨뜨리고 자손의 혼란을 가져오기 때문에 범죄라고 그는 주장했다.

이것은 범죄의 본질을 이룬다. 그러므로 결혼서약을 깨뜨리는 여성은 남성보다 더 흉악한 범죄자이다. 하느님이 보실 때 남성도 범죄자인 것은 확실하지만, 만일 아내에게 무례한 짓을 하지 않는다면 그는 아내에게 물질적 손상을 입히지 않은 셈이다 — 예컨대, 단지 음란한 성적 욕구 때문에 그녀의 몸종을 훔쳤다면. 아내는 이것을 유감스럽게 받아들

---

140) Thomas, 'Double Standard', 210; Coveradle, *Matrimony*, 42; Whately, *Care-Cloth*, 38.

141) Thomas, 'Double Standard', *passim.*; Pitt-River, *Fate of Shechem*, 74ff; *Characters*, 176.

142) Kames, *Sketches*, ii, 47.

354

이면 안 된다. 이러한 근거로 남편에게서 도망 나온 나의 딸을 나는 내 집안에 들여놓지 않겠다. 143)

존슨 박사의 '자손의 혼란'(confusion of progeny) 이란 언급은 유전적 혹은 도덕적 혼란을 지칭한 것처럼 보인다. 법적인 혼란은 없었는데, 결혼에서 출생한 자녀들 모두 아버지의 소생이었기 때문이다. 코베트(Cobbett) 조차 남성의 부정은 여성의 부정보다는 덜 흉악하다'는 견해를 받아들였다. 그는 남자가 간통을 저지른 아내와 계속 동거해야 할 절대적인 상황은 없지만, 다수의 여성들이 나쁜 남편으로 인해 간통을 범한다는 사실은 인정하였다. 144)

이러한 '이중 기준'은 여러 작가들의 공격을 받았다. 이러한 공격은 여성의 유죄를 경감시키기보다는 남편이 저지른 간통에 대한 용인을 줄여보려는 시도였다. 145) 사실 이러한 우려가 자산가 계급과 법률에서 분명히 표출되었던 반면, 일반대중들 사이에서는 분명하지 않았다. 예컨대, 교회법정에서 심각한 처벌을 내리기 위해 남편보다 아내를 더 선별적으로 취급했다는 증거는 없다. 146) 대부분의 경우, 아버지를 찾아내는 일이 극히 어려웠고, 당시엔 결혼여성의 자녀생산이 지속될 것이라고 가정했기 때문에 그것은 최우선적인 관심사가 아니었다. 케임즈와 존슨 박사가 제시했던 실용적인 주장은 인위적인 피임이 널리 확산된 20세기에 접어들면서 마침내 사라졌다.

간통에 대한 이중적 태도를 가능케 만든 또 다른 이유는 혼인제도의 엄격함 때문이다. 단혼제의 관행과 실질적인 이혼 불허용으로 인해 간

143) Brady, *Boswell in Search*, 166.
144) Cobbett, *Advice*, 187, 193.
145) Gouge, *Domesticall*, 219.
146) Macfarlane, 'Marital Relationships', 129.

통이 일종의 안전밸브 역할을 한다는 사실이 암암리에 인식되었다. 결혼생활이 불행한 사람들은 어디에선가 만족을 찾을 수 있다는 기대심리가 있었고, 간통은 피할 수 없으며, 아량이 베풀어질 것이라는 분명한 인식이 있었다. 간통을 범했던 다수의 사람들은 아마 다른 사회에서라면, 한 명의 배우자를 더 얻는 복혼제를 채택하거나 이혼을 감행했을 것이다. 높은 비율의 성매매와 간통은 엄격한 혼인제도로 인해 16세기부터 19세기까지 잉글랜드가 치러야 할 값비싼 대가였다.

11
결혼에 관한
국가 규칙들

친족(*kinship*)은 대부분 사회에서 강력하고 광범한 혼인규칙들을 형성하였다. 개인의 결혼배우자의 '선택'은 대개 출생과 더불어 그 부모의 혈족관계에 의해 결정되었다. '아프리카에서의 결혼은 남성과 여성의 단순한 결합이 아니며, 두 가족 혹은 친족(*kin*) 간의 동맹'[1]이다. 이러한 상황은 역사적으로 볼 때 아시아에서도 마찬가지다. 이러한 상황에서 개인은 친족들의 기준에 '적합한'(*right*) 결혼상대를 찾아야만 한다. 그들은 근친과의 결혼은 피하면서, 다른 범주의 사람들과 적극적으로 결혼해야 한다. 공식적인 규칙은 없지만 특정 친족과의 결혼을 선호하는 관습의 압력은 있었다. 이러한 체제에서는 누구와 결혼하고 누구와는 결혼해선 안되는지에 관한 공식적인 규칙들이 친족용어와 결혼패턴에서 관찰되는데, 클로드 레비스트로스(Lévi-Strauss)는 이것을 '기본체제'(*elementary system*)라 지칭했다.[2] 이러한 '기본체제'는 역사상 지배적인 것이었고,

---

1) Radicliffe, *African Kinship*, 51.
2) Levi-Strauss, *Elementary Structures*.

358

또 친족이 정치, 경제, 사회생활의 중심축 역할을 하는 사회에서 발생한다. 이러한 상황이라면 다윈은 결혼에 관한 비용-혜택을 분석할 필요조차 없었을 것이다. 그가 결혼해야 한다는 사실은 태어날 때부터 기정사실이었고, 어떤 범위의 친족들과 결혼할 것인지도 분명하였다.

'기본구조'는 '특정 인척들(relatives)과의 결혼을 명령하는 체제, 또는 사회의 모든 구성원을 인척으로 정의하면서 그들을 다시 결혼가능한 배우자와 **결혼이 금지된 배우자**라는 두 범주로 세분하는' 체제이다. 레비스트로스는 또 다른 체제, 즉 '복잡(complexs) 구조'도 소개하는데, 이 구조는 인척을 제한된 범위로 정의하고, 배우자의 결정을 다른 기제들 — 경제적이건 심리적이건 — 에 떠맡기는 체제이다.[3] 이러한 '복잡체제'에는 어떤 개인이 누구와 결혼해서는 안 된다는 일련의 부정적 규칙들이 존재한다. 오늘날 북서유럽이나 북아메리카에서 보듯이 이러한 체제는 흔히 무척 제한적이다. 개인은 가까운 가족구성원 '밖'에서 결혼해야 하며, 그 가족구성원을 제외하고는 누구와 결혼하든지 친족관계가 명령하지 않는다. 족외혼('밖 결혼') 규칙을 최소화하고 족내혼('안 결혼') 규칙을 없애는 것은 '한 번에 사람들을 모든 방향으로 쏘아 보내는'[4] 효과를 낳는다. 물론 배우자 선택에는 여전히 제한이 따르지만 그러한 제한은 친족의 언어나 규범보다는 계급, 종교, 지위, 교육, 종교와 관련된다.

현재 대부분의 서유럽 국가들과 북미가 '복합체제'를 시행하는 것은 분명하다. 맬서스와 다윈이 저서를 출간했던 19세기 전반에도 '복합체제'가 시행되었다는 사실은 분명해 보인다. 우리는 '복합체제'가 언제 어떻게 시작되었는지에 의문을 제기할 수 있다. 15세기부터 19세기까지 친족규칙에 근거한 결혼체제가 오늘날의 심리적·경제적인 요인들에 근거한 자유결혼으로 변형되었다는 증거가 있는가? 맬서스와 리글리

---

3) Ibid, xxiii.
4) Fox, *Kinship*, 223.

(Wrigley)가 제기했던 경제학과 인구학 사이의 흥미로운 연계에 관한 질
문에 답변하면서, 우리는 이 문제를 좀더 깊이 파고들 것이다. 친족에
내포되어 있는 결혼체제는 생물학적 속박에 가깝다. 결혼할 여성은 순
결을 지켜야 한다. 결혼은 주로 친족에 의해 결정되기 때문에 경제변동
에 민감하게 반응하지 않는다. 개인의 심리적인 압박도 존재하지 않을
것이다. 결혼배우자에 대한 의사결정이 친족구조에 의해 이루어지는 사
회에서 개인의 좋음과 싫음, 사랑과 열정이 끼어들 곳이 없다.

  '밖 결혼'(*out-marriage*), 즉 '족외혼'(*exogamy*) 규칙과 연관된 상황을
간략하게 요약해 보겠다. 약간의 예외를 제외하면 잉글랜드에서 결혼가
능하거나 결혼이 불가능한 친척들에 관한 규칙은 1540년과 오늘날 사이
에 거의 변동이 없다.[5] 예외규정은 1907년에 제정되었는데, 사망한 아
내의 자매와의 결혼이 합법화되었다. 이것을 제외하고는 근친을 제외한
모든 사람과 결혼을 허용하는 규칙에는 변화가 없었다. 특히 핵가족 성
원들과 손위 세대의 삼촌과 이모, 고모, 손아래 세대의 조카와 질녀들을
제외하고는 모든 사람들과 결혼할 수 있었다. 사촌 간 결혼은 1540년부
터 오늘날까지 허용되지 않지만 법적 문제는 없다. 부부는 결혼과 동시
에 '한 핏줄'이 된다. 따라서 남성은 자신의 친족과 마찬가지로 아내의 친
족과의 결혼도 동일하게 금지되었다. 이러한 금지는 배우자가 사망한
후에도 계속되었다. 그리하여 사망한 아내의 자매와의 결혼이 금지되었
던 것이다.

  1540년 이전 3세기 동안 그 금지의 폭이 더 넓었다. 1215년 제 4차 라
테란 공의회(Fourth Lateran Council)는 교회법의 계산에 따라 혈족과 인
척과의 혼인제한 범위를 네 번째 촌수(寸數)로 설정하였다. 그 후 사람
들은 자신이나 아내의 팔촌 혹은 그보다 가까운 친척들과 결혼할 수 없

---

5) Holdsworth, *English Law*, iv, 491~492; Burn, *Ecclesiastical Law*, ii,
   407; Coke, *Institutes*, 2nd, 682.

360

게 되었다. 6) 게다가 확대된 '정신적 인척'(spiritual affinity)의 규칙은 '대부모'(godparents)와 친척관계에 있는 사람들과의 결혼도 금지하였다. 한편, '특면'(dispensation)은 비교적 저렴한 비용으로 교회에서 얻어낼 수 있었다. 초기 앵글로색슨 잉글랜드에서는 근친과의 결혼금지가 매우 제한적이었는데, 그 금지 폭은 확대되었다가 다시 축소되었다. 그리하여 1540년경의 잉글랜드는 7세기에 유행했던 상황으로 되돌아왔다. 7) 종교개혁 시기의 변동은 중요하지만 그 변동은 전례 없는 것이었다거나, '기본구조'에서 '복잡구조'로의 이동을 보여주는 것은 아니다. 사실 종교개혁자들은 '특면' 없이 사촌과 육촌과의 결혼을 허용함으로써, '기본체제'를 향한 점진적인 이동을 장려한 셈이었다. 교회가 친족결혼을 전면적으로 금지하도록 압력을 행사했을 때, 친족결혼이 얼마나 큰 매력이 있고 얼마나 빈번했는지 파악하기 어렵다.

친족압력의 존재 여부 평가에서 중요한 것은 '적극적 규칙들'(positive rules)이다. 토지가 가족 밖으로 유출되는 것을 막기 위해, 또는 사회적, 정치적, 그리고 다른 유대관계들을 굳건히 하기 위해 대부분의 사회는 어느 친족과 결혼해야 하는지 개인에게 강한 압력을 행사했다. 정확한 친족관계를 찾아내는 일은 섬세한 친족 어휘뿐 아니라 여러 사회에 존재하는 '결혼중매자'의 주된 임무 중 하나이다. 1608년 윌리엄 로렌스는 그러한 상황과 잉글랜드에서의 자신의 상황과 대조하면서, 친족혼인의 필요성과 기능을 잘 설명하였다. '아랍인들, 〔고대〕 잉글랜드인들, 그리고 여러 민족들은 결혼선물이라는 명목으로 한 가족이 다른 가족을 강탈하지 않고, 항상 동일 가족 내에서 결혼하였고, 남매끼리 결혼하였다. 그리하여 족내혼이라는 종교를 만들었는데 다른 민족들은 이것을 근친상간이고 불렀다. 다른 민족들은 족외혼을 종교로 만들었다. '8) 친족결

6) Howard, *Matrimonial Institutions*, i, 353.
7) Goody, *Family and Marriage*, *passim*.

혼이 규정되어 있거나 강하게 선호되고 있다는 사실을 보여주는 세 가지 증거가 있다. 첫째, 친척을 지칭할 때 사용되는 용어를 살펴보면, 선호되고 금지되는 배우자가 누구인지 쉽게 알 수 있다. 예컨대, 내가 연구한 히말라야산맥 중앙의 '구룽족'(Gurung)9)에게 **니엘쇼우**(*nyelshaw*)는 외삼촌의 딸이란 의미와 '연인'(*sweetheart*) 혹은 '선호되는 결혼 배우자'라는 이중의미를 지녔다. 두 번째 규칙은 관련 당사자들에게 질문을 던지면 알 수 있다. 그들은 질문을 받으면 자신이 결혼할 수 있는 친척들과 결혼할 수 없는 친척들의 명단을 제공해 줄 것이다. 아마존의 '야노마노족'(Yanomano) '남성들은 아내를 의미하는 **수아보야**(*Suaboya*)라고 불리는 범주의 여성들과 반드시 결혼해야 했다. 좀더 자세히 말하면 야노마노족 사회에는 남성에게 특정한 범주의 친족 여성과 결혼할 것을 명령하는 독특한 규칙이 있다. 남성에게는 이 범주에 관한 한, 선택의 여지가 없다.'10) 마지막으로 친척들과 실제로 결혼했던 비율, 즉 실제의 결혼패턴이 있다.

잉글랜드에서 친족결혼이 어느 정도나 선호되었는지, 이제 증거자료를 살펴볼 차례이다. 과거에는 지리적 이동이 매우 낮아, 마을은 거의 친족관계인 사람들로 구성되었을 것이다. 따라서 대개의 경우, 사람들은 친족관계인 사람들과 결혼했을 것이다. 이것은 17세기말 레스터셔(Leicestershire)의 '위그스톤 마그나'(Wigston Magna)에 대한 논문에서 호스킨즈(W. G. Hoskins)가 가정한 것이다. '이들 모두는 지속적으로

---

8) Lawrence, *Marriage*, 117.
9) (옮긴이) 이 부족은 주로 네팔에 거주한다. 언어는 티벳버마어족에 속하며, 생업은 주로 옥수수 재배이다. 네팔에 구르카 왕조가 건설되었을 때 구르카족에게 회유된 부족으로, 잉글랜드가 인도를 통치할 무렵 정예군으로 구성된 구르카병(兵)의 핵심을 이루고 있었기 때문에, 오늘날 구르카족이라고도 한다.
10) Chagnon, *Fierce People*, 56.

친족들끼리 결혼하기 때문에 (바깥에서 신부나 신랑을 데리고 오는 경우가 매우 드물다) 이들의 친족관계는 믿을 수 없을 정도로 견고하고, **사촌들** (*cousins*) 의 수는 정확히 셀 수 없을 정도로 많았다.' 또한 그는 인류학자처럼 다음과 같이 말했다. 그들의 결혼은 '두 가족이나 친족집단들 간의 동맹'이고, 그 '농촌공동체의 엄청난 잠재력은 피를 나눈 형제애에 근거하였다. 이러한 결혼에 의해 농촌의 모든 가족들은 서로 친밀한 관계를 맺게 되었다.'11) 만약 이것이 일반적으로 사실이라면, 중세로 되돌아가면 그것을 보다 분명히 확인할 수 있을 것이다. 중세 장원을 연구했던 한 역사학자는 결혼을 장원 소속 사람들로 제한하려 했던 영주의 의도는 어려운 상황을 악화시켰다고 진술하였다. 베넷 (Bennett) 은 '보통 마을의 경우, 농노의 반 정도는 신랑신부가 동일한 '고조할아버지'(*great-great-grandfather*) 를 둘 가능성이 있었기 때문에 결혼이 금지되었다'라는 쿨튼 (Coulton) 의 믿음을 긍정적으로 인용한다. 그는 계속 말하기를, '마을사람들끼리의 결혼이 어떠했는지 알아보려면 초기의 교구기록만 살펴보면 된다.'12) 이것을 간단히 조사해 보면 우리는 일종의 진화를 기대할 수 있는데, 18세기와 19세기 산업혁명과 도시혁명으로 급격히 증가된 인구이동이 16세기와 17세기까지 지배적이던 친족결혼을 감소시켰기 때문이다.

초기 기록을 살펴보면, 친족결혼이 선호되거나 규정되었다는 증거는 거의 없다. 우리가 증거를 발견할 수 있는 영역은 문학과 대중적인 자료들인데, 예컨대 당시의 시편, 속담, 격언 및 '전통적' 지혜 등이다. 하지만 그 자료들은 젊은이들에게 특정 친척과 결혼하도록 충고하지 않았다. 어린 자녀들에 대한 다양한 '충고' 문헌과 교훈적인 소책자에는 기존의 친족문제에 대한 관심이 나타나지 않는다. 우리는 이미 결혼선택의 문

---

11) Hoskins, *Midland Peasant*, 196.
12) Bennett, *English Manor*, 245.

제와 관련된 상당한 자료를 조사했는데, 그 어느 곳에도 친족과의 결혼 필요성을 강조하지 않았다. 예컨대, 초서 시대 이래로 문학작품에는 '기본체제'의 흔적이 거의 나타나지 않는다.

그럼에도 불구하고 실제로는 친족 간 결혼이 광범하게 시행되었다는 증거가 있다. 친족 간 결혼의 패턴을 찾아내기 위해서는 모든 사료들로부터 각 가족과 그 가족관계가 세월이 흐르면서 어떻게 전개되었는지 재구성할 필요가 있다. 그러나 이러한 연구는 거의 수행된 적이 없다. 가능하다면 우리는 친척과 결혼했던 사람과 그런 결혼을 하지 않았던 사람을 파악할 필요가 있다.

우리는 얼스 콜른(Earls Colne) 지역의 40개의 대가족에 대한 친족연결망을 재구성하였다. 여기에는 신랑신부의 친족에 관한 정보를 알려주는 수백 쌍의 결혼이 망라되어 있다. 빈번한 지리적 이동 때문에 모든 사촌의 이름과 그들의 결혼형태를 확실히 아는 것은 거의 불가능하다. 그러나 '모거주'(matrilocal) 혹은 '부거주'(patrilocal) 사촌들의 이름을 파악하는 것은 가능하다. 이 자료를 통해 사촌 결혼 — 사촌간이든 혹은 육촌간이든 — 이 체계적으로 존재했는지 여부를 충분히 알 수 있다.

이것에 대한 절대적인 증거는 없다. 사실 그 기록에는 추적가능한 친족결혼 사례가 3건이나 등장한다. 하나는 외삼촌 딸, 다른 하나는 외조부의 딸, 또 다른 하나는 부계쪽 육촌과의 결혼이다. 또 두 형제가 팔촌 여성들과 결혼했던 사례도 있다. 이것이 약 800명 규모의 교구에서 200년 동안의 자료를 통해 우리가 찾아낸 전부이다. 만약 그 기록이 좀더 완벽했더라면 상당한 사례를 더 찾아낼 수 있겠지만, 그 수효는 오늘날 동일 규모의 인구집단에서처럼 미미한 수준일 것이다. 즉 얼스 콜른의 증거는 적어도 16세기부터 근친결혼이 빈번히 발생했다는 견해를 뒷받침해주지 않는다.

에식스(Essex)의 여러 마을과 커크비 론즈데일(Kirkby Lonsdale)의 웨스트모어랜드(Westmorland) 교구의 9개 교회관구를 재구성한 친족연결망도 얼스 콜른의 사례가 결코 예외적이 아니라는 사실을 보여준다. 에식스, 캠브리지셔(Cambridgeshire), 슈롭셔(Shropshire) 교구에 대한 최근의 역사적 연구에도 친족 간 결혼에 대한 강조가 전혀 없었다.[13] 물론 이것이 친족 간 결혼이 결코 발생하지 않았다는 증거는 아니다. 친족 간 결혼의 사례는 분명히 존재한다. 그러나 친족 간 결혼에 대한 체계적 선호도를 발견하는 것은 어렵다. 이러한 가설의 검증에 적절한 자료를 보여주는 시기, 예컨대 16세기부터 18세기 까지 혹은 그 이전에, 거대한 변동이 일어났음을 보여주는 증거도 없다. 15세기 얼스 콜른에 대한 광범한 영주법정 기록에도 근친결혼이 빈번하게 발생했음을 암시하는 증거는 없다. 이러한 경향을 파악하기 위해 영주의 기록을 사용하는 것은 어려운 일이지만, 중세 후반 법정기록에 대한 최근의 면밀한 연구에서조차 근친 결혼에 대한 언급이 없다는 사실은 의미심장하다.[14]

반증을 제기할 수 없다면 잉글랜드 대중들의 결혼이 적어도 중세 후반부터 '복잡구조'에 따랐다는 결론이 이치에 맞는 것처럼 보인다. 이러한 상황에 대한 원인으로는 사회적 그리고 지리적 이동을 꼽을 수 있다. 로빈 폭스(Fox)가 제안한 바와 같이, '지리적 이동과 계급 간 이동의 정도는 분명히 이것에 깊은 영향을 미쳤다.'[15] 특히 높은 수준의 지리적, 사회적 이동은 특정 인구집단이 고립된 '친족 풀'(pools of related persons)로 묶이는 것을 막았다. 그러한 '풀'(pools) 현상이 발생하면 각 결혼은 이전의 결혼에 의해 부정적 혹은 긍정적 제약을 강력하게 받게 된다. 이동이 빈번한 곳에서는 기존의 친족연결망은 비교적 덜 중요하다. 이제 우리는 지리적 그리고 사회적 이동이 중세 말과 근대 초기 잉글랜드에서 매

13) Wrightson, *Terling*; Spufford, *Contrasting Communities*; Hey, *Myddle*.
14) Razi, *Medieval Parish*; Raftis, *Tenure*.
15) Fox, *Kinship*, 237.

우 빈번했다는 사실을 알게 되었다.

'복합체제'가 잉글랜드에서 일찍 발달되었기 때문에 낳은 결과는 주목할 만하다. 구드(Goode)는 '친족계보'(kin lines)가 중요하지 않고, 또 그러한 조건이 사회전반에 걸쳐 발견되지 않는 곳에서는 (옮긴이: 배우자) 선택은 완벽하게 자유로울 것'이라고 주장하였다. 16) 적어도 지난 5백 년 동안 잉글랜드의 대부분 인구집단에서는 결혼에 대한 친족의 제약이 제한적이었다. 결혼선택이 완전히 자유롭진 않았지만 친족 아닌 다른 요소들에 의해 결정되었고, 개인의 선택에 훨씬 더 큰 비중을 두었다. 개인은 기존의 친족구조에 자신의 결혼을 끼워 맞추도록 언어에 의해 조종되거나 친족의 전략에 강제당하지도 않았다.

사회에서 인구밀도가 높아지고, 문맹률이 낮아지고, '시골'로 불리던 체제들이 부분적으로 도시화되면서 지위가 결혼을 결정하는데, 그 결정은 친족을 보완하고 부분적으로 대치하는 방식으로 이루어진다. 이제 출생은 위계사회에서 위치를 결정한다. 간략히 말하자면, 세계엔 두 가지 주된 체제가 존재한다. 하나는 인도의 카스트 제도17)이고, 다른 하나는 중국, 다수의 중세 유럽사회, 아프리카와 북미 일부에 존재했던 노예제와 결합된 '신분'(estates) 제도이다. 일반적으로 인도의 카스트 제도는 일반적으로 '족내혼'(endogamy)의 규칙을 따른다. 18) 특별한 예외들

---

16) Goode, 'Love', 47.

17) (옮긴이) 인도의 카스트는 ① 브라만(Brahaman): 성직자와 지주, ② 크샤트리아(Kshatriya): 전사 외 정치적 지도자들, ③ 바이샤(Baisha): 농업과 상업기능을 수행하는 노동자들, ④ 수드라(Sudra): 하인, 육체노동자, 농민들의 네 등급으로 구성된다. 하지만 이 네 집단 외에 ⑤ 하리잔(Harijans): 전체 인구에서 약 15%를 차지하는, 불결하고 타락한 것으로 간주되는 사람들인 '불가촉민'이 있다. 하이잔은 달리트(dalit)라고도 불린다.

18) (옮긴이) 역자가 생각하기에 저자 맥팔레인은 동일계급 간 혼인을 족내혼과 동일시한 것처럼 보인다. 인도의 경우 다른 카스트에 속하는 사람들 간의 결혼은 확실히 불가능했다. 그러나 카스트제도가 엄격히 시행되었던 인도 북부

이 있을 수 있지만 그 상황은 대개 고정되어 있다. 청소부가 '브라만'(*Brahmin*)과 결혼하는 것은 상상조차 할 수 없다. 혼인규칙은 매우 엄격하여 성직자, 지배자, 농민 그리고 기타로 구성된 네 **신분계급**(*varna*) 사이의 '격차'(*gap*)를 강화한다. 신분계급이 차이나는 사람들 간의 결혼은 신분제의 타락을 가져오기 때문에 결코 허용되어선 안 된다.

일반적으로, '신분' 체제 또한 견고한 장벽을 세웠다. 토크빌(De Tocqueville)[19]이 말했듯이, '귀족국가에서의 계급차이는 광대한 **인클로저**(*enclosure*) 같아서, 안으로 진입이 불가능하고 밖으로 나오기도 불가능하다.'[20] 서로 다른 계급 간에는 교류가 전혀 없다.[21] 즉 노예는 자유인과 결혼할 수 없고, 평민은 귀족과 결혼할 수 없다. 법으로 집행되는 다른 계급 간 결혼금지 원칙에 의해 사회계층은 공고해지고 장벽은 높아진다. 그러한 법률은 관습과 풍습에 의해 한층 더 강화된다. 유식한 도시사람이나 잉글랜드 국교도는 무식한 시골 농민과 결혼하지 않을 것이다. 그러한 사회들은 3개 또는 4개의 커다란 동족결혼 블록들 — 예컨대 귀족, '유산계급'(*bourgeois*) 또는 도시인과 행정관료, 자유농, 그리고 때로는 노예 — 로 엄격히 분할된다. 결혼배우자의 선택은 자신이 태어난

지역에서는 족외혼(즉, 다른 친족과의 결혼)이 보편적이었던 반면, 카스트제도가 비교적 느슨했던 인도 남부지역에서는 족내혼(동일한 가족이나 친족 사람들 간의 결혼)이 보편적이었다. 참조: Dyson T. and M. Moore(1983), "On Kinship Structure, Female Autonomy, and Demographic Behavior in India" *Population and Development Review 6*(2) : 35~60.

19) (옮긴이) 토크빌(Alexis de Tocqueville, 1805~1859) : 프랑스의 정치역사학자.

20) (옮긴이) 근세 초기의 유럽, 특히 잉글랜드에서 영주나 대지주는 목양업이나 대규모 농업 경영을 위해 미개간지나 공동 방목장과 같은 공유지에 광범한 울타리를 둘러 사유지로 만들었다. 이러한 '인클로저'(*enclosure*)로 인해, 많은 중소 농민들이 농업노동자로 전락하거나 도시로 이주하여 공업노동자로 전락하였다.

21) De Tocqueville, *Democracy*, 248.

서열에 의해 큰 제약을 받는다.

널리 알려진 근대서구의 '민주사회'와 '평등사회'의 주된 특징 중 하나는 그러한 신분체제가 더 이상 존재하지 않는다는 것이다. '근대의 시민운동은 여러 사회계급을 구분 짓는 장벽을 낮추거나 무너뜨리려는 경향이 있다. 그것은 동족결혼 규칙을 완화시키고 제약을 줄여줌으로써, 남성이나 여성이 결혼할 수 있는 범위를 확대시켰다.'22) 기회가 결핍하고 상당한 사회적 압력이 있었지만, 자신이 선택한 사람과의 결혼을 금지하는 법이나 관습으로 포장된 공식적인 규칙은 없었다. 평민이 작위 계급과도 결혼할 수 있게 되었다. 극빈계층과 최하위계층에 속하는 육체노동자의 딸이 '대주교'(bishop)의 아들과도 결혼할 수 있다.23) 프랑스의 봉건체제, 즉 '앙시앙 레짐'(ancien regime)24)의 신분장벽과 대비되어 잉글랜드의 이러한 독특한 특성은 일찍부터 지적되었다. 19세기의 토크빌은 18세기를 회고하면서, 이러한 특유성과 그 결과를 강조하였다.

유럽대륙에 봉건제도가 확립된 곳마다 카스트가 종결되었다. 오직 잉글랜드만이 귀족정치로 되돌아갔다. 내가 놀랐던 것은 철학자와 정치가들이 잉글랜드를 모든 현대 국가들과 구분해야 한다는 사실에 덜 주목했다는 사실이다. 그러한 습관은 잉글랜드인에게 자신의 특성을 보지 못하게 만들었다. 잉글랜드는 카스트 체제가 변한 것이 아니라 오히려 효율적으로 파괴된 유일한 국가이다.

이러한 차이가 발생한 주된 원인은 무엇이며, 그 원인을 가장 잘 표현하는 것은 무엇인가? 그것은 다른 계급 간의 결혼을 금지하는 규칙의 부재에 있었다. '잉글랜드에서는 귀족들과 중간계급 사람들이 동일한 비즈

22) Westermark, *Marriage*, ii, 68.
23) Stone, *Open Elite*에는 이와 반대되는 견해가 실려 있다.
24) (옮긴이) 프랑스 혁명(1789) 이전의 정치, 사회제도.

368

니스 과목을 수강하고, 동일한 전문직에 진출하며, 더 중요한 것은 서로
다른 계급끼리 결혼도 한다. 잉글랜드에서 귀족의 딸이 '신출내기'(new)
남성과 결혼하는 것은 창피한 일이 아니었다.' 결혼은 신분의 고착 또는
유연성을 가장 잘 보여주기 때문에 결혼의 패턴을 설명하려면 사회이동
성을 조사해야 한다.

> 카스트 제도, 카스트 사고방식, 카스트 습관, 그리고 카스트가 사람들
> 사이에 생성하는 장벽이 분명히 파괴되었는지 알고자 한다면, 결혼을
> 연구하라. 그것만으로도 당신이 원하는 결정적 특징을 발견할 것이다.
> 오늘날 우리 프랑스는 민주주의가 시작된 지 60년이 지났지만, 당신은
> 자주 카스트를 헛되이 추구한다. 프랑스의 신흥세력 가족과 귀족 가족
> 이 모든 면에서 서로 뒤섞인 것처럼 보이지만, 통혼은 여전히 회피하려
> 든다. 25)

토크빌의 견해는 19세기 말경 헨리 메인 경에 의해 확증되었다. 프랑
스에서는 '귀족계급'(noblesse)과 '유산계급'(bourgeoisie) — 불변화사 'de'
에 의해 대략 서로 구분됨 — 사이에 결혼하지 않는 것은 아니지만, 그
빈도는 놀라울 정도로 드물다. 26) 모든 인간은 평등하게 태어났기 때문
에, 누구나 자신이 선택하는 사람과 결혼할 권리가 있다. 이러한 시각은
언제 태동되었고, 그 근거는 무엇인가? 맬서스가 결혼의 주된 결정요인,
즉 예방적 억제와 사회이동의 문제를 분리시켰다는 사실을 우리는 앞에
서 살펴보았다. 그가 사다리 은유를 통해 지적한 바와 같이, 사람들은
아래로 미끄러질까봐 두려워하면서 위쪽으로 올라가려고 안간힘을 썼
다. 맬서스의 견해에 따르면 정상 가까이 근접한 사람도 밑바닥으로 쉽
사리 추락할 수 있다. 다윈이 주장한 바와 같이, 성급하게 서두른 결혼

---

25) De Tocqueville, *L'Ancien Regime*, 88~89.
26) Westermarck, *Marriage*, ii, 64에서 인용.

과 많은 자녀들 때문에 사람들은 힘든 노동과 빈곤까지 강요당한다. 존경받는 중간계급의 장인이나 소작농에서 빈민으로 추락할 수 있다. 거듭 말하지만 개인이 심연으로 추락하는 것을 막거나 타인이 자신을 앞질러 올라가는 것을 막는 견고한 제동장치, 즉 안전판이 사다리에는 없었다. 이러한 상황에서 결혼은 개인의 삶의 기회를 향상시키는 데 있어 가장 중요한 전략 가운데 하나였다.

토크빌은 이러한 최근의 현상이 잉글랜드에서 일찍부터 발달되기 시작했다는 사실을 지적하였다. 그는 귀족과 평민 사이에 장벽이 부재했던 점에 주목하면서 잉글랜드의 전반적인 사회구조의 본질에 그 해답이 있다고 넌지시 지적하였다. 잉글랜드의 귀족들이 그 누구보다 더 신중하고, 더 영리하며, 더 호감을 준다는 사실이 자주 언급되었다. 사실대로 말하자면 만약 귀족의 의미를 잉글랜드 이외의 모든 곳에서 존속되고 있는 낡고 한정된 것으로 파악한다면, 과거 오랫동안 잉글랜드에는 귀족이 존재하지 않았다고 말하는 것이 적절할 것이다. 귀족에 대한 가장 핵심적인 정의는 귀족의 혈통과 지위가 평민과 다르기 때문에 귀족과 평민 간의 통혼은 불가능하다는 것이다. 언제 이토록 거대한 변동이 일어났는가? 토크빌은 모른다. '이런 유례없는 혁명은 과거 암흑시대에 모습을 감추었다.'[27] 모든 신분사회의 주축을 이루는 것들, 예컨대 두 개의 주요한 장벽이 잉글랜드에 부재한 것도 이 책의 저술 목적을 위해 중요하다. 그 두 장벽은 '자유인'과 '비자유인' ─ 특히 노예들과 그 밖의 사람들 ─ 사이의 장벽, 그리고 '중간계급의 시민들'(bourgeois), 도시거주 행정가들, 상인들과 '농민들', 문맹자들, 농업노동자들 사이의 장벽이다. 맬서스 시대까지는 사회위계를 하락시키는 공식적 혹은 견고한 장벽은 존재하지 않았다. 중간계급 사람들은 결혼을 통해 사회적으로 상승할

---

27) De Tocqueville, *L'Ancien Regime*, 89.

수도, 하강할 수도 있었다. 노예제와 농노제는 철폐되었다. 교육받은 상인 남성이 소작농의 딸인 시골처녀와 얼마든지 결혼할 수 있었다.

사회적 지위변동의 첫 번째 '지수'(*index*)는 토지법이다. 브랙턴 (Bracton)[28] 부터 메이틀랜드(Maitland)까지의 위대한 잉글랜드 법률가와 법률역사가들의 조사에 따르면, '귀족'과 '평민' 간의 결혼금지 장벽이 있었음을 암시하는 법 자체가 잉글랜드에는 없었다는 사실이 흥미롭다. 최소한 13세기부터 20세기까지 귀족과 평민 간의 결혼에 반대할 수 있는 법은 존재하지 않았다. 만일 어떤 사람이 후견과 결혼의 권리를 획득했으나 그것을 어떤 식으로든지 남용했다면, '비난(*disparagement*)을' 당하게 될 것이다. 그러나 이것은 소유권에 관련된 것이지, 귀족과 평민 간의 지위구분에는 아무런 관계가 없었다. 진정한 검증은 무척 부유한 평민과 작위를 받은 귀족이 서로의 자발적 결정에 따라 결혼할 때 발생하였다. 그 결혼은 다른 결혼과 마찬가지로 적법하였고, 그들의 자녀들 역시 상속인의 자격을 박탈당하지 않았다. 그러한 결혼을 금지시키는 법도 관습도 없었다. 혈통장벽의 부재, 세습적인 카스트 제도의 부재는 일찍부터 나타난 잉글랜드만의 고유한 특성이고, 이것은 특별법적 지위에 근거한 세습귀족이 잉글랜드에서는 부재했다는 기현상의 일부이다. 마르크 블로흐(Bloch)는 주장하기를 대륙에서는 진정한 세습귀족이 13세기부터 형성되었지만 잉글랜드에서는 다른 길을 선택했다고 한다. '잉글랜드에서 일반자유인은 법적으로 귀족들과 거의 구분되지 않는 지위를 갖고 있었다.' 그 지위는 프랑스처럼 혈통과 법에 근거하지 않고 재산과 토지에 근거한다. 귀족은 법적 계급이라기보다는 사회적 계급이다. '잉글랜드에서는 재무제도로 변형된 '기사도'(*knighthood*)가 세습원칙에 기초한 계급을 형성하는 데 핵심 역할을 하지 못했다.'[29] 토크빌과 메인이

---

28) (옮긴이) 브랙턴은 13세기 초 활동했던 잉글랜드의 성직자·법률가·재판관인 헨리 드 브랙턴(Henry de Bracton, 1210~1268)을 말한다.

19세기에 지적했던 이러한 차이점은 이미 13세기에 형성되었던 것이다.

법적인 혼인장벽이 광범위한 서열의 중간계급들 내에, 도시사람과 시골사람 사이에, 상이한 직업 집단 사이에 존재하지 않았다는 사실은 명백하다. 어떤 법률서나 관습들도 그러한 장벽의 존재를 시사하지 않는다. 한 가지 유일한 제한은 '자유인'과 '노예'(bond) 또는 '농노'(serfs) 간의 결혼이었다. 그러나 그런 장벽들마저도 이미 16세기 초엽에 그 효력을 상실하였고, 심지어는 그 이전에도 법적장벽이 진정으로 있었는지가 의심스럽다. 메이틀랜드(Maitland)는 다양한 혼인장벽에 관해 논의하였다. 출생신분에서 야기된 혼인장벽에 대한 진술은 없다. 사실, 결혼에 관한 장(chapter)이나 '비자유인'에 관한 부분에서 '자유인'과 '비자유인' 간의 결혼에 대한 법적장벽에 대해 그는 아무런 언급이 없다. 30) '노예'와 '자유인'의 결합에서 태어난 자녀의 지위에 관한 자세한 논의는 그러한 결합이 허용되었고, 아마도 흔했을 것이라는 사실을 함축한다. 노예여성의 결혼에 영주의 허락이 필요했을지 모르겠지만 노예남성과 자유여성 간의 결혼에는 특별허락이 필요 없었던 것처럼 보인다. 교회법정이 결혼을 무효화하거나 결혼계약 파기의 근거로 자유인과 비자유인 간의 장벽을 인정했다는 증거는 없다.

귀족에게도 이러한 장벽이 부재하였다는 사실은 잉글랜드 사회의 특수성을 반영한다. 즉 법적 지위상 전적으로 비자유인인 사람은 아무도 없었다. 잉글랜드에서는 적어도 13세기부터 노예제와 맞먹는 어떤 제도도 존재하지 않았다. 메이틀랜드는 중세농노의 법적지위를 매우 명쾌하게 묘사하였다. 그는 브랙턴의 연구를 요약하면서, '그에게 있어서 농노제는 지위라기보다는 단지 두 사람, 즉 영주와 농노 간의 관계'라고 진술하였다. '농노는 영주에 대해서 아무런 권리도 없지만, 다른 사람들에

29) Bloch, *Feudal*, ii, 331; ii, 330.
30) Pollock and Maitland, book 2, ch7, and book, ch2, sect. 3.

대해서는 거의 자유인과 같은 권리를 가진다. 그가 농노라는 사실이 다른 사람들에게는 하등의 관계가 없다. 일반인들과의 관계에서 농노는 토지와 재화, 재산과 소유권, 그리고 적절한 배상권을 소유한다.'[31] 앞에서 살펴보았듯이 여성노예이던 서번트는 결혼허가증이 필요했는데,[32] 서번트는 수 세기에 걸쳐 허가증이 계속 요구되었기 때문이다. 그러나 기타의 경우에 결혼이란 두 개인 간의 사적 계약이었고, 노예여성 혹은 노예남성은 자유인으로서의 법적결혼이 가능하였다. 그리하여 13세기에도 어떤 강력한 법적장벽이 존재하지 않았다. 15세기에 이르면 영주가 농노에게 가할 수 있는 최소한의 통제마저 사라졌고, 잉글랜드는 혈통과 세습적 지위가 거의 영향을 미치지 못하는 '개방된'(open) 상황에 있었다.

결혼에 관한 사적인 압력과 충고에 대해 말하자면, 앞에서 살펴보았듯이 수 세기에 걸쳐 결혼에 충고를 제공했던 사람들은 배우자끼리의 사회적 지위는 가능한 한 서로 엇비슷해야 함을 강조해 왔다. 그러나 그들이 동일하게 강조한 것은 앞에서 살펴보았듯이 혈통과 출생 이외의 다른 요소들 예컨대, 부, 교육, 인성, 미와 신앙심 등이었다. 자신의 사회서열 밖의 배우자와 결혼해서는 절대 안 된다는 충고는 없었다. 사실 사람들에게 혈통과 부의 교환을 부추기는 문학작품이 대단히 많았다. 특히 어린 아들에게는 자신의 좋은 혈통과 작위를 이용하여 부유한 장사꾼의 딸과 결혼할 것을 충고하였다. 17세기의 풀러(Fuller)는 가난한 남동생의 전략은 '과부급여'의 낱알 하나까지도 따지는 교환적 결혼계약을 경멸하는 소녀를 만나는 것이라고 말한다.[33] 이것과는 반대로 신사계층의 어린 딸들은 부유한 자작농과 결혼할 것이다. 17세기 초엽의 한 저자는

---

31) Ibid., i, 415; i, 419.
32) Anglicus, *Properties*, i, 305.
33) Fuller, *Holy State*, 44.

어떤 '신사'(*gentleman*)에게 충고하기를, '당신의 딸은 훌륭한 자작농의 장남에게 좋은 아내감인데, 자작농 시아버지는 자신의 고생스런 검약이 신사 집안과의 동맹으로 보답받는다고 즐거워할 것이다.'[34] 한편 도시에서 도제생활을 했던 두 딸의 경우에는, '만일 그들이 영리하게 처신한다면, 도시에서 다양한 남편감을 만날 수 있을 것이다.' 그들은 젊은 상인과 그 상점의 감독을 유혹할 수도 있다.

도시와 시골, 신사와 자작농은 이런 방식으로 새롭게 형성된 부와 오래된 혈통을 맞교환했는데, 이것은 수 세기 동안 잉글랜드의 한 특성이 되었다. 지주 신사와 도시 부자 간에 이루어진 광범한 결혼은 18세기 잉글랜드를 연구하는 역사가들에게 큰 충격을 주었다.[35] 대부분의 사람들은 그 결과를 보고 한탄하였다. 16세기 후반의 한 평론가가 주장했듯이, 혈통보다 재산을 더 선호하는 것은 비통한 일이었다. 사람들은 자신의 딸을 좋은 집안의 신사(어린 형제인)보다는 부유한 구두수선공의 아들인 젊은 마스터(결혼 후 상속자가 되는)와 신속히 짝을 지어줄 것이다.[36] 이러한 행태는 비난받아 마땅한데, 왜냐하면 유서 깊은 귀족계급을 퇴장시키고, 졸부집안을 등장시킴으로써 타락한 돈으로 사들인 혈통의 오염을 가져오기 때문이다.[37] 하지만 이러한 반대의견은 그런 현상이 광범하게 존재했다는 증거이며, 그런 현상은 15세기부터 19세기까지 수집된 다수의 편지와 기타 자료들에서 발견된다.[38] 밀드레드 캠벨(Campbell)은 '어떤 자작농이 자신의 딸을 신사계층의 사위와 성공적으로 결혼시킨 다음, 신사 계급을 획득한 손자손녀의 수를 자주 헤아렸다'고 말했다.

34) Furnivall, *Tell-Trothes*, 174.
35) Habakkuk, 'Marriage Settlement', 23, but cf. Stone, *Open Elite*.
36) Furnivall, *Tell-Trothes*, 98.
37) Ibid., 99.
38) Kingsford, *Stonor Letters*, ii, xxviii; Verney, *Verney Memoirs*, iii, 296; Stone, *Aristocracy*, 590ff.

374

그러한 결혼은 흔한 일이었다. 당대의 기록은 그러한 중매협상에 대한 언급으로 가득 차 있다.[39] 17세기 초엽의 여행가 화인즈 모리슨 (Moryson)은 이러한 점에서 잉글랜드와 독일이 서로 대조된다고 지적하였고, 독일에서는 극빈의 신사가 부유한 상인의 딸과는 결코 결혼하지 않을 것이라는 사실에 놀라워했다.[40]

계급서열이 다른 사람들끼리의 결혼이 빈번했음을 입증하는 통계자료도 있다. 예컨대, 1570년에서 1599년 사이 귀족들끼리의 결혼비율은 3분의 1 수준으로 떨어졌다.[41] 1612년부터 1617년까지 런던의 결혼허가증을 분석한 라슬렛(Laslett)은, '신사' 계층의 신랑 50명과 신부 60명 가운데 남자는 3분의 1이, 여자는 5분의 2가 자신과 계급이 다른 사람들과 결혼했다는 사실을 보여주었다. 신사계층의 여성 25%, 남성 15% 이상이 자작농이나 상인집안과 결혼했던 것이다.[42] 하층계급을 살펴보면, 결혼이동이 상당히 많았음을 보여주는 마을단위의 연구 증거도 있다. 가난한 노동자의 아들은 부유한 푸줏간 주인이나 자작농의 딸과 빈번하게 결혼하였다. 그래서 동일 가족이라도 일하는 분야가 다르면 가족 구성원들은 곧 서로 멀리 떨어져 살았다. 가족은 사회적 위치라는 발판— 어떤 자녀의 결혼이 출생시 위치나 다른 자녀의 결혼에 의존하는 —으로서 움직이지 않았다. 3세대의 가족에서, 일부 가족구성원은 최고 수준의 부와 권력 있는 지위까지 올라갈 수 있는 반면, 다른 가족구성원들은 불운과 방만한 재산관리에 불행한 결혼까지 겹쳐 거지 수준까지 내려갈 수 있었다. 사회적 이동이 이렇게 용이하고 불안정한 상황에서, 적합한 배우자와의 적시에 이루어진 결혼에 사람들이 관심을 갖는 것은 당연

39) Cambell, *English Yeoman*, 48.
40) Moryson, *Itinerary*, iv, 325.
41) Stone, *Crisis*, 286.
42) Lasslett, *Lost World*, 202.

한 일이다. 맬서스 혼인체제의 기본 전제조건의 하나인, 결혼을 통한 사
회적 신분상승의 열망과 가능성은 잉글랜드에서는 매우 일찍부터 뚜렷
이 존재했던 것처럼 보인다.

사람들은 신분과 재산에 있어서 동일 수준의 배우자와 결혼하려는 경
향이 있지만, 재산과 신분의 호환성이 상당히 높다는 사실이 실례로 나
타난다면, 이것은 매우 의미심장한 징표이다. 대부분의 사회에서 출생
신분 — 친족위치나 법적신분 — 은 개인의 결혼선택의 범위를 매우 한정
하면서, 사회를 엄격한 족내혼 인클로저로 구획 짓는다. 그렇지 않은 사
회에서는 비록 친족과 사회적 신분이 여전히 고려의 대상이지만, 그것
은 배우자 선택의 모호한 외곽경계선일 뿐이다. 결혼은 개인의 성취와
진취성에 의해 크게 좌우된다. 최종적인 결과는 서로 힘을 합하려는 한
남성과 한 여성의 개인적 결단에 근거한 결혼이었지, 신분이나 출생이
전에 결정된 친족관계에 기초한 결혼은 아니었다.

호가스(Hogarth)의 저명한 판화 〈근면과 게으름〉(Industry and Idle-
ness)[43]의 테마가 보여주듯이, 두 형제의 사례를 들어보자. 근면한 형은
마스터의 호감을 얻어, 그의 딸과 결혼하여 부와 위세를 축적하고, 종국
에는 런던의 시장 직위까지 획득한다. 아마 그의 자녀들은 백작이나 총
리가 될 것이다. 게으른 동생은 선원이 된 다음, 결혼도 못 하고, 매춘부
와 도둑들과 사귀다가, 교수형으로 종말을 맞는다. 그의 비운의 자손은
당연히 극빈의 사생아로 남는다. 출생과 더불어 모든 사람들에게 동일한
기회가 주어지진 않지만, 누구에게나 어떤 형태의 기회는 주어진다. 19
세기 방식으로 말하자면, 쇼우(Shaw)의 희곡 〈피그말리온〉(Pygmalion)
[44]이 보여주듯이, 코벤트 가든(Covent Garden)[45] 거리에서 거지 한 명

---

43) (옮긴이) 12개의 플롯으로 구성된 1747년 윌리엄 호가스의 판화 작품.

44) (옮긴이) 이 작품의 배경은 1910년대, 즉 20세기 초엽이다.

45) (옮긴이) 잉글랜드 런던 중심부의 한 지역, 야채와 화초 시장으로 유명하다.

376

을 데려다가, 새 옷을 입히고, 우아한 화법을 교육시킨 다음, 그녀가 소유한 매력과 아름다움을 한껏 이용한다면, 최상류 사람과 결혼할 수 있는 기회를 갖게 될 것이다. 물론, 람페두사(Lampedusa)의 소설 《표범》 (The Leopard) 46), 혹은 발자크(Balzac) 47)의 작품이 보여주듯이, 이것은 단지 잉글랜드만의 현상은 아니다. 그러나 잉글랜드에서는 그것이 극단적 형태로까지 시행되었다. 그러한 계층파괴의 기회는, 모험남과 모험녀가 먼 도시로 이동하여 어떤 배우자와도 만날 수 있는, 지리적 이동이 매우 활발한 사회에서 훨씬 더 쉽게 이루어진다. 18세기에 접어들면서 팽창하는 대영제국은 사회적 이동의 기회를 강조하면서, 성공한 서기가 귀향하여 대가족을 이루는 것을 허용해 주는데, 이러한 18세기의 경험은 이전의 경향을 연장한 것에 불과하다. 즉, 서쪽 지방의 의류상 윌리엄 스텀프(Stump)의 증손녀 세 명은 결혼을 통해 루틀랜드(Rutland) 백작부인, 써폭(Suffolk) 백작부인, 링컨(Lincoln) 백작부인으로 변모했던 것이다. 48)

핵스터(Hexter)는 자신의 고전적인 에세이에서, 신사계급과 중간계급들 사이 이러한 현상의 뿌리는 증거가 허용하는 한 멀리까지 거슬러 올라갈 수 있음을 보여준다. 15세기에, 런던의 상속녀와 지속적인 협상을 벌였던 파스톤(Paston) 가문, 도시의 부유한 과부와 결혼에 성공한 윌리엄 스토너(Stonor) 경은 단지 튜더왕조49) 이전 시골 귀족가문들이 도시로부터 그들의 귀족혈통에 '음용금'(aurum potabile) 50) 수혈을 받은 사례들이다. 헥터(Hecter)는 기록을 최대한 활용하여 이와 동일한 과정

---

46) (옮긴이) 이탈리아의 시칠리아 귀족의 몰락을 다룬 소설.
47) (옮긴이) 발자크(Honore de Balzac, 1799~1850): 프랑스 소설가.
48) Hexter, *Reappraisals*, 76.
49) (옮긴이) 1485~1603년 사이 잉글랜드를 다스렸던 왕조.
50) (옮긴이) 중세의 강장제와 강심제로 쓰였음.

이 수 세기 이전에도 존재했음을 추적하였다. 51) 14세기의 저자들이 한
탄했듯이, 혈통이 보잘 것 없는 허풍쟁이 소년이 토지를 소유한 여성과
결혼한 다음, 그녀를 제멋대로 다룰 때는 이미 그러한 시점에 근접한 것
이다. 52) '개에게는 단지 하루만 있을 뿐이지만, 잘 성사된 결혼은 모든
것을 회복시킨다'는 중세 격언이 있다. 53) 중세부터 잉글랜드에는 상인
이면서 동시에 토지소유주인 부유한 중간층이 널리 존재했는데, 이것은
결혼이동을 바람직하면서도 비교적 용이하게 만들었다.

재산, 혈통 그리고 개인적 욕망 간의 책략에 대한 풍자와 모순은 수 세
기 동안 많은 사회논평과 문학작품의 단골 테마였다. 더구나 다양한 집
단들에서 행운은 세월이 흐르면서 끊임없이 변하였는데, 이것은 상황을
더욱 흥미롭게 만들었다. 실제로 나란히 기대어 놓은 사다리가 여럿 있
었고, 사람들은 사다리를 바꿔 타면서 올라갈 수 있었다. 인도의 카스트
제도가 극단적인 형태를 보여주는, 직업 간 족내혼의 징후도 없었다. 일
반직업 집단과 전문가 집단 사이의 혼인은 널리 개방되어 있었다. 그것
은 말하자면, 뱀들이 길이가 서로 다른 사다리에서 벌이는 게임과 같았
다. 뱀 한 마리가 한 사다리의 꼭대기 근처에 접근하면, 그 뱀은 다른 사
다리 쪽으로 쉽게 이동할 수 있었다. 그러나 사다리 자체는 위아래로만
움직였다. 잘 알려진 한 가지 사례는 '성직자들'(clergymen)의 지위이다.
매콜리(Macaulay)는 그의 유명한 저술의 한 단락에서 성직자가 종교개
혁 이후 얼마나 급격히 추락했는지 잘 보여주었다. 한때 부자였고 존경
받았던 그들은 점점 더 밑으로 떨어졌다. 17세기 말에 이르면, '하녀가
교구목사의 가장 적합한 반려자로 간주되었다.' 그 후, 스위프트(Swift)
는 거대한 저택에서 일하는 하녀에게 애인을 선택하라고 충고하였다.

51) Ibid., 78~79.
52) Quoted in ibid., 81.
53) Furnivall, *Meals and Manners*, 126.

378

'나는 먼저 당신에게 집사를 선택하라고 충고할 것이다. 그러나 당신이
어린 나이에 영주의 아이를 임신했다면, 사제를 선택해야만 한다.'⁵⁴⁾

　이제 우리는 신분과 관련된 결혼패턴이 잉글랜드의 독특한 사회구조
와 긴밀하게 연결되었다는 사실을 알게 되었다. 그리고 화폐의 광범한
사용, 시장, 도시생활의 확산, 읍(town)과 시(city)의 통합, 부에서 혈
통으로 그리고 혈통에서 부로의 용이한 전환 등을 고려하지 않는다면,
이것을 이해할 수 없다. 이것은 분명하고 절대적인 규칙이 거의 없는 게
임이기 때문에 불안정한 상황이었고, 유일한 선택은 덜 나쁘면서 최소
한의 혜택을 주는 선호들 사이에서 이루어질 수 있었다. 초기의 이러한
개방체제를 제대로 인정해야만, 우리는 인구학자들이 들추어냈던 만혼
의 패턴과 결혼선택의 압력을 이해할 수 있다.

　어떤 결혼이든지, 특히 잘못된 결혼은, 당사자들에게 재앙을 가져올
수 있다. 결혼은 친족체제나 고정된 사회서열이 개인에게 부과한 출생
시 '신분'에 의해 결정되지 않는다. 결혼은 상호조정된 계약으로서, 사회
서열을 상징하고, 복잡한 변동과 교환을 야기했다. 앞에서 살펴보았듯
이 결혼은 일종의 게임인데, 남자와 여자는 그 목적이 약간 서로 달랐
다. 부와 신분에 대한 관심사도 서로 다를 수 있었다. 혜택을 계산하고
저울질하는 복잡한 틀 안에서, 낭만적 사랑이 가진 강력한 힘은 혜택에
대한 냉정한 평가를 간혹 혼란에 빠뜨린다. 그러나 열정조차 제한하고
잘 통제해야 했는데, 부부는 서로 사랑할 뿐 아니라 함께 살아야 했기 때
문이다. 적절한 결혼생활을 하기 위해서, 부부는 확실한 소득과 기타 재
산이 필요하였다. 이러한 재정적 제약을 고려하기 이전에 우리는 때때
로 결혼을 방해하는 일련의 최종 규칙들을 살펴볼 예정이다.

　다수의 농촌사회와 씨족사회는 특정지역 내부의 사람 또는 특정지역

---

54) Swift, *Works*, ix, 237.

밖의 사람과 결혼할 것을 요구하는 관습이 있다. 16세기부터 18세기까지 잉글랜드에서 그러한 명시적 규칙을 발견하는 것은 불가능하다. 하지만 통계적 경향들이 존재하였다. 특정 지역에 대한 연구는 대부분의 사람들이 반경 10마일 이내의 근거리 사람들과 결혼했다는 사실을 보여준다. 에버즐리(Eversley)는 자신의 연구를 다음과 같이 요약한다. '일반적으로 전체 결혼의 70~80%를 차지하는 것은 동일 교구에서의 결혼, 인근 교구나 반경 5마일 이내의 결혼이었고, 만약 반경을 15마일로 확대하면, 타지방 배우자와 결혼한 극소수를 제외한, 모든 결혼이 포함되었다.'55) 이것은 전혀 놀라운 일이 아니다. 컴퓨터 중매나 정략결혼이 부재하고, 사람들의 이동성이 도보나 말을 타고 이동할 수 있는 거리로 제한되는 상황에서, 결혼시점에 도달한 대부분 사람들이 서로 인근에 거주했다는 사실은 불가피한 것이었다. 그래서 그들은 서로를 충분히 잘 알 수 있었을 것이다. 이것은 이동성이 높을 것으로 가정되는 도시에서도 마찬가지이다. 예컨대, 미국에서는 결혼 전 배우자들이 서로 1마일 이내에 거주한다는 사실을 우리는 알고 있다. 그들은 단지 몇 블록 떨어져 산다.56)

그러나 1마일 혹은 2마일 범위 내에서 함께 살아 온 사람과 결혼하는 것과, 최근 어디선가 이주하여 1년 또는 2년 정도 사귄 사람과 결혼하는 것에는 차이가 있다. 이미 언급한 바와 같이, 근세 초엽 잉글랜드에서 광범한 지리적 이동이 있었다는 사실을 우리는 최근 연구를 통해서 알게 되었다. 서번트, 도제, 심지어 신사계층 이동의 대부분은 사춘기부터 결혼이전의 기간에 발생하였다. 1655년 존 깁슨(Gibson) 경이 작성한 자전적 시는 결혼기록과 허가증에서 잘 드러나지 않았던, 이런 유형의

---

55) Hair, 'Bridal', 238; Hey, *Myddle*, 201; Eversley in Wrigley, *Demography* 21~22; see also Hollingworth, *Historical Demography*, 181.
56) Goode, *World Revolution*, 29; Bell, *Marriage*, 133.

이동이 신사계층에서 행해졌다는 것을 명쾌하게 보여준다. 깁슨 경과 그의 부인은 결혼시점에 런던 시당국에 부부로 등록했던 것처럼 보인다. 사실대로 말하면,

> 크레이크에서 유아시절 보내고
> 요크셔에서 성장하였네
> 캠브리지의 젖을 빨면서
> 즐거운 청년기를 보냈다네.
> 런던은 나를 구속하더니
> 아내와 결혼시켰네… 57)

혼인허가증이나 교구등록은 결혼시점에서의 배우자 간의 상호근접성을 보여주는 반면, 개개인의 삶을 추적해 보면 그들은 언제나 서로의 인근에 거주하지 않았다는 사실이 드러난다. 앞에서 살펴보았듯이 얼스콜른에서 세례와 결혼의 연계는, 동일 교구에서 결혼했던 사람들 중 극히 일부만이 배우자와 동일한 교구에서 태어나고 성장했다는 사실을 말해준다. 이것은 잉글랜드의 다른 지역에서도 마찬가지이다.

결혼이 경제적, 사회적, 심리적 압력의 지배를 받는 반면에, '기본 체제'의 부재와 폐쇄적인 족내혼 서열의 부재는 누구와 결혼할지 언제 결혼할지에 관한 결정시 개인에게 자유로운 선택권을 주었다. 하지만 개인이 그러한 선택을 할 때, 부주의한 결혼이 가져올 수 있는 결과와 자신의 욕망을 반드시 비교평가해야만 했다. 결혼이라는 '기업'을 개시함에 있어, 자본과 소득이 필요했다는 사실은 널리 인정된다. 이제 우리는 이러한 재정적 합의를 결정하였던 여러 규칙과 관습을 살펴볼 것이다.

---

57) Hodgson, 'Sir John Gibson', 124.

12
결혼에 있어서의
경제적 조정

    15세기부터 19세기 사이에 성공적인 결혼을 하려면 네 가지 유형의 자산이 필요했다. 첫째, 주거 공간이 필요했는데, 본인 소유의 집이 더 선호되었다. 둘째, 집과 몸을 위한 설비, 예컨대 가구, 요리기구, 침구와 의복이 필요하였다. 셋째, 향후 몇 년 동안 보장된 수입이 필수적이었다. 이것에는 여러 형태가 있는데, 토지수입, 투자이익, 전문직, 상업 등이다. 이러한 활동에서 수입을 창출하려면 주식 또는 도구가 필요하였다. 마지막으로, 약간의 현금을 소지하는 것이 바람직했는데, 이것은 결혼시작 비용, 처음 몇 년간의 높은 육아비용, 질병과 사고에 충당하기 위함이었다. 공동가족(*joint family*)[1] 제도의 경우, 이 모든 비용은 공동자산(*joint estate*)의 일부이고, 사춘기에 결혼한 사람은 그것을 사용할 수

---

1) (옮긴이) 확대가족(*extended family*)과 공동가족을 동일시하는 경향이 있지만, 문화인류학자들은 결혼한 형제들이 함께 모여 사는 확대가족과 공동가족을 구분하기도 한다. 흔히 인도가족을 공동가족의 대표적인 예로 든다.

있다. 잉글랜드에서의 흥미로운 상황은 자산의 형성과 분배가 배우자와 그들의 부모에 의해 이루어졌다는 점이다. 신부가 자신의 결혼에 무엇을 지참해야 하고, 자신이 가져온 품목에 대해 어떤 권리가 있는지 먼저 살펴보자.

신부와 그녀의 가족에 의해 '결혼자금'으로 증여된 가장 뚜렷한 부분은 결혼분담금(*marriage portion*)이었다. 분담금이라는 말은 이중적 뜻을 가지고 있다. 그것은 아내가 결혼에 기여하는 몫을 의미하는 한편, 그녀가 부모의 재산으로부터 상속받은 부분을 의미하기도 했다. 분담금은 결혼을 위해 사용되는 것으로 가정되었다. '분담금'이라는 사전적 의미에는 서로 다른 두 가지 뜻이 있다. 첫째는 '상속자에게 법에 의해 증여 또는 상속되는 재산의 부분 또는 몫'을 의미하거나, 재산할당으로 그에게 분배된 것, 둘째는 '결혼분담금인 신부의 혼수(*dowry*)'를 의미하였다. [2]

이러한 분담금의 전체적 가치는 시대와 사회적 수준에 따라 상당한 차이가 났다. 상위 신사계층의 경우, 그 액수는 상당히 컸다. 이블린(Evelyn)은 신부의 분담금으로 3,000파운드에서 8,000파운드를 언급하고 있으며, 노샘프턴셔(Northamptonshire) 신사인 토머스 이샴(Isham)은 세 딸에게 도합 4,000파운드를 분담금으로 지불하였다. [3] 신사계층과 귀족계층의 분담금 액수는 그들의 3년치 수입과 맞먹는 것이었다. [4] 부유한 자작농, 상인, 기타 중간층에서도 엇비슷한 비율의 분담금을 지불했다. 그리하여 조슬린은 세 딸에게 각각 240파운드에서 500파운드의 분담금을 주었고, 자작농 가일스 무어는 자신의 딸에게 300파운드를 주었으며, 북쪽지방에 거주하는 자작농은 신부로부터 300파운드를 받았

---

2) *Oxford English Dictionary*, s. v. 'portion'.

3) Bray, *Evelyn Diary*, 375. 386; Finch, *Families*, 27.

4) Stone, *Aristocracy*, 790. Gregory King의 연간 소득 추정치는 Laslett, *Lost World*, 37쪽 참조.

다고 진술했다. 5) 17세기의 연평균 수입이 50파운드에서 100파운드 사이였음을 감안해보면, 분담금은 거의 3년치 소득에 맞먹는 액수였다. 자료파악이 가능한 농부 계층에서는 10파운드에서 50파운드가 적정수준의 분담금으로 간주되었다. 1550년에서 1720년 사이에, 주민 대부분이 농부인 커크비 론즈데일(Lonsdale) 근처 럽튼(Lupton)에서는 딸에게 제공한 39건의 분담금 가운데(반드시 결혼한 경우만은 아닌) 33건은 20파운드 이하였다. 1550년에서 1800년 사이의 얼스 콜른에서는 13건 가운데 4건의 분담금이 40파운드에서 50파운드 사이였다. 나머지는 편차가심했다. 이것은 연소득에 비해 적은 액수였는데, 평균 1년 내지 2년 치의 수입에 해당하는 액수였다. 또한 자료확보가 무척 어려웠던 노동자들 자녀의 분담금은 훨씬 더 적었을 것인데, 기껏해야 1파운드에서 5파운드 사이였다. 극빈층은 아마 분담금이 없었을 것이다.

분담금의 크기는 개별 가족의 재정변동의 영향을 받았다. 그리하여 조슬린 가족의 경우를 살펴보면, 나중에 결혼한 딸은 가족재산이 늘어남에 따라 좀더 많은 분담금을 받았을 것이다. 6) 가족재산을 공유하는 자녀수에 따라 분담금 액수에도 편차가 발생하였다. 세월이 흐름에 따라 세속적인 유행도 파급되었다. 스토운(Stone)과 하박쿡(Habakkuk)은 17세기 말경 신사와 귀족들의 결혼분담금 액수가 급격히 증가했음을 지적하면서, 이것을 남녀성비에 의해 결정되는 결혼시장의 상황과 연결시켰다. 7)

따라서 여성은 결혼할 때 자신의 계급에 따라 몇 파운드에서 수천 파운드의 분담금을 지불할 것으로 기대되었다. 분담금의 구체적인 내용은 그

---

5) Macfarlane, *Ralph Josselin*, 93~94; Blencowe, 'Giles Moore', 117; Marshall, *Stout Autoiography*, 199.
6) Macfarlane, *Ralph Josselin*, 94.
7) Stone, *Crisis*, 288ff.

384

러한 기대치를 결정하는 데 있어서 중요하였다. 다른 경우와 마찬가지로, 토지와 가옥으로 이루어진 분담금은 이동가능한 물건과 현금으로 이루어진 분담금과는 효과가 달랐다. 잉글랜드인들의 분담금 내역은 이 두 가지가 혼합된 것이었고, 이동가능한 재산에 가치를 더 부여했다. 신부들이 분담금으로 가져오는 두 가지 주요 품목은 집안가구와 현금이었다. 바꾸어 말하면, 네 가지 필수 결혼품목 중 두 가지를 가져올 것이 신부들에게 기대되었다. 그래서 1601년에 결혼한 스태포드셔(Staffordshire) 자작농의 딸은 다음과 같은 '혼수품목'을 가져갔다.

> 침대틀 1개, 다리미 1개, 깃털침대 1개와 양털침대 1개, 긴 베개 2개, 베개 2개, 퀼트, 담요 2 장과 능직 덮개, 5조의 침대보, 2병의 잠자리 맥주, 식탁보 1장과 식탁냅킨 6장, 촛대 2 쌍, 6조각의 은, 소금 1개, 놋쇠냄비 1개, 놋쇠 팬 1개, 삼베 9장과 아마 5장, 또한 비상금으로 10 파운드의 현금을 받았다. 8)

당대 상인 딸의 혼수품목 역시 리넨(linen)과 가재도구가 압도적으로 많았음을 보여준다. 가정용 리넨에 대한 전반적인 강조는 당대의 '서랍장'에 잘 묘사되어 있는데, '서랍장'이란 리넨을 새 집으로 운반할 때 쓰이는 커다란 상자로, 유용한 가구로 활용되었다. 9) 가구에 덧붙여, 현금, 지폐, 증서 등이 있었다. 이것은 신부가 가져오는 단일 품목으로는 가장 큰 것이었다. 중세의 신사 계층과 평민의 분담금은 현금과 가재도구들을 강조한다는 점에서 유사성이 있다. 10)

분담금은 예기된 유산이자 결혼선물이기 때문에, 분담금의 속성을 좀

8) Campbell, *English Yeoman*, 240.
9) Winchester, *Tudor Portrait*, 66.
10) Gairdner, *Paston Letters*, iii, 180, 일반 마을 사람들에 대해서는 Homans, *Villagers*, 140.

더 자세히 알기 위해 표본 교구 두 곳에서 유언장을 살펴볼 필요가 있다. 럽튼 관할구의 경우, 분담금은 종종 상당한 액수의 돈으로 언급되었다. 16세기 후반에는, 가축 — 송아지 한 마리 또는 젖소 한 마리 — 이 자주 현금에 추가되기도 했고, 때로는 침구류와 서랍장이 추가되기도 했다. 그 어느 경우에도 농기구가 분담금에 포함된 적은 없었고, 아들이 없는 경우, 가옥 또는 토지가 간혹 언급되기도 했다. 얼스 콜른에서도 돈은 분담금의 큰 부분을 차지하였고, 아들이 없고, 부모님이 사망한 경우, 가옥과 토지가 추가되기도 했다. 얼스 콜른에서는 가축과 농기구가 전혀 언급되지 않았다.

잉글랜드의 분담금의 가장 큰 특징은 여러 지중해 사회의 혼수와 달리, 신부가 가옥을 제공하거나 농기구나 가축을 가져오지 않는다는 점이다. 앞으로 살펴보겠지만, 토지는 선택적 추가항목이었다. 신부는 새로운 기업 (*enterprise*) 에 쉽게 이전될 수 있는 유동자산을 가져왔다. 바꾸어 말하면, 신부는 신규 개발사업 (*venture*) 에 자본을 투자했던 것이다. 이 때 다음과 같은 질문에 제기된다. 만일 신부가 상당액을 제공하지 않으면 결혼하기 어렵다면, 어떻게 그 돈을 마련했는가? 이 질문에 대한 답변은 혼인연령과 자녀결혼에 대한 부모의 통제 수준에 영향을 미칠 것이다.

많은 사회에서 신부는 혼수감, 결혼예복, 침구, 자신의 옷을 베로 짜거나 자수를 놓았다.[11] 잉글랜드에서도 사정은 마찬가지였겠지만, 실제로 그랬다는 증거는 거의 없다. 우리의 관심을 끄는 대목은 1년 혹은 2년의 총수입과 맞먹는 분담금을 어떻게 마련할 수 있는가 이다. 도대체 가구구입비용과 10 또는 20파운드의 현금이 어디서 오는가?

결혼계약서, 재판기록, 유언장과 기타 자료를 살펴보면, 여성은 조슬

---

11) Stirling, *Turkish*, 59, 181.

386

린의 경우처럼, 상당액을 분담금이나 부모 재산의 일부로 받은 경우가
많다. 아들의 경우에는, 재산을 분할 받으려면 부모가 사망할 때까지 기
다려야 했지만, 딸은 결혼 전이나 결혼 시점에 자신의 몫을 받을 수 있었
다. 이것이 부모들에게 부담을 안겨준다는 사실이 인지되었다. 당대에
는 이런 말조차 떠돌았다. '자식들이 좋은 위안거리이긴 하지만 근심덩
어리이고, 특히 결혼적령기의 딸들은 더욱 그러하다.'12) 한 일기작가가
기록했듯이, 가난한 집의 딸이 부자 집안과 결혼할 경우, 상황은 더욱
어려웠다. 가난한 가족은 딸에게 적절한 액수의 분담금을 마련해 주느
라 몹시 힘들었을 것이다. 13) 이러한 까닭에 결혼에 대한 억제가 발생할
수 있다. 어린 나이에 결혼하기 원하는 딸은 큰 액수의 분담금을 포기해
야만 했다. 부모들은 딸의 결혼을 막을 수는 없었지만, 재산이 축적되지
않아 그녀의 분담금이 적을 수밖에 없다는 점을 지적하였다. 뛰어난 미
모와 성격 또는 행운이 뒷받침되지 않으면, 그녀가 훌륭한 배필을 얻을
가능성은 낮았다. 부모가 25세에 결혼했다면, 50대 후반에 이르러서야
딸들을 결혼시킬 만큼의 재산이 축적될 것이다. 많은 전통사회에서의
평균 혼인연령인 15세에 각각의 딸들에게 상당액의 분담금을 주려면,
부모 재산의 상당 부분의 손실을 감수해야 할 것이다. 그러므로 딸들에
게 분담금을 주는 시기와 부모들의 점진적인 은퇴 시기는 종종 일치한
다. 25년에서 35년 동안 결혼생활을 지속했던 부모들은 60대에 이르러
딸들에게 그들의 몫을 미리 넘겨주기 시작했던 것이다.

  부모들이 겨우 생계를 유지할 정도여서 딸에게 분담금을 줄 수 없다면
어떻게 되는가? 리처드 거프(Gough)는 슈롭셔(Shropshire)의 마이들
(Myddle) 지역과 관련지어 무척 흔한 한 가지 해결책을 제시했다. 부친
으로부터 분담금을 받을 수 없게 되자 서번트가 될 수밖에 없었던 예쁘

12) Schucking, *Puritan Family*, 92.
13) Nichols, *Halkett Autobiography*, 7.

고 성격 좋은 한 젊은 여성의 사례를 그는 소개하고 있다. 14) 잉글랜드에서는 적어도 14세기부터 서번트제도와 도제제도가 널리 보급되어 있었음을 앞에서 살펴보았다. 서번트, 도제, 또는 다른 형태의 임금노동을 통해 자녀들이 벌어들인 수익이 자신들의 것이었음도 살펴보았다. 따라서 그들은 약간의 저축을 할 수 있었다. 15) 임금노동의 시작으로부터 결혼에 이르기까지 대략 10년의 기간이 소요되었다. 이런 계층의 여성에게 필요한 결혼비용이 1년 급료에 해당하는 현금 10파운드였음을 가정한다면, 그녀는 이 기간에 그 액수를 저축할 수 있었다. 이것은 물론 부모의 통제가 상대적으로 약화될 수밖에 없음을 뚜렷이 보여준다. 활발한 노동시장은 상속재산에 대한 대안을 제공해 주었던 것이다.

신부 자신의 노력뿐 아니라, 그녀의 '친구들' 역시 신혼집을 꾸미는 데 필요한 세간살이를 제공하도록 요청받았는데, 이것은 결혼선물이라는 전통에 따른 것이다. 어떤 교회재판 기록을 보면, 신랑 어머니가 증인에게 '젊은 부부의 세간을 사줄 것을 요청하였다. 왜냐하면 그녀는 인생의 출발점에 선 그들에게 신부의 친구들이 이것저것 사줄 것을 기대했기 때문이다.' 교회에서의 '축하파티' 때문에 결혼식 비용이 증가할 수도 있으나, 친구들과 이웃들이 식음료를 제공할 경우에는, 비용이 남을 수도 있었다. 16) 실제로, 만약 지역주민이 찬성하고 신랑 친구들이 확실하다면, 이러한 결혼선물은 분담금의 대체물로 인정될 수도 있었다. 그리하여 랄프 조슬린은 친구들의 아낌없는 기부로 56파운드를 벌어들인 얼스 콜른의 한 결혼식을 소개하고 있다. 17)

분담금이 없는 가난한 여성들의 어려운 상황은 널리 알려졌는데, 이

14) Gough, *Myddle*, 124.
15) Anderson, *Family Structure*, 86.
16) Houlbrooke, 'Courts and People' 127; jeaffreson, *Bridals*, i, ch. xvi.
17) Macfarlane, *Ralph Josselin*, 98.

것은 그녀들의 분담금을 대신 내주도록 자선단체에 유증함으로써 가능
했고, 이러한 사실은 오늘날까지도 교회 담장에 기록되어 기념된다. 18)
어떤 여성이 서번트나 도제로 오랫동안 일했을 경우, 종종 부모가 아닌
마스터가 분담금의 대부분을 제공하였다. 5장에서 언급하였던 어떤 이
탈리아 방문객이 1480년대에 잉글랜드를 방문하여 묘사한 것은, 부모에
게 의존하지 않고 개인의 힘으로 결혼식을 치르는 이러한 방식이었다.
남녀 자녀들은 어린 나이에 도제 혹은 서번트로 출가하여, 부모 집으로
결코 돌아오지 않을 것이다. 소녀들은 아버지가 아닌 후원자에 의해 정
착한 다음, 가정을 꾸리고, 열심히 노력하여 스스로 재산을 일군다고 그
는 설명한다. 19)

　따라서 신부의 분담금은 여섯 개의 다른 출처에서 나오는 셈이다. 분
담금의 일부는 부모가 부유하면 부모로부터, 일부는 수년 동안 자신이
저축한 것에서, 그리고 다른 일부는 그녀의 고용주가 제공한 별도의 선
물에서 나올 것이다. 지역 주민들은 자선단체를 통하여 무언가를 기부
할 것이고, 친구들은 선물을 가져올 것이며, 이웃들은 결혼 당일에 별도
의 선물 또는 현금을 제공할 것이다. 중하위층 여성의 분담금이 10파운
드에서 30파운드 사이의 현금과 재화인 것을 고려하면, 진취적인 여성
은 시간을 두고 상당액의 저축을 할 수 있었음을 알 수 있다. 그녀는 부
모의 도움 없이도 저축할 수 있었다. 부유한 자작농의 경우처럼 수백 파
운드의 분담금이 오가는 경우, 저축만으로는 거의 불가능하다. 그리하
여 다음과 같은 멋진 균형이 이루어졌다. 상당액의 분담금이 없으면 결
혼은 성사될 수 없었고, 분담금의 축적을 위해서는 부모나 신부 모두에
게 상당한 시간이 필요했다.

　그렇다면 분담금은 언제 지급되는가? 예컨대 아일랜드의 일부지역에

---

18) Stow, *London*, 139.
19) Sneyed, *Relations*, 25~26.

서처럼, 세계의 많은 곳에서 신부의 혼수는 부모로부터 자녀에게 수년
에 걸쳐 지급된다. 지급은 결혼식과 더불어 시작되어 훨씬 이후에 종료
된다. 20) 일례로 당대 귀족의 엄청난 지급 금액을 살펴보자. 앤 클리포
드(Clifford) 여사에게 지급된 17,000파운드의 지참금은 결혼 후 10년 6
개월이 지나서야 지급이 완료되었다. 21) 반면, 잉글랜드에서 흥미로운
사실 하나는 분담금이 종종 신속히 지급되었다는 점이다. 1641년 요크
셔 지방의 결혼풍습을 묘사하면서, '결혼식 한 달 뒤에 신부를 데려왔고,
그날 아침 분담금이 지급되었다'고 말했다. 에식스의 한 교회재판 사례
는 1599년 어떤 남성이 결혼하기 전에 신부의 친구들로부터 분담금을 받
으러 갔다고 밝혔다. 22) 조슬린 역시 딸의 결혼 후 수개월 이내에 분담금
을 지급한 것으로 보인다. 튜더 왕조의 존슨이라는 상인 가족은 자녀 부
부가 결혼하기도 전에 분담금을 지급하였다. 23) 거프(Gough)는 마이들
지역에서 결혼 당일 한꺼번에 지급된 1,400파운드의 분담금에 대해 언
급하고 있다. 한편, 유언장과 기타 자료들은 분담금이 때때로 수년에 걸
쳐 지급되었음을 보여준다. 북쪽 지방의 자영농 제임스 잭슨(Jackson)
의 경우에는 3년이 걸렸다. 24) 하지만 대체적으로 분담금의 지급은 부모
와 자식 간의 재정적 유대를 영구화시킬 정도로 오랫동안 질질 끄는 사
안은 아니었다. 분담금은 구체적으로 결혼을 성사시키려는 방안이었기
때문에, 새살림(즉, 벤처사업)을 시작할 수 있도록 가능한 신속하게 지
급되었다.

여섯 곳의 가능한 현금제공처 중 다섯 ― 친구, 이웃, 고용주, 자선기

---

20) Connell, 'Peasant Marriage', 505.

21) *The Diary of Anne Clifford*, 104

22) Best, *Rural Economy*, 117; Hale, *Precedents*, 221.

23) Macfarlane, *Ralph Josselin*, 93~94; Winchester, *Tudor Portrait*, 77

24) Gough, *Myddle*, 128; Grainer, 'Jackson's Diary', 115, 121; 'Joyce
Jeffries Diary' fol. 27v.

관, 신부 자신 — 을 살펴보면 이 점이 분명해진다. 그러나 가장 흥미로
운 것은 부모와의 상황이다. 이 대목에서 우리는 마을 단위에서 발생했
던 사례를 살펴볼 것이다. 분담금이 언급된 표본교구의 자료들을 분석
해 보면, 결혼여부와 상관없이 여성이 18세 또는 21세가 되면 분담금을
지급했음을 알 수 있다. 그녀가 그 연령에 도달하면, 그녀 '몫'의 재산을
지급하도록 집행관이 파견되었다. 만약 이런 일이 부모의 사망 전에 발
생했느냐 사망 후에 발생했느냐에 따라 상황은 달라진다. 만약 결혼여
부와 상관없이 분담금이 자동적으로 지급된다면, 결혼과 지급 사이의
연관성은 부분적으로 손상될 것이다. 하지만 상황은 그렇게 간단하지
않다. 첫째, 사망에 직면한 부모는 평상시와 달리 행동한다는 점이다.
자신의 사망 후까지 분담금 지급을 지연시킬 특별한 이유가 없기 때문
에, 딸이 성년이 될 때까지 기다리라고 지침을 남겼다. 만약 상당액의
분담금이 이미 지급된 경우, 집행자는 나머지 금액을 채워 주었다. 25)
둘째, 잉글랜드 전역에 걸쳐 분담금 지급의 관습이 지역마다 매우 달랐
다는 점이다.

분담금의 출처가 전적으로 가족재산뿐만이 아니라 다양한 방식으로
형성된다는 사실은 분담금 제도의 기묘한 특징 하나를 설명해 준다. 딸
의 결혼이 부모의 재산에 압박을 가한다는 사실을 앞에서 살펴보았다.
아들이 결혼하는 경우에는 가족에게 이득이 된다고 생각하지만, 딸이
결혼하는 경우엔 정반대였다. 가장 부유한 계층부터, '딸의 결혼을 위해
소를 팔아야 했던' 극빈계층에 이르기까지, 분담금 마련은 어려운 일이
었다. 26) 부모들은 자녀들을 공평하게 대우해야 하므로 상황은 더욱 복
잡해졌다. 15세기 파스톤(Paston)의 편지를 읽어보면 이 점이 특히 부각
된다. 어떤 신랑의 어머니는 신부의 어머니에게 이런 편지를 보냈다.

25) Macfarlane, *Ralph Josselin*, 94.
26) *Characters*, 169; Deloney, 'Jacke of Newberrie' 27.

'사부인, 그에게 잘해주고 싶지만, 나머지 자녀들의 몫도 챙겨줘야 합니다. 그들이 결혼적령기가 되면, 존 파스톤에겐 큰 재산을 나눠주고 자신들에겐 적게 나눠줌으로써 자신들을 홀대했다고 나에게 불평할 것이기 때문입니다.' 어떤 딸에게 많은 재산을 나눠줌으로써 나머지 딸들을 홀대하고 싶지 않다고 신부 어머니가 털어놓는 정반대의 편지도 있다. 27) 이러한 우려는 종종 일기에서도 발견된다. 예컨대 두들리 라이더는 자신의 형의 임박한 결혼에 대해 염려하고 있다. '형의 결혼에 대해 걱정이 많다. 왜냐하면 아버지께서 그에게 어떻게 1천 파운드를 지불할지 모르겠기 때문이다.'28)

대부분의 농촌 공동체에서 지불해야만 하는 거액의 신부 혼수가 부채의 주요 원인이라는 사실은 널리 알려져 있다. 현재 수입으로부터 분담금을 마련할 수 없는 가정은 대지를 담보로 사채업자에게 돈을 빌리거나 부동산을 처분한다. 그리하여 가계재정의 악화가 가속화된다. 인도의 사례가 그렇다고 잘 알려져 있지만, 29) 유럽의 경우도 마찬가지였다. 예컨대, 스코틀랜드에서 신사의 재산에 대부금과 저당권이 잡혀있는 까닭엔 '뭔가 석연치 않은 점이 있다'고 잉글랜드장교 버트 대장이 집에 보낸 편지에 쓰고 있다. 그 까닭은 소작농들의 가난 탓도, 여타 손실 탓도 아니라 그들이 딸들에게 지급한 재산, 즉 스코틀랜드 방언으로 '토커'(tocker)라 부르는 분담금에 그 원인이 있었다. 30) 그러나 잉글랜드에서의 증거들, 예컨대 보통사람들의 유언, 회계장부의 채무목록, 공문서 법원의 판례, 일기와 편지에는 이러한 채무원인이 크게 부각되지 않는다. 그러므로 부모들은 딸들에게 허리가 휠 정도로 결혼 분담금을 마련

---

27) Gairdner, *Paston Letters*, iii, 197, 177.

28) Matthews, *Ryder Diary*, 341

29) Bailey, *Caste*, 71

30) *Burt's Letters*, i, 254.

392

해 준 것처럼 보이지는 않는다. 기본적으로 자녀들은 부모가 미리 준비해 놓은 것의 일부만을 가질 수 있었다. 따라서 늦게 결혼하는 자녀가 명백히 유리했다. 결혼이 늦어질수록, 분담금 액수는 더 커질 가능성이 있었기 때문이다. 가능한 빨리 딸들을 결혼시키기 위해 잉글랜드의 부모들은 자신들의 미래를 저당잡히지 않았다.

분담금에 덧붙여, 신부가 할 수 있는 기여가 세 가지 있었다. 첫째는, 부모가 지불해 주는 결혼식 실제비용이다. 17세기의 대략적인 결혼식 비용은 신사계급의 경우 25파운드부터 200파운드, 자작농과 중류층 상인의 경우 5파운드부터 50파운드, 농부의 경우엔 1파운드부터 25파운드, 노동자의 경우엔 5실링부터 5파운드가 소요되었다.[31] 그러한 비용은 부모의 도움 없이도 결혼식을 치르기엔 충분한 액수였고, 교회에서의 대규모 결혼식만 피하면 많은 비용절감이 가능하였다. 그리하여 무어 목사는 딸의 결혼식에 하객 7명만 초대하였고, 등기료를 제외한 9실링을 결혼식 비용으로 사용하였다. 부모가 너무 가난하여 결혼식 비용을 마련할 수 없는 사람들에게는 소위 '신부의 맥주'(bride-ale) 라는 방안이 있었는데, 이것은 하객들이 자신들의 식음료를 가져오는 제도였다.[32] 심지어 교회는 그 경사스러운 행사를 위해 특별한 보석까지 대여해 주었다.

신부가 제공할 수 있는 두 번째 기여는 좀더 일반적인 것들이다. 예컨대, 아내가 자신의 결혼에 가져올 수 있는 잠재적인 소득, 기술, 힘, 건강이다. 결혼 후 첫 15년 동안 여성의 에너지 대부분은 자녀 생산과 양육에 사용된다. 그렇다 할지라도, 농사일과 집안일에 소요되는 노동력 대부분은 아내가 기여했다. 그들은 요리하고, 바느질하고, 치즈를 만들

31) Blundell, *Diary*, 14, 246; Emmison, *Tudor Food*, 32; Macfarlane, *Ralph Josselin*, 97; Turner, *Brighouse*, 151; Wright, *Autobiography*, 98.
32) Cox, *Churchwardens*, 315.

고, 도리깨질을 하였으며, 수확도 도왔다. 또한 여성들은 수 세기에 걸
쳐 갖가지 시간제 작업을 통해 현금을 벌어들였다. 사회 하층계급의 노
동엔 남녀구분이 거의 없었고, 여성들은 대부분의 작업에 투입되었다.
그러한 상황에서, 그들은 남성만큼 신체적으로 강인하지 못하지만, 종
종 그들의 잠재적 소득 능력은 대단히 큰 것이었다. 따라서 신부의 분담
금이 자녀를 양육하는 동안 자신의 식비와 의류비에 충당되는 거액의 돈
일 뿐이라는 생각은 적절치 않다.

마지막으로, 신부는 분담금의 일부로 동산뿐 아니라 '부동산', 즉 토
지와 가옥을 가져올 수도 있다. 그래서 조슬린은 자신의 딸 메리에게 분
담금의 일부로 가옥과 400파운드 상당의 토지를 주었고, 다른 딸들도 얼
스 콜른 지역에 그러한 재산을 가져왔다. 아프라 벤은 멋진 분담금에 대
해 이렇게 언급하고 있다. '비록 분담금이 다른 지역에 위치한 저택, 과
수원, 대지 등의 부동산으로 이루어져 있다 하여도. '33) 전략적 결혼이라
는 시각에서 보면, 거대한 대지를 소유한 외동딸이나 과부는 신랑에게
상당한 금액의 분담금을 가져올 수 있었고, 이것이야말로 가장 매력적
인 자산이었다. 아내의 부동산이 그녀가 가져온 동산, 혼수품, 현금과
달리 어떻게 취급되었는지 살펴보면 재산과 일반 분담금의 차이는 분명
해진다.

잉글랜드법은 '부동산'과 '동산'의 차이를 분명히 구분하였다. 결혼 분
담금은 근본적으로 후자로 이루어져 있었다. 법과 관습은 분담금으로 가
져온 동산의 사용에 대해 분명한 입장을 취했는데, 동산은 곧장 남편의
수중에 들어가 남편이 최선이라 여기는 곳에 사용되었다. '남편이 동산
을 소유하기로 했다면, 재산의 절대적 소유권은 남편에게 있어, 그의 의
사에 따라 처분할 수 있다'고 블랙스톤(Blackstone)은 기록하고 있다. 의

---

33) Macfarlane, *Josselin Diary*, 10 April 1683; Behn, *Pleasures*, 27.

복, 돈, 가재도구, 가구 등과 같이 소위 남편이 '소유한' 재화들에 대해, '남편은 결혼과 동시에 이것들에 대한 즉각적이고 절대적인 소유권을 양도받게 되고, 이것들은 두 번 다시 아내에게로 되돌릴 수 없었다', '결혼을 통해 아내의 동산은 남편에게 이전되었던 것이다.'[34] 아내의 '잡동사니'는 유일한 예외품목이었는데, 이것은 그녀의 계급과 지위에 걸맞은 의상과 장신구를 의미하였다. 남편이 사망하면 남편의 재산에 대해 아내는 자신이 결혼할 때 가져온 것과 동일한 액수의 보석류, 의류, 기타 품목에 대한 권리를 주장할 수 있었고, 그 요구는 어떤 것보다 우선 처리되었다. 따라서 관습법에 의하면, 분담금을 포함한 아내의 모든 동산 재화들은 남편 또는 그의 친족에게 귀속되었다.[35] 18세기 말에 이르기까지 평범한 가정에서는, 19세기 중반 테인(Taine)이 주목한 발달의 징후가 거의 없었다. 그것은 여성에 대한 일종의 보호막인데, 어떻게 하여

> 거의 언제나 아내의 혼수는 '위탁인'의 손에 넘겨졌는데, 위탁인은 그 분담금의 관리를 책임지고, 당사자 부부에게 분담금으로부터 파생된 수입만 지불하였다. 그리하여 그녀의 재산은 남편 또는 남편의 사업에 발생할 수 있는 어떤 변고로부터도 안전하였다. 이러한 예방조치가 취해진 것은 법이 아내의 모든 재산을 남편에게 귀속시키기 때문이었다.[36]

　두 가지 형태의 다른 재산 역시 특별한 범주에 속했다. 한 가지는 실효 중인 채무, 양도계약, 기타 자산인데, 신부는 이것들을 분담금으로 가져올 수 있었다. 만약 남편이 이러한 재산을 법적으로 회복시켜 놓으면, 그것은 돈이나 의류처럼 그가 임종할 때 유언으로 자유롭게 처분될 수

34) Blackstone, *Commentaries*, ii, pt 2; Pollock and Maitland, ii, 427.
35) Chamberlayne, *State of Britain*, 178.
36) Taine, *Notes on England*, 79

있었다. 하지만 남편이 아무런 조치도 취하지 않았다면, 그 재산은 그의 사망과 더불어 자동적으로 아내에게 귀속되었고, 그는 아무 권리도 행사할 수 없었다. 몇 년 단위로 임대를 준 '부동산'의 경우도 마찬가지여서, 아내가 임대권을 가지고 있는 경우, 남편은 임대료와 수익을 챙길 수 있었고, 그가 원한다면 결혼기간 동안 그것을 팔거나, 양도하거나, 처분할 수 있었다. 하지만 그가 생전에 이러한 조치를 하나도 취하지 않았다면 그는 기회를 상실하게 되고, 임대권은 문서화된 유언장과 상관없이 아내에게로 귀속되었다. 37)

한 아들이 자신의 상속 재산으로 끌어들인 분담금은 그의 형제자매들의 자산 일부로 간주되었음이 분명하다. 특히 큰 몫을 상속받은 장남의 경우, 그 자산을 쪼개지 않고 다른 형제자매들에게 상속을 균분할 수 있는 방안은 자신의 재산에 버금가는 현금을 끌어들인 다음 그것을 형제자매들에게 분담금으로 나누어주는 것이다. 따라서 이전 가능한 재산, 즉 쉽사리 유통 가능한 현금을 소유하는 것이 큰 도움이 되었다. 그리하여 페피스는 피커링(Pickering) 여사의 아들을 위한 계획을 이렇게 묘사하고 있다. '그의 어머니는 그의 누이 베티의 분담금을 마련하기 위해 아들을 결혼시킬 계획을 세웠는데, 이 계획은 아들에게는 비밀이었다.' 동생들이 재화와 동산, 그리고 장남의 아내가 가져온 분담금을 처분한다는 사실은 잉글랜드의 상류층에서 널리 말해지고 있었다. 38)

장남이 토지 대부분을 상속하고, 딸들은 그의 토지가 결혼분담금 명목으로 끌어들인 현금을 나누어 갖는 이러한 방식, 즉 장남의 재산을 균분하는 방식은 공문서 보관청에 있는 당대의 커크비 론즈데일 사례에 잘 나타나 있다.

---

37) Blackstone, *Commentaries*, ii, pt 2, 434.
38) Latham, *Pepys*, I, 295; Chamberlayne, *State of England*, 305.

396

런던에 사는 프랜시스 베인즈(Francis Baines)는 부친이 결혼을 통해 아내로부터 60파운드의 적법한 결혼 분담금을 받았는데, 그 돈은 결혼 당일 혹은 결혼 직후 며칠 내에 지불되었으며, 그래서 부친은 아내 몫의 평생재산을 조달해야 했다고 진술했다. 부친은 할아버지의 유언에 따라 아내의 분담금을 부친의 자매들에게 곧바로 분배하여 그들의 유산이 되도록 하였다. 39)

이것은 블랙스톤의 설명과 일치하는 자료이다. 이러한 돈은 자동적으로 남편의 소유가 되었으며, 그가 원할 경우 자신의 자매들에게 처분해 줄 수 있었다. 남편에 의해 적절한 수준의 보살핌을 받고 있는 한, 아내는 남편의 행동을 막을 수 없었다. 그리하여 자코뱅 시대(옮긴이: 잉글랜드왕 제임스 I세의 재위기간, 1603~1625)의 어떤 아내는 이렇게 말했다. 딸들의 분담금을 조성하는 방법은 장남의 결혼에서 최대 금액을 얻어낸 다음, 장남 아내의 분담금 전체를 동생들 몫으로 분배하는 것이다. 40)

부동산 — 즉, 자유보유(*freehold*) 토지나 가옥, 또는 결혼 당시 여성의 등본보유(*copyhold*) 토지 — 은 사정이 크게 달랐다. 그녀가 이러한 부동산을 남편에게 공식적으로 이전하지 않았다면 그것의 궁극적인 소유권은 그녀에게 귀속되었다. 블랙스톤이 지적하듯이, 결혼기간 동안 남편은 임대수익과 기타 이득에 대한 법적권리만 가질 뿐, 그 부동산은 봉건시대의 원칙에 따라 남편의 사망 이후 아내에게 완전히 귀속되었고, 남편보다 먼저 사망하면 그녀의 후손들에게 돌아갔다. 바꾸어 말하면, 남편은 그 부동산을 매도할 수도 없었고, 유언으로 다른 사람에게 넘겨줄 수도 없었다. 남편이 그 부동산을 이용할 수는 있었지만, 그것은 아내의 소유이다. 아내의 부동산은 남편에게 완전히 귀속되지 않기 때문에 분담금의 일부 혹은 과부산(*dower*)이 될 수 없다. 그 부동산이 결혼계약서

39) PRO, C. 2, B11/34. 1Charles.
40) furnivall, *Tell-Trothes*, 144.

로 남편에게 분명히 이전된 경우, 즉 남편에게 실효적으로 제공되어 아내의 손을 떠난 경우에만, 그는 그것을 마음대로 처분할 수 있었다. 이러한 방식으로 남편을 배제시키는 것은 여성의 자유를 지켜주는 하나의 보루였다. 그러한 방어기제는 자주 공격당했지만, 또한 적극적으로 수호되어졌다.

막대한 재산을 상속한 부유한 여성이 남편보다 먼저 사망하자, 난처한 상황이 발생하였다. 그녀는 토지를 자신의 상속인들에게 넘겨줄 수 있었다. 토지상속권은 그녀의 몫이었고 남편은 관리만 하고 있었기 때문이었다. 그렇다고 남편을 가옥과 토지로부터 즉시 쫓아낼 수 있는가? 이 대목에서 잉글랜드법은 남편에게 무척 관대하여, 후손들과 아내의 상속인들로부터 그를 보호해 주었다. 이것은 결혼이 지속될 때나, 배우자의 죽음으로 중단되었을 때 결혼에 주어진 엄청난 지원을 보여준다. 그 지원은 방계친족, 자녀들, 기타 모든 사람들로부터 보호되었다. 이러한 '우대권'(courtesy)의 작동방식은 결혼에서 발생가능한 모든 우발적 사건을 법이 해결해 줄 수 있는 최대 범위를 보여준다.

처음엔 자유보유 토지와 등본보유 토지를 구분하였다. 후자의 경우, 남편은 '예의권'(curtesy), 즉 아내 사망 이후 그녀의 등본보유 토지에 대하여 자동적으로 갖게 되는 권리가 없었다. '특별한 관습이 없는 한, 예의권에 의한 등본보유 토지의 임차권은 없었다.'[41] 커크비 론즈데일과 얼스 콜른 지역에서는 아내가 법정에 출두하여 자신의 권리를 포기하는 양도 사례가 종종 있었는데, 그러면 토지는 부부의 공동소유가 되고, 그 토지는 둘 중 장수하는 사람에게 남았다. 그러나 남편에 대한 '우대권'이라는 특별 관습이 있으면, 이것은 불필요한 일이었다. 자유보유 토지의 경우, 남편은 특정 조건 아래에서 아내의 자유보유 토지에 대한 자동적

---

41) Jacob, *Law-Dictionary*, s. v. 'curtesy'

398

인 권리를 평생 향유할 수 있었다. 그러한 권리는 다른 나라에도 있었지만, 잉글랜드법의 독특함은 남편의 재혼여부와 상관없이 종신토록 그 권리를 인정해 준다는 점이며, 그런 점에서 잉글랜드법은 매우 '예의바르다(courteous).' 프랑스 노르망디 지역에서는 남편이 홀아비로 지내는 동안만 그 권리를 인정하였다. 스코틀랜드에서는, 아내가 상속한 토지에 대해서만 남편의 권리를 인정하였고, 그녀에게 주어진 토지에 대해서는 인정하지 않았다. 잉글랜드에서는, '모든 토지에 대하여 남편의 재산권을 종신토록 인정'한 셈이었다. [42] 그리하여 재혼한 남성은 자신이 살아있는 동안 첫 번째 결혼에서 얻은 아들을 자신의 상속에서 배제시킬 수 있었다. 그러나 이 경우에 중요한 조건이 하나 있었으니, 아내 생전의 결혼생활에서 정상출산을 했어야만 했다.

'정상출산' 자녀에 대해서는 논란이 많았다. '정상출산'(live born)의 보편적인 정의는 출산 당시 신생아의 울음소리가 들려야 한다는 점이다. 또한 아이의 출생 당시 산모가 반드시 살아있어야 했다. 논란이 야기된 경우는 제왕절개 수술이었다. 블랙스톤은 이렇게 말한다.

아이는 산모가 살아있는 동안 출생해야 했다. 산모가 출산 중 사망하거나 제왕절개 수술을 받는 경우, 남편은 예의권에 의한 부동산 보유자가 될 수 없다. 왜냐하면 산모가 죽는 순간, 예의권 자격이 상실되기 때문에, 남편에겐 분명 토지소유권이 없고, 아이가 산모의 자궁 속에 있는 동안 토지는 아이에게 상속되었다. 그 후 그 재산은 그 아이로부터 박탈될 수 없다.

이것은 대부분의 잉글랜드 보유권에 해당되는 사례이지만, '가벨카인드'(gavelkind) 토지의 경우는 어떤 논쟁도 없이 남편은 예의권에 의해 부

42) Pollock and Maitland, ii, 416, 420.

동산 보유자가 될 수 있다. 43)

결혼에 대한 아내의 전반적인 기여를 고려한다면, 이 제도의 유연성과 관련하여 몇 가지 결론을 지을 수 있다. 첫째, 동산 형태의 분담금은 여성이 지리적으로 그리고 사회적으로 이동할 수 있었다는 속성을 의미했다. 둘째, 여성의 결혼에 대한 기여도의 크기는 가변적이었다. 어떤 시대 어떤 집단에서는 규범들이 있었지만, 그 규범들은 조정이 가능했다. 분담금은 여성의 자산 가운데 하나일 뿐이었다. 훌륭한 혈통, 좋은 성격, 미모 역시 분담금과 병행하여 가치 있는 자산으로 평가될 수 있었다. 셋째, 전 인구의 75%에 속하는 농부 또는 영세 장인과 그 이하 계층 사람들의 결혼자금은 자신의 힘으로 마련하기에 불가능할 정도로 그 액수가 크지 않았다. 이 모든 것들은 부모의 도움 없이도 결혼할 수 있게 만드는 다양한 재정적 지원이 있었다는 사실과 결부된다. 부모의 승낙은 유용한 자산이었지만, 부모는 단지 제한적으로만 자녀의 결혼을 통제할 수 있었다. 이와 반면에, 분담금이 필요하다는 생각은 결혼을 자제시키는 방편이 되기도 했다.

혼인자의 비율과 혼인연령에 미묘하게 영향을 미쳤던 항상성(恒常性) 장치의 견지에서 보면, 장기간에 걸쳐 임금이 인상되고 노동기회가 확대된 기간 동안, 특히 서번트와 젊은 여성들의 혼인연령이 어떻게 낮추어졌는지를 파악하는 것은 가능하다. 그런 상황에서는 여성이 10년 동안 저축을 하면 충분한 결혼자금을 마련할 수 있었고, 또 친구들도 그녀의 결혼에 도움을 줄 정도로 돈을 모을 수 있었다. 다른 시대라면 그녀와 친구들은 그렇게 하는 것이 불가능했을 것이다. 다른 여성들은 자신들이 비교적으로 어린 시절에 부모들이 장기간에 걸친 실질수입 증가분을 저축하여 그들의 분담금을 충분히 지불할 수 있다는 사실로부터 혜택을

---

43) Blackstone, *Commentaries*, ii, pt 1, 127. 가벨카인드는 막내아들이 상속자가 되는 풍습이다.

받았다. 부모의 경우엔 10년에서 20년, 자녀의 경우엔 5년에서 10년에 걸쳐 결혼분담금이 축적되었다는 사실은, 리글리(Wrigley)와 쇼필드 (Schofield)가 발견했던 결혼율과 실질임금수준의 변동 사이에 존재하는 20년 남짓한 시간지체(time-lag)를 부분적으로 설명해 준다. 어떤 해의 엄청난 풍작 또는 임금의 갑작스런 인상은 이른 결혼으로 곧바로 전환되지 않는다. 전환은 누적의 결과이다.

이것은 맬서스가 옹호했던 지연된 반응의 일종인데, 이것은 발전과 많은 투자를 허용하게 하는 숨 쉴 공간을 마련해 주었다. 특별한 패턴의 여성 결혼재정은 그 섬세한 맬서스 기제에서의 핵심 특징이었다. 게다가 우리는 혼인연기에 얼마나 많은 경제적 이점이 있는지 앞에서 살펴보았다. 자녀는 저축액을 늘릴 수 있고, 부모는 분담금을 지불할 수 있는 여유가 생기며, 다른 자녀들로부터의 압박도 감소될 것이다. 부유한 가정에서, 상속자의 결혼은 다른 자녀들의 상황을 여유롭게 만들었다. 그래서 분담금 제도는 결혼을 경제적 여유에 걸맞게 조정해 주는 섬세한 장치였다. 만약 어떤 여성이 '멋진 결혼'을 원한다면 적절한 시점을 기다리는 것이 나았다. 여성의 경제적 매력은 종종 그녀의 신체적 매력이 감소하기 시작하는 바로 그 시점부터 증가하였다. 20대 중반은 이 두 가지 매력이 최적의 수준으로 결합되는 나이였다.

분담금 제도엔 또 다른 경제적 이점이 있다. 분담금의 유입은 사회계층간에, 도시와 시골 간에, 상인계층과 농부계층 간에 부의 유연한 교류를 가능하게 했다. 결혼은 비즈니스 파트너들 사이의 관계와 같은 것이어서, 아내의 분담금은 종종 남편을 자신의 사업장에서 마스터의 지위로 올려놓는 수단이 되었다. 44)

신부 측의 이러한 기여가 인류학자들이 기술하는 다른 문화권에서의

---

44) George, *London Life*, 171; cf. Winchester, *Tudor Portrait*, 77; Chambers, *Population*, 52.

신부의 혼수(*dowry*)과 유사하지만, 잉글랜드에는 지난 수 세기 동안 다른 유형의 혼인 거래인 '신부대금'(*bridewealth*)이나 '신붓값'(*brideprice*)이 명백히 없었다. 인류학 저서에 묘사되어 있듯이, '신붓값'은 신랑의 친족이 신부의 친족에게 지불하는 것인데, 신부 측은 자신의 딸을 다른 친족 집단에게 양도하는 것에 대한 보상금을 받는 셈이었다.[45] 한 개인이 특정집단으로부터 다른 집단으로 이전되는 경우, 특히 부계사회에서 한 여성이 남편의 집단으로 이주하는 경우, 떠나는 개인의 빈자리를 메우기 위해 상당액의 부가 흘러 들어온다. 앵글로색슨 시대 잉글랜드에서 신부의 친족에게 모종의 돈을 지불했다는 암시가 있기는 하지만,[46] 15세기 이후 자료에는 그러한 선물 또는 지불의 사례가 전혀 없다. 그러한 부의 흐름은 다음 세대, 즉 자녀 부부에게로 이전되었다. 이것의 변형된 형태인 '신랑의 서비스', 즉 장래의 신랑이 신부 측에 가축이나 물품 대신 자신의 노동으로 신붓값을 '치렀다'는 증거도 없다. 잉글랜드에서 이것과 가장 근사한 사례는 서번트나 도제가 급기야 자신의 마스터 딸과 결혼한 경우이다. 그러나 이것은 '신랑의 서비스'가 아닌 다른 방식의 설명이 가능하다. 마스터 딸과의 결혼은 신부 측에 대한 보상의 차원이 아니라, 그가 수년간 그 사업에 종사한 까닭에 딸의 사업에 도움을 줄 수 있기 때문이다.

결혼을 통해 작은 기업체가 설립되는데, 여성은 여기에 가구와 유동성 자금과 자신의 기술을 투입한다. 남성은 어떤 기여를 하는가? 결혼 펀드에 남편이 제공할 수 있는 두 가지 주요 요소는 거주할 가옥과 생계를 꾸려갈 수단이다. 후자는 토지와 농기구 및 가축으로 이루어지거나,

---

45) Goody and Tambiah, *Bridewealth and Dowry*; Westermack, *Marriage*, ii, xxiii.

46) Howard, *Matrimonial Institutions*, i, 263; Goody, *Family and Marriage*, App. 2.

자산과 주식을 가진 모종의 소규모 사업, 또는 더 많은 부를 쌓을 수 있는 기술이나 의사, 변호사 같은 전문직 훈련으로 이루어져 있다. 바꾸어 말하면, 남성은 '생계수단'(living)에 대한 전망이 있어야 한다. 이것의 성취를 위해 그는 아내의 도움을 받아 혼신의 노력을 쏟을 것이며, 자녀 양육과 노후대책 마련을 위해 충분한 돈을 벌어들일 것이다.

적절한 수준으로 가족을 부양할 수 있을 만큼의 독립적 수입을 확보하기 전에는 남성이 결혼해선 안 된다는 사회규범은 널리 퍼져 있었고, 그 것은 결혼에 대한 제동장치 역할을 하였다. 그 규범은 여성들의 분담금과 마찬가지 역할을 수행했던 것이다. 남성이 이른 나이에 결혼할 수는 있지만, 그런 경우 그는 자신과 가족을 계층하락에 내맡기는 셈이 된다. 자신의 결혼을 뒤로 미루면 미룰수록, 그가 안락한 중년과 노년을 누릴 가능성은 더 커진다. 그는 이러한 가능성과 결혼연기가 야기하는 성적, 사회적 만족감의 상실 사이에 균형을 맞추어야 한다. 그가 도제 또는 대학생인 경우, 자신의 훈련이 끝나기 전에 결혼하는 것은 위험한 일이었지만, 너무 늦게까지 기다리는 것 또한 어려운 일이었다. 남성에게 적절한 결혼시점은 역시 20대 중후반이었다. 하지만 재정적 요소와 심리적 요인 사이의 균형은 다양한 외적 압력과 변동에 좌우되었다.

한편, 일정 기간의 경제성장은 결혼 억제력을 누그러뜨릴 것이다. 노동수요가 증가하고, 사람들이 상위 경력으로 빠르게 승진하면, 결혼하기에 '안전하고' 합리적이라고 간주되는 수준에 더 빨리 다다르게 된다. 다른 한편, 그러한 성장은 기대수준을 높일 것이다. 한 세대에서 적정한 것으로 간주되었던 생계수준이 다음 세대에서는 그렇지 않을 것이다. 끊임없는 욕망의 상승은 자본주의의 핵심인 소유욕의 소용돌이이자, 맬서스 결혼이론의 핵심요소인데, 이것은 결혼과 긴밀하게 연결되어 있다. 18세기의 애덤 퍼거슨(Ferguson)도 이것을 인지하였다. 그에 따르면, 사람들이 '생필품'을 갖추기 전에는 결혼할 수 없었지만, '생필품'이란 막연하고 상대적인 개념이다. '생필품'은 오히려 개인의 환상과 생활 습관과 관련된다. 부가 증가하면 사람은 풍요로 넘쳐나는 장소를 떠날 수 있는데, 왜냐하면 자신이 가정하는 지위와 욕구가 요구하는 재산을 갖고 있지 못하기 때문이다. 47) 사람들의 전반적인 기대수준 상승뿐만 아니라, 계층상승의 욕구도 결혼을 몇 년 뒤로 미루게 만들 수 있다. 그 때가 되면 그는 높은 수준의 부를 축적하고 되고, 그 부는 '더 나은' 결혼 을 통해 공고화될 것이기 때문이다. 끝없이 위로 소용돌이치는 탐욕은 주거지 문제에서도 나타난다.

집 구입을 계획하는 것은 남성의 일이었다. 앞에서 살펴보았듯이, 사 람들은 부모와 함께 살거나 오두막집에 살기보다는 자신들만의 집을 선 호하였고, 이러한 여유는 결혼의 결정요인 가운데 하나였다. 부유층을 제외하고는 부모가 집을 마련해 주는 경우는 예외적이었다. 조슬린, 헤 이우드, 페피스 등과 같은 17세기 당대의 일기작가들을 살펴보면, 그들 의 부모가 집을 마련해 주었다거나, 자신들이 자녀들에게 집을 마련해 준 경우는 거의 없었다. 대부분 사람들의 경우, 주거지 마련은 부부의 책임이었고, 부부의 공동목표였다. 아내가 가재도구를 제공하는 것처럼 아내의 분담금 일부는 집 구입에 사용되었다. 남편 역시 저축을 통해서 집 임대권을 구입하기도 했다. 다른 사람들도 도움을 보냈는데, 부모는 선물을 제공하였고, 마스터와 친구들 역시 마찬가지였다. 결국, 자금은 여러 사람들의 도움으로 조성되었고 주택의 구입과 결정은 부부 특히 남 편의 책임이었다. 적절한 집의 수준은 문화적으로 결정되었고, 따라서 상향조정되어야만 했다. 오늘날도 그렇듯이, 한 세대의 사치품은 다음 세대엔 필수품이 되었다. 48) 고정된 기준이 없기 때문에 사회에서의 부 의 증가는 결혼에의 진입을 쉽게 만들기보다 오히려 결혼의 문턱을 높이

---

47) Ferguson, *Essay*, 142~143
48) Hoskins, 'Rebuilding', *passim*.

는 결과를 낳았다. 앞에서 살펴보았듯이, 아서 영(Young)은 잉글랜드인과 아일랜드 빈민 사이의 기준 차이가 양자에서 결혼 유형의 차이를 낳은 주요인이라고 지적하였다.[49]

부모가 아들에게 실제로 제공해 준 것은 그것이 무엇이든 간에 무상의, 제한 없는 선물이었다. 그것은 또한 분담금처럼 부모의 사망 이후 그가 받게 될 몫을 미리 지급하는 것으로 간주되었다. 그의 결혼을 위해 부모가 제공할 수 있는 액수는, 딸들의 경우와 마찬가지로, 다른 자녀의 수, 형제들의 결혼과 관련한 그의 결혼의 위치, 얼마나 오랫동안 결혼을 연기시켰는가에 달려 있다. 많은 점에서 장남 이외의 아들들은 딸과 동일한 위치에 있었다. 그의 누이들과 마찬가지로, 그들은 종종 현금 분담금을 받았고, 그것을 기반으로 자신의 삶을 시작해야만 했다. 분할가능한 유산을 제외하고, 오직 장남만이 주요한 재산을 받을 수 있었는데, 이것을 근거로 장남은 거액의 분담금을 유인할 수 있었고, 이 분담금은 남녀 동생들의 결혼에 기부될 수 있었다. 커크비 론즈데일(Kirkby Lonsdale) 교구에서는, 모친의 사망 후 부모의 가옥과 토지를 물려받은 장남과 차남들 사이에는 커다란 차이가 있었다. 후자들은 딸과 동일한 대접을 받았으며, 딸의 분담금과 동일한 액수의 현금을 받았다. 얼스 콜른에서도 차남과 딸은 동일한 대접을 받았다.

결혼협상에서 중요한 경제적 기여는 결혼할 때 남편이 제공하는 돈이나 부동산에 관한 것보다는 아내에게 평생 수입을 보장한다는 약속이었다. 아내가 남편보다 더 장수할 가능성이 있었고, 그럴 경우 아내와 자녀들의 수입이 보장되어야 했다. 잉글랜드에서는 '우대권' 또는 아내의 분담금 흡수라는 방법을 통하여 남편을 아내의 사망으로부터 보호해 주었음을 앞에서 살펴보았다. 그러면 아내의 경우에는 어떻게 보호된단

---

49) Hutton, *Young's Tour*, ii, 119~120.

말인가? 이 대목에선 합작주주회사의 유추가 적절하다. 왜냐하면 잉글
랜드에서 결혼은 사실상 합작회사 설립과 유사하기 때문이다. 결혼 정
착의 조항은 회사의 조항과 매우 유사하였다. 주요한 형식적 기제는 소
위 '과부급여'(jointure)였다. 이것은 남편과 아내가 각자 가져온 재산 일
부를 '공동재산'(joint estate)으로 설정한 다음, 둘 중 장수자에게 남겨줌
으로써 다른 상속인을 배제하는 방식이었다. 에드워드 코크(Coke) 경이
정의했듯이, '과부급여'란 '아내에게 토지와 가옥에 대한 자유보유권을
제공하는 적법한 생계수단이었다. 이것은 남편의 사망 이후 효력이 발
생하여 아내가 살아있는 동안 수익과 소유권을 보장해 주었다. '50) '과부
급여'의 본질은 남편이 자신의 사후 그의 재산으로부터 일정액을 아내에
게 매년 제공한다는 약속이었다.

    16세기부터 18세기 사이의 신사와 귀족계층에서의 그러한 '과부급여'
의 크기와 그 가치의 팽창에 관해 많은 연구들이 행해졌다. 51) 이 연구들
의 대부분은 여성의 결혼 분담금의 규모와 '과부급여'의 규모의 비율에
관한 것이었다. 존 이블린(Evelyn)은 결혼분담금이 4천 파운드였을 때
매년 '과부급여'는 5백 파운드였음을 언급하고 있다. 블룬델(Blundel)은
2천 파운드의 결혼분담금이 2백 파운드의 '과부급여'을 발생시킨다고 말
한다. 페피스는 5백 파운드의 결혼분담금에 40파운드의 과부급여를 언
급하고 있다. 52) 17세기 후반, 양자 간의 비율은 대략 10 대 1이었는데,
이것은 당시 토지와 기타 자본금으로부터 기대되는 수익에 해당되는 액
수였다. 그렇다면 '과부급여'는 어떤 의미에서 보면, 여성 자신이 결혼
당시 가져온 자금으로부터 파생되는 보증재산인 셈이었다. 17세기 초

---

50) Blackstone, *Commentaries*, ii, pt 1, 137에서 인용.
51) Habakkuk, 'Marriage Settlements'; Stone, *Crisis*; Cooper in Goody, *Family and Inheritance*.
52) Bray, *Evelyn Diary*, 499; Blundell, *Diary*, 12; Latam, *Peppy*, iii, 176.

반, 그 비율은 여성에게 좀더 유리해져서 6백 파운드의 분담금은 매년 1 백 파운드의 '과부급여'를 이끌어냈다. 하박쿡은 이자율 하락이 이 변동 의 주원인이라는 주장을 일축하면서, 이런 변동은 결혼정착이 남편에게 유리하게 바뀐 것을 반영한다고 주장한다. 그는 남편감을 원하는 부유 한 상인계층 딸들의 증가로 야기된 결혼시장의 치열한 경쟁이 주원인이 라는 당대의 견해에 동의한다.[53] 신사 이하 계층에 대한 연구는 훨씬 적 어서 거기서도 유사한 변동이 있었는지 우리는 여전히 알 수 없다.

여기서 짚고 넘어가야 할 중요한 논점이 하나 있다. 많은 경우에 '과부 급여'가 필요치 않았다는 점인데, 잉글랜드의 관습법은 남편의 자유보유 재산 3분의 1을 가질 수 있는 '과부산'(*dower*)을 아내에게 자동적으로 보 장해 주었기 때문이다. 이것을 아내로부터 박탈할 수도, 철회할 수도, 아내에게 침해할 수도 없었다. 그것의 보장을 위해 구체적인 계약서마 저 필요치 않았다. 앵글로색슨 시대부터 1833년 폐지될 때까지, 잉글랜 드에는 일종의 과부산이 존속하였다.[54] '과부급여'의 계약 목적은 단지 아내에게 관습법의 과부산보다 더 폭넓은 보장을 제공하기 위함이었다. 사망한 남편의 자유보유 재산의 3분의 1을 차지한다는 관습법상의 아내 의 관습법적 권리는 자신의 생계와, 어린 자녀들의 양육 및 교육을 위한 비용이었다.[55]

과부산은 아내가 다른 상속인들에 대항하여, 간통죄로 남편과 별거할 경우에라도 남편 재산의 3분의 1에 대해서는 아내에게 자동적으로 권리 가 주어졌다. 결혼이 무효화되면 물론 그 자격이 상실되었다. 이러한 권 리는 교회에서 결혼식을 올렸는지 아닌지 여부와 상관없이 아내에게 주 어졌다. 만약 그녀가 남편 재산의 3분의 1 이상을 받게 되면, 계약서대

53) Habakkuk, 'Marriage Settlements'.
54) Whitelock, *English Society*, 152; Pollock and Maitland, ii, 365ff.
55) Blackstone, *Commentaries*, ii, pt 1. 129.

로 수령할 것인지 아니면 관습법을 따를 것인지 결정할 수 있었다. 가족 주택에 관해서라면, 아내에게는 남편 사망 후 40일간 그곳에 살 수 있는 '과부잔류권'(*quarantine*)이 주어졌고, 이 기간 동안 상속인은 그녀에게 과부산과 대체주거를 마련해 주었다. 그녀가 가족주택에 계속 머무를 경우, 그녀는 그 상속인의 세입자가 되었다. 과부산은 그녀가 '정숙한 과부'로 지낼 때뿐 아니라 일생동안 제공되었다. 메이틀랜드가 설명했듯 이, 과부는 재혼할 경우에도 과부산을 누릴 수 있었다. 56) 잉글랜드에서 는 스코틀랜드의 관습을 따르지 않았는데, 스코틀랜드에서는 남편이 살 아 있는 동안 아내가 유언 없이 사망할 경우, 그녀의 과부산은 남편이 아 닌 아내의 친족에게 돌아갔다. 이 경우를 보더라도 잉글랜드법은 남편 을 우대하였다. 57)

'과부급여'와 '과부산'에 관한 이러한 규정은 자유보유 재산에 적용되 었다. 그러나 대다수 사람들의 경우, 재산의 대부분이 관습적 보유권 — 예컨대 법원기록부 사본 — 에 의해 장원의 소유 혹은 자치읍 토지보유 권에 의해 자치읍 소유의 형태였다. 이러한 경우에 아내의 권리는 어떻 게 되는가? 블랙스톤은 '등본보유 과부산'(*copyhold dowers*) 또는 '자유후 보권'(*free-bench*)에 대해 언급하는데, 이것은 잉글랜드에서 이 제도를 지칭하는 명칭이었다. 또 다른 명칭은 '과부권'(*widowright*)이었는데, 과 부의 권리는 그 어떤 상속관습보다도 훨씬 지속적이고 견고하게 설정되 었던 것처럼 보인다. 58) 그러나 '등본보유 재산은 장원의 특별한 관습 없 이는 과부산이 될 수 없었는데, 이러한 사례의 등본보유 재산은 과부의 자유후보권이라 불렀다.' 비록 아내는 자녀들이 14세가 될 때까지 자동 적으로 후견인이 되어 남편의 사망 후 일시적인 보장을 받을 수 있었지

---

56) Ibid, ii, pt. 1; Pollock and Maitland, ii, 419.

57) Pollock and Maitland, ii, 431.

58) Blackstone, *Commentaries*, ii, pt 1. 129; Faith, 'Inheritance', 91.

만, 남편의 자유보유가 아닌 재산은 차지할 수 없었다. 59) '과부급여'는
아내에게 지속적인 소득을 보장해 줌으로써 이러한 문제를 해결해 주었
지만, 다른 여러 방안도 있었다.

자유후보권이 얼마나 널리 확산되어 있었는지 살펴보려면, 잉글랜드
전역의 장원과 자치읍의 관습, 특히 켄트지역의 가벨카인드(*gavelkind*)
라는 특수한 관습을 체계적으로 조사할 필요가 있다. 예컨대 런던에서
는 과부에게 그녀가 잠자던 방에 대한 권리를 제공하는 '과부 침실'에 관
한 특별한 관습이 있었다. 60) 그러나 이러한 관습에 관한 체계적인 조사
가 수행된 적도 없었고, 전국 규모 또는 지역 단위의 자료수집도 없었
다. 따라서 우리는 구체적인 사례를 검토할 수밖에 없다.

이러한 관습의 다양성은 웨스트모어랜드(Westmorland) 주의 경우에
잘 나타나 있는데, 커크비 론즈데일은 그곳에 위치해 있었다. 아이작 길
핀(Gilpin)은 커크비를 포함한 켄달(Kendal)의 남작령 장원에 관한 관습
을 묘사하고 있는데, 그는 80세가 될 때까지 켄달의 판사로 재직했다.
그는 17세기 초엽의 관습을 이렇게 묘사하고 있다.

> 켄달의 남작령 장원에서는 소작인이 사망할 경우, 과부는 그곳 관습에
> 따라 사망한 남편이 차지했던 영지를 갖는다. 이러한 권리는 그녀가 독
> 신 과부로 지내는 동안 주어졌으며, 그 기간에 자녀들에겐 아무런 특혜
> 도 주어지지 않았다. 그녀가 재혼하거나 유산할 경우에는 남편의 영지
> 에 대한 모든 권리를 상실했다. 또한 남편도 유언장을 통해 아내의 과부
> 재산을 박탈할 수 없었다.

다른 남작령 장원에서의 관습은 이것과 달랐다고 저자는 지적한다.
'정숙한 과부'(*pure widowhood*)로 지내는 동안 그녀는 종종 남편 재산의

---

59) Blackstone, *Commentaries*, ii, pt 1. 132; *The Order of a Court Leet*, 36.
60) Blackstone, Commentaries, ii, pt 2. 517.

반 또는 3분의 1을 받았다는 것이다. 61) 예컨대, 퍼니스(Furness) 지역
의 혹스헤드(*Hawkshead*)의 관습은 그녀에게 남편 재산의 3분의 1을 지
급했음을 알 수 있다. 그리고 퍼니스 지역의 브라우튼(Broughton)에서
는 첫 번째 아내에게 남편 재산의 반을 지급하고, 다음 아내들에게 3분
의 1을 지급하였다. 얼버스튼(Ulverston) 지역의 경우, 일부 장원에서는
'사망한 남편이 차지했던 땅의 일부'를 자유후보권으로 인정하였고, 다
른 장원에서는 자유후보권을 '결혼과 결부'시켰다. 그러나 '한 주에서는
장원 또는 영지의 수만큼, 장원에서는 타운 또는 마을의 수만큼, 수많은
관습들이 있었다'고 길핀은 말하고 있다. 62) 럽튼(Lupton) 타운의 유언
장들을 살펴보면, 소작인들은 자신들의 아내가 과부로 지낼 동안 '영지
의 관행에 의해' 모든 영지를 소유할 수 있음을 언급하였다. 그러나 과부
가 재혼하면 그 영지를 상실할 것이다. 이러한 박탈의 위협을 피할 방도
가 없는 한, 이것은 과부의 재혼을 막는 압박으로 작용했을 가능성이 있
다. 또한 모친이 사망하거나 재혼할 때까지 부친의 모든 재산으로부터
아들을 제외시킴으로써, 이 관습은 만혼을 조장했음에 틀림없다. 이것
은 1695년 럽튼의 주민명부가 보여주듯이, 25세 이상의 독신 아들의 수
가 엄청나게 많았다는 사실과 일치한다.

에식스의 남부 주 안에서도 많은 차이가 있었다. 63) 물론 연속성은 유
지되었지만, 낡은 관습이 폐지되고 새로운 관습이 고안되는 등 관습은
세월에 걸쳐 급속한 변화를 겪었다. 얼스 콜른의 경우를 살펴보면 이러
한 변화를 읽어낼 수 있다. 1552년 6월 7일 얼스 콜른의 법정문서를 살
펴보면, 한 과부가 법정에 출두하여 영지 3분의 1을 '합법적인 과부산'으
로 요구하였다. 왜냐하면 그녀의 '과부산' 명목으로, 영지 3분의 1을 그

---

61) Bagot, 'Manorial Customs', 238, 243.
62) Ibid., 228.
63) Benham, 'Manorial Customs', 83~84.

녀의 것으로 인정해 주는 것이 서약으로 명시된 장원의 관습이기 때문이었다. 이것은 옥스퍼드 백작이 그 장원을 상대적으로 느슨하게 장악하고 있을 때 발생한 사건이었다. 그 후 그 장원은 거주 지주 할라켄든(Harlakenden)이 구입하여 경영하였다. 1595년 6월에 그 사안은 구체적으로 논의되었다.

그 장원의 집사는 자신의 업무의 일환으로, 결혼기간 동안 언제든지 아내가 남편의 영지 3분의 1을 승계할 수 있는지 여부에 관한 심리를 이 법정에 요구하였다. 그리고 증인들은 말하기를, 아내에게 남편의 영지를 과부산으로 제공해야 한다는 규정은 기억에도 없고 재판기록도 없으며, 과거에 여러 여성들이 과부산을 요구했지만 항상 기각되어, 그런 관습은 없다고 생각한다는 것이었다.

사실, 오늘날 빠짐없이 출간된 1400년부터 1600년까지의 방대한 양의 재판기록을 살펴보면, 1595년의 판례가 옳았다고 생각한다. 비록 과부산의 가능성에 대한 언급이 간혹 있긴 하지만, 여성의 당연한 권리로서의 과부산에 대한 명확한 증거는 거의 없다. 1552년 이러한 관습에 대한 변경이 시도된 것처럼 보인다. 그러나 최초의 재판기록이 증명하듯이, 이러한 어려움을 모면하기 위한 여러 방편 또한 마련되었다. 결혼식을 치른 다음, 남편이 법정에 출두하여 자신의 영지를 반납한 다음, 그 영지를 부부 둘 중의 장수자의 몫으로 함께 되돌려 받곤 했다. 이런 일은 법정에서 무척 빈번한 일이었고, 이것은 자동적인 과부권의 부재에 대한 또 하나의 증거인데, 사람들은 이러한 법정을 '부부 법정'(pairing courts)이라고 불렀다. 64)

아내의 결혼 기여도를 살펴보면서, 우리는 그녀의 손재주와 에너지가

---

64) Macfarlane, *Josselin Diary*, 20 October 1646.1

가장 중요한 자산이라고 강조하였다. 이것은 남성의 경우도 마찬가지
다. 그러나 남편의 주요한 결혼 기여는 돈벌이 전망이다. 물론 이것은
직종에 따라 다르다. 지주 신사는 일찍부터 자신의 재산에 근거하여 살
아갈 수 있다. 그러나 지주 집안의 차남들을 포함하여 대부분 사람들에
게는 결혼가정의 생계를 실제로 꾸려갈 수 있는 일정 수준의 소득과 미
래에 대한 전망이 필요하였다. 도제가 되기 원하는 사람은 훈련을 마친
다음 자신만의 가계를 설립해야만 했다. 장인들과 상인들의 경우, 결혼
할 여유를 확보할 수 있기 까지 약 7년 이상 소요되었다. 이것은 대학에
진학한 전문직 남성이 박사, 변호사, 목사가 되기 위해 몇 년씩 투자하
는 것과 마찬가지이다. 남성들은 먼저 수년간 저축하여, 자신이 선택한
직종에 재투자한 다음, 일정한 발판이 마련되면 결혼을 고려하게 된다.
토우니(Tawney)가 오래 전에 지적한 것처럼, 일찌감치 자신의 최대수
입에 도달하는 노동자들은 이러한 기다림의 햇수가 짧을 것이다. [65) 그
러나 그러한 노동자들조차도 주택구입과 약간의 여유자금을 위해 저축
할 필요를 느꼈다. 하지만 대부분의 노동자들은 임대주택부터 시작할
것이다.

　결혼시점에서 고려되었던 자본은 남녀 양측에서 조달되어야 하는데,
현금, 가옥, 토지, 가재도구, 농기구, 가구, 기술, 노동력 등이 뒤섞인
형태로 투입되었다. 앞에서 살펴보았듯이, 결혼에서의 이러한 기여는
남녀 간에 적절한 균형을 이루어, 남편은 거대한 자본금과 소득 잠재력
을 제공하고, 아내는 즉시 사용가능한 현금과 자녀출산 잠재력을 제공
하였다. 방계의 친족들은 결혼자금의 형성에 별로 간여하지 않았다. 결
혼자금은 주로 부부 자신들의 신중한 노력, '친구들'(친족이 포함될 수도,
제외될 수도 있음), 이웃들 그리고 부모들에 의해 조성되었다. 부만이 유

―――――――――――――

65) Tawney, *Agarian Problem*, 104~106.

일한 고려사항인 특수한 경우, 신랑 또는 신부 측에서 재정지원을 낮추는 것이 가능하였다. 그러한 경우, 부는 귀족혈통, 미모, 탁월한 장래성, 기타 장점들로 대체되었다. 결혼 여부를 결정짓는 경제적 원칙은, 쌍방에서 기여된 자산을 결혼 전과 후에 어떻게 처리하느냐에 달려 있었다. 따라서 우리는 결혼자산의 원칙을 간략히 살펴볼 것이다.

우리는 먼저 이베르(Yver)의 저서를 통해 프랑스에서 확립된 결혼자산의 연속성을 살펴볼 것이다. 66) 여기서 주된 논점은 잉글랜드의 결혼에서 남편과 아내 사이의 '재화의 공유'(*community of goods*)가 어느 정도 존재하는가이다. 프랑스의 경우에는 두 극단이 존재한다. '공유' 극단에는 예컨대 노르만과 왈룬(*Norman and Walloon*) 체제가 있다. '가계' (*lineage*) 극단에는 남프랑스 지역의 로마법이 있다.

두 극단 사이에는, 예컨대 파리 지역처럼, 프랑스의 여러 지역이 있다. '공유' 지역에서, 결혼 후 아내와 남편은 개별 권리를 더 이상 가지지 않는다. 부부는 완전히 융합하여, 법적으로 한 사람이다. 부부 중 한쪽이 개별 상속인이 되는 것은 불가능하다. 그러한 상황은 우리가 그려볼 수 있는 완벽하게 통합된 회사인데, 회사가 파산하여도 파트너들은 개별 권리를 가지지 않는다. 몸과 피, 그리고 재산은 하나가 된 것이다. '가계'의 상황에서, 두 파트너는 자율적이고 분리된 상태로 남아있으며, 그들의 재산은 일시적인 '동맹'으로 존재할 뿐, 종국엔 아내의 친족은 그녀의 재산을, 남편의 친족은 그의 재산을 차지한다. 어떤 방식으로든 결혼이 종료되면, 각자의 재산은 남편 또는 아내의 상속인에게 귀속된다. 결혼은 재산을 일시적으로 합치게 한 것일 뿐이다. 잉글랜드의 경우는 둘 중 어디에 속하는가?

이베르(Yver), 라두리(Ladurie), 구디(Goody)에 의해 다시 제기된 이

---

66) Goody, *Family and Inheritance*, Le Roy Ladurie가 요약.

문제는, 메이틀랜드가 오래 전에 논의했던 것이다. 산업혁명 이전 수 세기 동안 잉글랜드는 분명 '공유' 체제였던 것 같다. 블랙스톤이 암시하듯이 결혼을 통해 부부의 재산은 완벽한 병합을 했던 것처럼 보인다. 아내의 '동산'은 남편에게 완벽하게 흡수되었다. 67) 이것은 전적으로 '남편과 아내는 한 사람(an unity of person)'이라는 개념 때문이었다. 부부가 법적으로 하나가 되었기 때문에, 아내라는 존재는 보호기간 동안 무시되거나 남편의 존재 속으로 완전히 '병합' 또는 '통합'되었다. '한 사람', '병합', '통합' 등의 어휘는 우리에게 완벽한 2을 상기시킨다. 그러나 자세히 살펴보면, 상황은 훨씬 더 복잡하다. 첫째, '공유'라는 개념은 쌍방의 권리를 암시하는데, 결혼생활 동안 아내는 남편의 자산에 대한 권리를 갖고, 남편 역시 아내의 자산에 대한 권리를 갖는다. 그러나 실제로는 그렇지 않다. 둘째, 진정한 '공유' 체제에서 공동관리(pooling)는 영구적인 것으로 중도에 파기될 수 없다. 공동관리는 남편과 아내의 개별 정체성을 소멸한다. 블랙스톤은 특히 잉글랜드에서 '보호기간 동안'(during the coverture)이라는 표현을 사용하는데, 이것은 곧 결혼기간 동안을 의미한다. 그러므로 '공유'의 개념은 기껏해야 일시적인 것이다. 결혼계약이 종료된 다음, 아내는 독립적인 행위자로 다시 나서게 된다. 사실 그녀의 존재는 남편에게 흡수된 것이 아니라, '남편의 보호 아래 있는 여성'(covered woman)이라는 표현이 더 적절하다. 이렇게 보호받는 자로서의 여성 이미지는 봉건시대 소작인의 이미지와 연결된다. 그녀는 주군인 남편에게 소속된 봉노 또는 '신하'인 셈이다. 이것은 남편에게 흡수되는 것과는 매우 다른 것인데, 왜냐하면 소작인은 자기 나름의 독립성을 유지하기 때문이다. 메이틀랜드는 공유, 심지어 재화에서의 공유조차 존재하지 않는다는 사실을 지적했다. 부부간에 재화의 공유란 없으며, 동지의식

67) Blackstone, *Commentaries*, ii, pt 2, 433.

414

(*compagnie*) 조차 없다. 아내의 동산은 남편의 것이 되어버린다. 68)

셋째, 개인적인 유동자산으로부터 부동산 쪽으로 화제를 돌리면, 왜 '공유'가 오해의 소지가 많은지 분명해진다. 블랙스톤을 비롯한 여러 학자가 주장하듯이, 남편은 아내의 부동산에 대하여 사용권만 갖고 있었다. 남편과 아내의 재산은 합병되지 않았으며, 아내가 자신의 토지를 남편 또는 부부 공동재산으로 넘겨주지 않는 한, 서로의 재산은 독립적으로 관리되었다. 결혼 그 자체가 부부간의 이러한 공유를 형성하는 것은 아니었다. 이것은 자유보유 재산과 관련된 관습법의 경우뿐 아니라, 장원재산과 관련된 관습법의 경우에도 적용되었다. 그리하여 다음과 같은 진술이 명기되었다. 예컨대, 토지가 모계 쪽으로 내려가는 경우, 부계 쪽이 아닌 모계 쪽 상속인이 물려받았고, 그 반대 경우도 마찬가지였다. 69) 그리하여 A라는 남성이 재산을 소유한 B라는 여성과 결혼했는데 자녀 없이 둘 다 사망했다고 가정하면, 어떤 경우에도 A의 친족이나 A의 이전 결혼 소생은 유산을 상속받을 수 없었다. 바꾸어 말하면, 재산권이 남성 혹은 여성 쪽으로 계속 승계되는, 일종의 가계 체제를 강력하게 암시하고 있다.

아내가 자신의 이름과 정체성 모두를 상실하면서 '공유'에 합류하기보다는 일시적으로 침잠하는 상태, 예컨대 개별 정체성을 유지하면서 남편의 보호를 받는다고 하는 것이 좀더 정확할 것이다. 과부가 되면 그녀는 상대적으로 자유롭고 독립적인 존재로 다시 출현했던 것이다.

메이틀랜드가 말했듯이, 부부재산에 관한 '기본원칙'은 남편이 결혼기간 내내 아내의 보호자 역할을 했다는 점이다. 그녀는 남편에게 파묻히지도 않았고, 단지 남편의 '것'이나 물건이 아니었다. 메이틀랜드는 말하기를, 비록 아내가 마스터에게 복속된 서번트, 왕의 신하 또는 부모의

---

68) Pollock and Maitland, ii, 447.
69) *The Order of a Court Leet*, 41.

자식처럼 보일지라도 '우리는 아내를 물건으로 취급하지 않으며, 법에 따라 하나의 인격체로 대우한다.' 스코틀랜드 법이 용인하고 잉글랜드인들이 추파를 던졌던 '공유' 아이디어의 거부는 잉글랜드인들의 결혼제도에 여러모로 결정적인 영향을 미쳤다고 메이틀랜드는 주장한다. 그에 따르면, '스코틀랜드의 법은 남편과 아내 사이에 **재화의 공유**를 신봉하거나 신봉하려고 노력했는데, 잉글랜드법은 이것을 단호히 거부하였다.'[70]

공유의 거부는 여러 가지 결과를 낳았다. 잉글랜드가 '오래전부터 개인주의적 경로를 선택'한 결과, 잉글랜드 여성들은 사실상 상당한 권력을 소유하게 되었다.[71] 바로 이 점에 역설이 있다. 부부의 재산을 병합하는 '공유' 제도가 남편의 '보호를 받는' 제도보다 여성의 지위를 높여주고 그리고 여성을 훨씬 더 잘 보호해줄 거라고 생각될 수 있다. 따라서 잉글랜드 여성들의 법적지위가 다른 나라들보다 분명 낮다고 언급하는 사람들이 많았다.[72] 그러나 그들은 잉글랜드 여성들이 다른 유럽국가들보다 **실제로**(*in practice*) 좀더 많은 통제력과 자신감 그리고 독립심을 갖고 있는 것처럼 보인다고 주장했다. 이것은 단지 보호법과 원칙 아래 있는 여성의 권리가 여성의 관습법 지위보다 더 낮기 때문만은 아니다. 마치 신하와 서번트들처럼, 잉글랜드 여성들이 남편들에게 종속되어 있지만 독립적인 권리를 갖고 있었기 때문이기도 하다. 잉글랜드는 법이 결혼 내에서조차 여성들의 양도할 수 없는 재산권을 인정해 주는 사회였다.

가계 혹은 공유의 양극단으로 치닫지 않고 절묘한 균형을 이룬 이 범상치 않은 제도를 제대로 파악하기 힘든 한 가지 이유는, '하나임'(*unity*)이라는 개념과 '공유'라는 개념을 어떻게 분리시킬 것인가의 문제 때문

---

70) Pollock and Maitland, ii, 406, 400; '공유'에 대한 아이디어를 거부했던 최근의 설명은 Holdsworth, *English Law*, iii, 521~524.

71) Pollock and Maitland, ii, 443.

72) Chamberlayne, *State of Britain*, 178~179.

이다. 한편으로는, 결혼부부의 하나임이 끊임없이 강조된다. 그것은 여성이 자신의 이름을 버리는 것을 보면 알 수 있다. 이상한 역설이지만, 잉글랜드에서는 아내의 부동산이 분리되어 관리되지만, 그녀는 처녀 시절의 이름을 버리고 남편의 성을 따른다. 부부재산의 완전한 공유가 이루어지는 프랑스와 스코틀랜드의 몇몇 지역에서는, 아내는 처녀 시절의 이름을 간직한다. 73) 그러나 이름보다 더 중요한 것은 후손과 인척관계가 결정되는 방식이다. 금지된 결혼에 관한 논의에서 살펴보았듯이, 교회는 남편과 아내가 결혼함으로써 '한 몸'이 되는 것으로 간주하였다. 그들은 하나가 되었으며, 궁극적인 공유가 되었다. 메이틀랜드가 말하듯이, '내 아내와 정부들의 모든 여성 혈족들은 나와 친인척 관계를 맺게 된다. 먼저 나는 그녀의 여동생과 친척이 되고, 다음엔 그녀의 사촌과 친척이 된다. 그러나 나와 아내가 진정 한 몸이라면, 당연히 나는 그녀 혈족 남성들의 아내들과도 친인척이 된다.'74) 논리적으로 말하면, 혈족이 아닌 사람은 친척이 될 수 없다. 결혼에 의해 일종의 관계가 형성된다고 보면, '한 몸과 한 피'라는 개념은 액면 그대로 수용되어야 한다. 남녀의 결혼에 의해 모종의 변신 또는 수혈이 이루어지는 셈이다. 남편과 아내는 동등하고 동일한 존재가 되었기 때문에, 남편은 아내의 친족을 마치 자신의 아내처럼 인정하였고, 반대의 경우도 마찬가지였다. 남녀 두 사람의 개별성은 허물어졌다. 갈비뼈는 복원되었고 몸은 온전해졌다. 75)

　이러한 결혼의 개념은 결혼과 섹스를 통한 두 몸의 신체적 결합이 사회체제의 핵심이 되었음을 설명해 준다. 잉글랜드의 결혼제도에서 결혼

---

73) *Burt's Letters*, ii, 64.

74) Pollock and Maitland, ii, 338.

75) (옮긴이) 구약성서 〈창세기〉에 하느님이 아담이 잠든 사이에 그의 갈비뼈를 빼내어 이브를 만들었다는 내용을 암시함.

이란, 동맹군의 대표자인 남편과 아내 두 사람의 매개를 통해 중재되는 두 집단 간의 동맹만은 아니다. 오히려, 결혼을 통해 부부라는 새로운 단위 하나가 창출된다. 아내의 이름과 친족 정체성의 소멸은 결혼재산 보유자와 시민으로서의 그녀의 독립성과 개별성의 보장과 어떻게든 연결되어 있다. 형평성에 관한 재판에서 그녀는 남편을 고소할 수도 있으며, 그녀의 부동산뿐 아니라 생명과 신체 역시 박탈될 수 없다. 그리하여 잉글랜드의 결혼제도는, 부부 각각의 재산과 법적 인격으로서의 개별성, 둘 사이의 깊은 정서적, 심리적, 영적 일체감 사이의 위태로운 긴장으로 유지된다. 군주와 신하, 영주와 소작인, 마스터와 서번트, 선생과 학생, 부모와 자식 등 어떤 위계질서에서나 존재하기 마련인 소속감과 저항감 사이의 긴장은 결혼관계의 핵심이었다.

공유와 가계의 요소가 결합된 잉글랜드식 제도는 결혼과 가족형태의 다른 특징에 대한 중요한 설명을 제공해 준다. 버크너(Berkner)의 뒤를 이어, 구디는 '공유'의 변형이 '조혼, 부의 조기이전, 혈통(stem) 가구들의 가능성을 증대시키는' 반면, 가계체제는 '높은 비율의 독신, 만혼, 그리고 혈통가구(즉, 부모가 결혼한 자녀 한두 쌍과 함께 사는 경우)의 낮은 발생률을 가져온다고 제안하였다.[76] 이러한 범위까지, 잉글랜드에서 '공유'의 부재는 우리가 관심 갖는 인구형태와 연관되어 있다. 이와 반면에, 잉글랜드에는 극단적인 가계 형태는 존재하지 않는데, 극단적인 가계는 때로 본가의 두 가족이 적대관계에 있고 또 남편과 아내는 그 '동맹'의 담보이기 때문에 결혼생활은 긴장이 연속적으로 반복된다는 사실을 함축한다. 어찌됐든 간에, 잉글랜드인들은 결혼을 사회구조의 핵심으로 만들어주는 부부의 정서적 연합을, 파트너의 개별성, 그리고 경제적 자족성과 모두 하나로 결합시켰다. 그들은 사랑과 시장의 요구, 마음과 정

---

76) Goody, *Family and Inheritance*, 25.

신의 요구, 쾌락과 이득의 요구 사이에서 모종의 타협을 이루어냈다. 구
혼과 결혼예식을 통해 사람들이 어떻게 이러한 타협을 이루어냈는지 다
음 장에서 살펴볼 것이다.

13

구애와 결혼

우리는 앞에서 결혼을 정태적이고 구조적인 관점에서 살펴보면서 결혼이 사회적 지위에 따른 결과이기보다 개인적 계약의 문제라고 주장하였다. 각 결혼은 주로 부부 자신들, 친구들, 근친들이 계산했던 이해득실의 결과였다. 결혼에 영향을 미치는 두 가지 주요 압력은 자신의 짝을 찾아 결혼하고픈 개인적 욕구와, 결혼을 잘못된 시점 혹은 부적절한 배우자와 할 경우 자신의 행복과 사회경제적 지위에 심각한 결과를 초래한다는 인식이었다. 한쪽에서는 생물학적 욕구와 심리적 욕구, 섹스와 외로움이 '사랑'이라는 이름으로 압력을 가하고, 다른 한쪽에서는 사회경제적 요소, 즉 부와 지위에 대한 욕망이 끌어당겼다. 수백만 쌍의 결혼전략은 이러한 여러 욕구들 사이의 타협이었던 셈이다. 이러한 압력들이 실제 행동에 있어서 어떻게 해결되었는지 이해하기 위해서는, 결혼을 하나의 과정 혹은 드라마 또는 게임으로 파악하는 것이 필요하다.

앞에서 살펴보았듯이, 결혼결정에 이르기까지 두 가지 협상이 동시에

420

진행된다. 그중 하나는 구체적인 재정문제의 타결인데, 여기엔 회사를
설립할 때와 똑같은 주의가 요구된다. 결혼을 묘사할 때의 언어는 비즈
니스상의 언어와 동일하여, '관계 형성', '기획', '짝짓기' 등의 단어가 사
용된다. 과거와 현재의 여러 유럽사회에서의 결혼이란 일종의 합작 주
식회사를 설립하는 것과 마찬가지이다. 1) 목표는 쌍방 간에 최선의 계약
조건을 획득하는 것이었는데, 지나친 탐욕과 속임수는 금물이었다. 결
혼 사기가 빈번하여, 안내서들은 자녀들에게 이러한 위험에 대해 경고
했다. 2) 교묘한 사기와 속임수가 위조서류와 실제서류에 자주 암시되었
다. 3) 특히 신사 이상의 계층에서는 다른 자녀들 몫인 거액의 돈과 이익
이 위험에 처하기도 했다.

  15세기 이후의 수많은 편지글 모음집을 살펴보면, 체결된 재정계약에
대한 장황한 논의들을 발견한다. 4) 다수의 일기와 자서전들도 단계별 재
정협상을 그래프로 상세히 기록하고 있다. 5) 청원법정(Court of
Request)이나 교회법정의 재판기록은 그러한 협상의 반향으로 가득 차
있다. 6) 1640년 헨리 베스트(Best)는, 요크셔의 젊은 부부가 결혼에 '동
의하고 계약서를 작성하자'마자, '과부산과 과부급여 논의를 위해' 쌍방
의 부모가 만났다고 묘사하고 있다. 7) 잉글랜드에서는 필수 재정세목과
더불어 심리적 조정과 관련된 또 다른 종류의 교환이 동시에 이루어졌

---

1) Friedl, *Vasilika*, 54ff, 또는 Goody, *Family and Inheritance*, 108쪽 Sabean
   의 Nivernais 혼인.
2) Precy, *Advice*, 93.
3) Behn, *Pleasures*, 156; Stapleton, *Plumpton Letters*, 126~127.
4) Kingsford, *Stonor Letters*, i, 127; St Clare Byrne, *Lisle*, 90; Verney,
   Memoirs, i, 417ff.
5) Halliwell, *D'Ewes Autobiography*, i, 309ff; Bray, *Evelyn Diary*, 374~375;
   Matthews, *Ryder Diary*, 367; Jackson, *Thornton Autobiography*, 78~80.
6) E. g. Campbell, *English Yeoman*, 48; Moore, 'Marriage Contracts', 293.
7) Best, *Rural Economy*, 116.

다. 때로는 이 둘 사이의 이해관계가 충돌하기도 했지만, 이상적으로는 서로 보완하여 정서적 쾌락과 재정적 이득이 부부만큼이나 견고하게 결합되었다. 이러한 두 가지 행위는 아프라 벤의 《결혼의 즐거움》에 글과 그림으로 즐겁게 묘사되어 있다. 젊은 부부의 친구들이 '이성적으로' 돈과 시장과 사업의 논리로 논쟁하고 타협하는 장면과 더불어, 옆방에서는 부부가 육체와 정신의 쾌락에 도취되어 서로에게 '키스를 퍼붓는' 장면이 등장한다.[8]

앞선 논의에서 우리는, 결혼을 서로 이끌려 짝을 선택한 개인 간 계약으로 간주하는 사회와 결혼이 집단 간 관계맺음의 한 양상으로 조정되는 사회를 간략하게 구분 지었다. 전자의 경우, 개인주의와 상황과 구애가 두 당사자의 주된 관심사이기 때문에 꽤 오랜 시간과 노력이 요구된다. 이 기간을 통해 자신의 선택이 정확했는지 확인하는데, 왜냐하면 배우자감을 다른 상품과 비교하면서 시험해 보고 맛보기도 한다. 구애기간이 길어져 사랑의 감정이 성숙되고 성적 충동이 좀더 폭넓고 안정된 체제 속으로 흡수되면 서로의 사랑이 보다 일반적으로 문명화되는 경향이 있다.[9] 근본적으로 구애는 장래의 배우자감들 간의 게임인데, 이 경기엔 관심 있는 구경꾼들과 심판이 딸려 있어, 만약 무엇이 잘못되면 누가 규칙을 어겼는지 판단을 내린다. 선수들은 영구적인 결합을 고려하는 커플이고, 규칙은 관습적인 결혼규약이며, 내기는 결혼인지 아닌지 이다.

이와는 대조적으로, 대부분의 사회에서 개인은 단지 친족 간의 광범한 게임에서 담보가 되는 경우가 많다. 젊은 부부의 서로에 대한 감정은 대체로 무시되고, 그들은 그 게임에서 최소한의 역할만 할 뿐이다. 결혼은 팀 게임이며, 젊은 부부, 특히 신부는 종종 결혼 당일까지 위험으로

---

8) Behn, *Pleasures*, 14.

9) Morris, Ginsberg in *Encyclopedia of Social Science* (1931), 539~540, s. v. 'courtship'.

부터 격리된다. '구애'라든지 '서로를 파악하는 과정'은 대체로 무시된다. 두 인격체가 하나로 결합되는 시기, 즉 우아하고, 서로를 그리워하는 강렬한 사랑의 기간은 이해할 수도 없고, 우스꽝스러우며, 상스러운 개념이다. 사랑과 결혼은 별개이다. 개인의 육체적 매력, 쌍방의 심리적이고 사회적인 공존 가능성이 잘 조정되어 결혼에 도달해야 한다는 개념은 낯설고 역겨운 것이었다. 왜냐하면 그러한 개념은 개인을 집단보다 우위에 두었기 때문이다. 두들리 라이더(Ryder)는 이러한 두 가지 시각이 상충했던 경우를 재미있게 보여준다. 사랑의 열병을 앓으며 진지한 구애과정에 몰입했던 그는 피트(Pitt)의 '모하메트 종교'(Mohametan Religion)라는 글을 읽게 되었는데, 그 글에 따르면, '구애 또는 구혼이란 존재하지 않는다. 신랑은 신부를 한 번도 보지 못한 상태에서 신부의 아버지에 의해 짝이 결정된다.'[10]

맬서스주의 결혼체제에서 구애행위의 두 가지 주요 기능은, 부부가 확고한 결혼 결정을 내리도록 서로에게 충분한 정서적 동기를 제공함과 동시에, 그러한 결정을 돕도록 가능한 많은 정보를 제공하는 것이었다. 우리가 살펴본 개방적이고 친족의 압력으로부터 자유로운 결혼제도에서, 결혼추진력은 자석과 같은 서로 간의 강력한 이끌림에서 나왔다. 결혼에 필수적인 서로에 대한 정열을 자극하고, 부부가 서로의 성격을 파악하기 위한 관습적인 징후와 코드가 수 세기에 걸쳐 개발되었다. 전통적으로 사람들이 가축을 선별할 때보다 배우자를 탐색할 때 주의를 덜기울였지만, 장래의 배우자감이 자신과 공존가능하며, 즐거운 사람인지 파악하기 위한 시도도 많았다. 재정협상의 경우처럼, 이것 역시 기만과 얕은 속임수, 그리고 내숭이 가득한 게임이었다. 그러나 그러한 사기를 파헤쳐, 상대방이 진정 오랜 세월 자신의 가장 가까운 친구가 될 수 있는

---

10) Matthews, *Ryder Diary*, 329.

지 파악하는 것은 필요한 일이었다.

　이것에는 비교적 오랜 기간의 세심한 관찰이 필요했다. 17세기의 결혼안내 책자를 보면, '상대방과 결혼하기 전, 아내의 모든 자질을 알고자 하는 남편과, 남편의 성격과 성향을 알고자 하는 아내는, 상대방의 식사하는 모습, 걷는 모습, 일하는 모습, 노는 모습, 말하는 모습, 웃는 모습, 꾸짖는 모습까지 살펴보아야' 한다고 충고한다. 11) 이런 사실은 젊은이들이 결혼이나 계략을 염두에 두지 말고 서로 친밀한 대화를 나눌 필요가 있고, '그렇게 함으로써 쌍방의 성향이 서로 비슷한지, 그리고 행복보다 재난이 더 많은 결혼 생활에서 서로에 대한 강력하고 지속적인 애정을 잘 형성할 수 있는지를 발견할 수 있는 기회들이 더 많이 주어진다'는 것을 의미한다고 맬서스는 주장한다. 12) 사실 잉글랜드에서의 구애의 역사를 살펴보면 맬서스의 기대가 상당한 정도로 충족되었음을 알 수 있다. 구애과정은 열정의 자극과 강화, 그리고 신체와 심리의 상호탐색으로 이루어져 있었다.

　잉글랜드에서의 구애의 첫째 특징은 구애가 대개 개개인 스스로에 의해 직간접적으로 시작되었다는 점이다. 결혼이 절실히 요구되고 조혼이 시행되는 지역에서는 적당한 짝의 맺음을 알선해 주는 제도가 있었다. 인도, 중국, 유럽의 농촌에는 전문적인 결혼 '브로커' 또는 '중매자들'이 있다. 13) 그들은 적합한 자격을 갖춘 짝을 찾아내는 전문가이다. 그들은 그 분야를 잘 알고 있을 뿐더러 누가 멋진 '투자대상'인지 잘 알고 있었다. 그들은 서로의 만남과 조건을 조정해 주면서 일종의 결혼 대리인 역할을 했다.

---

11) Dod, *Godlie Forme*, 109.

12) Malthus, *Population*, ii, 162.

13) Spence, *Woman Wang*, 77; Beals, *Gopalpur*, 29; Lofgren, 'Family', 30. Mullan, *Mating Trade*, ch. 2.

424

잉글랜드에는 그런 제도화된 역할이 없다. 버얼리(Burleigh) 경처럼 유력하고 유능한 사람이 중매자 역할을 수행할 수 있는 신사와 귀족들 사이에서는 그러한 활동의 기미가 엿보인다. 그러나 이런 상류층에서조차 적합한 짝의 물색은 대개 가족의 친구들이나 친족들이 도와주었다.14) 부유한 상인 가족들 사이에서는 중매역할을 성공적으로 수행한 사람에게 좀더 많은 청탁을 하는 경우도 있었다. 그리하여 뉴캐슬 공작부인은 이렇게 말했다. '여성들은 남편감을 찾아달라고 그녀에게 대금을 지불하고, 남성들은 부유한 아내감을 구해달라고 부탁하기 때문에, 그녀는 결혼 선전원 혹은 브로커 노릇을 하였고, 사실상 결혼 뚜쟁이가 되었다.'15) 물론 오늘날처럼, 개개인이 배우자를 구하는 광고를 할 수 있었지만, '외로운 마음'을 토로하는 것은 그들 자신이었고, 부모보다는 자신들이 결혼 뚜쟁이 역할을 자처하였다. 더구나, 신사와 상인가족 이하 계층에서는 결혼 브로커에 대한 증거가 거의 없다. 결혼 브로커들은 파혼에 관한 교회재판 기록에 언급되지 않고, 개인 일기에도 나타나지 않으며, 편지글에도 보이지 않고, 구애기록에도 언급되지 않았다. 구애란 개개인이 선수 노릇을 한 일종의 게임이었던 셈이다.

잉글랜드에서의 구애의 두 번째 특징은 그 기간이었다. 통계자료가 아닌 문학작품에 나타난 증거이긴 하지만, 현대 미국이나 서유럽의 경우와 거의 동일한 구애기간이 소요된 것처럼 보인다. 예컨대, 현대 미국의 사례연구를 보면, 첫 만남부터 결혼까지는 대략 6개월부터 2년이 걸린다.16) 이것은 역사적인 증거와 정확히 일치하는 기간이다. 헨리 베스트는 정상적인 결혼의 경우, 신부가족의 의향 타진으로부터 약혼까지는

14) Bourcier, *D'Ewes Diary*, 123; Searle, *Barring Letters*, 113; Stapleton, *Plumpton Letters*, 123.
15) Cavendish, *Letters*, 210.
16) Beli, *Marriage*, 131.

약 6개월이 소요되었다고 말한다. 만약 부부의 쌍방 부모와의 상견례까지의 기간과, 약혼에서 결혼에 이르기까지의 기간을 합산하다면, 9개월부터 1년 정도의 기간이 걸린다. 17) 이것은 몇몇 일기와 자서전에 기록된 기간과 합치된다. 18) 그것은 또한 교회 재판의 계약파기에 언급된 기간과도 일치한다. 예컨대, 한 어머니는 이렇게 증언하였다. '1년 반 동안에 그녀의 아들과 배우자 사이에는 결혼을 이루고자 하는 의도가 있었다.'19) 물론 극단적인 경우도 있어서, 어떤 교구 목사는 신부와 만난 지 6주 만에 결혼하였고, 어떤 부부는 60년 동안 구애한 끝에 드디어 결혼했는데, 외부의 모든 반대가 제거되었을 때 그들의 나이는 80세였다. 20)

대개의 결혼이 개인의 선택에 의해 시작되기 때문에, 언제 그리고 어디서 구애가 시작되었는지 파악하는 것이 중요하다. 문학작품과 자서전의 증거가 보여주듯이, 사랑의 여신은 변덕스러워 어떤 상황에서건 화살을 쏜다. 남성과 여성이 만나는 곳이라면 어떤 곳이든 간에 구애가 시작된다. 교회는 구애하기에 좋은 장소였다. 랄프 조슬린은 교회에서 한 소녀를 보자마자 사랑에 빠졌고, 극작가들은 교회를 결혼장터라고 빈정댔다. 21) 거의 매일 여러 지역에서 열리는 시장과 장터는 구애의 기회를 제공하였다. 22) 또한 마을에서 열리는 다양한 경축행사 역시 젊은 남녀가 무리지어 만날 수 있는 기회였다. 23) 어떤 자서전적 기록, 예컨대 랭

17) Best, *Rural Economy*, 116.
18) Gunther, *Diary of Ashmole*, 13; Grainger, 'Jackson's Diary', 115; Macfarlane, *Ralph Josselin*, 96.
19) Hale, *Precedents*, 170.
20) Smith, *Ecclesiastical History*, 190; Jeaffreson, *Bridals*, i, 72.
21) Macfarlane, *Josselin Diary*, 1639; Farquhar, *Beaux' Stratagem*, Act II, scene 2; Middleton, *Women Beware Women*, Act I, scene 1.
22) Malcomson, *Popular Recreations*, 55, 77; Thompson, *Working Class*, 444; Defoe, *Tour*, 77; I. W., *Speedie Post*, sig. E3v.
23) Turner, *Heywood*, i, 240; Strutt, *Sports and Pastimes*, 351~353; Brand,

카셔(Lancahire)의 도제 로저 로우(Lowe)의 즐거운 구애과정 기록을 살펴보면, 구애란 연속적인 행위였다.24) 구애는 사람들이 서번트나 도제로 함께 일하다가 시작되기도 하고, 나란히 예배를 드리다가 시작되기도 했으며, 같이 장사하다가 시작되기도 하고, 소송 당사자로 동시에 법정에 출두하다가 시작되기도 했다. 무도회와 게임, 주점과 마을 스포츠는 대단히 열정적인 구애활동이 벌어지는 기회를 제공했지만, 그것들은 일시적인 정점에 불과했다. 소년들과 소녀들이 사춘기부터 결혼에 이르는 10년 동안, 그들은 서로에 대한 유혹과 초대를 끊임없이 의식하였고, 자신의 감정을 끊임없이 점검하였다. 많은 젊은이들이 점잖은 구애로부터 시작하여 일련의 연애사건을 거친 다음, 마침내 특정 배우자를 선정하였다.

구애행위가 시작되어 구체화되는 다양한 경우는 지리적 이동성과 일정한 관련이 있었다. 자녀가 부모와 떨어져 살 경우, 그들의 여러 활동은 종종 이성과의 접촉을 가져왔다. 이런 기회의 빈도는 모호하지만 중요한 어떤 것, 예컨대 감독인의 부재로 야기되는, 함께 시간을 보내는 젊은 남녀의 서로에 대한 편안한 태도에도 관련이 있다. 어린 나이에 정혼이 결정되는 사회에서는 양성 간의 엄격한 분리가 동반되는데, 이것은 젊은 남녀가 서로에 대한 깊은 정서적, 신체적 유대감을 형성하지 못하도록 막는 휘장과 같은 역할을 한다. 그리하여 힌두교와 이슬람교의 지배를 받는 사회에서는 결혼적령기의 미혼자들은 가까운 친척들을 제외하고는 이성과 말하는 것조차 엄격히 금지되었다. 어떤 터키 마을에서는 약혼한 짝조차 서로의 얼굴을 볼 수 없었고, 그리스의 마을에서는 미혼의 젊은 남녀들은 친척을 제외하고는 공적 장소에서 서로 대화하는

Popular Antiquities, i, 212ff.

24) Roger Lowe의 구애에 대한 설명은 Saches, *Lowe Diary*, *passim*. Wotton, *Reliquae*, sig. b4.

것조차 금지하였다. 25) 소위 '순결과 치욕' 콤플렉스는 여성의 순결이 친척이 아닌 남성들에 의해 끊임없이 위협받고 있다고 생각되었고, 가족 전체의 명예 역시 공격의 위험에 노출되어 있음을 의미하였다. 서로에 대한 연정을 사랑으로 공고화하고, 상대방의 성격 탐색에 도움을 주는 장난, 유혹, 키스, 농담, 기타 성적인 농탕질은 전혀 생각할 수조차 없었다. 그러나 맬서스가 주장하듯이, 반려자 결혼(*companionate marriage*)은 편안하고 신뢰하는 친근감 없이는, 예컨대 젊은 남녀 간의 관대하고 개방적인 관계맺음 없이는 성공하기 힘들다.

이러한 편안한 분위기는 초서가 즐겁게 묘사한 이후 현재에 이르기까지 대부분의 사람들에게 널리 퍼져 있다. 19세기에 잉글랜드를 방문했던 한 프랑스 사람은 반려자 결혼의 성공에는 그러한 자유가 필요함과 그러한 자유의 조숙한 발전에 주목하였다. 텐(Taine) 26) 은 이렇게 묘사하였다. '남녀 젊은이들은 감독자 없이 서로 만나 자유롭게 뒤섞이고 있었다고 나는 분명히 말했다. 그리하여 그들은 4, 5개월 또는 더 오랫동안 자신이 원하는 만큼 서로를 탐색하면서 교제할 수 있었다. 그들은 여러 계절에 걸쳐 시골에서 함께 말을 타고 얘기를 나누었던 것이다.'27) 1784년 라 로슈푸코(La Rochefoucauld) 28) 는 이렇게 묘사하였다. '잉글랜드에서 즐겁지 못한 아내를 얻는 것은 평생 불행하게 사는 것이다. 그러므로 결혼하기 전에 그녀를 파악해 둘 필요가 있다. 이것은 아내의 경우도 마찬가지다.' 그는 주장하기를, 이것은 만혼과 관련이 있으며, '젊은이들이 결혼 전에 상대방을 파악하는 것이 용이하기 때문에 가능하다

25) Stirling, *Turkish*, 180; Friedl, *Vasilika*, 56.
26) (옮긴이) 이폴리트 텐(Hippolyte Taine, 1828~1893) : 19세기 프랑스의 철학자이며 비평가.
27) Taine, *Notes on England*, 78.
28) (옮긴이) 라 로슈푸코(La Rochefoucauld, 1613~1680) : 17세기 프랑스의 작가이며 도덕주의자.

428

는 것이다. 왜냐하면 젊은이들이 어려서부터 부모와 동행하여 사교계에 발을 들여놓기 때문이다. 젊은 미혼여성들은 마치 기혼자처럼 자유롭게 사교계의 일원으로 대화를 나누고 즐겼기 때문이라는 것이다.'29) 여기서 이 두 관찰자는 신사 계층에 대해 언급한 셈인데, 그들의 자녀에 대한 통제와 감시는 오늘날과 마찬가지로 수 세기에 걸쳐 무척 엄격하였다. 중세 초기에는 신사 계층과 목사와 같은 특정 계급은 자녀를 감독하였다.30) 그러나 대다수의 사람들에게 있어서는 너그럽게 용인해 주는 이웃들과 친족들이 있었던 것 같다.

젊은이들이 서로 얘기 나누고 포옹할 수 있도록 오랜 동안 방치되었다는 사실이 일기에 기록되어 있다.31) 다수의 교회재판 파혼기록을 보면, 남녀관계에 대한 관대한 태도를 생생하게 엿볼 수 있다. 1576년 에식스(Essex) 판례의 증인기록을 보면 당대의 일반적인 분위기를 잘 알 수 있다.

〔그는〕 윌리엄 케넷(Kennett)과 애그니스(Agnes)가 서로 무척 친밀한 것을 보았고, 두세 시간 동안 서로 장난하고 키스하는 것도 보았으며, 부친이 두세 번 런던에 출타하신 동안, 부친의 집에서 잠옷차림으로 두세 시간 동안 함께 한 침대에 누워있는 것도 보았습니다. 그곳엔 아무도 없었고, 오직 이 증인만 그들 곁 침대에 누워 있었는데, 서로 결혼할 사이였기 때문에 이 증인은 그것을 위법이라고 생각하지 않았습니다.32)

29) Flandrin, *Families*, 168~169.
30) Hutchinson, *Memoirs*, i, 94; Barnard, *Country Gentleman*, 59; *The Diary of Anne Clifford*, 11.
31) Sachse, *Lowe Diary*, *passim.*; Wright, *Autobiography*, 36.
32) ERO, D/AED/1, fol. 24, Moore, 'Marriage contracts' *passim.*; ERO, D/AEA/15. fol. 146v.

비록 현대인들이라면 자신의 자녀들이 '난잡하게 포옹하거나, 상대방의 무릎 위에 앉거나 무력을 행사하는' 행위에 대해 경고하겠지만,[33) 이것은 당대에 널리 퍼진 관행이었다. 사실 결혼이란 부부간의 전폭적인 정서적이고 신체적인 결합이기 때문에, 서로 친밀함을 느끼기 위해서는 장기간에 걸친 지속적인 노력이 필요하였다. 문제는 돌이키기 힘든 성관계라든지 지나친 단조로움에 빠지지 않으면서 서로 친밀함을 느끼는 것이 어렵다는 것이었다. 구애과정은 약혼을 지나치게 강조함으로 더욱 복잡한 양상을 띠게 되었다. 약혼이란 일종의 계약으로, 요즈음엔 그 의미와 구속력이 많이 상실되었지만, 구혼기간 후반부에 모호한 그림자를 던졌다.

많은 사회에서의 결혼은 그 자체로 점진적인 과정임을 인류학자들은 지적하였다. 집단뿐 아니라 개인들 자신들도 서서히 인간관계를 바꾸기 위해, 오랜 기간에 걸쳐 일련의 의식을 치르게 된다.[34) 그 가운데 한 주요한 단계는 약혼의 형식인데, 이것은 공적인 약속이다. 약혼식을 치르고 난 부부는, 말하자면 기혼자도 아니고 그렇다고 미혼자도 아닌 셈이다. 예컨대, 약혼 이후 결혼 이전에 태어난 아이들은 완전한 적자(嫡子)로 인정된다.[35) 따라서 과거의 약혼이 오늘날의 약혼보다 훨씬 더 큰 비중을 지녔던 것이 놀라운 일이 아니다. 다수의 사람들은 약혼식을 끝낸 젊은 부부를 사실상 결혼한 것으로 인정하였다.

약혼의 법적지위의 변천사는 상세한 분석을 요하는 매우 복잡한 주제이다.[36) 일단 여기서 중세와 그 이전 시대에는 약혼이 결혼계약의 주된 부분을 차지했다고 말해두겠다. 16세기까지는 약혼이 상황에 따라 그

---

33) S. S., *Secretaries Studie*, 145.

34) Van Gennep, *Rites*, 118ff.

35) Gorer, *Himalayan Village*, 318.

36) Howard, *Matrimonial Institutions*, ii, 270ff.

의미하는 바가 달랐다. 이렇듯 다양한 약혼의 의미는 17세기 후반 헨리 스윈번(Henry Swinburne)의 명저 《약혼과 결혼계약에 관한 책》(*Treatise of Spousals or Matrimonial Contracts*)에서 주제로 다루고 있다.

> 비록 **약혼**(*Sponsalia*, 영어로 *Spousal*)이라는 단어가 장래의 결혼약속을 의미하는 것으로 이해된다 하더라도, 약혼은 이것만 뜻하는 것은 아니다. 왜냐하면 이 단어는 **약혼당사자들의 사랑의 선물과 징표**(*love gifts and tokens of the parties*)로까지 확대되기 때문이다. 때때로 그것은 결혼확정(*marriage to be solemnized*)을 위해 주어지는 **혼수품목**(*portion of the goods*)을 의미하기도 했고, 때로는 결혼축하 연회 또는 만찬을 뜻하기도 했으며, 또 다른 것을 지칭하기도 했다.

스윈번은 교회당국이 약혼을 두 가지 형태로 구분했음을 지적하였다. 예컨대, '내가 그대를 나와 결혼할 아내로 받아들이겠다'는 미래시제형 (*de futuro*)과 '나는 그대를 나와 결혼한 아내로 받아들인다'는 현재시제형 (*de praesenti*)으로 나뉜다는 것이다. [37] 많은 사람들에게 문제는, 교회법 변호사들이 현재시제형 약혼과 확정된 결혼 양자 간의 속성과 효력을 종종 구분하지 않았다는 점이다. 종교개혁[38] 이후까지도 이러한 전통이 계승되었다. 현재시제형의 약혼은 전적인 구속력을 행사하여, 적법한 이혼을 제외하고는 파기될 수 없었다. [39] 어떤 의미에서 약혼은 진정한 결혼과 마찬가지였고 결혼예식은 그것의 확정인 셈이었다. [40]

결혼법 조항의 모호함 때문에 교회법정은 결혼관련 소송으로 넘쳐났

---

37) ibid., i, 378.

38) (옮긴이) 16세기 유럽의 종교 변화로 그 이후 개신교가 확립되었다.

39) Whateley, *Care-Cloth*, 31; cf. Howard, *Matrimonial Institutions*, i, 372 ~373.

40) Howard, *Matrimonial Institutions*, i, 374.

다. 바로 이러한 판례들로부터 우리는 구애와 약혼에 관한 일반 대중의 견해를 파악할 수 있었다. 에식스 지방의 두 가지 사례가 그것을 잘 보여 준다. 1576년 럼포드(Romford)의 한 밀고자는 어떤 남편과 아내의 대화를 엿들었다는 것이다. 쌍방은 그녀의 아버지 앞에서 약속을 했고, 서로에게 믿음과 신의를 제공했는데, 우리가 하느님 앞에 적법한 부부가 아니냐고 그가 그녀에게 질문하자, 그녀는 그렇다고 대답했다'는 것이다. 41) 유사하게 또 다른 부부는 서로에게 믿음과 신의를 제공하기로 약속했다면 하느님 앞에 부부와 같다고 말했다. 약혼한 연인이 성관계를 가져도 된다고 사람들이 생각했던 것은 분명하다. 42)

　시장의 비유로 환언하면, 약혼이란 두 교역 파트너끼리 맺은 약속 같은 것이었다. 쌍방은 서로의 혼수품을 결집하여 결혼이라는 공동 벤처 기업(joint venture)에 가져오기로 동의하였다. 그 사이에 좀더 매력적인 제안이 들어오더라도, 그 계약은 파기될 수 없었다. 그러나 실제 결혼이나 혼수품의 교환은 아직 이루어지지 않았고, 몇 개월 내에 성사될 가능성도 없었다. 이러한 불확실한 기간과, 약혼에 이르기까지의 기간 동안, 커플은 서로에 대한 헌신을 표현하였다. 가장 흥미로운 표현 방식은 선물교환이었다. 여러 시편과 노래가 보여주듯이, 서로 선물을 주고받는 것은 구애의 핵심적 특징이었다.

　나 그대에게 한 묶음의 핀을 선물했다네,
　우리의 사랑 그렇게 시작되었네 …

　요크셔의 헨리 베스트는 여러 단계의 남녀관계를 식별하기 위해 반지, 장갑, 기타 사소한 선물을 주었음을 지적하였다. 43) 수제품 뜨개질바늘,

---

41) ERO, D/AED/1, fol. 12; D/AED/2, fol. 107; Hale, *Precedents*, 170.
42) Laslett, *Lost World*, 150ff.

물레의 가락, 얼레 등의 선물이 종종 사랑의 징표로 전달되었다. 이러한 관행이 둘 사이의 결속을 굳히는 데 있어서 얼마나 중요했는지 결혼관련 소송이 확증해 준다. 때로는 쌍방이 은반지, 호루라기, 손수건, 기타 사소한 '사랑의 징표'를 교환했는지의 여부가 약혼의 성사 여부를 결정짓기도 했다. 예컨대 1633년의 일련의 교회보관 증언록에는 이런 진술이 등장한다. '어떤 여성이 신랑감이 사랑의 징표로 보낸 약간의 현금과 은장식 장갑 한 켤레를 받았는데, 그 선물을 받은 그녀, 즉 수잔 마챈트(Marchant)는 이전에도 여러 번 그러했듯이 신랑감, 즉 토머스 컬른(Cullen)에게 자신의 변함없는 사랑과 애정을 진지하게 고백하였고, 그녀가 죽을 때까지 그를 버리지 않겠다고 말했다.'

때로는 상대방으로부터 강제적으로 '선물'을 받아냈다. 1576년 에식스의 한 여성은 이렇게 증언하였다. '그가 갑자기 그녀 옆구리에 매달린 지갑을 완력으로 빼앗더니, 앞에서 언급된 은반지를 지갑에서 꺼내 가져갔고, 그녀에게 곧바로 돌려 줄 테니 은제 호루라기를 보여 달라고 했다.'44) 젊은이들이 애인에게 가져오는 꽃과 옷가지의 '선물꾸러미'는 서로에 대한 애정의 상징이었고, 오늘날의 약혼반지처럼 다른 사람들의 접근을 막아주었다. 구애가 끝장난 경우를 한 번 살펴보자. '약혼이 결혼으로 이어지지 않는 경우, 쌍방이 주고받은 '사랑의 선물'에 관해서라면, 남자가 키스를 한 경우엔 여성에게 제공한 금액의 반을 상실하는 것이 원칙이었다. 그러나 여성의 경우엔, 키스 여부와 상관없이, 남성에게 요구하여 '사랑의 선물'을 되찾을 수 있었다. 그리하여 점성술사 사이먼 포먼(Forman)은 자신이 구애했던 여성으로부터 '반지와 보석'을 되찾았다. 구애선물을 주고받는 것은 초서 이래로 이어져 내려온 관행이었

---

43) Best, *Rural Economy*, 116.
44) ERO, D/ACD/5(separate folder); D/AED/1, fol. 11; Deloney, 'Jack of Newberrie', 13.

다. 45)

연인으로부터 받을 수 있는 가장 바람직한 '선물'은 2였다. 연애편지
는 그 자체로나 거기에 담긴 내용으로나 무척 흥미로운 현상이었다. 분
명한 것은 부모나 친족에 의해 정해진 결혼에는 연애편지가 필요치 않았
다는 점이다. 그러나 연애편지는 적어도 16세기부터 잉글랜드에 널리
퍼진 관행처럼 보인다. 앞에서 살펴보았듯이, 이러한 관행은 널리 확산
되어 '모범' 편지글이라는 특별한 장르가 생길 정도였다. 이런 '모범' 편
지글들은 종종 유머 넘치는 모방을 제시했지만, 구애의 관행을 당연하
게 받아들이는 분위기였다. 17세기 중반의 한 사례는 이렇게 소개된다.
'어떤 아름다운 처녀가 부유하지만 늙어빠진 신사의 청혼을 받고, 콧물
질질 흘리는 노인과는 살 수 없다고 결심한 다음, 다음과 같은 최후통첩
을 보낸다.' 편지의 내용은 아래와 같다.

> 노쇠한 신사에게,
> 당신의 재력이 회춘의 위력이 있으리라고 생각하면서 메데아(Medeas)
> 가 야손(Jason)을 마법으로 유혹했던 것처럼, 연로하신 당신께서는 현
> 명하게도 금으로 된 미끼로 낚시질을 시도했지만, 아, 당신은 우리 여
> 성들을 너무 모르시는군요. 몸단장을 위한 금은 대환영이지만, 가장 중
> 요한 신랑의 사람됨보다 금을 더 사랑하지는 않습니다. 우리의 젊음의
> 꽃을 노쇠한 겨울의 눈으로 시들게 하고, 자연이 여성에게 준 즐거움을
> 박탈당하며, 우리의 꽃피는 젊음을 흙먼지와 바꾼다면, 사양하겠어요.
> 이 결심은 확고하답니다.
> — 당신보다 젊은 사람으로부터46)

---

45) BL, Harleian MS 980, fol. 144; Halliwell, *Diary of Forman*, 26; Pollard,
   Chaucer Works, 46; Anglicus, *Properties*, i, 308.
46) S.S., *Secretaries Studie*, 6~7.

‘어떤 시골 총각의 말다툼에 관한 편지’는 자신의 연인과 사귀지 못하
도록 다른 남성에게 경고하는 내용인데, 촌놈들의 질투심을 표현하는
사례이다.

>이웃에 사는 로빈 씨, 당신은 저에게 잘못을 저질렀는데, 제가 감당하
>기 힘든 정도랍니다. 당신이 저의 연인 마저리에게 청혼한 다음, 지난
>휴일엔 초원에서 그녀와 함께 춤추고, 헤어질 땐 난봉꾼처럼 그녀의 입
>술을 손바닥으로 두들겼다는 소문을 저는 들었습니다. 제가 현장에 있
>었다면 당신에게 저의 불쾌감을 쏟았겠지만, 그것에 못지않게 당신에
>게 경고합니다. 제발 조용히 지내시고, 당신 일에나 신경 쓰기 바랍니
>다. 제가 저의 연인과 함께 지내도록 내버려 두시고, 그녀가 우유를 짜
>는 공유지엔 나타나지 마시오. 만약 제 눈에 발각되면, 당신의 고깔모
>자를 박살낼 테니. 그러면 다시는 그녀를 건드리지 않겠지요. 또한 장
>터에서 그녀를 만나면 그녀에게 말도 걸지 말고, 선술집에도 데려가지
>마시오. 사실대로 말하면 그녀를 내 아내로 삼으려는데, 그녀의 동의만
>남은 상태랍니다. 저는 지난 3주 동안 그녀를 몹시 그리워했는데, 그녀
>는 전혀 모른답니다. 하지만 조만간 알게 되겠지요. 진심으로 부탁드리
>는데, 제발 자제해 주세요. 그렇지 않으시면 당신과 저는 이제 영원히
>끝장입니다. 이만 줄입니다.
>
>— 당신의 대결자 R. I.

로빈 역시 마찬가지 태도로 그에게 답장을 보냈는데, 마저리는 자신의
애인이며, 앞으로도 보고 싶을 때마다 그녀를 만나겠다는 것이었다. ‘나
는 공유지로 가서 그녀에게 녹색 가운을 선물할 것이고, 우유를 집으로
운반하는 그녀를 도울 것이며, 또한 날마다 그녀를 만날 것입니다.’[47]
1629년에 출간된 이 편지들은 도시 사람이 시골뜨기들을 풍자한 것이었
다. 그럼에도 불구하고, 이 편지들은 앞에서 언급한 여러 특징들, 예컨

---

47) I. W., *Speedie Poste*, sig. E3v.

대 초원에서, 선술집에서, 또는 장터에서 이루어지는 남녀 간의 손쉬운
만남과, 개방적이며 육체적인 관계를 당연한 것으로 받아들이고 있다.

구애과정엔 특별한 언어적 장치가 사용되었다. 노래는 시편처럼 널리
확산된 수법이었는데, 두 가지 모두 멋진 의사소통 양식이었다. 일상적
대화 역시 다양한 형태로 사용되었는데, 상대방에 대한 과도한 찬사 또
는 아첨도 이것에 포함되었다. 존 이블린(Evelyn)은 신사 남성들에게 이
렇게 충고하였다. '당신은 모든 기회를 총동원하여 그녀의 미모에 찬사
를 보내야 하고, 비록 환상적이지 않은 스타일이라 할지라도 그녀에게
잘 어울린다고 말해야 한다. 그녀가 천사처럼 노래하고, 여신처럼 춤추
며, 당신은 그녀의 위트와 미모에 매료되었다고 말해야 한다.' 이러한
언어는 달콤한 찬사가 되었다. 그리하여 타인의 아내를 유혹하려는 어
떤 남성은 그녀를 이렇게 불렀다. '벌꿀처럼 달콤한 앨리순(Alisoun), 나
의 아름다운 신부여, 나의 계수나무여!' 이러한 언어의 한편엔 아첨과
달콤함이, 그리고 다른 한편엔 장난기 섞인 넌센스가 있었다. '구애 중
의 남성과 여성이 주고받는 언어보다 더 심한 넌센스는 없다.'[48] 서로 주
고받는 대화엔 상대방을 심하게 희롱하는 요소도 포함되었다. 뉴캐슬의
공작부인은 이렇게 말하고 있다. '저는 E지역 하층민들의 구애 방식이
꾸지람이라고 들었습니다. 그들은 서로를 나무라면서 결혼하게 되지요.
그들은 거칠고 무례한 방식으로 사랑을 나눈답니다.' 아무튼 분명한 것
은 서로 얘기를 나누고, 견해를 교환하며, 의사소통하려는 노력을 했다
는 점이다. 현재 고려중인 공유기획, 즉 결혼은 사고와 세계관의 공유하
려는 노력과 그 맥을 같이 했다.

부부간의 재정적이고 정신적인 결합은, 그것에 못지않게 중요한 성적
결합과 동시에 이루어졌다. 결혼은 영혼과 몸과 마음의 결합인데, 특히

---

48) Hunt, *Love*, 226; Pollard, *Chaucer Works*, 51; *Characters*, 172.

436

파트너간의 성적 '대화'가 강조되었다. 만혼과 더불어 혼외정사에 대한 전면적 금지는 개개인에게 스트레스로 작용하였다. 이런 사실에, 남녀가 서로 분리되어 있지 않고, 구애과정은 장기간이며, 보호자도 거의 없었다는 사실이 첨가되어야 한다. 이것은 결혼체제의 속성에 의해 더욱 악화되었다. 우리는 앞에서, 젊은 부부가 심리적으로 그리고 육체적으로 서로 친밀하게 알아간다는 점을 살펴보았다. 그들은 함께 시간을 보내면서 육체적인 유희에 탐닉할 수 있도록 허용되어졌다. 이런 방식을 통해서만 그들은 서로를 시험해 볼 수 있었고, 더욱 견고하게 결속될 수 있었으며, 어떤 시점에 이르면, 여생을 함께 보내겠다는 결심을 하게 된다. 그런 결정을 내린 다음에도, 육체관계를 맺기 위해서는 결혼식까지 기다려야만 했다. 서로에 대한 육체적인 열정은 격려되었지만, 상대방을 당혹케 만드는 것은 바람직하지 않았다. 이것은 사실 팽팽한 줄타기였다. 너무 적거나 너무 많은 성적 친밀감을 허용하면 신붓감이 위험할 수 있었고, 신랑의 열정이 너무 지나치거나 너무 적으면 잠재적 신붓감을 놓칠 수 있었다. 49)

혼전성교는 단죄하면서 부부간의 성관계를 지나치게 강조하는 교회의 견해는 이러한 이중성에 원인 하나를 더 보탰다. 성적 만족도는 일부일처제의 중요한 요소였고, 그것이 충족되지 않는 결혼은 무효화될 수 있었다. 부부간의 심각한 좌절감이나 간통을 막기 위해서는, 젊은 부부가 서로의 정신적, 도덕적, 영적 매력뿐 아니라 성적 매력도 반드시 인정해야 했다. 시인을 비롯한 여러 사람들이 찬양했던, 활활 타오르는 육체적 욕망은 '낭만적 사랑'의 필수요소였다. 그러나 충만한 쾌락은 결혼식을 올리기 전에는 맛볼 수 없었다. 구애의 육체적 측면은 맛볼 수 없는 것을 맛보려는 시도였고, 껍질을 깨물어 봄으로써 사과를 맛보려는 것과 같았

49) Cavendish, *Letters*, 87; Furnivall, *Tell-Trothes*, 51ff; Deloney, 'Jacke of Newberrie', 9.

다. 따라서 키스와 애정표현은 정교한 행위로 발전했는데, 이것은 인류 사회에 보편적인 것은 아니었다.[50] 물론, 구애행위의 즐거움은 바로 그러한 금기와 규율, 억제되고 신비스러운 영역에 의해 더욱 고양되었다.

타당한 결혼이란 무엇인가에 대한 모호함이 상황을 더욱 혼란스럽게 만들었다. 앞에서 살펴보았듯이, 16세기 중반에 이르러서야 약혼은 '진정한' 결혼의 일부분을 구성하는 요소로 인정되었다. 그 결과, 중세 시기와 18세기에 이르기까지 성적 동거는 약혼식 이후에 허용된다는 인식이 널리 퍼져 있었다.

> 약혼계약을 맺은 연인은 미혼과 결혼의 중간 상태에 있는 사람들이다. 그들은 미혼도 아니었고, 그렇다고 결혼한 것도 아니었다. 많은 사람들은 약혼을 결혼이라 여기면서, 실제 결혼보다 약혼계약에 훨씬 더 엄숙함을 부여한다. 많은 사람들은 약혼계약 이후에 마치 결혼을 한 것처럼, 배우자를 자유롭게 탐색해 나가는데, 이것은 부당하고 부정직한 관행이었다.[51]

하워드는 이러한 입장을 이렇게 요약하였다. '18세기가 상당히 경과될 때까지 결혼식을 치르지 않은 약혼 연인들은 법적 부부로 간주되었다. 그들이 약혼예식 직후부터 동거하는 것은 흔한 일이었다.'[52] 16세기와 17세기의 교회재판 증언들을 살펴보면, 약혼을 근거로 혼전 성적 친밀감을 옹호하려는 사람들이 있었다. 17세기 후반 에식스의 사례는 허용가능한 성적 친밀감의 범위, 그리고 친구들과 이웃들의 태도를 보

---

50) 유럽문화 밖에서 에로틱한 키스가 부재했다는 사실은 다음을 참조. Malinowski, *Sexual Life*, 278ff; Summer, *Folkways*, 459~460; Crawley, *Mystic Rose*, i, 338; Henriques, *Love in Action*, 121ff.

51) William Gouge, Laslett, *Lost World*, 150, 152~153쪽에서 인용. 또 Whitforde, *Householders*, sig. E. iii(verso) 참조.

52) Howard, *Matrimonial Institutions*, i, 374.

여준다. 53) 또한, 결혼 당시 이미 임신한 사람들의 이름과 교회재판에 출두한 사람들의 이름을 비교해 보면, 서로 겹치는 부분이 거의 없었다. (결혼 후 몇 개월에 아이를 출산했는지 따져보면, 결혼 당시의 임신여부를 파악할 수 있었다.) 16세기 후반 에식스의 리틀 배도우(Little Baddow) 마을과 보어햄(Boreham) 마을에서는 결혼 당시 임신한 신부의 비율이 10에서 20%였는데, 이것은 당시 잉글랜드 전체의 수치와 일치하는 것이다. 이 두 교구의 임신한 신부 11명 가운데, 교회재판에 출두한 사람은 아무도 없었다. 이것은 혼전성교에 대한 암묵적인 용인을 드러내 주는 표지이다. 54)

1700년경까지, 대략 10명의 신부 가운데 1명이 결혼 당시 임신한 상태였는데, 이 수치는 시기와 지역에 따라 편차가 있으며, 북쪽과 서쪽 지역은 4분의 1에 이르는 높은 수치를 보였다. 55) 18세기 전반에는 그 비율이 급격히 상승하여, 18세기와 19세기에는 신부의 3분의 1이 결혼 당시 임신한 상태였다. 혼인연령이 낮아지고, 결혼인구 비율이 높아짐에 따라, 혼전성교에 대한 보이지 않는 압력 또한 느슨해졌다. 이러한 현상을 만족스럽게 설명해 주는 이론은 존재하지 않는다. 성교가 만혼제도에서 자신의 욕망을 억제하지 못하는 사람들에게 안전밸브 역할을 했다는 이른바 '좌절' 이론은, 혼인연령이 낮아졌음에도 불구하고 임신율이 극적으로 상승했다는 점을 설명하려면, 상당히 수정되어야 한다. 두 번째는 '권총발사' 이론인데, 임신이 소극적인 파트너 또는 부모에게 결혼 결정을 강제하는 수단이었다는 것이다. 이러한 전략에 대한 약간의 증거가 남아있다. 예컨대, 1622년 에식스의 판례를 보면, '교구의 한 남성

---

53) ERO, D/AED/1, fols 13v, 17ff.
54) 더 일반적인 것은 Hair, 'Bridal', 특히 237쪽; Macfarlane, 'Marital Relationships', 112; Hair, 'Bridal', *passim.*; Lasslett, *Bastardy*, *passim.*
55) Hair, 'Bridal', *passim.*; Lasslett, *Bastardy*, *passim.*

과 사랑에 빠진' 어떤 여성이, '그 남성이 다른 여성의 청혼을 받자, 자신은 그 남성의 아이를 임신했다고 소문을 냈다. 그러면 그 남성이 자신과 결혼해 줄 것이라고 그녀는 생각했던 것'이다. 56) 애쉬비(Ashby)가 18세기의 상황에 대해 말했듯이, '부적절한 임신은 명예롭진 않지만 안전한 결혼생활을 확보할 수 있는 방편이었다.'57) 그러나 '권총발사'가 왜 1700년 이전보다 이후에 더 자주 발생했는지는 설명하기 어렵다.

세 번째 가설은 구애과정이 출산력 검증의 기간이라는 것이다. 결혼의 일차적인 목적이 자녀를 생산하는 것이라면, 부부가 함께 아이를 낳는 것은 필수적인 것이다. 따라서 아프리카, 유럽, 기타 여러 농촌문화지역에서 출산력 검증이 제도화되었던 것이다. 58) 출산력 검증의 관습이 과거 잉글랜드에 존재했다는 몇몇 주장에도 불구하고, 59) 그 증거는 거의 없다. 대부분의 사회역사학자들도 잉글랜드에서 '번들링'(bundling) 60) 이라 불리기도 하는 이 제도를 발견하지 못했다. 그리하여 그들의 연구는 출산력 검증의 누락이나 부재를 지적한다. 61) 출산력 검증을 지지하는 증거가 빈약한 이유는 18세기 말경 켈틱(Celtic) 유파의 주장이거나, 일기에 대한 억지 해석에 근거한 것이다. 어떤 외국인 관찰자도, 천박한 결혼행태를 비난하는 어떤 도덕주의자도, 교회당국에 대해 자신의 행위를 변호하는 어떤 개인도, 자신의 구애과정을 기록한 어떤

56) ERO, D/AZ/2/24, fol. 49v.
57) Ashby, *Poor Law*, 84.
58) Shorter, *Modern Family*, 102~103; Lofgren, 'Family', 31~33; Goode, *World Revolution*, 329; Goody, *Production*, 44; Sumner, *Folkways*, 525ff.
59) Stone, *Family*, 520; Henriques, *Love in Action*, 174ff.
60) (옮긴이) 약혼 남녀가 옷을 입은 채 한 침대에서 잠자는 잉글랜드 웨일즈 지방의 옛 관습.
61) Laslett, *Family Life*, 110; Quaife, *Wanton Wenches*, 247.

일기작가나 자전작가도, 결혼 전 배우자의 출산력 여부를 확인할 필요성을 언급한 사람은 없다. 성적인 문제에 대한 엄청난 양의 코멘트를 감안해 볼 때, 출산력 검증에 대한 이러한 침묵은 강력한 증거인 셈이다. 하지만 더 많은 증거가 있다.

첫째, 실제 결혼의 시점이다. 만약 아내가 임신할 때까지 결혼을 기다리는 관습이 널리 확산되었다면, 임신여부가 드러나는 3, 4개월 후 어떤 시점에 결혼식이 한꺼번에 치러졌을 것이다. 그러나 결혼식은 임신 9개월 전 기간에 걸쳐 일정하지 않게 분포되어 있었다. 게다가 결혼의 전반적인 의미가 전혀 다른 방향에서 지적된다. 예컨대, 약혼과 결혼 사이에 성관계를 허용하는 관습은 의미심장하다. 자녀출산을 강조하는 사회에서는, 최종 결혼 이전의 암묵적인 동거기간은 부부의 자녀생산 가능여부를 시험하는, 예컨대 '시험 결혼'(trial marriage)인 셈이다. 만약 아내가 임신하지 못하면, 그 결혼은 완결되지 못한다. 그러나 잉글랜드는 그렇지 않았다. 일단 약혼한 다음 부부로서 동침을 하면, 그 약혼 계약은 효력을 발생한다. 불임 따위의 변명은 인정되지 않았으며, 계약의 파기를 위해 법정에 탄원서가 제출된 적도 없었다. 결혼한 부부의 불임이 별거 또는 이혼의 근거가 될 수 없는 것처럼, 계약을 맺은 배우자의 불임 사실의 발견이 부부관계의 종식에 이용될 수도 없었다. 그러므로 구애기간 동안 서로의 성적 적합성이 상당히 강조되었고, 여타 깊은 결속에 동반되는 강렬한 마음의 교류가 강조되었다. 하지만 가임과 번식능력에 대한 과도한 강조는 어디서도 찾아볼 수 없다.

중세 후기와 19세기 사이에 구애의 관습이 얼마나 변했는지 살펴보면서 구애에 관한 우리의 짧막한 설명을 끝맺으려 한다. 다수의 발라드와 시편들은 이 기간 동안 기본적인 특성들이 지속되었음을 보여준다. [62]

---

62) Hollway, *Broadside Ballads*, 23, 50, 57, 75.

우리가 알고 있는 초서의 시편과 중세 시가에 등장하는 구애와 구혼의 장면들은 셰익스피어의 작품세계, 또는 17세기 헨리 배스트의 저술과 전혀 불연속을 보이지 않는다. 이 모든 것들은 13세기 바르톨로매우스 앵글리쿠스(Anglicus)가 기록한 구애의 모습과도 잘 맞아 떨어진다. 우리는 다음과 같은 사실을 알게 된다.

> 결혼 전, 신랑은 신부의 사랑을 얻고자 선물공세를 펴고, 편지와 메신저를 보내 자신의 굳은 결혼의지를 확인시키며, 다양한 선물, 물품, 가축을 보낼 뿐더러, 더 많은 것을 약속하였다. 또한 그는 그녀의 기쁨을 위해 남자들끼리의 연극과 게임을 하고, 무예와 힘과 기예를 뽐내기도 했다. 그리고 명랑한 기분으로 다양한 의상을 멋지게 차려입었다. 그리고 그녀의 사랑을 얻기 위해 그가 약속한 모든 것을 힘닿는 한 즉시 제공하였다. 그녀의 이름으로 그녀의 사랑을 위해 요구되는 어떤 청원도 거절하지 않았다. 그는 그녀에게 다정하게 말을 건네고, 그녀의 기쁨 가득한 얼굴을 즐겁고 예리한 시선으로 바라보다가, 마침내 그녀에게 동의하면서 그녀의 친구들 앞에서 공개적으로 자신의 결혼의사를 밝힌다. 그리고 그녀에게 반지를 선물하면서 자신의 배우자로 삼고, 결혼계약의 징표로 그녀에게 다양한 선물을 주며, 그녀에게 계약증서, 그리고 선물과 부동산 양도증서를 제공한다. 63)

다음 세기의 결혼모습처럼, 이러한 즐거운 장면은 부부간의 재정과 정서의 타협, 선물과 칭송의 교환, 신부의 사랑을 '얻기' 위해 자랑하려는 신랑의 시도를 뒤섞어 보여준다. 그 부부의 상호관심은 상대방을 즐겁게 해주려는 것이었다.

이렇게 독특하고 오래 지속된 구애제도는 반려자를 구하는 맬서스주의 결혼 패턴에서 반드시 필요한 한 부분이다. 따라서 이러한 체제가 오

---

63) Steele, *Medieval Lore*, 56.

442

늘날 제3세계로 전파될 경우, 혼전의 젊은 남녀 사이에서의 충격적인 '자유로운' 관계가 변화의 특징이 되는 것은 놀라운 일이 아니다. 앞에서 살펴보았듯이, 두 사람이 결혼계약을 맺기 위해서는 후보감을 경험하고 시험해 볼 기회가 필요하다. 하지만 그것은 정혼 체제와는 양립되기 어렵다. 연애와 정혼이 서로 별개의 행위로 양립하는 것은 가능하지만 말이다.[64]

구애 관습이 지닌 그러한 융통성 때문에 많은 사람들이 결혼하지 못했다. 어떤 시장에서나 마찬가지지만, 결혼정보는 결코 완벽하지 않으며, 충성심, 자존심, 짝짓기와 자녀생산이라는 생물학적 욕구가 결혼 결정 요소로 고려되면 상황은 더 복잡해진다. 그러한 구애 관행은 결혼 전 여성의 의사결정이 자유롭고 그 지위가 남성과 상대적으로 동등한 곳에서만 가능하다. 그리하여 데이비드 흄(Hume)은 복혼제(*polygamy*)가 남녀 간의 평등을 파괴한다고 지적했던 것이다. 복혼제가 도입되면, '연인이란 존재는 완전히 소멸되고, 인생의 가장 아름다운 모습인 구애마저, 여성 스스로의 의사결정권이 없는 곳에서는, 설 자리를 잃게 된다.'[65] 따라서 널리 퍼진 세련된 구애제도야말로, 일찍이 잉글랜드에서 발전한 개인주의 사회체제의 한 표현임과 동시에 그것의 촉진제 역할을 하였다.

기술적으로 가장 진보한 사회에서와 마찬가지로, 몇몇 미개한 사회에서는 결혼의 의미가 축소되거나 거의 중요하지 않은 행사로 전락하였다.[66] 결혼행위에는 고도의 상징성도 없고, 축하연도 거의 또는 전혀 없다. 그러나 대부분의 사회, 특히 정착 농경사회는 결혼에 큰 가치를 부여하였다. 많은 사람들이 결혼예식에 참석하여, 실컷 먹고 마시며,

---

64) 이러한 양립은 종족 사회에서 성취될 수 있다. 그 예는 인도에 대한 Elwin의 *Muria*에 기술되어 있다.

65) Hume, *Essays*, 109(Essay xviii).

66) Von Furer-Haimendorf, *Apa Tanis*, 92~93.

다양한 전통의식이 치러진다. 결혼예식이 이토록 정교해짐에 따라, 인류학자들은 결혼의 의미와 사회구조에 대한 통찰을 얻기 위해 종종 결혼예식을 연구하였다. 67) 결혼예식의 정교한 정도와 그것의 속성, 예컨대 문지방 의식, 출입문을 가로막는 행위, 결혼선물, 소음과 색깔과 공간의 사용은 특정 사회에서 결혼이 갖는 의미를 보여주었다. 결혼은 한 개인의 삶에서 전환점을 이루는데, 부모에게 의존적인 존재로부터 독립적인 성인으로의 전이이며, 이 점은 결혼식의 남녀 모두에게 분명하게 환기된다. 결혼이란 두 집단 간의 동맹일 뿐만 아니라, 어떤 개인을 한 친족집단으로부터 다른 집단으로 이전시키는 행위를 의미한다. 이런 경우, 이전과 동맹은 선물과 예식에 의해 상징화된다. 결혼에 관련된 모든 사람들을 한데 모은 다음, 그들의 새로운 관계맺음을 시연하는데, 이 과정은 신랑과 신부라는 새로운 관계를 예시해 준다. 결혼예식이라는 한 편의 드라마에서 각자 역할을 수행하면서, 사람들은 새로운 관계에 적응해 나간다.

지난 5세기에 걸친 잉글랜드의 결혼관습은 좀더 자세히 연구해 볼 가치가 충분하다. 그 주제에 관한 지프리슨(Jeaffreson)의 두 권의 저서마저도 피상적인 수준에 불과할 뿐이다. 68) 하지만 우리는 엄청나게 다양한 현상들로부터 몇 가지 일반 원칙을 추출해 보려고 시도한다. 수 세기에 걸쳐 발전한 잉글랜드식 결혼의 배후에는 두 가지 서로 다른 행위가 있는데, 하나는 본질적이고 또 하나는 자발적이다. 앵글로색슨 시기의 잉글랜드에서 '결혼식'(wedding)은 약혼 또는 부부의 서약이 현재시제로 진행된 행사였다. 사실 이것은 법적 효력을 갖는 행위였다. 이것에 동침의 행위가 추가되면 곧 결혼을 의미하였다. 그 이후에, 공적인 축하연과

---

67) Westermarck, *Marriage*, ii, chs xxiv-xxvi; Crawley, *Mystic Rose*, chs xiv on; Van Gennep, *Rites*, 118ff.
68) Jeaffreson, *Bridals*.

결혼의 공표, 예컨대 '선물', '피로연', '결혼예식' 등이 뒤따랐다. 이때 친구들과 친척들이 한데 모여 잔치를 벌이면서 재정적인 세목에 관한 설명을 듣는다. 이러한 두 단계는 서로 분리된 채 이어오다가 종교개혁 이후에 하나로 결합되었다. 그리하여 현대의 잉글랜드 국교회 결혼식 예배에는 예식과 피로연이 동시에 포함된다. 69) 첫 번째 행위의 중요한 특징은 원래는 종교적이거나 의식적인 요소가 배제되었다는 점이다. 그것은 부부끼리의 사적이고 개인적이며 세속적인 계약이었다. 성직자가 참석할 필요도 없었고, 종교의식도 필요치 않았다. 결혼예고70) 또는 결혼 허가 없이, 언제 어디서 치러진 결혼예식이라도 유효하였다. 이것은 앵글로색슨 시대로부터 1753년 하드윅의 결혼령(Hardwick's Marrage Act of 1753) 71)에 이르기까지 계속 시행되었다. 그러나 교회는 점차적으로 결혼을 하느님과 연관된 행위로 간주하기 시작했다. 12세기 초엽 세속적 결혼계약은 단지 교회에서 치러지는 의식일 뿐이었다. 종교개혁 시기에 이르러서야 비로소, 결혼예배가 교회건물에서 시행되었고 목사의 역할은 단순한 증인 그 이상이 되었다. 72)

목사와 회중의 참석이 결혼예식에 추가되었음은 후대의 결혼의 역사가 잘 보여준다. 그러나 17세기의 국왕공백기(Interregnum) 73) 동안, 결혼의 논리는 이어지면서 종교적인 첨가사항이 철회되었다. 그리하여 시장 앞에서 거행되는 세속적 결혼식이 일시적으로 복원되었다. 뉴잉글랜

---

69) Whitelock, *English Society*, 152; Howard, *Matrimonial Institutions*, i, 381.

70) (옮긴이) 결혼식을 올리기 전에 3주 연속 시행하는 것으로, 그 결혼에 이의가 있는지 여부를 묻는 것이다.

71) (옮긴이) 잉글랜드에서 공식 결혼예식의 필요성을 강제한 법령

72) Pollock and Maitland, ii, 372; Sheehan, 'Choice', 27; Howard, *Matrimonial Institutions*, i, chs vii, viii; ibid, i, 291ff.

73) (옮긴이) 잉글랜드 내란 후, 1649년 찰스 I세의 처형 후, 1660년 올리버 크롬웰의 사망으로 찰스 II세가 즉위할 때까지의 기간

드(New England) 74)의 청교도들 역시 모든 종교적 의식을 저버렸다. 75) 요즈음 등록사무소에서 거행되는 결혼식은 결혼의 근본적인 세속성을 거듭 주장하는 셈이다. 결혼예식에 하느님이 증인으로 세워지고, '회중'은 축하를 하지만, 사실 이것은 종교적이거나 의식적인 행사는 아니었고, 자유롭게 동의한 성인 두 사람 간의 법적 계약일 뿐이었다. 수 세기 동안, 상당수의 소수파들이 '사적인' 결혼식을 올렸는데, 때로는 목사의 특별 허가증을 받기도 했고, 때로는 교회도 회중도 필요 없는 '관습법'에 따른 결혼을 하기도 했다. 76)

결혼이 근본적으로 사적이고 개인적이며, 계약에 의한 세속적 사안이라는 특성은 대단히 중요하다. 앞으로 살펴보겠지만, 일반 결혼을 마치 본격적인 '통과의례'처럼 만드는 여러 대중적 요소가 첨가되었는데, 이것은 전세계 결혼식장에서 우리가 목격하는 바, 시끄러운 소리와 화려한 색깔 장식, 이상한 행동, 정상적인 시공간 개념의 중단 등이다. 그러나 이 모든 것들은 선택적이었는데, 개혁주의자들은 이것을 혼례의 '타락'으로 간주하였다. 1572년 출간된 《의회에 보내는 권고》(Admonition to the Parliament)를 보면, 일반인들이 결혼예식을 거의 종교적인 의식으로 전환시키는 일반관행의 위험을 지적하고 있다.

> 타락한 결혼예식이 너무 많다. 예전의 결혼예식은 성사였고, 결혼의 가치를 나타내는 성스러운 표지, 즉 결혼반지를 사용했는데, 요즈음은 그 반지를 들었다가 내려놓는 등, 결혼반지를 남용하고 장난치기도 한다. 그들은 결혼반지를 착용함으로써 삼위일체의 이름을 욕되게 하고, 그

---

74) (옮긴이) 17세기 중엽 종교적 자유를 찾아 잉글랜드를 떠난 청교도들이 정착한 미국 북동부 지역으로 신생국 미국의 역사가 시작된 곳.

75) Morgan, *Puritan Family*, 31.

76) Hollingsworth, *Historical Demography*, 21; Marchant, *Church Under Law*, 66, 140; Wrigley in LPS 10(1973), 15ff.

들은 가톨릭 형식에 따라 신랑이 신부를 우상처럼 떠받들게 만든다. 이
때 신랑은 이렇게 말한다. '이 반지로 나는 그대와 결혼하며, 나의 몸으
로 그대를 섬기노라.' 또한 가톨릭에서는 어떤 성스러운 행위도 미사 없
이는 완결될 수 없으므로, 그들은 결혼한 부부에게 성체를 받도록 명령
한다. 그 책에는 우리가 언급하지 않은 기타 사소한 것들이 많은데, 밀
다발을 머리에 나르기도 하고, 옥수수를 뿌리는 등, 여러 곳에서 행해
지는 다양한 이교도적 장난은 결혼을 하느님이 제정하신 신성한 제도로
받들기보다는 오월제 게임(May-game)으로 전락시킨다. 77)

그리하여 결혼예배는 물질세계에 신비적인 힘을 부여하는 의식이기보
다, 모두 함께 경축하고 기념하는 예식에 불과 했다. 교회예배는 결혼에
엄숙함을 더해주는 선택사항이었다. 이와 마찬가지로, 종종 결혼식에
동반되는 대중적 관습과 경기는 부가적인 장식이었다. 따라서 그러한
관습과 경기는 결혼한 부부와 친구들의 의사와 예산에 따라 조정될 수
있었다.

분명 다수의 사람들은 교구교회에 모인 친척과 이웃들 앞에서 '결혼예
고'를 낭독하면서 치러지는 표준적인 결혼을 회피하였다. 회중들 앞에서
신랑신부를 호명하는 일반 결혼예식이 상스럽다는 정서가 널리 확산되
어 있었다. 따라서 다수의 사람들은 자신의 교회 또는 '특별' 결혼을 위해
마련된 특정한 교회에서 특별 허가증을 받아 결혼하였다. 78) 이렇게 함
으로써 부모의 간섭을 피할 수 있었고 막대한 결혼피로연 비용도 절감할
수 있었다. 가장 유명한 특별결혼 지역은 런던의 플리잇(Fleet) 근처였
는데, 이곳에서 수천 쌍의 결혼이 이루어졌다. 79)

---

77) Howard, *Matrimonial Institutions*, i, 410~411에서 인용.
78) Gough, *Myddle*, 65; Howard, *Matrimonial Institutions*, i, 457~458; Tate, *Parish Chest*, 81; Aubrey, *Wiltshire*, 75.
79) Howard, *Matrimonial Institutions*, i, 435ff.

결혼예식에 참석한 사람들에 대한 분석은 결혼의 속성을 잘 보여준다. 앞에서 살펴보았듯이, 결혼할 부부 외에는 사실 아무도 필요치 않았다. 특정 범주의 사람들, 예컨대 근친이라든지, 막역한 친구 등이 결혼예식에 반드시 참석할 필요는 없었다. 결혼식을 유효하게 만들기 위해 수행해야 할 사회적 역할이나 의례적 역할들은 없었다. 결혼식 비용을 부모가 부담하는 경우, 부모를 초청하는 것은 무척 공손한 일이었다. 그러나 그런 경우라도, 아버지, 어머니, 가까운 친구와 친척들이 반드시 참석하는 것은 아니었다.[80] 어떤 친구와 이웃을 초청할 것인지는 결혼당사자들 그리고 그들과 가까운 조언자들에게 달려있었다. 다른 축하 파티와 마찬가지로, 결혼식 참석은 초청에 의해서만 이루어졌다. 하객 명단이 있었던 것처럼 보인다. 그래서 1576년 에식스의 한 증인은 이렇게 말했다. '결혼날짜가 정해졌고, 만반의 준비가 완료되었으며, 신랑 토머스 스파이서(Thomas Spicer)와 신부 조앤 엘리스(Joan Ellys)에 의해 하객들이 초대되었다.'[81] 17세기 아프라 벤이 묘사한 결혼준비의 한 모습은, '누구를 초대하고 누구를 초대 안 할지, 신랑신부 양측 친구들의 조언을 구하는 일이었다.'[82]

이러한 선택적 요소는, 초청 범위를 좁게 또는 넓게 한정하면서, 친족과 이웃을 동원하는 모습을 보여준다. 이것에 따라 결혼예식의 비용과 규모에 커다란 차이가 생겼다. 때로는 6명 정도가 하객으로 참석하였고, 특히 재혼 이상의 경우는 그 수를 더욱 줄였다.[83] 17세기 후반 잉글랜드를 찾은 한 방문객이 말하길, '잉글랜드에서는 흔한 일이지만, 중간계층

80) Macfarlane, *Ralph Josselin*, 122; Verney, *Memoirs*, i, 428; Trappes-Lomax, *Diary of Brockbank*, 256.
81) ERO, D/AED/1, fol. 18v.
82) Behn, *Pleasures*, 20.
83) Symonds, 'John Greene' 392; Blencowe, 'Giles Moore', 115; Jackson, *Thornton Autobiography*, 82; Turner, *Heywood*, i, 242.

사람들이 은밀하게 결혼하는 까닭의 하나는 엄청난 비용과 문제를 회피하려 하기 때문'이라는 것이다. 그는 이렇게 묘사한다. '결혼예식은 남몰래 치러졌는데, 신랑, 신부, 양가부모, 두 명의 신랑 들러리와 두 명의 신부 들러리가 전부이다.'[84] 다른 경우, 특히 신사 계층에서는 수백 명의 하객이 참석하였다.[85] 일기들을 살펴보면, 핵가족 외부의 친족들은 결혼식에 자동으로 참석할 권리나 의무를 갖고 있지 않았다. 많은 '사촌'의 결혼들이 일기에 기록되어 있지만, 그들은 일기 작성자의 결혼식에는 참여하지 않았다. 분명한 것은, 지리적 이동이 누가 참석할 수 있는지에 영향을 미쳤다는 점이다. 여러 사교모임에서와 마찬가지로, 하객들이 예식 진행에 필수적인 존재이유는 아니었다. 그들은 사회적이고 도덕적인 관계를 재정렬해 주는 드라마에 출연한 배우들이 아니었다. 그들은 결혼파티에 참석하여 부부를 축하해 주고, 덕담을 나누며, 부부의 결합에 기쁨을 표현하는 하객일 뿐이었다. 만약 부부의 개인사정으로 결혼예식을 당사자 개인들만의 계약으로 축소하길 원하면, 그럴 수도 있었다.

그러나 세월이 흐르면서, 다양한 대중적 관습과 미신, 그리고 '타락'이 결혼예식에 부가되었는데, 그것들은 잉글랜드 결혼의 특성을 잘 드러내준다. 결혼식에서 발생한 사건에 대한 세 가지 기록에 이러한 관습 몇 가지가 나타난다. 첫째 경우는 1604년 필립 허버트 경(sir Philp Herbert)의 귀족 결혼을 묘사하고 있다.[86] 결혼 케이크, 뾰족한 봉, 뜨개바늘, 스타킹 벨트, 장갑에 관한 예식은 하나도 생략되지 않았는데, 이것들은 이후 궁정 제복이 되었다. 밤에는 신랑신부를 침대보에 넣어 꿰매기, 신부의 왼쪽 스타킹 벗기기, 기타 여러 가지 사소한 마법이 행

84) Jeaffreson, *Bridals*, ii, 110.

85) Cox, *Parish Registers*, 90; Emmison, *Tudor Food*, 30.

86) Briggs, *Pale Hecate*, 166.

해졌다. 헨리 베스트는 1641년 요크셔 지방의 대중적인 관습을 이렇게 묘사하고 있다.

'과부급여' 설정 후 대략 2, 3주가 지난 다음 결혼 날짜를 정한다. 이 기간 동안 결혼예복을 만들고, 만찬준비를 하는데, 이것은 대개 신부 아버지 집에서 열린다. 그들에겐 결혼 당일 친구들에게 나눠줄 장갑을 구입하는 관습이 있었다. 신랑이 장갑비용 전체를 부담했는데, 때로는 신랑은 남자들에게 장갑을 나눠주고, 신부는 여성들에게 장갑을 나눠주었다. 결혼 당일 아침, 예식을 치르기 위해 교회로 떠나기 직전에 부부는 그들에게 장갑을 나눠주었다. 신부의 단장이 끝나고, 그들이 밖으로 나갈 준비가 되면, 신랑이 다가와 그녀의 손을 잡으며, '아가씨, 당신의 승낙을 원합니다'라고 말한다. 또는 그들 앞에서 그녀에게 키스한 다음, 신부 아버지를 뒤따라 문밖으로 나간다. 그러면 신랑 친구 한 사람이 신부를 인도하여 앞장선다. 나머지 신랑 친구들은 신부의 친구들을 교회로 인도한다. 신랑신부의 형제들과 친구들은 식탁시중을 든다. 한 달이 지난 다음, 신랑은 신부를 집으로 데려간다. 그녀가 친정을 떠나는 바로 그날, 분담금이 지불된다. 신랑이 신부를 데려갈 때, 신랑의 가까운 친구들과 젊은 이웃들이 그와 동행해 준다. 신랑집에서도 동일한 즐거움이 넘친다. 그들이 도착하면 대접할 와인이 준비되고, 만찬, 저녁식사, 그리고 이튿날 아침식사가 이어진다.[87]

여기서는 결혼예식의 구체적인 내용을 순서대로 보여주는데, 하객들에게 선물을 나눠주고, 결혼예복을 착용하며, 교회까지 행진한 다음, 두 번에 걸쳐 피로연을 연다. 17세기말 무렵 북쪽지방 와튼 교구의 결혼 관습 몇 가지가 다음과 같이 추가된다.

결혼식이 있으면, 학동들은 교회출입문 또는 대문을 단단히 잠근 다음,

---

87) Best, *Rural Economy*, 117.

신랑이 나오기 전 약간의 돈을 요구한다. 신랑이 그러한 관습을 거절하면, 그들은 곧바로 그의 신발 한 짝을 꽉 붙잡는데, 나는 실제로 이런 광경을 본 적이 있다. 결혼식 당일 저녁이 되면, 마을의 소년들과 젊은 이들이 신혼부부의 집 앞에 함께 모여 '샤우트'(shout)라고 외친다. 또는 마실 것을 큰 소리로 요구한다. 유명한 고문서 연구자는 이것이 'Bedde Ale' 또는 'Bid-Ale'의 잔재라고 말하는데, 이웃들과 가난한 사람들이 신혼부부의 집에서 만나 술을 마시자고 약속한 다음, 가정부에게 돈을 모아주는 풍습에서 유래하였다. 88)

결혼예식에서 소란을 피우는 것, 특정 행위를 반복하는 것, 선물을 나눠주는 것, 반항하는 척 하는 것, 이 모든 관습은 역사학자들과 민속학자들의 진지한 연구주제였다. 89) 여러 기록을 살펴보면, 결혼예식에 다량의 음식과 주류가 제공되었고, 남녀가 섞여 춤판을 벌였다. 이 모든 것들은 결혼게임의 완수를 기뻐하는 사람들의 모습을 표현한다. 그것은 결혼이야말로 격려되어야 한다는 확언이며, 결혼은 모든 사람들에게 기쁨을 안겨준다는 확신이었다. 이제, 이 모든 복잡한 요소들을 분석하기보다는, 우리의 주제와 연관된 한 가지 특징, 즉 가임력과 섹슈얼리티의 문제에 집중하겠다.

오늘날과 마찬가지로, 종종 결혼 그 자체가 성의 상징을 구체화하는 사안이었다는 증거가 상당히 많다. 피로연에 제공된 음식과 하객들의 대화에 성적인 풍자가 끼어든다. 90) 그러나 성적인 풍자는 '신방 엿보기'91)와 그와 연관된 여러 행동에서 가장 노골적으로 드러난다. 상당수

---

88) Ford, *Warton*, 36; Atkinson, *Moorland*, 205ff.
89) E. g. Jeaffreson, *Bridals*, and Westermarck, *Marriage*; Pearson, *Elizabethans*, 311~361.
90) fleming, 'Notebook', fols 24~25; Furnivall, *Meals and Manners*, 358.
91) (옮긴이) 18세기 까지 지속된 잉글랜드의 풍습으로, 결혼예식은 부부의 교합으로 완성된다는 믿음에 근거한다.

의 당대의 일기들, 특히 페피스의 일기를 보면, 신랑신부가 함께 침대에 오르는 모습을 엿보는 관습이 널리 퍼져 있었다. 92) 여러 다른 관습들도 있었는데, 예컨대 19세기 북쪽 지방에서 행해졌던 침대시트를 뒤집어보는 의식도 여기에 포함된다. 93) 신혼부부의 동침을 매우 강조하기 위하여, 신랑신부를 시트에 함께 몰아넣은 다음 꿰매기도 했다. 94) 신방에 쳐들어오거나 신방 밖에서 노래하는 하객들 때문에, 신혼부부는 잠이 깨기도 했다. 95)

　결혼식을 치르기 전까지, 종교적 관례는 구애하는 남녀 사이의 성관계를 금지하였다. 욕망은 결혼식 전까지 억제되어야만 했다. 그러나 일단 결혼식을 치르면, 성관계는 더 이상 금지되지 않았고, 오히려 적극 권장되었다. 상황이 역전되어, 이제 성관계는 결혼생활의 필수요소가 되었다. 결혼서약과 더불어 육체적 관계는 결혼의 내용을 구성하였다. '성관계 없이는 결혼도 없다'는 원칙이 확립된 것이다. 하워드가 설명했듯이, '12세기 중반까지는, 성관계야말로 결혼에서 최고의 법적 순간이라는 원칙이 우세하였다.'96) 그리하여 장차 부부간의 분쟁을 막기 위해서는 증인을 세우는 것이 안전하였다. 채택되지 못한 두 가지 방법, 예컨대 신혼부부의 성관계를 공개적으로 엿본다든지, 성관계가 끝난 다음 부부 또는 침구를 조사하는 것을 차치하면, 차선책은 부부가 동침했다는 자명한 증거가 있는가 여부이다. 이것은 신혼부부가 함께 침대에 들어가는지 봄으로써 확인 가능했다. 그것은 물론 관음증이라든가 야비함과는 거리가 멀었다. 신중한 사람 앨리스 쏜톤(Alice Thornton)은 '품위

92) Latham, *Pepys*, i, 196; vi, 176; ix, 51; Boucier, *D'Ewes Diary*, 69; Notestein, *English Folk*, 208.
93) Atkinson, *Moorland*, 208.
94) Brand, *Popular Antiquities*, ii, 174~175.
95) Ibid. , i, 175~176.
96) Howard, *Matrimonial Institutions*, i, 335.

452

있게 신부를 침대로 이끄는 결혼의 엄숙함'에 대하여 말했다. 97) 이것에
대한 현대적 표현은, 자동차에 나란히 앉아 신혼여행 떠나는 부부에게
손을 흔들어 주는 것이다.

성관계가 중요시되면서, 가임력과 자녀출산은 결혼예식에서 거의 강
조되지 않았다. 결혼의 궁극적인 목표가 출산이라고 간주하는 사회에
서, 결혼 예식은 이 점을 다양한 방식으로 강조한다. 웨스터마르크는 다
수의 이러한 의식을 열거하였다. 예컨대, 결혼에서 다산을 바라는 기도
를 바치고, 신부가 아기 인형을 등에 업으며, 신부가 다산의 상징인 암
말에 올라타기도 한다. 신부 침대에 아이들을 앞뒤로 굴리고, 신부의 무
릎에 아이를 앉히며, '자손 반죽빵' 같은 특별식을 먹이기도 한다. 98) 흥
미로운 점은 잉글랜드의 결혼에서는 이러한 관습 중 어느 것 하나도 시
행되지 않았고, 유사한 관습도 없었다. 때때로 '출산력 의식' 이라고 해
석되었던 예외적 관습 하나 있었는데, 곡식, 과일, 케이크 등을 신혼부
부와 신혼침대에 뿌려주는 행위가 그것이다. 99) 이러한 관습의 광범한
시행을 입증했던 웨스터마르크가 보여주듯이, 분명 이러한 행위에는 출
산력의 상징이 내포되어 있었다. 100) 신혼부부의 머리 위에 빵을 쪼개거
나, 밀을 던지는 것은 잉글랜드에서 흔한 행위였다. 그러나 웨스터마르
크가 지적하듯이, 그런 행위와 출산력의 연관성은 필연적이기보다는 부
수적이었다. 많은 경우에, 그런 행위는 자손뿐만 아니라 경제적 풍요도
확보하려는 수단이었고, 부와 풍요만을 의미하기도 했다. 그리하여 그
는 이렇게 말한다. '노인들이 내게 들려준 이야기에 따르면, 써레이

---

97) Jackson, *Thornton Autobiography*, 233.
98) Westermarck, *Marriage*, ii, 467~480; Westermarck, *Marriage in Morocco*, 348ff.
99) Pearson, *Elizabethans*, 353.
100) Westermarck, *Marriage*, ii, 478ff.

(Surrey) 지역에서 신부에게 뿌리는 쌀도 경제적 풍요를 의미하였다. 요크셔 지방의 해크니스(Hackness)에서, 예식 후 교회 밖으로 나오는 신혼부부 뒤에 쌀을 뿌리는 행위는 "그대들의 앞길에 풍요 있으라"는 기원이었다.'101) 분명한 것은 그러한 관습을 설명하려는 사람들이 그것을 출산력 의식과 연관을 짓지 않았다는 점이다. 예컨대 샐튼스톨(Saltonstall)은 신혼부부 머리 위에 결혼케익을 쪼개는 행위는 로마의 옛 관습에서의 '최고 형식의 결혼'(confarreation), 빵을 쪼갬으로써 결혼을 하는 것과 유사하다고 생각했다. 비스킷과 케이크를 가임력과 연관시키기는 어려울 뿐더러, 작은 알갱이를 뿌리는 행위 역시 그 의미를 해석하기 어렵다. 102) 오늘날 결혼등록 사무소 바깥에 쌓아놓은 색종이 조각 또는 장미 꽃잎을, 두 자녀를 출산하라는 친구들과 친지들의 절실한 욕망의 표현으로 해석하는 것은 성급한 일이다.

따라서 우리는 잉글랜드의 결혼예식에서 잉글랜드 결혼만의 고유한 특징 몇 가지를 읽어낼 수 있다. 잉글랜드의 결혼은 자녀생산보다 부부의 섹슈얼리티를 강조한다. 결혼예식에서는 즐거움과 축하, 기쁨과 환희가 강조된다. 그러나 결혼이 친족과 이웃의 역할을 재정립시키면서, 전체 사회구조를 변화시키는 것으로 간주되었다는 증거는 없다. 결혼은 개인이 거쳐야 할 '통과의례'도 아니었고, 거대한 사회변동을 야기하는 것도 아니었다. 103) 결혼이 사회적 지위와 친족역할의 분리와 흡수, 속박과 해제의 의식이라는 힌트는 거의 없다. 이것은 한 개인이 가족과 친족으로부터의 분리가 이미 완료되었고, 종종 배우자 쌍방이 가족공동체

101) Ibid., i, 480.
102) Brand, *Popular Antiquities*, ii, 100~102. 여기에서는 출산력에 관한 언급이 없다. 실제로 브랜드가 언급한 관습들은 어느 것도 출산력 측면과 관련되지 않는다. 마찬가지로, Jeaffreson, *Bridals*, ii, ch. xv에서도 출산에 관한 의례와 연결되지 않는다.
103) Van Gennep in Westermarck, *Marriage in Morocco*, 345.

를 떠나 독립된 성인으로 살아가는 상황과 잘 맞아 떨어진다. 결혼은 한 개인의 법적, 재정적 의무의 변화를 가져왔고, 배우자 간의 관계를 바꾸어놓았으며, 성관계를 합법적으로 인정하였고, 자녀의 적법성을 창출하였다. 결혼 당일은 점점 고조되는 한 남성과 한 여성의 관계가 정점에 이르는 순간이었다. 사랑의 달은 점점 차올라 보름달이 되었다. 실제적인 배우자 관계와 더불어, 서로의 열정과 친밀감은 몸과 마음, 그리고 영혼의 완전한 결합으로 표출되었다. 구애의 전 과정은 우여곡절 끝에 결혼 당일 밤 신혼부부의 동침과 밀월여행에 도달하였다. 친족들로부터의 아무런 외부적 압력도 없이 느끼는 기쁨과 흥분의 분위기, 구애의 관습과 결혼잔치, 음주와 선물, 이 모든 것들은 부부가 평생 서로에게 헌신하겠다는 확고한 결의를 다지도록 도와주는 극상의 체험이었다. 개구리가 뛰어들도록 하려면 우물 속의 물은 충분한 매력이 있어야 한다. 어느 유명한 결혼예식104)에서처럼, 비록 잠시 동안 이지만, 물은 꿀과 포도주로 바뀌었다. 월터 롤리 경(Sir Walter Raleigh)105)은 이런 질문을 던졌다.

자, 사랑이 무엇인지 말해보시오.
사랑이란 즐거움과 후회가 머무르는
샘물이나 우물 같도다.
아마도 사랑이란 변덕스런 종과 같아서
모든 이를 천국 또는 지옥으로 보내는 도다.
이것이 사랑이라고 나는 들었노라. 106)

---

104) (옮긴이) 예수가 물을 포도주로 변화시킨 갈릴리 가나의 혼인잔치.
105) (옮긴이) 월터 롤리: 잉글랜드의 궁정인, 역사가이며 탐험가, 1552~1618.
106) Hadfield, *Elizabethan Love*, 28.

제 5 부 결 론

14
맬서스주의
결혼체제의 전망

　이제 우리는 세부적인 논의에서 물러나, 서론에서 제기했던 여러 질문에 대한 답변을 고찰해 보아야 한다. 첫째, 우리는 맬서스 결혼체제가 잉글랜드의 경제성장을 어떻게 지원했는지 살펴볼 수 있다. 결혼구조는 서로 연관된 여러 특징으로 구성되어 있는데, 그중 가장 중요한 것은 혼인연령의 변동이다. 인구성장이 자본의 축적을 방해하는 기간에는 혼인연령이 늦어지고, 노동력이 필요할 때는 빨라진다. 또한 선별적 결혼의 패턴도 존재했는데, 이 패턴은 때때로 독신자들을 양산하였고, 독신자들의 역할 또한 있었다. 결혼은 자동적이 아니라, 개인의 선택 — 즉, 남녀 모두 그 비용과 혜택을 따져본 결과 — 으로 이루어졌다. 이러한 선택적 결혼은 누구와 결혼해야만 한다거나 누구와 결혼해서는 안 된다는 강력한 긍정적 혹은 부정적인 규칙의 부재에 기초한다. 대다수 사회에서 결혼을 제한하는 친족, 카스트, 계급 그리고 지리적 규칙들이 잉글랜드에서는 영향력을 발휘하지 못했다. 한 가지 강력한 불변의 규칙은, 젊은 커플은 결혼을 통해 하나의 독립된 단위를 형성할 수 있어야만 한다는 것이다. 결혼자금은 일자리를 제공하는 사회로부터, 그리고 부부와 그들 부모의 저축으로부터 제공되었다. 사람들은 결혼을 위해서 '자금을 비축해야' 하였고, 어떤 시점에서 이르러서야 결혼할 여유가 생겼다.

앞에서 살펴보았듯이, 결혼의 주된 목적은 개인의 성적, 심리적, 그리고 사회적 욕구를 만족시키기 위한 것이었다. 자녀는 결혼의 원인이 아니라 결과였고, 부부의 성적결합의 부산물이었다. 대다수 사람들에 있어서 이상적인 결혼은 서로의 '친구'가 되어주는 것이었다. 따라서 결혼은 한편으로는 경제적 필요성과, 다른 한편으로는 심리적, 생물학적 압력 간의 조화와 타협에 기초한다. 부부간의 결합은 미모와 좋은 성격이라는 매력, 예컨대 배우자의 신체적, 사회적, 정신적 매력에 근거하였다. 결혼은 전략, 책략, 상과 벌을 제시하는 일종의 게임 같은 것이었다. 구혼의 과정은 서로를 시험해 보고 끌어당기는 미묘한 작업이었다. 이상적으로 말하자면, '사랑'이야말로 자신의 배우자를 측정하는 모든 기준 — 예컨대, 재산, 미모, 성격, 지위 — 에 대한 이해득실의 복잡한 방정식을 확실하게 해결하여 줄 것이다. 결혼식과 그 후의 부부생활은 결혼제도가 근거하는 여러 전제를 보여주는데, 그 핵심에는 한 남성과 한 여성 간의 깊은 애정이 자리 잡고 있다.

이러한 패턴이 경제학과 인구학 사이의 관계에 미치는 영향은 심대하였다. 결혼이 친족이나 신분에 의해 결정되지 않고 개인의 선택이었다는 사실, 즉 결혼이 궁극적으로 개인의 만족에 관한 것이라는 사실은, 혼인연령에 유연성이 있었다는 사실을 의미한다. 사람들이 결혼이라는 위험을 무릅쓰지 않으려는 기대심리의 배후에는 보이지 않는 경계선이 존재하였다. 그 경계선은 때로는 쉽게 뛰어넘을 수도 있었지만, 때로는 뛰어넘기 어려웠다. 부의 축적이 이루어진 다음에 그러한 경계가 느슨해졌고, 어떤 사람들은 자신의 새로운 부를 결혼에 쏟아 부었다. 또 어떤 사람들은 마지막까지 견디며 사회적 상승을 시도하였다. 맬서스가 주창하였던 경제팽창과 인구성장 사이의 지체는 적어도 존재하였고, 후대의 인구역사학자들은 이러한 지체현상을 입증하였다. 이제 결혼은 생물학적 필요로부터 벗어나, 비용을 저울질하는 하나의 선택사항(*option*)이 되었다. 이것이 바로 맬서스주의적 혁명인데, 이것은 과거 잉글랜드의 산업진보를 위해 필요한 배경을 제공하였고, 오늘날 전세계를 휩쓸고 있는 현상이다. 종종 산업화와 도시화는 이 맬서스 체제와 연관되지만, 그 둘 사이의 연관성이 **필연적인**(*necessary*) 것은 아니다. 따라서 맬서스 체제는 도시도 아니고 산업화도 안 된 지역으로 확산될 수 있다. 그리하여 우리가 이바단(Ibadan)에서 목도했듯이, 산업과 도시화가 필연적으로 맬서스 체제를 야기하지 않는다.

우리는 특별한 결혼 패턴이 어떻게 특정한 '인구학적 기반'(*demographic regime*)을 생성했는지는 알 수 있지만, 무엇이 그러한 결혼패턴을 '야기했는지'는 난해하고 복잡한 과제로 남아 있다. 앞의 장들에서 이것에 관한 몇 가지 힌트와 제언들이 제공되었다. 우리는 이 모두를 한데 모아 다른 이론적 차원으로 끌어올릴 수 있다. 아마 가장 설득력 있는 이론은 맬서스 결혼체제가 자본주의라는 특정한 사회경제적 형식과 완벽하게 '맞아 떨어졌다'는 사실일 것이다. 맬서스는 이것을 전혀 의심치 않았다. 맬서스의 저작은, 사유재산의 폐지와 부의 평준화가 재난과 반목을 없애고 균형 있고 조화로운 세계를 가져올 것이라고 주장했던 이상주의자(*Utopian*) 고드윈을 반박하기 위한 것이다. 후대의 용어로 바꾸어 말하면, 고드윈은 자본주의를 사회주의로 대체할 필요성을 옹호하였던 셈이다. 자본주의 윤리와 제도를 폐지하면 모두 잘 살게 될 것이라고 주장했다. 그러나 맬서스의 반응은 자본주의의 주된 특징들이 인간의 안정과 행복을 보장했다는 것이었다. 버나드 맨드빌(Mandeville)[1]이 주장했듯이, 사적인 '해악'(*vice*)이 기묘한 변신을 통해 공공의 혜택으로 전환되었

460

다. 개인의 사적인 열정과 삶의 제도화된 불평등이 전쟁, 기근, 질병이
재등장하지 않도록 보장해 준다. 만일 고드윈의 주장이 득세하여, 부가
재분배 되고, 사적재산이 폐지되고, 루소를 비롯한 여러 사람들의 주장
처럼, 혁명을 끌어들인다면, 인류의 재앙이 계속될 것이다. '이성 간의
본능적인 열정'은 억제되지 않을 것이고, 풍요로움과 자녀수 사이의 생
산적 긴장은 파괴될 것이며, 모든 사람들은 어린 나이에 결혼할 것이고,
인구수가 자원을 능가하여 인류는 조만간 재난에 빠지게 될 것이다.

맬서스는 자신의 '기반'을 떠받쳐주는 네 가지 필수요소를 제시했는
데, 예컨대 개인의 끊임없는 이익추구를 정당화하고 찬양했던 축적윤
리, 사람들이 행운의 사다리를 끊임없이 오르내릴 수 있는 이동성이 가
능한 서열사회, 정부와 법의 보호를 받는 사적재산, 그리고 즉각적인 성
적만족을 삼가고 여유가 생길 때까지 결혼을 연기할 것을 부추기는 높은
생활수준과 신체적 만족 등이다. 이것들 중 가장 중요한 것은 인간의 끊
임없는 '욕구'(*drive*)이며, 이것을 비평가들은 '취득윤리'(Tawney)[2], '자
본주의 정신'(Weber)[3], '소유 개인주의'(Macpherson)[4] 등 다양한 이름
으로 불렀다.[5] 그는 만일 이 네 가지 요소가 존재한다면 맬서스 체제는

---

1) Mandeville, *Fable*.
2) (옮긴이) 토니(Richard Henry Tawney, 1880~1962) : 인도 태생의 잉글랜
   드 경제학자이며 역사가.
3) (옮긴이) 베버(Max Weber, 1964~1920) : 독일의 사회학자로, 오늘날 사회
   과학 이론에 가장 큰 영향을 미친 사회과학자 중 한 명이다. 그의 대표적 저
   서 《프로테스탄트 윤리와 자본주의 정신》(*The Protestant Ethic and the Spirit
   of Capitalism*)은 종교와 사회변동 간의 연관, 특히 서구발전에 청교도 정신이
   미친 영향을 논의하였다. 베버는 중국이나 인도와 같은 비서구국가에서 서구
   의 산업혁명이 발달할 수 없었던 근거로 프로테스탄트 정신의 부재를 제시하
   였다. 그에 따르면 기독교란, 인간이 믿음으로 받아들이고 그 도덕적 윤리를
   따르면 '구원받을 수' 있는 구원의 종교였다.
4) (옮긴이) 맥퍼슨(James Macpherson, 1736~1796) : 잉글랜드의 시인.
5) Tawney, *Religion*; Weber, *Protestant Ethic*; Macpherson, *Possessive*

자동적으로 시행될 거라는 주장을 폈다. 만일 오늘날 중국에서처럼 그러한 요소들이 폐지된다면, 인구를 억제할 수 있는 유일한 방법은 엄격하고 차별적인 법률과 공적 통제이다.

바꾸어 말하면, 맬서스가 옹호했던 결혼과 가족체제는 소위 오늘날 시장자본주의에서의 당연한 귀결인 셈이다. 자본주의가 번성하는 곳에서는 그가 분석했던 여러 특성들이 활발히 드러날 것이다. 즉 결혼선택 체제, 비용과 혜택 사이의 저울질, 생물학과 경제학 간의 갈등, 인류를 고통스럽게 부의 소용돌이로 끌어올리는 끊임없는 싸움과 책략 등, 이 모든 것은 특정한 정치경제적 체제에서의 '가족적'(*familistic*) 차원들이다. 물론 이런 연계를 주장한 사람이 맬서스만은 아니다. 맬서스가 '재난'에 대항하는 유일한 보루의 하나로 자본주의를 정당화한 반면, 홉스가 리바이어던(Leviathan)[6]의 정당성을 주장했던 것처럼, 몇몇 저자들은 특정한 친족 및 결혼체제와 자본주의 간의 밀접한 '친화력'(*elective affinity*)을 인지하였다.

마르크스는 맬서스의 자본주의 가정들을 다양한 각도에서 조명하였다. 그는 다윈이 맬서스의 아이디어를 수용하면서, '무제한의' 자본주의 경쟁세계를 생명계 전체로 확대했다는 사실을 지적하였다. 엥겔스에게 보낸 편지에서, 마르크스는 다음과 같이 말했다. '다윈이 짐승과 식물에게서마저 잉글랜드 사회의 특징인 노동분업, 경쟁, 새로운 시장의 개척,

---

Individualism.

6) (옮긴이) 홉스(Thomas Hobbes)의 1651년 저서이다. 정식 제목은 《리바이어던 혹은 교회적 및 정치적 국가의 소재형체 및 권력》이다. '리바이어던'은 《구약성서》 '욥기 41장'에 나오는 바다괴물로서, 인간의 힘을 초월하는 매우 강한 동물을 뜻한다. 홉스는 국가라는 거대한 창조물을 이 동물에 비유한 것이다. 이 책의 핵심내용은 로마교회로부터의 국가의 독립을 강조하였고, 신앙은 단지 인간내면의 문제이고 국가는 이것을 간섭할 수 없다고 주장했다. 로마교회가 지상의 국가에 대해서 총지배권을 가지고 있는 것은 성경의 잘못된 해석에 의한 것이라고 말하면서, 그는 로마교회를 통렬히 비난하고 있다.

'허구들' 그리고 맬서스주의자의 '생존투쟁'(*struggle for existence*)을 인식한 것은 놀라운 일이다.'[7] 이것은 홉스가 말하는 '만인의 만인에 대한 투쟁'(*bellum omnium contra omnes*)에 다름 아니다. 최근에 버나드 러셀도 이렇게 말했다.

> 역사적 시각에서 보면, 흥미로운 것은 다윈이 철학적 급진주의의 특징인 경제학[8]을 전 생명체로 확대했다는 점이다. 다윈에 따르면, 모종의 생물학적 경제학이 무제한의 경쟁세계에서 진화의 원동력이라는 것이다. 맬서스의 인구원칙은 동물과 식물들에게까지 확대되었고, 그 확대된 원칙이야말로 생존투쟁과 적자생존이 진화의 근원이라는 사실을 다윈에게 제안해 준 셈이었다.[9]

다윈 자신의 생각과 그 생각이 맬서스를 예증하는 방식을 감안하더라도, 우리는 다윈이 자신의 재생산 선택에 사용했던 것과 동일한 분석틀을 동물의 왕국에까지 투사했다는 것을 주장하고 싶어진다.

엥겔스는 자본주의와 '현대적인' 결혼체제 간의 연계를 보다 분명히 주장하였다. 그는 단혼제가 현대의 '섹스-사랑'의 충분조건은 아니지만 필요조건이라면서, 그것이 현대의 개인적 선택에 의한 결혼으로 발전하는데 상당한 시간이 걸렸다는 사실을 지적하였다. '우리는 중세 이전의 개인적인 섹스-사랑에 대해 말할 수 없다 … 고대에는 부모들이 자녀들을

---

7) Meek, *Marx and Engels*, 95, 198.
8) (옮긴이) 과거의 한국을 포함한 대부분의 비서구사회에서의 출산은 여성의 의무였지 경제적 계산의 결과물은 아니었다. 그러나 현대 한국 사회에서의 출산은 부부의 경제적 합리성을 계산한 다음, 결정될 가능성이 높다. 요컨대, 자녀출산이 경제적 합리성에 의해 결정된다는 사실은 우리사회의 삶의 전반이 경제적 합리성에 의해 지배받는 징후라고 말할 수 있다. 이러한 의미에서 경제학은 오늘날 우리 사회에서 제국주의적 과학이 되었다고 할 수 있다.
9) Russell, *History of Philosophy*, 753.

정혼시켰고, 자녀들은 묵묵히 복종하였다.' 파트너 사이의 평등과 동의
를 전제로 하는 '상호 간의 사랑' 그리고 '사랑의 강도와 지속'은 아직 요
원한 것이었다. 중세 부르주아 사회에서 '결혼의 적합성의 문제는 개인
의 성향이 아니라 전적으로 가족의 이해관계에 달려있었다. 그리하여
대다수의 사례들이 보여주듯이, 이러한 결혼계약은 중세 말까지 지속되
었다. 결혼은 관심 있는 당사자가 결정할 문제가 아니었다. 10)

　15세기 후반, '지리상의 발견의 시대'에 '자본주의'가 도래하였다. 이
것은 신세계를 창출하였다. '자본주의는 모든 것을 상품으로 치환시킴으
로써, 모든 전통적 관계를 해체시켰고, 오래된 관습과 역사적 권리를
'자유로운 계약'에 의해 구매와 판매로 대체시켰다.' 그러나 '계약'을 맺
기 위해서는 사람들이 반드시 '자유롭고' '평등해야' 하고, 이러한 '자유
롭고' '평등한' 인간의 창출이야말로 자본주의적 생산의 주된 기능의 하
나였다.' 엥겔스의 주장에 따르면, 결혼이 '계약', 즉 법적사건이라면,
계약을 체결하는 사람들, 즉 부부 당사자에게 그 결정권을 부여하는 것
은 당연한 일이었다. '부부가 되고자 하는 젊은 두 사람이 자신들의 몸과
신체기관에 대한 자유로운 사용권을 가져야 하지 않는가?' 그리하여 특
히 프로테스탄트 국가들에서 '떠오르는 유산계급'(rising bourgeoisie)은
'결혼을 계약할 수 있는 자유'를 서서히 인식하게 되었다. 예컨대 '사랑-
짝짓기'(love-match)는 인간의 한 권리로 선언되었다. 11) 또 다른 아이러
니는 부자일수록, 즉 사회계층이 높을수록 그리고 재산이 많을수록, 배
우자 선택의 여지가 점점 더 줄어든다는 점이다. 그러나 대부분의 사람
들은 '사랑'에 근거하여 자신들의 결혼을 결정하기 시작하였다. 즉, 낭만
적 결혼은 자본주의적, 계약적, 그리고 개인주의적 사회가 부상한 결과
로 나타난 부산물이다. 마르크스-엥겔스의 연표에 의하면, 이러한 사회

10) Engles, *Origin of the Family*, 84, 92, 95.
11) Ibid., 96, 97, 98.

464

적 변화는 15세기 후반부터 북서유럽에 나타나는 현상인데, 이 시기는
우리가 주장하는 낭만적 사랑의 출현과 일치한다. 맬서스 결혼체제는 16
세기와 18세기 사이에 유럽의 한 지역에서 의기양양하게 부상한 다음,
다른 곳으로 퍼져나갔다. 대다수 오늘날의 연구자들은 이러한 견해를
암암리에 받아들이고 있다. 예컨대, 낭만적 사랑은 '산업화가 중간계급
의 크기와 힘을 급격히 성장시켰던 17세기에 이르러 중간계급에 침투하
였고, 사랑과 결혼에 대한 중간계급의 이러한 이상은 서구의 사고방식
을 서서히 물들인 다음, 점차 서구를 지배하기 시작하였다.'[12]

결혼체제와 자본주의의 연계는 다른 방식으로도 발전하였다. 한 가지
주장은 정서적 특징인 '사랑'은 자본주의 경제구조가 가장 왕성하게 발달
한 곳에서 필수품이 되었다는 흥미로운 역설이 그것이다. 겉보기에는
성적 열정과 '사랑'은 자본주의가 요구하는 것과 전적으로 모순되는 것처
럼 보인다. 이미 오래전 막스 베버(Weber)는, '인간생활에서 가장 비합
리적인 요소인 성적 욕구가 개인이 경제적 목적을 합리적으로 추구하는
데 있어서 가장 큰 잠재적 위협이라는'[13] 사실에 주목하였다. 하지만 사
랑과 섹스는 미묘한 변화를 통해 순치되었으며, 자본주의 체제의 가장
역동적인 요소 중 하나가 된다. 베버는 사회가 점차 관료화되고 '합리화'
됨에 따라 그 체제의 중심에는 충동적이고, 비합리적이며, 비자본주의
적인 감정이 개인적 차원에서 자라난다고 파악했다. 베버는 자본주의적
축적을 가져오는 '초월적'(other-worldly) 신비주의의 역설을 간파했듯
이, 사랑-결혼이 합리적 자본주의의 핵심으로 자리 잡는 방식을 넌지시
제시한다.

---

12) Hunt, *Love*, 266~267.
13) Watt, *The Rise of the Novel*, 74.

에로틱한 관계는 한 영혼과 다른 영혼을 직접 융합시킴으로써, 사랑의
추구에 있어서 극치의 성취감을 느끼게 해준다. 상대방에 대한 이러한
끝없는 헌신은 기능성, 합리성 그리고 일반성과는 극도로 상치된다. 그
것은, 한 존재가 다른 존재, 한 특별한 존재만을 위해 비합리적으로 품
게 되는 독특한 의미이다 … 연인은 자신이 합리적 질서라는 차가운 해
골의 손아귀에서 자유롭게, 마치 진부한 일상생활에서 완벽하게 도망
치듯이, 빠져나왔다는 것을 잘 안다. 14)

  바깥세상의 족쇄로부터 벗어나고, 가족, 계급, 관습의 세력으로부터
도피하여, 아무런 계산 없이 상대에 대한 신뢰의 도약을 감행함으로써,
연인들은 자신과 평생을 같이 할 배우자를 선택한다. 현대적인 방식으
로 말하자면, '합리적이고 이윤을 추구하는 개인은 **제도화된 비합리성**인
낭만적 사랑이 없다면 결코 결혼하지 않을 것이다.'15)
  낭만적 사랑의 열정은 비합리적이지만, 그것이 자본주의의 핵심인 넘
치는 소유욕, 끝없는 축적을 향한 '무모한'(irrational) 열정과 그 궤를 같
이 한다는 사실의 파악은 그다지 어렵지 않다. 시장에서 물건을 '구매'하
려는 욕구와, 타인을 자신의 것으로 소유하고자 하는 욕망 사이에는 언
어적 일치가 있을 뿐 아니라, 그 욕구는 상품을 '매도하려는' 사람들에 의
해 이용당하고 자극될 수 있다. 즉 대중광고를 통한 소비재의 '판매', 그
리고 연인들 사이의 열정은 서로 긴밀하게 연결되어 있다. 줄 헨리
(Henry)가 지적한 바와 같이, 낭만적 사랑과, 여성의 젊음과 아름다움
을 화폐가치로 치환시키지 '않았다면', 화장품과 미용 산업은 대부분 사
라졌을 것이고, 또 영화, TV, 사진기록 사업도 경제적인 기능을 거의
수행하지 못했을 것이다. 16) 낭만적 사랑과 자본주의 활동 모두 개인의

14) Gerth and Mills, *Max Weber*, 347.
15) Lasch, *Haven*, 144쪽에 있는 Greenfield의 주장.
16) Haviland, *Cultural Anthropology*, 212쪽에서 인용.

선택, 소유물, 재산과 '자유기업'(*free enterprise*)에 근거한다고 브레인 (Brain)은 주장한다. 17)

시장 자본주의와 맬서스 혼인체제 사이의 연계를 인식하는 또 다른 방법은 가구경제와 가구경제가 자녀생산에 미치는 영향을 자본주의 이전과 자본주의 시대를 대조시켜 조사하는 것이다. 생산과 소비의 기본단위가 가족농장이나 가족 비즈니스인 비자본주의 '가내 생산방식'이 존재하는 곳에서, 재생산은 대개 생산과 소비를 확대시킬 것이란 사실이 지적되었다. 예컨대 '펀잡'(Punjab) 지역에서 '가족이 기본 작업단위라는 사실'은 출산을 장려한다. 18) 농촌가족의 경우, '높은 출생률이 그 특징으로 드러난다.' 자녀생산 그 자체는 농장의 장래 존속에 관한 한 매우 중요한 것으로 간주된다. 19) 이런 기업의 1차 목표는 가계계승이고 경제적인 것은 단지 2차 목표일 뿐이다.

그러나 이 모든 것은 자본주의의 부상과 더불어 변화를 겪게 된다. '자본주의 생산체제가 점차 우세함에 따라, 친족과 경제질서의 분리가 널리 확산되었다.'20) 친족과 경제는 더 이상 연계되지 않는다. 흔히 농경사회에서는 대가족이 부자였지만, 이제는 더 이상 그렇지 않다. 21) 공동기금의 개념을 통해 부의 흐름이 자녀에게서 부모에게로 자동적으로 이동했던 가내 경제 또한 더 이상 그렇지 않다. 이제 출산과 경제적 생산은 갈등관계에 놓이게 된다. 사람들은 맬서스와 다윈이 밑그림을 그렸던 유형의 선택을 해야만 한다. 그들은 자녀생산의 소망과 개인의 생활수준 사이에서 균형점을 찾아야 한다. 이런 상황에서 다수의 사람들은 '여

17) Brain, *Friends and Lovers*, 246.
18) Mamdani, *Myth*, 132.
19) Galeski, *Basic Concepts*, 58, 63.
20) Franklin, *European Peasantry*, 1. 2.
21) Galeski, *Basic Concepts*, 63.

유가 있을' 경우에만 결혼함으로써 출산율의 억제를 선택하였다. 세계 대부분의 지역에서 '가족생산이 가족외부의 노동시장에 속한 자본주의 생산으로' 이동한다. 왜냐하면 '가족기반 생산은 필연적으로 고출산을 그 특징으로 하고, 완벽하게 발전된 자본주의 생산체제는 필연적으로 저출산을 그 특징으로 하기 때문이다.'22) 자본주의의 도래에 따라, 사회는 더 이상 신분이 아니라 계약에 의해 유지되는데, 즉 시장, 중앙집권 국가의 비개인적인 법률에 의해 유지된다. 이것은 자유로운 개인이 가족에서 떨어져 나가 노동시장에 일찌감치 진입하게 되는 발판이 되며, 부모는 저축을 통해 자신들의 독립성과 보장을 유지하게 된다.

맬서스, 마르크스와 엥겔스가 밑그림을 그렸던 자본주의와 맬서스주의 체계 간의 관계는 흥미롭다. 그러나 거기에는 하나의 주요한 반대사항, 즉 일시적인 부조화 상태가 존재한다. 대략 말하자면, 결혼체제가 너무 일찍 출현했다는 점이다. 여기서 결혼체제의 다양한 특징들의 기원을 상세히 설명할 필요는 없지만, 우리는 두 가지 현상만을 간략하게 이야기할 것이다. 마르크스와 베버로부터 물려받은 기준 연표에 의하면, '자본주의 혁명'이 15세기 후반과 17세기 말 사이의 어떤 시점에 발생한 것으로 널리 받아들여진다. 즉 '14세기 말엽의 생산유형은 아직 자본주의적 특성을 갖지 못했고, 자본주의 시대는 16세기부터 시작되었다'23) 고 마르크스는 말한다. 앞에서 살펴보았듯이, 엥겔스의 경우엔, 자본주의는 15세기 말경 '지리상의 발견'으로부터 연유한다. 그러나 만일 결혼체제의 다양한 특징들을 조사해 보면, 1450년과 1700년 사이에 그런 특징들이 부상한 것처럼 보이지는 않는다.

결혼규칙을 조사해 보면, 대부분의 규칙은 14세기 이전까지 거슬러 올라간다. 혼인연령을 추정하기 어렵지만, 사실 만혼은 무척 오래된 특

22) Caldwell, 'Education', 247, 225.
23) Marx, *Capital*, i; 689, 669.

468

성일 수 있다. 기원전 1세기에 게르만족에 대하여 기술했던 타키투스는
다음과 같이 말한다. '젊은 남자는 배우자를 찾는 시기를 늦추기 때문에
정력이 손상되지 않은 상태에서 성년에 도달한다. 소녀들 역시 혼인을
서두르지 않는다. 남자들의 경우처럼, 여성들도 나이 들어 완전한 성년
이 되었을 때 비로소 자신들의 배우자를 찾는다.'[24] 13세기와 14세기
에, 특히 여성이 사춘기 즈음에 결혼했음을 보여주는 확실한 증거는 없
다. 서유럽 대부분 지역의 결혼패턴이 16세기와 17세기에 혁신적인 변
동을 겪었다는 증거 또한 없다. 단혼제 규칙은 무척 오래전부터의 일이
다. 다시 말해, 잉글랜드를 침략했던 게르만족은 오래전에 단혼제를 시
행하였고,[25] 기독교 교회는 이러한 문화적 전제를 단지 강화했을 뿐이
다. 교회에 의해 도입된 실질적인 변동 한 가지는 이혼을 금지하는 것이
었지만, 이미 15세기 이전에도 이혼은 용이하게 처리되었다. 단혼제와
결합된 그러한 이혼 금지는 아마 게르만족 관습 — 간통에 대한 상대적
인 용인 — 의 변동이 그 배후에 있을 것이다. 이것과, 홀아비와 과부의
재혼에 대한 점진적 허용은 타키투스의 기술에 나타나지 않았던 특징이
었다. 그러나 그것이 최소한 13세기 이전에 확립되었다는 사실은 명백
하다.

누구와 결혼해서는 안 된다는 규칙도 매우 일찍부터 확립되었다. 누
구와 **결혼해야만**(should) 한다는 것에 관한 어떤 형태의 '기본 구조', 즉
구속력 있는 친족규칙이 존재했다는 증거는 아직까지 발견되지 않았다.
설령 그러한 '기본 구조'가 존재했다 하더라도, 13세기와 14세기에 이르
면 그것은 모두 사라져 버렸다. 또한, 사회적 신분서열이 다른 배우자와
의 결혼을 금지하는 규칙의 증거를 중세 초엽부터 찾아보기 힘들고, 14
세기에 이르면 아예 흔적조차 없다. 혼인지불에 대한 관습은 특히 잘 기

24) Tacitus, *Germania*, 118.
25) Ibid., 116.

록되어 있다. 블랙스톤(Blackstone)이 오래전에 지적한 바와 같이, '과부산과 과부급여'에 대한 관습, 분담금과 선물에 대한 관습은 일찍이 튜튼족 관습으로부터 유래한다. 26) 중요한 관습인 균형지불, '신부대금'의 부재, 그리고 극단적 형태의 '공유'와 '가계' 사이에 자리 잡은 기묘한 중간체제는 일찍부터 확립되었다. 그러한 것들은 앵글로색슨 법률과 관습에서 볼 수 있고, 또 13세기에 널리 확산되었던 것은 확실하다.

이러한 규칙에 관한 오래된 기원들은 — 가장 초기에는 잉글랜드를 침략했던 앵글로색슨 문화가 있고, 가장 최근에는 14세기까지인데 —, 이 규칙들과 일치하는 특수한 결혼관을 일찌감치 확립시킨 것과 관련된다. 이 견해엔 네 가지 주요 요소가 있다. 첫째, 결혼이란 궁극적으로 결혼당사자의 관심사였고, 결혼이 신랑신부의 상호합의에 근거했으며, 다른 사람에 의해 조정되지 않았다는 점이다. 이러한 원칙은 12세기에 이르러 결혼에 대한 기독교적 입장으로 공인되었고, 그 후 지속되었다. 사실, 그 원칙은 중세초기의 법률과 관습에 근거했을 것이다. 예컨대, 11세기 초엽 카누트27) 법령은 아버지나 보호자의 동의는 필수적이지 않지만, 신부의 동의는 필수적인 것으로 못 박았다. 28) 그리하여 잉글랜드는 매우 일찍부터 결혼의 자유를 확립하였는데, 이것은 튜튼족 전통과 기독교 전통의 혼합에 기인한다. 두 번째 특징은, 독신을 최선의 신분으로 간주하고, 결혼을 차선으로 간주하는 것이다. 결혼은 필수적이고 보편적인 단계가 아니었고, 모든 사람에게 요청되지 않는 특수한 '사명'(*vocation*)이었던 셈이다. 이런 견해는 초기 기독교인들의 저술에서 잘 확립되었고, 기독교가 최근의 결혼패턴에 끼친 주요한 기여 중 하나이

26) Blackstone, *Commentaries*, ii, pt 1, 128, note 24, also p. 138.
27) (옮긴이) 카누트(King Kacute, 994~1035) : 덴마크 출신의 잉글랜드 덴마크 노르웨이 왕.
28) Howard, *Matrimonial Institutions*, i, 278.

다. 세상의 여타 종교와 달리, 기독교는 결혼과 출산을 크게 강조하지
않았다.

세 번째 테마는 부부가 서로에게 정신과 육체의 동반자가 되어주는
'동료애'를 근거로 결혼에 진입한다는 것이다. 이것으로부터 부부의 유
대관계가 가장 견고한 것이라는 사실이 연유한다. 이 새로운 관계는, 대
부분의 사회에서 결혼관계보다 훨씬 더 견고한 모든 혈연관계들 — 부
모, 형제자매, 자녀들 — 을 압도한다. 여기서 우리는 두 가지 전통이 혼
합된 것을 보게 된다. 기독교 정신은 '부부간의'(conjugal) 유대를 강조한
다. 남자와 여자는 부부가 되어 하나의 피와 살이 된다. 이브는 아담의
동료이자 도우미가 되기 위해 창조되었다. 사도 바울(Paul)은 기독교인
들에게 배우자와의 새로운 관계를 위해 부모와의 유대를 희생하라고 충
고하였다. 이것은 잉글랜드와 유럽 대부분을 식민화했던 게르만족의 애
처가 근성과 잘 맞아떨어졌다. 서로 주고받는 결혼선물의 관행은 그들
이 부부의 유대를 가장 신성하게 여겼음을 상징한다. 남자와 여자는 서
로의 삶을 공유한다. 타키투스는 1세기에 게르만족에 대하여 이렇게 기
술하였다.

> 여성 자신은 남성적 용맹으로부터 배제되거나 전쟁의 위험에서 면제된
> 다고 생각해서는 안 된다. 바로 이 때문에, 여성은 남편의 고난과 위험
> 을 함께 하기 위해 남편의 집으로 들어간다는 사실, 평화와 전쟁의 시기
> 에 여성이 남편의 고통과 위험을 공유한다는 사실을 상기해야 한다. 마
> 치 여성이 하나의 몸과 하나의 삶을 가지듯, 하나의 남편을 가진다. 그
> 녀의 생각이 남편을 벗어나거나 그녀의 소망이 그를 뛰어 넘어서도 안
> 된다. 29)

---

29) Tactitus, *Germania*, 116~118.

　이것은 마치 오늘날의 결혼예식처럼 들리는데, 놀랄 필요는 없다. 왜냐하면 이 예식은 오래된 튜튼족 풍습으로부터 이어져온 16세기식 표현에 근거하기 때문이다. 메이틀랜드가 지적했던 바와 같이, 교회의 결혼의례는 고대 게르만족 풍습에서 대부분의 어구(phrase)와 상징들을 빌려왔다. 확실한 것은 반려자적 개념의 결혼이 14세기에 이르러, 아마 그 이전에, 공식, 비공식적으로 인정되었다는 점이다.

　마지막으로 '사랑'이 결혼을 위한 근거인가에 대한 질문이다. 즉 낭만적 사랑의 근원과 출현에 관한 질문이다. 이 주제에는 이견이 분분하지만, 우리의 논의에 매우 중요하기 때문에 주창되어 왔던 이론들의 일부를 검토할 가치가 있다. 낭만적 사랑이 일찍부터 부상되었던 곳은 11세기와 12세기의 남유럽이다. 마르크 블로흐(Bloch)는 '낭만적 사랑'이 남프랑스의 '궁정식 사랑'(courtly love)의 전통에서 시작되었다고 주장하였다. 이 궁정식 사랑은 처음에는 '결혼과 무관하였고, 오히려 법적 결혼에 배치되는 것이었다. 왜냐하면 사랑하는 여인은 일반적으로 유부녀였고, 그녀의 애인은 그녀의 남편이 아니었기 때문이다.' 그럼에도 불구하고, 이러한 '모든 것을 바치는 열정 — 끊임없이 좌절하고, 쉽게 질투를 느끼고, 역경에서 오히려 힘이 솟구치는 —'은 '놀라울 정도로 독창적인 개념, 즉 연모의 관계 — 그 관계 속에 오늘날 우리에게 익숙한 여러 요소들이 있다 — 였다.' 이것은 종교적 가치들과 거의 무관하고, '아랍의 영향력'은 아직 입증되지 않았다고 블로흐는 생각한다. 하지만 '궁정식 사랑은 남녀 간의 사랑에 최고의 가치를 부여하였다. 그것은 육체적 욕망으로부터 솟구치는 감정적 충동을 인간 최고의 존재경험으로 승화시킨다. 기독교는 육체적 욕망을 억제시키고 그 욕망은 결혼을 통해서만 허용된다.' 그것은 '일찍이 11세기 말 남프랑스의 궁정사회에서 태동되었던' 서정시에서 화려하게 꽃피었다고 블로흐는 말한다.[30] 어쩌면 사랑은 교회의 유약함과 이단 평신도의 저돌성에 관련된다. 이것은 새로

운 세속적 도덕의 출현을 허용하였고, 궁정식 사랑은 그 도덕의 일부였
다. 이러한 테마는 후대의 연구자들에 의해 계속 확대되었다.

　드 루즈망(De Rougement)은 궁정식 사랑이 발생한 장소와 시간에는
동의하면서도, 궁정식 사랑을 이교도적인 것과 분명하게 연결시켰다.
'인간의 열정을 세련되게 만든 것은 기독교가 아니었다. 그것은 동방
(*Eastern*)에 기원을 둔 이교이며 … 오히려 마니교(Manichaeism)[31]의
부산물이다.' 사랑은 이교도 '순결파'(*catharist*)[32]에 그 기원을 두고 있
다.[33] 루이스(Lewis) 역시 《사랑의 우화》(*The Allegory of Love*)[34]에서
궁정식 사랑의 발생 시점과 장소에 관해서는 확신을 보였지만, 그 이유
를 밝히는 것은 주저하였다. '모든 사람들이 궁정식 사랑에 관한 얘기를
들었고, 그것이 11세기 말엽 랑그도크(Languedoc)[35]에서 갑자기 나타
난 것으로 알고 있다.' 그것의 '신기함'에 관해서는 의문의 여지가 없다.
왜냐하면 궁정식 사랑은 고대 문헌과 중세 '암흑시대'(*the Dark Age*)[36] 문
학에는 부재했기 때문이다. '19세기에 들어와 잉글랜드 시인들이 표출했
던 낭만적인 열정을 11세기의 프랑스 시인들이 최초로 표현하기 시작하
였다.' 그러나 루이스 자신도 그 원인에 대해서는 당혹감을 느꼈다. '나

---

30) Bloch, *Feudal*, ii, 309, 310.
31) (옮긴이) 3~7세기 페르시아에서 번성했던 종교.
32) (옮긴이) 이단이라고 지목되는 기독교의 일파로 중세 유럽에서 시작했다.
33) De Rougemont, *Passion and Society*, 326, 292.
34) (옮긴이) 중세와 르네상스 시대의 사랑을 풍자적으로 다룬 루이스의 1936년
　　작품.
35) (옮긴이) 프랑스의 옛 지명이다. 피레네산맥 동부 북쪽 기슭, 리옹만(灣) 연
　　안, 론강(江) 하류 지역, 중앙고지의 일부를 포함한 지역을 가리킨다.
36) (옮긴이) 일부 역사학자는 서로마제국의 멸망으로부터 1000년경까지를 암흑
　　시대로 표현한다. 대륙법 사학자는 그 기간을 서로마의 멸망으로부터 11세기
　　에 로마 시민법의 유익함을 재발견한 시기 사이의 기간이라고 주장하기도 한
　　다. 이 시대는 로마 법률가들의 성과(*juristic achievement*)가 서유럽의 법과
　　정치(*government*)에 거의 전혀 영향을 미치지 못했던 시기라 할 수 있다.

는 그 새로운 것에 대해 설명할 수 없다', 하지만 그것은 '인류사에서 인간의 감정을 진정으로 변화시킨' 세 가지 또는 네 가지 중 하나이다. 이 이론들 — 게르만족, 켈트족, 비잔틴인, 고대 혹은 아랍인 — 중 어느 것도 만족스럽게 입증되지 못했다. 심지어 루이스는 궁정식 사랑이라는 감정이 먼저이고 문학이 나중인지, 아니면 그 반대였는지조차 확신하지 못했던 것이다. 37)

궁정식 사랑이라는 현상이 발생했던 지리적 위치에 대한 설득력 있는 설명이 없는 반면, 현대의 연애결혼을 11세기 말 창작되었던 프로방스 지방(Provençal)의(옮긴이: 프랑스 남동부의 한 지역) 연애시편과 연계시키는 이론에 대해서는 다수의 비평이 제기되었다. 그중 하나는 '연대결정'(dating)이 오류라는 것이다. '최근 피터 드롱케(Dronke) 38)와 몇몇 사람들은 12세기 서정시와 로맨스에 반영된 정서가 전혀 신기한 것이 아니었다는 사실을 설득력 있게 주장했다.'39) 두 번째로, 사스비(Sarsby)는 신혼부부의 사랑을 축하했던 크레티엥 드 트로와에(de Troyes) 40)의 《에렉과 에니데》(Erec et Enide)를 인용하면서, 궁정식 사랑을 불륜과 관련짓고 결혼과는 무관한 것으로 파악하는 것은 오류라고 주장한다. 41) 최근 페르디난드 마운트(Mount)는 궁정식 사랑에 대한 다양한 비판을 요약하고 있다. 그는 간통이 궁정식 사랑의 핵심이 아니라는 사실, 궁정식 사랑은 근거 없는 개념이라는 사실, 그리고 이런 테마가 훨씬 이전부

37) Lewis, *Allegory*, 2, 9, 4, 11, 22.
38) (옮긴이) 드롱케(Peter Dronke): 1934년에 태어나 중세 라틴문학을 전공한 20세기 대표적인 학자.
39) Brooke in Outhwaite, *Marriage*, 30.
40) (옮긴이) 궁정서사시 문학의 소재는 아더왕을 중심으로 한 기사들의 무용담이 그 주류를 이룬다. 중세 중기 및 후기의 산문체 소설이 이에 포함된다. 아르투스 문학의 본래 편찬자는 샹파뉴 궁정에서 일했으리라 추정되는 크레티엥 드 트로와에(Chretien de Troyes, 1135~1188)이다.
41) Sarsby, *Romantic Love*, 17ff.

터 다수 발견되었다는 사실을 지적하였다. 드롱케의 작품을 거듭 인용하면서, 그는 성적 열정과 부부간의 사랑이 앵글로색슨과 켈트족의 시가에서 널리 나타나고 있음을 보여준다. 즉, 궁정식 사랑이 12세기에 창안되었다는 해석은 자못 의심스럽다. [42]

트리벨리언(Trevelyan) [43] 이 지적한 또 다른 어려움도 있었다. 만약 궁정식 사랑이 현대식 연애결혼의 기원이라면, 그것이 어떻게 결혼반대의 입장으로부터 결혼지지의 입장으로 바뀔 수 있는가? 트리벨리언은 루이스를 근거로, 중세 시편들이 서구세계에 남겨준 가장 큰 선물은 남녀 간의 사랑을 영적인 것으로 새롭게 개념화한 것이라고 말했다. 하지만 그는 이렇게 묻는다. '중세의 시편에서 대단히 귀중한 이 개념이 어떠한 혁명을 거쳐, 혼인의 상태로 연결되었을까? 연인들이 어떻게 남편과 아내가 되었을까? 젊은 시절의 사랑이 노년과 사망 시점까지 지속될 수 있을까?' 이러한 혁명이 사람들의 결혼에 대한 개념과 관행이 점차 진화하는 과정에서 실제로 잉글랜드에서 일어났다고 그는 믿는다. 그러나 예컨대 프랑스에서는 정혼이 1944년 현재까지 여전히 일반적이었다는 사실은, 그런 혁명이 필연적인 변동은 아니었다는 사실을 의미한다. [44]

그리하여 트리벨리언은 15세기와 16세기에 일어났다고 확신하는 두 번째 혁명을 기록한다. "빈민들의 결혼선택은 금전적인 이유로 방해받지 않았고, 중세 농민들 사이에서는 '사랑 중매'(love match) 가 정상적인 관행이었다. 상류집단에서는 모종의 '완화'(softening) 가 필요하였고, 15세

42) Mount, *Subversive Family*, 93~103.
43) (옮긴이) 트리벨리언(George Macaulay Trevelyan): 잉글랜드의 역사가. 케임브리지 대학을 졸업하고 1927~1940년 그 대학의 교수로 재직했다. 휘그 사관으로 불리는 전통적인 잉글랜드사 해석의 입장을 취했으며, 잉글랜드사 전반에 대한 깊은 학식과 생동감 넘치는 서술로 유명하다. 저서로는《스튜어트 왕조의 잉글랜드》등이 있다.
44) Trevelyan, *Social History*, 67, 68.

기에는 사정이 서서히 변화되었다." 연애결혼의 모티브(*motif*)는 15세기 말경의 민중발라드에서 점점 더 자주 등장하게 되었다. 셰익스피어의 시대에 이르면, '문학과 드라마는 연인 상호 간의 사랑을 결혼의 적절한 요소로 취급했지만, 그것이 반드시 결혼의 필수사항은 아니었다.' 하지만 부모의 강요는 계속되었고, 그래서 '잉글랜드식의 **사랑 중매**를 향해 서서히 투쟁해온 사회사적 진화는, 제인 오스틴(Austen)45) 시대, 빅토리아 (Victorian) 시대에 이르러 자유로운 배우자 선택이 혼인의 근거로 자리를 잡을 때까지 — 귀족사회에서조차 —, 계속되었다.'46) 이러한 연대기를 살펴보면, '사랑 중매'는 점점 더 높은 사회계층으로까지 파급되었다. 트리벨리언의 주장이 간과하는 것은 이런 변화에 대한 해명이다. 그는 이것이 독특한 혁명이라고 지적하면서도, 그것이 반드시 일어나기로되어 있는 혁명이라고 가정해버린다. 트리벨리언은 궁정식 사랑의 전 계층적 파급의 문제를 제시했지만 그것에 대해 해명하지 않았을 뿐 아니라, 매우 중요한 하나의 사실 — 즉, 민중의 '사랑 중매'가 16세기 종교개혁 이전부터 수 세기 동안 정상적 관행이었다는 것 — 을 암암리에 수용해버린다. 만약 사정이 그러하다면 여기에는 부연설명이 필요하다.

마지막으로 우리는 자녀생산에 대한 계산적 태도의 배경으로 제시된 경제적, 사회적 전제조건을 검토할 것이다. 잉글랜드에서는 자녀가 결혼과 마찬가지로 필수가 아니라는 사실이 주장되어 왔다. 대부분 사람들에게 자녀는 사치품이었고, 이런 사실은 우리가 밑그림을 그려왔던 결혼목적과도 잘 부합된다. 다수의 자녀출산이 부모에게 혜택을 가져다주는 대부분의 사회와 대조적으로, 잉글랜드에서의 자녀는 반쪽의 축복이었다. 이것은 잉글랜드 사회에 존재하는 여러 구조적 특징에 기인한

---

45) (옮긴이) 제인 오스틴(Jane Austen, 1775~1817) : 잉글랜드의 소설가로, 대표작은 《오만과 편견》이다.
46) Trevelyan, *Social History*, 69~71.

다. 그중 하나는, 부모가 자녀의 잉여가치, 즉 자녀의 소득을 자동적으로 흡수할 수 없었다는 점이다. 바꾸어 말하면, 자녀는 자신의 재산권 ― 남들로부터 증여받았거나, 부모로부터 유산 받거나, 스스로 벌어들인 것에 대한 ― 을 심지어 부모에게서 마저 보장받았다. 자녀들은 경제적으로 개별화된 개인이었다. 우리는 이러한 특징을 13세기까지 거슬러 추적하였는데, 그것은 앵글로색슨 법률에까지 훨씬 더 멀리 거슬러 올라갈 수 있다. 이것은 로마법과 완벽하게 대조되기 때문에, 그것의 기원을 그 밖의 곳에서 찾는 일은 무척 어렵다. 이 사실은 또 다른 특징, 즉 소유권이 결코 부모에게 올라가지 않고 자녀에게 내려간다는 특징과 연결된다. 부모는 자녀의 재산을 자동적으로 물려받을 수 없다. 이것 역시 적어도 13세기에 확립된 원칙이다. 이러한 자녀재산권의 분리는, 가족 밖에서의 임금노동이 널리 확산되어 있을 때 특히 중요하다. 자녀가 가족 이외의 장소에서 돈을 벌면, 자신의 소득을 부모와 친족에게 되돌려 주어야 하는지 선택해야 하는 상황에 직면하게 된다. 서번트, 도제 그리고 임금노동이라는 세 가지 제도에 근거했던 이러한 상황은 늦어도 13세기에는 이미 확립된 것이었다.

이러한 관습과 제도로 구체화된 자녀와 부모의 이른 분리는, 가족이 더 이상 생산과 소비를 공유하는 단위가 되지 못하도록 만들었다. 혼인 전 그리고 특히 혼인 후, 자녀들의 부는 자신들이 자동적으로 상속받을 수 있는 가족기금에 자동적으로 재투자되지 않는다. 부모는 자녀들의 상속권을 박탈할 수 있지만, 자녀들도 부모의 부양을 거부함으로써 부모와 의절할 수 있다. 이러한 개별적, 핵가족, 신거주 형태의 패턴은 매우 일찍부터 확립되었던 것처럼 보인다. 아마 훨씬 이전은 아닐지라도, 14세기에는 널리 확산되었을 것이다. 가족이 정치적, 경제적 혹은 종교적 체제의 구심점이 아니었기 때문에 그러한 관습은 지속될 수 있었다.

그 후 강력하게 하나로 통일된 정치체제는 앵글로색슨 왕들에 의해 구축되었고, '노르망족'(Normans)과 '앙주 왕가'(Angevins)에 의해 강화되었다. 이러한 안정적인 질서는 공적 평화와 폭력에 대한 통제가, 가족 아닌 선출 관료들의 수중에 있었다는 사실을 의미한다. 이것은 또한 일찍이 채택된 광범한 화폐사용과 시장의 발달 — 이것은 친족이 제공했던 대부분의 서비스를 타인이 제공할 수 있음을 의미한다 — 에 의해 강화되었다. 광범한 규모의 화폐의 사용과 시장의 발달은 또한 훨씬 이전은 아닐지라도 최소한 13세기에 분명히 확립된 것처럼 보인다. 특히, 자녀의 주된 기능의 하나인 다양한 위험으로부터의 보호막 기능은 크게 쇠퇴하였다. 정치적 위험은 국가와 강력한 초기 관습법에 의해 제어되었는데, 이것은 잉글랜드를 외국의 침략으로부터 보호해 준, 섬이라는 지정학적 위치에 힘입은 바 크다. 경제적 위험은 결혼 초기의 부유함과 비교적 유연한 화폐경제에 의해 최소화되었다. 노년의 어려움은 자녀의 책임감을 압박하는 방식으로 충족된 것이 아니라 이중 반응(double response)으로 해소되었다. 즉, 첫째, 화폐란 매체를 통해 사람들은 노년을 위해 저축할 수 있었고 축적된 자본의 이윤을 통해 필요한 서비스를 살 수 있었다. 둘째, 사고나 계산착오로 인해 대비를 못한 사람들은 교회, 길드 그리고 장원이 빈곤에 대한 책임을 졌다. 우리가 알고 있는 이러한 가족 외적인 도움은 13세기 혹은 그 이전으로 거슬러 올라간다.

이러한 잉글랜드식 체제의 여러 특징이 발생했던 정확한 시점에 관하여 많은 논의가 있다. 어떤 사람은 좀더 늦은 시점을, 다른 사람은 좀더 이른 시점을 주장한다. 쉽사리 이해하기 어려운 점은, 그 특징들 가운데 어떤 것이라도 1450년과 1750년 사이에 급격하게 변화했을 것이라는 점이다. 항상 주장되듯이, 만약 혼인체제가 자본주의의 '생산물'이라면, 16세기 말과 17세기에 일어났던 많은 변혁으로 인해 우리는 약간의 지연을 기대해야 할 것이다. 그러나 이것에 대한 증거는 거의 없다.

그러한 결론이 전적으로 부정적인 것만은 아니다. 만일 맬서스, 마르크스 그리고 엥겔스가 주장한 것처럼 자본주의가 결혼체제의 원인이 아니라면, 우리는 그 반대의 상황을 제안하고 싶은 유혹을 느낀다. 개인주의적 가족과 혼인체제 그리고 그 결과로 파생되는 '합리적' 인구 패턴은 자본주의의 등장에 있어서 충분조건은 아닐지라도 필요조건이라고 할 수 있다. 그러나 그것이 사실이라면, 잉글랜드식 혼인체제를 야기한 것은 과연 무엇이었단 말인가? 특정한 부족관습들과 결합된 특정한 종교윤리가 먼저 정서혁명을 가져왔고, 그 후 새로운 사회경제적 기반을 제공하는 폭발적인 '혼합'(*mixture*)이 야기되었다는 사실을 우리가 과연 받아들일 수 있을까? 이것에도 무언가가 있을 수 있지만, 그 증거에 더욱 잘 부합되면서 혼인체제, 자본주의 및 개인주의 간에 이상할 정도로 '맞아떨어지는'(*fit*) 수정대안이 하나 있다. 지금까지 가정된 자본주의 연표를 조금 더 세밀히 조사해 보면 그 수정대안이 드러난다.

우리는 자본주의 발달에 대한 세 가지 지수들 — 즉, 완벽하게 양도할 수 있는 사적재산권 개념의 확립, 광범한 화폐가치의 사용과 우월한 '시장의 힘'(*market forces*), 임금노동의 광범한 확산 — 을 택할 것이다. 나는 다른 곳에서 이것들 각각을 장황하게 검토하면서, 이 세 가지 모두 최소한 13세기까지 거슬러 올라갈 수 있다고 주장하였다.[47] 마르크스와 베버의 연표가 제시하는 바와 같이, 16세기와 17세기에 기본적으로 공동재산, 공동생활, 농업위주의 '농촌' 사회에서 자본주의 사회로의 가설적 이행을 보여주는 증거는 거의 없다. 만일 나의 주장이 옳다면, 우리는 맬서스 결혼체제와 잉글랜드 사회의 여타 특징들 사이에 더 심원한 관계가 있다는 사실을 더 잘 조망할 수 있다. 그것은 12세기부터 오늘날 우리 시대까지 쭉 펼쳐져 있는 부르주아 아치의 일부분으로 간주될 수 있다. 14세기와 15세기에 진정한 농촌사회가 부재했다는 징후는 인구학

---

47) Marfarlane, *Individualism*, *passim*.

적 체제와 가족 체제의 원인과 결과가 될 것이다. 맬서스와 마르크스의 주장이 옳을 수 있지만, 그러기 위해서는 마르크스가 인식한 기간이 훨씬 더 오래전이어야 한다.

일단 자본주의 혁명의 시점을 재확정하거나, 잉글랜드 역사기록에 갑작스런 혁명이 있었던 것처럼 보이지 않는다는 점을 인정한다면, 논리의 조각들이 제대로 들어맞는다. 일단 맬서스 체제의 네 가지 주요한 요구사항을 받아들이면, 잉글랜드에서 그 모든 것이 14세기 말까지 그리고 훨씬 이전에 상당히 발달되었다는 사실을 우리는 발견하게 된다. 13세기와 14세기의 무역업자, 상인과 숙련공들, 그리고 소지주와 대지주들의 활약상과 원칙들에 대한 연구는 취득 윤리와 이윤에 대한 욕망이 널리 퍼져 있었다는 사실을 확신시켜준다. 매우 광범하게 침투된 화폐와 화폐가치, 그리고 그 자체로 목표가 되는 경제적 이윤추구에 대한 욕망은, 종교개혁 이후의 잉글랜드와 그 이전의 가톨릭 잉글랜드 간의 커다란 대조를 입증하고자 안달하는 사람들을 제외하고는, 모두에게 분명한 사실이다. 부의 취득에 대한 이러한 욕망은 널리 퍼진 개인재산권 체제에 적합하고, 개인재산권은 그러한 윤리를 강력하게 지지했던 법과 정부체제의 발달에 의해 보장되었다. 이것은 또한 수많은 등급의 신분과 부로 구성된 사회구조에 적합하였고, 그 사회구조 안에서의 상하이동은 비교적 용이하였다. 사회적 상승을 위한 맬서스의 '사다리'는 이미 적절한 자리를 차지하고 있었다.

마지막으로, 이 모든 요소는 모두에게 분배된 상당한 풍요로움을 그 배경으로 삼고 있었다. 잉글랜드는 일찍부터 풍부한 음식, 풍족한 옷, 여유로운 생활방식, 안락한 집과 커다란 교회와 대성당들로 주목받았다. 즉, 맬서스주의적 가족체제를 위한 이러한 경제적, 사회적 그리고 정치적 전제조건들, 우리가 '개인주의' 또는 '자본주의'라 부르는 일련의 서로 연계된 특성들이 잉글랜드엔 이미 견고하게 발달되어 있었다. 잉글랜드는 독특한 결혼체제와 인구구조를 생성하여 유지시켰는데, 이것은 북미로 수출된 다음, 이제는 세계 대부분 지역에 널리 확산되었다. 돈, 이윤, 계약, 이동, 개인주의, 경쟁은 모두 스스로를 활짝 꽃피웠다. 오래된 양식의 언어와 상이한 기술 뒤에는, 분명 '현대적인' 세계가 존재했던 것이다.

역사는 근절시키기 어렵다. 한 가지 문제를 해결하면 또 다른 문제가 등장한다. 이런 주장이 함축하는 것은, 적어도 13세기까지 거슬러 올라갈 수 있는 잉글랜드만의 독특한 결혼, 인구학적, 정치적, 경제적 체제들은 서로 심원한 연계를 맺고 있다는 점이다. 게다가 그것의 여러 근원은 훨씬 더 거슬러 올라가, 독특한 기독교 전통과 게르만 풍습의 혼합물로부터 연유한다는 가설이 제안되었다. 만일 그렇다면, 5세기와 6세기 기독교와 튜튼턴(Teutonic)에게 침략 당했던 북서유럽의 작은 변방에 불과한 잉글랜드가, 어떻게 여타 유럽 국가들과 그토록 상이한 종결점에 이르게 되었을까? 이것 역시 커다란 주제인데, 우리는 여기서 간략하고, 잠정적이며, 피상적인 답변밖에 내놓을 수 없다.

먼저 두 가지 논점이 설정될 필요가 있다. 첫째, 상이성이 가장 두드러졌던 17세기와 18세기에조차 잉글랜드, 네덜란드, 벨기에, 독일, 북프랑스, 스칸디나비아 사이에는 서로를 구분할 수 있는 것보다 공통요소가 훨씬 더 많았다. 예컨대, 인구학적 시각에서 보면, 이들 국가는 헤이널(Hajnal)이 우리의 관심을 환기했던 것처럼, '독특한 서유럽 결혼패턴'을 보였다. 지연되고 선별적인 결혼은 훨씬 폭넓은 결혼패턴의 일부분이었다. 또한, 라슬렛(Laslett)이 지적했듯이, 이 북서유럽 전체는 서로 유사한 가구구조를 공유했는데, 즉 부모와 일부 미혼자녀들 그리고 서번트들로 구성된 소규모 핵가족이었다.[48] 보다 큰 차원에서 보면, 기

---

48) Laslett, *Family Life*, 15; 프랑스는 Flandrin, *Families*, 72.

독교에 내재한 가장 심오한 정신, 특히 프로테스탄트 정신이 이들 유럽 국가를 하나로 만들었다. 따라서 잉글랜드와 네덜란드의 경제윤리와 제도는 서로 상당히 중첩된다. 유럽 이외의 접근방식에서 보면, 우리는 잉글랜드 문제를 다루면서 분명 북서유럽의 문제라고도 할 수 있는 현상을 다루고 있는 셈이다. 한편, 우리가 도입부분에서 살펴보았듯이, 잉글랜드에는 특이한 인구학적 기반이 존재하였고, 최초의 대규모 산업혁명과 도시성장이 잉글랜드에서 발생했다는 사실 역시 주목해야 한다. 우리는 이러한 차이점을 깡그리 무시할 수는 없다. 몽테스키외가 1729년 잉글랜드를 방문했을 때, 그는 '유럽 다른 나라와 거의 닮은 점이 없는 나라에 와 있다'라고 말했다. 만일 우리가 현대의 잉글랜드 방문자들을 조사해 보면, 그가 의미했던 바를 이해하는 것은 어렵지 않다. 49)

강조해야 할 두 번째 논점은, 그 차이가 일찍부터 존재하지 않았다면 상당히 작았을 것이라는 점이다. 토크빌(De Tocqueville)은 중세의 정치와 법 체제는 프랑스, 잉글랜드, 독일 전역에 걸쳐 '거대한 유사성' (*prodigious similarity*) — 14세기 유럽 각국의 사회, 정치, 행정, 사법, 경제, 문학 제도들은 서로 닮았다 — 을 보인다고 믿었다. 50) 적어도 12세기 후반부터, 잉글랜드와 프랑스 사이에 어떤 깊은 차이가 있었다는 마르크 블로흐의 지적에 비추어 보면, 토크빌의 '상이성'(*divergence*) 시점에는 오류가 있는 것처럼 보인다. 51) 그러나 중세의 북서유럽 전반에 거대한 유사성이 있었다는 토크빌의 논점은 의심할 여지가 없다. 법적 변동과 관련하여 메이틀랜드는 북서유럽 각국의 유사성과 이후의 상이성에 대한 한 가지 이유를 제안하였다.

---

49) Montesquieu의 주장은 De Tocqueville, *L'Ancien Regime*, 89쪽에서 인용. Macfarlane, *Individualism*, ch. 7. 을 참조할 것.

50) De Tocqueville, *L'Ancien Regime*, 18.

51) Macfarlane, *Individualism*, 186쪽에 요약되어 있다.

11세기에 서유럽의 북부 절반은 거의 유사한 법적 체제를 가지고 있었
고, 이것은 정복자 게르만족의 법률에 거의 전적으로 기초하였다. 그러
나 12세기부터 16세기까지 여러 유럽 국가들은 혁신된 로마법에 의해 재
정복당했다. 메이틀랜드는 다음과 같이 말한다.

> 잉글랜드인들은 전 시대에 걸쳐 대륙국가들이 '시민〔로마〕법'의 지배를
> 받아왔다는 전통적 믿음을 포기해야만 한다. 그들은 혁신된 로마법을
> 파리의 법률의회에서 얼마나 서서히 작동시켰는지, 독일에서 로마법의
> '실질적 승인'이 얼마나 오랫동안 연기되었는지, 우리의 관습법이 한때
> 프랑스 '법 습관'(coutume) 과 얼마나 유사했는지를 배워야만 한다. [52]

13세기에 이르자, 잉글랜드는 여타 유럽국가들과 분명히 달라 보이기
시작했다. 이것은 잉글랜드가 바뀌었기 때문이 아니라, 로마법이 그곳
을 정복하지 못했기 때문이다. '잉글랜드 법률은 이때까지도 명백히 잉
글랜드적인 것으로 인식되었다.' 이러한 대조의 느낌은 더욱 두드러졌는
데, 로마법이 13세기까지 북프랑스에 서서히 침투했고, 독일은 거의 건
드리지도 못했지만, 대부분 잉글랜드인들은 오늘날 유럽 전체에 해당하
는 지역이 로마법을 사용했다고 착각했기 때문에 그러한 엄청난 대조가
더욱 선명하게 부각되었던 것이다. [53] 확실히 잉글랜드는 16세기까지도
로마법의 지배를 받는 유럽대륙으로부터 고립된 채, 구 게르만 법률 체
제를 시행하는 섬나라였다. 이러한 대조는 사법적인 고문의 부재, 배심
원의 사용, 기소과정 등과 같은 형법과 관련시켜보면 더욱 분명해진다.
  그러나 경제학과 친족관계, 그리고 인구학에 대한 영향이 덜 중요한
것은 아니다. 우리는 이러한 대조의 한 가지 사례, 즉 피터 스타인

---

52) Pollock and Maitland, i, cvi.
53) Pollock and Maitland, i, 188.

(Stein)과 존 샌드(Shand)가 기술했던 재산권의 개념을 간단하게 언급할
것이다.

> 프랑스, 독일, 스위스, 이탈리아 그리고 심지어 소련의 법전에 반영되
> 고 있는 시민법 전통은 소유물의 소유권을 분명히 밝히고, 추상적인 권
> 리가 아닌, 동산이나 부동산으로 그 범위를 제한하는 경향이 있다. 한
> 편, 관습법은 중세 봉건주의의 보유권에서 발전하였고, 재산의 통제와
> 향유에서 야기된 일련의 권리와 책무, 그리고 인간관계로부터 재산권
> 을 분석하였다. 54)

  이렇게 유연한 잉글랜드 체제는 여러 사람이 한 자산의 각기 다른 부
분에 대해 재산권을 행사할 수 있게 하였다. 잉글랜드에서 완벽한 사적
재산권이 일찍부터 발달한 것은 바로 이러한 차이에 근거한다. 비교법
학자 헨리 메인(Maine)이 주장한 바와 같이, 이 점은 대단히 중요하다.
그는 이러한 차이로부터 자본주의 체제의 기초가 되는 현대적 개념의 '사
적재산권'—개인이 소유하는—이 연유했다고 믿는다. "그 어떤 것도
법적 사유지, 혹은 로마인의 용어처럼 법적으로 소유한 토지, 그리고 법
적 '봉토'(feudal land)보다 더 이상 상이할 수 없을 것이다."55) 이러한 새
로운 체제의 근거는 특정 개인에게 유산으로 넘겨줄 수 있는 토지는 분
할이 불가능하기 때문에 개인이 소유한다는 아이디어였다.

  혁신된 로마법에 의해 잠식당하지 않았던 잉글랜드에서의 개인재산권
개념은 수 세기에 걸쳐 지속되었다. 이것은 적어도 13세기 중엽까지는
어떤 개인—남자, 여자 혹은 어린아이—도 자신이 '소유한' 재산에 대
해 절대권을 갖는다는 사실을 의미하였다. 사람들 스스로 완벽한 재산
권을 행사할 수 있었다. 바꿔 말하면, 그들은 '가장권'(patria potestas)56)

54) Stein, *Legal Values*, 216.
55) Maine, *Early Law*, 342.

이라는 강력한 로마법 개념을 따르지 않았던 것이다. 우리는 잉글랜드의 결혼과 인구학적 기반에서 개인재산권의 영향을 이미 살펴보았다. 자녀의 개별재산권과 부모의 허락 없이 결혼계약을 맺는 자녀의 재량은 맬서스 결혼체제의 핵심이다.

잉글랜드가 변화된 것이 아니라, 초기 정복자들의 법과 관습이 잉글랜드에 그대로 존속되었던 것이다. 이런 사실은 잉글랜드를 점점 더 독특하게 만들었고, 그 차이는 그 뒤의 두 요소들에 의해 더욱 심화되었다. 유럽에서의 기독교 정신은 정적인 현상이 아니었다. 12세기와 13세기의 십자군과 수도원운동 기간에, 16세기 '반동 종교개혁'(Counter-Reformation)[57]으로 알려진 소생의 시기에, 가톨릭(Catholic)은 여러 유럽국가들의 정치사회 체제에 강력한 권한을 행사하였다. 로마 가톨릭교회는 로마법에 대한 윤리적, 정신적 '부목'(counterpart) 역할을 담당했다. 이때 잉글랜드는 좌초된 채 또다시 홀로 남았다. 헨리 8세(Henry VIII)가 개별적으로 세운 프로테스탄트 교회는 소생한 가톨릭교회로부터 이탈한 첫 행보였다. 베버, 토니(Tawney) 그리고 다른 사람들의 연구를 통해, 이 프로테스탄트 정신(Protestantism)이 어떻게 기존의 자본주의 경향을 보호하고 격려했는지 우리는 알고 있다. 궁극적으로, 프로테스탄트 정신은 개인의 판단과 신앙의 독립성을 보호해 주었다. 유럽대륙 전역에 퍼진 거대한 무역연결망을 파괴시키고, 경제발전을 침체시켰던 종교재판소(the Inquisition)도 잉글랜드에서는 결코 뿌리내리지 못했다.

세 번째는 정치 체제들 사이의 간격이 점점 더 벌어졌다는 점이다. 잉

---

56) (옮긴이) 로마 가족의 가장이 아내, 자녀, 양자, 그리고 집안의 남자 자손들에 대해 가지는 지배권을 말한다. 가장은 가족의 재산 소유권을 가진다. 잉글랜드와 반대로, 가족의 일원이 얻은 재산은 가족의 재산이며, 가족성원 중 어느 누구도 자기 자신의 권리로써 거래 행위를 할 수 없다.

57) (옮긴이) 종교개혁에 의해 촉발된 가톨릭 내부의 자기개혁 운동.

글랜드 정부의 지배적인 특징 — '마그나카르타'(Magna Carta)58)에서
상징되었고, 1461년 작성된 존 포테스큐(Fortescue)59)의 '잉글랜드 정
치법에 대한 학문적 추천장'(Learned Commendation of the Politique
Laws of England)에서 설명되었던 — 은 잉글랜드가 입헌군주제 — 왕이
법 아래 있다 — 라는 사실이다. 궁극적으로 법이 최고의 위치에 있었
다.60) 잉글랜드는 절대왕정 국가가 아니었다. 헨리 8세의 활약과 제임
스 1세 그리고 찰스 I세의 시도에도 불구하고, 잉글랜드는 그렇게 존속
해 왔다. 전통적인 제한적 군주제를 옹호했던 에드워드 코크(Coke)
경61)의 잉글랜드식 자유에 대한 방어는, 다른 유럽국가들에 널리 퍼졌
던 절대군주제의 발달을 저해하였다. 잉글랜드와 마찬가지로, 네덜란드
역시 가톨릭과 절대왕정을 견제했는데, 이것은 잉글랜드와 네덜란드 간
의 여러 유사성을 설명해 준다. 그러나 필립 2세의 스페인, 루이 16세의
프랑스에서, 우리는 페리 앤더슨(Anderson)62)이 도표로 그렸던 절대왕
정 국가의 가장 극단적인 성장을 본다. 막대한 규모의 상비군도, 중앙집
권적 관료제도, 커다란 법정도, 왕을 법 위에 위치시키는 이론도 잉글랜
드에만 없었다. 결과적으로, 중세 초엽 전 유럽에 널리 퍼져 있었던 전
통이 잉글랜드에서만 지속되었던 것이다.

　막스 베버는 잉글랜드의 경제, 종교, 정치의 발전 사이에는 서로 깊은

---

58) (옮긴이) 1215년 잉글랜드의 귀족들이 잉글랜드 왕 존에게 강요하여 승인하
　게 한 국민의 자유에 대한 칙허장(勅許狀). 국민의 자유와 권리를 보장한 법
　이라 할 수 있다.
59) (옮긴이) 포테스큐(John Fortescue, 1394~1480): 잉글랜드의 법률가.
60) (옮긴이) 잉글랜드인 그리고 미국인이 모든 일을 법에 의해 해결하려 하고,
　또 법의 무서움을 잘 알기 때문에, 법을 잘 지키는 문화는 이러한 전통에 기
　인한다고 할 수 있다.
61) (옮긴이) 코크(Edward Coke, 1552~1634): 17세기 잉글랜드의 법률가이자
　하원의원. 그의 관습법에 대한 저서는 약 150년 동안 법률교재로 사용되었다.
62) Anderson, *Lineages*.

486

연관성이 있다는 몽테스키외의 관찰을 긍정적으로 인용하였다. 잉글랜드는 '모든 민족들 가운데 신앙(piety), 상업, 자유라는 세 가지 중요한 측면에서 가장 진보'하였다. 63) 이러한 연계성이 최고조에 달한 북미의 '뉴잉글랜드'(New England) 64)에서 그 잠재력이 현실화되었을 때, 이 점은 더욱 뚜렷해졌다. 우리에게 중요한 점은, 잉글랜드 특유의 인구학적 구조 배후에 맬서스 결혼체제가 있었고, 그 결혼체제의 배후에는 정치적, 법적, 문화적 그리고 경제적 의사결정들 — 우연하게도 옛 특징들을 잘 보존하고 있는 — 이 켜켜이 쌓여졌다는 사실을 인식하는 것이다. 가장 극적인 것은, 1588년 (스페인) '무적함대'(Armada)의 승리65)가 로마법, 가톨릭 종교 그리고 절대군주제를 가져왔을 수도 있었다는 점이다. 그러면 세계사의 발전과정 역시 매우 달라졌을 것이고, 잉글랜드적인 것에 대한 주요 대안 — '네덜란드(Dutch)적인 것도' — 도 궁지에 빠졌을 것이기 때문이다. 하지만 가능성에 대한 '숙고'(speculation)는 그만 두자. 이제 우리가 처음 시작했던 곳, 맬서스로 돌아가자.

맬서스 체제의 근원에 대한 논의의 결과가 어떻든 간에, 자본주의와 맬서스주의적 인구학 패턴 간의 필연적인 연계에 대한 주장도 제기된다. 맬서스, 마르크스와 엥겔스는 그러한 연계가 있다는 사실에 동의하였다. 차이점이라면, 맬서스가 필연적인 인과적 연계를 믿는 반면 마르크스는 그 인과성이 다소 우연이라고 주장한다는 점이다. 맬서스는 그 구조의 일부를 폐기하는 것은 전체를 폐기하는 것이라 주장하였다. 만일 자본주의

---

63) Weber, *Protestant Ethnic*, 45.
64) (옮긴이) 코네티컷(Connecticut), 매사추세츠(Massachusetts), 로드 아일랜드(Rodes Island), 버몬트(Vermont), 뉴햄프셔(New Hampshire), 메인(Maine) 등 미국 북동부 6개 주를 총칭한다.
65) (옮긴이) 스페인은 1588년 잉글랜드를 공격하기 위해 '무적함대'를 파견했다. 그러나 스페인의 무적함대는 잉글랜드 해군에 의해 격파되었다. 이 사건은 이후 스페인의 몰락과 잉글랜드의 해상권 지배를 상징하는 사건이 되었다.

가 파괴되면, '불변의 인구법칙'(*iron law of population*)이 그 뒤를 잇는 것
은 필연적이다. 필연코 사람들은 최대한 자녀를 많이 낳아 결국 기근에
직면할 터인데, 이것에 대한 유일한 억제책은 전쟁과 질병일 뿐이다. 이
러한 이론은 이전의 이론들66)에게 그랬듯이, 마르크스의 공산주의 이론
에 직접적이고 치명적인 위협이 되었다. 《인구학》(*Essay on Population*)
이 출간되자마자 스코틀랜드 철학자 듀골드 스튜어트(Stewart)는 자본주
의 폐기론자들이 맬서스 이론을 음해했던 시도를 즉시 간파하였다. '맬서
스의 추론은, 왈라스(Wallace), 콩도르세(Condorcet)67), 고드윈
(Godwin)68)의 유토피아 이론과 관련시켜보면, 완벽하게 총체적이고 또
그 모든 이론들의 뿌리마저 뒤흔든다.' 마르크스는 자신의 이론도 '그 모
든 이론들' 가운데 하나임을 인정하였다. 그는 '만일 이 이론이 정확하다
면, 내가 수백 번에 걸쳐 임금노동을 폐기할지라도, 나는 그 법칙(불변의
임금법칙)을 폐기할 수 없을(*not*) 것이다. 왜냐하면 그 법은 임금체제뿐
아니라 모든(*every*) 사회체제를 지배하기 때문이다.'69)

　욕설은 그만두고, 이러한 위협에 대한 마르크스와 엥겔스의 주된 답
변은, 맬서스가 보편적이 아닌 특수한 연계를 확립했다고 주장하는 것

---

66)　(옮긴이) 맬서스의 《인구학》은 이전 시대의 주류사상인 계몽주의와 중상주의
　　　(인구성장을 강조했던)에 치명적이었다.

67)　(옮긴이) 콩도르세(Marquis de Condorcet, 1743~1794) : 프랑스의 계몽주
　　　의자. 낙관주의자인 그는, 프랑스 혁명을 완전무결한 이상사회로 이행하는
　　　과정에서 겪게 되는 진통으로 파악하였고, 인구증가 때문에 인류가 위협받게
　　　될 상황이 초래되지 않을 것이라 주장했다.

68)　(옮긴이) 고드윈(William Godwin, 1756~1836) : 잉글랜드의 무정부주의자
　　　이자 이상주의자. 그는 인간이 이성에 근거하여 행동하는 한, 무절제로 인한
　　　급격한 인구증가는 발생하지 않을 것이라고 주장했다. 그러나 그의 이론은
　　　맬서스가 《인구론》 2판에서 소극적 억제이론을 펼치는 데 결정적인 영향을
　　　미쳤다.

69)　Stewart, *Works*, viii, 207.

이다. 1865년 마르크스에게 보내는 편지에서, 엥겔스는 '소위 **경제법칙**
이란 우리에게 영구불변의 법칙이 아니라 생성되었다가 사라지는 역사
적 법칙이다.'[70] 즉, 맬서스의 법칙은 '자본주의자 생산유형에 고유한
인구법칙이었고, 실제로 모든 특정 유형의 생산은 그것에 고유의 특정
인구법칙 — 그것의 한계 내에서만 역사적으로 타당한 — 을 가진다. 추
상적인 인구법칙은 식물과 동물 세계에서만 존재한다.'[71] 그래서 맬서
스가 '과잉인구 현상을 모든 유형의 사회에서 **단언했을**(*asserted*) 때', 그
의 개념은 '오류였고 어리석은 생각이었다.' 왜냐하면 마르크스의 주장
에 따르면, 인구는 '생산유형'에 따라 상이한 방식으로 행동하는데, 맬서
스는 그 사실을 설명하는 데 필요한 매개변수들을 고려하지 않고, 자연
적 사실을 사회적 사실로 환원시켰기 때문이다.[72] 즉, 마르크스주의자
는 자본주의를 폐기하면서, 역사적이고 특정한 맬서스주의자의 예측들
을 제거한 것이다. 과잉인구를 야기하는 것은 자본주의이지, 보다 심오
한 '자연법칙'은 아니다.

몇몇 독설적인이 쟁점들이 있음에도 불구하고, 마르크스의 반박은 설
득력이 없고, 맬서스의 입지는 여전히 굳건하다. 실제로 이것은 사회주
의 아래에서는 어떤 인구문제도 없다고 수년간 주장해 왔던 중국에서 인
정된 사실이다. 1970년대의 중국 지도자는 갑작스런 인구급증에 직면하
면서 사회주의의 문제점을 인정하였다. 그 후 중국인들은, 맬서스가 자
본주의의 균형이 존재하지 않는다면 필요할 것이라고 예측했던, 여러
법률과 억제조치를 강제하지 않을 수 없었다. 그 결과, 맬서스가 독재적
이라고 말하지는 않았겠지만 상당히 비도덕적이라고 간주했음직한 대중
적 제제, 법률, 그리고 장려책을 통한 출산의 억제가 시행되었다. 윌리

---

70) Marx, *Marx and Engels*, 118.

71) *Marx and Engels*, 20.

72) Marx, *Grundrisse*, 605

엄 페터슨(Petersen)이 주장했듯이, '맬서스의 인구원칙에 대한 마르크스의 비판을 검토해 보면, 마르크스나 어떤 마르크스주의자도 그들이 거부했던 맬서스주의를 대치할 만한 인구이론을 발전시키지 못한다는 사실이 분명해진다.'[73] 엥겔스가 카우츠키(Kautsky)에게 보내는 편지에는, 자신의 패배를 슬쩍 인정하는 내용이 포함되어 있다. '인구수가 지나치게 많아지면 당연히 그 증가를 제한해야 할 추상적 가능성이 있다.'[74] 중국인들이 직면한 현상이 바로 이것이다.

마지막으로 강조해야 할 점은 맬서스 결혼체제가 어떤 특정한 인구 결과를 생성하지 않는다는 사실이다. 19세기 잉글랜드와 북미에서, 경제와 개인의 감정이 일정 수준에서 동일하게 유지되면서, 매우 급격한 인구성장이 발생했다. 또한 결혼패턴이 필연적으로 특정한 기술체제(산업주의), 사회체제(도시화), 정치체제(민주주의), 또는 종교(기독교)와 연계됨도 발견하지 못했다. 이러한 것들은 19세기 모국(옮긴이: 잉글랜드)와 관련이 있었고, 유럽과 북미로 퍼져가는 경향이 있었다. 그러나 주된 이데올로기 ─ 가족패턴과 개인주의 철학 ─ 는 자유로이 떠돌아다닐 수 있다. 맬서스가 사람들에게 제시했던 그런 목적들 ─ 예컨대, 양성 평등, 가난보다는 물질적 편안함, 자신의 의사결정에 대한 책임 ─ 을 추구하려는 곳에서는 어디서나 이것은 메아리친다. 그 과정에 관련된 모든 비용은 지불되어야만 한다. 대규모 집단과 공동체의 파괴, 충성심의 경감, 계산적이고 합리적인 생활, 마르크스가 기록했던 '소외', 뒤르켐(Durkheim)이 분석했던 '무규범 상태'(anomie) 등이 그것이다. 만일 맬서스의 이론이 정확하다면, 전쟁, 기아 그리고 질병이란 한쪽과, 개인주의적 자본주의란 다른 한쪽 사이에서 선택해야만 한다. 만일 마르크스 이론이 정확하다면, 우리는 케이크를 소유도 하고 먹을 수도 있다.

---

73) Petersen, *Population*, 93.
74) Cassen, *India*, 300쪽에서 인용.

19세기처럼 오늘날에도 이 두 예언자는 무장한 채 전투장에 서 있다. 맬서스주의적 가족체제와 그것의 구성성분의 역사는, 우리가 어떻게 현재의 위치에 도달하게 되었는지 설명해 주고, 그 선택이 의미하는 것을 알기 위해 여전히 선택해야만 하는 사람들에게 도움을 준다.

◆

옮긴이 해제

학문의 지피지기 (知彼知己)

한국의 인문사회학계가 서구의 학문을 무비판적으로 수용하는 오류를 범치 않기 위해서는, 서구학자들이 왜 자신들만의 고유한 방식으로 사고를 전개했는지 먼저 살펴보아야 한다. 그렇게 함으로써 우리는 서구이론에 근거한 사회정책이 우리에게 줄 수 있는 여러 혜택들 ― 서구이론을 주창한 서구학자들과 그것을 도입한 한국의 인문사회학자들이 누누이 광고한 것들 ― 뿐만 아니라, 그로 인해 초래될 수 있는 여러 위험들과 우리가 미처 의식하지 못했던 위험들까지 파악할 수 있기 때문이다.

이 책은 서구인, 특히 영국인들이 우리와 상이한 사고를 전개할 수밖에 없게 만든 영국의 문화적 토대, 그중에서도 그 토대의 기저를 이루는 결혼제도와 가족문화에 대해 논의한다. 비록 앨런 맥팔레인 (Alan Macfarlane) 이 영국 특유의 가족/혼인 문화야말로 영국 자본주의의 태동을 가능케 한 맬서스주의적 혼인체계라 일컬으면서 영국인과 영국인 조상들에 대한 드높은 자부심을 표명하고 있지만, 우리는 이것을 다음과 같이 뒤집어 생각할 수 있다. 과연 영국의 개인주의 이데올로기와 자본주의 문화를 받아들이기 위해, 수천 년간 계승되어 온 우리의 전통문화와 정체성을 어느 정도까지 서구식으로 바꾸어야 하는가? 모든 측면에서 완벽하게 바꾸어야 하는가? 그렇다면, 우리 민족의 영혼과 정체성은 어떻게 될 것인가? 그렇지 않고 우리의 영혼과 정체성을 지키고 계승하려면, 우리는 어떻게 해야 하는가?

1. 앨런 맥팔레인은 누구인가?

1941년 인도에서 태어난 앨런 맥팔레인은 인도와 미얀마의 접경지역인 인도 북동부에서 어린 시절을 보냈다. 이곳에서 보낸 유년기의 체험은 학창시절 그에게 인류학에 대한 지대한 관심을 불러일으켰다. 그는 옥스퍼드에서 역사학을 전공했지만, 당대의 연구조류인 정치적 성향의 역사학에 반기를 들면서, 당시 태동하던 역사연구에 대한 인류학적 접근방식에 관심을 갖게 되었다. 옥스퍼드에서 석사학위를 취득한 그는 런던정경대(London School of Economics, LSE) 박사과정에 입학하였고, 인류학, 특히 인구의 역사에 대한 체계적인 훈련과 인류학적 연구를 통해 박사학위를 받았다. 1975년 박사학위를 취득한 다음해부터 지금까지 그는 캠브리지에서 사회인류학을 강의하고 있다.

앨런 맥팔레인이 선호하는 연구방법론은 사회인류학적 접근이지만, 그의 주된 관심의 영역은 인구의 역사이다. 이것은 인구학에 관한 20여 권이 넘는 그의 저서만 세어보아도 잘 알 수 있다. 그의 첫 저서는 《영국 튜더왕조와 스튜어트왕조의 마법》(*Witchcraft in Tudor and Stuart England*)(1970)이지만, 그가 본격적인 학문 활동을 전개하기 시작한 캠브리지에서의 첫 저서는 《자원과 인구》(*Resources and Population*)(1976)이다. 또 학계의 비상한 주목을 받은 《영국 개인주의의 기원》(*The Origins of English Individualism*)(1978)에서는 영국에서 산업혁명이 시발된 근본적인 원인, 즉 다른 유럽 국가들과 다른 영국만의 고유한 정치문화적 특성을 설득력 있게 기술하였다. 맥팔레인은 그 저서에서 개진한 자신의 이론을 한층 더 심화시켜 1986년 이 책을 출간하였다.

이 책의 핵심주장 — 그리고 맥팔레인이 평생토록 일관해 온 논지 — 은 영국이, 중국과 인도와 같은 전통사회들 그리고 심지어 유럽의 대륙 국가들과도 달리, 산업화가 되기 이전에 이미 자본주의를 발전시킬 수 있는 토대, 즉 개인주의 이데올로기를 형성하고 있었다는 사실이다. 이러한 영국의 독특한 개인주의는 막스 베버(Max Weber)가 언급한 자본주의 문화를 형성하는 데 필연적인 근대성(*Modernity*)을 의미한다. 맥팔레인은 그 근대성이 영국의 독특한 가족제도와 사회생활에서 생성되고 유지되었던 방식을 《영국 개인주의의 기원》(*The Origins of English Individualism*)과 이 책에서 인구역사적으로 탐구하였다. 그는 자신의 이러한 기본 가정에 입각하여, 1997년의 저서(*The Savage Wars of Peace*)에서 일본과 영국의 근대성을 비교하기도 하였다. 이 저서에서 그는 영국과 일본이 비록 지리적으로 멀리 떨어진 섬나라이지만, 두 나라 모두 출산력과 사망력을 자동적으로 통제할 수 있는 항상성 기제(즉, 맬서스 덫이란 문화적 요인)가 있어 자본주의를 발전시켜 번영을 누릴 수 있었다고 주장한다. 좀 삐딱하게 한국인을 포함한 비서구인의 시각에서 보자면, 맥팔레인의 주된 작업들은 어쩌면 근대세계, 즉 자본주의의 기원과 본질에는 영국의 개인주의 이데올로기가 배태되어 있음을 역사·인류적으로 고찰함으로써 영국문화의 우월성을 전세계에 전파하는 데 크게 기여했다고 볼 수 있다. 그러므로 이 책은 비판적 고찰이 절대적으로 필요하다.

그의 가장 최근 저서이며 학문적 성격이 적은 책, 《손녀 릴리에게 보낸 편지》(*Letters to Lily*)가 얼마 전 한국 랜덤하우스코리아에서 출간되었다. 그는 이 저서에서 손녀인 릴리에게 가족, 사랑과 결혼, 우정, 존재, 학교와 조직, 신, 즐거움, 돈과 시간, 지식, 정신세계, 인류의 미래 등

494

에 관한 질문을 던진 다음, 자신의 답변을 엮어냈다. 그는 2000년 4월, 한국을 처음으로 방문하기도 했다.

2. 혼란스러웠던 미국에서의 경험들

역자는 이 저서를 번역하게 된 동기를 자신의 미국에서의 혼란스러웠던 경험에서 찾고자 한다. 그 경험은, 한국의 전통적 가치관에 익숙한 베이비붐 세대인 역자가 이해하기에 무척 힘들었다. 역자가 겪은 그 혼란스러움은 모두 서구인의 개인주의 이데올로기에 기인한 것들이었다.

[사례 1] 한국인 아내가 미국인 남편의 시댁을 첫 방문했을 때의 경험

미국에서 유학중인 한국인 여성이 그곳에서 미국인 남성을 만나 결혼하였다. 결혼 후 그녀는 미국인 시부모로부터 초청받아 시댁을 방문하게 되었다. 방문 첫날 그녀는 극진한 환대를 받았고, 시댁에서 며칠간 숙박하였다. 그런데 이튿날 그녀가 도저히 이해할 수 없는 사건이 발생하였다. 이른 아침, 남편은 시댁의 냉장고에서 콜라를 하나 꺼내 마신 다음, 1달러를 내놓는 것이었다. 며칠간의 숙박비는 물론, 부부의 식사비마저도 시부모에게 지불하였다. 그리고 시부모는 그것을 당연한 듯 받아들였다.

이 책의 제2부에서는, 영국에서의 결혼이란 부모와 분리된 경제적 독립채산제를 형성한다는 내용을 다루고 있다. 따라서 미국인 시부모에게 있어서 결혼한 자녀란 단지 초대손님일 뿐, 자신들과의 공동의 운명체가 아닐 수 있다. 초대한 당일의 경비는 초대 주체인 시부모가 지불하겠

지만, 그 이후의 경비는 초대받은 신혼부부가 지불해야 한다는 것이다.

[사례 2] 앤의 충고

상당히 오래 전 일이지만(아마 1986년 봄부터 1987년 여름 사이로 기억한다), 역자에게 깊은 인상을 남겼던 미국의 여류 칼럼니스트 앤의 충고를 소개하고자 한다. 어느 30대 후반의 한 여성이 40대 초반의 남성과 약 1년간 사귄 다음 구혼을 했다. 그런데 그 남성은 시한부 인생인 노모를 모셔야 하기 때문에, 노모의 사후에 결혼식을 하자고 대답했다. 그러나 여성은 빨리 자신들의 결혼을 성사시키길 원했다. 그녀는 자신의 이러한 고민을 앤에게 털어놓은 다음, 그녀의 조언을 구했다. 앤의 대답은 다음과 같다.

"그 남성이 결혼을 미루는 것은 당신을 진정으로 사랑하지 않는다는 증거로 볼 수도 있다. 먼저 사랑을 쟁취하라. 노모를 돌보는 것은 그 남성의 의무가 아니라 사회가 감당해야 할 일이다. 따라서 그 남성이 노모를 양로원에 보낸 다음, 그 여성과 결혼하는 것이야말로 자신의 배우자에 대한 진정한 사랑을 표현하는 것이다."

이 책의 제2부에서 밝힌 바와 같이, 전통적인 영국의 가족에서는 배우자 관계가 부모와 자식 간의 관계보다 더 중요한 관계로 인식되었다. 또한 노인(그리고 빈민)의 복지를 가족 혹은 자녀가 아닌 교회, 영주, 길드, 정부와 같은 공동체가 책임을 지는 오랜 전통이 이어져왔다.

[사례 3] 섹시하지 않으면 이혼 사유에 해당

다음은 재혼 부부의 이혼사례이다. 50대 남편은 부동산 사업가이자 대

496

부호였고, 부인은 웨딩숍을 운영하고 있었다. 어느 날 남편은 외박을 한 다음, 이튿날 20대 여성과 함께 집에 돌아왔다. 그는 지난 밤 그 20대 여성과 동침했다고 고백하면서 이혼을 요구하였다. 이혼 사유는 40대인 자신의 아내는 더 이상 섹시하지 않아 성적 매력을 못 느낀다는 것이었다. 이 부부는 이혼을 했다. 게다가 부인은 일자리마저 빼앗겼다. 그 웨딩숍은 남편이 그녀에게 마련해준 결혼기념선물이었던 것이다.

이 책의 제4부에서, 영국에서는 성적 불능이 불임보다 더 치명적인 이혼 사유임을 밝히고 있다. 비록 이 책에서는 남성의 성적 불능만을 논의하지만, 남녀평등과 권리의 측면에서 살펴보면, 여성의 성적 매력 상실도 남성의 성적 불능 못지않게 치명적인 결혼생활의 결함이 될 수 있다.

3. 이 책의 비판적 고찰 [1]

맬서스는 그의 저서 《인구론》(*An Essay on the Principle of Population*)에서 '억제되지 않은 인구는 기하학적 비율로 증가하는 반면 생계수단(식량)은 산술급수적으로 증가한다'는 저명한 공리(公理)를 제창하였다. 인구가 가파르게 성장하여 개개인에게 할당되는 식량이 최소 생계수준 이하로 떨어진 상태를 우리는 '맬서스 덫'(*Malthusian trap*)이라 부른다. 맬서스 덫은 인구와 자원 간의 균형상태가 깨져 자급자족할 수 없는 빈민들을 양산한다. 그러면 인류는 자연스럽게 인구수를 감소시켜 자원(혹은 식량)과의 균형상태로 만들어왔다. 이러한 의미에서 맬서스 이론

---

1) 이 글은 2013년 6월 〈한국인구학〉 36호 2권에 출판된 이성용의 글 "서유럽 특유의 가구형성규칙과 맬서스주의자의 항상성 모형: 인구학 패러다임의 탈종속화"를 요약·변형한 것이다.

을 흔히 항상성(*homeostasis*) 이론이라 일컫는다. 항상성은 인구의 자기
규제(*self-regulatory*) 능력을 말한다.

앨런 맥팔레인은 이 책에서 잉글랜드는 다른 나라(특히 중국과 인도)와
달리 출산력 통제를 통해 항상성이 유지되었고, 맬서스 결혼체제는 혼
인력 억제를 통한 출산력 통제에 결정적 역할을 하였다고 주장한다.

맬서스는 1834년 신 빈민법(The Poor Law Amendment Act) 제정에
이론적 발판을 제공하였다. 그는 구 빈민법이 거지들의 수를 늘려 인구
를 증가시키고, 그 결과 일반인의 생활수준까지 떨어뜨린다고 주장하였
다. 맬서스는 빈민의 증가를 하류층의 탓으로 돌렸다. 이러한 맬서스의
논리는 후에 상류층인 자본가가 하류층인 노동자를 착취함으로써 빈민
이 증가한다고 주장했던 마르크스를 격노하게 만들었다. 그럼에도 불구
하고 이것은 개인의 자유와 자립을 중시하는 잉글랜드의 개인주의 전통
을 담고 있다. 자선과 구제를 중시하는 빈민정책은 개인의 자립정신과
근면정신을 파괴할 수 있고, 개인적인 게으름과 나태로 말미암아 빈민
이 된 자들에게 공동체(특히 교구)가 보호와 자선을 제공하는 것은 공동
체의 공공선(*public good*) ― 귀족들과 부자들은 더 많은 세금과 기부금을
내야 한다 ― 을 깨뜨린다. 공공선 원칙은 제3세계의 가족계획정책에도
적용되었다. 빈국에서의 고출산은 빈민 증가, 그로 인한 세계인구의 부
담 증가를 가져와 세계인구(특히 서구)의 부(*wealth*)와 공공선에 피해를
준다.

맬서스와 맬서스주의자들은 인구와 자원 간의 항상성이란 보편 인구
법칙에 근거하여 제3세계에 가족계획의 도입과 실행을 강제했지만, 흥
미롭게도 그의 후계자들은 그 법칙이 영국의 특유한 문화, 가구형성 규
칙들에 기초했다는 사실을 밝혔다. 어떤 의미에서 보면, 제3세계의 가
족계획정책은 '서구는 (근대화가 아니라 오히려) 서유럽 특유의 가족문화
를 수출하고자 했고, 제3세계 국가는 수입 불가능한 것을 수입하고자 했

던 것'이라 할 수 있다. 그것이 영국에서 개인주의를 생성시키고 유지시켜 왔던 맬서스 결혼체제이었기 때문이다. 최근 연구들에 의하면, 중국과 같은 비서구국가에서도 항상성 기제가 존재했으며 그 기제의 유형이 영국과 상이했다는 사실이 밝혀졌다.

1) 잉글랜드의 저압체제

(1) 항상성 이론과 인구변천 이론

맬서스 이론은 인구와 자원 사이의 균형상태를 유지시키는 두 가지 기제를 포함하고 있다. 그 하나는 오늘날 사망력의 원인들로 간주되는 '적극적 억제'(*positive check*)이다. 맬서스는《인구론》초판에서 인류도 동물세계와 마찬가지로 인구와 자원 사이의 균형이 주로 적극적 억제에 의해 이루어져 왔다는 주장을 했다. 그러나 후에 발간된《인구론》에서 맬서스는 고드윈(W. Godwin)의 의견을 수용하여, 유럽에서는 인구 성장이 적극적 억제보다 오히려 '예방적 억제'(*preventive checks*)에 의해 인구와 자원 간의 균형상태가 유지되었다고 자신의 주장을 수정하였다. 예방적 억제들에는 금욕, 피임, 낙태 등 모든 출산통제수단들이 포함된다.

맬서스가 유일하게 용납할 수 있는 출산통제수단은 '도덕적 제약'(*moral restraint*)— 즉, 혼인연기(이것은 인간의 품위를 유지시킨다)— 이다. 피임, 낙태, 영아살해 등 부적절한 출산통제수단은 인간의 품위를 손상시키는 '악덕'(*vice*)이다. 맬서스에게 도덕적 제약은 매우 중요한 쟁점인데, 왜냐하면 만일 사람들이 매춘, 피임과 같은 부적절한 수단을 사용하게 되면 그들의 에너지를 경제적으로 생산적인 일이 아닌 곳에 사용할 수 있기 때문이다. 적극적 억제의 수단들인 기근, 전쟁, 또는 질병 등도 악덕이나 재난(*misery*)으로 간주되었다. 따라서 맬서스의 이론은 이성적인 인간이라면 악덕 혹은 재난이 아니라 도덕적 제약을 통해 인구와 자원 간의 균형상태를 형성하고 유지해야 한다는 사실을 내포한다.

항상성 이론은 20세기 후반 우리나라를 포함한 제3세계 국가들에서 가족계획사업의 집행에 이론적 근거를 제공하였던 인구변천이론과 맥을 같이한다. 인구변천이론을 체계화한 노테스타인(Notestein)은 인구변천을 세 단계로 구분하였다. 첫 번째 단계는 높은 사망률과 높은 출산율을 특징으로 하는 변천 전 기반이고, 두 번째 단계는 사망률과 출산율이 하강하는 변천 기반이고, 세 번째 단계는 낮은 사망률과 낮은 출산율을 특징으로 하는 변천 후 기반이다. 첫 번째와 세 번째 단계는 필연적으로 인구학적 항상성(demographic homeostasis)을 가정한다. 인구학적 항상성 이론은 사회적, 경제적, 문화적으로 통합된 제도들이 장기간의 인구성장률이 영(zero)인 인구학적 기반으로 향하도록 강제한다고 가정한다. 2) 인구변천이론은 인구학적 항상성이 고출산과 고사망의 균형기반에서 저출산과 저사망의 균형기반으로 이전하는 과정을 논의한다.

제2차 세계대전 직후 서구학자들은 아시아와 아프리카 등 대부분의 비서구 국가들에서 발생하고 있던 급격한 인구 성장을 우려했다. 만일 이들 나라에 강력한 인구억제 조치를 조속한 시간 내에 강제하지 않으면, 조만간 세계 인구는 지구의 적정역량을 초월할 것이다. 3) 인구변천의 두 번째 단계에 있는 제3세계에서 단기간 내 출산율을 하강시켜 새로운 항상성의 단계에 안착시켜야 한다.

인구학적 항상성 이론은 19세기 이후 유럽과 20세기 후반 제3세계에서 일어난 인구변천에 적합한 이론처럼 보이지 않을 수 있다. 왜냐하면

2) Wilson, C. (2003), "Heomostasis", pp. 493~496 in Demeny, P. and G. McNicoll(Eds.) *Encyclopedia of Population*, Vol. 1. New York: Macmillan Reference.
3) 이런 사고에는 서구의 개인주의, 공공선 이데올로기, 그리고 제3세계 사람들은 스스로 인구와 자원 간의 균형상태를 유지할 수 없다는 서구의 우월성이 깔려 있다고 할 수 있다.

인구수가 변천 전보다 후에 여러 배로 증가했고, 그리고 변천 후 균형상
태가 파괴되었기 때문이다. 최근 서구 국가들과 한국을 포함한 일부 제3
세계 국가들은 출산율이 초저출산 수준으로 하강하여 새로운 체제의 불
균형상태 인구를 맞이하고 있다. 일부학자들이 이를 제2의 인구변천이
라고 부른다. 그러나 이 이론도 인구학적 항상성 개념에 근거한 것이다.
오늘날에도 인구학적 연구(특히 출산연구)에서 항상성 모델의 유용성은
여전히 강조되고 있다.

최근 서구국가들과 일부 개도국들에서 맞이한 인구 불균형상태로 인
해, 일부 인구학자들은 인구학적 항상성 이론은 변천 전 단계에 초점을
맞추어야 한다고 주장하기도 한다. "대부분의 인류 역사에서 인구성장
률이 거의 영에 가깝다는 것은 널리 알려진 사실"[4]이다. 비록 단기간 측
면에서는 일부 지역에서 인구가 급격히 증가하거나 감소했지만, 장기적
인 측면에서 보면 인구성장은 미미하였다. 유럽과 중국의 역사자료를
분석한 결과는 변천 전 사회에서의 인구가 장기적인 측면에서 항상성이
유지되었음을 보여준다.

(2) 항상성 기제

변천 전에 인구학적 항상성이 장기적인 측면에서 유지되었다는 발견
은 항상성의 토대가 되어준 제도들이 어떻게 야기되었고 유지되었는지
에 대한 질문을 하게 한다. 인구학적 항상성은 무의식적인 합리성과 의
식적인 합리성에 의해 생성되고 유지될 수 있다.[5]

위글리[6]는 항상성 체제를 산출시키는 데 있어 무의식적인 합리성의

---

4) Wilson. C. and P. Airey(1999), "How can a Homeostatic Perspective
   Enhance Demographic Transition Theory", *Population Studies*, 53: 117~
   128.

5) ibid.

역할을 강조한다. 무의식적 합리성이 존재하는 사회는 개개의 커플들이 이해타산을 따져 사적으로 출산행위를 결정하는 체제이며, 사회제도와 관행이 개인의 출산행위를 지배하고 통제하지 않는다. 이러한 방식의 사고는 애덤 스미스의 '보이지 않는 손' 개념과 맥을 같이한다. 개인들이 시장의 존재를 인식하지 않을 때조차 유사한 힘들이 사회적 조정의 키를 잡아 항상성 혹은 균형상태로 나가게 한다. 반면 라사게[7]는 의식적인 합리성의 역할을 강조했다. 그는 도덕적 지침을 정하고 그것을 널리 전파하여 단기간 내에 사회의 경제적 기반을 안정시키고자 하는 엘리트 계층의 목표설정능력을 강조했다. 항상성을 지향하는 제도들은 사회마다 상이할 수 있지만, 그것들은 개인들에게 의식적인 합리성을 강제하여 인구 균형을 유지시키는 사회통제 기구이다.[8]

맬서스주의 역사인구학자들은 영국에는 인구와 자원 사이의 균형을 유지할 수 있는 자기규제 체제 ― 무의식적인 합리성 ― 가 있었다고 가정한다. 영국의 인구학적 항상성은 맬서스와 가정한 바와 같이 도덕적 제약을 통해 유지되었다. 반면 18세기 중반까지 중국, 인도 및 유럽의 대부분 국가들은 출산력보다 사망력의 증가에 의해 항상성이 유지되었다고 맬서스는 말한다. 게다가 중국과 인도에서는 출산통제마저 도덕적 제약이 아니라 영아살해와 같은 악덕에 의해 이루어졌다. 그 결과 영국

---

6) Wrigley, E. A. (1978) "Fertility Strategy for the Individual and the Group", pp. 135~154 in Tilly, C. (Eds.), *Historical Studies of Changing Fertility*, Princeton: Princeton University Press.

7) Lesthaeghe, R. (1980), "On the Social Control of Human Reproduction", *Population and Development Review*, 6(4): 527~548.

8) 무의식적 합리성과 의식적 합리성 중 어느 것을 선택하느냐에 따라 상이한 이론적 견해와 정책들을 형성할 수 있다. 이를테면 시장의 정부개입(의식적인 합리성)을 주창하는 케인즈 학파와 시장의 자정능력(제도의 한계를 지적하는 무의식적 합리성)을 중시하는 하이에크(신자유주의학파) 이론도 무엇이 주된 항상성 기제이냐에 대한 논쟁이라 할 수 있다.

의 인구학적 항상성은 출산력 지배적인 '저압체제'(*low-pressure regime*) 인 반면, 영국과 일부 북서유럽을 제외한 대부분 나라들의 인구학적 항상성은 사망력이 지배적인 '고압체제'(*high-pressure regime*) 였다.

헤이널(Hajnal, 1982) 은 저압체제를 서유럽과 서유럽을 제외한 기타 지역을 구별 짓는 핵심요소이라 주장하였다. 영국의 저압체제는 높은 비혼율과 만혼을 특징으로 하는 '서유럽 가구형성규칙' 혹은 '맬서스주의 결혼체제' 통해 형성되고 유지되었다. 그렇다면 영국에서의 혼인력 변동과 인구성장 간의 관계를 살펴볼 필요가 있다.

(3) 18세기 영국 인구성장의 주요인은 혼인력 변동

20세기 말 케임브리지 학파의 연구들은 18세기 인구성장이 사망력의 향상이 아니라 출산력의 증가에 기인했다는 경험적 증거를 제시한다 (Macfarlane, 1986; Smith, 1981; Wrigley, 1983; Wrigley and Schofield, 1989; Wrigley et al. , 1997). [9] 1680~1820년 영국 인구는 490만에서 1,150만으로 133%로 증가했고, 자연성장률(*intrinsic growth rate*) 도 0에서 1.6으로 증가했다(Wrigley, 1983: 122). 18세기 혼인력의 변동으로 수반된 출산율 증가는 그 당시 인구증가의 75%를, 사망력의 향상은 단지 25%를 설명한다(Macfarlane, 1986).

1541년과 1871년 사이 영국의 출산율 패턴은 비교적 단순하다. 1550 년경 총재생산은 2.8이었고, 계속 하강하여 1650년경 1.8~1.9로 최저점에 도달하였다가 상승하여 1756년 2.3, 1816년 3.1로 최고점을 이루었지만 다시 하강하여 1846년과 1866년 사이 2.3~2.55에 머물렀다. 영

---

9) Wrigley, E. A. and R. S. Schofield(1989), *The Population History of England 1541~1871*. London: Edward Arnold. Wrigley, E. A. , R. S. Davies, J. E. Oeppen and R. S. Schofield(1997), *English Population History from Family Reconstruction 1580~1837*, Cambridge: Cambridge University Press

국의 출산율의 패턴은 1650년의 최저점과 1815년의 최고점을 두고 장기
간에 걸쳐 서서히 변화한 추세를 나타낸다(Smith, 1981).

  18세기 영국의 출산율 증가는 유배우 출산율의 변동이 아니라 혼인력
의 변동 — 혼인연령의 감소와 혼인의 보편성 — 에 기인한다. 18세기 유
배우 출산율에는 유의미한 변동이 없었지만 혼인력에는 큰 변동이 있었
다. 1550년과 1799년 사이 20~44세 혼인여성이 출산한 평균 자녀수는
6.83명이고, 단지 6.53명과 7.03명 사이에서 변동하였다. 1541년부터
1871년 사이의 총재생산율 변동에 유배우 출산율 변동은 거의 영향을 주
지 않았다. 10)

  17세기 전반과 18세기 전반 사이 영국 남성과 여성의 평균 혼인연령에
는 변동이 거의 없었다. 그 한 세기 동안 남성의 평균 혼인연령은 27.5~
28세, 여성 26.0~26.5세였다. 그러나 1750년 이후 남녀 평균 혼인연령
은 급격하게 떨어지기 시작하였다. 여성은 17세기 후반에서 19세기 전
반 사이 여성은 26.5세에서 23.4세로 3.1년, 남성은 27.8세에서 25.3
세로 2.5년이 떨어졌다. 11)

  출산율이 낮은 시기인 17세기에 혼인연령의 변동은 거의 없었으므로
비혼구성비의 증가가 출산율에 더 큰 영향을 미쳤다. 40~44세 여성의
비혼구성비는 16세기 말부터 17세기 후반까지 상당히 높은 수준에 머물
러 있었다. 40~44세 여성의 비혼구성비는 1570년 이전 코호트는 8%에
불과했지만, 17세기 중반 이후 코호트는 24%로 상승하였다. 이러한 비
혼구성비의 상승은 출산율의 17% 가량을 떨어뜨렸다. 12) 출산율이 가
장 낮았던 1650년경에는 혼인연령(여: 26.5세, 남: 27.8세)과 비혼구성
비(여: 27%) 모두 상당히 높았다.

---

10) Wrigley et al., 1997: 254~255.
11) ibid. 255.
12) ibid. 257~265.

504

반면 18세기의 40~44세 여성 비혼구성비의 감소는 출산율 증가에 긍정적인 영향을 미쳤다. 17세기 중반 20% 이상 수준에 머물러 가장 높았던 40~44세 여성의 비혼구성비는 그 후 감소하여 18세기 중반에는 10% 수준으로 떨어져 그 이후 19세기 중반까지 5~10% 수준을 유지하였다. 13)

이러한 경험적 연구들은 18세기 영국의 인구성장은 혼인력의 변동, 즉 남녀 혼인연령의 하강 및 비혼구성비의 감소로 인한 출산증가가 결정적 요인이었다는 사실을 밝혀준다. 이러한 발견을 통해 영국의 케임브리지 학파 집단은 영국의 인구학적 항상성이 저압체제로, 사망력 변동이 아니라 혼인력 변동에 의한 출산통제를 통해 유지되어 왔음을 주장한다.

다음에서는 영국에서 혼인연령과 비혼과 같은 혼인문제가 가족이나 친족이 아니라 당사자 개인의 차원에서 결정되게 만들었던 영국 특유의 문화를 살펴볼 것이다. 이 문화는 개인의 자유와 자립을 중시하는 개인주의 이데올로기의 형성에 초석이 되었다.

2) 맬서스 결혼체제

(1) 서번트 체제 : 경제적 독립성

영국의 혼인력 변동은 서유럽 가구형성규칙들의 주된 특징, 즉 '자신의 가족을 부양할 수 있는 독립적인 생계수단을 획득할 때까지 혼인을 연기하는 것은 필수적'이라는 사실과 밀접한 관계를 가진다. 14) 이 점에서 영국에서 결혼은 자신의 노력으로 결혼자금을 마련한 젊은이들의 특

---

13) ibid. 260.
14) Hanjal, J. (1965) "European Marriage Patterns in Perspective", pp. 101~143 in Glass, D. V. and D. E. C. Eversley (Eds.), *Population in History: Essays in Historical Demography*.

권이었다. 서번트 체제는 대다수의 젊은이들에게 결혼 후 독립된 생활 기반을 마련하는 데 결정적인 도움을 주었다.

서번트(*servant*) 체제는 13~19세기 잉글랜드를 포함한 북서유럽에서 널리 퍼져 있던 독특한 문화였다. 전체 인구 중 약 10~12%가 서번트였고, 15~25세 젊은이들 중 약 50~60%가 서번트였다. 16세기부터 19세기 초반의 근대 영국에서 젊은이들의 60~70%가 자신의 일생에서 한 번은 서번트 생활을 경험하였다. 라사렛은 '삶의 과정으로서의 서비스'(*life-cycle service*)를 언급하면서, 서번트들을 "혼인을 기다리는 성적으로 성숙한 미혼의 젊은이들"이라 칭하였다. 서번트는 하류계층으로 국한되어 있지도 않았다. 15)

대다수 젊은이들이 결혼자금을 서번트 생활에서 받은 임금을 저축해서 마련한다면, 임금 수준은 결혼자금의 마련기간에 결정적 요소이므로 혼인연령과 밀접한 관계를 가진다. 경제적 상황이 악화되어 임금이 떨어진다면, 결혼자금 마련기간이 연장되어 혼인연령이 올라가고 출산율은 하강한다. 반대로 호경기의 높아진 임금은 그 기간을 감소시켜 혼인연령이 내려가고 출산율은 상승한다. 1551~1901년 영국의 혼인력은 약 30년 간격을 두고 실질임금의 추세에 따라 변동하였다. 16) 이 가정에서 암묵적인 것은 특정 시점의 혼인 연령과 비혼율이 그 시점의 서번트 비율에 대한 함수라는 사실이다. 월17)의 연구에 따르면, 출산율이 낮았던

---

15) Laslett, P. (1972), "Characteristics of the Western Family Considered Over Time", *Journal of Family History*, 2: 89~115.

16) Smith, R. M. (1981), "Fertility, Economy, and Household Formation in England over Three Centuries", *Population and Development Review*, 7(4): 595~622.

17) Wall, R. (1979), "Regional and Temporal Variations in English Household Structure from 1650", pp. 89~113 in Hobcraft, J and P. Rees (Eds), *Regional Demographic Development*, London: Croom Helm.

기간(1650~1749) — 앞에서 언급한 바와 같이, 혼인연령과 비혼율이 높
았던 시기 — 에 서번트는 전체인구에서 18. 4%를 차지했지만 출산율이
높았던 기간(1750~1821) — 혼인연령과 비혼율이 하강했던 시기 — 에
는 그 비율이 10. 6%로 떨어졌다.

이상과 같이 영국에서 자녀의 혼인연령 변동은 경제적 상황에 따른 서
번트 임금(실질임금) 추세에 따라 결정되었다. 그래서 영국에서 혼인연
령의 추세는 부모나 친족의 영향 하에 있지 않았다. 서번트 체제는 혼인
력의 통제를 통해 경제적 자원과 인구 사이의 균형상태를 유지시켰던 영
국 고유의 항상성 기제였다.

(2) 자녀관과 자녀에 대한 대안들

자녀의 독자적인 혼인자금 마련은 서번트 임금이란 경제적 요인과 더
불어 자녀의 그런 행위를 뒷받침해주는 가족문화가 존재했음을 의미한
다. 영국에서 자녀는 혜택이 아니라 비용이었다. 콜드웰[18]의 부(富)의
흐름 이론을 보면, 영국에서는 부가 부모에서 자녀로 흐르는 하향 이동
이 오래 전부터 존재했다. 영국의 자녀관과 자녀 대안들은 그런 하향이
동에 힘을 실어주었다.

우선적으로 서번트 생활에서 번 소득은 자녀의 결혼자금이었기에 부
모에게 혜택을 가져다주지 않았다. 자녀의 소득은 부모에게 이전되지
않는 자녀의 것이었다. 자녀는 새로운 가족(고용주 가족)에게 자신의 노
동을 제공하고 그에 대한 보상을 받는다. 이때부터 자녀는 부모의 가내
경제로부터 분리된다. 그는 처음엔 겨우 생활비와 옷값 정도를 벌 수 있
다. 점차 임금이 증가하면, 자신의 가정이나 사업체 비용 마련을 위해
임금의 대부분을 저축한다. 이러한 저축은 대개 결혼 후 경제적 독립된

---

18) Caldwell, J. (1982), *Theory of Fertility Decline*, London: Academic Press.

생활을 마련할 수 있는 결혼자금으로 사용되었다. 서번트 체제는 매우 어릴 때부터 자녀의 삶을 소비와 생산을 공유하는 가족단위에서 추출하여 부모세대와 자녀세대를 분리시켰다. 영국에서 부모세대와 자녀세대는 개별적인 독립된 경제 단위였던 것이다.

서번트 생활은 결혼 후 거주지에도 영향을 미쳤다. 어릴 적[19] 자신의 집 혹은 마을을 떠나 다른 곳 혹은 다른 마을에서 일했기 때문에, 결혼 후 정착을 자신의 고향이 아닌 다른 마을에서 시작할 가능성이 높다. 만일 사람이 일찍부터 부모로부터 독립하여 성장하고, 자신의 삶을 책임지고 생계를 유지하고 의사결정을 했다면, 그가 고향으로 되돌아와 다시 자녀노릇을 하기란 어렵다.

자녀는 부모와 함께 사는 것을 선호하지 않았다. 부모의 집에서 결혼한 자녀가 함께 거주한다는 것은 한 집에 두 가장이 있다는 사실을 의미한다. 이것은 개인의 경제적 독립성을 중시하는 개인주의 이데올로기와 상충된다. 영국에서는 최소한 13세기부터 고도로 발달된 사적 재산과 개인재산에 대한 개념이 있었다.

대부분 비서구 사회에서 자녀의 가치는 흔히 자녀가 부모의 위험에서 부모를 보호해주는 데 있다. 자녀는 부모가 늙어 일할 능력이 없을 때 노후보장을 제공한다. 그러나 영국에서 부모에 대한 책임은 의무가 아니라 자선과 같은 선택이다. 부모가 자녀들을 폐적할 권리가 있는 것처럼, 자녀들 역시 부모와 의절할 권리가 있다. 18세기 후반 독일의 한 마을 (Mark-Brandenberg) 입구의 커다란 막대기에 다음과 같은 글이 적혀있다. '자신의 자녀에게 먹을 것을 의지하는 자는 이 막대기로 맞아 죽게 될 것이다.'[20] 이는 늙으면 자녀에게 의존하여 노후를 보내는 것을 당연

---

19) 영국에서 서번트 생활로 들어가는 평균연령은 13~14세였지만, 매우 어린 나이 (6~7세)에도 서비스를 시작할 수 있었다. 도제제도는 3세 이후 언제라도 시작할 수 있어 많은 아동들이 7~8세에 도제로 묶여 있었다.

시하는 비서구 사회와 달리, 영국과 서유럽에서는 젊은 시절과 마찬가지로 노후에도 경제적 독립성을 중시하였다는 사실을 나타낸다.

영국을 포함한 많은 서구 사회에는 부모의 노후보장을 가족보다 다른 곳에서 부담하였다. 영국에서는 노인부양에 대한 책임을 가족(특히 자녀)이 아니라 영주, 길드, 교회, 정부가 떠맡았던 오랜 전통이 있다. 이러한 전통은 개인이 중시하는 인간관계와 사회적 관계를 비서구 사회와 상이하게 만들었다. 비서구 사회에서는 가족과 친족 관계가 가장 중요한 관계로 간주되었지만, 영국인들은 전통적으로 가족과 친족 관계보다 이웃들 간의 이타적 관계나 고용주와 고용인들 사이의 계약 관계를 더 중요하게 생각하였다.

대부분의 비서구 사회에서는 자녀에 대한 투자만큼 확실한 대안이 없었다. 그러나 영국에서는 14세기 혹은 그 이전부터 자녀에 대한 투자의 대안이 안정적으로 발달하였다. 토지와 기타 재산의 시장이 형성되었고, 대부와 저당권이 널리 퍼져 있었다. 영국인들은 자녀 이외의 것에 쉽게 투자하고 저축할 수 있었다. 어떤 점에서 보면, 자녀는 시장에의 투자보다 덜 안정적이었고 더 위험했다.

어릴 적부터 부모를 떠나 남의 집에서 생활하여 돈을 벌었고, 그 돈으로 결혼 후에는 부모와 별개의 경제적 가구단위를 형성했고, 서로 다른 지역에서 살았고, 또 자녀 이외의 노후보장 요소들이 다양하게 존재했다는 역사적 사실은 영국 부모에게 자녀는 단지 '비용'이자 '애완동물'에 불과하다는 인식을 심어주는 데 충분한 조건이 되었다.

---

20) Gaunt, D. "The Property and Kin Relationships of Retired Families in Northern and central Europe", p. 259 in R. Wall, J. Robin, P. Laslett (Eds), *Family Forms in Historic Europe*, Cambridge: Cambridge University Press.

(3) 결혼관 : 반려자 결혼

독자적인 결혼자금 마련과 신 거주제, 그로 인한 부모와 자식 간의 취약한 관계는 배우자 간의 관계를 가장 중요한 가족관계로 만드는 데 큰 기여를 했다. 영국의 독특한 결혼관은 자녀출산을 위해서가 아니라 반려자를 얻기 위해 결혼을 하는 '반려자(companionate) 결혼'이다.

반려자 결혼의 큰 특징은 부모가 아니라 결혼 당사자가 자신의 배우자를 선택하는 것이다. 대부분의 비서구 사회에서 자녀의 배우자는 자녀의 선택보다 부모의 정혼에 의해 결정되었고, 비교적 어린 나이에 결혼이 이루어졌다. 그러나 영국에서는 자신의 배우자를 택할 수 있는 자유가 있었다. 물론 이런 선택의 자유는 경제적 독립성에 의해 뒷받침되었다. 자녀는 자신이 결혼결정에 있어 부모의 승낙을 필요로 하지 않았고, 부모가 반대할지라도 결혼 당사자 간의 합의만 있으면 그 결혼은 합법적으로 인정되었다. 자녀는 자신이 원하는 상대방에게 사랑과 몸을 줄 수 있는 자유로운 주체로 간주되었다. 만일 부모가 자녀의 자율권을 인정한다면, 부모가 할 수 있는 유일한 선택은 자녀의 결정을 존중하는 것이다. 배우자 상호 간의 동의를 요구하는 맬서스주의 혼인체제는 오랜 역사를 가진다. 무려 12세기부터 배우자의 동의를 요구했다.

반려자 결혼은 당연히 자녀생산을 위한 결혼과는 상이한 사회규범을 생산한다. 결혼은 결혼 당사자 간의 결합일 뿐, 신랑의 가족·친족과 신부의 가족·친족 간의 결합이 아니다. 비서구 사회에서 아내가 불임이거나 집안의 계승자를 출산하지 못하는 경우, 부인과 이혼하고 재혼을 하기보다 첩을 통해 계승자를 출산하거나 양자를 입양하였다.[21] 영국에서는 일부 귀족계층을 제외하고는 계승자를 중시하지 않았고, 계승자를

21) Goody, J. (1990), *The Oriental, the Ancient and Primitive: Systems of Marriage and the Family in the Pre-industrial Societies of Eurasia,* Cambridge: Cambridge University Press.

510

얻기 위한 복혼제가 허용되지 않았으며 불임은 개인적인 불운으로 간주되었다. 그러나 성행위 불능은 결혼무효의 근거가 되었다. 게다가 간통에 대한 너그러운 태도가 널리 퍼져 있었다. 영국법에 따르면 비록 아버지가 다를지라도, 결혼상태에 태어난 모든 자녀는 자동적으로 그 부부의 합법적인 자녀가 된다. 이러한 가족규범들은 부부관계를 최우선의 관계로 뒷받침해주었다.

결론적으로, 영국의 혼인력 변동의 기저에는 많은 젊은이들에게 경제적 독립의 터전을 마련해준 서번트 체제, 부모에게 자녀가 혜택이 아니라 비용이라는 가치관 및 자녀들에 대한 대안들, 그리고 부부관계를 가장 중요한 가족관계로 간주하는 반려자 결혼관 등이 깔려 있었다. 이러한 영국의 독특한 개인주의 문화가 맬서스 인구학적 항상성 모델에서 혼인력 변동이란 항상성 기제의 역할을 수행했던 것이다. 만일 혼인과 출산이 부부 혹은 개인의 문제가 아니라 가족이나 친족 집단의 문제였다면, 혼인력 변동은 항상성 기제의 역할을 수행하지 못했을 것이다.

3) 제3세계의 반론들

(1) 개별성과 집합성

헤이널(Hajnal, 1965)은 이탈리아 동북부의 트리에스테(Trieste)와 러시아의 서북부 항구도시 레닌그라드(Leningrad)를 남북으로 잇는 경계선으로 북서유럽의 직계가족(*stem family*)과 중국, 인도 등의 연합가족(*joint family*) 문화로 이분하여 비교하였다. 이러한 이분은 많은 논쟁을 가져왔지만, 가족과 친족체계에 따라 매우 상이한 가치관과 생활방식이 형성될 수 있다는 사실은 매우 분명하게 보여주었다.

앞에서 언급했듯이, 혼인과 출산이 서유럽 혼인체제에서는 부부나 개인의 결정사항이었지만, 중국과 인도에서는 당사자 자신보다 가족이나

친족의 차원에서 결정할 사항이었다. 이는 직계가족과 연합가족은 상이
한 윤리를 가진다는 사실을 의미한다. 다스 굽타[22]는 북서유럽의 직계
가족 윤리를 '구명보트 윤리'(*lifeboat ethic*)로 중국과 인도의 연합가족 윤
리를 '법인 윤리'(*corporate ethic*)로 명명한다.

구명보트 윤리는 그 이름에서 암시하는 바와 같이 구명보트에 탄 사람
들과 그 외의 사람은 별개의 삶, 즉 서로의 삶에 개의치 않는 그들만의
독립된 생활을 산다는 것이다. 상속자인 자녀가 부모로부터 유산을 받
고 결혼을 하여 신(新) 가구 — 자신의 구명보트 — 를 형성하게 되면,
유산을 물려준 부모는 물론 그의 형제자매들도 해체되어, 상속자의 구
명보트가 아니라 다른 구명보트에서 각자의 독립된 삶을 꾸려야만 한다.
상속인은 은퇴한 부모 — 구명보트를 이전한 — 에게 무엇을 제공할지는
은퇴계약으로 결정하며,[23] 계약 이외의 것을 요구하는 부모의 요청은
거부할 수 있었다. 부모에게 재산을 물려받지 못한 형제자매들에게도
아무런 책무가 없었다. 이러한 구명보트 윤리는 라사렛[24]이 언급한 '핵
가족 고난 가설'(*nuclear hardship hypothesis*)을 동반한다. 라사렛은 전 산
업 잉글랜드에서 가구 중 약 15%가 독신 혹은 비가족 가구 — 핵가족 고
난의 희생자들 — 이었다는 사실을 발견했다.

구명보트 윤리에서 가장 중요한 것은 승선이라 할 수 있다. 승선하지
못한 자는 자연도태의 대상이 된다. 자신의 고난 혹은 실패는 자신이 책
임을 져야 하며, 과거 같은 구명보트의 구성원이었다는 근거로 도움을

22) Das Gupta, M. (1999), "Lifeboat versus Corporate Ethic: Social and Demo-
graphic Implications of Stem and Joint Families", *Social Science & Medicine*,
49(2): 173~184

23) Gaunt, 1983.

24) Laslett, P. (1988), "Family, Kinship and Collectivity as Systems of Support in
Pre-industrial Europe: A Consideration of the 'Nuclear-Hardship' Hypothesis",
Continuity and Change, 3: 153~175.

512

요청할 수도 없다. 따라서 구명보트 윤리에는 적자생존과 같은 성공지향의 원칙, 과거보다 현재를 더 중시하는 원칙이 배태되어 있다. 서구인은 동양인에 비해 과거의 경력보다 미래의 기여도, 충성보다 능력을 중시하는 경향이 있다. 25)

한편 법인 윤리에서는 연합가족의 모든 구성원들이 가족자원에 대한 청구권을 가진다. 공동의 운명체이다. 그렇기에 가족은 법인(corporation)으로서의 기능을 행한다. 각 세대의 남성들이 법인의 주된 성원들이며, 아들의 출생은 한 세대에서 다음 세대의 연속성을 확신해 준다. 결혼보다 중요한 것은 손자녀의 출산이다. 여성은 혼인 전에는 부모의 집에서, 혼인 후에는 남편의 집에서 일차적 부양 권리를 가진다. 또한 결혼 후에도 부모의 집을 방문할 권리를 가지며 그녀의 생애에 중요한 일이 있으면 부모의 집에서 도움을 받는다. 구명보트 윤리와 반대로, 가문의 영속성이 토지(estate) — 즉, 구명보트 — 보다 더 중요하며, 토지는 가족의 목표를 충족시킬 수 있는 방식으로 관리된다. 26)

법인 윤리는 효(孝)와 의(義)에서 보듯이, 개인의 성공보다 고난에 처한 친족과 친구들에 대한 도움을 중시한다. 부모와 자녀세대의 독립이 아니라 가족성원들 간의 합심을 통한 가족전체의 번영을 목표로 한다. 여기서 법인 윤리 내의 개인 합리성은 구명보트 윤리 내의 개인 합리성과 상이할 수밖에 없다. 구명보트 윤리 내의 개인합리성은 부부 혹은 개인의 이해에 근거한 반면, 법인 윤리의 개인 합리성은 그보다 훨씬 큰 차원인 가족 혹은 친족 전체의 복지(이해)에 근거하기 때문이다. 후자는 전체의 복지가 개인의 이해관계보다 우선하기 때문에 때때로 개인의 희생을 강요한다. 이를테면, 배우자 선정을 당사자 개인의 이해보다 가족의 이해에 근거하여 결정하고, 또 가족 전체의 식량이 부족할 때 태어난

25) 리처드 니스벳, 《생각의 지도》, 최인철 역, 김영사.
26) Das Gupta, 1999.

여아를 살해하도록 법인은 부모에게 강요할 수 있다.

맬서스 덫에 빠졌을 때, 구명보트 윤리와 법인 윤리는 위기 대응방식이 상이할 것이다. 자원과 인구 사이의 불균형이 초래한 위기에, 서유럽의 직계가족 체제는 개인적 차원(예, 혼인연기)으로, 중국, 인도에서의 연합가족 체제는 집단적 차원으로 대응했다. 경제적 위기나 고난이 서유럽의 직계가족에서는 주로 개인의 어깨 위로, 인도나 중국 그리고 남유럽에서는 가족 전체 성원들에게 떨어졌다. 27)

(2) 중국의 항상성 기제

유럽과 아시아의 역사적 증거에 의하면, 사망력 변동은 고압체제에서처럼 극단적이지 않았고 인구변동도 극단적인 형태로 변동하지 않았다. 오히려 출산 통제와 이주가 파국적인 사망력보다 더 중요한 항상성 기제로 작동했다. 28) 그렇다면 맬서스 이론의 주된 비판의 대상이 되었던 중국에서 인구학적 항상성 기제가 어떤 식으로 이루어졌는지를 살펴보자.

맬서스는 중국에서 예방적 억제와 적극적 억제가 모두 작동하는 것으로 보았다. 그는 중국의 주된 예방적 억제를 곤궁이 낳은 수많은 노예들로 보았다. "일반 주인으로서 노예에게 출산을 장려하는 일은 전혀 도움이 되지 않는다. 사정이 이러하므로 우리들은 중국에서 대부분 노예들은 유럽에서처럼 독신이라고 상상할 수 있을 것이다."29) 중국 인구에서

<hr>

27) 서구학자들의 주장이 가진 주된 문제점은 부부 혹은 개인을 주된 의사결정 단위로 본다는 것이다. 가족주의 이데올로기가 지배적인 연합가족 체제에서는 그렇지 않을 수 있다. 이를테면, 자녀의 혼인이나 입양 등 집안의 큰일을 결정할 때 당사자의 의견보다 부모 혹은 가족 내의 웃어른 의견이 더 큰 영향을 미칠 수 있다.

28) Liu, Ts'ui-jung and Liu, Cuirong(Eds.) (2001), Asian Population History, Oxford: Oxford University Press.

29) 맬서스(2011), 《인구론》, 이서행 역, p. 131, 서울: 동서문화사.

514

가장 강력한 적극적 억제로는 흉작에 뒤이어 일어나는 기근을 언급했다. 질병도 적극적 억제로 큰 역할을 했지만, 기근은 부모에게 빈곤을 초래하고 이는 여아살해, 유아유기 등과 같은 적극적 억제를 동반한다. 요컨대, 영국의 항상성은 결혼연기와 같은 도덕적 제약에 의해 통제되었지만, 중국의 항상성은 노예로의 전락과 기근 등으로 인한 적극적 억제에 기인한다고 맬서스는 보았다. 30)

홍미롭게도 중국을 포함한 동아시아의 사례들은 '조혼과 혼인의 보편성이 높은 〔유배우〕 출산율을 초래한다'는 맬서스 주장을 반박한다. 오히려 유배우 출산율 통제가 중국인구의 항상성에 커다란 기여를 했다. 31) 중국은 서유럽보다 출산율이 낮았다. 피임이 부재할 당시, 서유럽 여성들의 총유배우 출산율(TMAR, *Total Marital Fertility Rate*) — 혼인한 여성이 그녀의 생애 동안 낳을 자녀의 수 — 이 7.5~9명인 반면, 중국은 6명이 안 되었다. 그리고 18, 19세기 조선도 그 당시 영국보다 낮았다. 32) 한국과 중국에서 자녀의 출산은 부부 당사자의 의사결정이 아니라, 가문의 영속성과 관련된 매우 중요한 집합적 조정의 결과이다. 따라서 유배우 출산율의 통제는 한국과 중국에서 인구학적 항상성을 유지시키고자 했던 집합적 조정의 산물이라 할 수 있다.

30) 맬서스가 언급한 빈국의 중국은 강희제·옹정제·건륭제가 지배했던 17세기 중엽부터 18세기 말까지의 청나라이다. 그 당시 청은 빈국이 아니라, 영국보다 훨씬 부국일 뿐 아니라 그 당시 세계 최대의 강국이었다. 게다가 한국과 중국에서 노비는 토지와 더불어 가장 중요한 사유재산이다. 노비의 증식, 노비출산의 증가는 사유재산의 증가로 볼 수 있기 때문에, 주인은 노비의 결혼과 출산을 억제하지 않고 오히려 장려했을 가능성이 높다.

31) Lee. J. and Wang Feng(1999b), *One Quarter of Humanity*: *Malthusian Mythology and Chinese Realities, 1700~2000*, Cambridge, MA: Harvard University Press.

32) 차명수(2009), "조선후기의 출산력, 사망력 및 인구증가: 1700~1899년 간 생몰기록을 이용한 연구", 〈한국인구학〉, 32(1): 113~137.

일본의 연구는 더 흥미롭다. 1600~1868년 도쿠가와 시대의 일본 연구[33]에서도 조혼을 하고 혼인이 보편적이었던 중부지역은 출산율이 낮은 반면(3.7명), 영국과 마찬가지로 만혼과 높은 비혼율을 보여주었던 북동지역의 일본은 높은 출산율(7.2명)을 보여주었다. 만혼과 높은 수준의 비혼구성비는 낮은 출산율을 보장하지 않았다.

출산 후의 긴 수유기간과 낮은 빈도의 성행위(특히 산후 금욕)는 낮은 유배우 출산율에 주된 요인으로 간주된다.[34] 영국의 경우 중위 출산간격은 21.5개월이고, 중위 수유기간은 5~9개월이었다.[35] 1976년 세계 출산력 조사에 의하면, 출산변천 이전 혹은 기간 중의 비서구여성들의 수유기간은 자녀를 원하는 여성은 평균 28개월, 원하지 않았던 여성은 평균 40개월이었다.[36] 수유기간의 차이는 여성의 유방을 '성적 매력' 혹은 '수유기관' 중 어느 쪽으로 보느냐와 밀접한 관련이 있다. 부부관계를 최우선하는 북서유럽 직계가족체제에서는 성적 매력이 부부관계에서 중시하는 핵심요인 중 하나이므로, 수유로 인한 아름다운 유방의 훼손은 여성에게 치명적인 손실이 된다.[37] 반면 부모와 자녀 간의 관계가 중요시되는 연합가족에서 모(母)의 유방은 여성의 매력보다 자녀의 건강을 위해 존재할 것이다. 법인 윤리에서 자녀의 건강과 관련된 수유기간은 모뿐만 아니라 아기의 가족과 친족에 의해 조정될 것이다. 그리고 산후 성관계도 부부보다 주위 사람들에 의해 통제될 것이다.

33) Hayami and Ochiai, 1996. 여기서는 Wilson and Airey, 1999에서 재인용.
34) Barclay, G. W. (1976), "A Reassessment of the Demography of Traditional Rural China", *Population Index*, 42: 606~635.
35) Wrigley, E. A. and R. S. Schofield, 1989.
36) Leridon, H. and B. Ferry(1985), "Biological and Traditional restraints on Fertility", pp. 139~164 in Cleland, J. and J. Hobcraft(Eds.), *Reproductive Change in Developing Countries*, Oxford: Oxford University Press.
37) Young, I. M. (2005), *On Female Body Experience*: "*Throwing Like a Girl*" and *Other Essays*, Oxford: Oxford University Press.

맬서스주의자들이 주장했듯이, 1800년경 중국 여성들은 일찍 결혼했고 결혼이 보편적이었다. 38) 그러나 중국에서 남성의 결혼은 보편적이지 않았다. 높은 여아 살해로 상당히 높은 비율의 남성들이 결혼을 하지 못했다. 30세까지 남성 중 4분의 1이 결혼을 하지 못했고, 45세까지 결혼을 하지 못하는 비율은 10~15%로 그 당시 스웨덴, 덴마크 혹은 노르웨이보다 높았다. 39) 서구 남성들이 경제적으로 독립된 생활기반 마련이란 도덕적 경제로 결혼을 하지 못했다면, 중국남성들은 맬서스주의자 '악'(*vice*) — 집합적 조정에 의한 여아 유기와 살해가 초래한 신부들의 부족 — 으로 인해 결혼할 수 없었다.

남성들의 비혼 가능성은 자원에 대한 인구 압력과도 관련이 있다. 북인도에서 아들들이 너무 많은 소지주 가족들은 혼인규제를 실시하였는데, 왜냐하면 모든 아들을 결혼시키면 그로 인해 불어난 가족의 수가 소유한 토지의 수준을 초월할 수 있기 때문이다. 40) 또한 이탈리아의 물납

---

38) 맥팔레인(Macfarlane, 2012)은 인도와 네팔은 물론 유럽에서도 여성의 독신은 용납되지 않았다고 주장한다. 그런데 놀랍게도 서유럽에서 많은 경우 남성보다 여성이 오히려 45~49세까지 비혼으로 남을 가능성이 더 컸다. 예를 들어 1900년 스웨덴에서 45~49세 비혼구성비는 남 13.5%, 여성 19.4%였고, 임금수준이 낮았던 1800년에는 남 6.9%, 여성 11.7%였다. 영국의 엘리트 집단 연구에서도 1550~1574년 코호트 중 평생독신의 비율은 남 4%, 여 9%였다. 17세기 말에는 남녀 모두 20%까지 올라갔다(Wrigley et al., 1997: 264). 한편 스웨덴과 영국과 달리 가족주의 성향을 보이는 아일랜드에서는 기근 후인 1911년에 45~49세 비혼구성비는 남 29%, 여성 24%였고, 1851년에는 남 12%, 여 11%였다(Wrigley et al., 1997: 264). 어쨌 여성의 비혼율이 10%가 넘었다는 역사적 증거는 여성의 혼인보편성을 지지하는 것처럼 보이지 않는다.

39) 중국에서 30대 남성의 높은 독신 비율—약 20%—은 특정 시점의 문제가 아니라 16세기부터 19세기 말까지 계속적인 사회문제였다. 1995년 1% 센서스에서도, 30세에, 거의 모든 여성들은 결혼을 하지만 남성은 8%가 독신으로 남아 있었다. 그리고 40세까지 약 5%가 혼인을 하지 못한 상태로 남아 있었다(Lee and Feng, 1999).

소작인도 남성구성원의 결혼을 규제하여 농장 수입과 가족원 수의 균형을 이루고자 하였다. 41) 이러한 남성가족원의 비혼은 개인의 선택보다 가족차원의 집합적 조정에 이루어진 것이다.

이상의 연구들은 우리에게 매우 중요한 몇 가지 사실들을 알려준다. 첫째, 중국에서 유배우 출산율이 중요한 집합적 조정의 항상성 기제로서 역할을 했다. 둘째, 맬서스의 주장과 달리 여성의 조혼과 보편적 혼인이 필연적으로 높은 출산율과 연계되지는 않는다. 셋째, 역사적으로 중국 남성들은 높은 비혼율을 보여준다. 그러나 무엇보다 중요한 것은 유배우 출산율, 수유기간 그리고 남성의 높은 비혼구성비가 개인적 차원이 아니라 집합적 조정의 결과였다는 점이다.

4. 마치는 글

맬서스의 항상성 이론과 맬서스 결혼체제는 오늘날 학문세계와 정책결정에 지대한 영향을 미치고 있다. 맬서스 이론은 찰스 다윈의 진화론에서 적자생존과 자연도태 개념뿐만 아니라, 리카도(Ricardo)의 한계체감 법칙, 케인즈(J. M. Keynes)의 일반이론, 베커(G. Becker)의 인적자본 개념, 그리고 환경연구에 영향을 주었다. 정책측면에서 보면, 우선적으로 20세기 후반 한국을 포함한 제3세계 국가들의 가족계획정책

---

40) Das Gupta, M. (2005), "Strategies of Managing Household Resources in Rural North India", pp. 195~213 in Engelen, T. and A. P. Wolf. (Eds.), *Marriage and the Family in Eurasia: Perspectives on the Hajnal Hypothesis*, Armsterdam: Aksant Academic Publishers.

41) Kertzer, D. I. (1991), "Reflections on the European Marriage Pattern: Share-cropping and Proletarianization in Casalecchio, Italy 1861~1921", *Journal of Family History*, 16(1): 31~45.

518

실행에 이론적 배경을 제공하였다.

한국의 가족계획사업은 세계에서 가장 단기간 내 출산변천을 마무리 했지만 가구변천과 가족가치관의 변동에 막대한 영향을 주었다. 혁명적인 출산변천은, 서구 학자들의 가정과 달리, 한국의 가족주의 확대가족을 서구의 개인주의 핵가족체제(여기서는 맬서스주의 결혼체제)로 단시간 내에 대체시키는 대신 혼재시키는 가족 혁명을 동반하였다. 2000년대 이후에도 부모세대와 자녀 세대가 따로 사는 비율이 증가하고, 혼인연령이 상승하고 비혼구성비가 증가하는 등 외관상 핵가족 가치관이 증가하는 현상이 있지만, 여전히 가족주의 가치관이 유지되고 있다.

1960년대 가족계획사업의 비용(혹은 부작용)은 무엇일까? 필자의 생각에, 그 하나는 아마 1960년대 이후 급격히 진행된 한국의 전통 가족주의 문화와 서구의 핵가족 개인주의 문화 간의 혼재가 초래한 한국 가족문화의 무규범상태, 아노미 현상일 것이다.42) 전통 가족주의에 익숙한 구세대는 가족주의 가치관을 강요하지만, 학교와 대중매체를 통해 서구화된 신세대는 서구의 개인주의 가족관이 대세임을 부르짖는다. 게다가 가족 구성원들은 흔히 각자의 이해관계에 따라 가족주의 혹은 개인주의 가치관 중 하나를 선택하여 자신의 타당성과 정당성을 보여주곤 한다. 아무리 가족일지라도, 이해관계가 다르면 합의된 가족규범이 존재하지 않는다. 한국 가족의 아노미 현상은 사회·정치·경제·문화 측면 등 거의 모든 우리의 일상생활 측면에서 치명적인 영향력을 발휘하고 있는 듯 보인다.

최근 한국의 저출산 대응 정책과 연구들은 북서유럽의 출산장려 정책을 거의 무비판적으로 수용하는 경향이 있다. 북서유럽의 개인주의 가

---

42) 물론 오늘날 한국을 포함한 비서구사회에서 발생하고 있는 급격한 인구고령화가 급격한 출산력 저하를 이끌었던 가족계획의 가장 큰 부작용이라는 사실에 많은 인구학자들이 동의하고 있다.

족문화에서 성공한 출산장려 정책은 그와 비슷한 개인주의 문화를 가진 나라에서는 출산율 상승에 기여했지만, 한국과 비슷한 가족주의 문화를 가진 나라에서는 성공하지 못했다. 그것은 아마 출산율 상승에 미치는 결정요인들이 가족주의 사회와 개인주의 사회에서 상이하기 때문일 것이다. 앞에서 언급한 바와 같이 항상성 기제는 사회적, 경제적 그리고 문화적 맥락에 따라 상이할 수 있다. 출산관련 항상성 기제가 북서유럽에서는 개별성의 혼인력 변동이었지만, 중국과 인도 등 아시아에서는 집합성의 유배우 출산율 통제였다. 게다가 만일 서구이론에 입각한 초저출산정책을 무비판적으로 수용한다면, 미래의 한국사회는 가족문화의 아노미 현상과 마찬가지로 우리가 미처 예지하지 못했던 또 다른 위험을 맞이할 수도 있다. 우리는 출산율 하강이나 상승이란 목표는 보편적일 수 있지만, 그 목적을 이루는 방식인 항상성 기제와 그것이 작동하는 방식은 상이할 수 있다는 점을 명심해야 한다.

초저출산정책과 마찬가지로, 개인의 독립성, 개인주의 이데올로기에 기초한 노년학연구(그리고 그런 연구들에 근거한 고령화정책)는 우리가 미처 의식하지 못했던 방향에서 위험을 초래할 수 있다. 예를 들어, 노인의 자립성을 중시하는 '성공적 노화'(successful aging or active aging) 이론은 노부모에 대한 자녀의 부양을 강조하는 효 문화와 상치된다. 아마 성공적 노화에 기초한 노인 복지정책을 우리사회에 펼친다면, 젊은 시절 우리의 전통 법인 윤리를 따랐던 사람들은 노년에 핵가족 고난을 맞이할 가능성이 높은 반면 그것을 거부하고 서구의 구명보트 윤리를 따랐던 사람들은 훈장을 받을 것이다. 그럼에도 불구하고, 오늘날 한국의 노년학연구들 대부분은 성공적 노화이론에 근거하는 것처럼 보인다. 이런 사실들은 우리에게 인구학적 패러다임의 탈종속화 필요성을 일깨워준다.

멜서스 결혼체제는 존 로크의 저서 《통치론》(Two Treatise of Government)에서 언급한 자기 소유권의 개념 형성에도 결정적인 역할을 하였

다. 각 개인은 자신의 몸에 대한 절대적 권리를 갖는다는 주장은 개인이
자신의 노동에 대한 절대 권리를 가지며, 자신의 노동은 자신의 소유재
산이라는 의미를 함축한다. 자신의 노동을 통해 얻는 열매는 자신의 소
유재산이다. 로크에게 그 노동은 서번트 노동을 의미했다. 서번트는 자
신의 자유의지로 어떤 사람의 서번트가 되어 자신의 서비스를 제공한 대
가로 임금을 받는다. 앞에서 언급한 바와 같이 맬서스 결혼체제에서 서
번트(즉, 자녀)의 임금은 본인의 것이다. 이러한 개별 재산권은 개인의
자기소유권을 의미한다. 로크의 자기소유권의 개념은 노직(Robert
Nozick) 등으로 대표되는 자유지상주의자들에게 지대한 영향을 미쳤다.
자유지상주의 경제이론들은 영국의 대처와 레이건의 정책 수행에 있어
이론적 사상을 제공하였다. 서구이론의 탈종속화는 인구학에만 국한되
는 것처럼 보이지 않는다.

　학자들의 창의적인 사고와 이론이 결코 무(無)에서 생성되는 것은 아
니다. 그들이 태어나고 성장했던 사회의 사회경제적 상황과 이데올로기
의 영향 하에서 생성된다. 따라서 우리는 서구학자의 이론과 주장을 받
아들이기 전에 그것의 생성에 결정적인 영향을 미친 서구이론의 내재된
구조를 분석할 필요가 있다.

　많은 저명한 사회학자들은 표면에 보이는 사회현상에 대한 내재된 구
조의 분석을 사회학의 주된 임무라고 주장하였다. 비용과 혜택의 측면
에서, 경제학과 정치학은 대중에게 혜택의 측면을 부각시키는 반면 사
회학은 경제학과 정치학이 잘 보여주지 않는 비용의 측면을 밝힘으로써
대중에게 혜택과 비용 간의 균형이 필요하다는 사실을 일깨워준다. 따
라서 한국의 사회학 전공 인구학자는 서구 인구학이론의 내재된 구조를
분석하고 그럼으로써 그 이론이 한국 사회에 가져다 줄 혜택과 비용이란
동전의 양면을 논의해야 할 것이다. 인구학 패러다임의 탈종속화 작업
을 해야 한다.

가족은 가장 중요한 1차 사회화 기제이다. 사회학이론 교재는 특정 학자의 이론을 설명하기 전에 대개 그가 성장한 가족 배경을 언급한다. 왜냐하면 가족배경이 학자의 이론에 큰 영향을 미칠 수 있기 때문이다. 만일 동일한 가족문화권에서조차 가족배경에 따라 학자들이 상이한 사고와 이론에 형성할 가능성이 있다면, 우리와 상이한 가족문화권에서 성장한 학자가 우리와 매우 상이한 사고와 이론을 형성할 수 있다는 사실은 지극히 당연해 보인다. 그런데도 오늘날 한국의 사회과학계는 서구 학문을 거의 무비판적으로 수입하고 있다는 비판을 받는다. 만일 한국 학계가 서구이론의 단순 수입상에서 벗어나 서구이론을 한국의 상황에 적합하게끔 제조하고자 한다면, 그 제조에 서구이론의 형성에 심오한 영향을 미친 서구 가족문화의 특성들, 그리고 그 특성들이 서구이론의 형성에 미친 방식들에 대한 연구들은 필수불가결요소라 할 수 있다.

맬서스의 《인구론》에는 그가 성장했던 가족배경, 그리고 그 당시 영국의 인구·사회·경제학적 환경 및 이데올로기가 반영되어 있다. 맬서스가 《인구론》을 출판했던 18세기 말과 19세기 초는 1550년대 이후 출산율이 가장 높았던 시대이다. 그의 인구성장에 대한 우려를 나타낸 항상성 모델은 아담 스미스로부터 오늘날 소위 균형상태(*equilibrium*)라 칭하는 개념에서 영향을 받았다. 맬서스가 영국의 도덕적 우월성을 보여줬던 경제적 독립과 혼인연기는 서유럽 특유의 가구형성 규칙들 혹은 맬서스 결혼체제에서 생성된 산물이다. 비록 맬서스는 인구와 자원 간의 항상성에 기초하여 모든 사회에 다 적용될 수 있는 보편적인 인구법칙을 제시했지만, 그 법칙은 어이없게도 그 당시 영국의 특유한 개별성 가족문화에 근거했던 것이다.

안중근은 영웅인가 살인자인가? 한국과 일본은 각기 다른 입장을 가진다. 어쩌면 합의보다 중용의 도가 필요할 수 있다. 개별성과 집합성도 이와 비슷한 특성을 가진다. 집합성 문화에서 합리적인 개인의 행위나 태도가 개별성 문화에서는 비합리적일 수 있다. 그 역도 사실이다. 많은 서구인들이 중국의 가족계획 정책을 인권문제로 비판하였다. 이에 대해 일부 중국학자들은 중국의 가족계획이 집합적 조정이란 중국 전통문화의 산물이라는 주장을 한다. 출산력 하강이라는 국가의 목표를 위해 중국의 인민들이 합심한 결과가 중국가족정책의 산물이고, 인권문제의 지적은 개인의 귀중한 희생을 개인주의 입장에서 잘못 해석했다는 것이다. 하지만 중국학자들의 진정한 뜻은 아마 이런 이야기일 것이다. 만일 중국정부가 서구 학자들의 비판을 전폭적으로 받아들여 정책을 수행한다면, 즉 서구인들이 보기에 비합리적인 행위(다시 말해, 집합적 조정 내에서는 합리적인 행동)를 서구인들이 요구하는 합리적 행위(집합적 조정에서는 비합리적인 행위)로 바꾸는 정책을 펼치고자 한다면, 중국은 오랜 전통의 집합성 문화를 서구의 개별성 문화로 거의 대치해야 할 것이다. 여기에서 개별성 문화에 근거한 서구이론과 정책의 무비판적인 수입은 우리의 집합성 문화를 거의 완벽하게 전복하지 않고서는 수입할 수 없는 것을 수입하도록 강요하는 것처럼 보인다. 결과적으로, 탈종속화 작업은 집단적 조정에 기초한 비서구사회의 인구정책에 대한 서구의 비난에 대응함으로써 국익을 대변할 수 있고, 매우 힘든 작업이겠지만 우리 고유한 문화에 서구의 개별성 문화의 장점을 접목시켜 우리의 새로운 정체성을 형성하는 데 기여를 할 수 있을 것이다.

맬서스의 공리가 그 당시 영국의 인구문제를 고민한 산물이었듯이, 서구의 현대사회이론은 서구학자들이 현대 서구의 사회문제들을 고민한 산물이다. 따라서 우리는 그러한 서구의 사회이론들을 받아들이기 전에, 서구학자들은 그러한 생각을 할 수 있게 한 토양, 그들의 역사적 경험이 무엇인지를 진지하게 고민해야만 할 것이다. 물론 고민은 수입에 비교할 수 없는 엄청난 노고를 요구할 것이다. 그럼에도 불구하고 그러한 고민을 통해서만, 우리는 서구의 사회이론이 우리 사회에 적용될 때 초래할 수 있는 혜택과 비용을 명확하게 계산할 수 있을 것이다. 예기하지 못했던 위험, 즉 비용을 최소화해야 한다. 우리 학계는 도입된 서구 이론과 정책에 대한 비용과 혜택을 저울질할 수 있는 항상성 기제의 개발이 절실하다.

참고문헌

참고문헌에는 이 책에서 언급된 모든 글들이 포함되어 있다. 각주에서는 맨 처음에만 참고문헌과 저자를 완벽하게 언급한 후 그 다음부터는 약어를 사용하였다. 에섹스 (Essex, E), 런던(London, L), 웨스터모어랜드(Westmorland, W), 공공기록보관소 (Pubilc, P)에 있는 문서들에는 각각의 기록번호를 부여했다. 브리티시 라이브러리 (British Library, BL)에 있는 희귀본들에는 도서정리번호를 부여했다.

Am.   *American*

Arch. , *Arch.*   Archaeological, *Archaeological*

CWAAS   Cumberland and Westmorland Archaeological

Econ. , *Econ.*   Economic, *Economic*

Hist. , *Hist.*   Historical, *Historical*

HMC   Historical Manuscripts Commission

Jnl   *Journal*

LPS   Local Population Studies

n. d.   no date

n. s.   new series

pt   part

Rev.   *Review*

Soc. , *Soc.*   Society, *Society*

tr.   translated by

Trans   Transactions

A *General Abridgement.* A *General Abridgement of Cases in Equity* ⋯ *in the High Court of Chancery,* By a Gentleman of the Middle Temple, 2nd edn, corrected 1734.

A *Rational Account.* A *Rational Account of the Natural Weaknesses of Women,* By a Physician (Edward Jorden?), 2nd edn, 1716, BL 1171. c. 1.

A *Treatise of Feme Coverts.* A *Treatise of Feme Coverts:* Or the Lady's Law (1732), reprint New Jersey, 1974.

Anderson, *Family Structure,* Anderson, Michael, Family Structure in Nineteenth-Century Lancashire, 1971.

———, *Western Family. Approaches to the History of the Western Family 1500~1914,* 1980.

Anderson, *Lineages.* Anderson, Perry, *Lineages of the Absolutist State,* 1974.

Anglicus, *Properties.* Anglicus, Bartholomaeus, *On the Properties of Things,* 2 vols, tr. John Trevisa, 1975.

Arensberg, *Irish Countryman.* Arensberg, Conrad M., *The Irish Countryman,* 1959.

Ashby, *Poor Law.* Ashby, A. W., *One Hundred Years of Poor Law Administration in a Warwickshire Village,* Oxford Studies in Social and Legal History, vol. 3, 1912.

Atkinson, *Moorland.* Atkinson, (Revd) J. C., *Forty Years in a Moorland Parish,* 1891.

Aubrey, *Wiltshire.* Aubrey, John, *The Natural History of Wiltshire,* ed. John Britton, Wilts. Topographical Soc., 1847.

———, *Brief Lives. Brief Lives,* ed. Oliver Lawson Dick, 1949.

Avebury, *Origin.* Avebury, (Lord), *The Origin of Civilization and the Primitive Condition of Man,* 6th edn, 1911.

Aylmer, *Diary of Lawrence.* Aylmer, G. E. (ed.), *The Diary of William Lawrence (1662~1681),* 1961.

Bacon, *Essayes.* Bacon, Francis, *The Essayes or Counsels Civil and Moral of Francis Bacon,* Lord Verulam, Everyman Library, 1910.

Bagot, 'Manorial Customs'. Bagot, Annet, 'Mr Gilpin and Manorial

Customs' in Trans CWAAS, n. s. LXII, 1962.

Bailey, *Caste*. Bailey, F. G. , *Caste and the Economic Frontier*, 1957.

Ballam & Lewis, *Visitors' Book*. Ballam, H. , & Lewis, R. , *The Visitors' Book, England and the English as other have seen them A.D. 1500 to 1950*, 1950.

Banks & Banks, *Family Planning*. Banks, J. A. , & Banks, Olive, *Feminism and Family Planning in Victorian England*, 1964.

Barnard, *Country Gentleman*. Barnard, E. A. , *A Seventeenth-Century Country Gentleman*, 2nd edn, 1948.

Baxter, *Breviate*. Baxer, Ricard, *The Breviate of the Life of Margaret Baxter* (1681), 1928.

Bayne-Powell, *Travellers*. Bayne-Powell, Rosamund, *Travellers in Eighteenth-Century England*, 1951.

Beals, *Gopalpur*. Beals, Alan, R. , Gopalpur. *A South Indian Village*, New York, 1962.

Becon, *Works*. Becon, Thomas, *Works*, Parker Soc. , 1844.

_____, *Workes*. *Workes*, 1560, BL 3752 f. 6.

Behn, *Pleasures*. Behn, Aphra, *The Ten Pleasures of Marriage*, Navarre Soc. , 1922.

Bell, *Marriage*. Bell, Robert E. , *Marriage and Family Interaction*, Illinois, 1963.

Benham, 'Manorial Customs'. Benham, W. Gurney, 'Maorial Customs in West Mersea and Fingringhoe', Trans Essex Arch. Soc. , n. s. vol. XIII, 1915.

Bennett, *Pastons*. Bennett, H. S. , *The Pastons and their England*, 1968.

_____, *English Manor*. *Life on the English Manor*, 1962.

Berkner, 'Stem Family'. Berkner, Lutz K. , 'The Stem Family and the Developmental Cycle of the Peasant Household: An Eighteenth-Century Austrian Example', Am. Hist. Rev. , vol. 77, 1972.

Best, *Rural Economy*. Best, Henry, *Rural Economy in Yorkshire in 1641*, Surtees Soc. , vol. 33, 1857.

Blackstone, *Commentaries*. Blackstone, (Sir) William, *Commentaries on the Laws of England*, 4 vils, 18th edn, 1829.

Blencowe, 'Giles More'. Blencowe, Robert W., 'Extracts from the Journal and Account Book of the Rev. Giles Moore ⋯ from 1655 to 1679', Sussex Arch. Coll., vol. I, 1847.

_____, 'Burrell'. (ed.), 'Extracts from the Journal and Account Book of Timothy Burrell', Sussex Arch. Coll., vol. III, 1850.

Bloch, *Sexual*. Bloch, Ivan, *Sexual Life in England Past and Present*, 1938.

Bloch, *Feudal*. Bloch, Marc, *Feudal Society*, 2 vols, trs. L. A. Manyon, 2nd edn, 1962.

Blundell, *Diary*. Blundell, Margaret (ed.), *Blundell's Diary and Letter Book 1702~1728*, 1952.

Bohannan, *Social Anthropology*. Bohannan, Paul, *Social Anthropology*, 1969.

Boorde, *Breviary*. Boorde, Andrew, *The Breviary of Health*, 1575.

Boserup, *Population*. Boserup, Ester, *Population and Technology*, 1981.

Bouch, *Prelates and People*. Bouch, C. M. L., *Prelates and People of the Lake Countries*, 1948.

Bourcier, *D'Ewes Diary*. Bourcier, Elisabeth (ed.), *The Diary of Sir Simonds D'Ewes, 1622~1624*, Paris, n. d.

Bouverie, *Manuscripts*. Bouverie, Philip, Report on the Manuscripts of Philip Pleydell Bouverie Esq., HMC, 10th Report, App., pt VI.

Brady, *Boswell in Search*. Brady, Frank, & Pottle, Frederick (eds.), *Boswell in Search of a Wife 1766~1769*, 1957.

Brain, *Friends and Lovers*. Brain, Robert, Friends and Lovers, 1977.

Bramston, *Autobiography*. Bramston, Bramston, Thomas William (ed.), *The Autobiography of Sir John Bramston*, Camden Soc., no. 32, 1845.

Brand, Popular Antiquities. Brand, John, Observations on the Popular Antiquitie of Great Britain, 3 vols, 1848.

Bray, *Evelyn Diary*. Bray, William (ed.), *Diary and Correspondence of John Evelyn*, n. d.

Briggs, *Pale Hecate*. Briggs, K. M., *Pale Hecate's Team*, 1962.

Britton, *Community of Vill.* Britton, Edward, *The Community of the Vill*, Toronto, 1977.

Bromley, *Family Law.* Bromley, P. M., *Family Law*, 4th edn, 1971.

Brooke, 'Marriage'. Brooke, Christopher N. L., 'Marriage in Christian History', Inaugural Lecture, Cambidge University, 1978.

Browne, *Religio Medici.* Browne, (Sir) Thomas, *Religio Medich*, 1962.

Bruce, *Diary of Manningham.* Bruce, John (ed.), *Diary of John Manningham*, 1602~1603, Camden Soc., no. 99, 1868.

Buchan, *Domestic Medicine.* Buchan, William, *Domestic Medicine*, 11th edn, 1790.

Buchland, *Roman Law.* Buckland, W. W., & McNair, Arnold D., *Roman Law and Common Law*, 2nd edn, 1965.

Burn, *Ecclesiastical Law.* Burn, Richard, *Ecclesiastical Law*, 4 vols, 15th edn, 1788.

_____, *Justice. The Justice of the Peace and Parish Officer*, 4 vols, 16th edn, 1788.

Burt's Letters. Burt's Letters from the North of Scotland, intro. R. Jamieson, 2 vols, 1876.

Cain, 'Extended Kin'. Cain Mead T., 'Extended Kin, Patriarchy and Fertility', International Union for the Scientific Study of Population, Seminar on Family Types and Fertility in Less Developed Countries, Brazil, Aug. 1981.

_____, 'Children'. 'The Economic Activities of Children in a Village in Bangladesh', Population and Development Rev., vol. 3, no. 3, Sept. 1977.

Carincross, *After Polygamy.* Cairncross, John, *After Polygamy was Made a Sin*, 1974.

Caldwell, 'Rationality'. Caldwell, J. C., 'The Economic Rationality of High Fertility: An Investigation Illustrated with Nigerian Survey Data', *Population Studies*, vol. 31, no. 1, March 1977.

_____, 'Fertility'. 'Fertility and the Household Economy of Nigeria', *Jnl of Comparative Family Studies*, vol. VII, no. 2, 1976.

_____, 'Restatement'. 'Toward a Restatement of Demographic Transition

Theory', *Population and Development Rev.*, vol. 2, nos 3&4, 1976.

———, 'Education'. 'Mass Education as a Determinant of the Timing of Fertility Decline', *Population and Development Rev.*, vol. 6, no. 2, June 1980.

Camden, *Elizabethan Woman*. Camden, Carol, *The Elizabethan Woman*, 1952.

Campbell, *Patronage*. Campbell, J.K., Honour, *Family and Patronage*, 1964.

Campbell, *English Yeoman*. Campbell, Mildred, *The English Yeoman Under Elizabeth and the Early Stuarts*, 1942.

Cassem, *India*. Cassen, R.H., *India: Population, Economy, Society*, 1978.

Cavendish, *Letters*. Cavendish, Margaret (Duchess of Newcastle), CCXI *Sociable Letters Written by the Thrice Noble, Illustrious, and Excellent Princess, The Lady Marchioness of Newcastle*, 1664.

Cellier, 'Royal Hospital'. Celler, (Mrs) Elizabeth, 'A Scheme for the Foundation of a Royal Hospital' (1687), reprinted in *Harleian Miscellany*, vol. IX, 1810.

Chagnon, *Fierce People*. Chagnon, Napoleon A., Yanomamo. *The Fierce People*, 1968.

Chamberlayne, *State of England*. Chamberlayne, Edward, *The Present State of England*, 19th imp., 1700.

Chambers, *Population*. Chambers, J.D., *Population, Economy and Society in Pre-Industrial England*, 1972.

———, 'Vale of Trent'. 'The Vale of Trent 1670~1800', *Econ. Hists. Rev.*, suppl. 3, 1957.

Characters. *Characters and Observations, an Eighteenth-Century Manuscript*, foreword by Lord Gorell, 1930.

Clark, *Women*. Clark, Alice, *Working Life of Women in the Seventeenth Century* (1919), reprint 1968.

Clark, *Population Growth*. Clark, Colin, *Population Growth and Land Use*, 1968.

Coale, 'Malthus'. Coale, Ansley J., 'T. R. Malthus and the population Trend of His Day and Ours', Encyclpaedia Britannica Lecture, 1978, University of Edinburgh.

Cobbett, *Advice*. Cobbett, William, *Advice to Young Men, and (incidentally) to Young Women*, 1837.

_____, *Advice to a Lover*. *Advice to a Lover*. 1837.

Cogan, *Haven of Health*. Cogan, Thomas, *Haven of Health*, 1589.

Cohen, *Penguin Dictionary*. Cohen, J. M., & Cohen, M. J., *The Penguin Dictionary of Quotations*, 1960.

Coke, *Institutes*. Coke, (Sir) Edward, *Institutes of the Laws of England*, 2nd, 3rd & 4th Institutes, 1797.

Comenius, *Orbis*. Comenius, Johaness Amos, *Orbis Sensualium Pictus* (1672), facsimile reprint, Sydney, 1967.

Connell, 'Peasant Marriage'. Connell, K. H., 'Peasant Marriage in Ireland: its Stucture and Development since the Famine', *Econ. Hist. Rev.*, *2nd series, vol. XIV, no 3, April 1962*.

Cooke, *Universal Letter Writer*. Cooke, (Revd) T., *The Universal Letter Writer…*, n. d. (C. 1840s).

Coulton, *Medieval Village*. Coulton, G. G., *Medieval Village, Manor, and Monastery*, New York, 1960.

Coverdale, *Matrimony*. Coverdale, Myles, *The Christian State of Matrimony*, a Translation of Bullinger's work, 1575.

Cox, *Parish Register*. Cox, J. C., *The Parish Registers of England*, 1910.

_____, *Churchwardens*. *Churchwardens' Accounts*, 1913.

Crawley, *Mystic Rose*. Crawley, Ernest, *The Mystic Rose*, 2nd edn, 1960.

Culpeper, *Midwives*. Culpeper, Nicholas, *A Directory for Midwives*, 1656.

Culpeper's Herbal. *Culpeper's English Physician and Complete Herbal*, arranged Mrs C. F. Leyel, 1961.

Davies, *English Village*. Davies, Maude F., *Life in an English Village*, 1909.

Davis, *Human Society*. Davis, Kingsley, *Human Society*, New york, 1948.

_____, 'Fertility'. 'Social Structure and Fertility: An Analytic Framework', *Econ. Development and Social Change*, vol. 4, no. 3,

1956.

_____, 'High Fertility'. 'Institutional Patterns Favouring High Fertility in Underdeveloped Areas', *Eugenics Quarterly*, vol. 2, 1955.

_____, 'Population Policy'. 'Population Policy: Will Current Programs Succeed?', *Science*, vol. 158, no. 3802, 1967.

_____, 'Theory'. 'The Theory of Change and Response in Modern Demographic History', *Population Index*, XXIX, 1963.

Day, *Secretorie*. Day, Angel, *The English Secretorie* (1586), 1967.

De Mause, *Childhood*. De Mause, Lloyd (ed.), *The History of Childhood*, 1976.

De Rougemont, *Passion and Society*. De Rougemont, Denis, *Passion and Society*, 1940.

De Tocqueville, *L'Ancien Regime*. De Tocqueville, Alexis, *L'Ancien Regime*, tr. M. W. Patterson, 1956.

_____, *Democracy*, *Democracy in America*, abridged edn ed. Richard D. Heffner, 1956.

Defoe, *Tour*. Defoe, Daniel, *A Tour Through the Whole island of Great Britain*, ed. Pat Rogers, 1971.

_____, *Complete Tradesman*. *The Complete English Tradesman* (1745) 2 vols, facsimile reprint.

Delany, *British Autobiography*. Delany, Paul, *British Autobiography in the Seventeenth Century*, 1969.

Deloney, 'Jacke of Newberrie'. Deloney, Thomas, 'Jacke of Newberrie', in *Shorter Novels: Elizabethan*, intro. George Saintsbury, Everyman Library, 1929.

Demos, *Little Commonwealth*. Demos, John, *The little Commonwealth*, 1971.

'Diary of Pledger'. 'Diary of Elias Pledger of Little Baddow, Essex', MS in Dr Williams library, Gordon Square, London.

'Diary of Venables'. 'Diary of Mrs Venables', *Chetham Soc. Miscellany*, vol. IV, no. 93, 1872.

Dod, *Godlie Forme*. Dod, John, & Clever, Robert, *A Godlie Forme of Household Government*, 1612.

Dore, 'Fertility'. Dore, R. P. , 'Japanese Rural Fertility; some Social and Economic Factors', *Population Studies*, vol. 7, no. 1, July 1953.

Du Bartas, *Weekes*. Du Bartas, *His Divine Weekes and Workes*, tr. Joshua Sylvester, 1633.

Du Boulay, *Ambition*. Du Boulay, F. R. H. , *An Age of Ambition*, 1970.

Dube, *Indian*. Dube, S. C. , *Indian Village*, 1967.

Earle, *Microcosmography*. Early, John, *Microcosmography*, reprint of Dr Bliss's edn of 1811, n. d.

Ellis, *Smyth Obituary*. Ellis, (Sir) Henry (ed.), *The Obituary of Richard Smyth*, Camden Soc. , no. 44, 1849.

Elwin, *Muria*. Elwin, Verrier, *The Muria and their Ghotul*, Bombay, 1947.

Emmison, *Tudor Food*. Emmison, F. G. , *Tudor Food and Pastimes*, *Life at Ingatestone Hall*, 1964.

_____, *Morals*. *Elizabethan Life: Morals and the Church Courts*, 1973.

Engels, *Origin of the Family*. Engels, Frederick, *The Origin of the Family, Private Property and the State*, Chicago, 1920.

Epstein, *Fertility*. Epstein, T. Scarlett, & Jackson, Darrell, *The Feasibility of Fertility Planning*, 1977.

Evans-Pritchard, *Nuer Kinship*. Evans-Pritchard, E. E. , *Kinship and Marriage among the Nuer*, 1951.

Eyre, 'Dyurnall'. Eyre, Adam, 'A Dyurnall, or Catalogue of All my Actions…' in *Yorkshire Diaries and Autobiographies*, Surtees Soc. , vol. 65, 1877.

Faith, 'Inheritance'. Faith, Rosamond Jane, 'Peasant Families and Inheritance Customs in Medieval England', *Agricultural Hist. Rev.* , XIV, pt II, pp. 77~95, 1966.

Ferguson, *Essay*. Ferguson, Adam, *An Essay on the History of Civil Society 1767*, ed. Duncan Forbes 1966.

Finch, *Families*. Finch, Mary E. , *The Wealth of Five Northamptanshire Families*, Northants Record Soc. , vol. XIX, 1956.

Firth, *Human Types*. Firth, Raymond, *Human Types*, revised edn, 1956.

Fishwick, *Thomas Jolly*. Fishwick, Henry (ed.), *the Note Book of the Rev.*

Thomas Jolly, 1671~1693, Chetham Soc., n. s. 33, 1894.

Flandrin, *Families*. Flandrin, Jean-Louis, *Families in Former Times*, tr. Richard Southern, 1979.

Fleming, 'Notebook'. Fleming, Daniel, 'Manuscript notebook of jokes, stories etc.', WRO, WD/Ry.

Flinn, *Industrial Revolution*. Flinn, M. W., *Origins of the Industrial Revolution*, 1969.

Ford, *Warton*. Ford, J. Rawlinson, & Fuller-Maitland, J. A. (eds), *John Luca's History of Warton Parish*, 1931.

Forde, *African Worlds*. Forde, Daryll (ed.) *African Worlds*, 1954.

Fox, *Kinship*. Fox, Robin, *Kinship and Marriage*, 1967.

Franklin, *European Peasantry*. Franklin, S. H., *The European Peasantry*, 1969.

Fretwell, *Family History*. Fretwell, James, *A Family History··· in Yorkshire Diaries and Autobiographies*, Surtees Soc., vol. 65, 1877.

Friedl, *Vasilika*. Friedl, Ernestine, *Vasilika. A Village in Modern Greece*, New York, 1962.

Fuller, *Horly State*. Fuller, Thomas, *The Holy State*, 2nd edn, 1948.

Furnivall, *Tell-Trothes*. Furnivall, F. J. (ed.), *Tell-Trothes New Yeares Gift & The Passionate Morrice···*, New Shakspere Soc., 1876.

_____, *Meals and Manners*. *Early English Meals and Manners*, Early English Text Soc., 1931.

Fussel, *Loder's Accounts*. Fussel, G. E. (ed.), *Robert Loder's Farm Accounts 1610~1620*, Camden Soc., vol. 53, 1936.

Gairdner, *Paston Letters*. Gairdner, James (ed.), *The Paston Letters 1422 ~1509*, introductory vol. & 3 vols, 1900-1.

Galeski, *Basic Concepts*. Galeski, Boguslaw, *Basic Concepts of Rural Sociology*, 1968.

Gassner, *Medieval Drama*. Gassner, John (ed.), *Medieval and Tudor Drama*, 1968.

Gaunt, 'Retired Farmers'. Gaunt, David, 'The Property and Kin Relationships of Retired Farmers in Northern and Central Europe', in *Family Forms in Historic Europe* ed. Richard Wall, Jean Robin

& Peter Laslett, 1983.

Gay, *Beggar's Opera*. Gay, John, *The Beggar's Opera*, ed. Peter E. Lewis, 1973.

Geary, *Marriage*. Geary, Nevill, *The Law of Marriage and Family Relations*, 1892.

George, *London Life*. George, M. Dorothy, *London Life in the Eighteenth Century*, 1966.

Gerth & Mills, *Max Weber*. Gerth, H. H., & Mills, C. Wright (eds), *From Max Weber: Essays in Sociology*, 1967.

Gill, *Rector's Book*. Gill, harry, & Guilford, Everard (eds), *The Rector's Book of Clayworth, Notts* (1675~1700), 1910.

Glass, *Population*. Glass, D. V., & Eversley, D. E. C. (eds), *Population in History*, 1965.

Goode, *World Revolution*. Goode, William J., *World Revolution and Family Patterns*, New York, 1968.

_____, *Family*. *The Family*, New Jersey, 1964.

_____, 'Love'. 'The Theoretical Importance of Love', *Am. Sociological, Rev.*, vol. 24, pp. 38~47, 1959.

Goody, *Family and Marriage*. Goody, Jack, *The Development of The Family and Marriage in Europe*, 1983.

_____, *Production*. *Production and Reproduction. A Comparative Study of the Domestic Domain*, 1976.

Goody, *Developmental Cycle*. Goody, Jack (ed.), *The Developmental Cycle in Domestic Groups*, 1976.

Goody & Tambiah, *Bridewealth and Dowry*. Goody, Jack & Tambiah, S. J., *Bridewealth and Dowry*, 1973.

Goody, *Family and Inheritance*. Goody, J., Thirsk, J., & Thompson, EP., (eds), *Family and Inheritance*, 1976.

Gorer, *Himalayan Village*. Gorer, Geoffrey, *Himalayan Village*, 2nd edn, 1967.

Goubert, *Beauvais*. Goubert, Pierre, *Beauvais et le Beauvaisis de 1600 à 1730*, Paris, 1960.

Gouge, *Domesticall*. Gouge, William, *Of Domesticall Duties*, 1622.

Gough, *Myddle*. Gough, Richard, *Antiquities and Memoirs of the Parish of Myddle*, Salop RO, n. d.

Graham, *Scotland*. Graham, H. G., *The Social Life of Scotland in the Eighteenth Century*, 1909.

Grainger, 'Jackson's Diary'. Grainger, Francis, 'James Jackson's Diary 1650 to 1683', in Trans CWAAS, n. s. XXI, 1920.

Greven, *Protestant Temperament*. Greven, Philip, *The Protestant Temperament*, New York, 1977.

Grosart, *Farmer MS*. Grosart, (Revd) Alexander, *The Dr. Farmer Chetham MS*, 2 vols, Chetham Soc., 1873.

Grosart, *Lismore Papers*. Greosart, A. B. (ed.), *The Lismore Papers*, 5 vols, 1st series, autobiography, notes and diaries of Sir Richard Boyle, 1st Earl of Cork, 1886ff.

Gunther, *Diary of Ashmole*. Gunther, R. T. (ed.), *The Diary of Elias Ashmole*, 1927.

Habakkuk, 'Marriage Settlements'. Habakkuk, H. J., 'Marriage Settlements in the Eighteenth Century', in Trans Royal Hist. Soc., 4th series, XXXII, 1950.

Hadfield, *Elizabethan Love*. Hadfield, John (ed.), *Elizabethan Love Lyrics*, 1969.

Hadow, *Sir Walter Raleigh*. Hadow, G. E. (ed.), *Sir Walter Raleigh, selections from his Historie of the World, his letters⋯*, 1926.

Hair, 'Bridal Pregnancy'. Hair, P. E. H., 'Bridal Pregnancy in Earlier Rural England Further Examined', *Population Studies*, vol. 24, no. 1, March 1970.

———, 'Bridal'. 'Bridal Pregnancy in Rural England in Earlier Centuries', *Population Studies*, vol. 20, no. 2, Nov. 1966.

Hale, *Precedents*. Hale, William, *A Series of Precedents and Proceedings in Criminal Causes*, 1847.

Hall, *Family Law*. Hall, J. C., *Sources of Family Law*, 1966.

Halliwell, *Diary of Forman*. Halliwell, J. O. (ed.), *Autobiography and Personal Diary of Dr Simon Forman*, 1849.

———, *D'Ewes Autobiography*. *The Autobiography and Correspondence of*

Sir Simonds D'Ewes, 2 vols, 1845

Halpern, *Serbian Village*. Halpern, Joel M., *A Serbian Village*, 1967.

Hanham, *Cely Letters*. Hanham, Alison(ed.), *The Cely Letters*, Early English Text Soc., 1975.

Harrington, *Matrymony*. Harrington, William, *The Comendacions of Martymony*, 1528.

harrison, *Jacobean Journal*. Harrison, G. B., *A Jacobean Journal*, 1941.

Haviland, *Cultural Anthropology*. Haviland, William A., *Cultural Anthropology*, 3rd edn, 1980.

Hawthorn, *Population*. Hawthorn, Geoffrey(ed.), *Population and Development*, 1978.

Helmholz, *Marriage Litigation*. Helmholz, R. H., *Marriage Litigation in Medieval England*, 1974.

Henriques, *Love in Action*. Henriques, Fernando, *Love in Action*, 1966.

Hexter, *Reappraisals*. J. H., *Reappraisals in History*, 1961.

Hey, *Myddle*. Hey, David G., *Myddle Under the Tudors and Stuarts*, 1974.

Hill, *Puritanism and Revolution*. Hill, Christopher, *Puritanism and Revolution*, 1962.

Hill, *Life of Johnson*. Hill, George Birkbeck(ed.), *Boswell's Life of Johnson*, 6 vols, 1887.

'Historical Population'. 'Historical Popluation Studies', *Daedalus*, Spring 1968.

Hoccleve, *Works*. Hoccleve, Thomas, *Works*, ed. F. J. Furnivall, Early English Text Soc., extra series, 61, 72, 73, 1892~1925.

Hodgson, 'Diary of Sanderson'. Hodgson, J. C. (ed.), 'selections from the Diary of Christopher Sanderson of Barnard Castle' in *Six North Country Diaries*, Surtees Soc., vol. 118, 1910.

_____, 'Sir John Gibson'. 'Autography of Sir John Gibson, 1655' in *North Country Diaries*, 2nd series, Surtees Soc., vol. 124, 1915.

Hoebel, *Primitive World*. Hoevel, E. Adamson, *Man in th Primitive World*, 1st edn, New York, 1949.

_____, *Primitive*. *Man in the Primitive World*, 2nd edn, New York,

1958.

Holdsworth, *English Law*. Holdsworth, (Sir) William, *A History of English Law*, 16 vols, 3rd edn, 1945.

Holles, *Memorials*. Holles, Gervase, *Memorials of the Holles Family 1493~1656*, Camden Soc., 3rd series, vol. 55, ed. A. C. Wood, 1937.

Hollingsworth, *English Law*. Hollingsworth, (Sir) William, *A History of English Law*, 16 vols, 3rd edn, 1945.

Holloway, *Broadside Ballads*. Holloway, John, & Black, Joan (eds), *Later English Broadside Ballads*, 1975.

Homans, *Villagers*. Homans, G. C., *English Villagers of the Thirteenth Century*, New York, 1960.

Hoskins, *Midland Peasant*. Hoskins, W. G., *The Midland Peasant*, 1965.

_____, 'Rebuilding'. 'The Rebuilding of Rural England 1570~1640', reprinted in *Provincial England*, 1964.

_____, *Leicestershire*. *Essays in Leicestershire History*, 1950.

Houlbrooke, *Church Courts*. Houlbrook, Ralph, *Church Courts and the People during the English Revolution 1520~1570*, 1979.

_____, 'Courts and People'. 'Church Courts and People in the Diocese of Norwich, 1519~1570', Oxford University, D. Phil. thesis, 1970.

_____, *English Family*. *The English Family 1450~1700*, 1984.

Howard, *Matrimonial Institutions*. Howard, George Elliott, *A History of Matrimonial Institutions*, 3 vols, 1904.

Huarte, *Men's Wits*. Huarte (Navarro), John, *The Examination of Men's Wits*, tr. R. C., 1594.

Hume, *Treatise*. Hume, David, *A Treatise of Human Nature*, ed. L. A. Selby-Bigge, 1928.

_____, *Essays*. *Essays*, Literary, Moral and Political, n. d.

Hunt, *Love*. Hunt, Morton M., *Love*, 1960.

Hunter, *Thoresby Diary*. Hunter, (Revd) Joseph (ed.), *The Diary of Ralph Thoresby*, 4 vols, 1830, 1832.

Hutchinson, *Memoirs*. Hutchinson, Lucy, *Memoirs of the Life of Colonel Hutchinson*, 2 vols, 4th edn, 1822.

Hutton, *Young's Tour*. Hutton, A. W. (ed.), *Arthur Young's Tour of*

Ireland (1776~1779), 2 vols, 1892.

I. W., *Speedie Poste.* I. W. (N. Breton), *A Speedie Poste, with Certain New Letters*, 1629.

Ingram, 'Ridings'. Ingram, Martin, 'Ridings, Rough Music and the Reform of Popular Culture in Early Modern England', *Past and Present*, 105, Nov. 1984.

Jackson, *Thornton Autobiography.* Jackson, Charles (ed.), *The Autobiography of Mrs Alice Thornton of East Newton*, Co. York, Sutrees Soc., vol. 62, 1875.

Jacob, *Law-Dictionary.* Jacob, Giles, *A New Law-Dictionary*, 1754.

Jeaffreson, *Bridal.* Jeaffreson, J. C., *Brides and Bridals*, 2 vols, 1872.

Johnson, *Works.* Johnson, Samuel, *Works*, new edn, 12 vols, 1810.

'Joyce Jeffries Diary'. 'Joyce Jeffries of Hereford, Diary, 1638~1648', BL, Egerton MS 3054.

Kames, *Sketches.* Kames, (Lord), *Sketches of the History of Man*, 4 vols in 2, Basil, 1796.

Kaplan, *Fertility.* Kaplan, Bernice A. (ed.), *Anthropological Studies of Human Fertility*, Detroit, 1976.

Kardiner, *Psychological Frontiers.* Kardiner, Abram, *The Psychological Frontiers of Society*, 1945.

King-Hall, *Nursery.* Magdalen, *The Story of the Nursery*, 1958.

Kingsford, *Stonor Letters.* Kingsford, Charles Lethbridge (ed.), *The Stonor Letters and Papers 1290~1483*, Camden Soc., 3rd series, vol. 29, no. 1, 1919.

Kinsey, *Human Male.* Kinsey, A. C., Pomeroy, W. B., & Martin, C. E., *Sexual Behavior in the Human Male*, 1948.

Knappen, *Puritan Diaries.* Knappen, M. M. (ed.), *Two Elizabethan Puritan Diaries*, 1933.

Kunitz, 'Mortality'. Kunitz, Stephen J., 'Speculations on the European Mortality Decline', *Econ. Hist. Rev.*, 2nd series, vol. XXXVI, no. 3, Aug. 1983.

Kussmaul, *Servants.* Kussmaul, Ann, *Servants in Husbandry in Early Modern England*, 1981.

Lancaster, 'Kinship'. Lancaster, Lorraine, 'Kinship in Anglo-Saxon Society', *British Jnl of Sociology*, pt 1, vol. IX, no. 3; pt 2, vol. IX, no. 4, Sept., Dec. 1958.

Lansdowne, *Petty Papers*. Lansdowne, (Marquis of) (ed.), *The Petty Papers. Unpublished writings of Sor William Petty from the Bowood Papers*, 2 vols, 1885.

Lasch, *Haven*, Lasch, Christopher, *Haven in a Heartless World*, New York, 1977.

Laslett, *Lost World*. Laslett, Peter, *The World we have Lost*, 2nd edn, 1971.

_____, *Family Life*. *Family Life and Illicit Love in Earlier Generations*, 1977.

Laslett, *Household*. Laslett, Peter (ed.), *Household and Family in Past Time*, 1972.

Laslett, *Bastardy*. Laslett, Peter, et al. (eds.), *Bastardy and its Comparative History*, 1980.

Lstham, *Pepys*. Latham, Robert, & Matthews, William (eds), *The Diary of Samuel Pepys*, 11 vols, 1970~1983.

Lawrence, *Marriage*. Lawrence, William, *Marriage by the Morall Law of God Vindicated*, 1680.

Lee, *Rose*. Lee, Laurie, *Rose for Winter*, 1971.

Leibenstien, 'Interpretation', Leibenstein, Harvey, 'An Interpretation of the Economic Theory of Fertility', *Jnl of Econ of Econ. Literlature*, vol. XII, no. 2, pp. 467~479, June 1974.

Lesthaeghe, 'Social Control'. Lesthaeghe, Ron, 'On the Social Control of Human Reproduction', *Population and Development Rev.*, vol. 6, no. 4, Dec. 1980.

Letters of Harley. Letters of Lady Brilliana Harley, intro. & notes by Thomas Taylor Lewis, Camden Soc., 1853.

Levi-Strauss, *Elementary Structures*. Levi-Strauss, claude, *the Elementary Structures of Kinship*, 2nd edn, 1969.

Levin, *Family Formation*. Levin, David, *Family Formation in an Age of nascent Capitalism*, 1977.

Lewis, *Allegory*. Lewis, C. S. , *The Allegory of Love*, 1959.

Lienhardt, *Social Anthropology*. Lienhardt, Godfrey, *Social Anthropology*, 1966.

Little, 'Modern Marriage'. Little Kenneth, & Price, Anne, 'Some Trends in Modern Marriage Among West Africans', *Africa*, vol. XXXVII, no. 4, 1967.

Lloyd-Thomas, *Autobiography of Baxter*. Lloyd-Thomas, J. M, (ed.), *Autobiography of Richard Baxter*, Everyman Library, 1931.

Locke, *Government*. Locke, John, *The Second Treatise of Government*, ed. J. W. Gough, 3rd edn, 1966.

Lodge, *Account Book*. Lodge, Eleanor C. , *The Account Book of a Kentish Estate 1616~1704*, British Academy Records of Social and Econ. Hist, vol. Vi, 1927.

Lofgren, 'Family'. Lofgren, Orvar, 'Family and Household among Scandinavian Peasants: An Exploratory Essay', *Etnologia Scandinavia*, 1974.

Long, *Oglander Memoirs*. Long, W. H. (ed.), *The Oglander Memoirs*, 1888.

Lorimer, *Human Fertility*. Lorimer, Frank, *Culture and Human Fertility*, UNESCO, 1954.

Lowie, *Social Organization*. Lowie, Robert H. , *Social Organization*, 1950.

_____, *Primitive Society*. *Primitive Society*, 1921.

MacDonald, *Mystical Bedlam*. MacDonald, Michael, *Mystical Bedlam*, 1981.

Macfarlane, 'Reproduction'. Macfarlane, A. , 'Modes of Reproduction' in G. Hawthorn (ed.), *Population and Development*, 1978.

_____, 'Martial Relationships'. 'The Regulation of Martial and Sexual Relationships in Seventeenth-Century England…' LSE M. Phil. thesis, 1968.

_____, *Resources*. *Resources and Population, A study of the Gurungs of Nepal*, 1976.

_____, *Ralph Josselin*. *The Family Life of Ralph Josselin*, 1970.

_____, *Individualism*. *The Origins of English Individualism*, 1978.

_____, 'Historical Anthropology'. 'Historical Anthropology', *Cambridge Anthropology*, vol. 3, no. 3, 1977.

_____, 'Review'. 'Review of Lawrence Stone, "The Family, Sex and marriage in England 1500~1800"', *History Communities*, 1977.

_____, *Justice. The Justice and the Mare's Ale*, 1981.

_____, *Josselin Diary*. Macfarlane, Alan, (ed.), *The Diary of Ralph Josselin 1616~1683*, 1976.

Macpherson, *Possessive Individualism*. Macpherson, C. B., *The Political Theory of Possessive Individualism*, 1962.

Maine, *Early Institutions*. Maine, (Sir) Henry Sumner, *Lectures on the Early History of Institutions*, 1875.

_____, *Early Law. Dissertations on Early Law and Custom*, 1883.

Maitland, *Forms of Action*. Maitland, F. W., *The Forms of Action at Common Law*, ed. A. H. Chaytor & W. J. Whittaker, 1968.

Malcolmson, *Popular Recreations*. Malcolmson, Robert W., *Popular Recreations in English Society 1700~1853*, 1973.

Malinowski, *Sexual Life*. Malinowski, Bronislaw, *The Sexual Life of Savages in North-West Melanesia*, 3rd edn, 1932.

Malthus, *Population*. Malthus, T. R., *An Essay on Population*, 2 vols, Everman Library, n. d.

Mamdani, *Myth*. Mamdani, Mahmood, *The Myth of Population Control*, New York, 1972.

Mandeville, *Fable*. Mandeville, Bernard, *The Fable of the Bees*, ed. Phillip Harth, 1970.

Marchant, *Church Under Law*. Marchant Ronald A., *The Church Under the Law*, 1969.

Marshall, *Stout Autobiography*. Marshall, J. D. (ed.), *The Autobiography of William Stout of Lancaster 1665~1752*, 1967.

Martin, *Western Islands*. Martin, Martin, *A Description of the Western Islands of Scotland circa 1695*, ed. Donald J. Macleod, 4th edn, 1934.

Marx, *Capital*. Marx, Karl, *Capital*, 2 vols, 1974.

_____, *Grundrisse. Grundrisse*, tr. Martin Nicolaus, 1973.

Matthews, *Ryder Diary*. Matthews, William (ed.), *The Diary of Dudley Ryder 1715~1716*, 1939.

Maudlin, 'Family Planning'. Maudlin, W. Parker, & Berelson, Bernard, 'Cross-Cultural Review of the Effectiveness of FamilyPlanning Campagns', in *Proceedings of the International Population Conference*, vol. 3, pp. 163~185, Mexico, 1977.

McKeown, *Population*. McKeown, Thomas, *The Modern Rise of Population*, 1976.

McNicoll, 'Institutional Determinants'. McNicoll, Geoffrey, 'Institutional Determinants of Fertility Change', *Population and Development Rev.*, vol. 6, no. 3, Sept. 1980.

Mead, *New Guinea*. Mead, Margaret, *Growing Up in New Guinea*, 1942.

Mead, *Cultural Patterns*. Mead, Margaret, (ed.), *Cultural Patterns and Technical Change*, New York, 1955.

Medieval English Verse. *Medieval English Verse*, tr. Brian Stone, 1964.

Meek, *Marx and Engels*. Meek, Ronald (ed.), *Marx and Engels on the Population Bomb*, Berkeley, 1971.

Menefee, *Wives for Sale*. Menefee, Samuel P., *Wives for Sale*, 1981.

Milton, *Works*. Milton, John, *Prose Works*, 5 vols, Bohn's Library 1848.

_____, *Paradise Lost*. *Paradise Lost*, Bohn's Library, 1854.

Mitchell, 'Fertility'. Mitchell, J. Clyde, 'An Estimate of Fertility in some Yao Hamlets', *Africa*, vol. XIX, no. 4, Oct. 1949.

Mitterauer, *European Family*. Mitterauer, Michael, & Seider, Reinhard, *The European Family*, 1982.

Montesquieu, Spirit. Montesquieu, The Spirit of the Laws, 2 vols, tr. Thomas Nugent, New York, 1975.

Moore, 'Marrige Contracts'. Moore, A. Percival, 'Marriage Contracts or Espousals in the Reign of Elizabeth', *Associated Architectural Societies Reports and Papers*, vol. XXX, pt 1, 1909.

More, *Utopia*. More, Thomas, *Utopia*, tr. Paul Turner, 1965.

Morgan, *Puritan Family*. Morgan, Edmund S., *The Puritan Family*, 1966.

Morgan, *Ancient Society*. Morgan, Lewis H., *Ancient Society*, Chicago,

n. d.

Morley, *Character Writings*. Morley, Henry (ed.), *Character Writings of the Seventeenth Century*, 1891.

Moryson, *Itinerary*. Moryson, Fynes, *An Itinerary*, 4 vols, 1907~1908.

Mount, *Subversive Family*. Mount, Ferdinand, *Subversive Family*, 1982.

Mullan, *Mating Trade*. Mullan, Bob, *The Mating Trade*, 1984.

Muncey, *Parish Registers*. Muncey, R. W., *The Romance of Parish Registers*, 1933.

Murdock, *Social Structure*. Murdock, G. P., *Social Structure*, New York, 1949.

Myrdal, *Asian Drama*. Myrdal, Gunnar, *Asian Drama*, 3 vols, 1968.

Nag, 'Children'. Nag, Moni, White Benjamin, & Peet, R. Creighton, 'An Anthropological Approach to the Study of the Economic Value of Children in Java and Nepal', *Current Anthropology*, vol. 19, no. 2, June 1978.

Netting, *Balancing*. Netting, Robert McC., *Balancing on an Alp*, 1981.

Nichols, *Halkett Autobiography*. Nichols, John G. (ed.), *The Autobiography of Anne Lady Halkett*, Camden Soc., n. s. 13, 1875.

Nicoll, *Shakespeare*. Nicoll, Allardyce (ed.), *Shakespeare in his Own Age*, Shakespeare Survey 17, 1964.

Notestein, 'Population Change'. Notestein, Frank W., 'Economic Problems of Population Change', from *Proceedings of the Eighth international Conference of Agricultural Economists*, Oxford, 1953.

———, *English Folk*. *English Folk*, 1938.

Obeyesekere, *Land Tenure*. Obeyesekere, G., *Land Tenure in Village Ceylon*, 1967.

Osborn, *Whythorne Autobiography*. Osborn, James M. (ed.), *The Autobiography of Thomas Whythorne*, 1962.

Osborn, *Advice*. Osborne, Francis, *Advice to a Son*, 5th edn, 1956.

Outhwaite, *Marriage*. Outhwaite, R. B. (ed.), *Marriage and Society*, 1981.

Page, 'Poor-Law'. Page, Frances M., 'The Customary Poor-Law of three Cambridgeshire Manors', *Cambridge Hist. Jnl*, vol. III, no. 2, 1930.

Parkinson, *Life of Martindale*. Parkinson, (Revd) Richard (ed.), *The Life of Adam Martindale*, Chetham Soc., vol. 1V, 1845.

Parson, *Diary of Slingsby*. Parson, (Revd) Daniel (ed.), *The Diary of Sir Henry Slingsby*, of Scrivan Bart, 1836.

Pearson, *Elizabethan Love*. Pearson, Lu Emily, *Elizabethan Love Conventions*, 1933.

_____, *Elizabethans*. *Elizabethans at Home*, Stamford, 1957.

Penney, *Sarah Fell*. Penney, Norman (ed.), *The Household Account Book of Sarah Fell of Swarthmoor Hall*, 1920.

Percy, *Advice*. Percy, Henry, *Advice to His Son*, ed. G. B. Harrison, 1930.

Percy, *Reliques*. Percy, Thomas, *Reliques of Ancient English Poetry*, ed. H. B. Wheatley, 3 vols, 1876.

Perkins, *Oeconomie*. Perkins, William, *Christian Oeconomie*, 1609.

Petersen, *Population*. Petersen, William, *The Politics of Population*, New York, 1965.

Pitt-Rivers, *Countrymen*. Pitt-Rivers, J. (ed.), *Mediterranean Countrymen*, 1965.

Pitt-Rivers, *People of Sierra*. Pitt-Rivers, J. A., *The People of the Sierra*, 1954.

_____, *Fate of Shechem*. *The Fate of Shechem, or the Politics of Sex*, 1977.

Place, *Population*. Place, Francis, *Principle of Population*, 1967.

Poffenberger, 'Fertility'. Poffenberger, T., & Poffenberger, S. B., 'The Social Psychology of Fertility Behaviour in a Village in India, in J. T., Fawcett (ed.), *Psychological Perspectives on Population*, New York, 1973.

Pollard, *Chaucer Works*. Pollard, A. W., et al. (eds), *The Works of Geoffrey Chaucer*, 1965.

Pollock & Maitland, *English Law*. Pollock, F., & Maitland, F. W., *The History of English Law*, 2 vols, 2nd edn, 1968.

Pollock, *Forgotten Children*. Pollock, Linda A., *Forgotten Children*, 1983.

Pottle, *Boswell's Journal*. Pottle, F. (ed.), *Boswell's London Journal 1762~1763*, 1950.

Pound, *Census*. Pound, John F. (ed.), *The Norwich Census of the Poor, 1570*, Norfolk Record Soc., XL, 1971.

Power, 'Women'. Power, Eileen, 'the Position of Women' in G. C. Crump & E. F. Jacob (eds), *The Legacy of the Middle Ages*, 1926.

Quaife, *Wanton Wenches*. Quaife, G. R., *Wanton Wenches and Wayward Wives*, New Brunswick, 1979.

Quarles, *Divine Poems*. Quarles, Francis, *Divine Poems*, 5th edn, 1717.

Radcliffe-Brown, *African Kinship*. Radcliffe-Brown, A. R., & Forde, Daryll (eds), *African Systems of Kinship and Marriage*, 1950.

Raftis, *Tenure*. Raftis, J. A., *Tenure and Mobility: Studies in the Social History of the Medieval English Village*, Toronto, 1964.

Raine, 'Depositions'. Raine, James, 'Depositions and Other Ecclesiastical Proceedings from the Courts of Durham', *Surtees Soc.*, vol. 21, 1845.

Razi, *Medieval Parish*. Razi, Zvi, *Life, Marriage and Death in a Medieval Parish*, 1980.

Redfield, *Human Nature*. Redfield, Robert, *Human Nature and the Study of Society*, Papers of R. Redfield vol. 1, ed. Margaret Redfield, Chicago, 1962.

Reeve & Muggleton, *Epistles*. Reeve, John, & Muggleton, Lodowicke, *A Volume of Spiritual Epistles*, collected by Alexander Delamaine, 1820.

Rollins, *Pepysian Garland*. Rollins, H. E. (ed.), *A Pepysian Garland*, 1922.

Rosenberg, *Family*. Rosenberg, Charles E., *The Family in History*, Pennsylvania, 1975.

Russell, *History of Philosophy*. Russell, Bertrand, *History of Western Philosophy*, 1946.

Rye, 'Gawdy'. Rye, Walter, Report on the MS of the Family of Gawdy, Formerly of Norfolk, HMC, 1885.

———, *Isham Journal*. (ed.), *Journal of Thomas Isham of Lamport, Northants, 1671~1673*, 1875.

S. S., *Secretaries Studie*. S. S., *The Secretaries Studie: Containing New*

Familiar Epistles, 1652.

Sachse, *Lowe Diary*. Sachse, William L. (ed.), *The Diary of Roger Lowe*, 1938.

Salisbury, *Stone*. Salisbury, R. F., *From Stone to Steel*, Melbourne, 1962.

Sarsby, *Romantic Love*. Sarsby, Jaqueline, *Romantic Love and Society*, 1983.

Schapera, *Married Life*. Schapera, I., *Married Life in an African Tribe*, 1956.

Schofield, 'Review'. Schofield, Roger, 'Review of McKeown, "The Modern Rise of Population"', in *Population Studies*, vol. 37, pp. 179~181, 1977.

_____, 'Mobility'. 'Age-Specific Mobility in an Eighteenth Century Rural English Parish', *Annales de Demographie Historique*, 1970.

Schucking, *Puritan Family*. Schucking, Levin L., *The Puritan Family*, 1969.

Searle, *Barrington Letters*. Searle, Arthur (ed.), *Barrington Family Letters*, *1628~1632*, Camden Soc., 4th Series, vol. 28, 1983.

Semmel, *Papers of Malthus*. Semmel, Bernard (ed.), *Occasional Papers of T.R. Malthus*, New York, 1963.

Sermons or Homilies. *Sermons or Homilies, appointed to be read in Churches*. n. d.

Shanin, *Peasants*. Shanin, Teodor (ed.), *Peasants and Peasant Societies*, 1971.

Shapcott, *Rutherford Autobiography*. Shapcott, Reuben (ed.), *The Autobiography of Mark Rutherford*, 15th edn, n. d.

Sharp, *Midwives*. Sharp, (Mrs) Jane, *The Midwives Book*, 1671.

Sheehan, 'Choice'. Sheehan, M., 'Choice of Marriage Partner in the Middle Ages', *Studies in Medieval and Renaissance History*, n. s. 1, pp. 3~33, 1978.

_____, 'Stability'. 'The Formation and Stability of Marriage in Fourteenth-Century England Evidence of an Ely Register', *Medieval Studies*, 33, 1971.

Shorter, *Modern Family*. Shorter, Edward, *The Making of the Modern*

548

Family, 1976.

Singer, *Table-Talk*. Singer, S. W. (ed.), *The Table-Talk of John Selden*, 1856.

Smith, *Wealth*. Smith, Adam, *The Wealth of Nations*, 2 vols, ed. Edwin Cannan, Chicago, 1967.

Smith, *Ecclesiastical History*. Smith, Harold, *The Ecclesiastical History of Essex*, n. d.

Smith, 'Nuclear Family'. Smith, Richard, 'The Nuclear Family and Low Fertility. A Spurious Correlation?' *International Union for the Scientific Study of Population*, Belgium, Aug. 1981.

_____, 'Fertility'. 'Fertility, Economy, and Household Formation in England over Three Centruies', *Population and Development Rev.*, vol. 7, no. 4, Dec. 1981.

Smyth, *De Republica*. Smyth, (Sir) Thomas, *De Republica Anglorum*, reprinted 1970.

Sneyd, *Relation*. Sneyd, Charlotte Augusta (tr.), *A Relation, or Rather a True Account of the Island of England*⋯ *about the year 1500*. Camden Soc., 1848.

Some Longer Poems. *Some Longer Elizabethan Poems*, intro. A. H. Bullen, 1903.

Spence, *Woman Wang*, Spence, Jonathan D., *The Death of Woman Wang*, 1978.

Spooner, *Population*. Spooner, Brian (ed.), *Population Control: Anthropological Implications*, Massachusetts, 1972.

Spufford, *Contrasting Communities*. Spufford, margaret, *Contrasting Communities*, 1974.

St Clare Byrne, *Lisle*. St Clare Byrne, Muriel (ed.), *The Lisle Letters. An Abridgement*. 1983.

Stack, *Love-Letters*. Stack, B. E. (ed.), *Love-Letters of Robert Browning and Elizabeth Barrett*, 1969.

Stapleton, *Plumpton Letters*. Stapleton, Thomas (ed.), *Plumpton Correspondence*, Camden Soc., 1839.

Steele, *The Englishman*. Steele, Richard, *The Englishman*, ed.

R. Blanchard, 1955.

Steele, *Medieval Lore*. Steele, Robert, *Medieval Lore from Bartholomew Anglicus*, 1966.

Stein, *Legal Values*. Stein, Peter, & Shand John, *Legal Values in Western Society*, 1974.

Stewart, *Works*. Stewart, Duglad, *Collected Works*, (ed.), Sir William Hamilton, 11 vols, 1971.

Stirling, *Turkish*. Stirling, Paul, *Turkish Village*, New York, 1966.

Stone, *Family*. Stone, Lawrence, *The Family, Sex and Marriage in England 1500~1800*, 1977.

_____, *Crisis*. *The Crisis of the Aristocracy 1558~1641*, abridged edn, 1967.

_____, *Aristocracy*. *The Crisis of the Aristocracy 1558~1641*, 1965.

Stone, *Open Elite*. Stone, Lawrence, & Stone, Jeanne C. Fawtier, *An Open Elite? England 1540~1880*, 1984.

Stow, *London*. Stow, John, *The Survey of London*, Everyman Library, 1912.

Strutt, *Sports and Pastimes*. Strutt, Joseph, *The Sports and Pastimes of the People of England*, ed. William Hone, 1838.

Stubbes, *Anatomie*. Stubbes, Philip, *the Anatomie of Abuses*, 1585.

Sumner, *Folkways*. Sumner, William Graham, *Folkways*, 1934.

Swift, *Works*. Swift, Jonathan, *Works*, 13 vols, 1768.

Swinburne, *Wills*. Swinburne, Henry, *A Treatise of Testaments and Last Wills*, 1728.

_____, *Spousals*. *A Treaties of Spousals or Matrimonial Contracts*, 1686.

Symonds, 'John Greene'. Symonds, E. M, (ed.), 'The Diary of John Greene', *English Hist. Rev.*, vol XLIII, 1928.

Tabah, 'Population'. Tabah, leon, 'World Population Trends, A Stocktaking', *Population and Development Rev.*, vol. 6, no. 3, Sept. 1980.

Tabarah, 'Demographic Development', *Econ. Development and Cultural Change*, vol. 19, no. 2, Jan. 1971.

Table Talk. *Table Talk by Various Writers from Ben Jonson to Leigh Hunt*,

Everyman Library, 1934.

Tacitus, *Germania*. Tacitus, *The Agricola and the Germania*, tr. H. Mattingly, 1975.

Taine, *Notes on England*. Taine, Hippolyte, *Notes on England*, tr. Edward Hyams, 1957.

Takizawa, 'Germanic Love', *Hitotsubashi Journal of Social Studies*, vol. 9, no. 1, May 1977.

Tate, *Parish Chest*. Tate, W. E., *The Parish Chest*, 1960.

Tawney, *Agrarian Problem*. Tawney, R. H., *The Agrarian Problem in the Sixteenth Century*, New York, 1967.

———, *Religion*. *Religion and the Rise of Capitalism*, 1926.

Thale, *Place Autobiography*. Thale, Mary (Ed.), *The Autobiography of Francis Place(1771~1854)*, 1972.

The Court letter Writer. *The Court Letter Writer*, 1773.

The Determinants of Population. *The Determinants and Consequences of Population Trends*, UN Pupulation Studies, no. 17, New York, 1953.

The Diary of Anne Clifford. *The Diary of the Lady Anne Clifford 1590~1676*, intro. V. Sackville-west, 1923.

The Essays of Montaigne. *The Essays of Montaigne*, tr. E. J. Trechmann, 2 vols, 1935.

The Fifteen Joys. *The Fifteen Joys of Marriage*, tr. Elizabeth Abbott, 1959.

The Harleian Miscellany. *The Harleian Miscellany*; *or*, !, 12 vols, 1808.

The Husbandmans Practice. *The Husbandmans Practice*: *or, Prognostication for Ever*, 1685.

The Memoirs of Fanshawe. *The Memoirs of Ann Lady Fanshawe 1600~1672*, 1907.

The New Whole Duty. *The New Whole Duty of Man*, 24th edn, 1792.

The Order of a Court Leet. *The Order of Keeping a Court Leet and Court Baron*(1659), facsimile reprint.

The Prayer-Books. *The First and Second Prayer-Books of King Edward the Sixth*, Everyman Library, 1913.

The Topographer. *The Topographer*, 4 vols, for 1789~1791.

5555555555555555555

The Works of Aristotle. *The Works of Aristotle*, new improved edn, n. d. (early nineteenth century).

Thomas, *Natural World*. Thomas, Keith, *Man and the Natural World, Changing Attitudes in England 1500~1800*, 1983.

_____, 'Puritans and Adultery'. 'The Puritans and Adultery. The Act of 1650 Reconsidered', in *Puritans and Revolutionaries*, ed. D. Pennington & Keith Thomas, 1978.

_____, *Religion*. *Religion and the Decline of Magic*, 1971.

_____, 'Women'. 'Women and the Civil War Sects', in Trevor Aston (ed.), *Crisis in Europe 1560~1660*, 1964.

_____, 'History and Anthropology'. 'History and Anthropology', *Past and Present*, 24, April 1963.

_____, 'Double Standard'. 'Double Standard', *Jnl History of Ideas*, XX, 2, 1959. k

Thomas, *Polish Peasant*. Thomas, William I., & Znaniecki, F., *The Polish Peasant in Europe and America*, 2nd edn(abridged), New York, 1958.

Thompson, *Working Class*. Thompson, E. P., *The Making of the English Working Class*, 1970.

_____, 'Peculiarities'. 'The Peculiarities of the English', in Ralph Milliband & John Saville(eds), *Socialist Register*, 1965.

Thompson, *Lark Rise*. Thompson, Flora, *Lark Rise to Candleford*, 1945.

Thompson, *Women*. Thompson, Roger, *Women in Stuart England and America*, 1974.

Titow, 'Differences'. Titow, J. Z., 'Some Differences between Manors and their Effect on the Conditions of the Peasants in the Thirteenth Century', *Agricultural Hist. Rev.*, vol. X, 1962.

Trappes-Lomax, *Diary of Brockbank*. Trappes-Lomax, R. (ed.), *The Diary and Letters Book of Rev. Thomas Brockbank 1671~1709*, Chetham Soc., n. s. 89, 1930.

Trevelyan, *Social History*. Trevelyan, G. M., *English Social History*, reprint 1948.

Turner, *Brighouse*. Turner, J. Horsfall, *The History of Brighouse, Rastrick, and Hipperholme*, 1893.

Turner, *Heywood*. Turner, J. Horsfall (ed.), *The Rev. Oliver Heywood B.A., Diaries⋯*, 4 vols, 1882～1885.

Turner, *Diary*. Turner, Thomas, *The Diary of a Georgian Shopkeeper*, ed. G. H. Jennings, 2nd edn, 1979.

Van Gennep, *Rites*. Van Gennep, Arnold, *The Rites of Passage*, 1960.

Verney, *Memoirs*. Verney, F. P. (ed.), *Memoirs of the Verney Family*, 2nd edn, New York, 1907.

――――, *Verney Memoirs. Memoirs of the Verney Family During the Civil War* (1892), facsimile reprint, 1970.

Von Furer-Haimendorf, *Apa Tanis*. Von Furer-Haimendorf, C., *The Apa Tanis and Their Neighbours*, 1962.

――――, *Merit. Morals and Merit*, 1967.

Wall, 'Leaving Home'. Wall, Richard, 'The Age at Leaving Home', *Jnl of Family History*, 1978.

Watkins, *Puritan Experience*. Watkins, Owen C., *The Puritan Experience*, 1972.

Watt, *Rise of Novel*. Watt, Ian, *The Rise of the Novel*, 1983.

Webb, *English Poor Law*. Webb, Sidney, & Webb, Beatrice, *English Poor Law*, pt 1, The Old Poor Law, 1927.

Weber, *Protestant Ethic*. Weber, Max, *The Protestant Ethic and the Spirit of Capitalism*, 1970.

Westermarck, Marriage. Westermarck, Edward, The History of Human Marriage, 3 vols, 5th edn, 1921.

――――, *Marriage in Morocco. Marriage Ceremonies in Morocco*, 1914.

――――, *Moral Ideas. The Origin and Development of the Moral Ideas*, 1906.

Wharncliffe, *Letters of Montagu*. Wharncliffe, (Lord) (ed.), *The Letters and Works of Lady Mary Wortley Montagu*, 3 vols, 2nd edn, 1837.

Whateley, *Bride-Bush*. Whateley, William, *A Bride-Bush; or, a Direction for Married Persons*, 1619.

――――, *Care-Cloth. A Care-Cloth or a Treatise of the Cumbers and Troubles of Marriage*, 1624.

Wheaton, *Family*. Wheaton, R., & Hareven, Tamara K. (eds.), *Family and Sexuality in French History*, Pennsylvania, 1980.

Whitelock, *English Society*. Whitelock, Dorothy, *The Beginnings of English Society*, 1959.

Whitforde, *Householders*. Whitforde, R., *A Werke for Housholders or for them that have the Guiding or Governance of any Company*, 1533.

Wilson, *Shakespeare's England*. Wilson, John Dover, *Life in Shakespeare's England*, 1962.

Winchester, *Tudor Portrait*. Winchester, Barbara, *Tudor Family Portrait*, 1955.

Wolf, *Peasants*. Wolf Eric, *Peasants*, New Jersey, 1966.

Wotton, *Reliquiae*. Wotton, (Sir) Henry, *Reliquiae Wottonianae*, 1651.

Wright, *Middle-Class Culture*. Wright, Louis B., *Middle-Class Culture in Elizabethan England*, Carolina, 1935.

Wright, *Life of Defoe*. Wright, Thomas, *The Life of Daniel Defoe*, 1894.

_____, *Domestic Manners*. *A History of Domestic Manners and Sentiments in England during the Middle Ages*, 1862.

Wright, *Autobiography*. Wright, Thomas (ed.), *Autobiography of Thomas Wright of Birkenshaw 1736~1797*, 1864.

Wrightson, *English Society*. Wrightson, Keith, *English Society, 1580~1680*, 1982

Wrightson, *Terling*. Wrightson, Keith, & Levine, David, *Poverty and Piety in and English Village. Terling, 1525~1700*, 197.

Wrigley, 'Family Limitation', Wrigley, E. A., 'Family Limitation in Pre-Industrial England', *Econ. Hist. Rev.*, 2nd series, XIX, no. I, April 1966.

_____, 'Population'. 'Growth of Population in Eighteenth-Century England: A Conundrum Resolved', *Past and Present*, 98, Feb. 1983.

_____, 'Population History', 'Population History in the 1980's', *Jnl of Interdisciplinary History*, col. XII, 2, 1981.

_____, 'Reflections'. 'Reflections on the History of the Family', in *Daedalus*, Spring 1977.

_____, *Demography*. Wrigley, E. A., (ed.), *An Introduction to English*

554

  Historical Demography, 1966.

Wrigley & Schofield, 'Population History'. Wrigley, E. A., & Schofield,
  R. S., 'English Population History from Family Reconstitution:
  Summary Results 1600~1799', *Population Studies*, vol. 37, 1983.

Wynn, *Family Policy*. Wynn, Margaret, *Family Policy*, 1972.

Zubrow, *Demographic Anthropology*. Zubrow, Ezra (ed.), *Demographic
  Anthropology*, Albuquerque, 1976.

562

인명

ㄱㄴㄷ

ㄹ

저자 약력

앨런 맥팔레인(Alan Macfarlane)

1941년 인도에서 태어난 맥팔레인은, 미얀마와 국경을 접하는 인도 북동부 지역에서 어린 시절을 보냈다. 영국 옥스퍼드대에서 석사학위를 취득한 다음, 런던정경대(LSE)에서 인류학 전공으로 박사학위를 받았다. 박사학위 취득 후, 1975년부터 캠브리지대에서 사회인류학을 강의했으며, 2009년 그곳의 명예교수로 추대되었다. 그는 지금까지 20여 편의 저서를 출간하였다.

맥팔레인의 핵심주장은, 중국, 인도 그리고 유럽대륙의 여러 국가들과 달리, 잉글랜드에서는 산업화가 시작되기 이전부터 자본주의를 발전시킬 수 있는 개인주의가 이미 형성되어 있었다는 사실이다. 잉글랜드의 이러한 개인주의는, 막스 베버(Max Weber)가 자본주의문화 형성의 필연적인 요소로 언급한 '근대성'(*modernity*)을 의미한다. 그는 그러한 근대성이 잉글랜드의 독특한 가족제도와 사회생활에서 생성되고 유지되었던 방식을 《잉글랜드 개인주의의 기원》(*The Origins of English Individualism*)과 《잉글랜드에서의 결혼과 사랑》(*Marriage and Love in England*)에서 인구역사적으로 탐구하였다. 이러한 기본 가정에 입각하여, 1997년 출간된 자신의 저서 *The Savage Wars of Peace*에서 일본과 잉글랜드의 근대성을 상호비교 검토하였다. 한국인을 포함한 비서구인의 비판적인 시각에서 살펴보면, 맥팔레인의 주된 작업은 근대세계, 즉 자본주의의 기원과 본질에는 잉글랜드의 개인주의 이데올로기가 암암리에 배태되어 있음을 역사·인류학적으로 고찰함으로써 잉글랜드 문화의 우월성을 전세계에게 전파하는 데 크게 기여한 것이라 할 수 있다.

역자 약력

이 성 용

성균관대 사회학과를 졸업한 뒤 고려대 대학원에서 사회학 석사학위를, 미국 위스콘
신대(University of Wisconsin at Madison)에서 인구학 전공으로 사회학 박사학위를
취득하였다. 현재 강남대 교양학부에 재직하면서 인구학개론, 고령사회의 이해 등을
강의하고 있다. 인구학 관련 논문 30여 편을 발표하였고, 저서로는《여론조사에서
사회조사로》(책세상),《사회문제》(도서출판 그린), 역서로는《사회과학자의 글쓰
기》(Howard Becker, 일신사),《학계의 술책》(Howard Baker, 함께하는 책),《사회
조사방법론》(Earl Babbie, Thomson),《소비의 사회학》(Peter Corrigan, 도서출판 그
린)이 있다.

윤 희 환

서울대 학부와 대학원에서 영문학을 전공했으며, 동 대학원에서 버지니아 울프
(Virginia Woolf) 연구로 석사학위를, 제임스 조이스(James Joyce) 연구로 박사학위
를 취득했다. 미국 브라운대(Brown University)와 스탠퍼드대(Stanford University),
영국 요크대(University of York)에서 객원연구원을 지냈으며, 영문학 관련 논문 30여
편을 발표하였다. 시집으로는《간이역에서》(대학사),《깊은 물속에 누워 있었네》
(대학사),《Like a Fish, Like a Lizard》(대학사), 역서로는《뜨거운 태양 아래서》
(Ghassan Kanafani, 열림원),《Saint Andrew Kim Dae-gon》(동이) 등이 있다. 현재
강남대학교 교양학부 교수로 재직 중이다.